The ICS Ancient Chinese Text Concordance Series

先秦兩漢古籍逐字索引叢刊

越絕書逐字索引

A CONCORDANCE TO THE
YUEJUESHU

香港中文大學中國文化研究所
先秦兩漢古籍逐字索引叢刊

叢刊主編：劉殿爵　　陳方正
計劃主任：何志華
系統主任：何國杰
程式助理：梁偉明
資料處理：黄祿添　　洪瑞强
研究助理：陳麗珠
顧　　問：張雙慶　　黃坤堯　　朱國藩
版本顧問：沈　津
程式顧問：何玉成　　梁光漢

本《逐字索引》乃據「先秦兩漢一切傳世文獻電腦化資料庫」編纂而成，而資料庫之建立，有賴香港大學及理工撥款委員會資助，謹此致謝。

CUHK.ICS.
The Ancient Chinese Texts Concordance Series

SERIES EDITORS   D.C. Lau   Chen Fong Ching
PROJECT DIRECTOR   Ho Che Wah
COMPUTER PROJECTS OFFICER   Ho Kwok Kit
PROGRAMMING ASSISTANT   Leung Wai Ming
DATA PROCESSING   Wong Luk Tim   Hung Sui Keung
RESEARCH ASSISTANT   Uppathamchat Nimitra
CONSULTANTS   Chang Song Hing   Wong Kuan Io   Chu Kwok Fan
TEXT CONSULTANT   Shum Chun
PROGRAMMING CONSULTANTS   Ho Yuk Shing   Leung Kwong Han

THIS CONCORDANCE IS COMPILED FROM THE ANCIENT CHINESE TEXTS DATABASE,
WHICH IS ESTABLISHED WITH A RESEARCH AWARD FROM THE UNIVERSITY AND
POLYTECHNIC GRANTS COMMITTEE OF HONG KONG, FOR WHICH WE WISH TO
ACKNOWLEDGE OUR GRATITUDE.

越絕書逐字索引

編　　輯：劉殿爵
執行編輯：何志華
研究助理：陳麗珠
校　　對：巢立仁　　羅福祥　　莫鉅志
　　　　　吳茂源　　姚道生
系統設計：何國杰
程式助理：梁偉明

The Concordance to the Yuejueshu

EDITOR   D.C. Lau
EXECUTIVE EDITOR   Ho Che Wah
RESEARCH ASSISTANT   Uppathamchat Nimitra
PROOF-READERS   Chao Lip Yan   Lo Fuk Cheung   Mok Kui Chi
                        Ng Mau Yuen   Yiu To Sang
SYSTEM DESIGN   Ho Kwok Kit
PROGRAMMING ASSISTANT   Leung Wai Ming

香港中文大學中國文化研究所

The Chinese University of Hong Kong
Institute of Chinese Studies

The ICS Ancient Chinese Text Concordance Series

先秦兩漢古籍逐字索引叢刊

越絕書逐字索引

A CONCORDANCE TO THE
YUEJUESHU

叢刊主編：劉殿爵　陳方正

本書編者：劉殿爵

臺灣商務印書館 發行

The Commercial Press, Ltd.

越絕書逐字索引 ＝ A concordance to the
　Yuejueshu／劉殿爵編. --初版. --臺北市
　：臺灣商務, 1994 [民 83]
　　　面； 公分. --（香港中文大學中國文化研
　究所先秦兩漢古籍逐字索引叢刊）
　　　ISBN 957-05-0896-5（精裝）

　1. 越絕書 - 語詞索引

621.659　　　　　　　　　　　83003309

香港中文大學中國文化研究所
先秦兩漢古籍逐字索引叢刊

越絕書逐字索引
A Concordance to the Yuejueshu

定價新臺幣 1000 元

叢 刊 主 編	劉殿爵　陳方正
本 書 編 者	劉　殿　爵
執 行 編 輯	何　志　華
發 行 人	張　連　生
出 版 者	臺灣商務印書館股份有限公司
印 刷 所	

臺北市 10036 重慶南路 1 段 37 號
電話：(02)3116118・3115538
傳眞：(02)3710274
郵政劃撥：0000165-1 號
出版事業
登 記 證：局版臺業字第 0836 號

• 1994 年 6 月初版第 1 次印刷

ISBN　957-05-0896-5（精裝）　　　　b 42533000

目　次

主編者簡介

　　劉殿爵教授（Prof. D. C. Lau）早歲肄業於香港大學中文系，嗣赴蘇格蘭格拉斯哥大學攻讀西洋哲學，畢業後執教於倫敦大學達二十八年之久，一九七八年應邀回港出任香港中文大學中文系講座教授。劉教授於一九八九年榮休，隨即出任中國文化研究所榮譽教授至今。劉教授興趣在哲學及語言學，以準確嚴謹的態度翻譯古代典籍，其中《論語》、《孟子》、《老子》三書之英譯，已成海外研究中國哲學必讀之書。

　　陳方正博士（Dr. Chen Fong Ching），一九六二年哈佛（Harvard）大學物理學學士，一九六四年拔蘭（Brandeis）大學理學碩士，一九六六年獲理學博士，隨後執教於香港中文大學物理系，一九八六年任中國文化研究所所長至今。陳博士一九九零年創辦學術文化雙月刊《二十一世紀》，致力探討中國文化之建設。

出版說明

一九八八年，香港中文大學中國文化研究所獲香港「大學及理工撥款委員會」撥款資助，並得香港中文大學電算機服務中心提供技術支援，建立「漢及以前全部傳世文獻電腦化資料庫」，決定以三年時間，將漢及以前全部傳世文獻共約八百萬字輸入電腦。資料庫建立後，將陸續編印《香港中文大學中國文化研究所先秦兩漢古籍逐字索引叢刊》，以便利語言學、文學，及古史學之研究。

《香港中文大學先秦兩漢古籍逐字索引叢刊》之編輯工作，將分兩階段進行，首階段先行處理未有「逐字索引」之古籍，至於已有「逐字索引」者，將於次一階段重新編輯出版，以求達致更高之準確度，與及提供更為詳審之異文校勘紀錄。

「逐字索引」作為學術研究工具書，對治學幫助極大。西方出版界、學術界均極重視索引之編輯工作，早於十三世紀，聖丘休（Hugh of St. Cher）已編成《拉丁文聖經通檢》。

我國蔡耀堂（廷幹）於民國十一年(1922)編刊《老解老》一書，以武英殿聚珍版《道德經》全文為底本，先正文，後逐字索引，以原書之每字為目，下列所有出現該字之句子，並標出句子所出現之章次，此種表示原句位置之方法，雖未詳細至表示原句之頁次、行次，然已具備逐字索引之功能。《老解老》一書為非賣品，今日坊間已不常見，然而蔡氏草創引得之編纂，其功實不可泯滅。我國大規模編輯引得，須至一九三零年，美國資助之哈佛燕京學社引得編纂處之成立然後開始。此引得編纂處，由洪業先生主持，費時多年，為中國六十多種傳統文獻，編輯引得，功績斐然。然而漢學資料卷帙浩繁，未編成引得之古籍仍遠較已編成者為多。本計劃希望能利用今日科技之先進產品 —— 電腦，重新整理古代傳世文獻；利用電腦程式，將先秦兩漢近八百萬字傳世文獻，悉數編為「逐字索引」。俾使學者能據以掌握文獻資料，進行更高層次及更具創意之研究工作。

一九三二年，洪業先生著《引得說》，以「引得」對譯 Index，音義兼顧，巧妙工整。Index 原意謂「指點」，引伸而為一種學術工具，日本人譯為「索引」。而洪先生又將西方另一種逐字索引之學術工具 Concordance 譯為「堪靠燈」。Index 與 Concordance 截然不同；前者所重視者乃原書之意義名物，只收重要之字、詞，不收虛字及連繫詞等，故用處有限；後者則就文獻中所見之字，全部收納，大小不遺，故有助於文辭訓詁，語法句式之研究及字書之編纂。洪先生將選索性之 Index 譯作「引得」，將字字可索的 Concordance 譯作「堪靠燈」，足見卓識，然其後於一九三零年間，主

持哈佛燕京學社編纂工作，所編成之大部分《引得》，反屬全索之「堪靠燈」，以致名
實混淆，實爲可惜。今爲別於選索之引得（Index），本計劃將全索之 Concordance 稱爲
「逐字索引」。

　　利用電腦編纂古籍逐字索引，本計劃經驗尚淺，是書倘有失誤之處，尚望學者方家
不吝指正。

PREFACE

In 1988, the Institute of Chinese Studies of The Chinese University of Hong Kong put forward a proposal for the establishment of a computerized database of the entire body of extant Han and pre-Han traditional Chinese texts. This project received a grant from the UPGC and was given technical support by the Computer Services Centre of The Chinese University of Hong Kong. The project was to be completed in three years.

From such a database, a series of concordances to individual ancient Chinese texts will be compiled and published in printed form. Scholars whether they are interested in Chinese literature, history, philosophy, linguistics, or lexicography, will find in this series of concordances a valuable tool for their research.

The *Ancient Chinese Texts Concordance Series* is planned in two stages. In the first stage, texts without existing concordances will be dealt with. In the second stage, texts with existing concordances will be redone with a view to greater accuracy and more adequate textual notes.

In the Western tradition, the concordance was looked upon as one of the most useful tools for research. As early as c. 1230, appeared the concordance to the *Vulgate*, compiled by Hugh of St. Cher.

In China, the first concordance to appear was *Laozi Laojielao* in the early nineteen twenties. Cai Yaotang who produced it was in all probability unaware of the Western tradition of concordances.

As the *Laojielao* was not for sale, it had probably a very limited circulation. However, Cai Yaotang's contribution to the compilation of concordances to Chinese texts should not go unmentioned.

The *Harvard-Yenching Sinological Concordance Series* was begun in the 1930s under the direction of Dr. William Hung. Unfortunately, work on this series was cut short by the Second World War. Although some sixty concordances were published, a far greater number of texts remains to be done. However, with the advent of the computer the establishment of a database of all extant ancient works become a distinct possibility. Once such a database is established, a series of concordances can be compiled to cover the entire field of ancient Chinese studies.

Back in 1932, William Hung in his *"What is Index ?"* used the term 引得 for "Index" in preference to the Japanese 索引, and the term 堪靠燈 for concordance. However, when he came to compile the *Harvard Yenching Sinological Concordance Series*, he abandoned the term 堪靠燈 and used the term 引得 for both index and concordance. This was unfortunate as this blurs the difference between a concordance and an index. The former, because of its exhaustive listing of the occurrence of every word, is a far more powerful tool for research than the latter. To underline this difference we decided to use 逐字索引 for concordance.

The *Ancient Chinese Texts Concordance Series* is compiled from the computerized database. As we intend to extend our work to cover subsequent ages, any ideas and suggestions which may be of help to us in our future work are welcome.

凡　例

一．《越絕書》正文：

1．本《逐字索引》所附正文據《四部叢刊》影江安傅氏雙鑑樓藏明雙柏堂本。由於
　　傳世刊本，均甚殘闕，今除別本、類書外，並據其他文獻所見之重文，加以校改
　　。校改只供讀者參考，故不論在「正文」或在「逐字索引」，均加上校改符號，
　　以便恢復底本原來面貌。

2．（　）表示刪字；〔　〕表示增字。除用以表示增刪字外，凡誤字之改正，例如
　　ａ字改正爲ｂ字，亦以（ａ）〔ｂ〕方式表示。

　　　例如：吳（吳）敗　　　　　　　　　　　　　19/53/22

　　　　　　表示《四部叢刊》本衍「吳」字。讀者翻檢《增字、刪字改正說明表》，
　　　　　　即知刪字之依據爲錢培名《越絕書札記》（頁44）。

　　　例如：闔廬以鑄干將劍〔處〕　　　　　　　　3/5/30

　　　　　　表示《四部叢刊》本脫「處」字。讀者翻檢《增字、刪字改正說明表》，
　　　　　　即知增字之依據爲《太平御覽》卷56（頁274）。

　　　例如：士之（其）〔甚〕　　　　　　　　　　4/13/27

　　　　　　表示《四部叢刊》本作「其」，乃誤字，今改正爲「甚」。讀者翻檢《誤
　　　　　　字改正說明表》，即知改字之依據爲《公羊傳·定公四年》（頁321）。

3．本《逐字索引》據別本，及其他文獻對校原底本，或改正底本原文，或只標注異
　　文。有關此等文獻之版本名稱，以及本《逐字索引》標注其出處之方法，均列
　　《徵引書目》中。

4．本《逐字索引》所收之字一律劃一用正體，以昭和四十九年大修館書店發行之
　　《大漢和辭典》，及一九八六至一九九零年湖北辭書出版社、四川辭書出版社出
　　版之《漢語大字典》所收之正體爲準，遇有異體或譌體，一律代以正體。

　　　例如：孔子恥之　　　　　　　　　　　　　　1/1/4

《四部叢刊》本原作「孔子耻之」，據《大漢和辭典》，「耻」、「恥」乃異體字，音義無別，今代以正體「恥」字。爲便讀者了解底本原貌，凡異體之改正，均列《通用字表》中。

5．異文校勘主要參考一九八五年上海古籍出版社出版樂祖謀點校本《越絕書》及一九九二年武漢大學出版社出版李步嘉《越絕書校釋》。

5.1.異文紀錄欄

a．凡正文文字右上方標有數碼者，表示當頁下端有注文

例如：入者³皆死　　　　　　　　　　2/2/29

當頁注 3 注出「者」字有異文「則」。

b．數碼前加 ˙ ˙，表示範圍。

例如：周˙十二˙³里　　　　　　　　3/5/3

當頁注 3 注出「一十」爲「十二」二字之異文。

c．異文多於一種者：加 A．B．C．以區別之。

例如：砟碓⁶山南有大石　　　　　　3/8/13

當頁注 6 下注出異文：

A.雒　　B.雄

表示兩種不同異文分見不同別本。

d．異文後所加按語，外括〈　〉號。

例如：˙大王˙¹²將遂大義　　　　　9/30/11

當頁注 12 注出異文及出處後，再加按語：

若《吳越春秋・夫差內傳》頁5/8b〈編者按：疑文本作「若大王」。〉

5.2.校勘除選錄不同版本所見異文之外，亦選錄其他文獻、類書等引錄所見異文。

5.3.讀者欲知異文詳細情況,可參樂祖謀《越絕書》及李步嘉《越絕書校釋》。
凡據別本,及其他文獻所紀錄之異文,於標注異文後,均列明出處,包括書
名、篇名、頁次, 有關所據文獻之版本名稱, 及標注其出處之方法,請參
《徵引書目》。

6 .□表示底本原有空格,■表示底本原有墨釘。

二.逐字索引編排:

1 .以單字爲綱,旁列該字在全文出現之頻數(書末另附《全書用字頻數表》〔附錄
一〕,按頻數次序列出全書單字),下按原文先後列明該字出現之全部例句,句
中遇該字則代以「○」號。

2 .全部《逐字索引》按漢語拼音排列;一字多音者,於最常用讀音下,列出全部例
句。

3 .每一例句後加上編號 a/b/c 表明於原文中位置,例如 1/2/3,「1」表示原文的
篇章次、「2」表示頁次、「3」表示行次。

三.檢字表:

備有《漢語拼音檢字表》、《筆畫檢字表》兩種:

1 .漢語拼音據《辭源》修訂本(一九七九年至一九八三年北京商務印書館)及《漢
語大字典》。一字多音者, 按不同讀音在音序中分別列出;例如「說」字有
shuō, shuì, yuè, tuō 四讀, 分列四處。 聲母、韻母相同之字,按陰平、陽
平、上、去四聲先後排列。讀音未詳者,一律置於表末。

2 .《逐字索引》中某字所出現之頁數,在《漢語拼音檢字表》中所列該字任一讀音
下皆可檢得。

3 .筆畫數目、部首歸類均據《康熙字典》。畫數相同之字,其先後次序依部首排列。

4 .另附《威妥碼 - 漢語拼音對照表》,以方便使用威妥碼拼音之讀者。

Guide to the use of the Concordance

1. Text

1.1 The text printed with the concordance is based on the *Sibu congkan* (*SBCK*) edition. As all extant editions are marred by serious corruptions, besides other editions, parallel texts in other works have been used for collation purposes. As emendations of the text have been incorporated for the reference of the reader, care has been taken to have them clearly marked as such, both in the case of the full text as well as in the concordance, so that the original text can be recovered by ignoring the emendations.

1.2 Round brackets signify deletions while square brackets signify additions. This device is also used for emendations. An emendation of character <u>a</u> to character <u>b</u> is indicated by (a) [b]. e.g.,

吳（吳）敗   19/53/22

The character 吳 in the *SBCK* edition, being an interpolation, is deleted on the authority of Qian pei-ming's *Yuejueshu zhaji* (p.44).

闔廬以鑄干將劍〔處〕   3/5/30

The character 處 missing in the *SBCK* edition, is added on the authority of the *Taipingyulan* (p.274).

A list of all deletions and additions is appended on p. 40, where the authority for each emendation is given.

士之（其）〔甚〕   4/13/27

The character 其 in the *SBCK* edition has been emended to 甚 on the authority of *Gongyangzhuan* Ding 4 (p.321).

A list of all emendations is appended on p.37 where the authority for each is given.

1.3 Where the text has been emended on the authority of other editions or the parallel text found in other works, such emendations are either incorporated into the text or entered as footnotes. For explanations, the reader is referred to the Bibliography on p.36.

1.4 For all concordanced characters only the standard form is used. Variant or incorrect forms have been replaced by the standard forms as given in Morohashi Tetsuji's *Dai Kan-Wa jiten*, (Tokyo : Taishūkan shōten, 1974), and the *Hanyu da zidian* (Hubei cishu chubanshe and Sichuan cishu chubanshe 1986-1990) e.g.,

孔子恥之   1/1/4

The *SBCK* edition has 耻 which, being a variant form, has been replaced by the standard form 恥 as given in the *Dai Kan-Wa jiten*. A list of all variant forms that have been in this way replaced is appended on p.31.

1.5 The textual notes are mainly based on the punctuated edition of the *Yuejueshu* (Shanghai guji chubanshe, 1985) and Li bujia's *Yuejueshu jiaoshi* (Wuhan University Press 1992).

1.5.1.a A figure on the upper right hand corner of a character indicates that a collation note is to be found at the bottom of the page, e.g.,

入者³皆死   2/2/29

the superscript ³ refers to note 3 at the bottom of the page.

1.5.1.b A range marker ˙ ˙ is added to the figure superscribed to indicate the total number of characters affected, e.g.,

周˙十二˙³里   3/5/3

The range marker indicates that note 3 covers the two characters 十二.

1.5.1.c Where there are more than one variant reading, these are indicated by A, B, C, e.g.,

莋碓⁶山南有大石   3/8/13

Note 6 reads A.雒 B.雄, showing that for 碓 one version reads 雒, while another version reads 雄.

1.5.1.d A comment on a collation note is marked off by the sign 〈 〉, e.g.,

　　　　ˋ大王ˋ¹²將遂大義　　　　　　　　　9/30/11

　　　　Note 12 reads: 若《吳越春秋‧夫差內傳》頁5/8b〈編者按：疑文本作「若大王」。〉

1.5.2 Besides readings from other editions, readings from quotations found in encyclopaedias and other works are also included.

1.5.3 For further information on variant readings given in the collation notes the reader is referred to the punctuated edition of the *Yuejueshu* and Li's work, and for further information on references to sources the reader is referred to Bibliography on p.36.

1.6 In the Concordance we have kept the sign □ which in the original indicates a missing character, and the sign ■ which seems to indicate missing character which may be restored in future from other sources.

2. Concordance

2.1 In the entries the concordanced character is replaced by the ○ sign. The entries are arranged according to the order of appearance in the text. The frequency of appearance of the character concerned in the whole text is shown, and a list of all the concordanced characters in frequency order is appended. (Appendix One)

2.2 The entries are listed according to Hanyupinyin. In the body of the concordance all occurrences of a character with more than one pronunciation are located under its most common pronunciation.

2.3 Figures in three columns show the location of a character in the text, e.g., 1/2/3,

　　　　1 denotes the chapter.
　　　　2 denotes the page.
　　　　3 denotes the line.

3. Index

A Stroke Index and an Index arranged according to Hanyupinyin are included.

3.1 The pronunciation given in the *Ciyuan* (The Commercial Press , Beijing, 1979 - 1983) and the *Hanyu da zidian* is used. Where a character has two or more pronunciations, it can be found under any of these in the index. For example : 說 which has four pronunciations : shuō, shuì, yuè, tuō is to be found under any one of these four entries. Characters with the same pronunciation but different tones are listed according to tone order. Characters of which the pronunciation is unknown are relegated to the end of the index.

3.2 In the body of the Concordance all occurrences of a character with more than one pronunciation will be located under its most common pronunciation, but this location is given under all alternative pronunciations of the character in the index.

3.3 In the stroke index, characters with the same number of strokes appear under the radicals in the same order as given in the *Kangxi zidian*.

3.4 A correspondence table between the Hanyupinyin and the Wade-Giles systems is also provided.

漢 語 拼 音 檢 字 表

ā	霸　62	**bào**	彼　66	**biǎo**
阿(ē)　99	**bái**	報　64	鄙　66	表　68
āi	白　62	暴　64	**bì**	**biē**
哀　61	**bǎi**	鮑　65	必　66	鱉　68
ài	百　62	**bēi**	拂(fú)　110	**bié**
艾　61	柏(bó)　70	卑　65	陂(bēi)　65	別　68
愛　61	**bài**	波(bō)　69	服(fú)　110	**bīn**
嗌(yì)　279	拜　63	陂　65	披(pī)　176	濱　68
ān	敗　63	背(bèi)　65	被(bèi)　65	**bīng**
安　61	**bǎn**	悲　65	畢　67	并(bìng)　69
陰(yīn)　280	反(fǎn)　105	**běi**	閉　67	冰　68
àn	坂　63	北　65	費(fèi)　107	兵　68
按　61	**bàn**	**bèi**	弼　67	**bǐng**
áo	半　63	北(běi)　65	敝　67	丙　69
敖　61	辨(biàn)　68	拔(bá)　61	賁　67	秉　69
ào	**bāng**	勃(bó)　70	辟(pì)　177	柄　69
敖(áo)　61	邦　63	背　65	幣　67	**bìng**
ba	彭(péng)　176	被　65	弊　67	并　69
罷(bà)　61	**bàng**	悖　65	壁　67	並　69
bā	並(bìng)　69	倍　65	蔽　67	枋(fāng)　106
八　61	竝(bìng)　69	備　66	避　67	柄(bǐng)　69
巴　61	旁(páng)　176	**bēn**	臂　67	病　69
bá	謗　64	奔　66	濞(pì)　177	竝　69
拔　61	**bāo**	賁(bì)　67	璧　68	誁　69
弊(bì)　67	包　64	**běn**	**biān**	**bō**
bǎ	枹(fú)　110	本　66	鞭　68	波　69
把　61	苞　64	**bèn**	邊　68	番(fān)　105
bà	褒　64	奔(bēn)　66	**biǎn**	發(fā)　104
把(bǎ)　61	**bǎo**	**bēng**	扁　68	播　69
伯(bó)　70	保　64	崩　66	貶　68	礴　69
罷　61	飽　64	**bǐ**	褊　68	**bó**
	寶　64	匕　66	辨(biàn)　68	百(bǎi)　62
		比　66	**biàn**	伯　70
		卑(bēi)　65	扁(biǎn)　68	帛　70
			辨　68	
			辯　68	
			變　68	

柏	70	**cān**		增(zēng)	301	**cháo**		答	82
勃	70	飡	76			巢	78	絺	82
悖(bèi)	65	參(shēn)	205	**chā**		朝(zhāo)	302	鴟	82
博	70	餐	76	差	76			癡	82
蒲(pú)	178					**chē**		離(lí)	156
暴(bào)	64	**cán**		**chá**		車	78		
魄(pò)	178	殘	76	察	77			**chí**	
駁	70	慚	76			**chě**		池	82
薄	70			**chà**		尺(chǐ)	82	治(zhì)	318
暴(pù)	179	**càn**		差(chā)	76			持	82
		參(shēn)	205			**chè**		馳	82
bǒ		操(cāo)	76	**chāi**		宅(zhái)	301	遲	82
播(bō)	69			差(chā)	76				
		cāng				**chēn**		**chǐ**	
bò		倉	76	**chái**		瞋	78	尺	82
辟(pì)	177	蒼	76	柴	77			斥(chì)	83
薄(bó)	70					**chén**		赤(chì)	83
		cáng		**chài**		臣	78	侈	83
bú		臧(zāng)	299	差(chā)	76	辰	80	恥	83
樸(pǔ)	178	藏	76			沈	80	移(yí)	273
				chán		陳	80	齒	83
bǔ		**cǎng**		單(dān)	91	湛(zhàn)	301		
卜	70	蒼(cāng)	76	漸(jiàn)	139	填(tián)	228	**chì**	
哺	70			讒	77	塵	80	斥	83
補	70	**cāo**						赤	83
		操	76	**chǎn**		**chèn**			
bù				產	77	稱(chēng)	80	**chōng**	
不	70	**cáo**		諂	77			衝	83
布	75	曹	76			**chēng**			
步	75			**chāng**		稱	80	**chóng**	
怖	75	**cǎo**		昌	77			虫(huǐ)	132
部	75	草	76	倡	77	**chéng**		重(zhòng)	321
				閶	77	丞	80		
cái		**cè**				成	80	**chǒng**	
才	75	冊	76	**cháng**		承	81	龍(lóng)	162
材	75	側	76	長	77	城	81		
財	75	測	76	尚(shàng)	202	乘	81	**chōu**	
		策	76	常	78	盛	82	抽	83
cǎi				腸	78	程	81		
采	75	**cēn**		裳	78	誠	82	**chóu**	
採	75	參(shēn)	205	嘗	78	徵(zhēng)	307	惆	83
綵	75			償	78			疇	83
		cén				**chèng**		讎	83
cài		岑	76	**chàng**		稱(chēng)	80		
采(cǎi)	75			倡(chāng)	77			**chū**	
蔡	75	**céng**		悵	78	**chī**		出	83
		曾(zēng)	301	暢	78	蚩	82	初	84

chú		chún		趨（qū）	190	貸	91	德	93
助（zhù）	324	唇	86			dān		dēng	
除	84	純	86	cuàn		丹	91	登	94
芻	84	脣	86	竄	88	單	91	登	94
著（zhù）	325					湛（zhàn）	301		
廚	84	chǔn		cuī		鄲	91	děng	
諸（zhū）	323	春（chūn）	85	衰（shuāi）	218	簞	91	等	94
chǔ		cī		cuì		dán		dèng	
處	84	柴（chái）	77	卒（zú）	330	但（dàn）	91	鄧	94
楚	84	差（chā）	76	脆	88				
		恣（zì）	330			dǎn		dī	
chù		眥（zǐ）	329	cūn		單（dān）	91	低	94
畜	85			村	88				
處（chǔ）	84	cí				dàn		dí	
絮（xù）	263	子（zǐ）	326	cún		且	91	狄	94
		祠	86	存	88	但	91	翟	94
chuān		茨	86			妲（dá）	89	敵	94
川	85	粢（zī）	325	cùn		彈	91	適（shì）	216
穿	85	雌	86	寸	88	憚	91	糴	94
		慈	86			壇（tán）	226		
chuán		辭	86	cuō		檐（yán）	265	dǐ	
船	85			差（chā）	76	贍（shàn）	201	抵	94
傳	85	cǐ							
		此	86	cuò		dāng		dì	
chuáng				昔（xī）	251	當	91	弔（diào）	95
床	85	cì		挫	88			地	94
		次	87	莝	89	dàng		弟	95
chuàng		伺（sì）	221	措	88	湯（tāng）	226	帝	95
倉（cāng）	76	刺	87	錯	89	當（dāng）	91	第	95
		恣（zì）	330					諦	95
chuī		賜	87	dá		dǎo		題（tí）	227
吹	85			妲	89	倒	92		
炊	85	cōng		答	89	道（dào）	92	diàn	
		從（cóng）	88	達	89	導	92	田（tián）	228
chuí		聰	88	憚（dàn）	91			殿	95
垂	85					dào		塡（tián）	228
捶	85	cóng		dà		到	92		
箠	85	從	88	大	89	倒（dǎo）	92	diāo	
						陶（táo）	227	敦（dūn）	98
chuì		còu		dài		敦（dūn）	98		
吹（chuī）	85	奏（zòu）	330	大（dà）	89	道	92	diǎo	
				代	90	稻	93	鳥（niǎo）	175
chūn		cù		待	91				
春	85	取（qǔ）	190	殆	91	dé		diào	
		卒（zú）	330	帶	91	得	93	弔	95
		數（shù）	218	逮	91				

趙(zhào) 303	讀 97	duō	fà	féi
調(tiáo) 228		多 98	髮 105	肥 107
	dǔ			賁(bì) 67
dié	堵 97	duó	fān	
佚(yì) 278	睹 97	度(dù) 97	反(fǎn) 105	fěi
涉(shè) 203	篤 97	奪 99	番 105	非(fēi) 107
	覩 97			菲 107
dīng		duò	fán	誹 107
丁 95	dù	墮 99	凡 105	
	土(tǔ) 231		番(fān) 105	fèi
dǐng	杜 97	ē	煩 105	費 107
鼎 96	度 97	阿 99	燔 105	菲(fěi) 107
	渡 98		繁 105	廢 107
dìng	塗(tú) 230	è		
定 96		厄 99	fǎn	fēn
	duān	曷(hé) 126	反 105	分 107
dōng	剬 98	惡 99	返 106	紛 107
冬 96	端 98	遏 99		
東 96		餓 99	fàn	fén
	duǎn		反(fǎn) 105	賁(bì) 67
dòng	短 98	ēn	犯 106	墳 107
動 96		恩 99	汎 106	
棟 97	duàn		泛 106	fèn
	鍛 98	ér	范 106	分(fēn) 107
dōu	斷 98	而 99	飯 106	忿 107
兜 97		兒 103		賁(bì) 67
	duī		fāng	憤 107
dǒu	追(zhuī) 325	ěr	方 106	墳(fén) 107
斗 97	敦(dūn) 98	耳 103	放(fàng) 107	奮 107
豆(dòu) 97	碓(duì) 98	爾 103	枋 106	糞 108
兜(dōu) 97		餌 103		
	duì		fáng	fēng
dòu	敦(dūn) 98	èr	方(fāng) 106	封 108
豆 97	碓 98	二 103	防 106	風 108
投(tóu) 230	對 98		房 106	逢(féng) 108
瀆(dú) 97	銳(ruì) 197	fā		鋒 108
讀(dú) 97		發 104	fǎng	
鬪 97	dūn		彷 107	féng
	純(chún) 86	fá	放(fàng) 107	汎(fàn) 106
dū	敦 98	乏 104		逢 108
都 97		伐 104	fàng	馮 108
	dùn	汎(fàn) 106	放 107	
dú	敦(dūn) 98	罰 105		fěng
頓(dùn) 98	頓 98		fēi	泛(fàn) 106
獨 97	遯 98	fǎ	非 107	
瀆 97		法 105	飛 107	fèng
櫝 97			菲(fěi) 107	奉 108

風（fēng）	108	服（fú）	110	槁	113	宮	116	gù	
		負	111			躬	116	告（gào）	113
fōu		赴	111	gào		恭	116	固	119
不（bù）	70	婦	111	告	113	龔	116	故	119
		富	111					顧	120
fǒu		報（bào）	64	gē		gǒng			
不（bù）	70	傅	111	戈	113	共（gòng）	116	guǎ	
		復	111	格（gé）	114			寡	120
fū		腹	112	割	113	gòng			
夫	108	賦	112	歌	113	共	116	guāi	
不（bù）	70	覆	112	鴿	113	供（gōng）	116	乖	121
傅（fù）	111					貢	116		
		gāi		gé		恐（kǒng）	153	guài	
fú		荄	112	革	114			怪	121
夫（fū）	108			格	114	gōu			
弗	109	gǎi		假（jiǎ）	137	句	116	guān	
伏	110	改	112	葛	114	拘（jū）	147	官	121
扶	110			隔	114	鉤	117	冠	121
服	110	gài		閣	114			矜（jīn）	144
佛	110	蓋	112			gǒu		棺	121
拂	110	概	112	gě		狗	117	關	121
芙	110			合（hé）	125			觀	121
罘	110	gān		蓋（gài）	112	gòu			
枹	110	干	112			句（gōu）	116	guǎn	
浮	110	甘	112	gè		彀	117	管	121
符	110	肝	112	各	114	購	117	館	121
桴	110	乾（qián）	185	浩（hào）	125	講（jiǎng）	142		
鳧	110							guàn	
福	110	gǎn		gēn		gū		冠（guān）	121
		敢	112	根	114	孤	117	棺（guān）	121
fǔ		感	113			姑	118	關（guān）	121
父（fù）	111			gēng		皋（gāo）	113	灌	121
甫	110	gāng		更	114	家（jiā）	137	觀（guān）	121
斧	110	亢（kàng）	152	庚	114				
府	110	坑（kēng）	153	耕	114	gǔ		guāng	
附（fù）	111	綱	113			古	118	光	122
釜	110			gèng		角（jué）	149		
輔	111	gāo		更（gēng）	114	姑（gū）	118	guǎng	
腐	110	咎（jiù）	147			苦（kǔ）	154	廣	122
撫	111	羔	113	gōng		骨	118		
		高	113	弓	114	鼓	118	guī	
fù		皋	113	工	114	賈	118	邽	122
父	111	槁（gǎo）	113	公	114	穀	118	龜	122
付	111	橋（qiáo）	186	功	115	轂	119	歸	122
伏（fú）	110			共（gòng）	116	瞽	119		
阜	111	gǎo		攻	115			guǐ	
附	111	稾	113	供	116			癸	122

鬼	122	寒	124	曷	126	**hóu**		**huái**	
		韓	124	害(hài)	124	侯	127	淮	131
guì				盍	126			懷	131
桂	122	**hàn**		涸	126	**hòu**			
貴	122	旱	124	蓋(gài)	112	后	128	**huài**	
跪	123	閈	124	闔	126	厚	129	壞	131
櫃	123	感(gǎn)	113			後	128		
		漢	124	**hè**		候	129	**huān**	
gǔn				何(hé)	125			蠸	131
鯀	123	**hāng**		和(hé)	126	**hū**			
		航	124	賀	127	乎	129	**huán**	
guō				葛(gé)	114	忽	129	洹(yuán)	292
郭	123	**háng**		赫	127	呼	129	桓	131
過(guò)	123	行(xíng)	259	鶴	127	武(wǔ)	249	環	131
		杭	124			惡(è)	99	還	131
guó				**hēi**		戲(xì)	252		
國	123	**hàng**		黑	127			**huàn**	
		行(xíng)	259			**hú**		患	131
guǒ				**hěn**		狐	130	煥	131
果	123	**háo**		狠	127	胡	130		
菓	123	皋(gāo)	113			斛	130	**huāng**	
槨	123	毫	124	**hèn**		湖	130	皇	131
		號	125	恨	127	壺	130		
guò		豪	125			號(háo)	125	**huáng**	
過	123	嗥	125	**héng**				惶	132
				恒	127	**hǔ**		黃	132
hāi		**hǎo**		衡	127	虎	130		
咳(ké)	152	好	125	橫	127	許(xǔ)	263	**huī**	
								灰	132
hái		**hào**		**hèng**		**hù**		墮(duò)	99
咳(ké)	152	好(hǎo)	125	橫(héng)	127	戶	130	麾	132
骸	124	昊	125			扈	130	戲(xì)	252
		耗	125	**hōng**				隳	132
hǎi		浩	125	薨	127	**huā**			
海	124	號(háo)	125			花	130	**huǐ**	
		嘷	125	**hóng**		華(huá)	131	虫	132
hài				宏	127			悔	132
亥	124	**hē**		虹	127	**huá**		毀	132
害	124	何(hé)	125	洪	127	華	131		
蓋(gài)	112	阿(ē)	99	降(jiàng)	142	鏵	131	**huì**	
駭	124			鴻	127			恚	132
		hé				**huà**		彗	132
hān		禾	125	**hòng**		化	131	晦	132
歛(liǎn)	159	合	125	虹(hóng)	127	華(huá)	131	惠	132
		何	125	澒	127	畫	131	會	132
hán		河	126	鴻(hóng)	127			慧	132
邯	124	和	126					諱	132

jīn		敬	146	劇	148	閣	152	**kōng**	
今	143	境	146	據	148			空	153
金	144	靜	146	懼	148	**kài**			
津	144					咳(ké)	152	**kǒng**	
矜	144	**jiū**		**juān**				孔	153
筋	144	究	146	捐	148	**kāng**		空(kōng)	153
禁(jìn)	145	糾	147			杭(háng)	124	恐	153
襟	144	繆(móu)	170	**juàn**		康	152		
				倦	148			**kòng**	
jín		**jiǔ**		雋	148	**kàng**		空(kōng)	153
僅	145	九	147			亢	152		
		久	147	**juē**		坑(kēng)	153	**kǒu**	
jǐn		句(gōu)	116	祖(zǔ)	331	康(kāng)	152	口	154
堇(qīn)	187	酒	147	嗟	148				
盡(jìn)	145					**kǎo**		**kòu**	
槿	145	**jiù**		**jué**		考	152	寇	154
謹	145	咎	147	決	149	槁(gǎo)	113		
覲(jìn)	145	救	147	角	149			**kū**	
		就	147	屈(qū)	189	**kào**		刳	154
jìn		舊	147	掘	149	槁(gǎo)	113	哭	154
近	145			厥	149	稿(gǎo)	113	掘(jué)	149
晉	145	**jū**		絕	149				
浸	145	且(qiě)	186	闕(què)	191	**kē**		**kǔ**	
堇(qīn)	187	車(chē)	78	爵	149	柯	152	苦	154
進	145	居	147	覺	149	軻	152		
禁	145	拘	147			魁(kuí)	155	**kù**	
盡	145	俱	148	**jūn**				庫	154
薦(jiàn)	140			旬(xún)	264	**ké**		礐	154
覲	145	**jú**		均	149	咳	152		
		告(gào)	113	君	149			**kuā**	
jīng				軍	151	**kě**		華(huá)	131
京	145	**jǔ**		袀	151	可	152		
荊	145	巨(jù)	148	鈞	151	軻(kē)	152	**kuài**	
旌	146	去(qù)	190	龜(guī)	122			快	154
莖	146	拒(jù)	148			**kè**		會(huì)	132
經	146	莒	148	**jùn**		可(kě)	152	魁(kuí)	155
精	146	舉	148	郡	151	克	153		
驚	146			峻	151	刻	153	**kuān**	
		jù		雋(juàn)	148	客	153	寬	154
jǐng		句(gōu)	116	駿	151	剋	153		
井	146	巨	148	濬	152			**kuǎn**	
景	146	足(zú)	330			**kěn**		款	154
頸	146	拒	148	**kāi**		肯	153		
		具	148	開	152			**kuāng**	
jìng		俱(jū)	148			**kēng**		匡	154
徑	146	倨	148	**kǎi**		坑	153	皇(huáng)	131
竟	146	聚	148	豈(qǐ)	183				

kuáng		lài		lí		liǎng		lìng	
狂	154	來	155	藜	156	良(liáng)	159	令	161
		厲(lì)	159	麗(lì)	159	兩	160	領(lǐng)	161
kuàng		賴	155	離	156	量(liàng)	160		
兄(xiōng)	261	瀨	155	蠡(lǐ)	158			liú	
況	154			驪	156	liàng		留	161
皇(huāng)	131	lǎn				兩(liǎng)	160	流	161
壙	154	覽	155	lǐ		量	160	游(yóu)	283
穬	154	攬	155	里	156			劉	161
				李	157	liáo		璆	162
kuī		làn		理	157	聊	160		
虧	154	爛	155	裏	158	勞(láo)	156	liǔ	
闚	154			禮	158	僚	160	柳	162
		láng		蠡	158	僚	160	留(liú)	161
kuí		狼	156			遼	160		
奎	154	琅	156	lì		繆(móu)	170	liù	
魁	155	廊	156	力	158			六	162
		瑯	156	立	158	liǎo		陸(lù)	164
kuǐ				吏	159	僚(liáo)	160	雷	162
頃(qǐng)	188	láo		利	159				
跬	155	勞	156	溧	159	liè		lóng	
魁(kuí)	155			厲	159	列	160	隆	162
		lǎo		歷	159	烈	160	龍	162
kuì		老	156	離(lí)	156	獵	160	籠	162
與(yú)	288			櫟	159			聾	162
喟	155	lào		麗	159	lín			
媿	155	勞(láo)	156	蠡(lǐ)	158	林	160	lǒng	
潰	155	樂(yuè)	297	櫟	159	鄰	160	龍(lóng)	162
歸(guī)	122			鑤	159	臨	160	隴	162
		lè				麟	160	籠(lóng)	162
kūn		樂(yuè)	297	lián					
卵(luǎn)	164			令(lìng)	161	lǐn		lóu	
昆	155	léi		連	159	廩	161	婁	162
髡	155	累(lěi)	156					漏(lòu)	163
		雷	156	liǎn		lìn		樓	162
kùn				斂	159	臨(lín)	160		
困	155	lěi						lǒu	
		累	156	liàn		líng		婁(lóu)	162
kuò				練	159	令(lìng)	161		
會(huì)	132	lèi		鍊	159	凌	161	lòu	
廓	155	累(lěi)	156	攣(luán)	164	陵	161	陋	163
		類	156			靈	161	漏	163
lái				liáng				鏤	163
來(lài)	155	lī		良	159	lǐng			
萊	155	裏(lǐ)	158	梁	160	領	161	lú	
				量(liàng)	160	嶺	161	慮(lù)	164
				糧	160			盧	163

鏤(lòu)	163	**lún**		**máng**		**měng**		**mín**	
蘆	163	論(lùn)	164	盲	165	猛	167	民	168
蘆	163			龍(lóng)	162	懵(mèng)	167		
艫	163	**lùn**						**mǐn**	
鑪	163	論	164	**máo**		**mèng**		昏(hūn)	133
				毛	165	孟	167		
lǔ		**luó**		矛	165	盟(méng)	167	**míng**	
虜	163	羅	165	茅	166	夢	167	名	168
魯	163	蠡(lǐ)	158	耗(hào)	125	懵	167	明	169
		蘿	165	旄	166			冥	169
lù						**mí**		盟(méng)	167
六(liù)	162	**luǒ**		**mǎo**		迷	167	溟	169
角(jué)	149	果(guǒ)	123	卯	166	麋	167	鳴	169
陸	164	累(lěi)	156			糜	167		
鹿	164	蠡(lǐ)	158	**mào**		靡(mǐ)	167	**mǐng**	
僇(liáo)	160			冒	166			溟(míng)	169
路	164	**luò**		茂	166	**mǐ**			
祿	164	格(gé)	114	耗(hào)	125	米	167	**mìng**	
慮(lǜ)	164	路(lù)	164	旄(máo)	166	辟(pì)	177	命	169
戮	164	雒	165	袤	166	靡	167		
錄	164	樂(yuè)	297	貌	166			**miù**	
露	164	駱	165			**mì**		繆(móu)	170
		爍(shuò)	219	**méi**		秘	167		
lú				枚	166	密	167	**mó**	
婁(lóu)	162	**lüè**		梅	166			莫(mò)	170
閭	164	略	165	糜(mí)	167	**miǎn**		無(wú)	247
						免	167	靡(mǐ)	167
lǚ		**má**		**měi**		勉	167		
呂	164	麻	165	美	166			**mò**	
旅	164					**miàn**		末	170
婁(lóu)	162	**mǎ**		**mèi**		面	167	百(bǎi)	62
屢	164	馬	165	昧	166			沒	170
履	164					**miáo**		冒(mào)	166
		mái		**mén**		苗	167	莫	170
lǜ		埋	165	門	166			默	170
率(shuài)	218			懣(mèn)	167	**miǎo**			
慮	164	**mǎi**				眇	167	**móu**	
		買	165	**mèn**				毋(wú)	244
luán				懣	167	**miào**		謀	170
攣	164	**mài**				眇(miǎo)	167	繆	170
		麥	165	**méng**		廟	167	鍪	170
luǎn		賣	165	盟	167	繆(móu)	170		
卵	164			夢(mèng)	167			**mòu**	
		mán		蒙	167	**miè**		戊(wù)	250
luàn		蠻	165	懵(mèng)	167	滅	168		
亂	164							**mǔ**	
								母	170

畝	170	**nèi**		**nóng**		礴(bō)	69	疲	177
		內	173	農	175	繁(fán)	105	辟(pì)	177
mù								罷(bà)	61
木	171	**néng**		**nú**		**pàn**			
目	171	而(ér)	99	奴	175	反(fǎn)	105	**pǐ**	
牧	171	能	173			半(bàn)	63	匹	177
莫(mò)	170			**nǔ**		叛	176	疋(shū)	217
墓	171	**ní**		弩	175	畔	176	諀	177
慕	171	兒(ér)	103						
暮	171	倪	174	**nù**		**páng**		**pì**	
繆(móu)	170	蜺	174	怒	175	方(fāng)	106	匹(pǐ)	177
						彷(fǎng)	107	疋(shū)	217
ná		**nǐ**		**nǚ**		房(fáng)	106	辟	177
南(nán)	172	疑(yí)	273	女	175	旁	176	僻	177
						逢(féng)	108	澼	177
nà		**nì**		**nǜ**		彭(péng)	176	譬	177
內(nèi)	173	倪(ní)	174	女(nǚ)	175				
納	171	逆	174	絮(xù)	263	**páo**		**piān**	
		匿	174			包(bāo)	64	扁(biǎn)	68
nǎi		溺	174	**nuó**				偏	177
乃	171			難(nán)	172	**pèi**		篇	177
迺	172	**nián**				沛	176		
		年	174	**nuò**		配	176	**pián**	
nài				諾	176			平(píng)	178
奈	172	**niàn**				**pēng**		辯(biàn)	68
能(néng)	173	念	175	**nüè**		彭(péng)	176		
				虐	176			**piàn**	
nán		**niǎo**				**péng**		辨(biàn)	68
男	172	鳥	175	**ōu**		逢(féng)	108		
南	172			歐(ǒu)	176	彭	176	**piāo**	
難	172	**niào**		甌	176	蓬	176	漂	177
		溺(nì)	174	鷗	176			飄	177
nǎn						**pěng**			
赧	173	**níng**		**ǒu**		奉(fèng)	108	**piǎo**	
		冰(bīng)	68	禺(yú)	288	捧	176	漂(piāo)	177
nàn		寧	175	偶	176			驃	178
難(nán)	172	疑(yí)	273	歐	176	**pī**			
				耦	176	皮(pí)	177	**piē**	
náng		**nìng**				披	176	蔽(bì)	67
囊	173	佞	175	**pá**		被(bèi)	65		
		寧(níng)	175	把(bǎ)	61	鈹	177	**pín**	
nǎng								貧	178
曩	173	**niú**		**pān**		**pí**			
		牛	175	番(fān)	105	比(bǐ)	66	**pìn**	
nǎo						皮	177	聘	178
腦	173	**niǔ**		**pán**		陂(bēi)	65		
		紐	175	番(fān)	105	毗	177		

píng
平	178
馮(féng)	108

pō
陂(bēi)	65
坡	178
頗	178

pó
番(fān)	105
繁(fán)	105

pǒ
頗(pō)	178

pò
柏(bó)	70
迫	178
破	178
魄	178
霸(bà)	62

pǒu
附(fù)	111
部(bù)	75

pú
扶(fú)	110
僕	178
蒲	178
蒲	178
濮	178

pǔ
浦	178
樸	178

pù
暴(bào)	64
暴	179

qī
七	179
妻	179
欺	179
棲	179
期	179
溪(xī)	251

qí
伎(jì)	135
奇	182
其	179
俟(sì)	221
耆	182
幾(jǐ)	135
祺	182
碕	182
齊	182
旗	182
騎	183
騏	183
齎(jī)	134

qǐ
乞	183
起	183
豈	183
啓	183
幾(jǐ)	135
碕(qí)	182
稽(jī)	133

qì
乞(qǐ)	183
切(qiē)	186
妻(qī)	179
泣	183
亟(jí)	135
氣	184
棄	184
器	184

qiān
千	184
允(yǔn)	297
牽	185
遷	185
謙	185

qián
前	185
健(jiàn)	139
乾	185
漸(jiàn)	139
黔	185
錢	185

qiǎn
淺	185
遣	185

qiàn
牽(qiān)	185
塹	185
謙(qiān)	185

qiāng
將(jiāng)	141
慶(qìng)	188

qiáng
彊	185
牆	186

qiǎng
彊(qiáng)	185

qiāo
橋(qiáo)	186

qiáo
招(zhāo)	302
焦(jiāo)	142
橋	186

qiǎo
巧	186
愀	186

qiào
削(xuē)	264

qiē
切	186

qiě
且	186

qiè
切(qiē)	186
怯	186
妾	186
竊	186

qīn
侵	186
浸(jìn)	145
董	187
親	187

qín
秦	187
琴	187
勤	187
禽	187

qǐn
侵(qīn)	186
寢	187

qìn
親(qīn)	187

qīng
青	187
卿	187
頃(qǐng)	188
清	187
傾	187
輕	188
慶(qìng)	188

qíng
情	188
請(qǐng)	188

qǐng
頃	188
請	188

qìng
慶	188
請(qǐng)	188

qióng
窮	188

qiū
丘	188
邱	189
秋	189
龜(guī)	122

qiú
仇	189
囚	189
求	189
裘	189

qū
去(qù)	190
曲	189
取(qǔ)	190
屈	189
歐(ǒu)	176
趨	190
驅	190

qú
句(gōu)	116
鉤(gōu)	117
懼(jù)	148
衢	190

qǔ
曲(qū)	189
取	190

qù
去	190
趨(qū)	190

quān
拳(quán)	191

quán
全	191
泉	191
純(chún)	86
拳	191
銓	191

權	191	**rěn**		**sà**		**shá**		**shào**	
		忍	195	殺(shā)	199	奢(shē)	203	少(shǎo)	202
quǎn		蔡(cài)	75					召(zhào)	303
犬	191	**rèn**		**shà**		**shà**		削(xuē)	264
		刃	195	沙(shā)	199	沙(shā)	199	稍(shāo)	202
quàn		任	195	思(sī)	220	舍(shè)	203	詔(zhào)	303
勸	191	妊	195					燒(shāo)	202
		衽	195	**sài**		**shài**			
quē				塞(sè)	199	殺(shā)	199	**shē**	
屈(qū)	189	**rì**						奢	203
闕(què)	191	日	195	**sān**		**shān**			
				三	198	山	200	**shé**	
què		**róng**		參(shēn)	205	刪	201	她	203
卻	191	戎	195					蛇	203
爵(jué)	149	容	195	**sǎn**		**shàn**			
闋	191	隔(gé)	114	參(shēn)	205	單(dān)	91	**shě**	
		頌(sòng)	222	散(sàn)	199	善	201	舍(shè)	203
qún		榮	196			膳	201		
群	191	蓉	196	**sàn**		擅	201	**shè**	
		融	196	散	199	壇(tán)	226	舍	203
rán						贍	201	社	203
然	191	**ròu**		**sāng**				射	203
		肉	196	桑	199	**shāng**		涉	203
ráng				喪(sàng)	199	商	201	赦	203
穰	192	**rú**				湯(tāng)	226	設	203
		如	196	**sàng**		傷	201	歙(xī)	251
rǎng		蠕	196	喪	199	觴	201		
穰(ráng)	192							**shēn**	
讓(ràng)	192	**rǔ**		**sāo**		**shǎng**		申	203
		女(nǚ)	175	艘	199	上(shàng)	201	身	204
ràng		汝	196			賞	201	信(xìn)	259
讓	192	乳	196	**sǎo**				參	205
		辱	196	掃	199	**shàng**		深	204
ráo						上	201		
饒	192	**rù**		**sào**		尚	202	**shén**	
		入	196	燥(zào)	300	賞(shǎng)	201	什(shí)	209
rě								神	205
若(ruò)	197	**ruì**		**sè**		**shāo**			
		瑞	197	色	199	稍	202	**shěn**	
rè		銳	197	塞	199	燒	202	沈(chén)	80
熱	192			穡	199			審	205
		ruò				**sháo**			
rén		若	197	**shā**		招(zhāo)	302	**shèn**	
人	192	弱	197	沙	199			甚	205
壬	194			殺	199	**shǎo**		慎	205
仁	194	**sǎ**		鍛	200	少	202		
任(rèn)	195	灑	198						

shēng		仕	213	shú		shuō		sǒu	
生	205	式	213	孰	217	說	219	瞍	222
牲	206	舍(shè)	203	熟	217				
勝(shèng)	206	事	213			shuò		sū	
聲	206	室	214	shǔ		朔	219	蘇	222
		恃	214	黍	217	數(shù)	218		
shěng		是	214	蜀	217	爍	219	sú	
省(xǐng)	260	耆(qí)	182	暑	217			俗	222
		視	215	鼠	217	sī			
shèng		弒	215	數(shù)	218	司	219	sù	
乘(chéng)	81	試	215	屬	217	私	220	素	222
盛(chéng)	82	勢	215			思	220	宿	222
勝	206	飾	215	shù		斯	220	粟	222
聖	206	適	216	戍	217	罳	220	肅	222
		澤(zé)	301	述	217			數(shù)	218
shī		諡	216	庶	218	sǐ		蘇(sū)	222
尸	207	識(shí)	211	術	218	死	220		
失	207	釋	216	疏(shū)	217			suàn	
施	207			疎(shū)	217	sì		筭	222
師	207	shōu		踈(shū)	217	巳	221	選(xuǎn)	264
詩	208	收	216	數	218	司(sī)	219		
濕	208			樹	218	四	221	suī	
		shǒu				伺	221	雖	222
shí		手	216	shuā		似	221		
十	208	守	216	選(xuǎn)	264	姒	221	suí	
什	209	首	216			祀	221	隨	222
石	209			shuāi		俟	221		
食	209	shòu		衰	218	食(shí)	209	suǐ	
時	210	受	216			思(sī)	220	髓	222
提(tí)	227	狩	216	shuài		嗣	222		
實	210	授	216	率	218			suì	
識	211	售	216			sōng		彗(huì)	132
		壽	216	shuí		松	222	術(shù)	218
shǐ		綬	216	誰	218			歲	222
矢	211	獸	216			sǒng		碎	223
史	211			shuǐ		從(cóng)	88	遂	223
豕	211	shū		水	218	縱(zòng)	330	隧	223
始	212	疋	217						
使	211	叔	217	shuì		sòng		sūn	
施(shī)	207	書	217	說(shuō)	219	宋	222	孫	223
		疏	217			送	222		
shì		疏	217	shǔn		頌	222	sūo	
士	212	踈	217	楯	219	誦	222	獻(xiàn)	256
氏	213	銖	217						
示	213	輸	217	shùn		sōu		suǒ	
市	213			舜	219	艘(sāo)	199	所	223
世	213			順	219			索	224

璅	225	棠	226	**tiān**		**tōu**		**tuó**	
		塘	226	天	227	偷	230	池(chí)	82
tā		溏	226					橐	231
他	225			**tián**		**tóu**			
		tàng		田	228	投	230	**tuò**	
tà		湯(tāng)	226	填	228	頭	230	魄(pò)	178
達(dá)	89			鎮(zhèn)	307				
濕(shī)	208	**tāo**				**tǒu**		**wā**	
		滔	226	**tiǎn**		斜	230	蛙	231
tái		濤	226	填(tián)	228				
能(néng)	173	韜	226			**tū**		**wá**	
臺	225			**tiáo**		突	230	娃	231
		táo		調	228				
tài		桃	226			**tú**		**wǎ**	
大(dà)	89	逃	227	**tiě**		徒	230	瓦	231
太	225	陶	227	鐵	229	塗	230		
能(néng)	173					圖	230	**wà**	
泰	225	**tǎo**		**tīng**				瓦(wǎ)	231
態	225	討	227	聽	229	**tǔ**			
						土	231	**wài**	
tān		**tè**		**tíng**				外	231
貪	226	特	227	亭	229	**tuán**			
探	226	匿(nì)	174	庭	229	剬(duān)	98	**wān**	
		貸(dài)	91	霆	229	專(zhuān)	325	關(guān)	121
tán						敦(dūn)	98		
沈(chén)	80	**téng**		**tìng**		摶	231	**wán**	
彈(dàn)	91	滕	227	庭(tíng)	229			頑	232
壇	226	騰	227			**tuàn**			
鐔(xín)	259			**tōng**		緣(yuán)	292	**wǎn**	
		tí		桐(tóng)	230			宛	232
tǎn		折(zhé)	303	通	229	**tuī**			
袒	226	啼	227			推	231	**wàn**	
		提	227	**tóng**				萬	232
tàn		諦(dì)	95	同	229	**tuí**			
炭	226	題	227	重(zhòng)	321	弟(dì)	95	**wāng**	
探(tān)	226			桐	230			匡(kuāng)	154
貪(tān)	226	**tǐ**		銅	230	**tuì**			
嘆	226	體	227	僮	230	退	231	**wáng**	
歎	226							亡	232
		tì		**tǒng**		**tún**		王	232
tāng		狄(dí)	94	甬(yǒng)	282	純(chún)	86		
湯	226	弟(dì)	95	統	230	敦(dūn)	98	**wǎng**	
闛(chāng)	77	涕	227					方(fāng)	106
		適(shì)	216	**tòng**		**tuō**		王(wáng)	232
táng		錫(xī)	251	痛	230	他(tā)	225	枉	236
唐	226	躍(yuè)	297			託	231	罔	236
堂	226					說(shuō)	219	往	236

wàng		wén		wǔ		憙	252	軒(xuān)	263
王(wáng)	232	文	242	午	249			羨	255
妄	236	聞	242	五	248	xì		綫	255
忘	237			伍	249	系	252	縣	255
盲(máng)	165	wěn		武	249	卻(què)	191	獻	256
往(wǎng)	236	刎	243	務(wù)	250	係	252		
望	237	昧(mèi)	166	舞	250	氣(qì)	184	xiāng	
						細	252	相	256
wēi		wèn		wù		綌	252	湘	256
危	237	文(wén)	242	勿	250	赫(hè)	127	鄉	256
委(wěi)	240	免(miǎn)	167	戊	250	戲	252	襄	256
畏(wèi)	241	問	243	物	250	繫	252		
威	237	聞(wén)	242	悟	250			xiáng	
微	237			掘(jué)	149	xiá		降(jiàng)	142
		wēng		務	250	甲(jiǎ)	137	祥	256
wéi		翁	243	梧(wú)	247	夾(jiā)	137		
爲	237			惡(è)	99	狹	252	xiǎng	
僞(wěi)	240	wěng		塢	250	假(jiǎ)	137	鄉(xiāng)	256
惟	240	翁(wēng)	243	寤	250	遐	252	想	256
唯	240							響	257
圍	240	wǒ		xī		xià			
違	240	我	243	夕	250	下	252	xiàng	
維	240	果(guǒ)	123	西	250	夏	253	向	257
魏(wèi)	241			希	251	假(jiǎ)	137	巷	257
巍	240	wò		吸	251			相(xiāng)	256
		臥	243	昔	251	xiān		象	257
wěi				息	251	先	254	鄉(xiāng)	256
尾	240	wū		悉	251	跣(xiǎn)	255	像	257
委	240	巫	243	訢(xīn)	258	僊	254		
僞	240	於(yú)	286	惜	251			xiāo	
唯(wéi)	240	洿	244	棲(qī)	179	xián		肖(xiào)	257
葦	240	屋	244	喜(xǐ)	252	弦	254	哮	257
		烏	244	溪	251	咸	254	消	257
wèi		惡(è)	99	膝	251	絃	254	驍(jiāo)	142
未	240	嗚	244	錫	251	閒	254		
位	240	誣	244	歙	251	嫌	254	xiáo	
味	241			戲(xì)	252	銜	254	校(jiào)	142
畏	241	wú		犧	251	賢	254		
尉	241	亡(wáng)	232					xiǎo	
衛	241	毋	244	xí		xiǎn		小	257
謂	241	无	244	席	252	省(xǐng)	260	曉	257
遺(yí)	274	吳	245	習	252	跣	255		
魏	241	吾	244	襲	252	險	255	xiào	
		梧	247			顯	255	肖	257
wēn		無	247	xǐ				孝	257
溫	241	蕪	248	徙	252	xiàn		校(jiào)	142
				喜	252	見(jiàn)	138	效	257

笑　257

xiē
曷(hé)　126
歇　258

xié
邪　258
挾　258
脅　258
歙(xī)　251

xiě
寫　258

xiè
泄　258
洩　258
械　258
解(jiě)　143
寫(xiě)　258
豫(yù)　291
謝　258

xīn
心　258
辛　258
欣　258
訢　258
新　259
親(qīn)　187

xín
鐔　259

xìn
信　259
釁　259

xīng
星　259
興　259

xíng
行　259
刑　260
形　260

xǐng
省　260
醒　260

xìng
行(xíng)　259
姓　261
幸　260
性　260
興(xīng)　259

xiōng
凶　261
兄　261

xióng
雄　261

xiū
休　261
修　261
羞　261

xiù
宿(sù)　222
繡　261

xū
于(yú)　285
呼(hū)　129
胥　261
虛　263
須　263
墟　263

xú
邪(xié)　258
徐　263

xǔ
休(xiū)　261
許　263

xù
序　263
畜(chù)　85
敘　263

絮　263
蓄　263
續　263

xuān
宣　263
軒　263

xuán
玄　263
旋　263
滋　264
縣(xiàn)　255
還(huán)　131

xuǎn
選　264
癬　264

xuàn
旋(xuán)　263
衒　264
選(xuǎn)　264

xuē
削　264
薛　264

xué
穴　264
學　264

xuè
血　264
決(jué)　149

xún
旬　264
巡　264
循　264

xùn
孫(sūn)　223
遜　264
選(xuǎn)　264

yàn
炎(yán)　265

yā
亞(yà)　264
烏(wū)　244
雅(yǎ)　264
厭(yàn)　266

yá
牙　264

yǎ
疋(shū)　217
雅　264

yà
亞　264
御(yù)　290

yān
身(shēn)　204
殷(yīn)　280
焉　264
淹　264
厭(yàn)　266
燕(yàn)　266

yán
巡(xún)　264
延　265
言　265
妍　265
炎　265
狠(hěn)　127
羨(xiàn)　255
險(xiǎn)　255
檐　265
顏　265
嚴　265
巖　265
鹽　265

yǎn
掩　266
偃　266
厭(yàn)　266

喑　266
晏　266
硯　266
厭　266
鴈　266
燕　266
驗　266
饜　266
鹽(yán)　265

yāng
央　266
殃　266

yáng
羊　266
佯　266
洋　266
揚　266
湯(Lāng)　226
陽　266
楊　267

yǎng
仰　267
養　267

yāo
妖　267
要　267
徼(jiào)　142

yáo
姚　267
陶(táo)　227
堯　267
猶(yóu)　283
搖　267
繇　267

yǎo
要(yāo)　267

yào
幼(yòu)　285
要(yāo)　267
樂(yuè)　297

藥	267	**yǐ**		殷	280	雍	282	邪(xié)	258
		乙	274	陰	280			於	286
yē		已	274	壹(yī)	273	**yóng**		臾	288
掖(yè)	272	以	274			禺(yú)	288	禹	288
		矣	277	**yín**				魚	288
yé		倚	278	沂(yí)	273	**yǒng**		隅	288
邪(xié)	258			訢(xīn)	258	永	282	喻(yù)	291
耶	268	**yì**		淫	281	甬	282	虞	288
瑯	268	弋	278	寅	281	勇	282	愚	288
		失(shī)	207	嚚	281	臾(yú)	288	與(yǔ)	289
yě		艾(ài)	61					漁	288
也	268	衣(yī)	273	**yǐn**		**yòng**		諛	289
冶	271	亦	278	引	281	用	282	餘	288
虵(shé)	203	抑	278	尹	281				
野	271	邑	278	殷(yīn)	280	**yōu**		**yǔ**	
		役	278	飲	281	幽	282	羽	289
yè		佚	278	隱	281	憂	282	雨	289
夜	272	泄(xiè)	258			繇(yáo)	267	臾(yú)	288
射(shè)	203	泆	279	**yìn**				禹	289
掖	272	易	278	印	281	**yóu**		梧(wú)	247
業	272	施(shī)	207	陰(yīn)	280	尤	283	庾	289
謁	272	洩(xiè)	258	飲(yǐn)	281	由	283	與	289
		食(shí)	209	隱(yǐn)	281	猶	283	語	290
yī		射(shè)	203			游	283		
一	272	益	279	**yīng**		遊	283	**yù**	
衣	273	移(yí)	273	央(yāng)	266	繇(yáo)	267	玉	290
伊	273	異	279	英	281			或(huò)	133
揖	273	逸	279	嬰	281	**yǒu**		雨(yǔ)	289
壹	273	嗌	279	應	281	又(yòu)	285	禺(yú)	288
意(yì)	279	裔	279			友	283	浴	290
勦(yǒu)	285	溢	279	**yíng**		有	283	御	290
醫	273	意	279	迎	281	酉	285	尉(wèi)	241
		義	279	盈	281	幽(yōu)	282	欲	290
yí		詣	279	贏	281	勦	285	喻	291
夷	273	厭(yàn)	266	營	281			遇	291
沂	273	毅	280			**yòu**		愈	291
宜	273	億	279	**yǐng**		又	285	預	291
施(shī)	207	澤(zé)	301	郢	281	右	285	獄	291
蛇(shé)	203	翼	280	景(jǐng)	146	幼	285	語(yǔ)	290
移	273	鎰	280	影	282	有(yǒu)	283	與(yǔ)	289
焉(yān)	264	藝	280					豫	291
羨(xiàn)	255	釋(shì)	216	**yìng**		**yū**		譽	291
疑	273	議	280	迎(yíng)	281	紆	285		
儀	274			應(yīng)	281			**yuān**	
遺	274	**yīn**				**yú**		宛(wǎn)	232
		因	280	**yōng**		于	285	冤	291
		音	280	庸	282	吾(wú)	244	淵	291

yuán				
元	291	怨(yuàn)	292	zé
洹	292	溫(wēn)	241	則 300
袁	292	運	297	措(cuò) 88
原	292			責 300
員	292	zā		賊 300
援	292	噆(zǎn)	299	幘 301
源	292			擇 301
園	292	zá		澤 301
圓	292	雜	297	

zé — 則 300, 措(cuò) 88, 責 300, 賊 300, 幘 301, 擇 301, 澤 301

yuán		
元	291
洹	292
袁	292
原	292
員	292
援	292
源	292
園	292
圓	292
緣	292
轅	292

yuán
- 元 291
- 洹 292
- 袁 292
- 原 292
- 員 292
- 援 292
- 源 292
- 園 292
- 圓 292
- 緣 292
- 轅 292

yuǎn
- 遠 292

yuàn
- 怨 292
- 原(yuán) 292
- 願 292

yuē
- 曰 292
- 約 295

yuè
- 月 295
- 悅 295
- 越 295
- 說(shuō) 219
- 樂 297
- 嶽 297
- 櫟(lì) 159
- 躍 297
- 籥 297

yún
- 云 297
- 均(jūn) 149
- 員(yuán) 292
- 雲 297

yǔn
- 允 297

yùn
- 均(jūn) 149

怨(yuàn) 292
溫(wēn) 241
運 297

zā
- 噆(zǎn) 299

zá
- 雜 297

zāi
- 災 297
- 哉 297
- 菑(zī) 325

zǎi
- 宰 298
- 載(zài) 299

zài
- 再 299
- 在 298
- 載 299

zǎn
- 噆 299

zāng
- 臧 299
- 藏(cáng) 76

zàng
- 葬 299
- 臧(zāng) 299
- 藏(cáng) 76

zāo
- 遭 299

zǎo
- 早 299

zào
- 造 299
- 慥 300
- 燥 300
- 竈 300

zé
- 則 300
- 措(cuò) 88
- 責 300
- 賊 300
- 幘 301
- 擇 301
- 澤 301

zè
- 側(cè) 76

zèn
- 譖 301

zēng
- 曾 301
- 憎 301
- 增 301
- 繒 301

zèng
- 贈 301

zhà
- 作(zuò) 331
- 詐 301

zhāi
- 齊(qí) 182
- 齋 301

zhái
- 宅 301
- 翟(dí) 94

zhài
- 柴(chái) 77
- 祭(jì) 136
- 責(zé) 300

zhān
- 占 301
- 瞻 301

zhǎn
- 斬 301

zhàn
- 占(zhān) 301
- 湛 301
- 戰 301

zhāng
- 張 302
- 章 302
- 偉 302
- 鄣 302

zhǎng
- 長(cháng) 77
- 掌 302

zhàng
- 丈 302
- 杖 302
- 長(cháng) 77
- 張(zhāng) 302
- 鄣(zhāng) 302

zhāo
- 招 302
- 炤(zhào) 303
- 昭 302
- 釽(pī) 177
- 朝 302
- 著(zhù) 325

zhǎo
- 炤(zhào) 303

zhào
- 召 303
- 兆 303
- 炤 303
- 詔 303
- 照 303
- 趙 303
- 櫂 303

zhé
- 折 303
- 適(shì) 216

zhě
- 者 303
- 堵(dǔ) 97

zhè
- 浙 306

zhēn
- 珍 306
- 貞 307
- 唇(chún) 86
- 眞 307
- 振(zhèn) 307

zhěn
- 枕 307
- 振(zhèn) 307
- 軫 307

zhèn
- 枕(zhěn) 307
- 陣 307
- 振 307
- 陳(chén) 80
- 填(tián) 228
- 震 307
- 鎮 307

zhēng
- 丁(dīng) 95
- 正(zhèng) 307
- 爭 307
- 征 307
- 政(zhèng) 307
- 蒸 307
- 徵 307

zhěng
- 承(chéng) 81
- 整 307

zhèng
- 正 307
- 爭(zhēng) 307
- 政 307
- 鄭 307
- 靜(jìng) 146

證	308	識(shí)	211	**zhú**		**zhuì**		從(cóng)	88

證	308	識(shí)	211	**zhú**		**zhuì**		從(cóng)	88
zhī		**zhōng**		竹	324	墜	325	縱(zòng)	330
之	308	中	319	逐	324	隧(suì)	223		
支	315	忠	320	舳	324			**zǒng**	
氏(shì)	213	眾(zhòng)	322	燭	324	**zhūn**		從(cóng)	88
知	315	終	320			純(chún)	86	縱(zòng)	330
脂	316	鍾	320	**zhǔ**		頓(dùn)	98		
智(zhì)	319	鐘	320	主	324			**zòng**	
織	316			柱(zhù)	324	**zhǔn**		從(cóng)	88
		zhǒng		渚	324	純(chún)	86	縱	330
zhí		冢	320	屬(shǔ)	217				
直	316	種	321			**zhuō**		**zǒu**	
值	317	踵	321	**zhù**		拙	325	走	330
執	317			助	324	掘(jué)	149	奏(zòu)	330
殖	317	**zhòng**		注	324				
遲(chí)	82	中(zhōng)	319	柱	324	**zhuó**		**zòu**	
職	317	仲	321	苧	324	酌	325	奏	330
		重	321	除(chú)	84	著(zhù)	325		
zhǐ		眾	322	祝	325	濁	325	**zū**	
止	317	種(zhǒng)	321	庶(shù)	218	櫂(zhào)	303	租	330
抵(dǐ)	94			貯	325			諸(zhū)	323
指	317	**zhōu**		著	325	**zī**			
耆(qí)	182	舟	322	築	325	次(cì)	87	**zú**	
視(shì)	215	州	322	鑄	325	觜	326	足	330
徵(zhēng)	307	周	322			訾(zǐ)	329	卒	330
		洲	323	**zhuān**		粢	325		
zhì		調(tiáo)	228	專	325	菑	325	**zǔ**	
伎(jì)	135					資	326	作(zuò)	331
至	317	**zhǒu**		**zhuǎn**		齊(qí)	182	阻	331
志	318	帚	323	轉	325	齋(zhāi)	301	俎	331
知(zhī)	315					齎(jī)	134	祖	331
炙	318	**zhòu**		**zhuàn**					
制	318	注(zhù)	324	傳(chuán)	85	**zǐ**		**zuǐ**	
治	318	紂	323	轉(zhuǎn)	325	子	326	觜(zī)	326
郅	319	胄	323			訾	329		
致	319	祝(zhù)	325	**zhuāng**				**zuì**	
秩	319	晝	323	莊	325	**zì**		最	331
剬(duān)	98	繇(yáo)	267	裝	325	自	329	罪	331
智	319					字	329		
彘	319	**zhū**		**zhuàng**		事(shì)	213	**zūn**	
雉	319	朱	323	壯	325	柴(chái)	77	尊	331
置	319	邾	323	狀	325	恣	330		
質	319	珠	323	僮(tóng)	230	菑(zī)	325	**zǔn**	
遲(chí)	82	誅	323			漬	330	尊(zūn)	331
織(zhī)	316	銖(shū)	217	**zhuī**					
職(zhí)	317	諸	323	追	325	**zōng**		**zuō**	
						宗	330	作(zuò)	331

zuó			
作（zuò）　331			
捽　331			
莋　331			
zuǒ			
左　331			
佐　331			
zuò			
左（zuǒ）　331			
坐　331			
作　331			
挫（cuò）　88			
座　332			
祚　332			
鑿　332			
（音未詳）			
格　332			
魖　332			

威 妥 碼 — 漢 語 拼 音 對 照 表

A	
a	a
ai	ai
an	an
ang	ang
ao	ao

C	
cha	zha
ch'a	cha
chai	zhai
ch'ai	chai
chan	zhan
ch'an	chan
chang	zhang
ch'ang	chang
chao	zhao
ch'ao	chao
che	zhe
ch'e	che
chei	zhei
chen	zhen
ch'en	chen
cheng	zheng
ch'eng	cheng
chi	ji
ch'i	qi
chia	jia
ch'ia	qia
chiang	jiang
ch'iang	qiang
chiao	jiao
ch'iao	qiao
chieh	jie
ch'ieh	qie
chien	jian
ch'ien	qian
chih	zhi
ch'ih	chi
chin	jin
ch'in	qin
ching	jing
ch'ing	qing
chiu	jiu
ch'iu	qiu
chiung	jiong
ch'iung	qiong
cho	zhuo
ch'o	chuo
chou	zhou
ch'ou	chou
chu	zhu
ch'u	chu
chua	zhua
ch'ua	chua
chuai	zhuai
ch'uai	chuai
chuan	zhuan
ch'uan	chuan
chuang	zhuang
ch'uang	chuang
chui	zhui
ch'ui	chui
chun	zhun
ch'un	chun
chung	zhong
ch'ung	chong
chü	ju
ch'ü	qu
chüan	juan
ch'üan	quan
chüeh	jue
ch'üeh	que
chün	jun
ch'ün	qun

E	
e	e
eh	ê
ei	ei
en	en
eng	eng
erh	er

F	
fa	fa
fan	fan
fang	fang
fei	fei
fen	fen
feng	feng
fo	fo
fou	fou
fu	fu

H	
ha	ha
hai	hai
han	han
hang	hang
hao	hao
he	he
hei	hei
hen	hen
heng	heng
ho	he
hou	hou
hsi	xi
hsia	xia
hsiang	xiang
hsiao	xiao
hsieh	xie
hsien	xian
hsin	xin
hsing	xing
hsiu	xiu
hsiung	xiong
hsü	xu
hsüan	xuan
hsüeh	xue
hsün	xun
hu	hu
hua	hua
huai	huai
huan	huan
huang	huang

hui	hui
hun	hun
hung	hong
huo	huo

J	
jan	ran
jang	rang
jao	rao
je	re
jen	ren
jeng	reng
jih	ri
jo	ruo
jou	rou
ju	ru
juan	ruan
jui	rui
jun	run
jung	rong

K	
ka	ga
k'a	ka
kai	gai
k'ai	kai
kan	gan
k'an	kan
kang	gang
k'ang	kang
kao	gao
k'ao	kao
ke	ge
k'e	ke
kei	gei
ken	gen
k'en	ken
keng	geng
k'eng	keng
ko	ge
k'o	ke
kou	gou
k'ou	kou
ku	gu
k'u	ku
kua	gua
k'ua	kua
kuai	guai
k'uai	kuai
kuan	guan
k'uan	kuan
kuang	guang
k'uang	kuang
kuei	gui
k'uei	kui
kun	gun
k'un	kun
kung	gong
k'ung	kong
kuo	guo
k'uo	kuo

L	
la	la
lai	lai
lan	lan
lang	lang
lao	lao
le	le
lei	lei
leng	leng
li	li
lia	lia
liang	liang
liao	liao
lieh	lie
lien	lian
lin	lin
ling	ling
liu	liu
lo	le
lou	lou
lu	lu
luan	luan

lun	lun	nu	nu	sai	sai	t'e	te	tsung	zong
lung	long	nuan	nuan	san	san	teng	deng	ts'ung	cong
luo	luo	nung	nong	sang	sang	t'eng	teng	tu	du
lü	lü	nü	nü	sao	sao	ti	di	t'u	tu
lüeh	lüe	nüeh	nüe	se	se	t'i	ti	tuan	duan
				sen	sen	tiao	diao	t'uan	tuan
M		**O**		seng	seng	t'iao	tiao	tui	dui
ma	ma	o	o	sha	sha	tieh	die	t'ui	tui
mai	mai	ou	ou	shai	shai	t'ieh	tie	tun	dun
man	man			shan	shan	tien	dian	t'un	tun
mang	mang	**P**		shang	shang	t'ien	tian	tung	dong
mao	mao	pa	ba	shao	shao	ting	ding	t'ung	tong
me	me	p'a	pa	she	she	t'ing	ting	tzu	zi
mei	mei	pai	bai	shei	shei	tiu	diu	tz'u	ci
men	men	p'ai	pai	shen	shen	to	duo		
meng	meng	pan	ban	sheng	sheng	t'o	tuo	**W**	
mi	mi	p'an	pan	shih	shi	tou	dou	wa	wa
miao	miao	pang	bang	shou	shou	t'ou	tou	wai	wai
mieh	mie	p'ang	pang	shu	shu	tsa	za	wan	wan
mien	mian	pao	bao	shua	shua	ts'a	ca	wang	wang
min	min	p'ao	pao	shuai	shuai	tsai	zai	wei	wei
ming	ming	pei	bei	shuan	shuan	ts'ai	cai	wen	wen
miu	miu	p'ei	pei	shuang	shuang	tsan	zan	weng	weng
mo	mo	pen	ben	shui	shui	ts'an	can	wo	wo
mou	mou	p'en	pen	shun	shun	tsang	zang	wu	wu
mu	mu	peng	beng	shuo	shuo	ts'ang	cang		
		p'eng	peng	so	suo	tsao	zao	**Y**	
N		pi	bi	sou	sou	ts'ao	cao	ya	ya
na	na	p'i	pi	ssu	si	tse	ze	yang	yang
nai	nai	piao	biao	su	su	ts'e	ce	yao	yao
nan	nan	p'iao	piao	suan	suan	tsei	zei	yeh	ye
nang	nang	pieh	bie	sui	sui	tsen	zen	yen	yan
nao	nao	p'ieh	pie	sun	sun	ts'en	cen	yi	yi
ne	ne	pien	bian	sung	song	tseng	zeng	yin	yin
nei	nei	p'ien	pian			ts'eng	ceng	ying	ying
nen	nen	pin	bin	**T**		tso	zuo	yo	yo
neng	neng	p'in	pin	ta	da	ts'o	cuo	yu	you
ni	ni	ping	bing	t'a	ta	tsou	zou	yung	yong
niang	niang	p'ing	ping	tai	dai	ts'ou	cou	yü	yu
niao	niao	po	bo	t'ai	tai	tsu	zu	yüan	yuan
nieh	nie	p'o	po	tan	dan	ts'u	cu	yüeh	yue
nien	nian	p'ou	pou	t'an	tan	tsuan	zuan	yün	yun
nin	nin	pu	bu	tang	dang	ts'uan	cuan		
ning	ning	p'u	pu	t'ang	tang	tsui	zui		
niu	niu			tao	dao	ts'ui	cui		
no	nuo	**S**		t'ao	tao	tsun	zun		
nou	nou	sa	sa	te	de	ts'un	cun		

筆畫檢字表

一畫
一 一 272
乙 乙 274

二畫
一 丁 95
　 七 179
丿 乃 171
乙 九 147
二 二 103
人 人 192
入 入 196
八 八 61
力 力 158
匕 匕 66
十 十 208
卜 卜 70
又 又 285

三畫
一 下 252
　 上 201
　 三 198
　 丈 302
丿 久 147
乙 乞 183
　 也 268
二 于 285
亠 亡 232
几 凡 105
刀 刃 195
十 千 184
口 口 154
土 土 231
士 士 212
夕 夕 250
大 大 89
女 女 175
子 子 326
寸 寸 88
小 小 257
尸 尸 207

山 山 200
巛 川 85
工 工 114
己 己 135
　 巳 221
　 已 274
干 干 112
弋 弋 278
弓 弓 114
手 才 75

四畫
一 不 70
丨 中 319
丶 丹 91
丿 之 308
二 井 146
　 五 248
　 云 297
亠 亢 152
人 今 143
　 介 143
　 仇 189
　 仁 194
　 什 209
儿 元 291
　 允 297
入 內 173
八 公 114
　 六 162
凵 凶 261
刀 分 107
　 切 186
勹 勿 250
匕 化 131
匚 匹 177
十 午 249
厂 厄 99
又 反 105
　 及 134
　 友 283
士 壬 194

大 夫 108
　 太 225
　 天 227
子 孔 153
小 少 202
尢 尤 283
尸 尺 82
　 尹 281
己 巴 61
弓 弔 95
　 引 281
心 心 258
戈 戈 113
戶 戶 130
手 手 216
支 支 315
文 文 242
斗 斗 97
方 方 106
无 无 244
日 日 195
曰 曰 292
月 月 295
木 木 171
止 止 317
毋 毋 244
比 比 66
毛 毛 165
氏 氏 213
水 水 218
火 火 133
父 父 111
牙 牙 264
牛 牛 175
犬 犬 191
玉 王 232

五畫
一 丙 69
　 且 186
　 丘 188
　 世 213

丶 主 324
丿 乏 104
　 乎 129
人 代 90
　 付 111
　 仕 213
　 令 161
　 他 225
　 以 274
儿 兄 261
冂 冊 76
冫 冬 96
凵 出 83
力 功 115
　 加 137
勹 包 64
匕 北 65
十 半 63
卜 占 301
卩 卯 166
厶 去 190
口 古 118
　 句 116
　 司 219
　 可 152
　 史 211
　 召 303
　 右 285
囗 四 221
　 囚 189
夕 外 231
大 失 207
　 央 266
女 奴 175
工 巨 148
　 巧 186
　 左 331
巾 布 75
　 市 213
干 平 178
幺 幼 285
弓 弗 109

心 必 66
戈 戍 250
斤 斥 83
日 旦 91
木 本 66
　 未 240
　 末 170
止 正 307
毋 母 170
氏 民 168
水 永 282
犬 犯 106
玄 玄 263
玉 玉 290
瓦 瓦 231
甘 甘 112
生 生 205
用 用 282
田 甲 137
　 申 203
　 田 228
　 由 283
疋 疋 217
白 白 62
皮 皮 177
目 目 171
矛 矛 165
矢 矢 211
石 石 209
示 示 213
禾 禾 125
穴 穴 264
立 立 158

六畫
一 丞 80
亠 交 142
　 亥 124
　 亦 278
人 伐 104
　 伏 110
　 伎 135

伍 249
任 195
伊 273
仲 321
休 261
仰 267
儿 光 122
　 先 254
　 兆 303
入 全 191
八 共 116
冂 再 299
冫 冰 68
刀 刎 243
　 列 160
　 刑 260
匚 匠 142
　 匡 154
卩 危 237
　 印 281
口 吉 135
　 各 114
　 后 128
　 合 125
　 名 168
　 吏 159
　 同 229
　 向 257
囗 因 280
土 地 94
　 在 298
夕 多 98
大 夷 273
女 好 125
　 如 196
　 妄 236
子 存 88
　 字 329
宀 安 61
　 守 216
　 宅 301
巛 州 322

干 井 69
　 年 174
弋 式 213
戈 成 80
　 戌 217
　 戎 195
攴 收 216
日 旬 264
　 早 299
曰 曲 189
月 有 283
木 朱 323
欠 次 87
止 此 86
歹 死 220
水 池 82
　 汎 106
　 江 140
　 汝 196
火 灰 132
白 百 62
竹 竹 324
米 米 167
羊 羊 266
羽 羽 289
老 考 152
　 老 156
而 而 99
耳 耳 103
肉 肉 196
臣 臣 78
自 自 329
至 至 317
舟 舟 322
色 色 199
艸 艾 61
虫 虫 132
血 血 264
行 行 259
衣 衣 273
襾 西 250

七　畫		巾 希	251	肉 肝	112	取	190	怯	186	注	324	九　畫	
人 何	322	广 床	85	肖	257	口 呼	129	念	175	治	318	二 亟	135
但	91	序	263	艮 良	159	咎	147	忠	320	泄	258	亠 亭	229
低	94	廴 延	265	見 見	138	和	126	性	260	火 炊	85	人 保	64
伯	70	弓 弟	95	角 角	149	味	241	戈 或	133	炎	265	侯	127
似	221	彡 形	260	言 言	265	命	169	戶 房	106	炙	318	俗	222
佝	221	彳 彷	107	豆 豆	97	周	322	所	223	爪 爭	307	俟	221
位	240	役	278	豕 豕	211	囗 固	119	手 抽	83	牛 牧	171	侵	186
佞	175	心 忌	135	赤 赤	83	土 垂	85	拂	110	物	250	係	252
佚	278	快	154	走 走	330	坡	178	承	81	犬 狗	117	信	259
佐	331	忍	195	足 足	330	夕 夜	272	抵	94	狐	130	俎	331
作	331	忘	237	身 身	204	大 奉	108	拘	147	狀	325	冂 冒	166
儿 克	153	志	318	車 車	78	奇	182	拔	61	目 盲	165	冑	323
免	167	戈 戒	143	辛 辛	258	女 姐	89	拒	148	直	316	冖 冠	121
八 兵	68	我	243	辰 辰	80	姑	118	披	176	矢 知	315	刀 剋	153
冫 冶	271	手 把	61	邑 邦	63	姜	186	招	302	示 社	203	前	185
刀 別	68	扶	110	邑	278	始	212	拙	325	祀	221	則	300
初	84	投	230	邪	258	姒	221	攴 放	107	禾 秉	69	削	264
刪	201	折	303	酉 酉	285	委	240	政	307	穴 空	153	力 勃	70
利	159	抑	278	里 里	156	妻	179	斤 斧	110	糸 糾	147	勉	167
力 助	324	攴 改	112	阜 防	106	姓	261	方 於	286	网 罔	236	勇	282
卩 即	134	攻	115			子 季	136	日 昌	77	肉 肥	107	十 南	172
卵	164	日 旱	124	八　畫		孤	117	昊	125	肩	137	卜 卻	191
口 告	113	曰 更	114	一 並	69	孟	167	昏	133	肯	153	厂 厚	129
君	149	木 材	75	丿 乖	121	宀 官	121	昆	155	臣 臥	243	又 叛	176
吹	85	杜	97	乙 乳	196	定	96	昔	251	舌 舍	203	口 哀	61
呂	164	村	88	亅 事	213	宛	232	明	169	艸 花	130	咳	152
吳	245	李	157	二 亞	264	宜	273	易	278	芙	110	咸	254
吸	251	杖	302	亠 京	145	宗	330	月 服	110	虍 虎	130	哉	297
吾	244	止 步	75	人 供	116	小 尙	202	木 枋	106	衣 表	68	土 城	81
囗 困	155	水 沈	80	侈	83	尸 居	147	杭	124	辵 返	106	大 奔	66
土 均	149	決	149	使	211	屈	189	果	123	近	145	奎	154
坂	63	沛	176	來	155	巾 帛	70	東	96	迎	281	奏	330
坑	153	求	189	伴	266	帚	323	松	222	邑 邯	124	女 姬	133
坐	331	沒	170	儿 兒	103	干 幸	260	枚	166	邱	189	威	237
士 壯	325	沙	199	入 兩	160	广 庚	114	枉	236	采 采	75	娃	231
大 夾	137	沂	273	八 具	148	府	110	林	160	金 金	144	姚	267
女 妊	195	火 災	297	其	179	弓 弦	254	枕	307	長 長	77	宀 室	214
妖	267	犬 狄	94	刀 到	92	弩	175	欠 欣	258	門 門	166	客	153
妍	265	狂	154	刺	87	彳 佛	110	止 武	249	阜 陂	65	宣	263
子 孝	257	用 甫	110	刻	153	彼	66	水 河	126	阜	111	寸 封	108
宀 宏	127	甬	282	剎	154	往	236	法	105	阿	99	尸 屋	244
宋	222	田 男	172	制	318	征	307	泛	106	附	111	己 巷	257
尸 尾	240	矢 矣	277	十 卑	65	心 忿	107	波	69	阻	331	巾 帝	95
山 岑	76	禾 私	220	卒	330	怪	121	況	154	雨 雨	289	幺 幽	282
巛 巡	264	穴 究	146	又 叔	217	怖	75	泣	183	青 青	187	广 度	97
工 巫	243	糸 系	252	受	216	忽	129	洗	279	非 非	107	廴 建	139

部首	字	頁
彳	待	91
	後	128
心	恆	127
	急	135
	恨	127
	恃	214
	怒	175
	思	220
	怨	292
戶	扁	68
手	持	82
	拜	63
	按	61
	指	317
攴	故	119
方	施	207
无	既	136
日	春	85
	是	214
	昧	166
	星	259
	昭	302
曰	曷	126
木	柄	69
	柏	70
	柴	77
	枹	110
	柯	152
	柳	162
	奈	172
	柱	324
歹	殆	91
	殃	266
比	毗	177
水	洪	127
	津	144
	洿	244
	泉	191
	洋	266
	洩	258
	洲	323
	洹	292
火	炭	226
	爲	237
	炤	303
牛	牲	206
犬	狠	127
	狩	216
玉	珍	306
甘	甚	205
田	界	143
	畏	241
广	疥	143
癶	癸	122
白	皇	131
	皆	142
皿	盈	281
目	眇	167
	相	256
	省	260
矛	矜	144
禸	禹	289
	禺	288
禾	秋	189
穴	穿	85
	突	230
糸	紀	136
	紂	323
	約	295
	紆	285
网	罘	110
羊	美	166
老	者	303
耳	耶	268
肉	胡	130
	背	65
	胥	261
至	致	319
臼	臾	288
艸	范	106
	苞	64
	茂	166
	苦	154
	苗	167
	茅	166
	若	197
	苧	324
	英	281
虍	虐	176
虫	虹	127
	虵	203
衣	袀	151
	衽	195
兩	要	267
言	計	136
貝	負	111
	貞	307
走	赴	111
車	軍	151
辵	述	217
	迫	178
邑	邦	122
	郊	142
	郱	323
	郅	319
里	重	321
阜	降	142
	陋	163
面	面	167
革	革	114
音	音	280
風	風	108
飛	飛	107
食	食	209
首	首	216

十 畫

部首	字	頁
丿	乘	81
人	倒	92
	倍	65
	倨	148
	倉	76
	俱	148
	倡	77
	倦	148
	候	129
	倪	174
	值	317
	修	261
	倚	278
八	兼	137
冖	冥	169
	冢	320
	冤	291
冫	凌	161
厂	原	292
口	唇	86
	哺	70
	唐	226
	哭	154
	哮	257
	喑	266
	員	292
土	埋	165
夊	夏	253
子	孫	223
宀	宮	116
	害	124
	家	137
	容	195
	宰	298
寸	射	203
山	峻	151
工	差	76
巾	席	252
	師	207
广	庭	229
	庫	154
	座	332
弓	弱	197
彳	徑	146
	徒	230
	徐	263
心	悔	132
	悖	65
	恩	99
	恥	83
	恭	116
	患	132
	悟	250
	恐	153
	息	251
	恣	330
	悅	295
手	捐	148
	挫	88
	拳	191
	振	307
	挾	258
攴	效	257
方	旂	166
	旁	176
	旅	164
日	晉	145
	時	210
	晏	266
曰	書	217
月	朔	219
木	校	142
	桂	122
	格	114
	根	114
	桀	143
	桓	131
	桃	226
	桐	230
	桑	199
	格	332
殳	殷	280
气	氣	184
水	浸	145
	海	124
	浩	125
	浮	110
	浦	178
	流	161
	泰	225
	涕	227
	涉	203
	消	257
	浴	290
	浙	306
火	烏	244
	烈	160
牛	特	227
犬	狹	252
	狼	156
玉	珠	323
田	畜	85
	畔	176
	畝	170
	留	161
广	病	69
	疾	135
	疲	177
白	皋	113
皿	盍	126
	益	279
目	眞	307
石	破	178
示	祠	86
	神	205
	祝	325
	祚	332
	祖	331
禾	秦	187
	秘	167
	秩	319
	租	330
立	竝	69
竹	笑	257
糸	純	86
	紛	107
	納	171
	紐	175
	素	222
	紓	230
	索	224
羊	羔	113
羽	翁	243
老	耆	182
耒	耗	125
	耕	114
肉	脆	88
	脊	135
	能	173
	脅	258
	脂	316
舟	航	124
艸	菱	112
	茨	86
	草	76
	荊	145
	芻	84
虫	蚩	82
衣	被	65
	衰	218
	祖	226
	袁	292
言	記	136
	討	227
	託	231
豆	豈	183
貝	財	75
	貢	116
走	起	183
身	躬	116
車	軒	263
辰	辱	196
辵	逃	227
	送	222
	逆	174
	迷	167
	退	231
	酒	172
	追	325
邑	郡	151
	郢	281
酉	酒	147
	配	176
	酌	325
金	釜	110
阜	除	84
	陣	307
馬	馬	165
骨	骨	118
高	高	113
鬼	鬼	122

十一畫

部首	字	頁
乙	乾	185
人	側	76
	假	137
	健	139
	偶	176
	偏	177
	偽	240
	偷	230
	偃	266
儿	兜	97
刀	剮	98
力	動	96
	務	250
匚	匿	174
卩	卿	187
厶	參	205
口	啓	183
	問	243
	售	216
	唯	240
	商	201
囗	國	123
土	堅	137
	董	187
	堂	226
	執	317
女	婦	111
	妻	162
子	孰	217

部	字	頁	部	字	頁	部	字	頁	部	字	頁	部	字	頁	部	字	頁	部	字	頁
宀	密	167	斤	斬	301	羊	羞	261		**十二畫**		攴	敦	98	竹	等	94	門	開	152
	宿	222	方	旐	146	羽	習	252	人	傅	111		敝	67		策	76		間	137
	寇	154		旋	263	耳	聊	160		備	66		敢	112		答	89		閒	254
	寅	281	日	晦	132	肉	脣	86	刀	割	113		散	199		筋	144	阜	階	143
寸	將	141		晝	323	舟	船	85	力	勝	206	斤	斯	220	米	粟	222		隆	162
	尉	241	曰	曹	76		舳	324		勞	156	日	景	146		粲	325		陽	266
	專	325	月	望	237	艸	莖	146	十	博	70		智	319	糸	絕	149		隅	288
山	崩	66	木	桴	110		莒	148	厂	厥	149	曰	最	331		給	135	佳	雄	261
巛	巢	78		梅	166		莘	89	口	單	91		曾	301		結	143		雅	264
巾	帶	91		梧	247		莫	170		啼	227	月	期	179		統	230	雨	雲	297
	常	78		梁	160		苲	331		喪	199		朝	302		絮	263	頁	順	219
广	康	152		械	258		莊	325		喟	155	木	棘	135	舛	舜	219		須	263
	庶	218	欠	欲	290	虍	處	84		善	201		棺	121	艸	華	131	馬	馮	108
	庸	282	殳	殺	199	虫	蛇	203		喜	252		棟	97		菓	123	黃	黃	132
弓	張	302	毛	毫	124	行	術	218		喻	291		棲	179		菲	107	黍	黍	217
彐	彗	132	水	淮	131		衕	264	囗	圍	240		棠	226		萊	155	黑	黑	127
彳	得	93		涸	126	衣	袤	166	土	報	64		棄	184		菑	325		**十三畫**	
	從	88		淺	185	言	設	203		堵	97	欠	款	154	虍	虜	163	乙	亂	164
	徙	252		深	204		訴	258		堯	267		欺	179		虛	263	人	傳	85
	御	290		清	187		許	263	士	壺	130	歹	殘	76	虫	蛟	142		傾	187
心	惆	83		淵	291	貝	貨	133		壹	273		殖	317		蛙	231		傷	201
	悵	78		淫	281		貧	178	大	奢	203	水	測	76	衣	補	70		僂	254
	患	131		淹	264		貪	226	宀	富	111		渡	98	見	視	215		僇	160
	惜	251	火	焉	264		貴	300		寒	124		減	137	角	觜	326		偉	302
	情	188	牛	牽	185	赤	赦	203	寸	尊	331		湖	130	言	訾	329	力	勢	215
	惟	240	犬	猛	167	辵	逢	108	尢	就	147		渾	133		詐	301		勤	187
	悉	251	玄	率	218		連	159	幺	幾	135		湯	226		詔	303	口	嗟	148
戶	扈	130	玉	琅	156		通	229	广	庾	289		渚	324	豕	象	257		嗣	222
手	措	88		理	157		逐	324	弋	弑	215		湛	301	貝	貴	122		嗚	244
	接	143		琊	268		造	299	弓	弼	67		游	283		貳	67		嗌	279
	捶	85	生	產	77	邑	郭	123	彐	彘	319		湘	256		費	107	囗	圍	292
	採	75	田	畢	67		部	75	彡	彭	176	火	焦	142		貸	91		圓	292
	掘	149		略	165	里	野	271	彳	復	111		然	191		貶	68	土	填	228
	探	226	疋	疏	217	門	閉	67		循	264		無	247		賀	127		塞	199
	授	216	目	眾	322		閈	124	心	悲	65	犬	猶	283		買	165		塘	226
	捧	176	示	祭	136	阜	陳	80		惑	133	玉	琴	187		貯	325		塗	230
	推	231		祥	256		陵	161		惶	132	田	畫	131	赤	赧	173		塢	250
	掃	199	禾	移	273		陶	227		惠	132		番	105	走	越	295	女	嫌	254
	捽	331	立	竟	146		陸	164		惡	99		異	279	車	軻	152		媿	155
	披	272		章	302		陰	280		惰	133	广	痛	230		軫	307	广	廊	156
	掩	266	竹	第	95	頁	頃	188		愀	186	癶	發	104	辵	逮	91	弓	彀	117
攴	救	147		笞	82	食	飡	76	戈	戟	135		登	94		進	145	彳	微	237
	敖	61		符	110	魚	魚	288	手	提	227	皿	盛	82		逸	279	心	感	113
	教	142	糸	絃	254	鳥	鳥	175		揖	273	矢	短	98	邑	都	97		愛	61
	敗	63		細	252	鹿	鹿	164		掌	302	石	硯	266	里	量	160		慎	205
	敘	263		累	156	麥	麥	165		援	292	禾	程	81	金	鈞	151		想	256
斗	斜	130		終	320	麻	麻	165		揚	266		稍	202		釟	177			

	字	頁		字	頁		字	頁		字	頁		字	頁		字	頁		字	頁
	愚	288		裕	252		達	89		寢	187	网	罰	105	鬼	魂	133		撫	111
	意	279	网	置	319		違	240		寧	175		罳	220		魁	155	攴	敵	94
	愈	291		罪	331		退	252		實	210	羽	翟	94	鳥	鳴	169		數	218
手	搖	267	羊	羨	255		遂	223	寸	對	98	耳	聚	148	齊	齊	182	日	暴	64
攴	敬	146		群	191		運	297	尸	屢	164		聞	242					暮	171
斤	新	259		義	279		遊	283	巾	幘	301	肉	腐	110	**十五畫**			木	槺	123
日	暑	217	耳	聖	206		遇	291	广	廓	155	臣	臧	299	人	價	137		槿	145
曰	會	132		聘	178	邑	鄉	256	心	慈	86	至	臺	225		儉	138		概	112
木	楚	84	聿	肅	222	金	鉤	117		慚	76	臼	與	289		僵	141		樓	162
	楫	135	肉	腸	78	阜	隔	114		慱	231	舛	舞	250		僻	177		樂	297
	極	135		腹	112	佳	雌	86		態	225	艸	蓋	112		儀	274	欠	歐	176
	楯	219		腦	173		雋	148		慥	300		蒼	76		億	279		歎	226
	業	272	艸	葛	114		雉	319	方	旗	182		蒙	167	刀	劍	139	殳	毅	280
	楊	267		葦	240		雍	282	日	暢	78		蓉	196		劇	148	水	漿	141
欠	歇	258		萬	232	雨	雷	156	木	槁	113		蒲	178		劉	161		潁	127
止	歲	222		葬	299	頁	頓	98		稟	113		蒸	307	厂	厲	159		潰	155
歹	殛	135		著	325		頌	222		榮	196		蓄	263	口	嘿	125	火	熱	217
殳	殿	95	虍	號	125		頑	232	欠	歌	113	虫	蜺	174		嘻	299		熟	192
	毀	132		虞	288		預	291	水	漢	124	衣	裳	78	土	墮	99	白	皞	125
水	溧	159	虫	蜀	217	食	飯	106		漸	139		褊	68		墳	107	目	瞋	78
	滅	168	衣	裘	189		飲	281		漂	177	言	說	219		墜	325		瞍	222
	溪	169		裏	158	馬	馳	82		漏	163		誣	244		增	301	禾	稼	137
	溺	174		裔	279	髟	髮	155		漁	288		誦	222		墟	263		稻	93
	溪	251		裝	325	鳥	梟	110		漬	330		語	290	宀	寬	154		穀	118
	滔	226	角	解	143	鼎	鼎	96	爻	爾	103	豕	豪	125		審	205		稷	136
	溫	241	言	誠	82	鼓	鼓	118	犬	獄	291	豸	貌	166		寫	258		稽	133
	溏	226		講	69	鼠	鼠	217	玉	瑣	225	赤	赫	127	尸	履	164	穴	窮	188
	源	292		試	215					瑤	156	走	趙	303	巾	幣	67	竹	篇	177
	滋	264		詩	208	**十四畫**			疋	疑	273	足	踈	217	广	廚	84	糸	練	159
	溢	279		詣	279	人	僕	178	皿	監	137	車	輔	111		廢	107		緣	292
火	煩	105		誅	323		僮	230		盡	145		輕	188		廣	122	网	罷	61
	煥	131	豆	登	94		僚	160	目	睹	97	辵	遣	185		廟	167	羽	翦	138
	照	303	貝	買	118		像	257	示	禍	133		遜	264	廾	弊	67	耒	耦	176
玉	瑞	197		資	326	厂	厭	266		福	110		遠	292	弓	彈	91	肉	膝	251
田	當	91		賊	300	口	嘉	137	禾	稱	80	邑	鄙	66	彡	影	282	艸	蔡	75
皿	盟	167	足	跪	123		嘗	78		種	321		鄗	302	彳	德	93		蓮	176
石	碓	98		跡	136		嘆	226	立	端	98	金	銓	191		徵	307	行	衝	83
	碎	223		路	164	口	圖	230	竹	簀	85		銜	254	心	憤	107	衣	褒	64
	碕	182		跳	255	土	塵	80		箕	133		銖	217		憚	91	言	誹	107
示	禁	145		跪	217		境	146		管	121		銅	230		慧	132		諂	77
	祿	164		跬	155		墅	185	米	精	146	門	閣	114		慶	188		論	164
	祺	182	車	載	299		墓	171	糸	綱	113	阜	際	136		慮	164		請	188
內	禽	187	辛	辟	177	士	壽	216		綵	75	佳	雒	165		慕	171		調	228
竹	節	143	辰	農	175	夕	夢	167		綾	255	頁	領	161		憂	282		誰	218
	筫	222	辵	道	92	大	奪	99		綏	216		頗	178		憎	301	貝	賦	112
糸	經	146		遏	99	宀	寡	120		維	240	食	飽	64	戈	戮	164		賤	139
	絺	82		過	123		察	77					飾	215	手	播	69		賜	87

第一欄

賞 201
賣 165
賢 254
質 319
足 踐 139
辵 遨 98
遷 185
適 216
遭 299
邑 鄲 91
鄧 94
鄰 160
鄭 307
金 鋒 108
銳 197
門 閫 164
雨 霆 229
震 307
食 餌 103
養 267
馬 駕 137
髟 髮 105
鬼 魄 178
魚 魯 163
鳥 鴈 266
麻 麾 132
齒 齒 83

十六畫
口 器 184
土 壁 67
壇 226
大 奮 107
女 嬴 281
子 學 264
寸 導 92
广 廉 161
弓 彊 185
彳 徼 142
心 憙 252
戈 戰 301
手 據 148
操 76
擅 201
擇 301
攴 整 307
日 曆 136

第二欄

曉 257
木 橫 127
機 134
橐 231
橋 186
樹 218
樸 178
欠 歙 251
止 歷 159
水 激 134
濁 325
澤 301
火 燔 105
燒 202
燕 266
犬 獨 97
瓦 甌 176
田 疁 162
皿 盧 163
禾 積 134
穴 窶 250
竹 篤 97
蒲 178
築 325
糸 縢 227
縣 255
肉 膳 201
臼 興 259
舟 艘 199
艸 蕆 67
蕪 248
蔡 156
虫 融 196
行 衡 127
衛 241
見 覦 97
親 187
言 諱 132
諫 140
諦 95
謀 170
諾 176
謂 241
諛 289
謁 272
諸 323
豕 豫 291

第三欄

貝 賴 155
足 踵 321
車 輪 217
辛 辨 68
辵 遲 82
遼 160
選 264
遺 274
酉 醒 260
金 錯 89
錢 185
錄 164
錫 251
門 閣 77
阜 隧 223
險 255
隨 222
青 靜 146
頁 頸 146
頭 230
食 餓 99
餐 76
餘 288
馬 駭 124
駁 70
駱 165
骨 骸 124
魚 鮑 65
鳥 鴟 82
黑 黔 185
默 170
龍 龍 162
龜 龜 122

十七畫
人 償 78
女 嬰 281
山 嶺 161
嶽 297
心 懍 167
應 281
戈 戲 252
手 擊 134
木 檢 138
檣 265
欠 歛 159
水 溶 152

第四欄

濱 68
濟 136
濕 208
濤 226
濘 177
濮 178
火 燭 324
營 281
燥 300
爿 牆 186
犬 獲 133
玉 環 131
矢 矯 142
石 磻 69
米 糞 108
糜 167
糸 繁 105
繆 170
絲 267
縱 330
羽 翼 280
耳 聰 88
聲 206
肉 臂 67
臣 臨 160
臼 舉 148
艮 艱 137
艸 薦 140
薨 127
薄 70
薛 264
虍 虧 154
衣 襄 256
言 講 142
謗 64
謠 226
謙 185
謚 216
謝 258
貝 購 117
走 趨 190
車 轂 119
轅 292
辵 還 131
避 67
金 鍛 98
鍵 140

第五欄

錬 159
鋬 170
鍾 320
阜 隱 281
隹 雖 222
韋 韓 124
食 館 121
馬 駿 151
鳥 鴻 127
鴿 113
鹿 麋 167
黑 勤 285
齊 齋 301

十八畫
口 噐 281
土 壞 154
心 懣 167
斤 斷 98
日 曓 179
木 櫃 123
權 303
止 歸 122
水 瀆 97
爪 爵 149
犬 獵 160
玉 璧 68
目 瞽 119
瞻 301
示 禮 158
禾 穡 199
穴 竄 88
竹 簞 91
簡 138
米 糧 160
糸 織 316
繒 301
繡 261
耳 職 317
臼 舊 147
艸 藏 76
衣 襟 144
襾 覆 112
見 覲 145
角 觸 201
言 謹 145
足 蹟 136

第六欄

身 軀 190
車 轉 325
酉 醫 273
金 鎰 280
鎮 307
門 闔 126
闈 152
闕 191
阜 隮 132
隹 雜 134
雜 297
雨 霝 162
革 鞭 68
頁 題 227
顏 265
馬 騏 183
騎 183
鬼 魏 241
魚 鮇 123

十九畫
口 嚚 177
土 壞 131
广 廬 163
心 懷 131
木 櫝 97
櫟 159
水 瀨 155
火 爍 219
犬 獸 216
田 疆 142
疇 83
广 癡 82
糸 繫 252
网 羅 165
羽 翻 133
艸 藝 280
藥 267
虫 蟙 131
言 譏 134
識 211
證 308
譖 301
辛 辭 86
辵 邊 68
金 鏤 163

第七欄

鍛 200
門 關 121
闞 154
阜 隴 162
隹 難 172
離 156
非 靡 167
頁 類 156
願 292
鬼 魖 332
鹿 麗 159

二十畫
力 勸 191
口 嚳 154
嚴 265
宀 寶 64
牛 犧 251
犬 獻 256
禾 穧 154
糸 繼 137
艸 蘆 163
蘇 222
虫 蠕 196
見 覺 149
言 譬 177
議 280
貝 贍 201
采 釋 216
金 鐸 131
鐔 259
鐘 320
雨 露 164
風 飄 177
食 饉 145
馬 騰 227

廿一畫
尸 屬 217
山 巍 240
心 懼 148
日 曩 173
水 灌 121
火 爛 155
穴 竈 300
糸 續 263
虫 蠱 158

通 用 字 表

編號	本索引 用字	原底本 用字	章/頁/行	內文
1	恥	耻	1/1/4	孔子恥之
			9/26/20	尙恥之
			9/28/16	遺先人恥
			11/38/24	蓋智士所恥
			11/39/14	尙有就李之恥
			12/42/10	吾恥生
2	略	畧	1/1/5	見夫子作《春秋》而略吳越
			11/38/27	略貴於絕
			18/52/8	聖人略焉
			19/55/23	略其有人
			19/55/25	略以事類
3	微	微	1/1/10	天子微弱
			1/1/18	貴其始微
			4/15/12	天子微弱
			4/17/1	比干、箕子、微子尙在
			4/17/2	微子去之
			4/17/4	封微子於宋
			19/55/7	微子去
			19/55/9	微子去者
4	躬	躳	1/1/17	躬而自苦
			1/1/18	躬自省約
			7/25/19	種躬正內
			10/31/25	躬求賢聖
			11/38/18	躬於任賢
			11/39/2	躬視死喪
			16/47/19	寡人躬行節儉
5	亡	亾	1/1/26	吳亡而越興
			1/1/29	欲以亡吳
			1/1/29	吳今未亡
			3/6/22	至武里死亡
			4/14/24	言存亡吉凶之應
			4/15/1	未有死亡之失
			4/15/3	國家不見死亡之失
			4/17/2	武王見賢臣已亡
			5/17/26	恐一旦而亡

編號	本索引 用字	原底本 用字	章/頁/行	內文
5	亡	凶	6/20/7	數傷人而亟亡之
			6/21/9	或甚美以亡
			6/22/3	亡日不久也
			6/22/23	動作者有死亡
			6/22/26	參桀紂而顯吳邦之亡也
			6/23/11	太宰嚭遂亡
			6/23/15	以至滅亡
			7/23/24	安無忘亡
			7/23/24	伏見衰亡之證
			7/24/10	卒以亡吳
			8/26/6	謂之帝王求備者亡
			9/27/16	義在存亡魯
			9/29/12	是存亡邦而興死人也
			10/31/16	因病亡死
			10/33/27	盛衰存亡
			10/33/29	亡臣孤句踐
			11/38/7	國且滅亡
			11/39/10	未知存亡
			11/39/15	乃此禍晉之驪姬、亡周之褒姒
			11/39/17	知存而不知亡
			11/39/18	〔知〕進退存亡〔而〕不失其正者
			11/39/19	存有亡之幾
			12/40/15	不可逃亡
			12/41/11	讒諛已亡
			12/42/7	臣存主若亡
			12/42/8	若存若亡
			14/44/14	遂以之亡
			14/44/21	紂易周文〔王〕而亡
			14/45/1	夏亡於末喜
			14/45/2	殷亡於妲己
			14/45/2	周亡於褒姒
			15/45/21	兵少穀亡
			15/45/23	兵多穀亡
			15/45/25	卒亡
			15/45/26	兵亡
			15/45/27	兵少穀亡
			15/45/27	軍亡
			15/46/6	東向敗亡
			15/46/6	北向敗亡
			15/46/7	西向敗亡
			15/46/7	南向敗亡
			16/48/9	何行而亡
			16/48/9	行奢侈則亡
			16/48/12	自滅至亡

編號	本索引用字	原底本用字	章/頁/行	內文
5	亡	凵	16/48/14	身死邦亡
			16/48/14	此謂行奢侈而亡也
			16/49/20	幾亡邦危社稷
			18/52/10	邦之將亡
			18/52/11	邦亡不爲謀
			18/52/22	亡將安之
			18/53/11	（目）〔自〕此始亡之謂也
			19/54/15	昭然知吳將亡也
			19/55/10	箕子亡者
6	兆	毛	1/1/30	東南有霸兆
			4/15/2	地兆未發
			4/15/3	故地兆未發
			7/23/26	安危之兆
			7/25/17	俱見霸兆出於東南
			11/39/9	印天之兆
			15/46/10	今京兆郡
			18/52/15	兆言其災
			18/52/26	音兆常在
			18/52/29	深述厥兆
7	往	徃	1/1/30	不如往仕
			2/3/7	欲往渡之
			2/3/7	〔即〕歌而往過之
			2/3/8	漁者復歌往
			4/16/14	越人往如江也
			6/22/1	因往見申胥
			6/22/9	今日往見申胥
			7/24/6	故無往不復
			7/25/9	囂知往而不知來
			7/25/17	相要而往臣
			8/26/10	石買知往而不知來
			10/31/25	從弟子七十人奉先王雅琴治禮往奏
			10/32/2	往若飄風
			10/32/21	往古一夜自來
			10/33/11	往從田里
			16/50/15	推往引前
			18/53/1	述暢往事
8	讐	讐	2/2/29	死而不報父之讐
			6/20/12	仇讐敵戰之邦
			6/21/3	仇讐之人不可親也
9	解	觧	2/3/11	子胥即解其劍

編號	本索引 用字	原底本 用字	章/頁/行	內文
9	解	解	5/17/23 12/41/7 12/42/10 13/43/20 16/48/13	退之不能解 解冠幘 越王則解綏以冥其目 三年不解 瓦解而倍畔者
10	窮	窮	2/3/24 3/8/5 7/24/23 11/39/2 14/44/19	何素窮如此 由鍾窮隆山者 義不止窮 不厄窮僻 越邦洿下貧窮
11	堯	堯	3/6/8 3/12/20	玉堯之流 壽春東堯陵亢者
12	博	博	4/14/21	功盈德博
13	須	湏	4/16/14 4/16/15 6/20/7 6/23/10 11/38/25 12/42/9 15/46/18 16/48/13	治須慮者 越人謂船爲須慮 希須臾之名而不顧後患 須臾棄之 何須言哉 何須軍士 都牛、須女也 以爲須臾之樂
14	弊	獘	4/16/23 6/22/22 7/24/26 9/29/2 9/30/11 9/30/15 14/44/7 18/53/4 19/53/19	革亂補弊 越王句踐衣弊而不衣新 吾願腐髮弊齒 其騎士、銳兵弊乎齊 則弊邑雖小 君受其（弊）〔幣〕、許其師 以承其弊 夫差弊矣 孔子懷聖承弊
15	妊	姙	4/17/2	刳妊婦
16	樹	樹	4/17/9 4/17/10 12/39/28 12/40/3 12/40/22 12/41/5	樹木盡偃 樹木皆起 見前園橫索生樹桐 見前園橫索生樹桐〔者〕 見前園橫索生樹桐 前園橫索生樹桐者

編號	本索引用字	原底本用字	章/頁/行	內文
16	樹	樹	13/43/25	斷樹木爲宮室
			13/43/25	以伐樹木爲宮室
17	卻	却	6/20/17	爲我駕舍卻行馬前
			9/27/6	是君上於主有卻
			18/53/7	能知卻敵之路
18	慚	慙	6/22/10	其謀慚然
			12/42/10	吾慚見伍子胥、公孫聖
19	鬭	鬪	7/24/18	臣聞以彗鬭
			12/39/24	其民習於鬭戰
20	橐	橐	7/25/13	生於宛橐
			13/42/27	雷公擊橐
			16/49/1	魂者、橐也
21	鱉	鼈	9/28/16	唯魚鱉是見
			9/29/4	身爲魚鱉餌
			9/30/3	身爲魚鱉餌
			9/30/9	身爲魚鱉餌
22	床	牀	9/29/6	孤身不安床席
23	皋	皐	10/36/29	疋馬啼皋
			10/37/17	在丹陽皋鄉
24	職	軄	11/38/27	施之職而〔成〕其功
25	概	槩	19/54/17	周公貴一概

徵 引 書 目

編號	書名	標注出處方法	版本
1	越絕書	卷/頁（a、b爲頁之上下面）	古今逸史本　臺灣商務印書館1969年
2	越絕書	卷/頁（a、b爲頁之上下面）	張宗祥校註本　上海商務印書館1956年
3	越絕書	頁數	樂祖謀點校本　上海古籍出版社1985年
4	錢培名越絕書札記	頁數	見張宗祥校註本附錄　上海商務印書館1956年
5	李步嘉越絕書校釋	頁數	武漢大學出版社1992年
6	太平御覽	卷頁	北京中華書局1985年
7	北堂書鈔	卷頁	北京中國書店1989年
8	初學記	頁數	北京中華書局1962年
9	六臣注文選	頁數	北京中華書局1987年
10	周易	頁數	臺北藝文印書館1985年影十三經注疏本
11	公羊傳	頁數	臺北藝文印書館1985年影十三經注疏本
12	吳越春秋	卷/頁（a、b爲頁之上下面）	四部叢刊影明弘治鄺璠刻本
13	史記	頁數	北京中華書局1982年
14	戰國策	卷/頁（a、b爲頁之上下面）	黃丕烈士禮居叢書重刻宋姚宏本
15	新序	卷/頁（a、b爲頁之上下面）	四部叢刊影江南圖書館藏明覆宋刊本
16	國語	卷/頁（a、b爲頁之上下面）	黃丕烈士禮居叢書重雕天聖明道本
17	呂氏春秋	頁數	臺北藝文印書館1974年影明刻本
18	說苑	卷/頁（a、b爲頁之上下面）	四部叢刊影平湖葛氏傅樸堂藏明鈔本
19	後漢書	頁數	北京中華書局1965年
20	三國志	頁數	北京中華書局1982年
21	齊民要術	卷頁	四部叢刊初編縮本影明鈔本　臺灣商務印書館1965

誤 字 改 正 說 明 表

編號	原句 / 位置（章/頁/行）	改正說明
1	薛、許、郱、婁、（呂）〔莒〕旁轂趨走　1/1/22	明刊本古今逸史本事篇頁2a
2	（目）〔日〕〔巳〕施　2/3/9	太平御覽卷571頁2580、
		北堂書鈔卷106頁408
3	而（拜）〔并〕其子尙　2/3/25	明刊本古今逸史頁1/3a
4	子昭王、臣司馬子（其）〔期〕、令尹子西歸　2/4/4	錢培名越絕書札記頁5
5	後二（三）〔世〕而至夫差　3/4/15	明刊本古今逸史頁2/1a
6	南（越）〔城〕宮　3/4/22	錢培名越絕書札記頁5
7	射於（軀）〔鷗〕陂　3/4/24	錢培名越絕書札記頁5
8	興樂〔石〕（越）〔城〕　3/4/25	錢培名越絕書札記頁5
9	出胥（明）〔門〕　3/5/16	錢培名越絕書札記頁6
10	柴（碎）〔辟〕亭到語兒、就李　3/5/26	錢培名越絕書札記頁6
11	（墳）〔湏〕池六尺　3/6/8	史記·吳太伯世家集解引頁1468
12	（千）〔十〕萬人築治之　3/6/9	史記·吳太伯世家集解引頁1468
13	（築）〔葬〕〔之〕二日而白虎居〔其〕上　3/6/9	史記·吳太伯世家集解引頁1468
14	巫門外（麋）〔糜〕湖西城　3/6/21	錢培名越絕書札記頁8
15	越（宋）〔糜〕王城也　3/6/21	錢培名越絕書札記頁8
16	時（與）搖（城）〔越〕王〔與〕（周宋）〔糜〕君戰	錢培名越絕書札記頁8
	於語招　3/6/21	
17	殺（周宋）〔糜〕君　3/6/22	錢培名越絕書札記頁8
18	（地）〔虵〕門外塘波洋中世子塘者　3/6/29	錢培名越絕書札記頁8
19	（近）〔匠〕門外欐溪櫝中連鄉大丘者　3/7/9	錢培名越絕書札記頁8
20	闔廬所置（麋）〔糜〕也　3/7/29	錢培名越絕書札記頁9
21	古者（爲名）〔名爲〕　3/8/13	明刊本古今逸史頁2/5a
22	（古）〔石〕城者　3/9/1	錢培名越絕書札記頁9
23	竹（格）〔格〕門三　3/9/17	錢培名越絕書札記頁9
24	在猶（高）〔亭〕西卑猶位　3/10/15	錢培名越絕書札記頁10
25	越王（候）〔使〕干戈人一累土以葬之　3/10/15	史記·吳太伯世家集解引頁1475
26	吳（古）〔王〕故祠江漢於棠浦東　3/11/13	明刊本古今逸史頁2/8a
27	後（壁）〔殿〕屋以爲桃夏宮　3/11/20	錢培名越絕書札記頁11
28	吳（獄）〔獄〕庭　3/12/5	錢培名越絕書札記頁11
29	（東）〔更〕名大越爲山陰也　3/12/15	錢培名越絕書札記頁11
30	適（戎）〔戍〕卒治通陵高以南陵道　3/12/22	錢培名越絕書札記頁12
31	立（三）〔四〕十二年　3/13/2	錢培名越絕書札記頁12
32	士之（其）〔甚〕　4/13/27	公羊傳·定公四年頁321
33	丘陵（乎）〔平〕均　4/14/16	明刊本古今逸史頁3/2a
34	公子（科）〔糾〕奔魯　4/15/16	明刊本古今逸史頁3/3b
35	魯者、公子（科）〔糾〕母之邦　4/15/17	明刊本古今逸史頁3/3b
36	聘公子（科）〔糾〕以爲君　4/15/18	明刊本古今逸史頁3/3b
37	（君）〔我〕與汝君　4/15/19	錢培名越絕書札記頁14
38	管仲臣於桓公兄公子（科）〔糾〕　4/16/1	明刊本古今逸史頁3/4a

編號	原句 / 位置（章/頁/行）	改正說明
39	（紏）〔糾〕與桓爭國 4/16/1	明刊本古今逸史頁3/4a
40	以（瞻）〔贍〕天下 4/17/4	明刊本古今逸史頁3/6a
41	今越王爲吾（蒲）〔蒱〕伏約辭 6/21/1	明刊本古今逸史頁5/2b
42	臣恐（矣）〔耳〕 6/22/28	吳越春秋・夫差內傳頁5/19b
43	胥之（下位）〔位下〕而殺之 6/22/29	吳越春秋・夫差內傳頁5/19b
44	（玉）〔王〕若殺之 6/23/3	明刊本古今逸史頁5/6a
45	謝戰者五（父）〔反〕 6/23/9	張宗祥說，見張宗祥校註本頁5/6a
46	當霸吳（危）〔厄〕會之際 7/23/25	明刊本古今逸史頁6/1b
47	佞（諂）〔諛〕之臣 7/23/26	明刊本古今逸史頁6/1b
48	（大）〔太〕歲八會 7/23/27	明刊本古今逸史頁6/1b
49	吾是於斧掩壺漿之子、發簞（飲）〔飯〕於船中者 7/24/5	明刊本古今逸史頁6/2a
50	（位）〔伍〕子胥父子奢爲楚王大臣 7/24/30	明刊本古今逸史頁6/3a
51	無所（聞）〔關〕其辭 7/25/18	張宗祥校註本頁6/4a
52	（墮）〔隳〕魯以尊臣 9/27/5	吳越春秋・夫差內傳頁5/3a
53	陳成恒許（講）〔諾〕 9/27/12	吳越春秋・夫差內傳頁5/4a
54	臣（切）〔竊〕爲君恐〔焉〕 9/27/15	吳越春秋・夫差內傳頁5/4a、史記・仲尼弟子列傳頁2198
55	即齊（也亦）〔亦已〕私魯矣 9/28/1	吳越春秋・夫差內傳頁5/4b
56	乃（行）〔使〕子貢〔之越〕 9/28/6	史記・仲尼弟子列傳頁2198
57	明（王）〔主〕任人不失其能 9/28/18	吳越春秋・夫差內傳頁5/6a
58	吳越之士繼（躓）〔踵〕連死 9/29/8	吳越春秋・夫差內傳頁5/7a
59	執箕（掃）〔帚〕 9/29/11	吳越春秋・夫差內傳頁5/7a
60	（因）〔困〕暴齊而撫周室 9/30/10	吳越春秋・夫差內傳頁5/8b、史記・仲尼弟子列傳頁2199
61	君受其（弊）〔幣〕、許其師 9/30/15	明刊本古今逸史頁7/7b
62	而與齊（大）〔人〕戰於艾陵 9/31/4	史記・仲尼弟子列傳頁2200
63	（二）〔三〕戰不勝 9/31/7	史記・仲尼弟子列傳頁2200
64	舜死蒼（桐）〔梧〕 10/31/19	明刊本古今逸史頁8/1b
65	（銳）〔悅〕兵任死 10/32/2	吳越春秋・勾踐伐吳外傳頁10/24a
66	句踐所習教美女西施、鄭（足）〔旦〕宮臺也 10/32/28	張宗祥校註本頁8/3b
67	中（指）〔宿〕臺馬丘 10/33/7	錢培名越絕書札記頁26
68	（畫）〔晝〕陳詐兵 10/33/23	明刊本古今逸史頁8/4b
69	（孤）〔狐〕之將殺 10/33/25	明刊本古今逸史頁8/4b
70	一曰句踐伐善（村）〔材〕 10/35/13	明刊本古今逸史頁8/6b
71	（交）〔文〕刻獻於吳 10/35/13	張宗祥校註本頁8/7a
72	其亭祠今爲和公（群）〔郡〕社稷壚 10/36/3	錢培名越絕書札記頁27
73	事見吳（矣）〔史〕 10/36/29	錢培名越絕書札記頁28
74	吳（彊）〔疆〕越地以爲戰地 10/37/7	錢培名越絕書札記頁28
75	刻（丈六）〔文立〕於越（東）〔棟〕山上 10/37/30	錢培名越絕書札記頁29
76	則孔主（曰）〔日〕益上 11/38/14	錢培名越絕書札記頁30
77	則孔主（曰）〔日〕益下 11/38/14	錢培名越絕書札記頁30
78	與之（講）〔論〕事 11/38/28	吳越春秋・勾踐陰謀外傳頁9/3a
79	夜火相（應）〔望〕 11/39/11	文選・張景陽七命注引，卷35頁655

編號	原句 / 位置（章/頁/行）	改正說明
80	（官）〔宮〕女鼓樂也 12/40/4	吳越春秋·夫差內傳頁5/10b
81	（博）〔博〕聞彊識 12/40/8	明刊本古今逸史頁10/2a
82	此固非子（胥）〔之〕所能知也 12/40/15	張宗祥校註本頁10/2a
83	而王恒使其芻（莖）〔莝〕秩馬 12/42/2	張宗祥說，見張宗祥校註本頁10/4a
84	太宰嚭讒諛佞（諂）〔諂〕 12/42/3	明刊本古今逸史頁10/4b
85	杖屈盧之（弓）〔矛〕 12/42/6	吳越春秋·夫差內傳頁5/29a
86	觀其（才）〔文〕 13/42/24	三國志·蜀書裴松之注引，頁1039、文選·張景陽七命注引，見卷35頁657
87	有市之鄉（二）〔三〕、駿馬千疋、千戶之都二 13/42/25	三國志·蜀書裴松之注引，頁1039
88	有市之鄉（二）〔三〕、駿馬千疋、千戶之都二 13/43/6	三國志·蜀書裴松之注引，頁1039
89	使（人）〔之〕作〔為〕鐵劍 13/43/11	太平御覽卷343頁1575
90	道死（尸）〔巷〕哭 14/44/15	吳越春秋·勾踐陰謀外傳頁9/6b
91	（旦）〔且〕聚死臣數萬 14/44/22	吳越春秋·勾踐陰謀外傳頁9/9b
92	赤氣在（右）〔左〕 15/45/18	張宗祥說，見張宗祥校註本頁12/2b
93	五穀不（登）〔登〕 16/48/4	明刊本古今逸史頁13/2b
94	如宿穀之（登）〔登〕 16/48/6	明刊本古今逸史頁13/2b
95	君（戒）〔試〕念之 17/51/14	戰國策·楚策四宋姚宏注引頁17/8a
96	即（對）〔封〕春申君於吳 17/51/21	明刊本古今逸史頁14/2a
97	越王句踐（即）〔既〕得平吳 18/51/28	太平御覽卷526頁2389
98	臨（期）〔沂〕開陽 18/52/2	錢培名越絕書札記頁43
99	不能任（狠）〔狼〕致治 18/52/4	明刊本古今逸史頁14/3a
100	能知（諂）〔諂〕臣之所移 18/53/10	明刊本古今逸史頁14/5a
101	（目）〔自〕此始亡之謂也 18/53/11	明刊本古今逸史頁14/5b
102	（人）〔入〕吳 19/53/18	明刊本古今逸史頁15/1a
103	睹麟（乘）〔垂〕涕 19/53/20	明刊本古今逸史頁15/1b
104	其行（始）〔如〕是 19/54/11	明刊本古今逸史頁15/2b
105	子胥以困（於）〔干〕闔廬 19/54/13	明刊本古今逸史頁15/2b
106	聖人不悅（夏）〔下〕愚 19/54/21	明刊本古今逸史頁15/3a
107	楚世子奔逃雲夢（山之）〔之山〕 19/55/16	明刊本古今逸史頁15/4b
108	子胥兵笞（卒主）〔平王〕之墓 19/55/17	錢培名越絕書札記頁47
109	以去為（生）〔姓〕 19/55/24	明刊本古今逸史頁15/5a

增字、刪字改正說明表

編號	原句 / 位置（章/頁/行）	改正說明
1	故曰越〔絕〕 1/1/12	張宗祥校註本頁1/2a
2	殺子奢〔而〕并殺子尚 2/3/2	明刊本古今逸史頁1/1b
3	〔即〕歌而往過之 2/3/7	太平御覽卷571頁2580、 北堂書鈔卷106頁408
4	心中〔有悲〕 2/3/8	太平御覽卷571頁2580、 北堂書鈔卷106頁408
5	（目）〔日〕〔已〕施 2/3/9	太平御覽卷571頁2580、 北堂書鈔卷106頁408
6	清其壺漿而食〔之〕 2/3/14	據樂祖謀點校本頁8注5引陳本補
7	〔市〕中人有非常人 2/3/22	明刊本古今逸史頁1/3a
8	興樂〔石〕（越）〔城〕 3/4/25	錢培名越絕書札記頁5
9	周一里〔二百〕二十六步 3/5/6	太平御覽卷193頁933
10	闔廬以鑄干將劍〔處〕 3/5/30	太平御覽卷56頁274
11	在〔吳縣〕閶門外 3/6/7	太平御覽卷53頁257、 史記・吳太伯世家集解引頁1468
12	名〔曰〕虎丘 3/6/7	太平御覽卷53頁257、 史記・吳太伯世家集解引頁1468
13	（築）〔葬〕〔之〕三日而白虎居〔其〕上 3/6/9	史記・吳太伯世家集解引頁1468
14	時（與）搖（城）〔越〕王〔與〕（周宋）〔鑠〕君戰 於語招 3/6/21	錢培名越絕書札記頁8
15	殺（周宋）〔鑠〕君 3/6/22	錢培名越絕書札記頁8
16	故吳王所蓄雞〔處也〕 3/7/16	太平御覽卷56頁274
17	去縣〔一〕百七十五里 3/11/7	明刊本古今逸史頁2/8a
18	幽王徵春申〔君〕爲楚令尹 3/12/13	戰國策・楚策四宋姚宏注引頁17/8b
19	〔且〕臣聞〔之〕 4/13/28	公羊傳・定公四年頁321
20	即拘昭公〔於〕南郢 4/14/3	公羊傳・定公四年頁321、 新序・善謀頁9/5b
21	蔡非有罪〔也〕 4/14/7	公羊傳・定公四年頁321
22	無不得〔宜〕 4/14/16	明刊本古今逸史頁3/2a
23	波〔濤〕援而起 5/17/18	原底本爲墨釘，據明刊本古今逸史頁 4/1a補
24	〔使〕主水 5/18/8	錢培名越絕書札記頁16
25	祝（使）融治南方 5/18/8	錢培名越絕書札記頁16
26	飾戰〔具〕 6/20/15	原底本爲墨釘，據明刊本古今逸史頁 5/1b補
27	〔以伺吾〕間也 6/20/15	原底本爲墨釘，據明刊本古今逸史頁 5/1b補
28	今狐雉之〔相〕戲也 6/20/20	吳越春秋・勾踐陰謀外傳頁9/11a
29	臣聞狼子〔有〕野心 6/21/2	吳越春秋・勾踐陰謀外傳頁9/11b
30	子何非寡人而且不朝〔乎〕 6/22/27	吳越春秋・夫差內傳頁5/19b

編號	原句 / 位置（章/頁/行）	改正說明
31	必有敢言之〔交〕 6/23/1	原底本為墨釘，據吳越春秋·夫差內傳頁5/19b補
32	〔伍〕子胥以是挾弓〔矢〕干吳王 8/25/28	史記·越王句踐世家正義引頁1752
33	盡日〔方去〕 8/26/1	史記·越王句踐世家正義引頁1752
34	有高世之材〔者〕 8/26/6	文選·漢武帝詔注引頁663
35	〔其〕池狹而淺 9/26/25	吳越春秋·夫差內傳頁5/2b、史記·仲尼弟子列傳頁2197
36	又使明大夫守〔之〕 9/27/1	吳越春秋·夫差內傳頁5/3a、史記·仲尼弟子列傳頁2197
37	臣聞〔之〕 9/27/3	史記·仲尼弟子列傳頁2197
38	今君憂〔在〕內 9/27/4	史記·仲尼弟子列傳頁2197
39	〔戰勝以驕主〕 9/27/5	史記·仲尼弟子列傳頁2197
40	而求〔以〕成大事 9/27/6	吳越春秋·夫差內傳頁5/3b、史記·仲尼弟子列傳頁2197
41	且夫吳〔王〕明猛以毅 9/27/7	吳越春秋·夫差內傳頁5/3b
42	吾兵已在魯之城下〔矣〕 9/27/10	吳越春秋·夫差內傳頁5/4a、史記·仲尼弟子列傳頁2197
43	加銖〔兩〕而移 9/27/14	史記·仲尼弟子列傳頁2198
44	今〔以〕萬乘之齊 9/27/15	史記·仲尼弟子列傳頁2198
45	臣〔切〕〔竊〕為君恐〔焉〕 9/27/15	吳越春秋·夫差內傳頁5/4a、史記·仲尼弟子列傳頁2198
46	〔善〕 9/27/17	吳越春秋·夫差內傳頁5/4b、史記·仲尼弟子列傳頁2198
47	乃（行）〔使〕子貢〔之越〕 9/28/6	史記·仲尼弟子列傳頁2198
48	臣今〔者〕見吳王 9/28/11	吳越春秋·夫差內傳頁5/5b、史記·仲尼弟子列傳頁2198
49	事未發而〔先〕聞者 9/28/14	史記·仲尼弟子列傳頁2198
50	舉事之大忌〔也〕 9/28/14	吳越春秋·夫差內傳頁5/5b
51	〔難矣〕 9/28/20	吳越春秋·夫差內傳頁5/6a
52	臣竊自練可以成功〔而〕至王者 9/28/20	吳越春秋·夫差內傳頁5/6a
53	〔而〕不能也 9/29/10	吳越春秋·夫差內傳頁5/7a
54	孤雖〔知〕要領不屬 9/29/11	吳越春秋·夫差內傳頁5/7a、呂氏春秋·順民頁205
55	〔臣〕敬以下吏之言告越王 9/30/2	吳越春秋·夫差內傳頁5/8a、史記·仲尼弟子列傳頁2199
56	死且不〔敢〕忘 9/30/4	吳越春秋·夫差內傳頁5/8a、史記·仲尼弟子列傳頁2199
57	何謀〔之〕敢慮 9/30/4	吳越春秋·夫差內傳頁5/8a、史記·仲尼弟子列傳頁2199
58	〔請〕悉擇四疆之中 9/30/12	吳越春秋·夫差內傳頁5/8b
59	以〔前〕受矢石 9/30/13	吳越春秋·夫差內傳頁5/9a
60	〔君臣死無所恨矣〕 9/30/13	吳越春秋·夫差內傳頁5/9a
61	子貢〔因〕去之晉 9/30/18	史記·仲尼弟子列傳頁2200
62	〔彼戰而不勝〕，〔越亂之必矣〕；〔與齊戰而〕勝 9/30/19	「彼戰而不勝」二句原誤在下文「修兵休卒以待吳」句下，今據吳越春

編號	原句 / 位置（章/頁/行）	改正說明
		秋・夫差內傳頁5/9a、史記・仲尼弟子列傳頁2200移正，並據史記補「與齊戰而」四字
63	晉〔君〕大恐　9/31/1	史記・仲尼弟子列傳頁2200
64	（彼戰而不勝），（越亂之必矣）　9/31/2	吳越春秋・夫差內傳頁5/9a、史記・仲尼弟子列傳頁2200
65	〔越〕遂圍王宮　9/31/7	史記・仲尼弟子列傳頁2200
66	孔子〔聞之〕　10/31/25	吳越春秋・勾踐伐吳外傳頁10/23a
67	夫越性〔脆〕而愚　10/32/1	原底本為墨釘，據吳越春秋・勾踐伐吳外傳頁10/24a補
68	〔都〕也　10/32/6	原底本為墨釘，據張宗祥校註本頁8/2b補
69	越之弋獵處〔也〕，故謂〔之〕樂野，其山上石室〔者〕　10/33/4	初學記卷22頁542
70	夜舉火〔擊〕鼓　10/33/23	原底本為墨釘，據張宗祥校註本頁8/5a補
71	吳〔王〕不聽　10/34/1	太平御覽卷388頁1792
72	〔故〕謂之富中　10/34/30	文選・左太沖吳都賦注引，卷5頁110
73	故曰木客〔也〕　10/35/13	太平御覽卷771頁3417
74	因名〔其〕冢為秦伊山　10/35/25	李步嘉說，見越絕書校釋頁227
75	非大夫易見〔而〕難使　11/38/9	吳越春秋・勾踐陰謀外傳頁9/2a
76	是大王〔之〕不能使臣也　11/38/10	吳越春秋・勾踐陰謀外傳頁9/2a
77	夫官位、財幣、〔金賞者〕　11/38/11	吳越春秋・勾踐陰謀外傳頁9/2a
78	王之所輕〔也〕　11/38/11	吳越春秋・勾踐陰謀外傳頁9/2a
79	〔操鋒履刃、艾命投〕死者　11/38/11	吳越春秋・勾踐陰謀外傳頁9/2a
80	治之門〔也〕　11/38/13	吳越春秋・勾踐陰謀外傳頁9/2a
81	太公九〔十〕而不伐　11/38/20	原底本為墨釘，據張宗祥校註本頁9/1b補
82	施之職而〔成〕其功　11/38/27	原底本為墨釘，據明刊本古今逸史頁9/2b補
83	遠使〔以難〕　11/38/27	吳越春秋・勾踐陰謀外傳頁9/3a
84	以觀〔其亂〕；〔指之以使〕，〔以察其能〕；〔示之以色〕，〔以別〕其態　11/38/28	吳越春秋・勾踐陰謀外傳頁9/3a
85	〔分〕為兩翼　11/39/11	文選・張景陽七命注引，卷35頁655
86	〔知〕進退存亡〔而〕不失其正者　11/39/18	易經・乾卦頁17
87	〔其〕唯聖人乎　11/39/18	易經・乾卦頁17
88	大王〔之〕興師伐齊〔也〕　12/39/29	吳越春秋・夫差內傳頁5/10a
89	大王聖〔德〕　12/40/1	吳越春秋・夫差內傳頁5/10a
90	見兩黑犬嘷以北、嘷以南〔者〕　12/40/1	吳越春秋・夫差內傳頁5/10a
91	兩鑊倚吾宮堂〔者〕　12/40/2	吳越春秋・夫差內傳頁5/10a
92	見前園橫索生樹桐〔者〕　12/40/3	吳越春秋・夫差內傳頁5/10b
93	〔既〕成篇　12/40/17	原底本為墨釘，據張宗祥校註本頁10/2a補
94	即〔與妻〕把臂而決　12/40/17	原底本為墨釘，據明刊本古今逸史頁10/2b補

編號	原句／位置（章／頁／行）	改正說明
95	〔越〕公弟子公孫聖也 12/40/20	張宗祥說，見張宗祥校註本頁10/2a
96	走偉偉〔也〕 12/41/2	吳越春秋・夫差內傳頁5/12a
97	就冥冥〔也〕 12/41/2	吳越春秋・夫差內傳頁5/12a
98	王且不得火食〔也〕 12/41/3	吳越春秋・夫差內傳頁5/12a
99	當與人俱葬〔也〕 12/41/5	吳越春秋・夫差內傳頁5/12a
100	東風〔數〕至 12/41/10	吳越春秋・夫差內傳頁5/13a
101	爛〔爛〕如列星之行 13/42/23	三國志・蜀書裴松之注引，頁1039
102	渾渾如水之〔將〕溢於溏 13/42/23	三國志・蜀書裴松之注引，頁1039
103	煥煥如冰〔之將〕釋 13/42/24	三國志・蜀書裴松之注引，頁1039、文選・張景陽七命注引，見卷35頁657
104	秦王聞而求〔之〕 13/43/2	文選・張景陽七命注引，見卷35頁657
105	若耶〔之〕溪深而不測 13/43/5	三國志・蜀書裴松之注引，頁1039
106	因吳王請此二人作〔為〕鐵劍 13/43/10	太平御覽卷343頁1575
107	使（人）〔之〕作〔為〕鐵劍 13/43/11	太平御覽卷343頁1575
108	〔見〕風胡子問之曰 13/43/14	太平御覽卷343頁1575
109	〔觀其〕釽從文〔間〕起 13/43/17	太平御覽卷343頁1576
110	如珠〔而〕不可衽 13/43/17	太平御覽卷343頁1576
111	文若流水〔而〕不絕 13/43/17	太平御覽卷343頁1576
112	〔以〕盡其財、疲其力 14/44/6	吳越春秋・勾踐陰謀外傳頁9/4b
113	八曰邦家富而備〔利〕器 14/44/7	吳越春秋・勾踐陰謀外傳頁9/4b
114	〔而〕況於吳乎 14/44/8	吳越春秋・勾踐陰謀外傳頁9/4b
115	乃使大夫種獻之於吳〔王〕 14/44/10	吳越春秋・勾踐陰謀外傳頁9/5b
116	王勿受〔也〕 14/44/12	吳越春秋・勾踐陰謀外傳頁9/6a
117	昔〔者〕桀起靈門 14/44/13	吳越春秋・勾踐陰謀外傳頁9/6a
118	五穀〔不熟〕 14/44/13	吳越春秋・勾踐陰謀外傳頁9/6a
119	〔寒暑〕不時 14/44/13	吳越春秋・勾踐陰謀外傳頁9/6a
120	遂受之而起姑胥〔之〕臺 14/44/15	吳越春秋・勾踐陰謀外傳頁9/6b
121	越〔王〕乃飾美女西施、鄭旦 14/44/18	文選・楊德祖荅臨淄侯注引，見卷40頁748
122	王勿受〔也〕 14/44/20	吳越春秋・勾踐陰謀外傳頁9/9a
123	〔昔〕桀易湯而滅 14/44/21	吳越春秋・勾踐陰謀外傳頁9/9a
124	紂易周文〔王〕而亡 14/44/21	吳越春秋・勾踐陰謀外傳頁9/9a
125	晦誦竟〔夜〕 14/44/22	吳越春秋・勾踐陰謀外傳頁9/9b
126	青氣在〔軍〕上 15/45/14	李步嘉說，見越絕書校釋頁292注9
127	為逆兵〔氣〕 15/45/26	錢培名越絕書札記頁39
128	〔衰〕去乃可攻 15/45/26	錢培名越絕書札記頁39
129	其〔氣〕在右而低者 15/46/1	李步嘉說，見越絕書校釋頁294注21
130	巴郡、漢中、隴西、〔定襄、太原〕、安邑 15/46/30	原底本為墨釘，據張宗祥校註本頁12/4b補
131	〔周〕故治雒 15/47/1	原底本為墨釘，據張宗祥校註本頁12/4b補
132	欲保〔穀〕 16/47/28	齊民要術卷3雜說第三十頁38
133	觀諸〔侯〕所多少為備 16/47/29	齊民要術卷3雜說第三十頁38

編號	原句 / 位置（章/頁/行）	改正說明
134	夫〔知〕八穀貴賤之法　16/47/30	齊民要術卷3雜說第三十頁38
135	可〔以〕爲邦寶　16/48/2	齊民要術卷3雜說第三十頁38
136	不行即神氣〔槁〕而不成物矣　16/49/4	原底本爲墨釘，據張宗祥校註本頁13/4a補
137	陽極而不復〔賤〕　16/49/17	李步嘉說，見越絕書校釋頁312注76
138	〔有〕遠道客　17/50/29	戰國策・楚策四宋姚宏注引頁17/8a
139	使使〔來〕求之　17/51/2	戰國策・楚策四宋姚宏注引頁17/8a
140	〔園曰〕：〔可〕　17/51/3	戰國策・楚策四宋姚宏注引頁17/8a
141	告女〔弟〕環曰　17/51/4	戰國策・楚策四宋姚宏注引頁17/8a
142	春申君〔重言善〕。〔女環鼓琴而歌〕，〔春申君〕大悅　17/51/7	戰國策・楚策四宋姚宏注引頁17/8a
143	〔春申君曰〕：〔諾〕　17/51/14	戰國策・楚策四宋姚宏注引頁17/8a
144	〔念之〕五日而道之　17/51/17	戰國策・楚策四宋姚宏注引頁17/8a
145	〔彼〕必許　18/51/28	原底本爲墨釘，據明刊本古今逸史頁14/2b補
146	以其誠〔在〕於內　18/52/2	原底本爲墨釘，據本書越絕外傳本事篇補
147	威〔凌〕萬物　18/52/26	原底本爲墨釘，據張宗祥校註本頁14/4a補
148	能知〔古〕今相取之術　18/53/8	原底本爲墨釘，據明刊本古今逸史頁14/5a補
149	〔而〕漢興也　19/53/17	張宗祥校註本頁15/1a
150	吳〔吳〕敗　19/53/22	錢培名越絕書札記頁44
151	（問曰）請粟者求其福祿必可獲　19/54/1	錢培名越絕書札記頁45
152	〔問曰〕　19/54/6	錢培名越絕書札記頁45
153	〔賢〕之　19/54/12	原底本爲墨釘，據張宗祥校註本頁15/2b補
154	句踐何當屬〔芻〕莝養馬　19/54/29	李步嘉說，見越絕書校釋頁347注44
155	〔致〕主於伯　19/55/3	太平御覽卷446頁2053
156	知〔識宏〕也　19/56/1	原底本爲墨釘，據張宗祥校註本頁15/5a補
157	臣嘗見其辱壯士菑邱訴〔也〕　20.11/57/4	吳越春秋・闔閭內傳頁4/7b
158	〔王曰〕：〔辱之奈何〕？〔子胥曰〕：〔菑邱訴者〕　20.11/57/4	吳越春秋・闔閭內傳頁4/7b-8a，吳越春秋作「椒丘訴」，今仍據本書上文作「菑邱訴」。
159	與〔神〕鬼戰者不旋踵　20.11/57/8	吳越春秋・闔閭內傳頁4/8b

正 文

1 越絕外傳本事第一

　　問曰：「何謂《越絕》？」「越者、國之氏也。」「何以言之？」「按《春秋》序齊魯，皆以國爲氏姓，是以明之。絕者、絕也。謂句踐時也。當是之時，齊將伐魯，孔子恥之，故子貢說齊以安魯。子貢一出，亂齊，破吳，興晉，彊越。其後賢者辯士，見夫子作《春秋》而略吳越；又見子貢與聖人相去不遠，脣之與齒，表之與裏。蓋要其意，覽史記而述其事也。」

　　問曰：「何不稱《越經書記》，而言絕乎？」曰：「不也。絕者、絕也。句踐之時，天子微弱，諸侯皆叛。於是句踐抑彊扶弱，絕惡反之於善；取舍以道，沛歸於宋，浮陵以付楚，臨沂、開陽，復之於魯。中國侵伐[1]，因斯衰止。以其誠在於內，威發於外，越專其功，故曰越〔絕〕。故作此者，貴其內能自約，外能絕人也。賢者所述，不可斷絕，故不爲記明矣。」

　　問曰：「桓公九合諸侯，一匡天下，任用賢者，誅服彊楚，何不言《齊絕》乎？」曰：「桓公、中國兵彊霸世之後，威凌諸侯，服彊楚，此正宜耳。夫越王句踐，東垂海濱，夷狄文身；躬而自苦，任用賢臣；轉死爲生，以敗爲成。越伐彊吳，尊事周室，行霸琅邪；躬自省約，率道諸侯：貴其始微，終能以霸，故與越專其功而有之也。」

　　問曰：「然越專其功而有之，何不第一，而卒本吳太伯爲？」曰：「小越而大吳。」「小越大吳奈何？」曰：「吳有子胥之教，霸世甚久。北陵齊楚，諸侯莫敢叛者；乘，薛、許、郑、婁、（呂）〔莒〕旁轂趨走。越王句踐屬芻萃養馬，諸侯從之，若果中之李。反邦七年，焦思苦身，克己自責，任用賢人。越伐彊吳，行霸諸侯，故不使越第一者，欲以貶大吳，顯弱越之功也。」

　　問曰：「吳亡而越興，在天與？在人乎？」「皆人也。夫差失道，越亦賢矣。濕易雨，饑易助。」曰：「何以知獨在人乎？」「子貢與夫子坐，告夫子曰：『太宰死。』夫子曰：『不死也。』如是者再。子貢再拜而問：『何以知之？』夫子曰：『天生宰嚭者，欲以亡吳。吳今未亡，宰何病乎？』後人來言不死。聖人不妄言，是以明知越霸矣。」「何以言之？」曰：「種見蠡之時，相與謀道：『東南有霸兆，不如往仕。』相要東游，入越而止。賢者不妄言，以是知之焉。」

---

1. 編者按：本書《越絕德序外傳記》作「中邦侵伐」。

　　問曰：「《越絕》誰所作？」「吳越賢者所作也。當此之時，見夫子刪《書》作《春秋》、定王制，賢者嗟歎，決意覽史記，成就其事。」

　　問曰：「作事欲以自著，今但言賢者，不言姓字，何？」曰：「是人有大雅之才，直道一國之事，不見姓名，小之辭也。或以爲子貢所作，當挾四方，不當獨在吳越。其在吳越，亦有因矣。此時子貢爲魯使，或至齊，或至吳。其後道事以吳越爲喻，國人承述，故直在吳越也。當是之時，有聖人教授六藝，刪定五經；七十二子，養徒三千，講習學問魯之闕門。《越絕》，小藝之文，固不能布於四方。焉有誦述先聖賢者，所作未足自稱，載列姓名，直斥以身者也？一說蓋是子胥所作也。夫人情，泰而不作；窮則怨恨，怨恨則作，猶詩人失職怨恨，憂嗟作詩也。子胥懷忠，不忍君沈惑於讒，社稷之傾。絕命危邦，不顧長生，切切爭諫，終不見聽。憂至患致，怨恨作文。不侵不差，抽引本末。明己無過，終不遺力。誠能極智，不足以身當之；嫌於求譽，是以不著姓名，・直斥以身者也・[1]。後人述而說之，乃稍成中外篇焉。」

　　問曰：「或經或傳，或內或外，何謂？」曰：「經者、論其事，傳者、道其意，外者、非一人所作，頗相覆載，或非其事，引類以託意。說之者見夫子刪《詩》《書》，就經《易》，亦知小藝之復重。又各辯士所述，不可斷絕。小道不通，偏有所期。明說者不專，故刪定復重，以爲中外篇[2]。」

2 越絕荊平王內傳第二

　　昔者，荊平王有臣伍子奢。奢得罪於王，且殺之，其二子出走，伍子尙奔吳，伍子胥奔鄭。王召奢而問之，曰：「若召子，孰來也？」子奢對曰：「王問臣，對而畏死，不對不知子之心者。尙爲人也，仁且智，來之必入；胥爲人也，勇且智，來必不入。胥且奔吳邦，君王必早閉而晏開，胥將使邊境有大憂。」

　　於是王即使使者召子尙於吳，曰：「子父有罪，子入，則免之；不入，則殺之。」子胥聞之，使人告子尙於吳：「吾聞荊平王召子，子必毋入。胥聞之，入者窮，出者報仇。入者[3]皆死，是不智也；死而不報父之讎，是非勇也。」子尙對曰：「入則免父之死，不入則不仁。愛身之死，絕父之望，賢士不爲也。意不同，謀不合，子其居，尙請入。」荊平王復使使者召子胥於鄭，曰：「子入，則免父死；不入，則殺之。」子胥介

---

1. 直斥以爲身者也　　　　　　2. 焉　　　　　3. 則

胄彀弓，出見使者，謝曰：「介胄之士，固不拜矣[1]。請有道於使者：王以奢爲無罪，赦而蓄之，其子又何適乎？」使者還報荊平王。王知子胥不入也，殺子奢〔而〕并殺子尙。

　　子胥聞之，即從橫嶺上大[2]山，北望齊晉，謂其舍人曰：「去，此邦堂堂，被山帶河，其民重移[3]。」於是乃南奔[4]吳。至江上，見漁者。曰：「來，渡我。」漁者知其非‧常人‧[5]也，欲往渡之，恐‧人‧[6]知之，〔即〕歌而往過之，曰：「日昭昭，侵以施，與子期甫蘆之碕。」子胥即從漁者之蘆碕。日入，漁者復歌往，曰：「心中〔有悲〕，（目）〔日〕〔已〕施，子可渡河，‧何爲不出‧[7]？」船到即載，入船而伏。半江，而仰謂漁者曰：「子之姓爲誰？還，得報子之厚德。」漁者曰：「縱荊邦之賊者，我也；報荊邦之仇者，子也：兩而不仁，何相問姓名爲？」子胥即解其劍，以與漁者，曰：「吾先人之劍，直百金，請以與子也。」漁者曰：「吾聞荊平王有令曰：得伍子胥者，購之千金。今吾不欲得荊平王之千金，何以百金之劍爲？」漁者渡于于斧之津，乃發其簞飯，清其壺漿而食〔之〕，曰：「亟食[8]而去，毋‧令[9]追者及子也。」子胥曰：「諾。」子胥食已而去，顧謂漁者曰：「掩爾壺漿，無令之[10]露。」漁者曰：「諾。」子胥行，即覆船，挾匕首自刎而死江水之中，明無洩也。子胥遂行。至溧陽界中，見一女子擊絮[11]於瀨水之中，子胥曰：「豈可得託食乎？」女子曰：「諾。」‧即發簞飯‧[12]，清其壺漿而食之。子胥食已而去，謂女子曰：「掩爾壺漿，毋令之露。」女子曰：「諾。」子胥行五步，還顧女子，自縱於瀨水之中而死。

　　子胥遂行。至吳。徒跣被髮，乞於吳市。三日，市正疑之，而道於闔廬曰：「〔市〕中人有非常人，徒跣被髮，乞於吳市三日矣。」闔廬曰：「吾聞荊平王殺其臣伍子奢而非其罪，其子子胥，勇且智，彼必經諸侯之邦可以報其‧父仇‧[13]者。」王即使召子胥。入，吳王下階迎而唁數之，曰：「吾知子非恒人也，何素窮如此？」子胥跪而垂泣曰：「胥父無罪而平[14]王殺之，而（拜）〔并〕其子尙。子胥‧邂逃‧[15]出走，唯大王可以歸骸骨者，惟大王哀之。」吳王曰：「諾。」上殿與語，三日三夜，語無復者。王乃號令邦中：「無貴賤長少，有不聽子胥之教者，‧猶不聽寡人也，罪至死不赦‧[16]！」

---

1. 也　　　　　2. 太　　　　　3. 侈　　　　　4. 走
5. 編者按：《太平御覽》卷571頁2580作「恒人」，今本作「常」者蓋避漢諱改。
6. 衆人　　　7. A.何不渡爲？不出將奈何　B.不出何爲《北堂書鈔》卷106頁408。
8. 湌　　　　9. 令遣　　　10. 其《吳越春秋‧王僚使公子光傳》頁3/9a
11. 綿《吳越春秋‧王僚使公子光傳》頁3/9a　　　12. 即發其簞飯　13. 父之仇
14. 楚　　　15. 得邂逃　　16. 猶不聽寡人之罪，至死不赦

　　子胥居吳三年，大得吳衆。闔廬將爲之報仇，子胥曰：「不可。臣聞諸侯不爲匹夫
興師。」於是止。其後荆將伐蔡，子胥言之闔廬，即使子胥救蔡而伐荆。十五戰，十五
勝。荆平王已死，子胥將卒六千，操鞭捶笞平王之墓而數之曰：「昔者吾先人無罪而子
殺之，今此報子也[1]！」後，子昭王、臣司馬子（其）〔期〕、令尹子西歸，相與計
謀：「子胥不死，又不入荆，邦猶未得安，爲之奈何？莫若求之而與之同邦乎？」昭王
乃使使者報子胥於吳，曰：「昔者吾先人殺子之父，而非其罪也。寡人尙少，未有所識
也。今子大夫報寡人也特甚，然寡人亦不敢怨子。今子大夫何不來歸子故墳墓丘冢爲？
我邦雖小，與子同有之；民雖少，與子同使之。」子胥曰：「以此爲名，名即章；以此
爲利，利即重矣。前爲父報仇，後求其利，賢者不爲也。父已死，子食其祿，非父之義
也。」使者遂還，乃報荆昭王曰：「子胥不入荆邦，明矣。」

3 越絕外傳記吳地傳第三

　　昔者，吳之先君太伯，周之世，武王封太伯於吳，到夫差，計二十六世，且千歲。
闔廬之時，大霸，築吳越城。城中有小城二。徙治胥山。後二（三）〔世〕而至夫差，
立二十三年，越王句踐滅之。

　　闔廬宮，在高平里。

　　射臺二：一在華池昌里，一在安陽里。

　　南（越）〔城〕宮，在長樂里，東到春申君府。

　　秋冬治城中，春夏治姑胥之臺。且食於紐[2]山，晝遊於胥母。射於（軀）〔鷗〕
陂，馳於遊臺，興樂〔石〕（越）〔城〕，走犬長洲。

　　吳王大霸，楚昭王、孔子時也。

　　吳大城，周四十七里二百一十步二尺。陸門八，其二有樓。水門八。南面十里四
十二步五尺[3]，西面七里百一十二步三尺[4]，北面八里二百二十六步三尺[5]，東面

----

1. 原注云：一作「之」。錢培名云：《吳人內傳》篇作「今此以報子也」。
2. A.組　B.鉏　C.蛆　　　　　3. 十四里四十二步
4. 七里百一十二步　　　　　　5. 八里二百六十步

‣十一里七十九步一尺‣¹。闔廬所造也。吳郭‣周‣²六十八里六十步。

　　吳小城，周‣十二‣³里。其下廣二丈七尺，‣高四丈七尺‣⁴。門三，皆有樓，其二增‣水門二‣⁵，其一有樓，一增柴路。

　　東宮周一里二百七十步。路西宮在長秋，周一里〔二百〕二十六步。秦始皇帝十一年，守宮者照燕失火，燒之。

　　伍子胥城，周九里二百七十步。

　　小城東西從武里，面從小城北。

　　邑中徑從閶門到婁門，九里七十二步，陸道廣二十三步；平門到蛇門，十里七十五步，陸道廣三十三步。水道廣二十八步。

　　吳古故陸道，出胥（明）〔門〕，奏出⁶土山，度灌邑，奏高頸，過猶山，奏太湖，隨北顧以西，度陽下溪，過歷山陽、龍尾西大決，通安湖。

　　吳古故水道，出平門，上郭池，入瀆，出巢湖，上歷地，過梅亭，入楊湖，出漁浦，入大江，奏廣陵。

　　吳古故從由拳辟塞，度會夷⁷，奏⁸山陰。辟塞者，吳備候塞也。

　　居⁹東城者，闔廬所遊城也，去縣二十里。

　　柴（碎）〔辟〕亭到語兒、就李，吳侵以為戰地。

　　百尺瀆，奏江，吳以達糧。

　　‣千里廬虛者‣¹⁰，闔廬以鑄干將劍〔處〕。歐冶僮女三百人。去縣二里，南達

---

1. 一十里七十九步　　　2. 周匝　　　3. 一十　　　4. 高四丈
5. 水門　　　6. 錢培名云：「出」字疑衍。　　　7. 稽　　　8. 湊
9. 李步嘉云：「居」疑為「吳」之訛。
10. 李步嘉云：疑此句當作「干將里廬壚者」。

江。

閶門外高頸山東桓石人，古者名「石公」，去縣二十里。

5   閶門外郭中冢者，闔廬冰室也。

闔廬冢，在〔吳縣〕閶門外，名〔曰〕虎丘。下池廣六十步，水深▸丈◂¹五尺。銅
槨三重。（墳）〔湏〕池六尺。玉鳧之流，扁諸之劍三千，方圓之口三千。▸時耗◂²、
10 魚腸之劍在焉。（千）〔十〕萬人築治之。取土臨湖口。（築）〔葬〕〔之〕三日而白
虎居〔其〕上，故號為³虎丘。

虎丘北莫格冢，古賢者避世冢，去縣三⁴十里。

被奏冢，鄧大冢是也，去縣四十里。

15

闔廬子女冢，在閶門外道北。下方池廣四十八步，水深二丈五尺。池廣六十步，水
深丈五寸。隧出廟路以南，通姑胥門。并周六里。舞鶴吳市，殺生以送死。

餘杭城者，襄王時神女所葬也。神多靈。

20

巫門外（麋）〔麇〕湖西城，越（宋）〔麇〕王城也。時（與）搖（城）〔越〕王
〔與〕（周宋）〔麇〕君戰於語招⁵，殺（周宋）〔麇〕君。毋頭騎歸，至武里死亡，
葬武里南城。午日死也。

25   巫門外冢者，闔廬冰室也。

▸巫門外大冢◂⁶，吳王客、齊孫武冢也，去縣十里。善為兵法。

（地）〔虵〕門外▸塘波洋中◂⁷世子塘者，故曰⁸王世子造以為田。塘去縣二十五

---

1. 一丈《史記·吳太伯世家集解》引頁1469   2. 槃郢
3. 曰《史記·吳太伯世家集解》引頁1469   4. 二   5. 昭
6. 吳縣巫門外大冢   7. 錢培名云：四字疑衍。
8. 錢培名云：「曰」疑當作「越」。

里。

洋中塘，去縣二十六里。

蛇門外大丘，吳王不審名冢也，去縣十五里。

築塘北山者，吳王不審名冢也，去縣二十里。

（近）〔匠〕門外櫃溪檟中連鄉大丘者，吳故神巫所葬也，去縣十五里。

婁門外馬亭[1]溪上復城者，故越王餘復君所治也，去縣八十里。是時烈王歸於越，所載襄王之後，不可繼述。其事書之馬亭溪。

婁門外鴻城者，故越王城也，去縣百五十里。

婁[2]門外雞陂墟，故吳王所蓄雞〔虞也〕，使李保養之。去縣二十里。

胥門[3]外有九曲路，闔廬造以遊姑胥之臺，以望太湖，中闚百姓。去縣三十里。

齊門，闔廬伐齊，大克，取齊王女爲質子，爲造齊門，置於水海虛。其臺在車道左、水海右。去縣七十里。齊女思其國死，葬虞西山。

吳北野禺櫟[4]東所舍大疁者，吳王田也，去縣八十里。

吳西野鹿陂者，吳王田也。今分爲耦瀆。胥卑虛，去縣二十里。

吳北野胥主疁者，吳王女胥主田也，去縣八十里。

麋湖城者，闔廬所置（麋）〔麋〕也，去縣五十里。

櫃溪城者，闔廬所置船宮也。闔廬所造[5]。

妻門外力士者[1]，闔廬所造，以備外越。

巫欐城者，闔廬所置諸侯遠客離城也，去縣十五里。

由鍾窮隆山[2]者，古赤松子所取赤石脂也，去縣二十里。子胥死，民思祭之[3]。

莋碓山[4]，故爲鶴阜山，禹遊天下，引湖中柯山置之鶴阜，更名莋碓。

放山者，在莋碓山南。以取長之[5]莋碓山下，故有鄉名莋邑。吳王惡其名，內郭中，名通陵鄉。

莋碓[6]山南有大石，古者（爲名）〔名爲〕「墜星」，去縣二十里。

撫侯山者，故闔廬治以諸侯冢次，去縣二十里。

吳東[7]徐亭東西南北通溪者，越荊王所置，與麋湖相通也。

馬安溪上干城者，越干王之城也，去縣七十里。

巫門外冤山大冢，故越王王史[8]冢也，去縣二十里。

搖城者，吳王子居焉，後越搖王居之。稻田三百頃，在邑東南，肥饒，水絕。去縣五十里。

胥女大冢，吳王不審名冢也，去縣四十五里。

蒲姑大冢，吳王不審名冢也，去縣三十里。

---

1. 張宗祥云：「力士」下當有脫文。　　　　　　2. 田鍾穹隆山
3. 張宗祥云：此二句不應在此，當是錯簡，或者在「胥山」條下。
4. A.莋雄山 B.莋雒山　　　　　5. 人　　　　6. A.雒 B.雄　　7. 米
8. 越王史

（古）〔石〕城者，吳王闔廬所置美人離城也，去縣七十里。

通江南陵，搖越所鑿，以伐上舍君。去縣五十里。

婁東十里坑者，古名長人坑，從海上來。去縣十里。

海鹽縣，始爲武原鄉。

婁北武城，闔廬所以候外越也，去縣三十里。今爲鄉也。

宿甲者，吳宿兵候外越也，去縣百里，其東大冢，搖王冢也。

烏程、餘杭、黝、歙、無湖、石城縣以南，皆故大越徙民也。秦始皇帝刻石徙之。

烏傷縣常山，古人[1]所採藥也。高且神。

齊鄉，周十里二百一十步，其城六里三十步，牆高丈二尺，百七十步，竹（格）〔格〕門三，其二有屋。

虞山者，巫咸所出[2]也。虞故神出奇怪。去縣百五里。

母陵道，陽朔三年，太守周君造陵道語昭。郭周十里百一十步，牆高丈二尺。陵門四，皆有屋。水門二。

無錫城，周二里十九步，高二丈七尺，門一樓四。其郭周十一里百二十八步，牆一丈七尺，門皆有屋。

無錫歷山，春申君時盛祠以牛，立無錫塘。去吳百二十里。

無錫湖者，春申君治以爲陂，鑿語昭瀆以東到大田。田名胥卑。鑿胥卑下以南注大湖，以寫西野。去縣三十五里。

---

1. 聖　　　　　2. 居

　無錫西‧¹龍尾陵道者，春申君初封吳所造也。屬於無錫縣。以奏吳北野胥主疁。

曲阿，故爲雲陽縣。

5　毗陵，故爲延陵，吳季子所居。

毗陵縣南城，故古淹²君地也。東南大冢，淹君子女冢也。去縣十八里。吳所葬。

毗陵上湖中冢者，延陵季子冢也，去縣七十里。上湖通上洲。季子冢古名延陵墟。

10　蒸山‧南面夏‧³駕大冢者，越王不審名冢，去縣三⁴十五里。

秦餘杭山者，越王棲吳夫差山也，去縣五十里。山有湖水，近太湖。

15　夫差冢，在猶（高）〔亭〕西卑猶位。越王（候）〔使〕⁵干戈人一累土以葬之。
近太湖，去縣‧十七‧⁶里。

三臺者，太宰嚭、逢同妻子死所在也，去縣十七里。

20　太湖，周三萬六千頃。其千頃，烏程也。去縣五十里。

無錫湖，周萬五千頃。其一千三頃，毗陵上湖也。去縣五十里。一名射貴湖。

尸湖，周二千二百頃，去縣百七十里。

25　小湖，周千三百二十頃，去縣百里。

耆湖，周六萬五千頃，去縣百二十里。

30　乘湖，周五百頃，去縣五里。

---

1. 縣西　　　　2. 張宗祥云：「淹」當作「奄」，「奄」，古東諸侯。
3. 南夏　　　4. 二　　　5. 令　　　6. 五十七

猶湖，周三百二十頃，去縣▸十七◂¹里。

語昭湖，周二百八十頃，去縣五十里。

作湖，周百八十頃，聚魚多物，去縣五十五里。

昆湖，周七十六頃一畝，去縣〔一〕百七十五里。一名隱湖。

湖王湖，當問之。

丹湖，當問之。

吳（古）〔王〕故祠江漢²於棠浦東。江南爲方牆，以利朝夕水。古太伯君吳，到闔廬時絕。

胥女南小蜀山，春申君客衛公子冢也，去縣三十五里。

白石³山，故爲胥女山，春申⁴君初封吳，過⁵，更名爲白石。去縣四十里。

今太守舍者，春申君所造。後（壁）〔殿〕屋以爲桃⁶夏宮。

今宮者，春申君子假君宮⁷也。前殿屋蓋地東西十七丈五尺，南北十五丈七尺。堂高四丈，十⁸霤高丈八尺。殿屋蓋地東西十五丈，南北十丈二尺七寸。戶霤高丈二尺。庫東鄉屋南北四十丈八尺，上下戶各二；南鄉屋東西六十四丈四尺，上戶四，下戶三；西鄉屋南北四十二丈九尺，上戶三，下戶二：凡百四十九丈一尺。檐高五丈二尺。霤高二丈九尺。周一里二百四十一步。春申君所造。

吳兩倉，春申君所造。▸西倉名曰◂⁹均輸，東倉周一里八步。後燒。更始五年，太守李君治東倉爲屬縣屋，不成。

---

1. 五十　　　　2. 海　　　　3. 公　　　　4. 山
5. 錢培名云：「過」下疑脫「之」字。　　　　6. 逃　　　　7. 殿
8. 錢培名云：「十」字誤，以下文例之，或當作「戶」。　　　9. 一名

吳市者，春申君所造，闕兩城以爲市。在湖里。

吳諸里大閘，春申君所造。

吳（嶽）〔獄〕庭，周三里，春申君時造。

土[1]山者，春申君時治以爲貴人冢次，去縣十六里。

楚門，春申君所[2]造。楚人從之[3]，故爲[4]楚門。

路丘大冢，春申君客冢。不立，以道終之。去縣十里。

春申君，楚考烈王相也。烈王死，幽王立，封春申君於吳。三年，幽王徵春申〔君〕爲楚令尹，春申君自使其子˙爲假君治吳˙[5]。十一年，幽王徵假君，與春申君并殺之。二君治吳凡十四年。後十六年，秦始皇并楚，百越叛去，（東）〔更〕名大越爲山陰也。春申君姓黃，名歇。

巫門[6]外冢冢者，春申君去吳，假君所思處也。去縣二十三里。

壽春東鳧陵亢者，古諸侯王所葬也。楚威王與越王無彊並。威王後烈王，子幽王，後懷王也。懷王子頃襄王也，秦始皇滅之。秦始皇造道[7]陵南，可通陵道，到由拳塞，同起馬塘，湛以爲陂，治陵水道到錢唐，越地，通浙江。秦始皇發會稽，適（戎）〔成〕卒治通陵高以南陵道，縣相屬。

秦始皇帝三十七年，壞諸侯郡縣城。

太守府大殿者，秦始皇刻石所起也。到[8]更始元年，太守許時燒。六年十二月乙卯鑿官[9]池，東西十五丈七尺，南北三十丈。

漢高帝封有功，劉賈爲荊王，并有吳。賈築吳市西城，名曰定錯城。屬小城北到平

---

1. 云　　　　2. 時　　　　3. 入　　　　4. 號
5. 親爲假君治《戰國策・楚策四宋姚宏注》引頁17/8b　　　　6. 山
7. 通　　　　8. 至　　　　9. 宮

門，丁將軍築治之。十一年，淮南王反，殺劉賈。後十年[1]，高皇帝更封兄子濞爲吳王，治廣陵，并有吳。立二十一年，東[2]渡之吳，十日遂[3]去。立（三）〔四〕十二年，反。西到陳留縣，還奔丹陽，從東歐[4]。越王弟夷烏將軍殺濞。東歐[5]王爲彭澤王，夷烏將軍今爲平都王。濞父字爲仲。

匠門外信士[6]里東廣平地者，吳王濞時宗廟也。太公、高祖在西，孝文在東。去縣五里。永光四年，孝元帝時，貢大夫請罷之。

桑里東、今舍西者，故吳所畜牛、羊、豕、雞也，名爲牛宮。今以爲園。

漢文帝前九年，會稽并故鄣郡。太守治故鄣，都尉治山陰。前十六年[7]，太守治吳郡，都尉治錢唐。

漢孝景帝五年五月，會稽屬漢。屬漢者，始并事[8]也。漢孝武帝元封元年，陽都侯歸義，置由鍾。由鍾初立，去縣五十里。

漢孝武元封二年，故鄣以爲丹陽郡。

天漢五年四月，錢唐浙江岑石不見。到七年，岑石復見。

越王句踐徙瑯邪，凡二百四十年，楚考烈王并越於瑯邪。後四十餘年，秦并楚；復四十年，漢并秦；到今二百四十二年。句踐徙瑯邪到建武二十八年，凡五百六十七年。

4 越絕吳內傳第四

吳何以稱人[9]乎？夷狄之[10]也，憂中邦奈何乎？伍子胥父誅於楚，子胥挾弓，身干闔廬。闔廬曰：「士[11]之（其）〔甚〕，勇之甚。」將爲之報仇[12]，子胥曰：「不可，諸侯[13]不爲匹夫報仇[14]。〔且〕臣聞〔之〕，事君猶事父也，虧君之行[15]，

---

1. 李步嘉云：「後十年」當是「後十日」之訛。
2. 錢培名云：「東」疑當作「南」。　　　　　　　3. 還　　　　　4. 甌
5. 甌　　　　　6. 七　　　　　7. 漢文帝前十六年　　　　　8. 之
9. 子《公羊傳・定公四年》頁320 10.《公羊傳・定公四年》頁320無此「之」字。
11. 大《新序・善謀》頁9/5b　　　12. 興師而復讎于楚《公羊傳・定公四年》頁321
13. 君子《新序・善謀》頁9/5b
14. 興師《公羊傳・定公四年》頁321、《新序・善謀》頁9/5b
15. 義《公羊傳・定公四年》頁321、《新序・善謀》頁9/5b

報¹父之仇，▸不可◂²。」於是止。

　　蔡昭公南朝楚，▸被羔裘◂³，囊瓦求之，昭公不與。▸即◂⁴拘昭公〔於〕南郢，三⁵年然後歸之。昭公去，▸至河用事◂⁶，曰：「天下誰能伐楚乎？寡人願⁷為前列！」▸楚聞之◂⁸，使囊瓦興師伐蔡。昭公聞子胥在吳，請救蔡。子胥於是報闔廬曰：「蔡公南朝，被羔裘，囊瓦求之，蔡公不與，拘蔡公三年，然後歸之。蔡公至河，曰：「天下誰能伐楚者乎？寡人願為前列。」楚聞之，使囊瓦興師伐蔡。蔡非有罪〔也〕，▸楚◂⁹為無道。君若¹⁰有憂中國之事¹¹，意者時可矣。」闔廬於是使子胥興師救蔡而伐楚。楚王已死，子胥將卒六千人，操鞭¹²笞平王之墳，曰：「昔者吾先君無罪而子殺之，今此以報子也！」君舍君室，大夫舍大夫室，蓋有妻楚王母者。

　　囊瓦者何？楚之相也。郢者何？楚王治處也。吳師何以稱人？吳者，夷狄也，而救中邦，稱人，賤之也。

　　越王句踐欲伐吳王闔廬，范蠡諫曰：「不可。臣聞之，天貴持盈。持盈者，言不失陰陽、日月、星辰之綱紀。地貴定傾。定傾者，言地之長生，丘陵（乎）〔平〕均，無不得〔宜〕，故曰地貴定傾。人貴節事。節事者，言王者已下，公卿大夫，當調陰陽，和順天下，事來應之，物來知之，天下莫不盡其忠信，從其政教，謂之節事。節事者，至事之要也。天道盈而不溢、盛而不驕者，言天生萬物，以養天下；蚑飛蠕動，各得其性；春生夏長，秋收冬藏，不失其常，故曰天道盈而不溢、盛而不驕者也，地道施而不德、勞而不矜其功者也，言地生長五穀，持養萬物，功盈德博，是所施而不德、勞而不矜其功者矣。言天地之施大而不有功者也。人道不逆四時者，言王者以下，至於庶人，皆當和陰陽四時之變，順之者有福，逆之者有殃，故曰人道不逆四時之謂也。因惛視動者，言存亡吉凶之應，善惡之敘，必有漸也。▸天道未作，不先為客者◂¹³。」

1. 復《公羊傳‧定公四年》頁321、《新序‧善謀》頁9/5b
2. 臣不為也《公羊傳‧定公四年》頁321、《新序‧善謀》頁9/5b
3. A.有美裘焉《公羊傳‧定公四年》頁321 B.有美裘《新序‧善謀》頁9/5b
4. A.為是《公羊傳‧定公四年》頁321 B.於是《新序‧善謀》頁9/5b
5. 數《公羊傳‧定公四年》頁321、《新序‧善謀》頁9/5b
6. 用事乎河《公羊傳‧定公四年》頁321
7. 請《公羊傳‧定公四年》頁321、《新序‧善謀》頁9/5b
8. 楚人聞之怒《公羊傳‧定公四年》頁321、《新序‧善謀》頁9/5b
9. 楚人《公羊傳‧定公四年》頁321、《新序‧善謀》頁9/5b
10. 如《公羊傳‧定公四年》頁321
11. 心《公羊傳‧定公四年》頁321、《新序‧善謀》頁9/5b　　　　12. 捶
13. 天時不作，弗為人客《國語‧越語下》頁21/1a

范蠡值吳伍子胥教化，天下從之，未有死亡之失，故以天道未作，不先爲客。言客者，去其國，入人國。地兆未發，不先動衆，言王者以下，至於庶人，非暮春中夏之時，不可以種五穀、興土利；國家不見死亡之失，不可伐也。故地兆未發，不先動衆，此之謂也。

吳人敗於就李，吳之戰地。敗者，言越之伐吳，未戰，吳闔廬卒，敗而去也。卒者，闔廬死也。天子稱崩，諸侯稱薨，大夫稱卒，士稱不祿。闔廬，諸侯也，不稱薨而稱卒者，何也？當此之時，上無明天子，下無賢方伯，諸侯力政，彊者爲君。南夷與北狄交爭，中國不絕如綫矣。臣弑君，子弑父，天下莫能禁止。於是孔子作《春秋》，方據魯以王。故諸侯死皆稱卒，不稱薨，避魯之謚也。

晉公子重耳之時，天子微弱，諸侯力政，彊者爲君。文公爲所侵暴，失邦，奔於翟。三月得反國政，敬賢明法，率諸侯朝天子。於是諸侯皆從，天子乃尊。此所謂晉公子重耳反國定天下。

齊公子小白、亦反齊國而匡天下者。齊大夫無知，弑其君諸兒。其子二人出奔。公子（科）〔糾〕奔魯。魯者、公子（科）〔糾〕母之邦。小白奔莒。莒者、小白母之邦也。齊大臣鮑叔牙爲報仇，殺無知，故興師之魯，聘公子（科）〔糾〕以爲君。魯莊公不與。莊公、魯君也。曰：「使齊以國事魯，（君）〔我〕與汝君；不以國事魯，我不與汝君。」於是鮑叔牙還師之莒，取小白，立爲齊君。小白反國，用管仲，九合諸侯，一匡天下，故爲桓公。此之謂也。

堯有不慈之名。堯太子丹朱倨驕，懷禽獸之心，堯知不可用，退丹朱而以天下傳舜。此之謂堯有不慈之名。

舜有不孝之行。舜親父假母，母常殺舜，舜去耕歷山，三年大熟，身自外養，父母皆饑。舜父頑，母嚚，兄狂，弟敖，舜求爲變心易志。舜爲瞽瞍子也，瞽瞍欲殺舜，未嘗可得；呼而使之，未嘗不在側。此舜有不孝之行。舜用其仇而王天下者，言舜父瞽瞍，用其後妻，常欲殺舜；舜不爲失孝行，天下稱之，堯聞其賢，遂以天下傳之。此爲[1]王天下。仇者、舜後母也。

---

1. 謂

　　桓公召其賊而霸諸侯者，管仲臣於桓公兄公子（科）〔糾〕，（科）〔糾〕與桓爭
國，管仲張弓射桓公，中其帶鉤，桓公受之，赦其大罪，立為齊相，天下莫不向服慕
義。是謂召其賊霸諸侯也。

5　　夏啓獻犧於益。啓者、禹之子。益與禹臣於舜，舜傳之禹，薦益而封之百里。禹崩
啓立，曉知王事，達於君臣之義。益死之後，啓歲善[1]犧牲以祠之。《經》曰：「夏
啓善犧於[2]益。」此之謂也。

　　湯獻牛荊之伯。之伯者、荊州之君也。湯行仁義，敬鬼神，天下皆一心歸之。當是
10　時，荊伯未從也。湯於是乃飾犧牛以事荊伯，乃娩然曰：「失事聖人禮。」乃委其誠
心。此謂湯獻牛荊之伯也。

　　越王句踐反國六年，皆得士民之眾，而欲伐吳。於是乃使之維甲。維甲者、治甲系
斷。修[3]內矛赤雞稽繇者也，越人謂人鍛也。方舟航買儀塵者，越人往如江也。治須慮
15　者，越人謂船為須慮。亟怒紛紛者，怒貌也。怒至士擊高文[4]者，躍勇士也。習之於
夷。夷、海也。宿之於萊。萊、野也。致之於單。單者、堵也。

　　舜之時，鯀不從令。堯遭帝嚳之後亂，洪水滔天，堯使鯀治之，九年弗能治。堯七
十年而得舜，舜明知人情，審於地形，知鯀不能治，數諫不去，堯殛之羽山。此之謂舜
20　之時，鯀不從令也。

　　殷湯遭夏桀無道，殘賊天下，於是湯用伊尹，行至聖之心。見桀無道虐行，故伐夏
放桀，而王道興躍。革亂補弊，移風易俗，改制作新；海內畢貢，天下承風。湯以文
聖，此之謂也。

25

　　文王以務爭者：紂為天下，殘賊奢佚，不顧邦政；文王百里，見紂無道，誅殺無
刑，賞賜不當，文王以聖事紂，天下皆盡誠知其賢聖從之。此謂文王以務爭也。紂以惡
刑爭，文王行至聖以仁義爭，此之謂也。

30　　武王以禮信。文王死九年，天下八百諸侯，皆一旦會於孟津之上。不言同辭，不呼

---

1. 夏啓善獻《北堂書鈔》卷89頁332　　　　　　2. 以　　　　　3. 循
4. 錢培名云：「文」疑當作「丈」。

自來，盡知武王忠信，欲從武王與之伐紂。當是時，比干、箕子、微子尙在，武王賢之，未敢伐也，還諸侯。歸二年，紂賊比干，囚箕子，微子去之，刳妊婦，殘朝涉。武王見賢臣已亡，乃朝天下，興師伐紂，殺之。武王未下車，封比干之墓；發太倉之粟，以（瞻）〔贍〕天下；封微子於宋。此武王以禮信也。

周公以盛德。武王封周公，使傅相成王。成王少，周公臣事之。當是之時，賞賜不加於無功，刑罰不加於無罪；天下家給人足，禾麥茂美；使人以時，說之以禮；上順天地，澤及夷狄。於是管叔、蔡叔不知周公而讒之成王。周公乃辭位出巡狩於邊一年，天暴風雨，日夜不休，五穀不生，樹木盡偃。成王大恐，乃發金縢之櫃，察周公之冊，知周公乃有盛德。王乃夜迎周公，流涕而行。周公反國，天應之福，五穀皆生，樹木皆起，天下皆實，此周公之盛德也。

5 越絕計倪內經第五

昔者，越王句踐既得反國，欲陰謀[1]吳，乃召計倪而問焉，曰：「吾欲伐吳，恐弗能取。山林幽冥，不知利害所在。西則迫江，東則薄海，水屬蒼天，下不知所止。交錯相過，波濤溚流，沈而復起，因復相還。浩浩之水，朝夕既有時，動作若驚駭，聲音若雷霆。波〔濤〕援[2]而起，船失[3]不能救，未[4]知命之所維。念樓船之苦，涕泣不可止。非不欲爲也，時返不知所在，謀不成而息，恐爲天下咎。以敵攻敵，未知誰負。大邦既已備，小邑既已保，五穀既已收。野無積庾，廩糧則不屬，無所安取？恐津梁之不通，勞軍紆吾糧道。吾聞先生明於時交，察於道理，恐動而無功，故問其道。」計倪對曰：「是固不可。興師者，必先蓄積食[5]、錢、布、帛。不先蓄積，士卒數饑。饑則易傷，重遲不可戰。戰則耳目不聰明，耳不能聽，視不能見；什部之不能使，退之不能解，進之不能行。饑饉不可以動，神氣去而萬里。伏弩而乳，邦頭而皇皇。彊弩不彀，發不能當。旁軍見弱，走之如犬逐羊。靡從部分，伏地而死，前頓後僵。與人同時而戰，獨受天之殃[6]，未必天之罪也，亦在其將。王興師以年數，恐一旦而亡，失邦無明，筋骨爲野。」越王曰：「善，請問其方。吾聞先生明於治歲，萬物盡長，欲聞其治術，可以爲教常。子明以告我，寡人弗敢忘。」

計倪對曰：「人之生無幾，必先憂積蓄，以備妖祥。凡人生或老或弱，或彊或

1. 圖　　　2. 緣　　　3. 夫　　　4. 不　　　5. 必須先蓄積食
6. 受天之殃

怯[1]，不早備生，不能相葬，王其審之。必先省賦斂，勸農桑；饑饉在問，或水或塘，
因熟積以備四方。師出無時，未知所當。應變而動，隨物常羊。卒然有師，彼日以弱，
我日以彊。得世之和，擅世之陽，王無忽忘。慎無如會稽之饑，不可再更，王其審之。
嘗言息貨，王不聽臣，故退而不言。處於吳、楚、越之間，以魚三邦之利，乃知天下之
易反也。臣聞君自耕，夫人自織，此竭於庸力，而不斷時與智也。時斷則循，智斷則
備。知此二者，形於體萬物之情，短長逆順，可觀而已。臣聞炎帝有天下，以傳黃帝。
黃帝於是上事天，下治地。故少昊治西方，蚩尤佐之，使主金；玄冥[2]治北方，白
辨[3]佐之，〔使〕主水；太皥治東方，袁何佐之，使主木；祝（使）融治南方，僕程佐
之，使主火；后土治中央，后稷佐之，使主土。並有五方，以為綱紀。是以易地而輔，
萬物之常。王審用臣之議，大則可以王，小則可以霸，於何有哉？」

　　越王曰：「請問其要。」計倪對曰：「太陰三[4]歲處金則穰，三歲處水則毀，三歲
處木則康[5]，三歲處火則旱。故散有時積，斂有時領[6]，則決萬物不過三歲而發矣。以智
論之，以決斷之，以道佐之。斷長續短，一歲再倍，其次一倍，其次而反。水則資車，
旱則資舟，物之理也。天下六歲一穰，六歲一康[7]，凡十二歲一饑，是以民相離也。故
聖人早知天地之反，為之預備。故湯之時，比七年旱而民不饑；禹之時，比九年水而民
不流。其主能通習源流，以任賢使能，則轉轂乎千里，外貨可來也；不習，則百里之內
不可致也。人主所求，其價十倍；其所擇者，則無價矣。夫人主利源流，非必身為之
也。視民所不足，及其有餘，為之命以利之。而來諸侯，守法度，任賢使能，償其成
事，傳其驗而已。如此，則邦富兵彊而不衰矣。群臣無恭之禮[8]、淫佚之行，務有於
道術。不習源流，又不任賢使能，諫者則誅，則邦貧兵弱。刑繁，則群臣多空恭之
理[9]、淫佚之行矣。夫諛者反有德，忠者反有刑，去刑就德，人之情也，邦貧兵弱致
亂，雖有聖臣，亦不諫也，務在諛主而已矣。今夫萬民有明父母，亦如邦有明主。父母
利源流，明其法術，以任賢子，徵成其事而已，則家富而不衰矣。不能利源流，又不任
賢子；賢子有諫者憎之，如此者，不習於道術也。愈信其意而行其言，後雖有敗，不自
過也。夫父子之為親也，非得不諫。諫而不聽，家貧致亂，雖有聖子，亦不治也，務在
於諛之而已。父子不和，兄弟不調，雖欲富也，必貧而日衰。」

---

1. 錢培名云：「彊」與「怯」疑當互易，乃與韻合。
2. 目宿　　　　3. 辯　　　　　　4. 二
5. 《史記・貨殖列傳》頁3256作「饑」。
6. 張宗祥云：「領」疑當作「頒」。
7. 旱《史記・貨殖列傳》頁3256　　8. 無空恭之禮　　9. 禮

　　越王曰：「善。子何年少於物之長也？」計倪對曰：「人固不同。慧種生聖，癡種生狂；桂實生桂，桐實生桐。先生者未必能知，後生者未必不能明。是故聖主置臣，不以少長，有道者進，無道者退。愚者日以退，聖者日以長，人主無私，賞者有功。」

　　越王曰：「善。論事若是其審也。物有妖祥乎？」計倪對曰：「有。陰陽萬物，各有紀綱。日月、星辰、刑德，變爲吉凶；金木水火土更勝，月朔更建，莫主其常。順之有德，逆之有殃。是故聖人能明其刑而處其鄉，從其德而避其衝。凡舉百事，必順天地四時，參以陰陽。用之不審，舉事有殃。人生不如臥之頃也，欲變天地之常，數發無道，故貧而命不長。是聖人并苞而陰行之，以感愚夫。眾人容容，盡欲富貴，莫知其鄉。」越王曰：「善，請問其方。」計倪對曰：「從寅至未，陽也。太陰在陽，歲德在陰，歲美在是。聖人動而應之，制其收發。常¹以太陰在陰而發，陰且盡之歲，巫賣六畜貨財，以益收五穀，以應陽之至也；陽且盡之歲，巫發羅，以收田宅、牛馬，積斂貨財，聚棺木，以應陰之至也。此皆十倍者也。其次五倍。天²有時而散，是故聖人反其刑，順其衡，收聚而不散。」

　　越王曰：「善。今歲比熟，尚有貧乞者，何也？」計倪對曰：「是故不等，猶同母之人、異父之子，動作不同術，貧富故不等。如此者，積負於人，不能救其前後。志意侵下，作務日給；非有道術，又無上賜，貧乞故長久。」越王曰：「善。大夫佚同、若成³，嘗與孤議於會稽石室，孤非其言也。今大夫言獨與孤比，請遂受教焉。」計倪曰：「羅石二十則傷農，九十則病末。農傷則草木不辟，末病則貨不出。故羅高不過八十，下不過三十，農末俱利矣。故古之治邦者，本之貨物，官市開而至。」越王曰：「善。」計倪乃傳其教而圖之，曰：「審金木水火，別陰陽之明，用此不患無功。」越王曰：「善。從今以來，傳之後世以爲教。」

　　乃著其法，治牧江南，七年而禽吳也。甲貨之戶曰粢，爲上物，賈七十；乙貨之戶曰黍，爲中物，石六十；丙貨之戶曰赤豆，爲下物，石五十；丁貨之戶曰稻粟，令爲上種，石四十；戊貨之戶曰麥，爲中物，石三十；己貨之戶曰大豆，爲下物，石二十；庚貨之戶曰穬，比疏食，故無賈；辛貨之戶曰菓，比疏食，無賈；壬、癸無貨。

---

1. 當　　　　2. 夫　　　　3. 扶同、苦成

6 越絕請糴內傳第六

　　昔者，越王句踐與吳王夫差戰，大敗，保棲於會稽山上，乃使大夫種求行成於吳。吳許之。越王去會稽，入官於吳。三年，吳王歸之。大夫種始謀曰：「昔者吳夫差不顧義而媿吾王。種觀夫吳甚富而財有餘，其刑繁法逆；民習於戰守，莫不知也；其大臣好相傷，莫能信也；其德衰而民好負善。且夫吳王又喜安佚而不聽諫，細誣而寡智，信讒諛而遠士，數傷人而亟亡之，少明而不信人，▸希須臾之名而不顧後患◂[1]。君王盍少求卜焉？」越王曰：「善。卜之道何若？」大夫種對曰：「君王▸卑身重禮◂[2]，以素忠為信，以請糴於吳。天若棄之，吳必許諾。」

　　於是乃卑身重禮，以素忠為信，以請於吳。將與，申胥進諫曰：「不可。夫▸王◂[3]與越也，接地[4]鄰境，▸道徑通達◂[5]，仇讎敵戰之邦[6]；三江環之，其民無所移，非吳有[7]越，越必有[8]吳。且夫君王兼利而弗取，輸之粟與財，財去而凶來，凶來而民怨其上，▸是養寇而貧邦家也◂[9]。與之不為德[10]，▸不若止◂[11]。且越王有智[12]臣范蠡，勇而善謀，▸將修士卒，飾戰〔具〕，〔以伺吾〕間也◂[13]。胥聞之，夫越王之謀，非有忠素請糴也，將以此試我，以此卜要君王，以求益親，安君王之志。我君王不知省也而救之，是越之福也。」吳王曰：「▸我卑服越◂[14]，▸有其社稷◂[15]。句踐既服為臣，為我駕舍[16]卻行馬前，諸侯莫不聞知。今以越之饑，吾與之食，我知句踐必不敢。」申胥曰：「越無罪，吾君王急之。不遂絕其命，又聽其言，此天之所反也。忠諫者逆，而諛諫者反親。今狐雉之〔相〕戲也，狐體卑而雉懼[17]之。夫獸虫尚以詐相就，而況於人乎！」吳王曰：「越王句踐有急，而寡人與之，其德章而未靡，句踐其敢與諸侯反我乎？」申

---

1. 好須臾之名，不思後患《呂氏春秋・長攻》頁339
2. A.卑辭重幣《說苑・權謀》頁13/19a B.重幣卑辭《呂氏春秋・長攻》頁339
3. 吳之《國語・越語上》頁20/1b、《呂氏春秋・長攻》頁339
4. 土《呂氏春秋・長攻》頁339
5. A.道易通《說苑・權謀》頁13/19a B.道易人通《呂氏春秋・長攻》頁339
6. 國《呂氏春秋・長攻》頁339、《說苑・權謀》頁13/19a
7. 喪《呂氏春秋・長攻》頁339　　8. 喪《呂氏春秋・長攻》頁339
9. 是養生寇而破國家者也《吳越春秋・勾踐陰謀外傳》頁9/10b
10. 親《吳越春秋・勾踐陰謀外傳》頁9/10b
11. 不與未成冤《吳越春秋・勾踐陰謀外傳》頁9/10b
12. 聖《吳越春秋・勾踐陰謀外傳》頁9/10b
13. 將有修飾攻戰，以伺吾間《吳越春秋・勾踐陰謀外傳》頁9/10b
14. 寡人卑服越王《吳越春秋・勾踐陰謀外傳》頁9/11a
15. 而有其眾，懷其社稷《吳越春秋・勾踐陰謀外傳》頁9/11a
16. 車《吳越春秋・勾踐陰謀外傳》頁9/11a
17. 信《吳越春秋・勾踐陰謀外傳》頁9/11a

胥曰：「臣聞聖人有急，則不羞爲人臣僕，而志氣見人。今越王爲吾（蒲）〔蒲〕伏約[1]辭，服爲臣下，其執禮過，吾君不知省也而已，故勝威之。臣聞狼子〔有〕野心，仇讎之人不可親也。夫鼠忘壁，壁不忘鼠，今越人不忘吳矣！胥聞之，拂勝，則社稷固；諛勝，則社稷危。胥、先王之老臣，不忠不信，則不得爲先王之老臣。君王胡不覽觀夫武王之伐紂也？今不出數年，鹿豕遊於姑胥之臺矣。」

太宰嚭從旁對曰：「武王非紂之臣[2]耶？率諸侯以殺[3]其君，雖勝可[4]謂義乎？」申胥曰：「武王則已成名矣[5]。」太宰嚭曰：「親戮[6]主成名[7]，弗忍行[8]。」申胥曰：「美惡相入，或甚美以亡；或甚惡以昌，故在前世矣。嚭何惑吾君王也？」太宰嚭曰：「申胥爲人臣也，辨其君何必翾翾乎？」申胥曰：「太宰嚭面諛以求親，乘吾君王幣帛以求，威諸侯以成富焉。今我以忠辨吾君王，譬浴嬰兒，雖啼勿聽，彼將有厚利。嚭無乃諛吾君王之欲，而不顧後患乎？」吳王曰：「嚭止。子無乃向寡人之欲乎？此非忠臣之道。」太宰嚭曰：「臣聞春日將至，百草從時。君王動大事，群臣竭力以佐謀。」

因遯邅之舍，使人微告申胥於吳王曰：「申胥進諫，外貌類親，中情甚踈，類有外心。君王常親覩其言也，胥則無父子之親，君臣之施矣。」吳王曰：「夫申胥、先王之忠臣，天下之健士也。胥殆不然乎哉，子毋以事相差，毋以私相傷，以動寡人，此非子所能行也。」太宰嚭對曰：「臣聞父子之親，張尹[9]別居。贈臣妾、馬牛，其志加親；若不與一錢，其志斯踈。父子之親猶然，而況於士乎？且有知不竭，是不忠；竭而顧難，是不勇；下而令上，是無法。」

吳王乃聽太宰嚭之言，果與粟。申胥遯邅之舍，歎曰：「於乎！嗟！君王不圖社稷之危，而聽一日之說。弗對以斥傷大臣，而王用之。不聽輔弼之臣，而信讒諛容身之徒，是命短矣！以爲不信，胥願廓目于邦門，以觀吳邦之大敗也。越人之入，我王親所禽哉！」

---

1. 納　　　　2. 王臣《吳越春秋・勾踐陰謀外傳》頁9/12a
3. 伐《吳越春秋・勾踐陰謀外傳》9/12a
4. 殷《吳越春秋・勾踐陰謀外傳》頁9/12a
5. 即成其名矣《吳越春秋・勾踐陰謀外傳》頁9/12a
6. 戮《吳越春秋・勾踐陰謀外傳》頁9/12a
7. 以爲名《吳越春秋・勾踐陰謀外傳》頁9/12a
8. 吾不忍也《吳越春秋・勾踐陰謀外傳》頁9/12a　　9. 戶

太宰嚭之交逢同，謂太宰嚭曰：「子難人申胥，請爲卜焉。」因往見申胥，胥方與被離坐。申胥謂逢同曰：「子事太宰嚭，又不圖邦權而惑吾君王，君王之不省也，而聽眾姦之言。君王忘邦，嚭之罪也！亡日不久也！」逢同出，造太宰嚭曰：「今日爲子卜於申胥，胥誹謗其君，不用胥則無後。而君王[1]覺而遇矣。」謂太宰嚭曰：「子勉事[2]後

5　矣。吳王之情在子乎？」太宰嚭曰：「智之所生，不在貴賤長少，此相與之道。」

逢同出見吳王，慚然有憂色。逢同垂泣不對。吳王曰：「夫嚭、我之忠臣；子爲寡人遊目長耳，將誰怨乎？」逢同對曰：「臣有患也。臣言而君行之，則無後憂；若君王弗行，臣言而死矣！」王曰：「子言，寡人聽之。」逢同曰：「今日往見申胥，申胥與

10　被離坐，其謀慚然，類欲有害我君王。今申胥進諫類忠，然中情至惡，內其身而心野狼。君王親之不親？逐之不逐？親之乎？彼聖人也，將更然有怨心不已。逐之乎？彼賢人也，知能害我君王。殺之爲乎？可殺之，亦必有以也。」吳王曰：「今圖申胥，將何以？」逢同對曰：「君王興兵伐齊，申胥必諫曰不可；王無聽而伐齊，必大克，乃可圖之。」

15

於是吳王欲伐齊。召申胥，對曰：「臣老矣，耳無聞，目無見，不可與謀。」吳王召太宰嚭而謀，嚭曰：「善哉，王興師伐齊也。越在我猶疥癬，是無能爲也。」吳王復召申胥而謀，申胥曰：「臣老矣，不能[3]與謀。」吳王請申胥謀者三，對曰：「臣聞愚夫之言，聖主擇焉。胥聞越王句踐罷吳之年，宮有五竈，食不重味；省妻妾，不別所

20　愛；妻操斗，身操概，自量而食，適饑不費，是人不死，必爲國害！越王句踐食不殺而厭，衣服純素，不衿不玄，帶劍以布，是人不死，必爲大故；越王句踐寢不安席，食不求飽，而善貴有道，是人不死，必爲邦寶；越王句踐衣弊而不衣新，行慶賞，不刑戮，是人不死，必成其名。越在我，猶心腹有積聚，不發則無傷，動作者有死亡。欲釋齊，以越爲憂。」吳王不聽，果興師伐齊，大克還，以申胥爲不忠，賜劍殺申胥，髡被離。

25

申胥且死，曰：「昔者桀殺關龍逢，紂殺王子比干。今吳殺臣，參桀紂而顯吳邦之亡也。」王孫駱聞之，旦即不朝。王召駱而問之：「子何非寡人而旦不朝〔乎〕？」王孫駱對曰：「臣不敢有非，臣恐（矣）〔耳〕。」吳王曰：「子何恐？以吾殺胥爲重乎？」王孫駱對曰：「君[4]王氣高，胥之（下位）〔位下〕而殺之，不與群臣謀之，臣

30　是以恐矣。」王曰：「‣我非聽子殺胥‣[5]，胥乃圖謀寡人。」王孫駱曰：「臣聞君人

1. 正　　　　　2. 多　　　　3. 可
4. 大《吳越春秋‧夫差內傳》頁5/19b
5. 非聽宰嚭以殺子胥《吳越春秋‧夫差內傳》頁5/19b

者，必有敢言[1]之臣；在上位者，必有敢言之〔交〕。如是，即慮日益進而智益生矣。胥、先王之老臣，不忠不信，不得爲先王臣矣。」王意欲殺太宰嚭，王孫駱對曰：「不可。（玉）〔王〕若殺之，是殺二胥矣。」吳王近駱如故。

太宰嚭又曰：「圖越，雖以我邦爲事，王無憂。」王曰：「寡人屬子邦，請早暮無　　　5
時。」太宰嚭對曰：「臣聞四[2]馬方馳，驚前者斬，其數必正。若是，越難成矣。」王曰：「子制之、斷之。」

居三年，越興師伐吳，至五湖。太宰嚭率徒謂之曰。謝戰者五（父）〔反〕。越王不忍，而欲許之。范蠡曰：「君王圖[3]之廊廟，失之中野[4]，可乎？謀之七年，須臾棄[5]　　10
之。王勿許。吳易兼也！」越王曰：「諾。」居軍三月，吳自罷[6]。太宰嚭遂亡，吳王率其有[7]祿與賢良，遯而去。越追之，至餘杭山，禽夫差，殺太宰嚭。越王謂范蠡殺吳王，蠡曰：「臣不敢殺主。」王曰：「刑之。」范蠡曰：「臣不敢刑主。」越王親謂吳王曰：「昔者上蒼以越賜吳，吳不受也；夫申胥無罪，殺之；進讒諛容身之徒，殺忠信之士，大過者三，以至滅亡。子知之乎？」吳王曰：「知之。」越王與之劍，使自圖　　15
之。吳王乃旬日而自殺也。越工葬於卑猶之山，殺太宰嚭、逢同與其妻子。

7 越絕外傳紀策考第七

昔者，吳王闔廬始得子胥之時，甘心以賢之，以爲上客[8]，曰：「聖人前知乎千　　20
歲，後覩萬世。深問其國，世何昧昧，得無衰極？子其精焉，寡人垂意，聽子之言。」子胥唯唯不對。王曰：「子其明之。」子胥曰：「對而不明，恐獲其咎。」王曰：「願一言之，以試直士。夫仁者樂，知者好，誠秉禮者探幽索隱。明告寡人。」子胥曰：「難乎言哉！邦其不長，王其圖之，存無忘傾，安無忘亡。臣始入邦，伏見衰亡之證，當霸吳（危）〔厄〕會之際，後王復空。」王曰：「何以言之？」子胥曰：「後必將失　　25
道。王食禽肉，坐而待死。佞（諂）〔諂〕之臣，將至不久。安危之兆，各有明紀。虹蜺牽牛，其異女，黃氣[9]在上，青黑於下。（大）〔太〕歲八會，壬子數九。王相之氣，自十一倍。死由無氣，如法而止。太子無氣，其異三世。日月光明，歷南斗。吳越

---

1. 諫《吳越春秋・夫差內傳》頁5/19b　　　　　　　　2. 駟
3. 謀《國語・越語下》頁21/5a　　4. 原《國語・越語下》頁21/5a　　5. 去
6. 居軍三年，吳師自潰《國語・越語下》頁21/6a
7. 重《國語・越語下》頁21/6a
8. 以爲上賢，無異乎聖人也《文選・沈休文齊故安陸昭王碑文注》引卷59頁1097
9. 色

為鄰，同俗并土；西州大江，東絕大海；兩邦同城，相亞門戶，憂在於斯，必將為咎。越有神山，難與為鄰，願王定之，毋洩臣言。」

吳使子胥救蔡，誅彊楚，笞平王墓，久而不去，意欲報楚。楚乃購之千金，眾人莫能止之。有野人謂子胥曰：「止！吾是於[1]斧掩壺漿之子、發簞（飲）〔飯〕於船中者。」子胥乃知是漁者也，引兵而還。故無往不復，何德不報！漁者一言，千金歸焉，因是還去。

范蠡興師戰於就李，闔廬見中於飛矢，子胥還師，中媿於吳，被秦號年。至夫[2]差復霸諸侯，興師伐越，任用子胥。雖夫差驕奢，釋越之圍。子胥諫而誅。宰嚭諛心，卒以亡吳。夫差窮困，請為匹夫，范蠡不許，滅於五湖。子胥策於吳，可謂明乎！

昔者，吳王夫差興師伐越，敗兵就李。大風發狂，日夜不止；車敗馬失，騎士墮死；大船陵居，小船沒水。吳王曰：「寡人晝臥，夢見井羸溢大，與越爭彗，越將掃我，軍其凶乎！孰與師還？」此時越軍大號，夫差恐越軍入，驚駭。子胥曰：「王其勉之哉，越師敗矣！臣聞井者，人所飲；溢者，食有餘。越在南，火；吳在北，水。水制火，王何疑乎？風北來，助吳也。昔者武王伐紂時，彗星出而興周。武王問，太公曰：『臣聞以彗鬭，倒之則勝。』胥聞災異或吉或凶，物有相勝，此乃其證。願大王急行，是越將凶、吳將昌也。」

子胥至[3]直，不同邪曲。捐軀切諫，虧命為邦；愛君如軀，憂邦如家；是非不諱，直言不休，庶幾正君，反以見踈！讒人間之，身且以誅。范蠡聞之，以為不通：「知數不用，知懼不去，豈謂智與？」胥聞，歎曰：「吾背楚荊，挾弓以去，義不止窮。吾前獲功、後遇戮，非吾智衰，先遇闔廬、後遭夫差也。胥聞事君猶事父也，愛同也，嚴等也。太古以來，未嘗見人君虧恩為臣報仇也。臣獲大譽，功名顯著，胥知分數，終於不去。先君之功，且猶難忘，吾願腐髮弊齒，何去之有？蠡見其外，不知吾內。今雖屈冤，猶止死焉！」子貢曰：「胥執忠信，死貴於[4]生；蠡審凶吉，去而有名；種留封侯，不知令終。二賢比德，種獨不榮。」范蠡智能同均，於是之謂也。

（位）〔伍〕子胥父子奢為楚[5]王大臣。為世子聘秦女，夫[6]有色，王私悅之，欲自

---

1. 于   2. 大   3. 錢培名云：「至」疑當作「正」。
4. □   5. □   6. 大

御焉。奢盡忠入諫，守朝不休，欲匡正之。而王拒之諫，策而問之，以奢乃害於君。絕世之臣，聽讒邪之辭，係而囚之，待二子而死。尚孝而入，子胥勇而難欺。累世忠信，不遇其時，奢諫於楚，胥死於吳。《詩》云：「讒人罔極，交亂四國。」是[1]之謂也。

太宰者、官號，嚭者、名也，伯州[2]之孫。伯州為楚臣，以過誅，嚭以困奔於吳。是時吳王闔廬伐楚，悉召楚仇而近之。嚭為人覽聞辯見，目達耳通，諸事無所不知。因其時自納於吳，言伐楚之利。闔廬用之伐楚，令子胥、孫武與嚭將師入郢，有大功。還，吳王以嚭為太宰，位高權盛，專邦之枋。未久，闔廬卒，嚭見夫差內無柱石之堅，外無斷割之勢，諛心自納，操獨斷之利，夫差終以從焉。而忠臣籥口，不得一言。嚭知往而不知來，夫差至死，悔不早誅。《傳》曰：「見清知濁，見曲知直；人君選士，各象其德。」夫差淺短，以是與嚭專權，伍胥為之惑，是之謂也。

范蠡其始居楚也。生於宛橐，或伍戶之虛。其為結僮之時，一癡一醒，時人盡以為狂。然獨有聖賢之明，人莫可與語，以內視若盲，反聽若聾。大夫種入其縣，知有賢者，未覩所在，求邑中不得，其邑人以為狂夫多賢士，眾賤有君子，汎求之焉。得蠡而悅，乃從官屬，問治之術。蠡修衣冠，有頃而出。進退揖讓，君子之容。終日而語，疾陳霸王之道。志合意同，胡越相從。俱見霸兆出於東南，捐其官位，相要而往臣。小有所虧，大有所成。捐止於吳。或任子胥，二人以為胥在，無所（聞）〔關〕其辭。種曰：「今將安之？」蠡曰：「彼為我，何邦不可乎？」去吳之越，句踐賢之。種躬正內，蠡出治外；內不煩濁，外無不得。臣主同心，遂霸越邦。種善圖始，蠡能慮終。越承二賢，邦以安寧。始有災變，蠡專其明，可謂賢焉，能屈能申。

8 越絕外傳記范伯第八

昔者，范蠡其始居楚，曰范伯。自謂衰賤，未嘗世祿，故自菲薄。飲食則甘天下之無味，居則安天下之賤位。復被髮佯狂，不與於世。謂大夫種曰：「三王則三皇之苗裔也，五伯乃五帝之末世也。天運歷紀，千歲一至。黃帝之元，執辰破巳。霸王之氣，見於地戶。〔伍〕子胥以是挾弓〔矢〕干吳王。」於是要大夫種入吳。

此時馮同相與共戒之：「伍子胥在，自與[3]不能關其辭」。蠡曰：「吳越二[4]邦同

---

1. 此　　　　　　2. 李步嘉云：「伯州」後疑脫「犁」字
3. 餘《史記・越王句踐世家正義》引頁1752
4. 之《史記・越王句踐世家正義》引頁1752

氣[1]共俗，地戶之位非吳則越[2]。」乃入越。越王常與言，盡日〔方去〕。大夫石買，居國有權辯口，進曰：「衒女不貞，衒士不信。客歷諸侯，渡河津，無因自致，殆非眞賢。夫和氏之璧，求者不爭買；騏驥之材，不難阻險之路。■■■■之邦，歷諸侯無所售，道聽之徒，唯大王察之。」於是范蠡退而不言，遊於楚越之間。大夫種進曰：「昔者市偷自衒於晉，晉用之而勝楚；伊尹負鼎入殷，遂佐湯取天下，有智之士，不在遠近取也，謂之帝王求備者亡。《易》曰：『有高世之材〔者〕，必有負俗之累；有至智之明者，必破庶眾之議。』成大功者不拘於俗，論大道者不合於眾，唯大王察之。」

於是石買益疏。其後使將兵於外，遂爲軍士所殺。是時句踐失眾，棲於會稽之山，更用種、蠡之策，得以存。故虞舜曰：「以學乃時而行，此猶良藥也。」王曰：「石買知往而不知來，其使寡人棄賢。」後遂師二人，竟以禽吳。

子貢曰：「薦一言，得及身；任一賢，得顯名。」傷賢喪邦，蔽能有殃；負德忘恩，其反形傷。壞人之善毋後世，敗人之成天誅行。故冤子胥僇死，由重譖子胥於吳，吳虛重之，無罪而誅。《傳》曰：『寧失千金，毋失一人之心。』是之謂也。

9 越絕內傳陳成恒第九

昔者，陳成恒相齊簡公，欲爲亂，憚▸齊邦鮑、晏◂[3]，故徙[4]其兵而伐魯。魯君憂也[5]。孔子患之，乃召門人弟子而謂之曰：「諸侯有相伐者，▸尙恥之◂[6]。今魯，父母之邦也，丘墓存焉，今齊將伐之，▸可無一出乎◂[7]？」顏淵辭出，孔子止之；子路辭出，孔子止之；子貢辭出，孔子遣之。

子貢行[8]之齊，見陳成恒，曰：「夫魯、難伐之邦，而伐之，過矣。」陳成恒曰：「魯之難伐，何也？」子貢曰：「其城薄以卑，〔其〕池[9]狹而淺；其君愚而不仁，其大臣僞而無用，其士民有[10]惡聞甲兵之心[11]，此不可與戰。君不如伐吳。吳城高以厚，

---

1. 風《史記・越王句踐世家正義》引頁1752
2. 《史記・越王句踐世家正義》引文頁1752此下有「彼爲彼、我爲我句」。
3. 高、國、鮑、晏《史記・仲尼弟子列傳》頁2197
4. 移《史記・仲尼弟子列傳》頁2197
5. 之《吳越春秋・夫差內傳》頁5/2b
6. 丘常恥之《吳越春秋・夫差內傳》頁5/2b
7. A.子無意一出耶《吳越春秋・夫差內傳》頁5/2b B.二三子何爲莫出《史記・仲尼弟子列傳》頁2197 8. 北《吳越春秋・夫差內傳》頁5/2b
9. 地《史記・仲尼弟子列傳》頁2197
10. 又《史記・仲尼弟子列傳》頁2197
11. 事《史記・仲尼弟子列傳》頁2197

池廣以深；甲堅以新，士選以飽；重器精弩[1]在其中，又使明大夫守〔之〕，‧此邦易
也。君不如伐吳‧[2]。」成恆忿然作色，曰：「子之所難，人之所易也；子之所易，人之
所難也！而以教恆，何也？」子貢對曰：「臣聞〔之〕，憂在內者攻彊，憂在外者攻
弱。今君憂〔在〕內。臣聞君三封而三不成者，大臣有‧不聽‧[3]者也。今君破魯以廣
齊，〔戰勝以驕主〕，（墮）〔隳〕魯以尊臣，而君之功不與焉。是君上驕主心，下恣   5
群臣，而求〔以〕成大事，難矣！且夫上驕則犯[4]，臣驕則爭，是君上於主有郤，下與
大臣交爭也。如此，則君立於齊，危於重[5]卵矣！臣故曰不如伐吳。且夫吳〔王〕明[6]猛
以毅，而[7]行其令，百姓習於戰守，將明於法，‧齊之愚，爲禽必矣‧[8]。今君悉擇四彊[9]
之中，出大臣以環之，‧黔首‧[10]外死，大臣內空，是君上無彊臣之敵，下無‧黔首之
士‧[11]，孤立[12]制齊者，君也。」陳恆曰：「善。雖然，吾兵已在魯之城下〔矣〕，   10
若[13]去而之吳，大臣將有疑我之心，爲之奈何？」子貢曰：「君按兵無伐，‧臣請見吳
王‧[14]，使[15]之救魯而伐齊，君因以兵迎之。」陳成恆許（講）〔諾〕，乃行。

　　子貢南見吳王，謂吳王曰：「臣聞之，王者不絕世，而霸者不彊敵；千鈞之重，加
銖〔兩〕而移。今〔以〕萬乘之齊，私千乘之魯，而與吳爭彊，臣（切）〔竊〕[16]爲君   15
恐〔焉〕，且夫救魯、顯名也，伐齊、大利也。義在存亡魯，勇在害彊齊而威申晉邦
者，則王[17]者不疑也。」吳王曰：「〔善〕。雖然，我常與越戰，棲之會稽。夫越君、
賢主也。苦身勞力，以夜接日；內飾其政，外事諸侯，必將有報我之心。子待吾伐越而
‧還‧[18]。」子貢曰：「不可。夫越之彊不‧下‧[19]魯，而吳之彊不‧過‧[20]齊，君以伐越而

1. 兵《史記‧仲尼弟子列傳》頁2197
2. 此易伐也《吳越春秋‧夫差內傳》頁5/3a、《史記‧仲尼弟子列傳》頁2197
3. 所不聽《吳越春秋‧夫差內傳》頁5/3a
4. 恣《史記‧仲尼弟子列傳》頁2197
5. 累《吳越春秋‧夫差內傳》頁5/3b
6. 剛《吳越春秋‧夫差內傳》頁5/3b
7. 能《吳越春秋‧夫差內傳》頁5/3b
8. 齊遇爲擒必矣《吳越春秋‧夫差內傳》頁5/3b
9. 境《吳越春秋‧夫差內傳》頁5/3b
10. A.人民《吳越春秋‧夫差內傳》頁5/3b B.民人《史記‧仲尼弟子列傳》頁2197
11. 民人之過《史記‧仲尼弟子列傳》頁2197
12. 主《吳越春秋‧夫差內傳》頁5/3b、《史記‧仲尼弟子列傳》頁2197
13. 吾《吳越春秋‧夫差內傳》頁5/4a
14. A.請爲君南見吳王《吳越春秋‧夫差內傳》頁5/4a B.臣請往使吳王《史記‧仲尼弟子
　　列傳》頁2197
15. A.請《吳越春秋‧夫差內傳》頁5/4a B.令《史記‧仲尼弟子列傳》頁2197
16. 編者按：「切」、《史記‧仲尼弟子列傳》頁2198、《吳越春秋‧夫差內傳》頁5/4a並
　　作「竊」，「竊」字或作「竊」，因誤爲「切」。
17. 智《史記‧仲尼弟子列傳》頁2198
18. 聽子《吳越春秋‧夫差內傳》頁5/4b、《史記‧仲尼弟子列傳》頁2198
19. A.過於《吳越春秋‧夫差內傳》頁5/4b B.過《史記‧仲尼弟子列傳》頁2198
20. 過於《吳越春秋‧夫差內傳》頁5/4b

‣還‧¹，即齊（也亦）〔亦已〕私魯矣。且夫伐小越而畏彊齊者不勇，見小利而忘大害者不智，兩者臣無爲君取焉。且臣聞之，仁人不‣困厄‧²以廣其德，智者不棄時以舉其功，王者不絕世以立其義。今君存越勿毀，親四鄰以仁；‣救暴困齊‧³，威申⁴晉邦；以武救魯，毋絕周室，明諸侯以義。如此，則臣之所見溢乎負海，必率九夷而朝，即王業成矣！且大吳畏小越如此，臣請東見越王，使之出銳師以從下吏，是君實空越，而名從諸侯以伐也。」吳王大悅，乃（行）〔使〕子貢〔之越〕。

　　子貢東見越王，越王聞之，除道郊迎至縣，身御子貢至舍，而問曰：「此乃‣僻陋‧⁵之邦，蠻夷之民也。大夫‣何索，居然而辱，乃至於此‧⁶？」子貢曰：「弔君，故來。」越王句踐稽首再拜，曰：「孤聞之，禍與福爲鄰，今大夫弔孤，孤之福也，敢遂聞其說。」子貢曰：「臣今〔者〕見吳王，告以救魯而伐齊。其心申，其志畏越，曰：『嘗與越戰，棲於會稽山上。夫越君、賢主也。苦身勞力，以夜接日；內飾其政，外事諸侯，必將有報我之心。子待我伐越而聽子。』且夫無報人之心⁷而使人疑之者，拙也；有報人之心⁸而使人知之者，殆也；事未發而〔先〕聞者，危也。三者，舉事之大忌〔也〕。」越王句踐稽首再拜，曰：「昔者，孤不幸少失先人，內不自量，與吳人戰，軍敗身辱，遺先人恥。邂逃出走，上棲會稽山，下守‣溟海‧⁹，唯魚鱉是見。今大夫‣不辱‧¹⁰而身見之，又出玉聲以教孤，孤賴先人之賜，敢不‣奉教乎‧¹¹！」子貢曰：「臣聞之，明（王）〔主〕任人不失其能，直士舉賢不容於世。故臨財分利則使仁，‣涉危拒難‧¹²則使勇，‣用衆治民‧¹³則使賢，正天下、定諸侯則使聖人。臣竊練下吏之心，兵彊而不并弱。‣勢在其上位而行惡令其下者‧¹⁴，其君幾乎？〔難矣〕！臣竊自練¹⁵可以成功〔而〕至王者，‣其唯臣幾乎‧¹⁶？今夫吳王有伐‣齊‧¹⁷之志，君無惜重器

---

1. 不聽臣《吳越春秋‧夫差內傳》頁5/4b
2. 窮約《史記‧仲尼弟子列傳》頁2198
3. 救魯伐齊《史記‧仲尼弟子列傳》頁2198
4. 加《史記‧仲尼弟子列傳》頁2198
5. 僻狹《吳越春秋‧夫差內傳》頁5/5a
6. A.何索然若不辱，乃至於此《吳越春秋‧夫差內傳》頁5/5a　B.何以儼然辱而臨之《史記‧仲尼弟子列傳》頁2198
7. 志《吳越春秋‧夫差內傳》頁5/5b、《史記‧仲尼弟子列傳》頁2198
8. A.意《吳越春秋‧夫差內傳》頁5/5b　B.志《史記‧仲尼弟子列傳》頁2198
9. 海濱《吳越春秋‧夫差內傳》頁5/5b
10. 辱弔《吳越春秋‧夫差內傳》頁5/5b
11. 承教《吳越春秋‧夫差內傳》頁5/5b
12. 涉患犯難《吳越春秋‧夫差內傳》頁5/6a
13. 用智圖國《吳越春秋‧夫差內傳》頁5/6a
14. 兵強而不能行其威勢，在上位而不能施其政令於下者《吳越春秋‧夫差內傳》頁5/6a
15. 擇《吳越春秋‧夫差內傳》頁5/6a
16. 惟幾乎《吳越春秋‧夫差內傳》頁5/6a
17. 齊晉《吳越春秋‧夫差內傳》頁5/6a

以喜其心，毌惡卑辭以尊[1]其禮，則伐齊必矣。彼戰而不勝，則君之福也；彼戰而勝，必以其餘兵臨晉，臣請北見晉君，令共攻之，弱吳必矣。其騎士、銳兵弊乎齊，重器、羽旄[2]盡乎晉，則君制其敝[3]，此滅吳必矣。」越王句踐稽首再拜，曰：「昔者吳王分其人民之衆以殘伐吳邦[4]，殺敗吾民，圖[5]吾百姓，夷吾宗廟，邦爲空[6]棘，身爲魚鱉餌。今孤之怨吳王，深於骨髓！而孤之事吳王，如子之畏父，弟之敬兄，此孤之外[7]言也。大夫有賜，故孤敢以疑？請遂言之[8]。孤身不安床[9]席，口不甘[10]厚味，目不視好[11]色，耳不聽鐘鼓者[12]，已三年矣。焦脣乾嗌[13]，苦心[14]勞力；上事群臣，下養百姓。願一與吳交天下之兵於中原之野，與吳王整襟交臂而奮；吳越之士繼（蹟）〔踵〕連死；士民流離，肝腦塗地，此孤之大願也！如此[15]不可得也。今內自量吾國，不足以傷吳；外事諸侯，〔而〕不能也。孤欲空邦家，措策力，變容貌，易名姓[16]，執箕（掃）〔帚〕，養牛馬，以臣事之。孤雖〔知〕要領不屬，手足異處，四支布陳[17]，爲鄉邑笑，孤之意出焉！大夫有賜，是存亡邦而興死人也，孤賴先人之賜，敢不待命[18]乎？」子貢曰：「夫吳王之爲人也，貪功名而不知利害。」越王愾然避位，曰：「在子。」子貢曰：「賜爲君觀夫吳王之爲人，賢彊以恣下，下不能逆；數戰伐，士卒不能忍[19]，太宰嚭爲人，智而愚，彊而弱，巧言利辭，以內[20]其身；善爲僞[21]詐，以事其君；知前而不知後，順君之過，以安其私，是殘國之吏、滅君之臣也。」越王大悅。

---

1. 盡《吳越春秋・夫差內傳》頁5/6a
2. 重寶、車騎、羽毛《吳越春秋・夫差內傳》頁5/6b
3. 餘《吳越春秋・夫差內傳》頁5/6b
4. 吾國《吳越春秋・夫差內傳》頁5/6b
5. A.屠 B.鄙《吳越春秋・夫差內傳》頁5/6b
6. 墟《吳越春秋・夫差內傳》頁5/6b
7. 死《吳越春秋・夫差內傳》頁5/6b
8. 報情《吳越春秋・夫差內傳》頁5/6b
9. 重《吳越春秋・夫差內傳》5/6b
10. 嘗《吳越春秋・夫差內傳》頁5/6b
11. 美《吳越春秋・夫差內傳》頁5/6b
12. 雅音《吳越春秋・夫差內傳》頁5/7a
13. 舌《吳越春秋・夫差內傳》頁5/7a
14. 身《吳越春秋・夫差內傳》頁5/7a
15. 思之三年《吳越春秋・夫差內傳》5/7a
16. 姓名《吳越春秋・夫差內傳》頁5/7a
17. 裂《呂氏春秋・順民》頁205　18. 令《吳越春秋・夫差內傳》頁5/7b
19. 不恩《吳越春秋・夫差內傳》頁5/7b
20. 固《吳越春秋・夫差內傳》頁5/7b
21. 詭《吳越春秋・夫差內傳》頁5/7b

　　子貢去而行，越王送之金百鎰、寶劍一、良馬二，子貢不受，遂行至吳，報吳王曰：「〔臣〕敬以下吏之言告越王，越王大恐，乃懼曰：『昔孤不幸，少失先人。內不自量，抵罪於縣[1]。軍敗身辱，遯[2]逃出走，棲於會稽。邦為空棘[3]，身為魚鱉餌。賴大王之賜，使得奉俎豆而修祭祀。大王之賜，死且不〔敢〕忘，何謀〔之〕敢慮？』其志甚恐，似將使使者來[4]。」

　　子貢至[5]五日，越使果至[6]，曰：「東海役臣孤句踐使使[7]臣種，敢修下吏，問[8]於左右。昔孤不幸，少失先人。內不自量，抵罪於縣[9]。軍敗身辱，遯[10]逃出走，棲於會稽。邦為空棘，身為魚鱉餌。賴大王之賜，使得奉俎豆而修祭祀。大王之賜，死且不忘！今竊聞大王將興大義，誅彊救弱，（因）〔困〕暴齊而撫周室，故使越賤臣種以先人之藏器：甲二十領、屈盧之矛[11]、步光之劍，以賀軍吏。大王[12]將遂大義，則弊邑雖小，〔請〕悉擇四疆之中[13]，出[14]卒三千[15]，以從下吏；孤請自被堅執銳，以〔前〕受矢石，〔君臣死無所恨矣〕。」吳王大悅，乃召子貢而告之曰：「越使果來，請出卒[16]三千，其君又從之，與寡人伐齊，可乎？」子貢曰：「不可。夫空人之邦，悉人之眾，又從其君，不仁也。君受其（弊）〔幣〕、許其師，而辭其君。」吳王許諾。

　　子貢〔因〕去之晉，謂晉君曰：「臣聞之，慮不先定，不可以應卒；兵不先辨，不可以勝敵。今齊、吳將戰，〔彼戰而不勝〕，〔越亂之必矣〕；〔與齊戰而〕[17]勝，則

---

1. 吳《吳越春秋‧夫差內傳》頁5/8a、《史記‧仲尼弟子列傳》頁2199
2. 遁《吳越春秋‧夫差內傳》頁5/8a
3. A.墟莽《吳越春秋‧夫差內傳》頁5/8a　B.虛莽《史記‧仲尼弟子列傳》頁2199
4. 將使使者來謝於王《吳越春秋‧夫差內傳》頁5/8b
5. 館《吳越春秋‧夫差內傳》頁5/8b
6. 來《吳越春秋‧夫差內傳》頁5/8b
7. A.之使者《吳越春秋‧夫差內傳》頁5/8b　B.使者《史記‧仲尼弟子列傳》頁2199
8. 少間《吳越春秋‧夫差內傳》頁5/8b
9. 上國《吳越春秋‧夫差內傳》頁5/8b
10. 遁《吳越春秋‧夫差內傳》頁5/8b
11. 鈇屈盧之矛《史記‧仲尼弟子列傳》頁2199
12. 若《吳越春秋‧夫差內傳》頁5/8b〈編者按：疑文本作「若大王」。〉
13. 四方之內《吳越春秋‧夫差內傳》頁5/8b
14. 士《吳越春秋‧夫差內傳》頁5/9a
15. 三千人《吳越春秋‧夫差內傳》頁5/9a
16. 出士卒《吳越春秋‧夫差內傳》頁5/9a
17. 編者按：「彼戰而不勝」二句原誤在下文「修兵休卒以待吳」句下，據《吳越春秋‧夫差內傳》頁5/9a及《史記‧仲尼弟子列傳》頁2200移正。並據《史記》補「與齊戰而」四字。

必以其兵臨晉。」晉〔君〕大恐，曰：「爲之奈何？」子貢曰：「修兵休[1]卒以待吳，
（彼戰而不勝），（越亂之必矣）。」晉君許諾。

　　子貢去而之魯。吳王果興九郡之兵，而與齊（大）〔人〕戰於艾陵，大敗齊師，獲
七將。陳兵不歸，果與晉人相遇黃池之上。吳晉爭彊，晉人擊之，大敗吳師。越王聞
之，涉江襲吳，去邦[2]七里而軍陣。吳王聞之，去晉從越。越王迎之，戰於五湖。
（二）〔三〕戰不勝，城門不守。〔越〕遂圍王宮，殺夫差而僇其相。伐[3]吳三年，東
鄉而霸。故曰子貢一出，存魯，亂齊，破吳，彊晉，霸越是也。

10 越絕外傳記〔越〕地傳第十

　　昔者，越之先君無餘，乃禹之世，別封於越，以守禹冢。問天地之道，萬物之紀，
莫失其本。神農嘗百草、水土甘苦，黃帝造衣裳，后稷產稷，制器械，人事備矣。疇糞
桑麻，播種五穀，必以手足。大越海濱之民，獨以鳥田，小大有差，進退有行，莫將自
使，其故何也？曰：禹始也，憂民救水，到大越，上[4]茅山，大會計[5]，爵有德，封有
功，更名茅山曰會稽。及其王也，巡狩大越，見耆老，納詩書，審銓衡，平斗斛。因病
亡死，葬會稽。葦槨桐棺，穿壙七尺；上無漏泄，下無積水；壇高三尺，土階三等，延
袤一畝。尚以爲居之者樂，爲之者苦，無以報民功，教民鳥田，一盛一衰。當禹之時，
舜死蒼（桐）〔梧〕，象爲民田也。禹至此者，亦有因矣，亦覆釜也。覆釜者、州土
也、塡德也。禹美而告至焉。禹知時晏歲暮，年加申酉，求書其下，祠白馬，禹井井
者、法也。以爲禹葬以法度，不煩人眾。

　　‣無餘‣[6]初封大越，都秦餘望南，千有餘歲而至句踐。‣句踐徙治山北‣[7]，引屬東
海，內、外越別封削焉。句踐伐吳，霸關東，從[8]瑯琊起觀臺。臺周七里，以望東海。
死士八千人，戈船三百艘。居無幾，躬求賢聖[9]。孔子〔聞之〕，從弟子七十人奉先王
雅琴治禮往奏。句踐乃身被賜[10]夷之甲，帶步光之劍，杖物[11]盧之矛，出死士三百人，
爲陣關下。孔子有頃‣姚稽‣[12]到越。越王曰：「唯唯，夫子何以教之？」孔子對曰：

---

1. 伏《吳越春秋・夫差內傳》頁5/9b
2. 城《史記・仲尼弟子列傳》頁2200
3. 破《史記・仲尼弟子列傳》頁2200　　　　4. 於　　　5. 稽
6. 夏無餘　　　7. 至句踐徙治山北　　　8. 徙
9. 士《吳越春秋・勾踐伐吳外傳》頁10/23a
10. A.陽　B.賜　C.唐《吳越春秋・勾踐伐吳外傳》頁10/23a
11. 屈《吳越春秋・勾踐伐吳外傳》頁10/23b
12. 爲陣〈《吳越春秋・勾踐伐吳外傳》頁10/23b無此二字。〉

「丘能述五帝三王之道，故‧奉雅琴至大王所‧¹。」句踐喟然嘆曰：「夫越性〔脆〕而愚，水行而山處；以船爲車，以楫爲馬；往若飄風，去則難從；（銳）〔悅〕兵任²死，越之常性也。‧夫子異則不可‧³。」於是孔子辭，弟子莫能從乎⁴。

越王夫鐔⁵以上至無餘，久遠，世不可紀也。夫鐔子允常。允常子句踐，大霸稱王，徙瑯琊，〔都〕也。句踐子與夷，時霸。與夷子子翁，時霸。子翁子不揚，時霸。不揚子無彊，時霸，伐楚，威王滅無彊。無彊子之侯，竊自立爲君長。之侯子尊，時君長。尊子親，失衆，楚伐之，走南山。親以上至句踐，凡八君，都瑯琊二百二十四歲。無彊以上，霸，稱王。之侯以下微弱，稱君長。

句踐小城，山陰城也。周二里二百二十三步，陸門四，水門一。今倉庫是其宮臺處也。周六百二十步，柱長三丈五尺三寸⁶，霤高丈六尺。‧宮有百戶‧⁷，高丈二尺五寸。大城周二十里七十二步，不築北面。‧而滅吳‧⁸，徙治姑胥臺。

山陰大城者，范蠡所築治也，今傳謂之蠡城。陸門三⁹，水門三，決西北，亦有事。到始建國時，蠡城盡。

稷山者，句踐齋戒臺也。

龜山者，句踐起怪游臺也。東南司馬門，因以炤¹⁰龜。又仰望天氣，觀¹¹天怪也。‧高四十六丈五尺二寸‧¹²，周五百三十二步，今東武里。一曰怪山。怪山者，往古一夜自來，民怪之，故謂怪山。

駕臺，周六百步，今安城里。

離臺，周五百六十步，今淮陽里丘。

美人¹³宮，周五百九十步，陸門二，水門一，今北壇利里丘土城，句踐所㹝教美女

---

1. 奏雅琴以獻之大王《吳越春秋‧勾踐伐吳外傳》頁10/23b
2. 敢《吳越春秋‧勾踐伐吳外傳》頁10/24a
3. 夫子何說而欲教之《吳越春秋‧勾踐伐吳外傳》頁10/24a
4. 編者按：此文有誤。　　　5. 鐸　　　6. 十　　　7. 句踐宮有百戶
8. 滅吳以後　　　9. 二　　　10. 灼　　　11. 睹　　　12. 臺高四十六丈
13. 女

西施、鄭（足）〔旦〕宮臺也。女出於苧蘿山，欲獻於吳，自謂東垂僻陋，恐女樸鄙，故近大道居。去縣五里。

樂野者，越之[1]弋獵處〔也〕，大樂，故謂〔之〕樂野。其山上石室〔者〕，句踐所休謀也。去縣七里。

中（指）〔宿〕臺馬丘，周六百步，今高平里丘。

東郭外南小城者，句踐冰室，去縣三里。

句踐之出入也，齊於稷山，往從田里；去從北郭門，炤龜龜山；更駕臺，馳於離丘；遊於美人宮，興樂，中宿；過歷馬丘，射於樂野之衢；走犬若耶，休謀石室；食於冰廚。領功銓土，已作昌土臺。藏其形，隱其情。一曰：冰室者，所以備膳羞也。

浦陽者，句踐軍敗失衆，漊於此[2]。去縣[3]五十里。

夫山者，句踐絕糧困也。其山上大冢，句踐庶子冢也。去縣十五里。

句踐與吳戰於浙江之上，石買為將。耆老、壯長進諫曰：「夫石買，人與為怨，家與為仇，貪而好利，細人也，無長策。王而用之，國必不遂。」王不聽，遂遣之。石買發行至浙江上，斬殺無罪，欲專威服軍中，動搖將率，獨專其權。士衆恐懼，人不自聊。兵法曰：「視民如嬰兒，故可與赴深溪。」士衆魚爛而買不知，尚猶峻法隆刑。子胥獨見可奪之證，變為奇謀，或北或南，夜舉火〔擊〕鼓，（畫）〔畫〕陳詐兵。越師潰墜，政令不行，背叛乖離。還報其王，王殺買，謝其師，號聲聞吳。吳王恐懼，子胥私喜：「越軍敗矣！胥聞之，（孤）〔狐〕之將殺，嚌脣吸齒。今越句踐其已敗矣，君王安意，越易兼也。」使人入問之，越師請降，子胥不聽。越樓於會稽之山，吳退[4]而圍之。句踐喟然用種、蠡計，轉死為霸。一人之身，吉凶更至；盛衰存亡，在於用臣；治道萬端，要在得賢。越樓於會稽日，行成於吳，吳引兵而去。句踐將降[5]，西至浙江，待詔入吳，故有雞鳴墟。其入辭曰：「亡臣孤句踐，故將士衆，入為臣虜。民可得使，地可得有。」吳王許之。子胥大怒，目若夜光，聲若哮虎：「此越未戰而服，天以

賜吳，‧其逆天乎‧[1]？臣唯君王急剗之！」吳〔王〕不聽，遂許之浙江是也。

陽城里者，范蠡城也。西至水路，水門一，陸門二。

北陽里城，大夫種城也。取土西山以濟[2]之，徑[3]百九十四步。或[4]爲南安。

富陽里者，外越賜義也。處里門，美以練塘田。

安城里高庫者，句踐伐吳，禽夫差，以爲勝兵，築庫高閣之。周二百三十步，今安城[5]里。

故禹宗廟，在小城南門外大城內。禹稷在廟西，今南里。

獨山大冢者，句踐自治以爲冢。徙瑯琊，冢不成。去縣九里。

麻林山，一名多山。句踐欲伐吳，種麻以爲弓絃，使齊人守之，越謂齊人多，故曰麻林多，以防吳。以山下田封功臣。去縣一十二里。

會稽山上城者，句踐與吳戰，大敗，樓其中。因以下爲目[6]魚池，其利不租。

會稽山北城者，子胥浮兵以守城是也。

若耶大冢者，句踐所徙葬先君夫鐔冢也，去縣二十五里。

葛山者，句踐罷吳，種葛，使越女織治葛布，獻於吳王夫差。去縣七里。

姑中山者，越銅官之山也，越人謂之銅姑[7]瀆。長二[8]百五十步，去縣‧二十五‧[9]里。

富中大塘者，句踐治以爲義田，爲肥饒，〔故〕謂之富中。去縣二十里二十二步。

---

1. 其可逆天乎   2. 築   3. 經   4. 名   5. 成
6. A.木 B.牧   7. 沽   8. 一   9. 二十

犬山者，句踐罷吳，畜犬獵南山白鹿，欲得獻吳，神不可得，故曰犬山。其高[1]爲犬亭。去縣二十五里。

白鹿山，在犬山之南，去縣二十九里。

雞山、豕山者，句踐以畜雞、豕，將伐吳，以食｀士[2]也。雞山在錫山南，去縣五十里；豕山在民山西，去縣六十三里。洹江以來[3]屬越，疑豕山在餘暨界中。

練塘者，句踐時采錫山爲炭，稱炭聚，載從｀炭瀆[4]至練塘，各因事｀名之[5]。去縣五十里。

木客大冢者，句踐父允常冢也。｀初徙[6]瑯琊，使樓船卒二千八百人伐松柏以爲桴，故曰木客〔也〕。去縣十五里。一曰句踐伐善（村）〔材〕，（交）〔文〕刻獻於吳，故曰木客。

官瀆者，句踐工官也，去縣十四里。

苦竹城者，句踐伐吳還、封范蠡子也。其僻居，徑六十步。因爲民治田，塘長千五百三十三步。其冢名土山。范蠡苦勤功篤，故封其子於是。去縣十八里。

北郭外、路南溪北城者，句踐築鼓鍾[7]宮也，去縣七里。其邑爲冀錢。

舟室者，句踐船宮也，去縣五十里。

民西大冢者，句踐客秦伊善炤龜者冢也，因名〔其〕冢爲秦伊山。

射浦者，句踐｀教[8]習兵處也。今射浦去縣五里。射卒[9]陳音死，葬民西，故曰陳音山。

種山者，句踐所葬大夫種也。｀樓船卒二千人[10]，鈞[11]足羨，葬之三蓬下。種將

---

1. 李步嘉以爲「高」乃「亭」之訛。　　　　2. A.死士　B.戰士
3. 東　　　　4. 炭瀆出　　　5. 而名之　　　6. 初徙之　　　7. 鐘
8. 所教　　　9. 率　　　10. 曰樓船卒二千人　　　11. 鼎

死，自策：「後有賢者，百年而至。置我三蓬，自章後世。」句踐葬之，食傳三賢。

巫里，句踐所徙巫為一里，去縣二十五里。其亭祠今為和公（群）〔郡〕社稷墟[1]。

巫山者，越魌，神巫之官也，死葬其上。去縣十三里許。

六山者，句踐鑄銅。鑄銅不爍，埋之東坂。其上馬箠[2]，句踐遣使者取於南社，徙種六山，飾治為馬箠，獻之吳。去縣三十五里。

江東中巫葬者，越神巫無杜子孫也。死，句踐於中江而葬之。巫神，欲使覆禍吳人船。去縣三十里。

石塘者，越所害軍船也。塘廣六十五步，長三百五十三[3]步。去縣四十里。

防塢者，越所以遏吳軍也，去縣四十里。

杭塢者，句踐杭也。二百石長員卒七士[4]人，度之會夷。去縣四十里。

塗山者，禹所取妻之山也，去縣五十里。

朱餘者，越鹽官也。越人謂鹽曰餘。去縣三十五里。

句踐已滅吳，使吳人築吳塘，東西千步，名辟[5]首。後因以為名曰塘。

獨婦山者，句踐將伐吳，徙寡婦致獨山上，以為死士示得專一也。去縣四十里。後說之者，蓋句踐所以遊軍士也。

馬嗥者，吳伐越，道逢大風，車敗馬失，騎士墮死，乭馬啼皋。事見吳（矣）〔史〕。

---

1. 虛   2. 生馬箠   3. 一百五十二
4. 錢培名云：「士」疑當作「十」。   5. 僻

浙江南路西城者，范蠡敦[1]兵城也。其陵固可守，故謂之固陵。所以然者，以其大船軍所置也。

山陰古故陸道，出東郭，隨直瀆陽春亭；山陰故水道，出東郭，從郡陽春亭。去縣五十里。

語兒鄉，故越界，名曰就李。吳（彊）〔疆〕越地以爲戰地，至於柴辟亭。

女陽亭者，句踐入官於吳，夫人從，道產女此[2]亭，養於李鄉，句踐勝吳，更名女陽，更就李爲語兒鄉。

吳王夫差伐越，有其邦，句踐服爲臣。三年，吳王復還封句踐於越，東西百里，北鄉臣事吳，東爲右，西爲左。大越故界，浙江至就李，南姑末、寫干。

覯鄉北有武原。武原，今海鹽[3]。姑末，今大末。寫干，今屬豫章。

自無餘初封於越以來，傳聞越王子孫，在丹陽皋鄉，更姓梅，梅里是也。

自秦以來，至秦元王不絕[4]年。元王立二十年；平王立二十三年；惠文王立二十七年；武王立四年，昭襄王亦立五十六年，而滅周赧王，周絕於此；孝文王立一年；莊襄王更號太上皇帝，立三年；秦始皇帝立三十七年，號曰趙政，政、趙外孫；胡亥立二年；子嬰立六月：秦元王至子嬰，凡十王、百七十歲。漢高[5]帝滅之，治咸陽，壹天下。

政使將魏舍、內史教[6]攻韓，得韓王安。政使將王賁攻魏，得魏王歇[7]。政使將王涉攻趙，得趙王尙。政使將王賁攻楚，得楚王成。政使將史敖攻燕，得燕王喜。政使將王涉攻齊，得齊王建。政更號爲秦始皇帝，以其三十七年，東遊之會稽。道度牛渚，奏東安，東安，今富春。丹陽，溧陽，鄣故，餘杭軻亭南。東奏槿頭，道度諸暨、大越。以正月甲戌到大越，留舍都亭。取錢塘浙江「岑石」。石長丈四尺，南北面廣六尺，西面廣尺六寸。刻（丈六）〔文立〕於越（東）〔棟〕山上，其道九曲，去縣[8]二十一里。

---

1. 熟　　　2. 於　　　3. 海鹽縣
4. 錢培名云：「絕」疑當作「紀」。　　5. 皇　　　6. 騰
7. 假　　　8. 越

是時，徙大越民，置餘杭伊[1]，攻■故郵。因徙天下有罪適吏民，置海南故大越處，以
備東海外越。乃更名大越曰山陰。已去，奏諸暨、錢塘，因奏吳。上姑蘇臺，則治射防
於宅亭、賈亭北。年至靈，不射，去，奏曲河、句容，度牛渚，西到咸陽，崩。

11　越絕外傳計倪第十一

　　昔者，越王句踐近侵於彊吳，遠媿於諸侯，兵革散空，國且滅亡，乃脅諸臣而與之
盟：「吾欲伐吳，柰何有功？」群臣默然而無對。王曰：「夫主憂臣辱，主辱臣死，何
大夫易見而難使也？」計倪官卑年少，其居在後[2]，舉首而起[3]，曰：「殆哉[4]！非
大夫易見〔而〕難使，是大王〔之〕不能使臣也。」王曰：「何謂也？」計倪對曰：
「夫官位、財幣、〔金賞者〕，王之所輕〔也〕；〔操鋒履刃、艾命投〕死者，是士之
所重也。王愛所輕，責士所重，豈不艱哉？」王自揖，進計倪而問焉。計倪對曰：「夫
仁義者，治之門〔也〕；士民者，君之根本也。闓門固根，莫如正身。正身之道，謹選
左右。左右選，則孔主（曰）〔日〕益上；不選，則孔主（曰）〔日〕益下。二者貴質
浸之漸也。願君王公選於衆，精鍊左右，非君子至誠之士，無與居[5]家。使邪僻之氣，
無漸以生，仁義之行有階，人知其能，官知其治。爵賞刑罰，一由君出，則臣下不敢毀
譽以言，無功者不敢干治。故明主用人，不由所從，不問其先，說取一焉。是故周文、
齊桓，躬於任賢；太公、管仲，明於知人。今則不然，臣故曰殆哉。」越王勃然曰：
「孤聞齊威[6]淫泆，九合諸侯，一匡天下，蓋管仲之力也。寡人雖愚，唯在大夫。」計
倪對曰：「齊威[7]除管仲罪，大責任之，至易。此故南陽蒼句。太公九〔十〕而不
伐[8]，磻溪之餓人也。聖主不計其辱，以爲賢者。一乎仲，二乎仲，斯可致王，但霸何
足道！桓稱仲父，文稱太公，計此二人，曾無踕步之勞、大呼之功，乃忘弓矢之怨，授
以上卿。《傳》曰：「直能三公。」今置臣而不尊，使賢而不用，譬如[9]門戶像設，倚
而相欺，蓋智士所恥，賢者所羞。君王察之。」越王曰：「誠者不能匿其辭，大夫既
在，何須言哉！」計倪對曰：「臣聞智者不妄言，以成其勞；賢者始於難動，終於有
成。《傳》曰：「《易》之謙遜對過問，抑威權勢，利器不可示人。」言賞罰由君，此
之謂也。故賢君用臣，略貴[10]於絕，施之職而〔成〕其功；遠使〔以難〕，以效其誠；
內告以匿，以知其信；與之（講）〔論〕事，以觀其智；飲之以酒，以觀[11]〔其亂〕；

1. 尹　　　　　2. 列坐於後《吳越春秋・勾踐陰謀外傳》頁9/1b
3. 趨《吳越春秋・勾踐陰謀外傳》頁9/1b
4. 謬哉，君王之言也《吳越春秋・勾踐陰謀外傳》頁9/2a　　　　　5. 諸
6. 桓　　　　7. 桓　　　　8. 九聲而足《吳越春秋・勾踐陰謀外傳》頁9/2b
9. 於　　　10. 貴　　　11. 視《吳越春秋・勾踐陰謀外傳》頁9/3a

〔指之以使〕，〔以察其能〕；〔示之以色〕，〔以別〕其態；選士以備，不肖者無所置。」越王大媿，乃壞池填塹，開倉穀，貸貧乏；乃使群臣身問疾病，躬視死喪；不厄窮僻，尊有德；與民同苦樂，激河泉井，示不獨食。行之六年，士民一心，不謀同辭，不呼自來，皆欲伐吳。遂有大功而霸諸侯。孔子曰：「寬則得眾。」此之謂也。夫有勇見於外，必有仁於內。子胥戰於就李，闔廬傷焉，軍敗而還。是時死傷者不可稱數，所以然者，罷頓不得已。子胥內憂：「為人臣，上不能令主，下令百姓被兵刃之咎。」自責內傷，莫能知者。故身操死持傷及被兵者，莫不悉於子胥之手，垂涕啼哭，欲伐而死。三年自咎，不親妻子，饑不飽食，寒不重綵，結心於越，欲復其仇。師事越公，錄其述。印天之兆，牽牛南斗。赫赫斯怒，與天俱起。發令告民，歸如父母。當胥之言，唯恐為後。師眾同心，得天之中。越乃興師，與戰西江。二國爭彊，未知存亡。子胥知時變，為詐兵，〔分〕為兩翼，夜火相（應）〔望〕。句踐大恐，振旅服降。進兵圍越會稽填山。子胥微策可謂神，守戰數年，句踐行成。子胥爭諫，以是不容。宰嚭許之，引兵而還。夫差聽嚭，不殺仇人。興師十萬，與不敵同。聖人譏之，是以《春秋》不差其文。故《傳》曰：「子胥賢者，尚有就李之恥。」此之謂也。哀哉！夫差不信伍子胥而任太宰嚭，乃此禍晉之驪姬、亡周之褒姒，盡妖妍於圖畫，極凶悖於人理。傾城傾國，思昭示於後王；麗質冶容，宜求監於前史。古人云：「苦藥利病，苦[1]言利行。」伏念居安思危，日謹一日。《易》曰：「知進而不知退，知存而不知亡，知得而不知喪。」又曰：「〔知〕進退存亡〔而〕不失其正者，〔其〕唯聖人乎？」由此而言，進有退之義，存有亡之幾，得有喪之理。愛之如父母，仰之如日月，敬之如神明，畏之如雷霆，此其可以卜祚遐長，而禍亂不作也。

12 越絕外傳記吳王占夢第十二

　　昔者，吳王夫差之時，其民殷眾，禾稼登熟，兵革堅利，其民習於鬪戰：闔廬■剬子胥之教，行有日，發有時。道於▸姑胥之門◂[2]，晝臥姑胥之臺。覺寤而起，其心▸惘悵◂[3]，如有所悔。即召太宰而占之，曰：「向者晝臥，夢入章明之宮。入門，見兩鬲▸炊而不蒸◂[4]；見兩黑犬嗥以北，嗥以南；見▸兩鋘倚吾宮堂◂[5]；見流水湯湯，越吾宮牆；見前園橫索生樹桐；見後房鍛者扶挾鼓小震。子為寡人精占之，吉則言吉，凶則言凶，無諛寡人之心所從。」太宰嚭對曰：「善[6]哉，大王〔之〕興師伐齊〔也〕。夫章

1. 忠　　　　　　　　2. 胥門《吳越春秋・夫差內傳》頁5/9b
3. 悒然悵焉《吳越春秋・夫差內傳》頁5/9b
4. 蒸而不炊《吳越春秋・夫差內傳》頁5/9b
5. 兩鋊殖吾宮墻《吳越春秋・夫差內傳》頁5/10a
6. 美《吳越春秋・夫差內傳》頁5/10a

明者，伐齊克，天下顯明也。見兩鑑▸炊而不蒸◂[1]者，大王聖〔德〕，氣有餘也。見兩黑犬嘷以北、嘷以南〔者〕，四夷已服，朝諸侯也。▸兩鏵倚吾宮堂◂[2]〔者〕，▸夾田夫也◂[3]。見流水湯湯，越吾宮牆，獻物已至，則[4]有餘也。見前園橫索生樹桐〔者〕，樂府▸吹巧◂[5]也。見後房鍛者扶挾鼓小震者，（官）〔宮〕女鼓樂也。」吳王大悅，而賜太宰嚭雜繒四十疋。

王心不已，召王孫駱而告之。對曰：「臣▸智淺能薄◂[6]，無方術之事，不能占大王夢。臣知有東掖門亭長▸越公弟子◂[7]王[8]孫聖，爲人▸幼而好學，長而憙遊◂[9]，（傳）〔博〕聞彊識，通於方來之事，可占大王所夢。臣請召之。」吳王曰：「諾。」王孫駱移記，曰：「今日壬午，左校司馬王孫駱，受教告東掖門亭長公孫聖：吳王晝臥，覺寤而心中惆悵也，如有悔。記到，車馳詣姑胥之臺。」

聖得記，發而讀之，伏地而泣，有頃不[10]起。其妻大君從旁接而起之，曰：「何若子性之大[11]也！希見[12]人主，卒得急記，流涕不止。」公孫聖仰天嘆曰：「嗚呼，悲哉！此固非子（胥）〔之〕所能知也。今日壬午，時加南方，命屬蒼[13]天，不可逃亡。伏地而泣者，不能自惜。但吳王諛心而言，師道不明；正言直諫，身死無功。」大君曰：「汝彊食自愛，愼勿相忘。」伏地而書，〔既〕成篇，即▸〔與妻〕◂[14]把臂而決，涕泣如雨。上車不顧，遂至姑胥之臺，謁見吳王。

吳王勞曰：「〔越〕公弟子公孫聖也，寡人晝臥姑胥之臺，夢入章明之宮。入門，見兩鑑炊而不蒸；見兩黑犬嘷以北、嘷以南；見兩鏵倚吾宮堂；見流水湯湯，越吾宮牆；見前園橫索生樹桐；見後房鍛者扶挾鼓小震。子爲寡人精占之，吉則言吉，凶則言凶，無諛寡人心所從。」公孫聖伏地，有頃而起，仰天嘆曰：「悲哉！夫好船者溺，好

1. 蒸而不炊《吳越春秋・夫差內傳》頁5/10a
2. 兩鋘殖宮墻《吳越春秋・夫差內傳》頁5/10a
3. 農夫就成田夫耕也《吳越春秋・夫差內傳》頁5/10a
4. 財《吳越春秋・夫差內傳》頁5/10a
5. 鼓聲《吳越春秋・夫差內傳》頁5/10b
6. 鄙淺於道，不能博大《吳越春秋・夫差內傳》頁5/10b
7. 長城公弟《吳越春秋・夫差內傳》頁5/10b
8. 公《吳越春秋・夫差內傳》頁5/10b
9. 少而好游，長而好學《吳越春秋・夫差內傳》頁5/10b
10. 而《吳越春秋・夫差內傳》頁5/11a
11. 鄙《吳越春秋・夫差內傳》頁5/11a
12. 覩《吳越春秋・夫差內傳》頁5/11a
13. 上《吳越春秋・夫差內傳》頁5/11a
14. 相與

騎者墮，君子各以所好爲禍。諛讒申者，師道不明。正言切諫，身死無功。伏地而泣者，非自惜，因悲大王。夫章者，戰不勝，走偟偟[1]〔也〕；明者，去昭昭，就冥冥〔也〕。見兩鬵[炊而不蒸][2]者，王且不得火食〔也〕。見兩黑犬嗥以北、嗥以南者，大王身死，魂魄惑也。見[兩鍤倚吾宮堂][3]者，越人入吳邦[4]，伐宗廟，掘社稷也。見流水湯湯，越吾宮牆者，大王宮堂虛也。前園橫索生樹桐者，桐不爲器用，但爲甬，當與人俱葬〔也〕[5]。後房鍛者鼓小震者，大息也[6]。王毋自行，使臣下可矣。」太宰嚭、王孫駱惶怖，解冠幘，肉袒而謝。吳王忿聖言不祥，乃使其身自受其殃。王乃使力士石番，以鐵杖[7]擊聖，中斷之爲兩頭。聖仰天嘆曰：「蒼天知冤乎！直言正諫，身死無功[8]！令吾家無葬我，提我山中，後世[爲聲響][9]。」吳王使人提於秦餘杭之山：「虎狼食其[10]肉，野火燒其[11]骨，東風〔數〕至，飛揚汝灰[12]，汝更能爲聲哉！」太宰嚭前再拜，曰：「逆言已滅，讒諛已亡，因酌行觴，時可以行矣。」吳王曰：「諾。」

王孫駱爲左校司馬，太宰嚭爲右校司馬，王從騎三千，旌旗羽蓋，自處中軍。伐齊，大剋。師兵三月不去，過伐晉。晉知其兵革之罷倦，糧食盡索，興師擊之，大敗吳師。涉江，流血浮尸者，不可勝數。吳王不忍，率其餘兵，相將至秦餘杭之山。饑餓，足行乏糧，視瞻不明。據地飲水，持籠[13]稻而餐之。顧謂左右曰：「此何名？」群臣對曰：「是籠[14]稻也。」吳王曰：「悲哉！此[公孫聖][15]所言、王且不得火食。」太宰嚭曰：「秦餘杭山西坂聞燕，可以休息，大王亟飡而去，尙有十數里耳。」吳王曰：「吾嘗戮公孫聖於斯山，子試爲寡人前呼之，即尙在耶，當有聲響。」太宰嚭即上山三呼，聖三應。吳王大怖，足行屬腐，面如死灰色，曰：「公孫聖令寡人得邦，誠世世相事！」言未畢，越王追至。兵三圍吳，大夫種處中。范蠡數吳王曰：「王有過者五，寧知之乎？殺忠臣伍子胥、公孫聖。胥爲人先知、忠信，中斷之入江；聖正言直諫，身死

1. 敗走偟偟《吳越春秋・夫差內傳》頁5/11b
2. 蒸而不炊《吳越春秋・夫差內傳》頁5/12a
3. 兩鍤殖宮牆《吳越春秋・夫差內傳》頁5/12a
4. 《吳越春秋・夫差內傳》頁5/12a作「國」，「國」與「稷」爲韻。
5. 但爲盲僮，與死人俱葬也《吳越春秋・夫差內傳》頁5/12a
6. 坐太息也《吳越春秋・夫差內傳》頁5/12a
7. 鎚《吳越春秋・夫差內傳》頁5/12b
8. 辜《吳越春秋・夫差內傳》頁5/12b
9. 相屬爲聲響《吳越春秋・夫差內傳》頁5/12b
10. 汝《吳越春秋・夫差內傳》頁5/12b
11. 汝《吳越春秋・夫差內傳》頁5/13a
12. 骸《吳越春秋・夫差內傳》頁5/13a
13. 生《吳越春秋・夫差內傳》頁5/26b
14. 生《吳越春秋・夫差內傳》頁5/26b   15. 公孫

無功。此非大過者二乎？夫齊無罪，空復伐之，使鬼神不血食，社稷廢蕪，父子離散，兄弟異居。此非大過者三乎？夫越王句踐，雖東僻，亦得繫於天皇之位，無罪，而王恒使其芻（莖）〔荁〕秩馬，比於奴虜。此非大過者四乎？太宰嚭讒諛佞（諂）〔諂〕[1]，斷絕王世，聽而用之。此非大過者五乎？」吳王曰：「今日聞命矣。」

越王撫步光之劍，杖屈盧之（弓）〔矛〕，瞋目謂范蠡曰：「子何不早圖之乎？」范蠡曰：「臣不敢殺主。臣存主若亡，今日遜敬，天報微功。」越王謂吳王曰：「世無千歲之人，死一耳[2]。」范蠡左手持鼓，右手操枹而鼓之，曰：「上天蒼蒼，若存若亡。何須軍士，斷子之頸，挫子之骸，不亦繆乎？」吳王曰：「聞命矣！以三寸之帛，冥吾兩目，使死者有知，吾慚見伍子胥、公孫聖，以爲無知，吾恥生。」越王則解綬以冥其目，遂伏劍而死。越王殺太宰嚭，戮其妻子。以其不忠信，斷絕吳之世。

13 越絕外傳記寶劍第十三

昔者，越王句踐有寶劍五，聞於天下。客有能相劍者，名薛燭[3]。王召而問之，曰：「吾有寶劍五，請以示之[4]。」薛燭對曰：「愚理不足以言，大王請，不得已。」乃召掌者，王使取毫[5]曹。薛燭對曰：「豪[6]曹、非寶劍也。夫寶劍，五色並見，莫能相勝。豪曹已擅名矣，非寶劍也。」王曰：「取巨闕。」薛燭曰：「非寶劍也[7]。寶劍者，金錫和銅而不離。今巨闕已離矣，非寶劍也。」王曰：「然。巨闕初成之時，吾坐於露壇[8]之上，宮人[9]有四駕白鹿而過者，車奔馬[10]驚，吾引劍而指之，四駕上飛揚，不知其絕也。穿銅釜，絕鐵鑼，胥中決如粲米，故曰巨闕。」王取純鈞[11]，薛燭聞之，忽如敗。有頃，懼如悟，下階而深惟，簡衣而坐望之。手振拂揚，其華捽如[12]芙蓉始出。觀其鈔[13]，爛〔爛〕如列星之行；觀其光，渾渾如水之〔將〕溢於溏[14]；觀其斷，巖巖如瑣石；觀其（才）〔文〕，煥煥如冰〔之將〕釋。「此所謂純鈞[15]耶？」王曰：「是也。客有直之者，有市之鄉（二）〔三〕、駿馬千疋、千戶之都二，可乎？」薛燭對曰：「不可。當造此劍之時，赤堇之山，破而出錫；若耶之溪，涸而出銅；雨師掃灑，雷公擊橐[16]；蛟龍捧鑪，天帝裝炭；太一下觀，天精下之。歐冶乃因天之精神，悉其伎巧，造爲大刑三、小刑二：一曰湛盧；二曰純鈞；三曰勝邪；四曰魚腸；五曰巨

---

1. 愚而佞言，輕而讒諛《吳越春秋・夫差內傳》頁5/28b
2. 世無萬歲之君，死生一也《吳越春秋・夫差內傳》頁5/29b　　　3. 名曰薛燭
4. 子　　　　5. 豪　　　　6. 毫　　　　7. 是巨闕，非寶劍也
8. 臺　　　　9. 中　　　　10. 鹿　　　　11. 鈞　　　　12. 而
13. A.釽 B.劍鈔 14. 塘　　　15. 鈞　　　16. 鼓

闕。吳王闔廬之時，得其勝邪、魚腸、湛盧。闔廬無道，子女死，殺生以送之，湛盧之劍，去之如[1]水。‵行秦過楚‵[2]，楚王臥而寤，得吳王湛盧之劍，將首魁漂而存焉。秦王聞而求〔之〕，不得，興師擊楚，曰：「與我湛盧之劍，還師去汝。」楚王不與。時闔廬又以魚腸之劍刺吳王僚，使披腸夷之甲三事。闔廬使專諸為奏炙魚者，引劍而刺之，遂弒王僚。此其小試於敵邦，未見其大用於天下也。今赤堇之山已合，若耶〔之〕溪深而不測，群神不下，歐冶子即[3]死，雖復傾城量金，珠玉竭河，猶不能得此一物。有市之鄉（二）〔三〕、駿馬千疋、千戶之都二，何足言哉！」

　　楚王召風胡子而問之曰：「寡人聞吳有干將，越有歐冶子，此二人甲世而生，天下未嘗有。精誠[4]上通天，下為烈士。寡人願齎邦之重寶，皆以奉子，因吳王請此二人作〔為〕鐵劍，可乎？」風胡子曰：「善。」於是乃令風胡子之吳，見歐冶子、干將，使（人）〔之〕作〔為〕鐵劍。歐冶子、干將鑿茨山，洩其溪，取鐵英，作為鐵劍三枚：一曰龍淵；二曰泰阿；三曰工布[5]。畢成，風胡子奏之楚王。楚王見此三劍之精神，大悅，〔見〕風胡子問之曰：「此三劍何物所象？其名為何？」風胡子對曰：「一曰龍淵；二曰泰阿；三曰工布[6]。」楚王曰：「何謂龍淵、泰阿、工布[7]？」風胡子對曰：「欲知龍淵，觀其狀，如登高山、臨深淵；欲知泰阿，觀其釽[8]，巍巍翼翼，如流水之波；欲知工布[9]，〔觀其〕釽從文〔間〕起，至脊而止，如珠〔而〕不可衽，文若流水〔而〕不絕。」

　　‵晉鄭王聞而求之‵[10]，不得，興師圍楚之城，三年不解。倉穀粟索，庫無兵革。左右群臣、賢士，莫能禁止。於是楚王聞之，引泰阿之劍，登城而麾之。三軍破敗，士卒迷惑，流血千里，猛獸歐瞻，江水折揚，晉鄭之頭畢白。楚王於是大悅，曰：「此劍威耶？寡人力耶？」風胡子對曰：「劍之威也，因大王之神。」楚王曰：「夫劍、鐵耳，固能有精神若此乎？」風胡子對曰：「時各有使然。軒轅、神農、赫胥之時，以石為兵，斷樹木為宮室，死而龍臧。夫神聖主使然。至黃帝之時，以玉為兵，以伐[11]樹木為宮室，鑿地。夫玉、亦神物也，又遇聖主使然，死而龍臧。禹穴之時，以銅為兵，以鑿伊闕、通龍門，決江導河，東注於東海。天下通平，治為宮室，豈非聖主之力哉？當此之時，作鐵兵，威服三軍。天下聞之，莫敢不服。此亦鐵兵之神，大王有聖德。」楚王曰：「寡人聞命矣。」

---

1. 入　　　　　2. A.行湊楚 B.行秦湊楚　　　3. A.既 B.已　　4. 神
5. 市　　　　　6. 市《御覽》卷343頁1576　　　7. 市《御覽》卷343頁1576
8. 鍔《御覽》卷343頁1576　　　9. 市《御覽》卷343頁1576
10. 晉鄭聞此三劍而求之　　　　11. 斷

14 越絕內經九術第十四

　　昔者，越王句踐問大夫種曰：「吾欲伐吳，奈何能有功乎？」大夫種對曰：「伐吳
有九術。」王曰：「何謂九術？」對曰：「一曰尊天地，事鬼神；二曰重財幣，以遺其
5　君；三曰貴糴粟槀，以空其邦；四曰˙遺之好美，以爲勞其志˙1；五曰遺之˙巧匠˙2，使
起宮室高臺，〔以〕盡其財、疲其力；六曰遺其3諛臣，使之易伐；七曰彊其諫臣，使
之自殺；八曰邦家富而備〔利〕器；九曰堅厲4甲兵，以承其弊。故曰九者勿患，戒5口
勿傳，以取天下不難，〔而〕況於吳乎？」越王曰：「善。」

10　　　於是作爲策6楯，嬰以白璧，鏤以黃金，˙類˙7龍蛇而行者。乃使大夫種獻之於吳
〔王〕，曰：「東海役臣孤句踐，使者臣種，敢修8下吏，問於左右。賴˙有天下˙9之
力，竊爲小殿，有餘財，再拜獻之10大王。」吳王大悅。申胥諫曰：「不可，王勿受
〔也〕。昔〔者〕桀起靈門，紂起鹿臺，陰陽不和，˙五穀〔不熟〕，〔寒暑〕不
時˙11，天與之12災，邦國13空虛，遂以之亡。大王受之，是後必有災。」吳王不聽，
15　遂受之而起姑胥〔之〕臺。三年聚材，五年乃成。高見二百里，行路之人，道死（尸）
〔巷〕哭。

　　越〔王〕乃飾美女西施、鄭旦，使大夫種獻之於吳王，曰：「昔者，越王句踐竊有
˙天˙14之遺西施、鄭旦，越邦洿下貧窮，不敢˙當˙15，使下臣種再拜獻之大王。」吳王
20　大悅。申胥諫曰：「不可，王勿受〔也〕。臣聞五色令人目不明，五音令人耳不聽。
〔昔〕桀易湯而滅，紂易周文〔王〕而亡。大王受之，後必有殃。胥聞越王句踐晝16書
不倦，晦誦竟〔夜〕，（旦）〔且〕聚死臣數萬，是人不死，必得其願。胥聞越王句踐
服誠行仁，聽諫，˙進賢士˙17，是人不死，必得18其名。胥聞越王句踐夂19披毛裘，

1. 遺美女以惑其心而亂其謀《吳越春秋‧句踐陰謀外傳》頁9/4b
2. 巧工良材《吳越春秋‧句踐陰謀外傳》頁9/4b
3. 之《吳越春秋‧句踐陰謀外傳》頁9/4b
4. 利《吳越春秋‧句踐陰謀外傳》頁9/4b
5. 閉《吳越春秋‧句踐陰謀外傳》頁9/4b　　　　6. 榮
7. 狀類《吳越春秋‧句踐陰謀外傳》頁9/5b
8. 因《吳越春秋‧句踐陰謀外傳》頁9/5b
9. 大王《吳越春秋‧句踐陰謀外傳》頁9/5b　　　10. 於
11. 寒暑不時，五穀不熟《吳越春秋‧句踐陰謀外傳》頁9/6a
12. 其《吳越春秋‧句踐陰謀外傳》頁9/6a　　　13. 家　　　14. 天人
15. 稽留《吳越春秋‧句踐陰謀外傳》頁9/9a
16. 朝《吳越春秋‧句踐陰謀外傳》頁9/9b
17. 進賢《吳越春秋‧句踐陰謀外傳》頁9/9b
18. 成《吳越春秋‧句踐陰謀外傳》頁9/9b
19. 夏《吳越春秋‧句踐陰謀外傳》頁9/9b

夏¹披絺綌，是人不死，必爲‧利害‧²。胥聞賢士、邦之寶也，美女、邦之咎也。夏亡於
末喜，殷亡於妲己，周亡於褒姒。」吳王不聽，遂受其女，以申胥爲不忠而殺之。

越乃興師伐吳，‧‧大敗之於秦餘杭山‧³。滅吳，禽夫差而戮太宰嚭與其妻子。

15 越絕外傳記軍氣第十五

夫聖人行兵，上與天合德，下與地合明，中與人合心，義合乃動，見可乃取。小人
則不然，以彊厭弱，取利於危，不知逆順，快心於非。故聖人獨知氣變之情，以明勝負
之道。凡氣有五色：青、黃、赤、白、黑。色因有五變。人氣變，軍上有氣，五色相
連，與天相抵⁴。‧此天應‧⁵，不可攻，攻之無後。其氣盛者，攻之不勝。

軍上有赤色氣者，徑抵天，軍有應於天，攻者其誅乃身。軍上有青氣盛明，從■，
其本廣末銳而來者，此逆兵氣也，爲未可攻，衰去乃可攻。青氣在〔軍〕上，其謀未
定；青氣在右，將弱兵多；青氣在後，將勇穀少，先大後小；青氣在左，將少卒多，兵
少軍罷；青氣在前，將暴，其軍必來。赤氣在軍上，將謀未定。其氣本廣末銳而來者，
爲逆兵氣，衰去乃可攻。赤氣在右，將軍勇而兵少，卒彊，必以殺降；赤氣在後，將
弱，卒彊，敵少，攻之殺將，其軍可降；赤氣在（右）〔左〕，將勇，敵多，兵卒彊；
赤氣在前，將勇兵少，穀多卒少，謀不來。黃氣在軍上，將謀未定。其本廣末銳而來
者，爲逆兵氣，衰去乃可攻。黃氣在右，將智而明，兵多卒彊，穀足而不可降；黃氣在
後，將智而勇，卒彊，兵少，穀少；黃氣在左，將弱卒少，兵少穀亡，攻之必傷；黃氣
在前，將勇智，卒多彊，穀足而有多爲⁶，不可攻也。白氣在軍上，將賢智而明，卒威
勇而彊。其氣本廣末銳而來者，爲逆兵氣，衰去乃可攻。白氣在右，將勇而卒⁷彊，兵
多穀亡；白氣在後，將仁而明，卒少兵多，穀少軍傷；白氣在左，將勇而彊，卒多穀
少，可降；白氣在前，將弱，卒亡，穀少，攻之可降。黑氣在軍上，將謀未定。其氣本
廣末銳而來者，爲逆兵〔氣〕，〔衰〕去乃可攻。黑氣在右，將弱，卒少，兵亡，穀盡
軍傷，可不攻自降；黑氣在後，將勇卒彊，兵少穀亡，攻之殺將，軍亡；黑氣在左，將
智而勇，卒少兵少，攻之殺將，其軍自降；黑氣在前，將智而明，卒少穀盡，可不攻自
降。

---

1. 冬《吳越春秋・句踐陰謀外傳》頁9/9b
2. 對隙《吳越春秋・句踐陰謀外傳》頁9/9b　　　3. 大敗之秦餘杭山
4. 和　　　　　5. 此有應兵　　6. 焉　　　7. 兵

故明將知氣變之形，氣在軍上，其謀未定；其〔氣〕在右而低者，欲爲右伏兵之謀；其氣在前而低者，欲爲前伏陣也；其氣在後而低者，欲爲走兵陣也；其氣陽者，欲爲去兵；其氣在左而低者，欲爲左陣；其氣間其軍，欲有入邑。

右子胥相氣取敵大數，其法如是。軍無氣，籌於廟堂，以知彊弱。一、五、九，西向吉，東向敗亡，無東；二、六、十，南向吉，北向敗亡，無北；三、七、十一，東向吉，西向敗亡，無西；四、八、十二，北向吉，南向敗亡，無南。此其用兵‧月日◂¹數，吉凶所避也。舉兵無擊大歲上物，卯也。始出各利，以其四時制日，是之謂也。

韓故治，今京兆郡，角、亢也。

鄭故治，角、亢也。

燕故治，今上漁陽、右北平、遼東、莫郡，尾、箕也。

越故治，今大越山陰，南斗也。

吳故治西江，都牛、須女也。

齊故治臨菑，今濟北、平原、北海郡、菑川、遼東、城陽，虛、危也。

衛故治濮陽，今廣陽、韓郡，營室、壁也。

魯故治太山、東溫、周固水，今魏東，奎、婁也。

梁故治，今濟陰、山陽、濟北、東郡，畢也。

晉故治，今代郡、常山、中山、河間、廣平郡，觜也。

秦故治雍，今內史也，巴郡、漢中、隴西、〔定襄、太原〕、安邑，東井也。

---

1. 日月

〔周〕故治雒，今河南郡，柳、七星、張也。

楚故治郢，今南郡、南陽、汝南、淮陽、六安、九江、廬江、豫章、長沙，翼、軫也。

趙故治邯鄲，今遼東、隴西、北地、上郡、鴈門、北郡、清河，參也。

16 越絕外傳枕中第十六

昔者，越王句踐問范子曰：「古之賢主、聖王之治，何左何右？何去何取？」范子對曰：「臣聞聖主之治，左道右術，去末取實。」越王曰：「何謂道？何謂術？何謂末？何謂實？」范子對曰：「道者、天地先生，不知老；曲成萬物，不名巧，故謂之道。道生氣，氣生陰，陰生陽，陽生天地。天地立，然後有寒暑、燥濕、日月、星辰、四時而萬物備。術者、天意也。盛夏之時，萬物遂長。聖人緣天心，助天喜，樂萬物之長。故舜彈五弦之琴，歌《南風》之詩，而天下治。言其樂與天下同也。當是之時，頌聲作。所謂末者，名也。故名過實，則百姓不附親，賢士不爲用，而外■[1]諸侯，聖主不爲也。所謂實者，穀■也，得人心、任賢士也。凡此四者，邦之寶也。」

越王曰：「寡人躬行節儉，下士求賢，不使名過實，此寡人所能行也。多貯穀，富百姓，此乃天時水旱，寧在一人耶？何以備之？」范子曰：「百里之神，千里之君。湯執其中和，舉伊尹，收天下雄儁之士，練卒兵，率諸侯兵伐桀，爲天下除殘去賊，萬民皆歌而歸之。是所謂執其中和者。」越王曰：「善哉，中和所致也！寡人雖不及賢主、聖王，欲執其中和而行之。今諸侯之地，或多或少，彊弱不相當。兵革暴起，何以應之？」范子曰：「知保人之身者，可以王天下；不知保人之身，失天下者也。」越王曰：「何謂保人之身？」范子曰：「天生萬物而教之而生。人得穀即不死，穀能生人，能殺人。故謂人身。」

越王曰：「善哉。今寡人欲保穀，爲之奈何？」范子曰：「欲保〔穀〕，必親[2]於野，覩[3]諸〔侯〕所多少爲備。」越王曰：「所少，可得爲因其貴賤，亦有應乎？」范子曰：「夫〔知〕八穀貴賤之法，必察天之三表，即決矣。」越王曰：「請問三表。」范子曰：「水之勢勝金，陰氣蓄積大盛，水據金而死，故金中有水。如此者，歲大敗，

---

1. A.王　B.入　C.□　　　　2. 覿　　　3. 視

八穀皆貴。金之勢勝木，陽氣蓄積大盛，金據木而死，故木中有火。如此者，歲大美，八穀皆賤。金、木、水、火更相勝，此天之三表者也，不可不察。能知三表，可〔以〕為邦寶；不知三表之君，千里之神，萬里之君。故天下之君，發號施令，必順於四時。四時不正，則陰陽不調，寒暑失常。如此，則歲惡，五穀不（登）〔登〕。聖主施令，必審於四時，此至禁也。」越王曰：「此寡人所能行也。願欲知圖穀上下貴賤，欲與他貨之內以自實，為之奈何？」范子曰：「夫八穀之賤也，如宿穀之（登）〔登〕，其明也諦。審察陰陽消息，觀市之反覆，雌雄之相逐，天道乃畢。」

越王問范子曰：「何執而昌？何行而亡？」范子曰：「執其中則昌，行奢侈則亡。」越王曰：「寡人欲聞其說。」范子曰：「臣聞古之賢主、聖君，執中和而原其終始，即位安而萬物定矣；不執其中和，不原其終始，即尊位傾，萬物散。文武之業、桀紂之跡可知矣。古者天子及至諸侯，自滅至亡，漸漬乎滋味之費，沒溺於聲色之類，牽攣於珍怪貴重之器，故其邦空虛。困其士民，以為須臾之樂，百姓皆有悲心，瓦解而倍畔者，桀紂是也。身死邦亡，為天下笑。此謂行奢侈而亡也。湯有七十里地。務執三表，可謂邦寶；不知三表，身死棄道。」

越王問范子曰：「春肅，夏寒，秋榮，冬泄，人治使然乎？將道也？」范子曰：「天道三千五百歲，一治一亂，終而復始，如環之無端，此天之常道也。四時易次，寒暑失常，治民然也。故天生萬物之時，聖人命之曰春。春不生遂者，故天不重為春。春者、夏之父也。故春生之，夏長之，秋成而殺之，冬受而藏之。春肅而不生者，王德不究也；夏寒而不長者，臣下不奉主命也；秋順而復榮者，百官刑不斷也；冬溫而泄者，發府庫賞無功也。此所謂四時者，邦之禁也。」越王曰：「寒暑不時，治在於人，可知也。願聞歲之美惡，穀之貴賤，何以紀之？」范子曰：「夫陰陽錯繆，即為惡歲；人生失治，即為亂世。夫一亂一治，天道自然。八穀亦一賤一貴，極而復反。言亂三千歲、必有聖王[1]也。八穀貴賤更相勝。故死凌生者逆，大貴；生凌死者順，大賤。」越王曰：「善。」

越王問於范子曰：「寡人聞人失其魂魄者死，得其魂魄者生。物皆有之，將人也？」范子曰：「人有之，萬物亦然。天地之間，人最為貴。物之生，穀為貴，以生人，與魂魄無異，可得豫知也。」越王曰：「其善惡可得聞乎？」范子曰：「欲知八穀之貴賤、上下、衰極，必察其魂魄，視其動靜，觀其所舍，萬不失一。」問曰：「何謂

1. 主

魂魄？」對曰：「魂者、槀也，魄者、生氣之源也。故神生者，出入無門，上下無根，
見所而功自存，故名之曰神。神主生氣之精，魂主死氣之舍也。魄者主賤，魂者主貴，
故當安靜而不動。魂者，方盛夏而行，故萬物得以自昌。神者，主氣之精，主貴而雲
行，故方盛夏之時，不行即[1]神氣〔槀〕而不成物矣。故死凌生者，歲大敗；生凌死
者，歲大美。故觀其魂魄，即知歲之善惡矣。」

越王問於范子曰：「寡人聞陰陽之治，不同力而功成，不同氣而物生，可得而知
乎？願聞其說。」范子曰：「臣聞陰陽氣不同處，萬物生焉。冬三月之時，草木既死，
萬物各異藏，故陽氣避之下藏，伏壯於內，使陰陽得成功於外。夏三月盛暑之時，萬物
遂長，陰氣避之下藏，伏壯於內，然而萬物親而信之，是所謂也。陽者主生，萬物方夏
三月之時，大熱不至，則萬物不能成。陰氣主殺，方冬三月之時，地不內藏，則根荄不
成，即春無生。故一時失度，即四序爲不行。」

越王曰：「善。寡人已聞陰陽之事，穀之貴賤，可得而知乎？」范子曰：「陽者主
貴，陰者主賤。故當寒而不寒者，穀爲之暴貴；當溫而不溫者，穀爲之暴賤。譬猶形
影、聲響相聞，豈得不復哉！故曰秋冬貴陽氣施於陰，陰極而復貴；春夏賤陰氣施於
陽，陽極而不復〔賤〕。」越王曰：「善哉！」以丹書■帛[2]，置之枕中，以爲國
寶。

越五日，困於吳，請於范子曰：「寡人守國無術，負於萬物，幾亡邦危社稷，爲旁
邦所議，無定足而立。欲捐軀出死，以報吳仇，爲之奈何？」范子曰：「臣聞聖主爲不
可爲之行，不惡人之謗己；爲足舉之德，不德人之稱己。舜循之歷山，而天下從風。使
舜釋其所循，而求天下之利，則恐不全其身。昔者神農之治天下，務利之而已矣。不望
其報，不貪天下之財，而天下共富之。所以其智能自貴於人，而天下共尊之。故曰富貴
者，天下所置，不可奪也。今王利地貪財，接兵血刃，僵尸流血，欲以顯於世，不亦繆
乎？」

越王曰：「上不逮於神農，下不及於堯舜，今子以至聖之道以說寡人，誠非吾所及
也。且吾聞之也，父辱則子死，君辱則臣死。今寡人親已辱於吳矣！欲行一切之變，以
復吳仇，願子更爲寡人圖之。」范子曰：「君辱則死，固其義也。立死。下士人而求成
邦者，上聖之計也。且夫廣天下、尊萬乘之主，使百姓安其居、樂其業者，唯兵。兵之

---

1. 則　　　　　2. A.以丹書帛　B.以丹書□帛

要在於人，人之要在於穀。故民眾，則主安；穀多，則兵彊。王而備此二者，然後可以
圖之也。」越王曰：「吾欲富邦彊兵，地狹民少，奈何爲之？」范子曰：「夫陽動於
上，以成天文；陰動於下，以成地理。審察開置之要，可以爲富。凡欲先知天門開及地
戶閉，其術：天高五寸，減天寸六分以成地。謹司八穀，初見出於天者，是謂天門開、
地戶閉，陽氣不得下入地戶。故氣轉動而上下、陰陽俱絕，八穀不成，大貴必應其歲而
起，此天變見符也。謹司八穀，初見入於地者，是謂地戶閉。陰陽俱會，八穀大成，其
歲大賤，來年大饑，此地變見瑞也。謹司八穀，初見半於人者，糴平，熟，無災害。故
天倡而見符，地應而見瑞。聖人上知天，下知地，中知人，此之謂天平地平，以此爲天
圖。」

越王既已勝吳三日，反邦未至，息，自雄，問大夫種曰：「夫聖人之術，何以加於
此乎？」大夫種曰：「不然。王德[1]范子之所言，故天地之符應邦以藏聖人之心矣。然
而范子豫見之策，未肯爲王言者也。」越王愀然而恐，面有憂色。請於范子，稱曰：
「寡人用夫子之計，幸得勝吳，盡夫子之力也。寡人聞夫子明於陰陽進退，豫知未形，
推往引前，後知千歲，可得聞乎？寡人虛心垂意，聽於下風。」范子曰：「夫陰陽進
退，前後幽冥，未見未形。此持[2]殺生之柄，而王制於四海，此邦之重寶也。王而毋泄
此事，臣請爲王言之。」越王曰：「夫子幸教寡人，願與之自藏，至死不敢忘！」范子
曰：「陰陽進退者，固天道自然，不足怪也。夫陰入淺者即歲善，陽入深者則歲惡。幽
幽冥冥，豫知未形。故聖人見物不疑，是謂知時，固聖人所不傳也。夫堯舜禹湯，皆有
豫見之勞，雖有凶年而民不窮。」越王曰：「善。」以丹書帛，置之枕中，以爲邦寶。

范子已告越王，立志入海，此謂天地之圖也。

17 越絕外傳春申君第十七

昔者，楚考烈王相春申君吏李園。園女弟女環謂園曰：「我聞王老無嗣，可見我於
春申君。我欲假於春申君。我得見於春申君，徑得見[3]於王矣。」園曰：「春申君、貴
人也，千里之佐，吾何託敢言[4]？」女環曰：「即不見我。汝求謁於春申君；才人
告：『〔有〕遠道客，請歸待之。』彼必問汝：『汝家何等遠道客者？』因對曰：『園
有女弟，魯相聞之，使使者來求之園，才人使告園者[5]。』彼必有問：『汝女弟何
能？』對曰：『能鼓音，讀書[6]通一經。』故彼必見我。」園曰：「諾。」

---

1. 得　　　　　2. 特　　　　　3. 幸　　　　　4. 吾胡敢託言　　5. 也
6. 詩、書

明日，辭春申君才人：「有遠道客，請歸待之。」春申君果問：「汝家何等遠道客？」對曰：「園有女弟，魯相聞之，使使〔來〕求之。」春申君曰：「何能？」對曰：「能鼓音，讀‧書‧¹通一經。」春申君曰：「可得見乎？」〔園曰〕：「〔可〕。」「明日，使待於離亭。」園曰：「諾。」既歸，告女〔弟〕環曰：「吾辭於春申君，許我明日夕待於離亭。」女環曰：「園宜先供待之。」　　　5

春申君到，園馳人呼女環。到黃昏，女環至，大縱酒。女環鼓琴，曲未終，春申君〔重言善〕。〔女環鼓琴而歌〕，〔春申君〕大悅，留宿。明日，女環謂春申君曰：「妾聞王老無嗣，屬邦於君。君外淫，不顧政事，使王聞之，君上負於王，使妾兄下負於夫人，為之奈何？無泄此口，君召而戒之。」春申君以告官屬：「莫有聞淫女也。」　　　10皆曰：「諾。」

與女環通未終月，女環謂春申君曰：「妾聞王老無嗣，今懷君子一月矣，可見妾於王，幸產子男，君即王公也，‧而何為‧²佐乎？君（戒）〔試〕念之。」〔春申君曰〕：「〔諾〕。」　　　15

〔念之〕五日而道之：「邦中有好女，中相，可³屬嗣者。」烈王曰：「諾。」‧即召之‧⁴。烈王‧悅‧⁵，取之，十月產子男。

十年，烈王死，幽王嗣立。女環使園相春申君。相之三年，然後告園：「以吳封春　　　20申君，使備東邊。」園曰：「諾。」即（對）〔封〕春申君於吳。幽王後懷王，使張儀詐殺之。懷王子頃襄王，秦始皇帝使王翦滅之。

18 越絕德序外傳記第十八

　　　25

昔者，越王句踐困於會稽，歎曰：「我其不伯乎！」欲殺妻子，角戰以死。蠡對曰：「殆哉！王失計也，愛其所惡。且吳王賢不離，不肖不去，若卑辭以地讓之，天若棄彼，〔彼〕必許。」句踐曉焉，曰：「豈然哉！」遂聽能以勝。越王句踐（即）〔既〕得平吳，春祭三江，秋祭五湖。因以其時，為之立祠，垂之來世，傳之萬載。鄰邦樂德，以來取足。范蠡內視若盲，反聽若聾，度天關，涉天機，後祀天人，前帶神　　　30光。當是時言之者，■其去甚微甚密，王已失之矣，然終難復見得。於是度兵徐州，致

---

1. 詩、書　　　2. 何為而　　　3. 呼　　　4. 即召而可之　　　5. 大悅

貢周室。元王以之中興，號為州伯，以為專句踐之功，非王室之力。是時越行伯道，沛
歸於宋；浮陵以付楚；臨（期）〔沂〕開陽，復之於魯。中邦侵伐，因斯衰止。以其誠
〔在〕[1]於內，威發於外，越專其功，故曰越絕是也。故《傳》曰：「桓公迫於外子，
能以覺悟；句踐執於會稽，能因以伯。」堯舜雖聖，不能任（狼）〔狼〕致治。管仲能
知人，桓公能任賢；蠡善慮患，句踐能行焉：臣主若斯，其不伯，得乎？《易》曰：
「君臣同心，其利斷金。」此之謂也。

吳越之事煩而文不喻，聖人略焉。賢者垂意，深省厥辭，觀斯智愚。夫差狂惑，賊
殺子胥；句踐至賢，種曷為誅？范蠡恐懼，逃於五湖，蓋有說乎？夫吳知子胥賢，猶昏
然誅之。《傳》曰：「人之將死，惡聞酒肉之味；邦之將亡，惡聞忠臣之氣。」身死不
為醫，邦亡不為謀，還自遺災，蓋木土水火，不同氣居，此之謂也。

種立休功，其後厥過自伐。句踐知其仁也，不知其信。見種為吳通越，稱：「君子
不危窮，不滅服。」以忠告，句踐非之，見乎顏色。范蠡因心知意，策問其事，卜省其
辭，吉耶凶耶？兆言其災。夫子見利與害，去於五湖。蓋謂知其道貴微而賤獲。《易》
曰：「知幾其神乎？道以不害為左。」《傳》曰：「知始無終，厥道必窮。」此之謂
也。

子胥賜劍將自殺，歎曰：「嗟乎！眾曲矯直，一人固不能獨立。吾挾弓矢以逸鄭楚
之間，自以為可復吾見凌之仇，乃先王之功，想得報焉，自致於此。吾先得榮，後僇
者，非智衰也：先遇明，後遭險，君之易移也已矣。生不遇時，復何言哉！此吾命也，
亡將安之？莫如早死，從吾先王於地下，蓋吾之志也。」吳王將殺子胥，使馮[2]同徵
之。胥見馮[3]同，知為吳王來也。洩言曰：「王不親輔弼之臣而親眾豸之言，是吾[4]命短
也。高置吾頭，必見越人入吳也，我王親為禽哉！捐我深江，則亦已矣！」胥死之後，
吳王聞，以為妖言，甚咎子胥。王使人捐於大江口。勇士執之，乃有遺響，發憤馳騰，
氣若奔馬；威〔凌〕萬物，歸神大海；彷彿之間，音兆常在。后世稱述，蓋子胥水僊
也。

子胥挾弓去楚，唯夫子獨知其道。事▇世▇有退，至今實之，實秘文之事。深述厥
兆，徵為其戒。齊人歸女，其後亦重。各受一篇，文辭不既，經傳外章，輔發其類。故

---

1. 原底本為墨釘，《古今逸史》本頁14/3a作「行」，今據本書《越絕外傳本事》篇補。
2. 逢   3. 逢   4. 吳

聖人見微知著,覩始知終。由此觀之,夫子不王可知也。恭承嘉惠,述暢往事。夫子作經,攬史記,憤懣不泄,兼道事後,覽承傳說。厥意以爲周道不敝,《春秋》不作。蓋夫子作《春秋》,記元於魯,大義立,微言屬,五經六藝,爲之檢式。垂意於越,以觀枉直。陳其本末,抽其統紀,章決句斷,各有終始。吳越之際,夫差弊矣,是之謂也。故觀乎《太伯》,能知聖賢之分;觀乎《荆平》,能知信勇之變;觀乎《吳越[1]》,能知陰謀之慮;觀乎《計兒[2]》,能知陰陽消息之度;觀乎《請糴》,能知■人之使敵邦賢不肖;觀乎《九術》,能知取人之眞、轉禍之福;觀乎《兵法》,能知卻敵之路;觀乎《陳恒》,能知〔古〕今相取之術;觀乎《德敍》,能知忠直所死,狂惕[3]通拙。經百八章,上下相明。齊桓興盛,執操以同。管仲達于霸紀,范蠡審乎吉凶終始。夫差不能■邦之治。察乎馮[4]同、宰嚭,能知(諂)〔諛〕臣之所移,哀彼離德信不用。內痛子胥忠諫邪君,反受其咎。夫差誅子胥,(目)〔自〕此始亡之謂也。

19 越絕篇敍外傳記第十九

維先古九頭之世,蒙水之際,興敗有數,承三繼五。故曰眾者傳目,多者信德。自此之時,天下大服。三皇以後,以一治人。至於三王,爭心生,兵革越[5],作肉刑。五胥因悉挾方氣,歷天漢。孔子感精,知後有彊秦喪其世,〔而〕漢興也。賜權齊、晉、越,(人)〔入〕吳。孔子推類,知後有蘇秦也。權衡相動,衡五相發。道獲麟,周盡證也,故作《春秋》以繼周也。此時天地暴清,日月一明,弟子欣然,相與太平。孔子懷聖承弊,無尺土所有,一民所子[6],睹麟(乘)〔垂〕涕,傷民不得其所,非聖人孰能痛世若此!萬代不滅,無能復述。故聖人沒而微言絕。賜見《春秋》改文尚質,譏二名,興素王,亦發憤記吳越,章句其篇,以喻後賢。賜之說也,魯安,吳(吳)敗,晉彊,越霸,世春秋二百餘年,垂象後王。賜傳吳越,■指於秦。聖人發一隅,辯士宣其辭;聖文絕於彼,辯士絕於此。故題其文,謂之《越絕》。

問曰:「《越絕》始於《太伯》,終於《陳恒》,何?」「《論語》曰:『雖小道,必有可觀者焉。』乃太伯審於始,知去上賢;太伯特不恨,讓之至也。始於《太伯》,仁賢,明大吳也。仁能生勇,故次以《荆平》也,勇子胥忠、正、信、智以明也。智能生詐,故次以《吳人》也,善其務救蔡,勇其伐荆。其范蠡行爲持危救傾也,莫如循道順天,富邦安民,故次《計倪》。富邦安民,故於自守,易以取,故次《請

---

1. 人　　　　2. 倪　　　　3. 惕　　　　4. 逢
5. 錢培名云:疑當作「起」。　　　6. 主

羅》也。一其愚,故乖其政也。(問曰)[1]請粟者求其福祿必可獲,故次以《九術》。順天心,終和親,即知其情。策於廊廟,以知彊弱。時至,伐必可克,故次《兵法》。兵、凶器也。動作不當,天與其殃。知此上事,乃可用兵。《易》之卜將,《春秋》無將。子謀父,臣殺[2]主,天地所不容載。惡之甚深,故終於《陳恒》也。」

〔問曰〕:「《易》之卜將,《春秋》無將。今荊平何善乎?君無道,臣仇主,以次太伯,何?」曰:「非善荊平也,乃勇子胥也。臣不討賊,子不復仇,非臣子也。故賢其冤於無道之楚,困不死也;善其以匹夫得一邦之衆,竝義復仇,傾諸侯也;非義不爲,非義不死也。」

問曰:「子胥妻楚王母,無罪而死於吳。其行(始)〔如〕是,何義乎?」曰:「孔子固貶之矣。賢其復仇,惡其妻楚王母也。然《春秋》之義,量功掩過也。〔賢〕之,親親也。」「子胥與吳何親乎?」曰:「子胥以困(於)〔干〕闔廬,闔廬勇之甚,將爲復仇,名譽甚著。《詩》云:『投我以桃,報之以李。』夫差下愚不移,終不可奈何。言不用,策不從,昭然知吳將亡也。受闔廬厚恩,不忍去而自存,欲著其諫之功也。故先吳敗而殺也。死人且不負,而況面在乎?昔者管仲生,伯業興;子胥死,伯名成;周公貴一概,不求備於一人。及外篇各有差敘,師不說。」

問曰:「子胥未賢耳!賢者所過化,子胥賜劍,欲無死,得乎?」「盲者不可示以文繡,聾者不可語以調聲。瞽瞍不移,商均不化;湯繫夏臺,文王拘於殷。時人謂舜不孝、堯不慈,聖人不悅(夏)〔下〕愚,而況乎子胥?當困於楚,劇於吳,信不去耳,何拘之有?孔子貶之奈何?其報楚也。稱子胥妻楚王母,及乎夷狄,貶之,言吳人也。」

問曰:「句踐何德也?」曰:「伯德,賢君也。」「《傳》曰:『危人自安,君子弗爲;奪人自與,伯夷不多。』行僞以勝,滅人以伯,其賢奈何?」曰:「是固伯道也。祺道厭駮,一善一惡。當時無天子,彊者爲右,使句踐無權,滅邦久矣。子胥信而得衆道,范蠡善僞以勝。當明王天下太平,諸侯和親,四夷樂德,款塞貢珍,屈膝請臣,子胥何由乃困於楚?范蠡不久乃爲狂者?句踐何當屬〔芻〕莝養馬?遭逢變亂,權以自存,不亦賢乎?行伯非賢,晉文之能因時順宜,隨而可之。故空社易爲福,危民易爲德,是之謂也。」

---

1. 錢培名云:「問曰」二字錯簡,當在下節首。　　2. 弒

問曰：「子胥、范蠡何人也？」「子胥勇而智，正而信；范蠡智而明：皆賢人。」問曰：「子胥死，范蠡去，二人行違，皆稱賢，何？」「《論語》曰：『陳力就列，不能者止。』事君以道言耳。范蠡單身入越，〔致〕主於伯[1]，有所不合，故去也。」問曰：「不合何不死？」曰：「去止，事君之義也。義無死，胥死者，受恩深也。今蠡猶重也，不明甚矣。」問曰：「受恩死，死之善也。臣事君，猶妻事夫，何以去？」「《論語》曰：『三日不朝，孔子行。』行者、去也。《傳》曰：『孔子去魯，燔俎無肉；曾子去妻，藜蒸不熟。』微子去，比干死，孔子并稱仁：行雖有異[2]，其義同。」「死與生，敗與成，其同奈何？」「《論語》曰：『有殺身以成仁。』子胥重其信，范蠡貴其義。信從中出，義從外出。微子去者，痛殷道也；比干死者，忠於紂也；箕子亡者，正其紀也：皆忠信之至，相為表裏耳。」問曰：「二子孰愈乎？」曰：「以為同耳。然子胥無為能自免於無道之楚，不忘舊功，滅身為主。合，即能以霸；不合，可去則去，可死則死。范蠡遭世不明，被髮佯狂，無正不行，無主不止。色斯而舉，不害於道。億則屢中，貨財殖聚。作詐成伯，不合乃去。三遷避位，名聞海內。去越入齊，老身西陶。仲子由楚，傷中而死。二子行有始終，子胥可謂兼人乎？」

問曰：「子胥伐楚宮，射其子，不殺，何也？」「弗及耳。楚世子奔逃雲夢（山之）〔之山〕。子胥兵笞（卒主）〔平王〕之墓，昭王遣大夫申包胥入秦請救。于斧漁子進諫子胥，子胥適會秦救至，因引兵還。越見其榮於無道之楚，興兵伐吳。子胥以不得已，迎之就李。」問曰：「笞墓何名乎？」「子之復仇，臣之討賊，至誠感天，矯枉過直。乳狗哺虎，不計禍福；大道不誅，誅首惡，子胥笞墓不究也。」

維子胥之述吳越也，因事類以曉後世。著善為誠，譏惡為誠[3]。句踐以來，至乎更始之元，五百餘年，吳越相復見於今[4]。百歲一賢，猶為比肩。記陳厥說，略其有人。以去為（生）〔姓〕，得衣乃成；厥名有米，覆之以庚。禹來東征，死葬其疆。不直自斥，託類自明；寫精露愚，略以事類，俟告後人。文屬辭定，自于邦賢。邦賢以口為姓，丞之以天；楚相屈原，與之同名。明於古今，德配顏淵。時莫能與，伏竄自容。年加申酉，懷道而終。友臣不施，猶夫子得麟。覽覯厥意，嗟嘆其文，於乎哀哉！溫故知新，述暢子胥，以喻來今。經世歷覽，論者不得，莫能達焉。猶《春秋》銳精堯舜，垂意周文。配之天地，著於五經；齊德日月，比智陰陽。《詩》之《伐柯》，以己喻人。後生可畏，蓋不在年。以口為姓，萬事道也。丞之以天，德高明也。屈原同名，意

1. 霸 《御覽》卷446頁2053　　2. 違 《御覽》卷446頁2053　　3. 誠
4. 相攻復見於今

相應也。百歲一賢，賢復生也。明於古今，知〔識宏〕也。德比顏淵；不可量也。時莫
能用，籥口鍵精，深自誠也。猶子得麟，丘道窮也。姓有去，不能容也。得衣乃成，賢
人衣之能章也。名有米，八政寶也。覆以庚，兵絕之也。於乎哀哉，莫肯與也。屈原隔
界，放於南楚，自沈湘水，蠡所有也。

20 越絕書佚文

20.1　名門者，車船並入。昌門，今見在。銅柱，石填地。《文選‧吳都賦注》。

20.2　夫差小女，字幼玉。見父無道，輕士重色，其國必危。遂願與書生韓重爲偶。不
果，結怨而死。夫差思痛之，金棺銅槨，葬閶門外。其女化形而歌曰：「南山有鳥，北
山張羅。鳥既高飛，羅當奈何。志願從君，讒言孔多。悲怨成疾，沒身黃坡。」《吳
地記》。

20.3　闔廬葬女於邦西，名爲三女墳。吳先主發掘无得，鑿分爲三，呼爲三女墳也。
《書鈔》卷九四。

20.4　美山，大雷山，小雷山，有西岑冢，越王孫開所立，以備春申君。使其子守之。
子[1]死，遂葬城中。《後漢書‧郡國志注》。

20.5　北城，泰伯所築。《咸淳毗陵志》。

20.6　伍員取利浦黃瀆土築此城。《咸淳毗陵志》引。

20.7　吳人於硯石[2]置館娃宮。《寰宇記》卷九一。

20.8　秦始皇至會稽，徙越之人於烏程。《寰宇記》卷九十四。

20.9　東甌，越王所立，元王四年，范蠡築。《路史‧國名紀》。

---

1. 錢輯脫「子」字，今據《後漢書‧郡國志注》頁3490引補。
2. 錢培名云：《吳郡圖經續記》引，「硯石」下有「山」字。

20.10　宋大夫華元冢，在華原陳留小黃縣北。《太平御覽》卷五五八。

20.11　闔閭惡王子慶忌，問於伍子胥。子胥曰：「臣有所厚於國，其人細小也，曰要離。臣嘗見其辱壯士菑邱訴[1]〔也〕。」〔王曰〕：「〔辱之奈何〕？」〔子胥曰〕：「〔菑邱訴者〕[2]，東海上人也。爲齊王使於吳，過淮津，欲飲馬。水神出取，菑邱訴大怒，褊袒操劍，入水與戰，殺兩蛟一龍。連日乃出，眇其左目。遂之吳，會於友人之座，訴恃其與[3]神戰之勇，輕士大夫。要離與之對座，即謂之曰：「吾聞勇士之戰也，與日戰者不移表，與〔神〕[4]鬼戰者不旋踵，與人戰者不達聲。生往死還，不受其辱。今子與神戰於泉水之中，亡馬失御，又受眇目之病，形殘名辱，勇士所恥，自驕於友人之旁，何其忍負也。」於是菑邱訴卒於結恨勢怒，未及有言，座衆分解，菑邱訴宿怒遺恨，夜往攻要離，要離戒其妻曰：「曩者吾辱壯士菑邱訴於大衆之座，彼勇士[5]有受不還，報答之怒，餘恨忿恚，冥必來矣。愼毋閉門。」菑邱訴果往。入門不閉，登堂不關，入室不守，放髮僵臥。訴乃手拔劍而捽要離，曰：「子有三當死之過，子知之乎？」要離曰：「吾不知也。」菑邱訴曰：「子辱吾於大座之衆[6]，一死也；歸不閉門，二死也；臥不守衛，三死也。子有三死之過，雖欲勿怒，其得乎哉！」要離曰：「吾無三死之過，子有三不肖之媿，子知之乎？」菑邱訴曰：「吾不知。」要離曰：「吾辱子於千人之衆，子不報答，是一不肖也；入門不咳，登堂無聲，是二不肖也；先拔劍，手持頭，乃敢有言，是三不肖也。子有三不肖之媿，而欲滅[7]我，豈不鄙哉！」於是菑邱訴仰天歎曰：「吾之勇也，人莫敢有訾吾者，若斯要離，乃加吾之上，此天下壯士也。」」《御覽》卷四三七。

20.12　屬鏤。《史記·吳太伯世家》。

20.13　無餘都，會稽山南故[8]越城是也。《史記越世家·正義》。

20.14　句踐遊臺上有龜公冢在。《寰宇記》卷九六。

---

1. 錢培名云：《吳越春秋》作「椒邱訴」。
2. 編者按：據《吳越春秋·闔閭內傳》頁4/7b補。
3. 錢輯脫「與」字，今據《御覽》卷437頁2011補。
4. 編者按：據《吳越春秋·闔閭內傳》頁4/8b
5. 錢輯脫此三字，今據《御覽》卷437頁2011補。
6. 錢培名云：「座」、「衆」二字，疑當互易。《吳越春秋》作「千人之衆」。
7. 錢輯「滅」誤「威」，今據《御覽》卷437頁2011改。
8. 錢輯「故」誤「今」，今據《史記·越王句踐世家正義》頁1739引改。

20.15　興平二年，分立吳寧縣。《後漢書‧郡國志注》。

20.16　餘暨，西施之所出。《後漢書‧郡國志注》。

20.17　棟猶鎮也。《水經‧漸江水注》。

20.18　越王句踐既爲吳辱，常盡禮接士，思以平吳。一日出遊，見蛙怒，句踐揖之。左右曰：「王揖怒蛙何也？」答曰：「蛙如是怒，何敢不揖。」於是勇士聞之，皆歸越，而平吳。《太平廣記》卷四七三。

20.19　闔閭[1]既重莫耶，乃復命國中作金鉤。有人貪王賞之重，殺其兩兒，以血釁鉤，遂成二鉤。獻之闔閭，詣官求賞。王曰：「爲鉤者衆多，而子獨求賞，何以異於衆人之鉤乎？」曰：「我之作鉤也，殺二子成兩鉤。」王曰：「舉鉤以示之，何者是也？」於是鉤師向鉤而哭，呼其兩子之名吳鴻、扈稽，曰：「我在此，王不知汝之神也。」聲未絕於口，兩鉤俱飛，著於父之背。吳王大驚，曰：「嗟乎！寡人誠負子。」迺賞之百金，遂服其鉤[2]。《文選‧吳都賦注》。

20.20　《伍子胥水戰兵法內經》曰：大翼一艘，廣一丈五尺二寸，長十丈[3]。容戰士二十六人，櫂五十人，舳艫三人，操長鉤矛斧者四，吏僕射長各一人，凡九十一人。當用長鉤矛長斧各四，弩各三十二，矢三千三百，甲兜鍪各三十二[4]。中翼一艘，廣一丈三尺五寸，長九丈六尺[5]。小翼一艘，廣一丈二尺，長九丈。《侍游曲阿後湖詩注》。

20.21　闔閭見子胥：「敢問船軍之備何如？」對曰：「船名大翼、小翼、突冒、樓船、橋船[6]。令船軍之教，比陵軍之法，乃可用之。大翼者，當陵軍之重車。小翼者，當陵軍之輕車[7]。突冒者，當陵軍之衝車。樓船者，當陵軍之行樓車。橋船者，當陵軍之輕足驃騎也。」《御覽》卷七七零。

---

1. 錢輯「閭」誤「廬」，今據《文選‧左太沖吳都賦注》卷5頁110引改。
2. 錢培名云：又見《吳越春秋》。
3. 錢培名注：《文選‧侍游曲阿後湖詩注》、《御覽》三百十五作「廣丈六尺，長十二丈。」　　　4. 錢培名注：《御覽》三百十五
5. 錢培名云：原作「五丈六尺」，依《七命》注改。
6. 錢培名云：「橋船」，《書鈔》百三十八作「篙船」。
7. 錢培名注：《書鈔》百三十七引云：「小翼可載踐餉也。」

20.22　吳王闔閭問伍子胥軍法，子胥曰：「王身將即疑船旌麾兵戟與王船等者七艘，將軍疑船兵戟與將軍船等三船，皆居於大陣之左右。有敵，即出就陣，吏卒皆銜枚，敖歌擊鼓者斬。」《御覽》卷三五七。

20.23　在越爲范蠡，在齊爲鴟夷子皮，在陶爲朱公。《史記越世家·正義》。 5

20.24　西施亡吳國後，復歸范蠡，同泛五湖而去。《吳地記》。

20.25　蜀有花鴿[1]，狀如春花[2]。《御覽》卷九二三。 10

---

1. 錢輯「花鴿」作「蒼領」，今據《御覽》卷923頁4096改。
2. 以上並據錢培名《越絕書札記·逸文》輯補。

逐字索引

哀 āi	5
惟大王○之	2/3/26
○哉	11/39/14
○彼離德信不用	18/53/10
於乎○哉	19/55/27, 19/56/3

艾 ài	2
而與齊（大）〔人〕戰 　於○陵	9/31/4
〔操鋒履刃、○命投〕 　死者	11/38/11

愛 ài	8
○身之死	2/2/30
不別所○	6/22/19
○君如軀	7/24/21
○同也	7/24/24
王○所輕	11/38/12
○之如父母	11/39/19
汝彊食自○	12/40/17
○其所惡	18/51/27

安 ān	36
故子貢說齊以○魯	1/1/5
邦猶未得○	2/4/5
一在○陽里	3/4/20
通○湖	3/5/17
馬○溪上干城者	3/8/19
無所○取	5/17/20
且夫吳王又喜○佚而不 　聽諫	6/20/6
○君王之志	6/20/16
越王句踐寢不○席	6/22/21
○無忘亡	7/23/24
○危之兆	7/23/26
今將○之	7/25/19
邦以○寧	7/25/21
居則○天下之賤位	8/25/26
孤身不○床席	9/29/6
以○其私	9/29/16
今○城里	10/32/24, 10/34/9
君王○意	10/33/25
或爲南○	10/34/5

○城里高庫者	10/34/9
得韓王○	10/37/25
奏東○	10/37/27
東○	10/37/28
伏念居○思危	11/39/17
巴郡、漢中、隴西、 　〔定襄、太原〕、○ 　邑	15/46/30
今南郡、南陽、汝南、 　淮陽、六○、九江、 　廬江、豫章、長沙	15/47/3
即位○而萬物定矣	16/48/11
故當○靜而不動	16/49/3
使百姓○其居、樂其業 　者	16/49/31
則主○	16/50/1
亡將○之	18/52/22
魯○	19/53/22
富邦○民	19/53/30, 19/53/30
危人自○	19/54/25

按 àn	2
○《春秋》序齊魯	1/1/3
君○兵無伐	9/27/11

敖 áo	3
弟○	4/15/27
政使將史○攻燕	10/37/26
○歌擊鼓者斬	20.22/59/2

八 bā	40
陸門○	3/4/29
水門○	3/4/29
北面○里二百二十六步 　三尺	3/4/30
吳郭周六十○里六十步	3/5/1
水道廣二十○步	3/5/14
下方池廣四十○步	3/6/16
去縣○十里	3/7/11, 3/7/23
	3/7/27
其郭周十一里百二十○步	3/9/25
去縣十○里	3/10/7, 10/35/19
周二百○十頃	3/11/3
周百○十頃	3/11/5

十霤高丈○尺	3/11/23
庫東鄉屋南北四十丈○尺	3/11/24
東倉周一里○步	3/11/28
句踐徙瑯邪到建武二十 　○年	3/13/22
天下○百諸侯	4/16/30
故羅高不過○十	5/19/20
（大）〔太〕歲○會	7/23/27
死士○千人	10/31/25
凡○君	10/32/8
使樓船卒二千○百人伐 　松柏以爲桴	10/35/12
○曰邦家富而備〔利〕器	14/44/7
四、○、十二	15/46/7
夫〔知〕○穀貴賤之法	16/47/30
○穀皆貴	16/48/1
○穀皆賤	16/48/2
夫○穀之賤也	16/48/6
○穀亦一賤一貴	16/48/24
○穀貴賤更相勝	16/48/25
欲知○穀之貴賤、上下 　、衰極	16/48/30
謹司○穀	16/50/4, 16/50/6
	16/50/7
○穀不成	16/50/5
○穀大成	16/50/6
經百○章	18/53/8
○政寶也	19/56/3

巴 bā	1
○郡、漢中、隴西、 　〔定襄、太原〕、安 　邑	15/46/30

拔 bá	2
訢乃手○劍而捽要離	20.11/57/13
先○劍	20.11/57/17

把 bǎ	1
即〔與妻〕○臂而決	12/40/17

罷 bà	8
貢大夫請○之	3/13/7

胥聞越王句踐○吳之年		6/22/19
吳自○		6/23/11
句踐○吳		10/34/25,10/35/1
○頓不得已		11/39/6
晉知其兵革之○倦		12/41/14
兵少軍○		15/45/15

霸 bà　34

桓公、中國兵彊○世之後		1/1/16
行○琅邪		1/1/17
終能以○		1/1/18
○世甚久		1/1/21
行○諸侯		1/1/23
是以明知越○矣		1/1/29
東南有○兆		1/1/30
大○		3/4/15
吳王大○		3/4/27
桓公召其賊而○諸侯者		4/16/1
是謂召其賊○諸侯也		4/16/3
小則可以○		5/18/10
當○吳（危）〔厄〕會		
之際		7/23/25
至夫差復○諸侯		7/24/9
疾陳○王之道		7/25/16
俱見○兆出於東南		7/25/17
遂○越邦		7/25/20
○王之氣		8/25/27
而○者不彊敵		9/27/14
東鄉而○		9/31/7
○越是也		9/31/8
○關東		10/31/24
大○稱王		10/32/5
時○		10/32/6
	10/32/6,10/32/6,10/32/7	
○		10/32/9
轉死爲○		10/33/27
但○何足道		11/38/21
遂有大功而○諸侯		11/39/4
管仲達于○紀		18/53/9
越○		19/53/23
即能以○		19/55/11

白 bái　21

（築）〔葬〕〔之〕三		
日而○虎居〔其〕上		3/6/9

○石山		3/11/18
更名爲○石		3/11/18
齊公子小○、亦反齊國		
而匡天下者		4/15/16
小○奔莒		4/15/17
莒者、小○母之邦也		4/15/17
取小○		4/15/20
小○反國		4/15/20
○辨佐之		5/18/7
祠○馬		10/31/20
畜犬獵南山○鹿		10/35/1
○鹿山		10/35/4
宮人有四駕○鹿而過者		13/42/20
晉鄭之頭畢○		13/43/22
嬰以○璧		14/44/10
青、黃、赤、○、黑		15/45/10
○氣在軍上		15/45/22
○氣在右		15/45/23
○氣在後		15/45/24
○氣在左		15/45/24
○氣在前		15/45/25

百 bǎi　84

直○金		2/3/12
何以○金之劍爲		2/3/13
周四十七里二○一十步		
二尺		3/4/29
西面七里○一十二步三尺		3/4/30
北面八里二○二十六步		
三尺		3/4/30
東宮周一里二○七十步		3/5/6
周一里〔二○〕二十六步		3/5/6
周九里二○七十步		3/5/9
○尺瀆		3/5/28
歐冶僮女三○人		3/5/30
去縣○五十里		3/7/14
中闕○姓		3/7/18
稻田三○頃		3/8/23
去縣○里		3/9/11,3/10/26
周十里二○一十步		3/9/17
○七十步		3/9/17
去縣○五里		3/9/20
郭周十里○一十步		3/9/22
其郭周十一里○二十八步		3/9/25
去吳○二十里		3/9/28
周二千二○頃		3/10/24

去縣○七十里		3/10/24
周千三○二十頃		3/10/26
去縣○二十里		3/10/28
周五○頃		3/10/30
周三○二十頃		3/11/1
周二○八十頃		3/11/3
周○八十頃		3/11/5
去縣〔一〕○七十五里		3/11/7
凡○四十九丈一尺		3/11/25
周一里二○四十一步		3/11/26
○越叛去		3/12/15
凡二○四十年		3/13/21
到今二○四十二年		3/13/22
凡五○六十七年		3/13/22
薦益而封之○里		4/16/5
文王○里		4/16/26
天下八○諸侯		4/16/30
則○里之內不可致也		5/18/17
凡舉○事		5/19/7
○草從時		6/21/13
○姓習於戰守		9/27/8
圖吾○姓		9/29/4
下養○姓		9/29/7
越王送之金○鎰、寶劍		
一、良馬二		9/30/1
神農嘗○草、水土甘苦		10/31/13
戈船三○艘		10/31/25
出死士三○人		10/31/26
都瑯琊二○二十四歲		10/32/8
周二里二○二十三步		10/32/11
周六○二十步		10/32/12
宮有○戶		10/32/12
周五○三十二步		10/32/21
周六○步		10/32/24,10/33/7
周五○六十步		10/32/26
周五○九十步		10/32/28
逕○九十四步		10/34/5
周二○三十步		10/34/9
長二○五十步		10/34/27
使樓船卒二千八○人伐		
松柏以爲桴		10/35/12
塘長千五○三十三步		10/35/18
○年而至		10/36/1
長三○五十三步		10/36/14
二○石長員卒七士人		10/36/18
東西○里		10/37/12
凡十王、○七十歲		10/37/22

下令○姓被兵刃之咎　11/39/6
高見二○里　14/44/15
則○姓不附親　16/47/16
富○姓　16/47/19
○里之神　16/47/20
○姓皆有悲心　16/48/13
天道三千五○歲　16/48/18
○官刑不斷也　16/48/21
使○姓安其居、樂其業
　者　16/49/31
經○八章　18/53/8
世春秋二○餘年　19/53/23
五○餘年　19/55/23
○歲一賢　19/55/23,19/56/1
洒賞之○金　20.19/58/15
矢三千三○　20.20/58/20

拜 bài　9

子貢再○而問　1/1/28
固不○矣　2/3/1
而（○）〔并〕其子尙　2/3/25
越王句踐稽首再○
　9/28/15,9/29/3
太宰嚭前再○　12/41/10
再○獻之大王　14/44/12
使下臣種再○獻之大王　14/44/19

敗 bài　37

以○爲成　1/1/17
吳人○於就李　4/15/6
○者　4/15/6
○而去也　4/15/6
後雖有○　5/18/25
大○　6/20/3,10/34/19
以觀吳邦之大○也　6/21/25
○兵就李　7/24/13
車○馬失　7/24/13,10/36/29
越師○矣　7/24/16
○人之成天誅行　8/26/14
軍○身辱　9/28/16,9/30/3,9/30/8
殺○吾民　9/29/4
大○齊師　9/31/4
大○吳師　9/31/5,12/41/14
句踐軍○失衆　10/33/15
越軍○矣　10/33/25

今越句踐其已○矣　10/33/25
軍○而還　11/39/5
忽如○　13/42/21
三軍破○　13/43/21
大○之於秦餘杭山　14/45/4
東向○亡　15/46/6
北向○亡　15/46/6
西向○亡　15/46/7
南向○亡　15/46/7
歲大○　16/47/31,16/49/4
興○有數　19/53/15
吳（吳）○　19/53/22
故先吳○而殺也　19/54/16
○與成　19/55/8

坂 bǎn　2

埋之東○　10/36/8
秦餘杭山西○閒燕　12/41/18

半 bàn　2

○江　?/3/9
初見○於人者　16/50/7

邦 bāng　102

反○七年　1/1/23
絕命危○　1/2/11
胥且奔吳○　2/2/24
此○堂堂　2/3/5
縱荊○之賊者　2/3/10
報荊○之仇者　2/3/11
彼必經諸侯之○可以報
　其父仇者　2/3/23
王乃號令○中　2/3/27
○猶未得安　2/4/5
莫若求之而與之同○乎　2/4/5
我○雖小　2/4/8
子胥不入荊○　2/4/10
憂中○奈何乎　4/13/26
而救中○　4/14/12
失○　4/15/12
魯者、公子（斜）〔糾〕
　母之　4/15/17
莒者、小白母之○也　4/15/17
不顧○政　4/16/26

大○既已備　5/17/19
失○無明　5/17/26
以魚三○之利　5/18/4
則○富兵彊而不衰矣　5/18/20
則○貧兵弱　5/18/21
○貧兵弱致亂　5/18/22
亦如○有明主　5/18/23
故古之治○者　5/19/21
仇讎敵戰之○　6/20/12
是養寇而貧○家也　6/20/14
胥願廓目于○門　6/21/25
以觀吳○之大敗也　6/21/25
又不圖○權而惑吾君王　6/22/2
君王忘○　6/22/3
必爲○寶　6/22/22
參桀紂而顯吳○之亡也　6/22/26
雖以我○爲事　6/23/5
寡人屬子○　6/23/5
○其不長　7/23/24
臣始入○　7/23/24
兩○同城　7/24/1
虧命爲○　7/24/21
憂○如家　7/24/21
專○之枋　7/25/8
何○不可乎　7/25/19
遂霸越○　7/25/20
○以安寧　7/25/21
吳越二○同氣共俗　8/25/30
■■■■之○　8/26/3
傷賢喪○　8/26/13
憚齊○鮑、晏　9/26/19
父母之○也　9/26/20
夫魯、難伐之○　9/26/24
此○易也　9/27/1
勇在害彊齊而威申晉○者　9/27/16
威申晉○　9/28/3
此乃僻陋之○　9/28/8
昔者吳王分其人民之眾
　以殘伐吳　9/29/3
○爲空棘　9/29/4,9/30/3,9/30/9
孤欲空○家　9/29/10
是存亡○而興死人也　9/29/12
夫空人之○　9/30/14
去○七里而軍陣　9/31/6
有其○　10/37/12
越人入吳○　12/41/4
公孫聖令寡人得○　12/41/20

此其小試於敵○	13/43/5	**苞** bāo	1	八政○也	19/56/3
寡人願齎○之重寶	13/43/10				
以空其○	14/44/5	是聖人并○而陰行之	5/19/9	**報** bào	36
八曰○家富而備〔利〕器	14/44/7				
○國空虛	14/44/14	**襃** bāo	2	出者○仇	2/2/28
越○洿下貧窮	14/44/19			死而不○父之讎	2/2/29
胥聞賢士、○之寶也	14/45/1	乃此禍晉之驪姬、亡周		使者還○荆平王	2/3/2
美女、○之咎也	14/45/1	之○姒	11/39/15	得○子之厚德	2/3/10
○之寶也	16/47/17	周亡於○姒	14/45/2	○荆邦之仇者	2/3/11
可〔以〕爲○寶	16/48/2			彼必經諸侯之邦可以○	
故其○空虛	16/48/13	**保** bǎo	8	其父仇者	2/3/23
身死○亡	16/48/14			闔廬將爲之○仇	2/4/1
可謂○寶	16/48/15	使李○養之	3/7/16	今此○子也	2/4/4
○之禁也	16/48/22	小邑既已○	5/17/20	昭王乃使使者○子胥於吳	2/4/5
幾亡○危社稷	16/49/20	○棲於會稽山上	6/20/3	今子大夫○寡人也特甚	2/4/7
爲旁○所議	16/49/20	知○人之身者	16/47/24	前爲父○仇	2/4/9
下士人而求成○者	16/49/30	不知○人之身	16/47/24	乃○荆昭王曰	2/4/10
吾欲富○彊兵	16/50/2	何謂○人之身	16/47/25	將爲之○仇	4/13/27
反○未至	16/50/11	今寡人欲○穀	16/47/28	諸侯不爲匹夫○仇	4/13/28
故天地之符應○以藏聖		欲○〔穀〕	16/47/28	○父之仇	4/14/1
人之心矣	16/50/12			子胥於是○闔廬曰	4/14/5
此○之重寶也	16/50/16	**飽** bǎo	3	今此以○子也	4/14/9
以爲○寶	16/50/20			齊大臣鮑叔牙爲○仇	4/15/18
屬○於君	17/51/9	食不求○	6/22/21	意欲○楚	7/24/4
○中有好女	17/51/17	士選以○	9/27/1	何德不○	7/24/6
鄰○樂德	18/51/29	饑不○食	11/39/8	未嘗見人君虧恩爲臣○	
中○侵伐	18/52/2			仇也	7/24/25
○之將亡	18/52/10	**寶** bǎo	19	必將有○我之心	9/27/18,9/28/13
○亡不爲謀	18/52/11			且夫無○人之心而使人	
能知■人之使敵○賢不肖	18/53/6	必爲邦○	6/22/22	疑之者	9/28/13
夫差不能■○之治	18/53/9	越王送之金百鎰、○劍		有○人之心而使人知之者	9/28/14
富○安民	19/53/30,19/53/30	一、良馬二	9/30/1	○吳王曰	9/30/1
善其以匹夫得一○之衆	19/54/8	越王句踐有○劍五	13/42/15	無以○民功	10/31/18
滅○久矣	19/54/27	吾有○劍五	13/42/16	還○其王	10/33/24
自于○賢	19/55/25	豪曹、非○劍也	13/42/17	天○微功	12/42/7
○賢以口爲姓	19/55/25	夫○劍	13/42/17	以○吳仇	16/49/21
		非○劍也	13/42/18,13/42/18	不望其○	16/49/23
謗 bàng	2		13/42/19	想得○焉	18/52/20
		○劍者	13/42/18	○之以李	19/54/14
胥誹○其君	6/22/4	寡人願齎邦之重○	13/43/10	其○楚也	19/54/22
不惡人之○己	16/49/22	胥聞賢士、邦之○也	14/45/1	○答之怒	20.11/57/12
		邦之○也	16/47/17	子不○答	20.11/57/17
包 bāo	1	可〔以〕爲邦○	16/48/2		
		可謂邦○	16/48/15	**暴** bào	4
昭王遣大夫申○胥入秦		以爲國○	16/49/17		
請救	19/55/17	此邦之重○也	16/50/16	文公爲所侵○	4/15/12
		以爲邦○	16/50/20	天○風雨	4/17/8

救○困齊	9/28/3
（因）〔困〕○齊而撫	
周室	9/30/10

鮑 bào　3

齊大臣○叔牙爲報仇	4/15/18
於是○叔牙還師之莒	4/15/20
憚齊邦○、晏	9/26/19

陂 bēi　5

射於（軀）〔鷗〕○	3/4/24
妻門外雞○壚	3/7/16
吳西野鹿○者	3/7/25
春申君治以爲○	3/9/30
湛以爲○	3/12/22

卑 bēi　13

胥○虛	3/7/25
田名胥○	3/9/30
鑿胥○下以南注大湖	3/9/30
在猶（高）〔亭〕西○	
猶位	3/10/15
君王○身重禮	6/20/8
於是乃○身重禮	6/20/11
我○服越	6/20/17
狐體○而雖懼之	6/20/20
越王葬於○猶之山	6/23/16
其城薄以○	9/26/25
毋惡○辭以尊其禮	9/29/1
計倪官○年少	11/38/9
若○辭以地讓之	18/51/27

悲 bēi　7

心中〔有○〕	2/3/8
○哉	12/40/14, 12/40/23
	12/41/17
因○大王	12/41/2
百姓皆有○心	16/48/13
○怨成疾	20.2/56/12

北 běi　54

○陵齊楚	1/1/21

○望齊晉	2/3/5
○面八里二百二十六步	
三尺	3/4/30
面從小城○	3/5/11
隨○顧以西	3/5/17
虎丘○莫格冢	3/6/12
在閶門外道○	3/6/16
築塘○山者	3/7/7
吳○野禺櫟東所舍大貄者	3/7/23
吳○野胥主貄者	3/7/27
吳東徐亭東西南○通溪者	3/8/17
妻○武城	3/9/9
以奏吳○野胥主貄	3/10/1
南○十五丈七尺	3/11/22
南○十丈二尺七寸	3/11/23
庫東鄉屋南○四十丈八尺	3/11/24
西鄉屋南○四十二丈九尺	3/11/25
南○三十丈	3/12/28
屬小城○到平門	3/12/30
南夷與○狄交爭	4/15/8
玄冥治○方	5/18/7
吳在○	7/24/16
風○來	7/24/17
臣請○見晉君	9/29/2
句踐徙治山○	10/31/23
不築○面	10/32/13
決西○	10/32/15
今○壇利里丘土城	10/32/28
去從○郭門	10/33/11
或○或南	10/33/23
○陽里城	10/34/5
會稽山○城者	10/34/21
○郭外、路南溪○城者	10/35/21
○鄉臣事吳	10/37/12
覿鄉○有武原	10/37/15
南○面廣六尺	10/37/29
則治射防於宅亭、買亭○	10/38/2
見兩黑犬嘷以○	12/39/27
見兩黑犬嘷以○、嘷以	
南〔者〕	12/40/1
見兩黑犬嘷以○、嘷以	
南	12/40/21
見兩黑犬嘷以○、嘷以	
南者	12/41/3
○向敗亡	15/46/6
無○	15/46/6
○向吉	15/46/7

今上漁陽、右○平、遼	
東、莫郡	15/46/14
今濟○、平原、○海郡	
、菑川、遼東、城陽	15/46/20
今濟陰、山陽、濟○、	
東郡	15/46/26
今遼東、隴西、○地、	
上郡、鴈門、○郡、	
清河	15/47/6
○山張羅	20.2/56/11
○城	20.5/56/21
在華原陳留小黃縣○	20.10/57/1

背 bèi　3

吾○楚荊	7/24/23
○叛乖離	10/33/24
著於父之○	20.19/58/15

倍 bèi　7

一歲再○	5/18/14
其火一○	5/18/14
其價十○	5/18/18
此皆十○者也	5/19/13
其次五○	5/19/13
自十一○	7/23/28
瓦解而○畔者	16/48/13

悖 bèi　1

極凶○於人理	11/39/15

被 bèi　16

○山帶河	2/3/5
徒跣○髮	2/3/21, 2/3/22
○奏冢	3/6/14
○羔裘	4/14/3, 4/14/6
胥方與○離坐	6/22/1
申胥與○離坐	6/22/9
髡○離	6/22/24
○秦號年	7/24/9
復○髮佯狂	8/25/26
孤請自○堅執銳	9/30/12
句踐乃身○賜夷之甲	10/31/26
下令百姓○兵刃之咎	11/39/6

故身操死持傷及○兵者	11/39/7
○髮佯狂	19/55/12

備 bèi　　22

吳○候塞也	3/5/22
以○外越	3/8/1
大邦既已○	5/17/19
以○妖祥	5/17/30
不早○生	5/18/1
因熟積以○四方	5/18/2
智斷則○	5/18/5
爲之預	5/18/16
謂之帝王求○者亡	8/26/6
人事○矣	10/31/13
所以○膳羞也	10/33/13
以○東海外越	10/38/1
選士以○	11/39/1
八曰邦家富而○〔利〕器	14/44/7
然後有寒暑、燥濕、日	
月、星辰、四時而萬	
物○	16/47/13
何以○之	16/47/20
觀諸〔侯〕所多少爲○	16/47/29
王而○此二者	16/50/1
使○東邊	17/51/21
不求○於一人	19/54/17
以○春申君	20.4/56/18
敢問船軍之○何如	20.21/58/23

奔 bēn　　13

伍子尙○吳	2/2/22
伍子胥○鄭	2/2/22
胥且○吳邦	2/2/24
於是乃南○吳	2/3/6
還○丹陽	3/13/3
○於翟	4/15/12
其子二人出○	4/15/16
公子（科）〔糾〕○魯	4/15/16
小白○莒	4/15/17
囍以困○於吳	7/25/5
車○馬驚	13/42/20
氣若○馬	18/52/26
楚世子○逃雲夢（山之）	
〔之山〕	19/55/16

本 běn　　11

而卒○吳太伯爲	1/1/20
抽引○末	1/2/11
○之貨物	5/19/21
莫失其○	10/31/13
君之根○也	11/38/13
其○廣末銳而來者	15/45/14
	15/45/19
其氣○廣末銳而來者	15/45/16
	15/45/23, 15/45/25
陳其○末	18/53/4

崩 bēng　　3

天子稱○	4/15/7
禹○啓立	4/16/5
○	10/38/3

匕 bǐ　　1

挾○首自刎而死江水之中	2/3/16

比 bǐ　　18

○干、箕子、微子尙在	4/17/1
紂賊○干	4/17/2
封○干之墓	4/17/3
○七年旱而民不饑	5/18/16
○九年水而民不流	5/18/16
今歲○熟	5/19/16
今大夫言獨與孤○	5/19/19
○疏食	5/19/28, 5/19/28
紂殺王子○干	6/22/26
二賢○德	7/24/28
○於奴虜	12/42/3
○干死	19/55/7
○干死者	19/55/9
猶爲○肩	19/55/23
○智陰陽	19/55/29
德○顏淵	19/56/1
○陵軍之法	20.21/58/24

彼 bǐ　　18

○必經諸侯之邦可以報	
其父仇者	2/3/23

○日以弱	5/18/2
○將有厚利	6/21/11
○聖人也	6/22/11
○賢人也	6/22/11
○爲我	7/25/19
○戰而不勝	9/29/1
○戰而勝	9/29/1
〔○戰而不勝〕	9/30/19
（○戰而不勝）	9/31/2
○必問汝	17/50/29
○必有問	17/50/30
故○必見我	17/50/31
天若棄○	18/51/27
〔○〕必許	18/51/28
哀○離德信不用	18/53/10
聖文絕於○	19/53/24
○勇士有受不還	20.11/57/11

鄙 bǐ　　2

恐女樸○	10/33/1
豈不○哉	20.11/57/18

必 bì　　73

來之○入	2/2/24
來○不入	2/2/24
君王○早閉而晏開	2/2/25
子○毋入	2/2/28
彼○經諸侯之邦可以報	
其父仇者	2/3/23
○有漸也	4/14/24
興師者○先蓄積食、錢	
、布、帛	5/17/22
未○天之罪也	5/17/26
○先憂積蓄	5/17/30
○先省賦斂	5/18/1
非○身爲之也	5/18/18
○貧而日衰	5/18/27
先生者未○能知	5/19/2
後生者未○不能明	5/19/2
○順天地四時	5/19/7
吳○許諾	6/20/9
越○有吳	6/20/13
我知句踐○不敢	6/20/18
辨其君何○翩翩乎	6/21/10
亦○有以也	6/22/12

申胥○諫曰不可	6/22/13	○見越人入吳也	18/52/24	吾願腐髮○齒	7/24/26
○大克	6/22/13	○有可觀者焉	19/53/27	其騎士、銳兵○乎齊	9/29/2
○爲國害	6/22/20	（問曰）請粟者求其福		則○邑雖小	9/30/11
○爲大故	6/22/21	祿○可獲	19/54/1	君受其（○）〔幣〕、	
○爲邦寶	6/22/22	伐○可克	19/54/2	許其師	9/30/15
○成其名	6/22/23	其國○危	20.2/56/10	以承其○	14/44/7
○有敢言之臣	6/23/1	冥○來矣	20.11/57/12	夫差○矣	18/53/4
○有敢言之〔交〕	6/23/1			孔子懷聖承○	19/53/19
其數○正	6/23/6				
後○將失道	7/23/25	**閉 bì**	7	**幣 bì**	4
○將爲咎	7/24/1	君王必早○而晏開	2/2/25	乘吾君王○帛以求	6/21/10
○有負俗之累	8/26/6	凡欲先知天門開及地戶○	16/50/3	君受其（弊）〔○〕、	
○破庶衆之議	8/26/7	是謂天門開、地戶○	16/50/4	許其師	9/30/15
爲禽○矣	9/27/8	是謂地戶○	16/50/6	夫官位、財○、〔金賞	
○將有報我之心	9/27/18,9/28/13	慎毋○門	20.11/57/12	者〕	11/38/11
○率九夷而朝	9/28/4	入門不○	20.11/57/12	二曰重財○	14/44/4
則伐齊○矣	9/29/1	歸不○門	20.11/57/14		
○以其餘兵臨晉	9/29/2			**蔽 bì**	1
弱吳○矣	9/29/2	**畢 bì**	6	○能有殃	8/26/13
此滅吳○矣	9/29/3				
〔越亂之○矣〕	9/30/19	海內○貢	4/16/23	**壁 bì**	4
則○以其兵臨晉	9/30/19	言未○	12/41/21		
（越亂之○矣）	9/31/2	○成	13/43/13	後（○）〔殿〕屋以爲	
○以手足	10/31/14	晉鄭之頭○白	13/43/22	桃夏宮	3/11/20
國○不遂	10/33/20	○也	15/46/26	夫鼠忘○	6/21/3
○有仁於內	11/39/5	天道乃○	16/48/7	○不忘鼠	6/21/3
是後○有災	14/44/14			營室、○也	15/46/22
後○有殃	14/44/21	**敝 bì**	2		
○得其願	14/44/22			**臂 bì**	2
○得其名	14/44/23	則君制○	9/29/3		
○爲利害	14/45/1	厥意以爲周道不○	18/53/2	與吳王整襟交○而奮	9/29/8
其軍○來	15/45/16			即〔與妻〕把○而決	12/40/17
○以殺降	15/45/17	**責 bì**	2		
攻之○傷	15/45/21			**避 bì**	8
○親於野	16/47/28	政使將王○攻魏	10/37/25		
○察天之三表	16/47/30	政使將王○攻楚	10/37/26	古賢者○世冡	3/6/12
○順於四時	16/48/3			○魯之謚也	4/15/10
○審於四時	16/48/5	**弼 bì**	2	從其德而○其衡	5/19/7
言亂三千歲、○有聖王				越王慛然○位	9/29/13
也	16/48/24	不聽輔○之臣	6/21/24	吉凶所○也	15/46/8
○察其魂魄	16/48/31	王不親輔○之臣而親采		故陽氣○之下藏	16/49/9
大貴○應其歲而起	16/50/5	冡之言	18/52/23	陰氣○之下藏	16/49/10
彼○問汝	17/50/29			三遷○位	19/55/13
彼○有問	17/50/30	**弊 bì**	9		
故彼○見我	17/50/31				
〔彼〕○許	18/51/28	革亂補○	4/16/23		
厥道○窮	18/52/16	越王句踐衣○而不衣新	6/22/22		

璧 bì	2
夫和氏之〇	8/26/3
嬰以白〇	14/44/10

鞭 biān	2
操〇捶笞平王之墓而數之曰	2/4/3
操〇笞平王之墳	4/14/9

邊 biān	3
胥將使〇境有大憂	2/2/25
周公乃辭位出巡狩於〇 　一年	4/17/8
使備東〇	17/51/21

扁 biǎn	1
〇諸之劍三千	3/6/8

貶 biǎn	4
欲以〇大吳	1/1/24
孔子固〇之矣	19/54/12
孔子〇之奈何	19/54/22
〇之	19/54/22

徧 biǎn	1
〇祖操劍	20.11/57/6

辨 biàn	4
白〇佐之	5/18/7
〇其君何必翻翻乎	6/21/10
今我以忠〇吾君王	6/21/11
兵不先〇	9/30/18

辯 biàn	6
其後賢者〇士	1/1/5
又各〇士所述	1/2/17
譆爲人覽聞〇見	7/25/6
居國有權〇口	8/26/1
〇士宜其辭	19/53/23
〇士絕於此	19/53/24

變 biàn	18
皆當和陰陽四時之〇	4/14/23
舜求爲心易志	4/15/27
應〇而動	5/18/2
〇爲吉凶	5/19/6
欲〇天地之常	5/19/8
始有災〇	7/25/21
〇容貌	9/29/10
〇爲奇謀	10/33/23
子胥知時〇	11/39/10
故聖人獨知氣〇之情	15/45/9
色因有五〇	15/45/10
人氣〇	15/45/10
故明將知氣〇之形	15/46/1
欲行一切之〇	16/49/29
此天〇見符也	16/50/6
此地〇見瑞也	16/50/7
能知信勇之〇	18/53/5
遭逢〇亂	19/54/29

表 biǎo	10
〇之與裏	1/1/6
必察天之三〇	16/47/30
請問三〇	16/47/30
此天之三〇者也	16/48/2
能知三〇	16/48/2
不知三〇之君	16/48/3
務執三〇	16/48/14
不知三〇	16/48/15
相爲〇裏耳	19/55/10
與日戰者不移〇	20.11/57/8

鱉 biē	4
唯魚〇是見	9/28/16
身爲魚〇餌	9/29/4，9/30/3
	9/30/9

別 bié	6
〇陰陽之明	5/19/22
張尹〇居	6/21/19
不〇所愛	6/22/19
〇封於越	10/31/12
內、外越〇封削焉	10/31/24

〔以〇〕其態	11/39/1

濱 bīn	2
東垂海〇	1/1/16
大越海〇之民	10/31/14

冰 bīng	6
闔廬〇室也	3/6/5，3/6/25
句踐〇室	10/33/9
食於〇廚	10/33/12
〇室者	10/33/13
煥煥如〇〔之將〕釋	13/42/24

兵 bīng	95
桓公、中國〇彊霸世之後	1/1/16
善爲〇法	3/6/27
吳宿〇候外越也	3/9/11
則邦富〇彊而不衰矣	5/18/20
則邦貧〇弱	5/18/21
邦貧〇弱致亂	5/18/22
君王興〇伐齊	6/22/13
引〇而還	7/24/6，11/39/13
敗〇就李	7/24/13
其後使將〇於外	8/26/9
故徙其〇而伐魯	9/26/19
其士民有惡聞甲〇之心	9/26/26
吾〇已在魯之城下〔矣〕	9/27/10
君按〇無伐	9/27/11
君因以〇迎之	9/27/12
〇彊而不并弱	9/28/20
必以其餘〇臨晉	9/29/2
其騎士、銳〇弊乎齊	9/29/2
願一與吳交天下之〇於 　中原之野	9/29/8
〇不先辨	9/30/18
則必以其〇臨晉	9/30/19
修〇休卒以待吳	9/31/1
吳王果興九郡之〇	9/31/4
陳〇不歸	9/31/5
（銳）〔悅〕〇任死	10/32/2
〇法曰	10/33/22
（晝）〔畫〕陳詐〇	10/33/23
吳引〇而去	10/33/28
以爲勝〇	10/34/9

子胥浮○以守城是也	10/34/21	○之要在於人	16/49/31	同俗○土	7/24/1

臣聞諸侯○爲匹夫興師	2/4/1	我○與汝君	4/15/19	王○聽臣	5/18/4
子胥○死	2/4/5	堯有○慈之名	4/15/23	故退而○言	5/18/4
又○入荊	2/4/5	堯知○可用	4/15/23	而○斷時與智也	5/18/5
然寡人亦○敢怨子	2/4/7	此之謂堯有○慈之名	4/15/24	則決萬物○過三歲而發矣	5/18/13
今子大夫何○來歸子故		舜有○孝之行	4/15/26	比七年旱而民○饑	5/18/16
墳墓丘冢爲	2/4/7	未嘗○在側	4/15/28	比九年水而民○流	5/18/16
賢者○爲也	2/4/9	此舜有○孝之行	4/15/28	○智	5/18/17
子胥○入荊邦	2/4/10	舜爲失○孝行	4/15/29	則百里之內○可致也	5/18/17
吳王○審名冢也	3/7/5,3/7/7	天下莫○向服慕義	4/16/2	視民所○足	5/18/19
	3/8/26,3/8/28	鯀○從令	4/16/18	則邦富兵彊而○衰矣	5/18/20
○可繼述	3/7/12	知鯀○能治	4/16/19	○智源流	5/18/21
越王○審名冢	3/10/11	數諫○去	4/16/19	又○任賢使能	5/18/21
○成	3/11/29	鯀○從令也	4/16/20	亦○諫也	5/18/23
○立	3/12/11	○顧邦政	4/16/26	則家富而○衰矣	5/18/24
錢唐浙江岑石○見	3/13/19	賞賜○當	4/16/27	○能利源流	5/18/24
諸侯○爲匹夫報仇	4/13/28	○言同辭	4/16/30	又○任賢子	5/18/24
昭公○與	4/14/3	○呼自來	4/16/30,11/39/4	○智於道術也	5/18/25
蔡公○與	4/14/6	賞賜○加於無功	4/17/6	○自過也	5/18/25
言○失陰陽、日月、星		刑罰○加於無罪	4/17/7	非得○諫	5/18/26
辰之綱紀	4/14/15	於是管叔、蔡叔○知周		諫而○聽	5/18/26
無○得〔宜〕	4/14/16	公而讒之成王	4/17/8	亦○治也	5/18/26
天下莫○盡其忠信	4/14/18	日夜○休	4/17/9	父子○和	5/18/27
天道盈而○溢、盛而○		五穀○生	4/17/9	兄弟○調	5/18/27
驕者	4/14/19	○知利害所在	5/17/16	人固○同	5/19/1
○失其常	4/14/20	下○知所止	5/17/16	後生者未必○能明	5/19/2
故曰天道盈而○溢、盛		船失○能救	5/17/18	○以少長	5/19/2
而○驕者也	4/14/20	涕泣○可止	5/17/18	用之○審	5/19/8
地道施而○德、勞而○		非○欲爲也	5/17/19	人生○如臥之頃也	5/19/8
矜其功者也	4/14/20	時返○知所在	5/17/19	故貧而命○長	5/19/9
是所施而○德、勞而○		謀○成而息	5/17/19	收聚而○散	5/19/14
矜其功者矣	4/14/21	廩糧則○屬	5/17/20	是故○等	5/19/16
言天地之施大而○有功		恐津梁之○通	5/17/20	動作○同術	5/19/17
者也	4/14/22	是固○可	5/17/22	貧富故○等	5/19/17
人道○逆四時者	4/14/22	○先蓄積	5/17/22	○能救其前後	5/19/17
故曰人道○逆四時之謂也	4/14/23	重遲○可戰	5/17/23	農傷則草木○辟	5/19/20
○先爲客者	4/14/24	戰則耳目○聰明	5/17/23	末病則貨○出	5/19/20
○先爲客	4/15/1	耳○能聽	5/17/23	故糴高○過八十	5/19/20
○先動衆	4/15/2,4/15/3	視○能見	5/17/23	下○過三十	5/19/21
○可以種五穀、興土利	4/15/3	什部之○能使	5/17/23	用此○患無功	5/19/22
國家○見死亡之失	4/15/3	退之○能解	5/17/23	昔者吳夫差○顧義而媿	
○可伐也	4/15/3	進之○能行	5/17/23	吾王	6/20/4
士稱○祿	4/15/7	饑饉○可以動	5/17/24	莫○知也	6/20/5
○稱薨而稱卒者	4/15/7	彊弩○彀	5/17/24	且夫吳王又喜安佚而○	
中國○絕如綫矣	4/15/9	發○能當	5/17/24	聽諫	6/20/6
○稱薨	4/15/10	○早備生	5/18/1	少明而○信人	6/20/7
魯莊公○與	4/15/18	○能相葬	5/18/1	希須臾之名而○顧後患	6/20/7
○以國事魯	4/15/19	○可再更	5/18/3	與之○爲德	6/20/14

○若止	6/20/14	○刑戮	6/22/22
我君王○知省也而救之	6/20/16	○發則無傷	6/22/23
諸侯莫○聞知	6/20/18	吳王○聽	6/22/24,14/44/14
我知句踐必○敢	6/20/18		14/45/2
○遂絕其命	6/20/19	以申胥爲○忠	6/22/24
則○羞爲人臣僕	6/21/1	且即○朝	6/22/27
吾君○知省也而已	6/21/2	子何非寡人而且○朝	
仇讎之人○可親也	6/21/3	〔乎〕	6/22/27
壁○忘鼠	6/21/3	臣○敢有非	6/22/28
今越人○忘吳矣	6/21/3	○與群臣謀之	6/22/29
○忠○信	6/21/4,6/23/2	○得爲先王臣矣	6/23/2
則○得爲先王之老臣	6/21/4	越王○忍	6/23/9
君王胡○覽觀夫武王之		臣○敢殺主	6/23/13,12/42/7
伐紂也	6/21/4	臣○敢刑主	6/23/13
今○出數年	6/21/5	吳○受也	6/23/14
而○顧後患乎	6/21/12	子胥唯唯○對	7/23/22
胥殆○然乎哉	6/21/18	對而○明	7/23/22
若○與一錢	6/21/20	邦其○長	7/23/24
且有知○竭	6/21/20	將至○久	7/23/26
是○忠	6/21/20	久而○去	7/24/4
是○勇	6/21/21	故無往○復	7/24/6
君王○圖社稷之危	6/21/23	何德○報	7/24/6
○聽輔弼之臣	6/21/24	范蠡○許	7/24/11
以爲○信	6/21/25	日夜○止	7/24/13
又○圖邦權而惑吾君王	6/22/2	○同邪曲	7/24/21
君王之○省也	6/22/2	是非○諱	7/24/21
亡日○久也	6/22/3	直言○休	7/24/22
○用胥則無後	6/22/4	以爲○通	7/24/22
○在貴賤長少	6/22/5	知數○用	7/24/22
逢同垂泣○對	6/22/7	知懼○去	7/24/23
君王親之○親	6/22/11	義○止窮	7/24/23
逐之○逐	6/22/11	終於○去	7/24/25
將更然有怨心○已	6/22/11	○知吾內	7/24/26
申胥必諫曰○可	6/22/13	○知令終	7/24/28
○可與謀	6/22/16	種獨○榮	7/24/28
○能與謀	6/22/18	守朝○休	7/25/1
食○重味	6/22/19	○遇其時	7/25/3
○別所愛	6/22/19	諸事無所○知	7/25/6
適譏○費	6/22/20	○得一言	7/25/9
是人○死	6/22/20	嚭知往而○知來	7/25/9
6/22/21,6/22/22,6/22/23		悔○早誅	7/25/10
14/44/22,14/44/23,14/45/1		求邑中○得	7/25/15
越王句踐食○殺而醿	6/22/20	何邦○可乎	7/25/19
○袗○玄	6/22/21	內○煩濁	7/25/20
越王句踐寢○安席	6/22/21	外無○得	7/25/20
食○求飽	6/22/21	○與於世	8/25/26
越王句踐衣弊而○衣新	6/22/22	自與○能關其辭	8/25/30

衒女○貞	8/26/2
衒士○信	8/26/2
求者○爭買	8/26/3
○難阻險之路	8/26/3
於是范蠡退而○言	8/26/4
○在遠近取也	8/26/5
成大功者○拘於俗	8/26/7
論大道者○合於衆	8/26/7
石買知往而○知來	8/26/10
其君愚而○仁	9/26/25
此○可與戰	9/26/26
君○如伐吳	9/26/26,9/27/2
臣聞君三封而三○成者	9/27/4
大臣有○聽者也	9/27/4
而君之功○與焉	9/27/5
臣故曰○如伐吳	9/27/7
王者○絕世	9/27/14
而霸者○彊敵	9/27/14
則王者○疑也	9/27/17
夫越之彊○下魯	9/27/19
而吳之彊○過齊	9/27/19
且夫伐小越而畏彊齊者	
○勇	9/28/1
見小利而忘大害者○智	9/28/1
仁人○困厄以廣其德	9/28/2
智者○棄時以舉其功	9/28/2
王者○絕世以立其義	9/28/3
孤○幸少失先人	9/28/15
內○自量　9/28/15,9/30/2,9/30/8
今大夫○辱而身見之	9/28/16
敢○奉教乎	9/28/17
明（王）〔主〕任人○	
失其能	9/28/18
直士舉賢○容於世	9/28/18
兵彊而○并弱	9/28/20
彼戰而○勝	9/29/1
孤身○安床席	9/29/6
口○甘厚味	9/29/6
目○視好色	9/29/6
耳○聽鐘鼓者	9/29/7
如此○可得也	9/29/9
○足以傷吳	9/29/10
〔而〕○能也	9/29/10
孤雖〔知〕要領○屬	9/29/11
敢○待命乎	9/29/13
貪功名而○知利害	9/29/13
下○能逆	9/29/14

士卒○能忍	9/29/15	使賢而○用	11/38/23	此公孫聖所言、王且○
知前而○知後	9/29/16	誠者○能匿其辭	11/38/24	得火食　　12/41/17
子貢○受	9/30/1	臣聞智者○妄言	11/38/25	使鬼神○血食　12/42/1
昔孤○幸	9/30/2,9/30/8	利器○可示人	11/38/26	子何○早圖之乎　12/42/6
死且○〔敢〕忘	9/30/4	○肖者無所置	11/39/1	○亦繆乎　12/42/9,16/49/25
死且○忘	9/30/9	○厄窮僻	11/39/2	以其○忠信　12/42/11
○仁也	9/30/15	示○獨食	11/39/3	愚理○足以言　13/42/16
慮○先定	9/30/18	○謀同辭	11/39/3	○得已　13/42/16
○可以應卒	9/30/18	是時死傷者○可稱數	11/39/5	金錫和銅而○離　13/42/19
兵○先辨	9/30/18	罷頓○得已	11/39/6	○知其絕也　13/42/20
○可以勝敵	9/30/18	上○能令主	11/39/6	○得　13/43/3,13/43/20
〔彼戰而○勝〕	9/30/19	莫○悉於子胥之手	11/39/7	楚王○與　13/43/3
（彼戰而○勝）	9/31/2	○親妻子	11/39/8	若耶〔之〕溪深而○測　13/43/5
陳兵○歸	9/31/5	饑○飽食	11/39/8	群神○下　13/43/6
（二）〔三〕戰○勝	9/31/7	寒○重綵	11/39/8	猶○能得此一物　13/43/6
城門○守	9/31/7	以是○容	11/39/12	如珠〔而〕○可衽　13/43/17
○煩人眾	10/31/21	○殺仇人	11/39/13	文若流水〔而〕○絕　13/43/17
夫子異則○可	10/32/3	與○敵同	11/39/13	三年○解　13/43/20
世○可紀也	10/32/5	是以《春秋》○差其文	11/39/13	莫敢○服　13/43/28
子翁子○揚	10/32/6	夫差○信伍子胥而任太		以取天下○難　14/44/8
○揚子無疆	10/32/7	宰嚭	11/39/14	陰陽○和　14/44/13
○築北面	10/32/13	知進而○知退	11/39/17	五穀〔○熟〕　14/44/13
國必○遂	10/33/20	知存而○知亡	11/39/17	〔寒暑〕○時　14/44/13
王○聽	10/33/20	知得而○知喪	11/39/17	○敢當　14/44/19
人○自聊	10/33/21	〔知〕進退存亡〔而〕		臣聞五色令人目○明　14/44/20
士眾魚爛而買○知	10/33/22	○失其正者	11/39/18	五音令人耳○聰　14/44/20
政令○行	10/33/24	而禍亂○作也	11/39/20	胥聞越王句踐晝書○倦　14/44/21
子胥○聽	10/33/26	見兩鬴炊而○蒸	12/39/26	以申胥爲○忠而殺之　14/45/2
吳〔王〕○聽	10/34/1		12/40/21	小人則○然　15/45/8
冢○成	10/34/14	見兩鬴炊而○蒸者	12/40/1	○知逆順　15/45/9
其利○租	10/34/19		12/41/3	○可攻　15/45/11
神○可得	10/35/1	王心○已	12/40/7	攻之○勝　15/45/11
鑄銅○爍	10/36/8	○能占大王夢	12/40/7	謀○來　15/45/19
至秦元王○絕年	10/37/19	有頃○起	12/40/13	穀足而○可降　15/45/20
○射	10/38/3	流涕○止	12/40/14	○可攻也　15/45/22
是大王〔之〕○能使臣		○可逃亡	12/40/15	可○攻自降　15/45/27,15/45/28
也	11/38/10	○能自惜	12/40/16	○知老　16/47/12
豈○艱哉	11/38/12	師道○明	12/40/16,12/41/1	○名巧　16/47/12
○選	11/38/14	上車○顧	12/40/18	則百姓○附親　16/47/16
則臣下○敢毀譽以言	11/38/16	戰○勝	12/41/2	賢士○爲用　16/47/16
無功者○敢干治	11/38/17	王且○得火食〔也〕	12/41/3	聖主○爲也　16/47/16
○由所從	11/38/17	桐○爲器用	12/41/5	○使名過實　16/47/19
○問其先	11/38/17	吳王忿聖言○祥	12/41/7	寡人雖○及賢主、聖王　16/47/22
今則○然	11/38/18	師兵三月○去	12/41/14	彊弱○相當　16/47/23
太公九〔十〕而○伐	11/38/20	○可勝數	12/41/15	○知保人之身　16/47/24
聖主○計其辱	11/38/21	吳王○忍	12/41/15	人得穀即○死　16/47/25
今置臣而○尊	11/38/23	視瞻○明	12/41/16	○可○察　16/48/2

子有三〇肖之媿	20.11/57/16	其城六里三十〇	3/9/17	**材** cái	4	
	20.11/57/18	百七十〇	3/9/17			
吾〇知	20.11/57/16	郭周十里百一十〇	3/9/22	騏驥之〇	8/26/3	
子〇報答	20.11/57/17	周二里十九〇	3/9/25	有高世之〇〔者〕	8/26/6	
是一〇肖也	20.11/57/17	其郭周十一里百二十八〇	3/9/25	一曰句踐伐善（村）		
入門〇咳	20.11/57/17	周一里二百四十一〇	3/11/26	〔〇〕	10/35/13	
是二〇肖也	20.11/57/17	東倉周一里八〇	3/11/28	三年聚〇	14/44/15	
是三〇肖也	20.11/57/18	甲二十領、屈盧之矛、				
豈〇鄙哉	20.11/57/18	〇光之劍	9/30/11	**財** cái	13	
何敢〇揖	20.18/58/8	帶〇光之劍	10/31/26			
王〇知汝之神也	20.19/58/14	周二里二百二十三〇	10/32/11	亟賣六畜貨〇	5/19/11	
		周六百二十〇	10/32/12	積歛貨〇	5/19/12	
布 bù	9	大城周二十里七十二〇	10/32/13	種觀夫吳甚富而〇有餘	6/20/5	
		周五百三十二〇	10/32/21	輸之粟與〇	6/20/13	
固不能〇於四方	1/2/8	周六百〇	10/32/24,10/33/7	〇去而凶來	6/20/13	
興師者必先蓄積食、錢		周五百六十〇	10/32/26	故臨〇分利則使仁	9/28/18	
、〇、帛	5/17/22	周五百九十〇	10/32/28	夫官位、〇幣、〔金賞		
帶劍以〇	6/22/21	徑百九十四〇	10/34/5	者〕	11/38/11	
四支〇陳	9/29/11	周二百三十〇	10/34/9	二曰重〇幣	14/44/4	
使越女織治葛〇	10/34/25	長二百五十〇	10/34/27	〔以〕盡其〇、疲其力	14/44/6	
三曰工〇	13/43/13,13/43/15	去縣二十里二十二〇	10/34/30	有餘〇	14/44/12	
何謂龍淵、泰阿、工〇	13/43/15	徑六十〇	10/35/18	不貪天下之〇	16/49/24	
欲知工〇	13/43/17	塘長千五百三十三〇	10/35/18	今王利地負〇	16/49/25	
		塘廣六十五〇	10/36/14	貨〇殖聚	19/55/13	
步 bù	47	長三百五十三〇	10/36/14			
		東西千〇	10/36/24	**采** cǎi	1	
子胥行五〇	2/3/19	曾無趾〇之勞、大呼之				
周四十七里二百一十〇		功	11/38/22	句踐時〇錫山爲炭	10/35/9	
二尺	3/4/29	越王撫〇光之劍	12/42/6			
南面十里四十二〇五尺	3/4/29			**採** cǎi	1	
西面七里百一十二〇三尺	3/4/30	**怖** bù	2			
北面八里二百二十六〇				古人所〇藥也	3/9/15	
三尺	3/4/30	太宰嚭、王孫駱惶〇	12/41/6			
東面十一里七十九〇一尺	3/4/30	吳王大〇	12/41/20	**綵** cǎi	1	
吳郭周六十八里六十〇	3/5/1					
東宮周一里二百七十〇	3/5/6	**部** bù	2	寒不重〇	11/39/8	
周一里〔二百〕二十六〇	3/5/6					
周九里二百七十〇	3/5/9	什〇之不能使	5/17/23	**蔡** cài	15	
九里七十二〇	3/5/13	靡從〇分	5/17/25			
陸道廣二十三〇	3/5/13			其後荊將伐〇	2/4/2	
十里七十五〇	3/5/13	**才** cái	5	即使子胥救〇而伐荊	2/4/2	
陸道廣三十三〇	3/5/14			〇昭公南朝楚	4/14/3	
水道廣二十八〇	3/5/14	是人有大雅之〇	1/2/4	使囊瓦興師伐〇	4/14/5,4/14/7	
下池廣六十〇	3/6/7	觀其（〇）〔文〕	13/42/24	請救〇	4/14/5	
下方池廣四十八〇	3/6/16	〇人告	17/50/28	〇公南朝	4/14/5	
池廣六十〇	3/6/16	〇人使告圍者	17/50/30	〇公不與	4/14/6	
周十里二百一十〇	3/9/17	辭春申君〇人	17/51/1	拘〇公三年	4/14/6	

夫○	3/4/15
越王樓吳夫○山也	3/10/13
夫○冢	3/10/15
越王句踐與吳王夫○戰	6/20/3
昔者吳夫○不顧義而媿	
吾王	6/20/4
子冊以事相○	6/21/18
禽夫○	6/23/12,10/34/9
至夫○復霸諸侯	7/24/9
雖夫○驕奢	7/24/10
夫○窮困	7/24/11
吳王夫○興師伐越	7/24/13
夫○恐越軍入	7/24/15
先遇闔廬、後遭夫○也	7/24/24
囍見夫○內無柱石之堅	7/25/8
夫○終以從焉	7/25/9
夫○至死	7/25/10
夫○淺短	7/25/11
殺夫○而僇其相	9/31/7
小大有○	10/31/14
獻於吳王夫○	10/34/25
吳王夫○伐越	10/37/12
夫○聽囍	11/39/13
是以《春秋》不○其文	11/39/13
夫○不信伍子胥而任太	
宰囍	11/39/14
吳王夫○之時	12/39/24
禽夫○而戮太宰囍與其	
妻子	14/45/4
夫○狂惑	18/52/8
夫○弊矣	18/53/4
夫○不能▉邦之治	18/53/9
夫○誅子胥	18/53/11
夫○下愚不移	19/54/14
及外篇各有○敘	19/54/17
夫○小女	20.2/56/10
夫○思痛之	20.2/56/11

察 chá　　12

○周公之冊	4/17/9
○於道理	5/17/21
唯大王○之	8/26/4,8/26/7
君王○之	11/38/24
〔以○其能〕	11/39/1
必○天之三表	16/47/30
不可不○	16/48/2

審○陰陽消息	16/48/7
必○其魂魄	16/48/31
審○開置之要	16/50/3
○乎馮同、宰嚭	18/53/10

柴 chái　　3

一增○路	3/5/4
○（碎）〔辟〕亭到語	
兒、就李	3/5/26
至於○辟亭	10/37/7

讒 chán　　12

不忍君沈惑於○	1/2/10
於是管叔、蔡叔不知周	
公而○之成王	4/17/8
信○諛而遠士	6/20/6
而信○諛容身之徒	6/21/24
進○諛容身之徒	6/23/14
○人間之	7/24/22
聽○邪之辭	7/25/2
○人罔極	7/25/3
諛○申者	12/41/1
○諛已亡	12/41/11
太宰嚭○諛佞（諂）	
〔諂〕	12/42/3
○言孔多	20.2/56/12

產 chǎn　　4

后稷○稽	10/31/13
道○女此亭	10/37/9
幸○子男	17/51/14
十月○子男	17/51/18

諂 chǎn　　3

佞（諂）〔○〕之臣	7/23/26
太宰嚭讒諛佞（諂）	
〔○〕	12/42/3
能知（諂）〔○〕臣之	
所移	18/53/10

昌 chāng　　8

一在華池○里	3/4/20

或甚惡以○	6/21/9
是越將凶、吳將○也	7/24/19
已作○土臺	10/33/13
何執而○	16/48/9
執其中則○	16/48/9
故萬物得以自○	16/49/3
○門	20.1/56/8

倡 chāng　　1

故天○而見符	16/50/7

閶 chāng　　6

邑中徑從○門到婁門	3/5/13
○門外高頸山東桓石人	3/6/3
○門外郭中冢者	3/6/5
在〔吳縣〕○門外	3/6/7
在○門外道北	3/6/16
葬○門外	20.2/56/11

長 cháng　　49

不顧○生	1/2/11
無貴賤○少	2/3/27
在○樂里	3/4/22
走犬○洲	3/4/25
路西宮在○秋	3/5/6
以取○之莋碓山下	3/8/10
古名○人坑	3/9/5
言地之○生	4/14/16
春生夏○	4/14/20
言地生○五穀	4/14/21
萬物盡○	5/17/27
短○逆順	5/18/6
斷○續短	5/18/14
子何年少於物之○也	5/19/1
不以少○	5/19/2
聖者日以○	5/19/3
故貧而命不○	5/19/9
貧乞故○久	5/19/18
不在貴賤○少	6/22/5
子爲寡人遊目○耳	6/22/7
邦其不○	7/23/24
竊自立爲君○	10/32/7
時君○	10/32/7
稱君○	10/32/9

柱○三丈五尺三寸	10/32/12	允○子句踐　　　　　10/32/5
耆老、壯○進諫曰	10/33/19	句踐父允○冢也　　　10/35/12
無○策	10/33/20	今代郡、○山、中山、
○二百五十步	10/34/27	河間、廣平郡　　　15/46/28
塘○千五百三十三步	10/35/18	寒暑失○　　16/48/4,16/48/18
○三百五十三步	10/36/14	此天之○道也　　　　16/48/18
二百石○員卒七士人	10/36/18	音兆○在　　　　　　18/52/26
石○丈四尺	10/37/29	○盡禮接士　　　　20.18/58/7
此其可以卜祚遐○	11/39/20	
臣知有東被門亭○越公		**腸 cháng**　　　　　　　5
弟子王孫聖	12/40/8	時耗、魚○之劍在焉　　3/6/8
○而憙遊	12/40/8	四曰魚○　　　　　　13/42/28
受教告東被門亭○公孫		得其勝邪、魚○、湛盧13/43/1
聖	12/40/10	時闔廬又以魚○之劍刺
今南郡、南陽、汝南、		吳王僚　　　　　　13/43/3
淮陽、六安、九江、		使披○夷之甲三事　　13/43/4
廬江、豫章、○沙	15/47/3	
萬物遂○	16/47/14,16/49/9	**裳 cháng**　　　　　　　1
樂萬物之○	16/47/14	黃帝造衣○　　　　　10/31/13
夏○之	16/48/20	
夏寒而不○者	16/48/21	**嘗 cháng**　　　　　　11
○十丈	20.20/58/18	未○可得　　　　　　　4/15/27
操○鉤矛斧者四	20.20/58/19	未○不在側　　　　　　4/15/28
吏僕射○各一人	20.20/58/19	○言息貨　　　　　　　5/18/4
當用○鉤矛○斧各四	20.20/58/19	○與孤議於會稽石室　5/19/19
○九丈六尺	20.20/58/21	未○見人君虧恩爲臣報
○九丈	20.20/58/21	仇也　　　　　　　　7/24/25
		未○世祿　　　　　　　8/25/25
常 cháng　　　　　　25		○與越戰　　　　　　　9/28/12
漁者知其非○人也	2/3/6	神農○百草、水土甘苦10/31/13
〔市〕中人有非○人	2/3/22	吾○戮公孫聖於斯山　12/41/18
烏傷縣○山	3/9/15	天下未○有　　　　　13/43/9
不失其○	4/14/20	臣○見其辱壯士菑邱訢
母○殺舜	4/15/26	〔也〕　　　　　20.11/57/4
○欲殺舜	4/15/29	
可以爲教○	5/17/27	**償 cháng**　　　　　　　1
隨物○羊	5/18/2	○其成事　　　　　　　5/18/19
萬物之○	5/18/10	
莫主其○	5/19/6	**悵 chàng**　　　　　　　2
欲變天地之○	5/19/8	其心惘○　　　　　　12/39/25
○以太陰在陰而發	5/19/11	覺寤而心中惘○也　　12/40/10
君王○親覩其言也	6/21/17	
越王○與言	8/26/1	
我○與越戰	9/27/17	
越之○性也	10/32/3	
夫鐔子允○	10/32/5	

暢 chàng　　　　　　　2	
述○往事　　　　　　　18/53/1	
述○子胥　　　　　　19/55/28	
巢 cháo　　　　　　　1	
出○湖　　　　　　　　3/5/19	
車 chē　　　　　　　14	
其臺在○道左、水海右3/7/20	
武王未下○　　　　　　4/17/3	
水則資○　　　　　　　5/18/14	
○敗馬失　7/24/13,10/36/29	
以船爲○　　　　　　10/32/2	
○馳詣姑胥之臺　　　12/40/11	
上○不顧　　　　　　12/40/18	
○奔馬驚　　　　　　13/42/20	
○船並入　　　　　20.1/56/8	
當陵軍之重○　　　20.21/58/24	
當陵軍之輕○　　　20.21/58/25	
當陵軍之衝○　　　20.21/58/25	
當陵軍之行樓○　　20.21/58/25	
瞋 chēn　　　　　　　1	
○目謂范蠡曰　　　　12/42/6	
臣 chén　　　　　　167	
任用賢○　　　　　　　1/1/17	
荊平王有○伍子奢　　2/2/22	
王問○　　　　　　　　2/2/23	
吾聞荊平王殺其○伍子	
奢而非其罪　　　　2/3/22	
○聞諸侯不爲匹夫興師　2/4/1	
子昭王、○司馬子（其）	
〔期〕、令尹子西歸2/4/4	
〔且〕○聞〔之〕　　4/13/28	
○聞之　　　　　　　4/14/15	
9/27/14,9/28/18,9/30/18	
○弒君　　　　　　　4/15/9	
齊大○鮑叔牙爲報仇　4/15/18	
管仲○於桓公兄公子	
（科）〔糾〕　　4/16/1	
益與禹○於舜　　　　4/16/5	

達於君○之義	4/16/6
武王見賢○已亡	4/17/2
周公○事之	4/17/6
王不聽○	5/18/4
○聞君自耕	5/18/5
○聞炎帝有天下	5/18/6
王審用○之議	5/18/10
群○無恭之禮、淫佚之行	5/18/20
則群○多空恭之理、淫佚之行矣	5/18/21
雖有聖○	5/18/23
是故聖主置○	5/19/2
其大○好相傷	6/20/5
且越王有智○范蠡	6/20/14
句踐既服爲○	6/20/17
○聞聖人有急	6/21/1
則不羞爲人○僕	6/21/1
服爲○下	6/21/2
○聞狼子〔有〕野心	6/21/2
胥、先王之老○	6/21/4,6/23/2
則不得爲先王之老○	6/21/4
武王非紂○耶	6/21/7
申胥爲人○也	6/21/10
此非忠○之道	6/21/12
○聞春日將至	6/21/13
群○竭力以佐謀	6/21/13
君○之施矣	6/21/17
夫申胥、先王之忠○	6/21/17
○聞父子之親	6/21/19
贈○妾、馬牛	6/21/19
弗對以斥傷大○	6/21/24
不聽輔弼之○	6/21/24
夫嚭、我之忠○	6/22/7
○有患也	6/22/8
○言而君行之	6/22/8
○言而死矣	6/22/9
○老矣	6/22/16,6/22/18
○聞愚夫之言	6/22/18
今吳殺○	6/22/26
○不敢有非	6/22/28
○恐（矣）〔耳〕	6/22/28
不與群○謀之	6/22/29
○是以恐矣	6/22/29
○聞君人者	6/22/30
必有敢言之○	6/23/1
不得爲先王○矣	6/23/2
○聞四馬方馳	6/23/6

○不敢殺主	6/23/13,12/42/7
○不敢刑主	6/23/13
○始入邦	7/23/24
佞（諂）〔諂〕之○	7/23/26
毋洩○言	7/24/2
○聞井者	7/24/16
○聞以彗鬭	7/24/18
未嘗見人君虧恩爲○報仇也	7/24/25
○獲大譽	7/24/25
（位）〔伍〕子胥父子奢爲楚王大○	7/24/30
絕世之○	7/25/1
伯州爲楚○	7/25/5
而忠○籥口	7/25/9
相要而往○	7/25/17
○主同心	7/25/20
其大○僞而無用	9/26/25
○聞〔之〕	9/27/3
○聞君三封而三不成者	9/27/4
大○有不聽者也	9/27/4
（墮）〔隳〕魯以尊○	9/27/5
下恣群○	9/27/5
○驕則爭	9/27/6
下與大○交爭也	9/27/6
○故曰不如伐吳	9/27/7
出大○以環之	9/27/9
大○內空	9/27/9
是君上無彊○之敵	9/27/9
大○將有疑我之心	9/27/11
○請見吳王	9/27/11
○（切）〔竊〕爲君恐（焉）	9/27/15
兩者○無爲君取焉	9/28/2
且○聞之	9/28/2
則○之所見溢乎負海	9/28/4
○請東見越王	9/28/5
○今〔者〕見吳王	9/28/11
○竊練下吏之心	9/28/19
○竊自練可以成功〔而〕至王者	9/28/20
其唯○幾乎	9/28/21
○請北見晉君	9/29/2
上事群○	9/29/7
以○事之	9/29/11
是殘國之吏、滅君之○也	9/29/16
〔○〕敬以下吏之言告	

越王	9/30/2
東海役○孤句踐使使○種	9/30/7
故使越賤○種以先人之藏器	9/30/10
〔君○死無所恨矣〕	9/30/13
在於用○	10/33/27
亡○孤句踐	10/33/29
入爲○虜	10/33/29
○唯君王急剬之	10/34/1
以山下田封功○	10/34/17
句踐服爲○	10/37/12
北鄉○事吳	10/37/12
乃脅諸○而與之盟	11/38/7
群○默然而無對	11/38/8
夫主憂○辱	11/38/8
主辱○死	11/38/8
是大王〔之〕不能使○也	11/38/10
則○下不敢毀譽以言	11/38/16
○故曰殆哉	11/38/18
今置○而不尊	11/38/23
○聞智者不妄言	11/38/25
故賢君用○	11/38/27
乃使群○身問疾病	11/39/2
爲人○	11/39/6
○智淺能薄	12/40/7
○知有東掖門亭長越公弟子王孫聖	12/40/8
○請召之	12/40/9
使○下可矣	12/41/6
群○對曰	12/41/16
殺忠○伍子胥、公孫聖	12/41/22
○存主若亡	12/42/7
左右群○、賢士	13/43/20
六曰遺其諛○	14/44/6
七曰彊其諫○	14/44/6
東海役○孤句踐	14/44/11
使者○種	14/44/11
使下○種再拜獻之大王	14/44/19
○聞五色令人目不明	14/44/20
（旦）〔且〕聚死○數萬	14/44/22
○聞聖主之治	16/47/11
○聞古之賢主、聖君	16/48/10
○下不奉主命也	16/48/21
○聞陰陽氣不同處	16/49/8
○聞聖主爲不可爲之行	16/49/21

君辱則○死	16/49/29	○兵不歸	9/31/5	**丞** chéng	2
○請爲王言之	16/50/17	（晝）〔畫〕○詐兵	10/33/23		
○主若斯	18/52/5	射卒○音死	10/35/27	○之以天	19/55/26,19/55/30
君○同心	18/52/6	故曰○音山	10/35/27		
惡聞忠○之氣	18/52/10	○其本末	18/53/4	**成** chéng	63
王不親輔弼之○而親衆		觀乎《○恒》	18/53/7		
豕之言	18/52/23	終於《○恒》	19/53/26	以敗爲○	1/1/17
能知（諂）〔諂〕○之		故終於《○恒》也	19/54/4	○就其事	1/2/2
所移	18/53/10	○力就列	19/55/2	乃稍○中外篇焉	1/2/13
○殺主	19/54/4	記○厥說	19/55/23	不○	3/11/29
○仇主	19/54/6	在華原○留小黃縣北	20.10/57/1	使傅相○王	4/17/6
○不討賊	19/54/7			○王少	4/17/6
非○子也	19/54/7			於是管叔、蔡叔不知周	
屈膝請○	19/54/28	**塵** chén	1	公而譖之○王	4/17/8
○事君	19/55/5			○王大恐	4/17/9
○之討賊	19/55/19	方舟航賈儀○者	4/16/14	謀不○而息	5/17/19
友○不施	19/55/27			償其○事	5/18/19
○有所厚於國	20.11/57/3			徹○其事而已	5/18/24
○嘗見其辱壯士蓋邱訢		**稱** chēng	28	大夫佚同、若○	5/19/18
〔也〕	20.11/57/4			乃使大夫種行○於吳	6/20/3
		何不○《越經書記》	1/1/9	武王則已○名矣	6/21/8
		所作未足自○	1/2/8	親僇主○名	6/21/8
沈 chén	3	吳何以○人乎	4/13/26	威諸侯以○富焉	6/21/11
		吳師何以○人	4/14/12	必○其名	6/22/23
不忍君○惑於讒	1/2/10	○人	4/14/13	越難○矣	6/23/6
○而復起	5/17/17	天子○崩	4/15/7	大有所○	7/25/18
自○湘水	19/56/4	諸侯○薨	4/15/7	○大功者不拘於俗	8/26/7
		大夫○卒	4/15/7	敗人之○天誅行	8/26/14
		士○不祿	4/15/7	陳○恒相齊簡公	9/26/19
辰 chén	4	不○薨而○卒者	4/15/7	見陳○恒	9/26/24
		故諸侯死皆○卒	4/15/10	陳○恒曰	9/26/24
言不失陰陽、日月、星		不○薨	4/15/10	○恒忿然作色	9/27/2
○之綱紀	4/14/15	天下○之	4/15/29	臣聞君三封而三不○者	9/27/4
日月、星○、刑德	5/19/6	大霸○王	10/32/5	而求〔以〕○大事	9/27/6
執○破巳	8/25/27	○王	10/32/9	陳○恒許（詳）〔諾〕	9/27/12
然後有寒暑、燥濕、日		○君長	10/32/9	即王業○矣	9/28/4
月、星○、四時而萬		○炭聚	10/35/9	臣竊自練可以○功〔而〕	
物備	16/47/13	桓○仲父	11/38/22	至王者	9/28/20
		文○太公	11/38/22	行○於吳	10/33/28
		是時死傷者不可○數	11/39/5	豕不○	10/34/14
陳 chén	19	不德人之○己	16/49/22	得楚王○	10/37/26
		○曰	16/50/13	以○其勞	11/38/25
西到○留縣	3/13/3	○	18/52/13	終於有○	11/38/25
疾○霸王之道	7/25/16	后世○述	18/52/26	施之職而〔○〕其功	11/38/27
○成恒相齊簡公	9/26/19	○子胥妻楚王母	19/54/22	句踐行○	11/39/12
見○成恒	9/26/24	皆○賢	19/55/2	〔既〕○篇	12/40/17
○成恒曰	9/26/24	孔子并○仁	19/55/7	巨闕初○之時	13/42/19
○恒曰	9/27/10				
○成恒許（詳）〔諾〕	9/27/12				
四支布○	9/29/11				

畢〇	13/43/13	面從小〇北	3/5/11	東郭外南小〇者	10/33/9
五年乃〇	14/44/15	居東〇者	3/5/24	陽〇里者	10/34/3
曲〇萬物	16/47/12	闔廬所遊〇也	3/5/24	范蠡〇也	10/34/3
秋〇而殺之	16/48/20	餘杭〇者	3/6/19	北陽里〇	10/34/5
不行即神氣〔稿〕而不		巫門外（糜）〔糜〕湖		大夫種〇也	10/34/5
〇物矣	16/49/4	西〇	3/6/21	安〇里高庫者	10/34/9
不同力而功〇	16/49/7	越（宋）〔糜〕王〇也	3/6/21	在小〇南門外大〇內	10/34/12
使陰陽得〇功於外	16/49/9	時（與）搖（〇）〔越〕		會稽山上〇者	10/34/19
則萬物不能〇	16/49/11	王〔與〕（周宋）		會稽山北〇者	10/34/21
則根荄不〇	16/49/11	〔糜〕君戰於語招	3/6/21	子胥浮兵以守〇是也	10/34/21
下士人而求〇邦者	16/49/30	葬武里南〇	3/6/23	苦竹〇者	10/35/18
以〇天文	16/50/3	婁門外馬亭溪上復〇者	3/7/11	北郭外、路南溪北〇者	10/35/21
以〇地理	16/50/3	婁門外鴻〇者	3/7/14	浙江南路西〇者	10/37/1
減天寸六分以〇地	16/50/4	故越王〇也	3/7/14	范蠡敦兵〇也	10/37/1
八穀不〇	16/50/5	糜湖〇者	3/7/29	傾〇傾國	11/39/15
八穀大〇	16/50/6	櫂溪〇者	3/7/31	雖復傾〇量金	13/43/6
伯名〇	19/54/16	巫櫂〇者	3/8/3	興師圍楚之〇	13/43/20
敗與〇	19/55/8	闔廬所置諸侯遠客離〇也	3/8/3	登〇而麾之	13/43/21
有殺身以〇仁	19/55/8	馬安溪上干〇者	3/8/19	今濟北、平原、北海郡	
作詐〇伯	19/55/13	越干王之〇也	3/8/19	、菑川、遼東、〇陽	15/46/20
得衣乃〇	19/55/24,19/56/2	搖〇者	3/8/23	遂葬〇中	20.4/56/19
悲怨〇疾	20.2/56/12	（古）〔石〕〇者	3/9/1	北〇	20.5/56/21
遂〇二鉤	20.19/58/12	吳王闔廬所置美人離〇也	3/9/1	伍員取利浦黃瀆土築此	
殺二子〇兩鉤	20.19/58/13	婁北武〇	3/9/9	〇	20.6/56/23
		烏程、餘杭、勳、歙、		會稽山南故越〇是也	20.13/57/24
承 chéng	**8**	無湖、石〇縣以南	3/9/13		
		其〇六里三十步	3/9/17	**乘 chéng**	**7**
國人〇述	1/2/6	無錫〇	3/9/25		
天下〇風	4/16/23	毗陵縣南〇	3/10/7	〇	1/1/22
越〇二賢	7/25/20	闕兩〇以爲市	3/12/1	〇湖	3/10/30
以〇其弊	14/44/7	壞諸侯郡縣〇	3/12/25	〇吾君王幣帛以求	6/21/10
恭〇嘉惠	18/53/1	賈築吳市西〇	3/12/30	今〔以〕萬〇之齊	9/27/15
覽〇傳說	18/53/2	名曰定錯〇	3/12/30	私千〇之魯	9/27/15
〇三繼五	19/53/15	屬小〇北到平門	3/12/30	且夫廣天下、尊萬〇之	
孔子懷聖〇弊	19/53/19	兩邦同〇	7/24/1	主	16/49/31
		其〇薄以卑	9/26/25	睹麟（〇）〔垂〕涕	19/53/20
城 chéng	**78**	吳〇高以厚	9/26/26		
		吾兵已在魯之〇下〔矣〕	9/27/10	**程 chéng**	**4**
築吳越〇	3/4/15	〇門不守	9/31/7		
〇中有小〇二	3/4/15	句踐小〇	10/32/11	烏〇、餘杭、勳、歙、	
南（越）〔〇〕宮	3/4/22	山陰〇也	10/32/11	無湖、石城縣以南	3/9/13
秋冬治〇中	3/4/24	大〇周二十里七十二步	10/32/13	烏〇也	3/10/20
興樂〔石〕（越）〔〇〕	3/4/25	山陰大〇者	10/32/15	僕〇佐之	5/18/8
吳大〇	3/4/29	今傳謂之蠡〇	10/32/15	徙越之人於烏〇	20.8/56/27
吳小〇	3/5/3	蠡〇盡	10/32/16		
伍子胥〇	3/5/9	今安〇里	10/32/24,10/34/9		
小〇東西從武里	3/5/11	今北壇利里丘土〇	10/32/28		

盛 chéng	18
春申君時○祠以牛	3/9/28
天道盈而不溢、○而不　驕者	4/14/19
故曰天道盈而不溢、○　而不驕者也	4/14/20
周公以○德	4/17/6
知周公乃有○德	4/17/9
此周公之○德也	4/17/11
位高權○	7/25/8
一○一衰	10/31/18
○衰存亡	10/33/27
其氣○者	15/45/11
軍上有青氣○明	15/45/13
○夏之時	16/47/14
陰氣蓄積大○	16/47/31
陽氣蓄積大○	16/48/1
方○夏而行	16/49/3
故方○夏之時	16/49/4
夏三月○暑之時	16/49/9
齊桓興○	18/53/9

誠 chéng	18
以其○在於內	1/1/11
○能極智	1/2/12
乃委其○心	4/16/10
天下皆盡○知其賢聖從之	4/16/27
○秉禮者探幽索隱	7/23/23
非君子至○之士	11/38/15
○者不能匿其辭	11/38/24
以效其○	11/38/27
○世世相事	12/41/20
精○上通天	13/43/10
胥聞越王句踐服○行仁	14/44/22
○非吾所及也	16/49/28
以其○〔在〕於內	18/52/2
至○感天	19/55/19
著善爲○	19/55/22
譏惡爲○	19/55/22
深自○也	19/56/2
寡人○負子	20.19/58/15

蚩 chī	1
○尤佐之	5/18/7

笞 chī	6
操鞭捶○平王之墓而數之曰	2/4/3
操鞭○平王之墳	4/14/9
○平王墓	7/24/4
子胥兵○（卒主）〔平　王〕之墓	19/55/17
○墓何名乎	19/55/19
子胥○墓不究也	19/55/20

絺 chī	1
夏披○綌	14/45/1

鴟 chī	1
在齊爲○夷子皮	20.23/59/5

癡 chī	2
○種生狂	5/19/1
一○一醒	7/25/13

池 chí	12
一在華○昌里	3/4/20
上郭○	3/5/19
下○廣六十步	3/6/7
（墳）〔湏〕○六尺	3/6/8
下方○廣四十八步	3/6/16
○廣六十步	3/6/16
六年十二月乙卯鑿官○	3/12/27
〔其〕○狹而淺	9/26/25
○廣以深	9/27/1
果與晉人相遇黃○之上	9/31/5
因以下爲目魚○	10/34/19
乃壞○填塹	11/39/2

持 chí	9
天貴○盈	4/14/15
○盈者	4/14/15
○養萬物	4/14/21
故身操死○傷及被兵者	11/39/7
○籠稻而餐之	12/41/16
范蠡左手○鼓	12/42/8
此○殺生之柄	16/50/16
其范蠡行爲○危救傾也	19/53/29
手○頭	20.11/57/18

馳 chí	6
○於遊臺	3/4/25
臣聞四馬方○	6/23/6
○於離丘	10/33/11
車○詣姑胥之臺	12/40/11
園○人呼女環	17/51/7
發憤○騰	18/52/25

遲 chí	1
重○不可戰	5/17/23

尺 chí	41
周四十七里二百一十步　二○	3/4/29
南面十里四十二步五○	3/4/29
西面七里百一十二步三○	3/4/30
北面八里二百二十六步　三○	3/4/30
東面十一里七十九步一○	3/4/30
其下廣二丈七○	3/5/3
高四丈七○	3/5/3
百○瀆	3/5/28
水深丈五○	3/6/7
（墳）〔湏〕池六○	3/6/8
水深二丈五○	3/6/16
牆高丈二○	3/9/17,3/9/22
高二丈七○	3/9/25
牆一丈七○	3/9/25
前殿屋蓋地東西十七丈　五○	3/11/22
南北十五丈七○	3/11/22
十霤高丈八○	3/11/23
南北十丈二○七寸	3/11/23
戶霤高丈二○	3/11/23
庫東鄉屋南北四十丈八○	3/11/24
南鄉屋東西六十四丈四○	3/11/24
西鄉屋南北四十二丈九○	3/11/25
凡百四十九丈一○	3/11/25
楯高五丈二○	3/11/25
霤高二丈九○	3/11/25
東西十五丈七○	3/12/28

穿壙七〇　　　　　　10/31/17
壇高三丈〇　　　　　10/31/17
柱長三丈五〇三寸　　10/32/12
霤高丈六〇　　　　　10/32/12
高丈二〇五寸　　　　10/32/12
高四十六丈五〇二寸　10/32/21
石長丈四〇　　　　　10/37/29
南北面廣六〇　　　　10/37/29
西面廣〇六寸　　　　10/37/29
無〇土所有　　　　　19/53/20
廣一丈五〇二寸　　　20.20/58/18
廣一丈三〇五寸　　　20.20/58/20
長九丈六〇　　　　　20.20/58/21
廣一丈二〇　　　　　20.20/58/21

侈 chǐ　　　　　　　2

行奢〇則亡　　　　　16/48/9
此謂行奢〇而亡也　　16/48/14

恥 chǐ　　　　　　　7

孔子〇之　　　　　　1/1/4
尚〇之　　　　　　　9/26/20
遺先人〇　　　　　　9/28/16
蓋智士所〇　　　　　11/38/24
尚有就李之〇　　　　11/39/14
吾〇生　　　　　　　12/42/10
勇士所〇　　　　　　20.11/57/9

齒 chǐ　　　　　　　3

脣之與〇　　　　　　1/1/6
吾願腐髮弊〇　　　　7/24/26
嚼脣吸〇　　　　　　10/33/25

斥 chì　　　　　　　4

直〇以身者也　　　　1/2/9,1/2/13
弗對以〇傷大臣　　　6/21/24
不直自〇　　　　　　19/55/24

赤 chì　　　　　　　13

古〇松子所取〇石脂也　3/8/5
修內矛〇雞稽繇者也　4/16/14
丙貨之戶曰〇豆　　　5/19/26

〇董之山　　　　　　13/42/26
今〇董之山已合　　　13/43/5
青、黃、〇、白、黑　15/45/10
軍上有〇色氣者　　　15/45/13
〇氣在軍上　　　　　15/45/16
〇氣在右　　　　　　15/45/17
〇氣在後　　　　　　15/45/17
〇氣在（右）〔左〕　15/45/18
〇氣在前　　　　　　15/45/19

衝 chōng　　　　　　1

當陵軍之〇車　　　　20.21/58/25

抽 chōu　　　　　　2

〇引本末　　　　　　1/2/11
〇其統紀　　　　　　18/53/4

惆 chóu　　　　　　2

其心〇悵　　　　　　12/39/25
覺寤而心中〇悵也　　12/40/10

疇 chóu　　　　　　1

〇糞桑麻　　　　　　10/31/13

讎 chóu　　　　　　3

死而不報父之〇　　　2/2/29
仇〇敵戰之邦　　　　6/20/12
仇〇之人不可親也　　6/21/3

出 chū　　　　　　　59

子貢一〇　　　　　　1/1/5
其二子〇走　　　　　2/2/22
〇者報仇　　　　　　2/2/28
〇見使者　　　　　　2/3/1
何爲不〇　　　　　　2/3/9
子胥邅逃〇走　　　　2/3/25
〇胥（明）〔門〕　　3/5/16
奏〇土山　　　　　　3/5/16
〇平門　　　　　　　3/5/19
〇巢湖　　　　　　　3/5/19
〇漁浦　　　　　　　3/5/19

隧〇廟路以南　　　　3/6/17
巫咸所〇也　　　　　3/9/20
虞故神〇奇怪　　　　3/9/20
其子二人〇奔　　　　4/15/16
周公乃辭位〇巡狩於邊
　一年　　　　　　　4/17/8
師〇無時　　　　　　5/18/2
末病則貨不〇　　　　5/19/20
今不〇數年　　　　　6/21/5
逢同〇　　　　　　　6/22/3
逢同〇見吳王　　　　6/22/7
彗星〇而興周　　　　7/24/17
有頃而〇　　　　　　7/25/16
俱見霸兆〇於東南　　7/25/17
蠡〇治外　　　　　　7/25/20
可無一〇乎　　　　　9/26/21
顏淵辭〇　　　　　　9/26/21
子路辭〇　　　　　　9/26/21
子貢辭〇　　　　　　9/26/22
〇大臣以環之　　　　9/27/9
使之〇銳師以從下吏　9/28/5
邅逃〇走　9/28/16,9/30/3,9/30/8
又〇玉聲以教孤　　　9/28/17
孤之意〇焉　　　　　9/29/12
〇卒三千　　　　　　9/30/12
請〇卒三千　　　　　9/30/14
故曰子貢一〇　　　　9/31/8
〇死士三百人　　　　10/31/26
女〇於苧蘿山　　　　10/33/1
句踐之〇入也　　　　10/33/11
〇東郭　　　10/37/4,10/37/4
一由君〇　　　　　　11/38/16
其華捽如芙蓉始〇　　13/42/22
破而〇錫　　　　　　13/42/26
涸而〇銅　　　　　　13/42/26
始〇各利　　　　　　15/46/8
〇入無門　　　　　　16/49/1
欲捐軀〇死　　　　　16/49/21
初見〇於天者　　　　16/50/4
信從中〇　　　　　　19/55/9
義從外〇　　　　　　19/55/9
水神〇取　　　　　　20.11/57/5
連日乃〇　　　　　　20.11/57/6
西施之所〇　　　　　20.16/58/3
一日〇遊　　　　　　20.18/58/7
即〇就陣　　　　　　20.22/59/2

初 chū	10
春申君〇封吳所造也	3/10/1
春申君〇封吳	3/11/18
由鍾〇立	3/13/15
無餘〇封大越	10/31/23
〇徙瑯琊	10/35/12
自無餘〇封於越以來	10/37/17
巨闕〇成之時	13/42/19
〇見出於天者	16/50/4
〇見入於地者	16/50/6
〇見半於人者	16/50/7

除 chú	3
〇道郊迎至縣	9/28/8
齊威〇管仲罪	11/38/20
爲天下〇殘去賊	16/47/21

刨 chú	3
越王句踐屬〇莝養馬	1/1/22
而王恒使其〇（莝）	
〔莝〕秩馬	12/42/2
句踐何當屬〔〇〕莝養	
馬	19/54/29

廚 chú	1
食於冰〇	10/33/12

處 chú	20
闔廬以鑄干將劍〔〇〕	3/5/30
故吳王所蓄雞〔〇也〕	3/7/16
假君所思〇也	3/12/18
楚王治〇也	4/14/12
〇於吳、楚、越之間	5/18/4
太陰三歲〇金則穰	5/18/12
三歲〇水則毀	5/18/12
三歲〇木則康	5/18/12
三歲〇火則旱	5/18/13
是故聖人能明其刑而〇	
其鄉	5/19/7
手足異〇	9/29/11
水行而山〇	10/32/2
今倉庫是其宮臺〇也	10/32/11

越之弋獵〇〔也〕	10/33/4
〇里門	10/34/7
句踐教習兵〇也	10/35/27
置海南故大越〇	10/38/1
自〇中軍	12/41/13
大夫種〇中	12/41/21
臣聞陰陽氣不同〇	16/49/8

楚 chǔ	78
浮陵以付〇	1/1/11, 18/52/2
誅服彊〇	1/1/15
服彊〇	1/1/16
北陵齊〇	1/1/21
〇昭王、孔子時也	3/4/27
〇門	3/12/9
〇人從之	3/12/9
故爲〇門	3/12/9
〇考烈王相也	3/12/13
幽王徵春申〔君〕爲	
令尹	3/12/13
秦始皇并〇	3/12/15
〇威王與越王無彊並	3/12/20
〇考烈王并越於瑯邪	3/13/21
秦并〇	3/13/21
伍子胥父誅於〇	4/13/26
蔡昭公南朝〇	4/14/3
天下誰能伐〇乎	4/14/4
〇聞之	4/14/4, 4/14/7
天下誰能伐〇者乎	4/14/6
〇爲無道	4/14/7
闔廬於是使子胥興師救	
蔡而伐〇	4/14/8
〇王已死	4/14/8
蓋有妻〇王母者	4/14/10
〇之相也	4/14/12
〇王治處也	4/14/12
處於吳、〇、越之間	5/18/4
誅彊〇	7/24/4
意欲報〇	7/24/4
〇乃購之千金	7/24/4
吾背〇荊	7/24/23
（位）〔伍〕子胥父子	
奢爲〇王大臣	7/24/30
奢諫於〇	7/25/3
伯州爲〇臣	7/25/5
是時吳王闔廬伐〇	7/25/6

悉召〇仇而近之	7/25/6
言伐〇之利	7/25/7
闔廬用之伐〇	7/25/7
范蠡其始居〇也	7/25/13
范蠡其始居〇	8/25/25
遊於〇越之間	8/26/4
晉用之而勝〇	8/26/5
伐〇	10/32/7
〇伐之	10/32/8
政使將王賁攻〇	10/37/26
得〇王成	10/37/26
行秦過〇	13/43/2
〇王臥而寤	13/43/2
興師擊〇	13/43/3
〇王不與	13/43/3
〇王召風胡子而問之曰	13/43/9
風胡子奏之〇王	13/43/13
〇王見此三劍之精神	13/43/13
〇王曰	13/43/15, 13/43/23
	13/43/28
興師圍〇之城	13/43/20
於是〇王聞之	13/43/21
〇王於是大悅	13/43/22
〇故治鄲	15/47/3
〇考烈王相春申君吏李	
園	17/50/26
吾挾弓矢以逸鄭〇之間	18/52/19
子胥挾弓去〇	18/52/29
故賢其冤於無道之〇	19/54/7
子胥妻〇王母	19/54/11
惡其妻〇王母也	19/54/12
當困於〇	19/54/21
其報〇也	19/54/22
稱子胥妻〇王母	19/54/22
子胥何由乃困於〇	19/54/29
然子胥無爲能自免於無	
道之〇	19/55/11
仲子由〇	19/55/14
子胥伐〇宮	19/55/16
〇世子奔逃雲夢（山之）	
〔之山〕	19/55/16
越見其榮於無道之〇	19/55/18
〇相屈原	19/55/26
放於南〇	19/56/4

畜 chù	4
故吳所○牛、羊、豕、	
雞也	3/13/9
亟賣六○貨財	5/19/11
○犬獵南山白鹿	10/35/1
句踐以○雞、豕	10/35/6

川 chuān	1
今濟北、平原、北海郡	
、菑○、遼東、城陽	15/46/20

穿 chuān	2
○壙七尺	10/31/17
○銅釜	13/42/21

船 chuán	32
○到即載	2/3/9
入○而伏	2/3/9
即覆○	2/3/16
闔廬所置○宮也	3///31
越人謂○爲須慮	4/16/15
○失不能救	5/17/18
念樓○之苦	5/17/18
吾是於斧掩壺漿之子、	
發簞（飲）〔飯〕於	
○中者	7/24/5
大○陵居	7/24/14
小○沒水	7/24/14
戈○三百艘	10/31/25
以○爲車	10/32/2
使樓○卒二千八百人伐	
松柏以爲椁	10/35/12
句踐○宮也	10/35/23
樓○卒二千人	10/35/30
欲使覆禍吳人○	10/36/11
越所害軍○也	10/36/14
以其大○軍所置也	10/37/1
夫好○者溺	12/40/23
車○並入	20.1/56/8
敢問○軍之備何如	20.21/58/23
○名大翼、小翼、突冒	
、樓○、橋○	20.21/58/23
令○軍之教	20.21/58/24

樓○者	20.21/58/25
橋○者	20.21/58/25
王身將即疑○旌麾兵戟	
與王○等者七艘	20.22/59/1
將軍疑○兵戟與將軍○	
等三○	20.22/59/2

傳 chuán	29
或經或○	1/2/15
○者、道其意	1/2/15
退丹朱而以天下○舜	4/15/23
遂以天下○之	4/15/29
舜○之禹	4/16/5
以○黃帝	5/18/6
○其驗而已	5/18/20
計倪乃○其教而圖之	5/19/22
○之後世以爲教	5/19/23
《○》曰　7/25/10,8/26/15	
11/38/23,11/38/26,18/52/10	
18/52/16,19/54/25,19/55/6	
今○謂之蠡城	10/32/15
食○三賢	10/36/1
○聞越王子孫	10/37/17
故《○》曰　11/39/14,18/52/3	
戒口勿○	14/44/7
固聖人所不○也	16/50/19
○之萬載	18/51/29
經○外章	18/52/30
覽承○說	18/53/2
故曰衆者○目	19/53/15
賜○吳越	19/53/23

床 chuáng	1
孤身不安○席	9/29/6

吹 chuī	1
樂府○巧也	12/40/3

炊 chuī	4
見兩鬵○而不蒸	12/39/26
	12/40/21
見兩鬵○而不蒸者	12/40/1
	12/41/3

垂 chuí	13
東○海濱	1/1/16
子胥跪而○泣曰	2/3/24
逢同○泣不對	6/22/7
寡人○意	7/23/21
自謂東○僻陋	10/33/1
○涕啼哭	11/39/7
寡人虛心○意	16/50/15
○之來世	18/51/29
賢者○意	18/52/8
○意於越	18/53/3
睹麟（乘）〔○〕涕	19/53/20
○象後王	19/53/23
○意周文	19/55/29

捶 chuí	1
操鞭○笞平王之墓而數之曰	2/4/3

箠 chuí	2
其上馬○	10/36/8
飾治爲馬○	10/36/9

春 chūn	78
按《○秋》序齊魯	1/1/3
見夫子作《○秋》而略吳越	1/1/5
見夫子刪《書》作《○	
秋》、定王制	1/2/1
束到○申君府	3/4/22
○夏治姑胥之臺	3/4/24
○申君時盛祠以牛	3/9/28
○申君治以爲陂	3/9/30
○申君初封吳所造也	3/10/1
○申君客衛公子家也	3/11/16
○申君初封吳	3/11/18
○申君所造　3/11/20,3/11/26	
3/11/28,3/12/1,3/12/3	
3/12/9	
○申君子假君宮也	3/11/22
○申君時造	3/12/5
○申君時治以爲貴人冢次	3/12/7
○申君客冢	3/12/11
○申君	3/12/13
封○申君於吳	3/12/13

幽王徵○申〔君〕爲楚		○祭三江	18/51/29	**慈 cí**	3
令尹	3/12/13	《○秋》不作	18/53/2		
○申君自使其子爲假君		蓋夫子作《○秋》	18/53/2	堯有不○之名	4/15/23
治吳	3/12/14	故作《○秋》以繼周也	19/53/19	此之謂堯有不○之名	4/15/24
與○申君幷殺之	3/12/14	賜見《○秋》改文尙質	19/53/21	時人謂舜不孝、堯不○	19/54/20
○申君姓黃	3/12/16	世○秋二百餘年	19/53/23		
○申君去吳	3/12/18	《○秋》無將　19/54/3, 19/54/6		**辭 cí**	25
壽○東堯陵亢者	3/12/20	然《○秋》之義	19/54/12		
○生夏長	4/14/20	猶《○秋》銳精堯舜	19/55/28	小之○也	1/2/5
非暮○中夏之時	4/15/2	以備○申君	20.4/56/18	不言同○	4/16/30
於是孔子作《○秋》	4/15/9	狀如○花	20.25/59/9	周公乃○位出巡狩於邊	
臣聞○日將至	6/21/13			一年	4/17/8
隨直瀆陽○亭	10/37/4	**脣 chún**	1	今越王爲吾（蒲）〔蒲〕	
從郡陽○亭	10/37/4			伏約○	6/21/1
今富○	10/37/28	焦○乾嗌	9/29/7	聽讒邪之○	7/25/2
是以《○秋》不差其文	11/39/13			無所（聞）〔關〕其○	7/25/18
○蕭	16/48/17	**純 chún**	4	自與不能關其○	8/25/30
聖人命之曰○	16/48/19			顏淵○出	9/26/21
○不生遂者	16/48/19	衣服○素	6/22/21	子路○出	9/26/21
故天不重爲○	16/48/19	王取○鈞	13/42/21	子貢○出	9/26/22
○者、夏之父也	16/48/19	此所謂○鈞耶	13/42/24	毋惡卑○以尊其禮	9/29/1
故○生之	16/48/20	二曰○鈞	13/42/28	巧言利○	9/29/15
○蕭而不生者	16/48/20			而○其君	9/30/15
即○無生	16/49/12	**脣 chún**	2	於是孔子○	10/32/3
○夏賤陰氣施於陽	16/49/16			其入○曰	10/33/29
楚考烈王相○申君吏李		○之與齒	1/1/6	誠者不能匿其○	11/38/24
園	17/50/26	嚼○吸齒	10/33/25	不謀同○	11/39/3
可見我於○申君	17/50/26			○春申君才人	17/51/1
我欲假於○申君	17/50/27	**祠 cí**	6	吾○於春申君	17/51/4
我得見於○申君	17/50/27			若卑○以地讓之	18/51/27
○申君、貴人也	17/50/27	春申君時盛○以牛	3/9/28	深省厥○	18/52/8
汝求謁於○申君	17/50/28	吳（古）〔王〕故○江		卜省其○	18/52/14
辭○申君才人	17/51/1	漢於棠浦東	3/11/13	文○不既	18/52/30
○申君果問	17/51/1	啓歲善犧牲以○之	4/16/6	辯士宜其○	19/53/23
○申君曰　17/51/2, 17/51/3		○白馬	10/31/20	文屬○定	19/55/25
吾辭於○申君	17/51/4	其亭○今爲和公（群）			
○申君到	17/51/7	〔郡〕社稷墟	10/36/3	**此 cǐ**	126
○申君〔重言善〕	17/51/7	爲之立○	18/51/29		
〔○申君〕大悅	17/51/8			故作○者	1/1/12
女環謂○申君曰	17/51/8	**茨 cí**	1	○正宜耳	1/1/16
	17/51/13			當○之時　1/2/1, 4/15/8, 13/43/27	
○申君以告官屬	17/51/10	歐冶子、干將鑿○山	13/43/12	○時子貢爲魯使	1/2/6
〔○申君曰〕	17/51/14			○邦堂堂	2/3/5
女環使園相○申君	17/51/20	**雌 cí**	1	何素窮如○	2/3/24
以吳封○申君	17/51/20			今○報子也	2/4/4
即（對）〔封〕○申君		○雄之相逐	16/48/7	以○爲名	2/4/8
於吳	17/51/21			以○爲利	2/4/8

今○以報子也	4/14/9	故南陽蒼句	11/38/20	王而毋泄○事	16/50/16
○之謂也	4/15/4,4/15/21	計○二人	11/38/22	○謂天地之圖也	16/50/22
	4/16/7,4/16/24,4/16/28	乃○禍晉之驪姬、亡周		無泄○口	17/51/10
	11/38/26,11/39/4,11/39/14	之褒姒	11/39/15	自致於○	18/52/20
	18/52/6,18/52/11,18/52/16	由○而言	11/39/18	○吾命也	18/52/21
○所謂晉公子重耳反國		○其可以卜祚遐長	11/39/20	由○觀之	18/53/1
定天下	4/15/13	○固非子（胥）〔之〕		（目）〔自〕○始亡之	
○之謂堯有不慈之名	4/15/24	所能知也	12/40/15	謂也	18/53/11
○舜有不孝之行	4/15/28	○何名	12/41/16	自○之時	19/53/15
○為王天下	4/15/29	○公孫聖所言、王且不		○時天地暴清	19/53/19
○謂湯獻牛荊之伯也	4/16/11	得火食	12/41/17	非聖人孰能痛世若○	19/53/20
○之謂舜之時	4/16/19	○非大過者二乎	12/42/1	辯士絕於○	19/53/24
○謂文王以務爭也	4/16/27	○非大過者三乎	12/42/2	知○上事	19/54/3
○武王以禮信也	4/17/4	○非大過者四乎	12/42/3	伍員取利浦黃瀆土築○	
○周公之盛德也	4/17/11	○非大過者五乎	12/42/4	城	20.6/56/23
○竭於庸力	5/18/5	○所謂純鈞耶	13/42/24	○天下壯士也	20.11/57/19
知○二者	5/18/6	當造○劍之時	13/42/26	我在○	20.19/58/14
如○	5/18/20	○其小試於敵邦	13/43/5		
	9/27/7,9/28/4,16/48/4	猶不能得○一物	13/43/6	**次 cì**	**13**
如○者	5/18/25	○二人甲世而生	13/43/9		
	5/19/17,16/47/31,16/48/1	因吳王請○二人作〔為〕		故闔廬治以諸侯冢○	3/8/15
○皆十倍者也	5/19/13	鐵劍	13/43/10	春申君時治以為貴人冢○	3/12/7
用○不患無功	5/19/22	楚王見○三劍之精神	13/43/13	其○一倍	5/18/14
將以○試我	6/20/16	○三劍何物所象	13/43/14	其○而反	5/18/14
以○卜要君王	6/20/16	○劍威耶	13/43/22	其○五倍	5/19/13
○天之所反也	6/20/19	固能有精神若○乎	13/43/24	四時易○	16/48/18
○非忠臣之道	6/21/12	○亦鐵兵之神	13/43/28	故○以《荊平》也	19/53/28
○非子所能行也	6/21/18	○天應	15/45/11	故○以《吳人》也	19/53/29
○相與之道	6/22/5	○逆兵氣也	15/45/14	故○《計倪》	19/53/30
○時越軍大號	7/24/15	○其用兵月日數	15/46/7	故○《請糴》也	19/53/30
○乃其證	7/24/18	凡○四者	16/47/17	故○《九術》	19/54/1
○時馮同相與共戒之	8/25/30	○寡人所能行也	16/47/19	故○《兵法》	19/54/2
○猶良藥也	8/26/10		16/48/5	以○太伯	19/54/6
○不可與戰	9/26/26	○乃天時水旱	16/47/20		
○邦易也	9/27/1	○天之三表者也	16/48/2	**刺 cì**	**2**
且大吳畏小越如○	9/28/5	○至禁也	16/48/5		
○乃僻陋之邦	9/28/8	○謂行奢侈而亡也	16/48/14	時闔廬又以魚腸之劍○	
乃至於○	9/28/9	○天之常道也	16/48/18	吳王僚	13/43/3
○滅吳必矣	9/29/3	○所謂四時者	16/48/22	引劍而○之	13/43/4
○孤之外言也	9/29/5	王而備○二者	16/50/1		
○孤之大願也	9/29/9	○天變見符也	16/50/6	**賜 cì**	**24**
如○不可得也	9/29/9	○地變見瑞也	16/50/7		
禹至○者	10/31/19	○之謂天平地平	16/50/8	賞○不當	4/16/27
瀆於○	10/33/15	以○為天圖	16/50/8	賞○不加於無功	4/17/6
○越未戰而服	10/33/30	何以加於○乎	16/50/11	又無上○	5/19/18
道產女○亭	10/37/9	○持殺生之柄	16/50/16	○劍殺申胥	6/22/24
周絕於○	10/37/20	○邦之重寶也	16/50/16	昔者上蒼以越○吳	6/23/14

孤賴先人之〇	9/28/17, 9/29/12
大夫有〇	9/29/6, 9/29/12
〇爲君觀夫吳王之爲人	9/29/14
賴大王之〇	9/30/3, 9/30/9
大王之〇	9/30/4, 9/30/9
句踐乃身被〇夷之甲	10/31/26
天以〇吳	10/33/30
外越〇義也	10/34/7
而〇太宰嚭雜繒四十疋	12/40/4
子胥〇劍將自殺	18/52/19
〇權齊、晉、越	19/53/17
〇見《春秋》改文尙質	19/53/21
〇之說也	19/53/22
〇傳吳越	19/53/23
子胥〇劍	19/54/19

聰 cōng 　 2

戰則耳目不〇明	5/17/23
五音令人耳不〇	14/44/20

從 cóng 　 55

諸侯〇之	1/1/22
即〇橫嶺上大山	2/3/5
子胥即〇漁者之蘆碕	2/3/8
小城東西〇武里	3/5/11
面〇小城北	3/5/11
邑中徑〇閶門到婁門	3/5/13
吳古故〇由拳辟塞	3/5/22
〇海上來	3/9/5
楚人〇之	3/12/9
〇東歐	3/13/3
〇其政教	4/14/18
天下〇之	4/15/1
於是諸侯皆〇	4/15/13
荆伯未〇也	4/16/10
穌不〇令	4/16/18
穌不〇令也	4/16/20
天下皆盡誠知其賢聖〇之	4/16/27
欲〇武王與之伐紂	4/17/1
靡〇部分	5/17/25
〇其德而避其衡	5/19/7
〇寅至未	5/19/10
〇今以來	5/19/23
太宰嚭〇旁對曰	6/21/7
百草〇時	6/21/13

夫差終以〇焉	7/25/9
乃〇官屬	7/25/16
胡越相〇	7/25/17
使之出銳師以〇下吏	9/28/5
而名〇諸侯以伐也	9/28/5
以〇下吏	9/30/12
其君又〇之	9/30/14
又〇其君	9/30/15
去晉〇越	9/31/6
〇瑯琊起觀臺	10/31/24
〇弟子七十人奉先王雅	
琴治禮往奏	10/31/25
去則難〇	10/32/2
弟子莫能〇乎	10/32/3
往〇田里	10/33/11
去〇北郭門	10/33/11
載〇炭瀆至練塘	10/35/9
〇郡陽春亭	10/37/4
夫人〇	10/37/9
不由所〇	11/38/17
無諜寡人之心所〇	12/39/29
其妻大君〇旁接而起之	12/40/13
無諜寡人心所〇	12/40/23
王〇騎三千	12/41/13
〔觀其〕釽〇文〔間〕	
起	13/43/17
〇■	15/45/13
而天下〇風	16/49/22
〇吾先王於地下	18/52/22
策不〇	19/54/15
信〇中出	19/55/9
義〇外出	19/55/9
志願〇君	20.2/56/12

竄 cuàn 　 1

伏〇自容	19/55/26

脆 cuì 　 1

夫越性〔〇〕而愚	10/32/1

村 cūn 　 1

一曰句踐伐善（〇）	
〔材〕	10/35/13

存 cún 　 19

言〇亡吉凶之應	4/14/24
〇無忘傾	7/23/24
得以〇	8/26/10
丘墓〇焉	9/26/21
義在〇亡魯	9/27/16
今君〇越勿毀	9/28/3
是〇亡邦而興死人也	9/29/12
〇魯	9/31/8
盛衰〇亡	10/33/27
未知〇亡	11/39/10
知〇而不知亡	11/39/17
〔知〕進退〇亡〔而〕	
不失其正者	11/39/18
〇有亡之幾	11/39/19
臣〇主若亡	12/42/7
若〇若亡	12/42/8
將首魁漂而〇焉	13/43/2
見所而功自〇	16/49/2
不忍去而自〇	19/54/15
權以自〇	19/54/29

寸 cùn 　 11

水深丈五〇	3/6/16
南北十丈二尺七〇	3/11/23
柱長三丈五尺三〇	10/32/12
高丈二尺五〇	10/32/12
高四十六丈五尺二〇	10/32/21
西面廣尺六〇	10/37/29
以三〇之帛	12/42/9
天高五〇	16/50/4
減天〇六分以成地	16/50/4
廣一丈五尺二〇	20.20/58/18
廣一丈三尺五〇	20.20/58/20

挫 cuò 　 1

〇子之骸	12/42/9

措 cuò 　 1

〇策力	9/29/10

莝 cuò 3	今子〇夫何不來歸子故	〇夫種始謀曰 6/20/4
	墳墓丘冢爲 2/4/7	其〇臣好相傷 6/20/5
越王句踐屬芻〇養馬 1/1/22	〇霸 3/4/15	〇夫種對曰 6/20/8,14/44/3
而王恆使其芻（莝）	吳王〇霸 3/4/27	君王動〇事 6/21/13
〔〇〕秩馬 12/42/2	吳〇城 3/4/29	弗對以斥傷〇臣 6/21/24
句踐何當屬〔芻〕〇養	過歷山陽、龍尾西〇決 3/5/17	以觀吳邦之〇敗也 6/21/25
馬 19/54/29	入〇江 3/5/20	必〇克 6/22/13
	鄍〇冢是也 3/6/14	必爲〇故 6/22/21
錯 cuò 3	巫門外〇冢 3/6/27	〇克還 6/22/24
	蛇門外〇丘 3/7/5	〇過者三 6/23/15
名曰定〇城 3/12/30	（近）〔匠〕門外欐溪	（〇）〔太〕歲八會 7/23/27
交〇相過 5/17/16	檀中連鄉〇丘者 3/7/9	西州〇江 7/24/1
夫陰陽〇繆 16/48/23	〇克 3/7/20	東絕〇海 7/24/1
	吳北野禺欎東所舍〇暽者 3/7/23	〇風發狂 7/24/13
妲 dá 1	笮碓山南有〇石 3/8/13	〇船陵居 7/24/14
	巫門外冤山〇冢 3/8/21	夢見井嬴溢〇 7/24/14
殷亡於〇己 14/45/2	胥女〇冢 3/8/26	此時越軍〇號 7/24/15
	蒲姑〇冢 3/8/28	願〇王急行 7/24/18
答 dá 3	其東〇冢 3/9/11	臣獲〇譽 7/24/25
	皆故〇越徙民也 3/9/13	（位）〔伍〕子胥父子
報〇之怒 20.11/57/12	縊語昭濬以東到〇田 3/9/30	奢爲楚王〇臣 7/24/30
子不報〇 20.11/57/17	縊胥卑下以南注〇湖 3/9/30	有〇功 7/25/7
〇曰 20.18/58/8	東南〇冢 3/10/7	〇夫種入其縣 7/25/14
	蒸山南面夏駕〇冢者 3/10/11	〇有所成 7/25/18
達 dá 8	吳諸里〇閒 3/12/3	謂〇夫種曰 8/25/26
	路丘〇冢 3/12/11	於是要〇夫種入吳 8/25/28
吳以〇糧 3/5/28	（東）〔更〕名〇越爲	〇夫石買 8/26/1
南〇江 3/5/30	山陰也 3/12/15	唯〇王察之 8/26/4,8/26/7
〇於君臣之義 4/16/6	太守府〇殿者 3/12/27	〇夫種進曰 8/26/4
道徑通〇 6/20/12	貢〇夫請罷之 3/13/7	成〇功者不拘於俗 8/26/7
目〇耳通 7/25/6	〇夫舍〇夫室 4/14/10	論〇道者不合於衆 8/26/7
管仲〇于霸紀 18/53/9	公卿〇夫 4/14/17	其〇臣僞而無用 9/26/25
莫能〇焉 19/55/28	言天地之施〇而不有功	又使明〇夫守〔之〕 9/27/1
與人戰者不〇聲 20.11/57/8	者也 4/14/22	〇臣有不聽者也 9/27/4
	〇夫稱卒 4/15/7	而求〔以〕成〇事 9/27/6
大 dà 239	齊〇夫無知 4/15/16	下與〇臣交爭也 9/27/6
	齊〇臣鮑叔牙爲報仇 4/15/18	出〇臣以環之 9/27/9
小越而〇吳 1/1/20	三年〇熟 4/15/26	〇臣內空 9/27/9
小越〇吳奈何 1/1/21	赦其〇罪 4/16/2	〇臣將有疑我之心 9/27/11
欲以貶〇吳 1/1/24	成王〇恐 4/17/9	伐齊、〇利也 9/27/16
是人有〇雅之才 1/2/4	〇邦既已備 5/17/19	見小利而忘〇害者不智 9/28/1
胥將使邊境有〇憂 2/2/25	〇則可以王 5/18/10	且〇吳畏小越如此 9/28/5
即從橫嶺上〇山 2/3/5	〇夫佚同、若成 5/19/18	吳王〇悅 9/28/6,9/30/13
唯〇王可以歸骸骨者 2/3/25	今〇王言獨與孤比 5/19/19	12/40/4,14/44/12,14/44/19
惟〇王哀之 2/3/26	己貨之戶曰〇豆 5/19/27	〇夫何索 9/28/9
〇得吳衆 2/4/1	〇敗 6/20/3,10/34/19	今〇夫弔孤 9/28/10
今子〇夫報寡人也特甚 2/4/7	乃使〇夫種求行成於吳 6/20/3	舉事之〇忌〔也〕 9/28/14

今○夫不辱而身見之	9/28/16	是○王〔之〕不能使臣		舉兵無擊○歲上物	15/46/8
○夫有賜	9/29/6, 9/29/12	也	11/38/10	今○越山陰	15/46/16
此孤之○願也	9/29/9	唯在○夫	11/38/19	陰氣蓄積○盛	16/47/31
越王○悅	9/29/16	○責任之	11/38/20	歲○敗	16/47/31, 16/49/4
越王○恐	9/30/2	曾無跬步之勞、○呼之		陽氣蓄積○盛	16/48/1
賴○王之賜	9/30/3, 9/30/9	功	11/38/22	歲○美	16/48/1, 16/49/5
○王之賜	9/30/4, 9/30/9	○夫既在	11/38/24	○貴	16/48/25
今竊聞○王將興○義	9/30/10	越王○媿	11/39/2	○賤	16/48/25
○王將遂○義	9/30/11	遂有○功而霸諸侯	11/39/4	○熱不至	16/49/11
晉〔君〕○恐	9/31/1	句踐○恐	11/39/11	○貴必應其歲而起	16/50/5
而與齊（○）〔人〕戰		○王〔之〕興師伐齊		八穀○成	16/50/6
於艾陵	9/31/4	〔也〕	12/39/29	其歲○賤	16/50/6
○敗齊師	9/31/4	○王聖〔德〕	12/40/1	來年○饑	16/50/7
○敗吳師	9/31/5, 12/41/14	不能占○王夢	12/40/7	問○夫種曰	16/50/11
○越海濱之民	10/31/14	可占○王所夢	12/40/9	○夫種曰	16/50/12
小○有差	10/31/14	其妻○君從旁接而起之	12/40/13	○縱酒	17/51/7
到○越	10/31/15	何若子性之○也	12/40/13	〔春申君〕○悅	17/51/8
○會計	10/31/15	○君曰	12/40/16	王使人捐於○江口	18/52/25
巡狩○越	10/31/16	因悲○王	12/41/2	歸神○海	18/52/26
無餘初封○越	10/31/23	○王身死	12/41/4	○義立	18/53/3
故奉雅琴至○王所	10/32/1	○王宮堂虛也	12/41/5	天下○服	19/53/16
○霸稱王	10/32/5	○息	12/41/6	明○吳也	19/53/28
○城周二十里七十二步	10/32/13	○剋	12/41/14	昭王遣○夫申包胥入秦	
山陰○城者	10/32/15	○王巫飱而去	12/41/18	請救	19/55/17
故近○道居	10/33/2	吳王○怖	12/41/20	○道不誅	19/55/20
○樂	10/33/4	○夫種處中	12/41/21	○雷山	20.4/56/18
其山上○冢	10/33/17	此非○過者二乎	12/42/1	宋○夫華元冢	20.10/57/1
子胥○怒	10/33/30	此非○過者三乎	12/42/2	笛邱訢○怒	20.11/57/5
○夫種城也	10/34/5	此非○過者四乎	12/42/3	輕士○夫	20.11/57/7
在小城南門外○城內	10/34/12	此非○過者五乎	12/42/4	曩者吾辱壯士笛邱訢於	
獨山○冢者	10/34/14	○王請	13/42/16	眾之座	20.11/57/11
若耶○冢者	10/34/23	造爲○刑三、小刑二	13/42/28	子辱吾於○座之眾	20.11/57/14
富中○塘者	10/34/30	未見其○用於天下也	13/43/5	吳王○驚	20.19/58/15
木客○冢者	10/35/12	○悅	13/43/13	○翼一艘	20.20/58/18
民西○冢者	10/35/25	楚王於是○悅	13/43/22	船名○翼、小翼、突冒	
句踐所葬○夫種也	10/35/30	因○王之神	13/43/23	、樓船、橋船	20.21/58/23
道逢○風	10/36/29	○王有聖德	13/43/28	○翼者	20.21/58/24
以其○船軍所置也	10/37/1	越王句踐問○夫種曰	14/44/3	皆居於○陣之左右	20.22/59/2
○越故界	10/37/13	乃使○夫種獻之於吳			
今○末	10/37/15	〔王〕	14/44/10	**代 dài**	**2**
道度諸暨、○越	10/37/28	再拜獻之○王	14/44/12		
以正月甲戌到○越	10/37/28	○王受之	14/44/14, 14/44/21	今○郡、常山、中山、	
徙○越民	10/38/1	使○夫種獻之於吳王	14/44/18	河間、廣平郡	15/46/28
置海南故○越處	10/38/1	使下臣種再拜獻之○王	14/44/19	萬○不滅	19/53/21
乃更名○越曰山陰	10/38/2	○敗之於秦餘杭山	14/45/4		
何○夫易見而難使也	11/38/8	先○後小	15/45/15		
非○夫易見〔而〕難使	11/38/9	右子胥相氣取敵○數	15/46/5		

待 dài	12
坐而○死	7/23/26
○二子而死	7/25/2
子○吾伐越而還	9/27/18
子○我伐越而聽子	9/28/13
敢不○命乎	9/29/13
修兵休卒以○吳	9/31/1
○詔入吳	10/33/29
請歸○之	17/50/29,17/51/1
使○於離亭	17/51/4
許我明日夕○於離亭	17/51/5
圖宜先供○之	17/51/5

殆 dài	6
胥○不然乎哉	6/21/18
○非眞賢	8/26/2
○也	9/28/14
○哉	11/38/9,18/51/27
臣故曰○哉	11/38/18

帶 dài	5
被山○河	2/3/5
中其○鉤	4/16/2
○劍以布	6/22/21
○步光之劍	10/31/26
前○神光	18/51/30

貸 dài	1
○貧乏	11/39/2

逮 dài	1
上不○於神農	16/49/28

丹 dān	9
○湖	3/11/11
還奔○陽	3/13/3
故郭以爲○陽郡	3/13/17
堯太子○朱倨驕	4/15/23
退○朱而以天下傳舜	4/15/23
在○陽皋鄉	10/37/17
○陽	10/37/28

以○書■帛	16/49/17
以○書帛	16/50/20

單 dān	3
致之於○	4/16/16
○者、堵也	4/16/16
范蠡○身入越	19/55/3

鄲 dān	1
趙故治邯○	15/47/6

簞 dān	3
乃發其○飯	2/3/13
即發○飯	2/3/17
吾是於斧掩壺漿之子、發○（飲）〔飯〕於船中者	7/24/5

旦 dàn	9
○食於紐山	3/4/24
皆一○會於孟津之上	4/16/30
恐一○而亡	5/17/26
○即不朝	6/22/27
子何非寡人而○不朝〔乎〕	6/22/27
句踐所習教美女西施、鄭（足）〔○〕宮臺也	10/32/28
越〔王〕乃飾美女西施、鄭○	14/44/18
越王句踐竊有天之遺西施、鄭○	14/44/18
（○）〔且〕聚死臣數萬	14/44/22

但 dàn	4
今○言賢者	1/2/4
○霸何足道	11/38/21
○吳王諛心而言	12/40/16
○爲甬	12/41/5

憚 dàn	1
○齊邦鮑、晏	9/26/19

彈 dàn	1
故舜○五弦之琴	16/47/15

當 dāng	44
○是之時	1/1/4
	1/2/7,4/17/6,16/47/15
○此之時	1/2/1,4/15/8,13/43/27
○挾四方	1/2/5
不○獨在吳越	1/2/5
不足以身○之	1/2/12
○問之	3/11/9,3/11/11
○調陰陽	4/14/17
皆○和陰陽四時之變	4/14/23
○是時	4/16/9,4/17/1
賞賜不○	4/16/27
發不能○	5/17/24
未知所○	5/18/2
○霸吳（危）〔厄〕會之際	7/23/25
○禹之時	10/31/18
○胥之言	11/39/9
○與人俱葬〔也〕	12/41/5
○有聲響	12/41/19
○造此劍之時	13/42/26
不敢○	14/44/19
彊弱不相○	16/47/23
故○安靜而不動	16/49/3
故○寒而不寒者	16/49/15
○溫而不溫者	16/49/15
○是時言之者	18/51/31
動作不○	19/54/3
○困於楚	19/54/21
○時無天子	19/54/27
○明王天下太平	19/54/28
句踐何○屬〔務〕荎養馬	19/54/29
羅○柰何	20.2/56/12
子有三○死之過	20.11/57/13
○用長鉤矛長斧各四	20.20/58/19
○陵軍之重車	20.21/58/24
○陵軍之輕車	20.21/58/25

○陵軍之衝車	20.21/58/25
○陵軍之行樓車	20.21/58/25
○陵軍之輕足驃騎也	20.21/58/25

倒 dǎo　　　　　　　　　1

○之則勝	7/24/18

導 dǎo　　　　　　　　　1

決江○河	13/43/27

到 dào　　　　　　　　　24

船○即載	2/3/9
○夫差	3/4/14
東○春申君府	3/4/22
邑中徑從閶門○婁門	3/5/13
平門○蛇門	3/5/13
柴（碎）〔辟〕亭○語	
兒、就李	3/5/26
鑿語昭瀆以東○大田	3/9/30
○闔廬時絕	3/11/13
○由拳塞	3/12/21
治陵水道○錢唐	3/12/22
○更始元年	3/12/27
屬小城北○平門	3/12/30
西○陳留縣	3/13/3
○七年	3/13/19
○今二百四十二年	3/13/22
句踐徙瑯邪○建武二十	
八年	3/13/22
○大越	10/31/15
孔子有頃姚稽○越	10/31/27
○始建國時	10/32/16
以正月甲戌○大越	10/37/28
西○咸陽	10/38/3
記○	12/40/11
春申君○	17/51/7
○黃昏	17/51/7

道 dào　　　　　　　　　119

取舍以○	1/1/10
率○諸侯	1/1/18
夫差失○	1/1/26
相與謀○	1/1/30

直○一國之事	1/2/5
其後○事以吳越爲喻	1/2/6
傳者、○其意	1/2/15
小○不通	1/2/17
請有○於使者	2/3/1
而○於闔廬曰	2/3/21
陸○廣二十三步	3/5/13
陸○廣三十三步	3/5/14
水○廣二十八步	3/5/14
吳古故陸○	3/5/16
吳古故水○	3/5/19
在閶門外○北	3/6/16
其臺在車○左、水海右	3/7/20
母陵○	3/9/22
太守周君造陵○語昭	3/9/22
無錫西龍尾陵○者	3/10/1
以○終之	3/12/11
秦始皇造○陵南	3/12/21
可通陵○	3/12/21
治陵水○到錢唐	3/12/22
適（戎）〔戍〕卒治通	
陵高以南陵○	3/12/22
楚爲無○	4/14/7
天○盈而不溢、盛而不	
驕者	4/14/19
故曰天○盈而不溢、盛	
而不驕者也	4/14/20
地○施而不德、勞而不	
矜其功者也	4/14/20
人○不逆四時者	4/14/22
故曰人○不逆四時之謂也	4/14/23
天○未作	4/14/24
故以天○未作	4/15/1
殷湯遭夏桀無○	4/16/22
見桀無○虐行	4/16/22
而王○興躍	4/16/23
見紂無○	4/16/26
勞軍紆吾糧○	5/17/21
察於○理	5/17/21
故問其○	5/17/21
以○佐之	5/18/14
務有於○術	5/18/20
不習於○術也	5/18/25
有○者進	5/19/3
無○者退	5/19/3
數發無○	5/19/8
非有○術	5/19/18

卜之○何若	6/20/8
○徑通達	6/20/12
此非忠臣之○	6/21/12
此相與之○	6/22/5
而善貴有○	6/22/22
後必將失○	7/23/25
疾陳霸王之○	7/25/16
○聽之徒	8/26/4
論大○者不合於眾	8/26/7
除○郊迎至縣	9/28/8
問天地之○	10/31/12
丘能述五帝三王之○	10/32/1
故近大○居	10/33/2
治○萬端	10/33/28
○逢大風	10/36/29
山陰古故陸○	10/37/4
山陰故水○	10/37/4
○產女此亭	10/37/9
○度牛渚	10/37/27
○度諸暨、大越	10/37/28
其○九曲	10/37/30
正身之○	11/38/13
但霸何足○	11/38/21
○於姑胥之門	12/39/25
師○不明	12/40/16, 12/41/1
闔廬無○	13/43/1
○死（尸）〔巷〕哭	14/44/15
以明勝負之○	15/45/9
左○右術	16/47/11
何謂○	16/47/11
○者、天地先生	16/47/12
故謂之○	16/47/12
○生氣	16/47/13
天○乃畢	16/48/7
身死棄○	16/48/15
將○也	16/48/17
天○三千五百歲	16/48/18
此天之常○也	16/48/18
天○自然	16/48/24
今子以至聖之○以說寡	
人	16/49/28
固天○自然	16/50/18
〔有〕遠○客	17/50/29
汝家何等遠○客者	17/50/29
有遠○客	17/51/1
汝家何等遠○客	17/51/1
〔念之〕五日而○之	17/51/17

是時越行伯○	18/52/1	皆○士民之衆	4/16/13	猶不能○此一物	13/43/6
蓋謂知其○貴微而賤獲	18/52/15	堯七十年而○舜	4/16/18	必○其願	14/44/22
○以不害爲左	18/52/16	越王句踐既○反國	5/17/15	必○其名	14/44/23
厥○必窮	18/52/16	○世之和	5/18/3	○人心、任賢士也	16/47/17
唯夫子獨知其○	18/52/29	非○不諫	5/18/26	人○穀即不死	16/47/25
兼○事後	18/53/2	則不○爲先王之老臣	6/21/4	可○爲因其貴賤	16/47/29
厥意以爲周○不敝	18/53/2	不○爲先王臣矣	6/23/2	○其魂魄者生	16/48/28
○獲麟	19/53/18	吳王闔廬始○子胥之時	7/23/20	可○豫知也	16/48/30
雖小○	19/53/26	○無衰極	7/23/21	其善惡可○聞乎	16/48/30
莫如循○順天	19/53/30	不○一言	7/25/9	故萬物○以自昌	16/49/3
君無○	19/54/6	求邑中不○	7/25/15	可○而知乎　16/49/7,16/49/14
故賢其冤於無○之楚	19/54/7	○蠡而悅	7/25/15	使陰陽○成功於外	16/49/9
是固伯○也	19/54/26	外無不○	7/25/20	豈○不復哉	16/49/16
祺○厭駮	19/54/27	○以存	8/26/10	陽氣不○下入地戶	16/50/5
子胥信而得衆○	19/54/27	○及身	8/26/13	幸○勝吳	16/50/14
事君以○言耳	19/55/3	○顯名	8/26/13	可○聞乎	16/50/15
痛殷○也	19/55/9	如此不可○也	9/29/9	我○見於春申君	17/50/27
然子胥無爲能自免於無		使○奉俎豆而修祭祀	9/30/4	徑○見於王矣	17/50/27
○之楚	19/55/11		9/30/9	可○見乎	17/51/3
不害於○	19/55/12	要在○賢	10/33/28	越王句踐（即）〔既〕	
越見其榮於無○之楚	19/55/18	民可○使	10/33/29	○平吳	18/51/28
大○不誅	19/55/20	地可○有	10/33/30	然終難復見○	18/51/31
懷○而終	19/55/27	欲○獻吳	10/35/1	○乎　　18/52/5,19/54/19
萬事○也	19/55/30	神不可○	10/35/1	想○報焉	18/52/20
丘○窮也	19/56/2	以爲死士示○專一也	10/36/26	吾先○榮	18/52/20
見父無○	20.2/56/10	○韓王安	10/37/25	傷民不○其所	19/53/20
		○魏王歇	10/37/25	善其以匹夫○一邦之衆	19/54/8
稻 dào	**4**	○趙王尙	10/37/26	子胥信而○衆道	19/54/27
		○楚王成	10/37/26	子胥以不○已	19/55/18
○田三百頃	3/8/23	○燕王喜	10/37/26	○衣乃成　19/55/24,19/56/2
丁貨之戶曰○粟	5/19/26	○齊王建	10/37/27	猶夫子○麟	19/55/27
持籠○而餐之	12/41/16	寬則○衆	11/39/4	論者不○	19/55/28
是籠○也	12/41/17	罷頓不○已	11/39/6	猶子○麟	19/56/2
		○天之中	11/39/10	吳先主發掘无○	20.3/56/15
得 dé	**95**	知○而不知喪	11/39/17	其○乎哉	20.11/57/15
		○有喪之理	11/39/19		
奢○罪於王	2/2/22	聖○記	12/40/13	**德 dé**	**43**
○報子之厚德	2/3/10	卒○急記	12/40/14		
○伍子胥者	2/3/12	王且不○火食〔也〕	12/41/3	得報子之厚○	2/3/10
今吾不欲○荆平王之千金	2/3/13	此公孫聖所言、王且不		地道施而不○、勞而不	
豈可○託食乎	2/3/17	○火食	12/41/17	矜其功者也	4/14/20
大○吳衆	2/4/1	公孫聖令寡人○邦	12/41/20	功盈○博	4/14/21
邦猶未○安	2/4/5	亦○繫於天皇之位	12/42/2	是所施而不○、勞而不	
無不○〔宜〕	4/14/16	不○已	13/42/16	矜其功者矣	4/14/21
各○其性	4/14/19	○其勝邪、魚腸、湛盧	13/43/1	周公以盛○	4/17/6
三月○反國政	4/15/13	○吳王湛盧之劍	13/43/2	知周公乃有盛○	4/17/9
未嘗可○	4/15/27	不○　13/43/3,13/43/20		此周公之盛○也	4/17/11

夫諛者反有○	5/18/22
去刑就○	5/18/22
日月、星辰、刑○	5/19/6
順之有○	5/19/6
從其○而避其衡	5/19/7
歲○在陰	5/19/10
其○衰而民好負善	6/20/6
與之不爲○	6/20/14
其○章而未麋	6/20/21
何○不報	7/24/6
二賢比○	7/24/28
各象其○	7/25/10
負○忘恩	8/26/13
仁人不困厄以廣其○	9/28/2
爵有○	10/31/15
覆釜者、州土也、塡○	
也	10/31/19
尊有○	11/39/3
大王聖〔○〕	12/40/1
大王有聖○	13/43/28
上與天合○	15/45/8
王○不究也	16/48/20
爲足舉之○	16/49/22
不○人之稱己	16/49/22
王○范子之所言	16/50/12
鄰邦樂○	18/51/29
觀乎《○敘》	18/53/8
哀彼離○信不用	18/53/10
多者信○	19/53/15
句踐何○也	19/54/25
伯○	19/54/25
四夷樂○	19/54/28
危民易爲○	19/54/30
○配顏淵	19/55/26
齊○日月	19/55/29
○高明也	19/55/30
○比顏淵	19/56/1

登 dēng　　7

禾稼○熟	12/39/24
如○高山、臨深淵	13/43/16
○城而麋之	13/43/21
五穀不（登）〔○〕	16/48/4
如宿穀之（登）〔○〕	16/48/6
○堂不闚	20.11/57/12
○堂無聲	20.11/57/17

豋 dēng　　2

五穀不（○）〔登〕	16/48/4
如宿穀之（○）〔登〕	16/48/6

等 děng　　8

是故不○	5/19/16
貧富故不○	5/19/17
嚴○也	7/24/24
土階三○	10/31/17
汝家何○遠道客者	17/50/29
汝家何○遠道客	17/51/1
王身將即疑船旌麾兵戟	
與王船○者七艘	20.22/59/1
將軍疑船兵戟與將軍船	
○三船	20.22/59/2

鄧 dèng　　1

○大冢是也	3/6/14

低 dī　　4

其〔氣〕在右而○者	15/46/1
其氣在前而○者	15/46/2
其氣在後而○者	15/46/2
其氣在左而○者	15/46/3

狄 dí　　6

夷○文身	1/1/17
夷○之也	4/13/26
夷○也	4/14/12
南夷與北○交爭	4/15/8
澤及夷○	4/17/8
及乎夷○	19/54/22

翟 dí　　1

奔於○	4/15/12

敵 dí　　14

以○攻○	5/17/19
仇讎○戰之邦	6/20/12
是君上無彊臣之○	9/27/9

而霸者不彊○	9/27/14
不可以勝○	9/30/18
與不○同	11/39/13
此其小試於○邦	13/43/5
○少	15/45/18
○多	15/45/18
右子胥相氣取○大數	15/46/5
能知■人之使○邦賢不肖	18/53/6
能知卻○之路	18/53/7
有○	20.22/59/2

糴 dí　　10

○有時領	5/18/13
巫發○	5/19/12
○石二十則傷農	5/19/20
故○高不過八十	5/19/20
以請○於吳	6/20/9
非有忠素請○也	6/20/15
三曰貴○粟棗	14/44/5
○平	16/50/7
觀乎《請○》	18/53/6
故次《請○》也	19/53/30

抵 dǐ　　4

○罪於縣	9/30/3,9/30/8
與天相○	15/45/11
逕○天	15/45/13

地 dì　　71

上歷○	3/5/19
吳侵以爲戰○	3/5/26
（○）〔蚍〕門外塘波	
洋中世子塘者	3/6/29
故古淹君○也	3/10/7
前殿屋蓋○東西十七丈	
五尺	3/11/22
殿屋蓋○東西十五丈	3/11/23
越○	3/12/22
匠門外信士里東廣平○者	3/13/6
○貴定傾	4/14/16
言○之長生	4/14/16
故曰○貴定傾	4/14/17
○道施而不德、勞而不	
矜其功者也	4/14/20

言〇生長五穀	4/14/21	初見入於〇者	16/50/6	堯遭〇譽之後亂	4/16/18
言天〇之施大而不有功		是謂〇戶閉	16/50/6	臣聞炎〇有天下	5/18/6
者也	4/14/22	此〇變見瑞也	16/50/7	以傳黃	5/18/6
〇兆未發	4/15/2	〇應而見瑞	16/50/8	黃〇於是上事天	5/18/7
故〇兆未發	4/15/3	下知〇	16/50/8	五伯乃五〇之末世也	8/25/27
吳之戰〇	4/15/6	此之謂天平〇平	16/50/8	黃〇之元	8/25/27
審於〇形	4/16/19	故天〇之符應邦以藏聖		謂之〇王求備者亡	8/26/6
上順天〇	4/17/7	人之心矣	16/50/12	黃〇造衣裳	10/31/13
伏〇而死	5/17/25	此謂天〇之圖也	16/50/22	丘能述五〇三王之道	10/32/1
下治〇	5/18/7	若卑辭以〇讓之	18/51/27	莊襄王更號太上皇〇	10/37/20
是以易〇而輔	5/18/9	從吾先王於〇下	18/52/22	秦始皇〇立三十七年	10/37/21
故聖人早知天〇之反	5/18/15	此時天〇暴清	19/53/19	漢高〇滅之	10/37/22
必順天〇四時	5/19/7	天〇所不容載	19/54/4	政更號爲秦始皇〇	10/37/27
欲變天〇之常	5/19/8	配之天〇	19/55/29	天〇裝炭	13/42/27
接〇鄰境	6/20/12	石填〇	20.1/56/8	至黃〇之時	13/43/25
見於〇戶	8/25/27			秦始皇〇使王翦滅之	17/51/22
〇戶之位非吳則越	8/26/1	**弟 dì**	**16**		
肝腦塗〇	9/29/9			**第 dì**	**2**
問天〇之道	10/31/12	越王〇夷鳥將軍殺濤	3/13/3		
〇可得有	10/33/30	〇敖	4/15/27	何不〇一	1/1/20
吳（彊）〔疆〕越〇以		兄〇不調	5/18/27	故不使越〇一者	1/1/23
爲戰〇	10/37/7	乃召門人〇子而謂之曰	9/26/20		
伏〇而泣	12/40/13	〇之敬兄	9/29/5	**諦 dì**	**1**
伏〇而泣者	12/40/16,12/41/1	從〇子七十人奉先王雅			
伏〇而書	12/40/17	琴治禮往奏	10/31/25	其明也〇	16/48/6
公孫聖伏〇	12/40/23	〇子莫能從乎	10/32/3		
據〇飲水	12/41/16	臣知有東掖門亭長越公		**殿 diàn**	**6**
鑿〇	13/43/26	〇子王孫聖	12/40/8		
一曰尊天〇	14/44/4	〔越〕公〇子公孫聖也	12/40/20	上〇與語	2/3/26
下與〇合明	15/45/8	兄〇異居	12/42/2	後（壁）〔〇〕屋以爲	
今遼東、隴西、北〇、		園女〇女環謂園曰	17/50/26	桃夏宮	3/11/20
上郡、鴈門、北郡、		園有女〇	17/50/29,17/51/2	前〇屋蓋地東西十七丈	
清河	15/47/6	汝女〇何能	17/50/30	五尺	3/11/22
道者、天〇先生	16/47/12	告女〔〇〕環曰	17/51/4	〇屋蓋地東西十五丈	3/11/23
陽生天〇	16/47/13	〇子欣然	19/53/19	太守府大〇者	3/12/27
天〇立	16/47/13			竊爲小〇	14/44/12
今諸侯之〇	16/47/23	**帝 dì**	**25**		
湯有七十里〇	16/48/14			**弔 diào**	**2**
天〇之間	16/48/29	秦始皇〇十一年	3/5/6		
〇不內藏	16/49/11	秦始皇〇刻石徙之	3/9/13	〇君	9/28/9
今王利〇貪財	16/49/25	秦始皇〇三十七年	3/12/25	今大夫〇孤	9/28/10
〇狹民少	16/50/2	漢高〇封有功	3/12/30		
以成〇理	16/50/3	高皇〇更封兄子濞爲吳王	3/13/1	**丁 dīng**	**2**
凡欲先知天門開及〇戶閉	16/50/3	孝元〇時	3/13/7		
減天寸六分以成〇	16/50/4	漢文〇前九年	3/13/11	〇將軍築治之	3/13/1
是謂天門開、〇戶閉	16/50/4	漢孝景〇五年五月	3/13/14	〇貨之戶曰稻粟	5/19/26
陽氣不得下入〇戶	16/50/5	漢孝武〇元封元年	3/13/14		

鼎 dǐng　1

伊尹負○入殷	8/26/5

定 dìng　20

見夫子刪《書》作《春秋》、○王制	1/2/1
刪○五經	1/2/7
故刪○復重	1/2/18
名曰○錯城	3/12/30
地貴○傾	4/14/16
○傾者	4/14/16
故曰地貴○傾	4/14/17
此所謂晉公子重耳反國○天下	4/15/13
願王○之	7/24/2
正天下、○諸侯則使聖人	9/28/19
慮不先○	9/30/18
其謀未○	15/45/14,15/46/1
將謀未○	15/45/16,15/45/19
	15/45/25
巴郡、漢中、隴西、〔○襄、太原〕、安邑	15/46/30
即位安而萬物○矣	16/48/11
無○足而立	16/49/21
文屬辭○	19/55/25

冬 dōng　9

秋○治城中	3/4/24
秋收○藏	4/14/20
胥聞越王句踐○披毛裘	14/44/23
○泄	16/48/17
○受而藏之	16/48/20
○溫而泄者	16/48/21
○三月之時	16/49/8
方○三月之時	16/49/11
故曰秋○貴陽氣施於陰	16/49/16

東 dōng　82

○垂海濱	1/1/16
○南有霸兆	1/1/30
相要○游	1/1/30
○到春申君府	3/4/22
○面十一里七十九步一尺	3/4/30
○宮周一里二百七十步	3/5/6
小城○西從武里	3/5/11
居○城者	3/5/24
閶門外高頸山○桓石人	3/6/3
吳北野禺櫟○所舍大疁者	3/7/23
吳○徐亭○西南北通溪者	3/8/17
在邑○南	3/8/23
婁○十里坑者	3/9/5
其○冢	3/9/11
黟語昭瀆以○到大田	3/9/30
○南大冢	3/10/7
吳（古）〔王〕故祠江漢於棠浦○	3/11/13
前殿屋蓋地○西十七丈五尺	3/11/22
殿屋蓋地○西十五丈	3/11/23
庫○鄉屋南北四十丈八尺	3/11/24
南鄉屋○西六十四丈四尺	3/11/24
○倉周一里八步	3/11/28
太守李君治○倉為屬縣屋	3/11/28
（○）〔更〕名大越為山陰也	3/12/15
壽春○兒陵亢者	3/12/20
○西十五丈七尺	3/12/28
○渡之吳	3/13/2
從○歐	3/13/3
○歐王為彭澤王	3/13/3
匠門外信士里○廣平地者	3/13/6
孝文在○	3/13/6
桑里○、今舍西者	3/13/9
○則薄海	5/17/16
太皥治○方	5/18/8
○絕大海	7/24/1
俱見霸兆出於○南	7/25/17
臣請○見越王	9/28/5
子貢○見越王	9/28/8
○海役臣孤句踐使使臣種	9/30/7
○鄉而霸	9/31/7
引屬○海	10/31/23
霸關○	10/31/24
以望○海	10/31/24
○南司馬門	10/32/20
今○武里	10/32/21
自謂○垂僻陋	10/33/1
○郭外南小城者	10/33/9
埋之○坂	10/36/8
江○中巫葬者	10/36/11
○西千步	10/36/24
出○郭	10/37/4,10/37/4
○西百里	10/37/12
○為右	10/37/13
○遊之會稽	10/37/27
奏○安	10/37/27
○安	10/37/28
○奏槿頭	10/37/28
刻（丈六）〔文立〕於越（○）〔棟〕山上	10/37/30
以備○海外越	10/38/1
臣知有○披門亭長越公弟子王孫聖	12/40/8
受教告○披門亭長公孫聖	12/40/10
○風〔數〕至	12/41/10
雖○僻	12/42/2
○注於○海	13/43/27
○海役臣孤句踐	14/44/11
○向敗亡	15/46/6
無○	15/46/6
○向吉	15/46/6
今上漁陽、右北平、遼○、莫郡	15/46/14
今濟北、平原、北海郡、菑川、遼○、城陽	15/46/20
魯故治太山、○溫、周固水	15/46/24
今魏○	15/46/24
今濟陰、山陽、濟北、○郡	15/46/26
○井也	15/46/30
今遼○、隴西、北地、上郡、鴈門、北郡、清河	15/47/6
使備○邊	17/51/21
禹來○征	19/55/24
○甌	20.9/56/29
○海上人也	20.11/57/5

動 dòng　23

蠖飛蠕○	4/14/19
因憒視○者	4/14/23
不先○眾	4/15/2,4/15/3
○作若驚駭	5/17/17

恐○而無功	5/17/21	**鬪** dòu	2	鼇語昭○以東到大田	3/9/30
饑饉不可以○	5/17/24			越人謂之銅姑○	10/34/27
應變而○	5/18/2	臣聞以彗○	7/24/18	載從炭○至練塘	10/35/9
聖人○而應之	5/19/11	其民習於○戰	12/39/24	宮○者	10/35/16
○作不同術	5/19/17			隨直○陽春亭	10/37/4
君王○大事	6/21/13	**都** dū	12	伍員取利浦黃○土築此	
以○寡人	6/21/18			城	20.6/56/23
○作者有死亡	6/22/23	夷鳥將軍今爲平○王	3/13/3		
○搖將率	10/33/21	○尉治山陰	3/13/11	**櫝** dú	1
賢者始於難○	11/38/25	○尉治錢唐	3/13/12		
義合乃○	15/45/8	陽○侯歸義	3/13/14	（近）〔匠〕門外欐溪	
視其○靜	16/48/31	○秦餘望南	10/31/23	○中連鄉大丘者	3/7/9
故當安靜而不○	16/49/3	〔○〕也	10/32/6		
夫陽○於上	16/50/2	○瑯琊二百二十四歲	10/32/8	**讀** dú	3
陰○於下	16/50/3	留舍○亭	10/37/29		
故氣轉○而上下、陰陽		有市之鄉（二）〔三〕、駿馬		發而○之	12/40/13
俱絕	16/50/5	千疋、千戶之○二	13/42/25	○書通一經	17/50/31,17/51/3
權衡相○	19/53/18		13/43/6		
○作不當	19/54/3	○牛、須女也	15/46/18	**堵** dǔ	1
		無餘○	20.13/57/24		
棟 dòng	2			單者、○也	4/16/16
		獨 dú	18		
刻（丈六）〔文立〕於				**睹** dǔ	1
越（東）〔○〕山上	10/37/30	何以知○在人乎	1/1/27		
○猶鎮也	20.17/58/5	不當○在吳越	1/2/5	○麟（乘）〔垂〕涕	19/53/20
		○受天之殃	5/17/25		
兜 dōu	1	今大夫言○與孤比	5/19/19	**覿** dǔ	6
		種○不榮	7/24/28		
甲○鍪各三十二	20.20/58/20	操○斷之利	7/25/9	君王常親○其言也	6/21/17
		然○有聖賢之明	7/25/14	後○萬世	7/23/21
斗 dǒu	5	○以鳥田	10/31/14	未○所在	7/25/15
		○專其權	10/33/21	○諸〔侯〕所多少爲備	16/47/29
妻操○	6/22/20	子胥○見可奪之證	10/33/22	○始知終	18/53/1
歷南○	7/23/28	○山大冢者	10/34/14	覽○厥意	19/55/27
平○斛	10/31/16	○婦山者	10/36/26		
牽牛南○	11/39/9	徙寡婦致○山上	10/36/26	**篤** dǔ	1
南○也	15/46/16	示不○食	11/39/3		
		故聖人○知氣變之情	15/45/9	范蠡苦勤功○	10/35/19
豆 dòu	4	一人固不能○立	18/52/19		
		唯夫子○知其道	18/52/29	**杜** dù	1
丙貨之戶曰赤○	5/19/26	而子○求賞	20.19/58/12		
己貨之戶曰大○	5/19/27			越神巫無○子孫也	10/36/11
使得奉俎○而修祭祀	9/30/4	**瀆** dú	9		
	9/30/9			**度** dù	13
		入○	3/5/19		
		百尺○	3/5/28	○灌邑	3/5/16
		今分爲耦○	3/7/25	○陽下溪	3/5/17

佚之行矣	5/18/21	之際	7/23/25

負德忘〇　8/26/13
受闔廬厚〇　19/54/15
受〇深也　19/55/4
受〇死　19/55/5

其邑人以爲狂夫〇賢士　7/25/15
一名〇山　10/34/16
越謂齊人〇　10/34/16
故曰麻林〇　10/34/16
將弱兵〇　15/45/15
將少卒〇　15/45/15
敵〇　15/45/18
穀〇卒少　15/45/19
兵〇卒彊　15/45/20
卒〇彊　15/45/22
穀足而有〇爲　15/45/22
兵〇穀亡　15/45/23
卒少兵〇　15/45/24
卒〇穀少　15/45/24
〇貯穀　16/47/19
或〇或少　16/47/23
覩諸〔侯〕所〇少爲備　16/47/29
穀〇　16/50/1
〇者信德　19/53/15
伯夷不〇　19/54/26
讒言孔〇　20.2/56/12
爲鉤者罙〇　20.19/58/12

仁人不困〇以廣其德　9/28/2
不〇窮僻　11/39/2

惡 è　26

絕〇反之於善　1/1/10
吳王〇其名　3/8/10
善〇之敘　4/14/24
紂以〇刑爭　4/16/27
美〇相入　6/21/9
或甚〇以昌　6/21/9
然中情至〇　6/22/10
其士民有〇聞甲兵之心　9/26/26
勢在其上位而行〇令其
　下者　9/28/20
毋〇卑辭以尊其禮　9/29/1
則歲〇　16/48/4
願聞歲之美〇　16/48/23
即爲〇歲　16/48/23
其善〇可得聞乎　16/48/30
即知歲之善〇矣　16/49/5
不〇人之謗己　16/49/22
陽入深者則歲〇　16/50/18
愛其所〇　18/51/27
〇聞酒肉之味　18/52/10
〇聞忠臣之氣　18/52/10
〇之甚深　19/54/4
〇其妻楚王母也　19/54/12
一善一〇　19/54/27
誅首〇　19/55/20
譏〇爲誠　19/55/22
闔閭〇王子慶忌　20.11/57/3

而 ér　444

見夫子作《春秋》〇略吳越　1/1/5
覽史記〇述其事也　1/1/7
〇言絕乎　1/1/9
躬〇自苦　1/1/17
故與越專其功〇有之也　1/1/18
然越專其功〇有之　1/1/20
〇卒本吳太伯爲　1/1/20
小越〇大吳　1/1/20
吳亡〇越興　1/1/26
子貢再拜〇問　1/1/28
入越〇止　1/1/31
泰〇不作　1/2/9
後人述〇說之　1/2/13
王召奢〇問之　2/2/23
對〇畏死　2/2/23
君王必早閉〇晏開　2/2/25
死〇不報父之讎　2/2/29
赦〇蓄之　2/3/2
殺子奢〔〇〕并殺子尚　2/3/2
〔即〕歌〇往過之　2/3/7
入船〇伏　2/3/9
〇仰謂漁者曰　2/3/9
兩〇不仁　2/3/11
清其壺漿〇食〔之〕　2/3/14
亟食〇去　2/3/14
子胥食已〇去　2/3/15,2/3/18
挾匕首自刎〇死江水之中　2/3/16
清其壺漿〇食之　2/3/18
自縱於瀨水之中〇死　2/3/19
〇道於闔廬曰　2/3/21
吾聞荊平王殺其臣伍子
　奢〇非其罪　2/3/22
吳王下階迎〇唁數之　2/3/24
子胥跪〇垂泣曰　2/3/24
胥父無罪〇平王殺之　2/3/25
〇（拜）〔并〕其子尚　2/3/25
即使子胥救蔡〇伐荊　2/4/2
操鞭捶笞平王之墓〇數之曰　2/4/3
昔者吾先人無罪〇子殺之　2/4/3
莫若求之〇與之同邦乎　2/4/5

奪 duó　3

子胥獨見可〇之證　10/33/22
不可〇也　16/49/25
〇人自與　19/54/26

墮 duò　4

騎士〇死　7/24/13,10/36/29
（〇）〔驄〕魯以尊臣　9/27/5
好騎者〇　12/40/23

阿 ē　6

曲〇　3/10/3
二曰泰〇　13/43/13,13/43/15
何謂龍淵、泰〇、工布　13/43/15
欲知泰〇　13/43/16
引泰〇之劍　13/43/21

厄 è　3

當霸吳（危）〔〇〕會

遏 è　1

越所以〇吳軍也　10/36/16

餓 è　2

磻溪之〇人也　11/38/21
饑〇　12/41/15

恩 ēn　5

未嘗見人君虧〇爲臣報
　仇也　7/24/25

○非其罪也	2/4/6	○不斷時與智也	5/18/5	狐體卑○雊懼之	6/20/20
後二（三）〔世〕○至		可觀○已	5/18/6	○況於人乎	6/20/20
夫差	3/4/15	是以易地○輔	5/18/9	○寡人與之	6/20/21
（築）〔葬〕〔之〕三		則決萬物不過三歲○發矣	5/18/13	其德章○未廢	6/20/21
日○白虎居〔其〕上	3/6/9	其次○反	5/18/14	○志氣見人	6/21/1
闔廬於是使子胥興師救		比七年旱○民不饑	5/18/16	吾君不知省也○已	6/21/2
蔡○伐楚	4/14/8	比九年水○民不流	5/18/16	○不顧後患乎	6/21/12
昔者吾先君無罪○子殺之	4/14/9	○來諸侯	5/18/19	○況於士乎	6/21/20
○救中邦	4/14/12	傳其驗○已	5/18/20	竭○顧難	6/21/20
天道盈○不溢、盛○不		則邦富兵彊○不衰矣	5/18/20	下○令上	6/21/21
驕者	4/14/19	務在諛主○已矣	5/18/23	○聽一日之說	6/21/24
故曰天道盈○不溢、盛		徹成其事○已	5/18/24	○王用之	6/21/24
○不驕者也	4/14/20	則家富○不衰矣	5/18/24	○信讒諛容身之徒	6/21/24
地道施○不德、勞○不		愈信其意○行其言	5/18/25	又不圖邦權○惑吾君王	6/22/2
矜其功者也	4/14/20	諫○不聽	5/18/26	○聽眾虱之言	6/22/2
是所施○不德、勞○不		務在於諛之○已	5/18/26	○君王覺○遇矣	6/22/4
矜其功者矣	4/14/21	必貧○日衰	5/18/27	臣言○君行之	6/22/8
言天地之施大○不有功		是故聖人能明其刑○處		臣言○死矣	6/22/9
者也	4/14/22	其鄉	5/19/7	內其身○心野狼	6/22/10
敗○去也	4/15/6	從其德○避其衡	5/19/7	王無聽○伐齊	6/22/13
不稱薨○稱卒者	4/15/7	故貧○命不長	5/19/9	吳王召太宰嚭○謀	6/22/16
齊公子小白、亦反齊國		是聖人并苞○陰行之	5/19/9	吳王復召申胥○謀	6/22/17
○匡天下者	4/15/16	聖人動○應之	5/19/11	自量○食	6/22/20
退丹朱○以天下傳舜	4/15/23	常以太陰在陰○發	5/19/11	越王句踐食不殺○饜	6/22/20
呼○使之	4/15/28	天有時○散	5/19/13	○善貴有道	6/22/22
舜用其仇○王天下者	4/15/28	收聚○不散	5/19/14	越王句踐衣弊○不衣新	6/22/22
桓公召其賊○霸諸侯者	4/16/1	官市開○至	5/19/21	參桀紂○顯吳邦之亡也	6/22/26
薦益○封之百里	4/16/5	計倪乃傳其教○圖之	5/19/22	王召駱○問之	6/22/27
○欲伐吳	4/16/13	七年○禽吳也	5/19/25	子何非寡人○且不朝	
堯七十年○得舜	4/16/18	昔者吳夫差不顧義○媿		〔乎〕	6/22/27
○王道興躍	4/16/23	吾王	6/20/4	胥之（下位）〔位下〕	
於是管叔、蔡叔不知周		種觀夫吳甚富○財有餘	6/20/5	○殺之	6/22/29
公○譖之成王	4/17/8	其德衰○民好負善	6/20/6	即慮日益進○智益生矣	6/23/1
流涕○行	4/17/10	且夫吳王又喜安佚○不		○欲許之	6/23/10
乃召計倪○問焉	5/17/15	聽諫	6/20/6	遯○去	6/23/12
沈○復起	5/17/17	細誣○寡智	6/20/6	吳王乃旬日○自殺也	6/23/16
波〔濤〕援○起	5/17/18	信讒諛○遠士	6/20/6	對○不明	7/23/22
謀不成○息	5/17/19	數傷人○亟亡之	6/20/7	坐○待死	7/23/26
恐動○無功	5/17/21	少明○不信人	6/20/7	如法○止	7/23/28
神氣去○萬里	5/17/24	希須臾之名○不顧後患	6/20/7	久○不去	7/24/4
伏弩○乳	5/17/24	且夫君王兼利○弗取	6/20/13	引兵○還	7/24/6,11/39/13
郖頭○皇皇	5/17/24	財去○凶來	6/20/13	子胥諫○誅	7/24/10
伏地○死	5/17/25	凶來○民怨其上	6/20/13	彗星出○興周	7/24/17
與人同時○戰	5/17/25	是養寇○貧邦家也	6/20/14	去○有名	7/24/27
恐一旦○亡	5/17/26	勇○善謀	6/20/14	○王拒之諫	7/25/1
應變○動	5/18/2	我君王不知省也○救之	6/20/16	策○問之	7/25/1
故退○不言	5/18/4	○諛諫者反親	6/20/19	係○囚之	7/25/2

待二子〇死	7/25/2	事未發〇〔先〕聞者	9/28/14	乃脅諸臣〇與之盟	11/38/7
尙孝〇入	7/25/2	今大夫不辱〇身見之	9/28/16	群臣默然〇無對	11/38/8
子胥勇〇難欺	7/25/2	兵彊〇不幷弱	9/28/20	何大夫易見〇難使也	11/38/8
悉召楚仇〇近之	7/25/6	勢在其上位〇行惡令其		舉首〇起	11/38/9
〇忠臣簫口	7/25/9	下者	9/28/20	非大夫易見〔〇〕難使	11/38/9
譆知往〇不知來	7/25/9	臣竊自練可以成功〔〇〕		進計倪〇問焉	11/38/12
得蠡〇悅	7/25/15	至王者	9/28/20	太公九〔十〕不伐	11/38/20
有頃〇出	7/25/16	彼戰〇不勝	9/29/1	今置臣〇尊	11/38/23
終日〇語	7/25/16	彼戰〇勝	9/29/1	使賢〇不用	11/38/23
相要〇往臣	7/25/17	〇孤之事吳王	9/29/5	倚〇相欺	11/38/23
於是范蠡退〇不言	8/26/4	與吳王整襟交臂〇奮	9/29/8	施之職〇〔成〕其功	11/38/27
晉用之〇勝楚	8/26/5	〔〇〕不能也	9/29/10	遂有大功〇霸諸侯	11/39/4
以學乃時〇行	8/26/10	是存亡邦〇興死人也	9/29/12	軍敗〇還	11/39/5
石買知往〇不知來	8/26/10	貪功名〇不知利害	9/29/13	欲伐〇死	11/39/7
無罪〇誅	8/26/15	智〇愚	9/29/15	夫差不信伍子胥〇任太	
故徙其兵〇伐魯	9/26/19	彊〇弱	9/29/15	宰譆	11/39/14
乃召門人弟子〇謂之曰	9/26/20	知前〇不知後	9/29/16	知進〇不知退	11/39/17
〇伐之	9/26/24	子貢去〇行	9/30/1	知存〇不知亡	11/39/17
〔其〕池狹〇淺	9/26/25	使得奉俎豆〇修祭祀	9/30/4	知得〇不知喪	11/39/17
其君愚〇不仁	9/26/25		9/30/9	〔知〕進退存亡〔〇〕	
其大臣僞〇無用	9/26/25	（因）〔因〕暴齊〇撫		不失其正者	11/39/18
〇以教恆	9/27/3	周室	9/30/10	由此〇言	11/39/18
臣聞君三封〇三不成者	9/27/4	乃召子貢〇告之曰	9/30/13	〇禍亂不作也	11/39/20
〇君之功不與焉	9/27/5	〇辭其君	9/30/15	覺寤〇起	12/39/25
〇求〔以〕成大事	9/27/6	〔彼戰〇不勝〕	9/30/19	即召太宰〇占之	12/39/26
〇行其令	9/27/8	〔與齊戰〕勝	9/30/19	見兩鬵炊〇不蒸	12/39/26
若去〇之吳	9/27/11	（彼戰〇不勝）	9/31/2		12/40/21
使之救魯〇伐齊	9/27/12	子貢去〇之魯	9/31/4	見兩鬵炊〇不蒸者	12/40/1
〇霸者不彊敵	9/27/14	〇與齊（大）〔人〕戰			12/41/3
加銖〔兩〕〇移	9/27/14	於艾陵	9/31/4	〇賜太宰譆雜繒四十疋	12/40/4
〇與吳爭彊	9/27/15	去邦七里〇軍陣	9/31/6	召王孫駱〇告之	12/40/7
勇在害彊齊〇威申晉邦者	9/27/16	殺夫差〇僇其相	9/31/7	爲人幼〇好學	12/40/8
子待吾伐越〇還	9/27/18	東鄉〇霸	9/31/7	長〇憙遊	12/40/8
〇吳之彊不過齊	9/27/19	禹美〇告至焉	10/31/20	覺寤〇心中惆悵也	12/40/10
君以伐越〇還	9/27/19	千有餘歲〇至句踐	10/31/23	發〇讀之	12/40/13
且夫伐小越〇畏彊齊者		夫越性〔脆〕〇愚	10/32/1	伏地〇泣	12/40/13
不勇	9/28/1	水行〇山處	10/32/2	其妻大君從旁接〇起之	12/40/13
見小利〇忘大害者不智	9/28/1	〇滅吳	10/32/13	伏地〇泣者	12/40/16, 12/41/1
必率九夷〇朝	9/28/4	貪〇好利	10/33/20	但吳王誤心〇言	12/40/16
〇名從諸侯以伐也	9/28/5	王〇用之	10/33/20	伏地〇書	12/40/17
〇問曰	9/28/8	士衆魚爛〇買不知	10/33/22	即〔與妻〕把臂〇決	12/40/17
居然〇辱	9/28/9	吳退〇圍之	10/33/26	有頃〇起	12/40/23
告以救魯〇伐齊	9/28/11	吳引兵〇去	10/33/28	肉袒〇謝	12/41/7
子待我伐越〇聽子	9/28/13	此越未戰〇服	10/33/30	持籃稻〇餐之	12/41/16
且夫無報人之心〇使人		百年〇至	10/36/1	大王亟湌〇去	12/41/18
疑之者	9/28/13	句踐於中江〇葬之	10/36/11	〇王恆使其芻（莖）	
有報人之心〇使人知之者	9/28/14	〇滅周報王	10/37/20	〔莝〕秩馬	12/42/2

聽○用之	12/42/4	將勇○彊	15/45/24	○天下共富之	16/49/24
右手操枹○鼓之	12/42/8	其〔氣〕在右○低者	15/46/1	○天下共尊之	16/49/24
遂伏劍○死	12/42/11	其氣在前○低者	15/46/2	下士人○求成邦者	16/49/30
王召○問之	13/42/15	其氣在後○低者	15/46/2	王○備此二者	16/50/1
金錫和銅○不離	13/42/19	其氣在左○低者	15/46/3	故氣轉動○上下、陰陽	
宮人有四駕白鹿○過者	13/42/20	然後有寒暑、燥濕、日		俱絕	16/50/5
吾引劍○指之	13/42/20	月、星辰、四時○萬		大貴必應其歲○起	16/50/5
下階○深惟	13/42/22	物備	16/47/13	故天倡○見符	16/50/7
簡衣○坐望之	13/42/22	○天下治	16/47/15	地應○見瑞	16/50/8
破○出錫	13/42/26	○外■諸侯	16/47/16	然○范子豫見之策	16/50/12
涸○出銅	13/42/26	萬民皆歌○歸之	16/47/21	越王憮然○恐	16/50/13
楚王臥○寤	13/43/2	欲執其中和○行之	16/47/23	○王制於四海	16/50/16
將首魁漂○存焉	13/43/2	天生萬物○教之○生	16/47/25	王○毋泄此事	16/50/16
秦王聞○求〔之〕	13/43/2	水據金○死	16/47/31	雖有凶年○民不窮	16/50/20
引劍○刺之	13/43/4	金據木○死	16/48/1	〔女環鼓琴○歌〕	17/51/8
若耶〔之〕溪深○不測	13/43/5	何執○昌	16/48/9	君召○戒之	17/51/10
楚王召風胡子○問之曰	13/43/9	何行○亡	16/48/9	○何爲佐乎	17/51/14
此二人甲世○生	13/43/9	執中和○原其終始	16/48/10	〔念之〕五日○道之	17/51/17
至脊○止	13/43/17	即位安○萬物定矣	16/48/11	吳越之事煩○文不喻	18/52/8
如珠〔○〕不可衽	13/43/17	瓦解○倍畔者	16/48/13	蓋謂知其道貴微○賤獲	18/52/15
文若流水〔○〕不絕	13/43/17	此謂知奢侈○亡也	16/48/14	王不親輔弼之臣○親衆	
晉鄭王聞○求之	13/43/20	終○復始	16/48/18	豕之言	18/52/23
登城○麾之	13/43/21	秋成○殺之	16/48/20	〔○〕漢興也	19/53/17
死○龍臧	13/43/25,13/43/26	冬受○藏之	16/48/20	故聖人沒○微言絕	19/53/21
八曰邦家富○備〔利〕器	14/44/7	春肅○不生者	16/48/20	無罪○死於吳	19/54/11
〔○〕況於吳乎	14/44/8	夏寒○不長者	16/48/21	不忍去○自存	19/54/15
類龍蛇○行者	14/44/10	秋順○復榮者	16/48/21	故先吳敗○殺也	19/54/16
遂受之○起姑胥〔之〕		冬溫○泄者	16/48/21	○況面在乎	19/54/16
臺	14/44/15	極○復反	16/48/24	○況乎子胥	19/54/21
〔昔〕桀易湯○滅	14/44/21	見所○功自存	16/49/2	子胥信○得衆道	19/54/27
紂易周文〔王〕○亡	14/44/21	故當安靜○不動	16/49/3	隨○可之	19/54/30
以申胥爲不忠○殺之	14/45/2	方盛夏○行	16/49/3	子胥勇○智	19/55/1
禽夫差○戮太宰嚭與其		主貴○雲行	16/49/3	正○信	19/55/1
妻子	14/45/4	不行即神氣〔槁〕○不		范蠡智○明	19/55/1
其本廣末銳○來者	15/45/14	成物矣	16/49/4	色斯○舉	19/55/12
	15/45/19	不同力○功成	16/49/7	傷中○死	19/55/14
其氣本廣末銳○來者	15/45/16	不同氣○物生	16/49/7	懷道○終	19/55/27
	15/45/23,15/45/25	可得○知乎	16/49/7,16/49/14	結怨○死	20.2/56/11
將軍勇○兵少	15/45/17	然○萬物親○信之	16/49/10	其女化形○歌曰	20.2/56/11
將智○明	15/45/20,15/45/28	故當寒○不寒者	16/49/15	訢乃手拔劍○捽要離	20.11/57/13
縠足○不可降	15/45/20	當溫○不溫者	16/49/15	○欲滅我	20.11/57/18
將智○勇	15/45/21,15/45/27	陰極○復貴	16/49/16	○平吳	20.18/58/9
縠足○有多焉	15/45/22	陽極○不復〔賤〕	16/49/17	○子獨求賞	20.19/58/12
將賢智○明	15/45/22	無定足○立	16/49/21	於是鉤師向鉤○哭	20.19/58/13
卒威勇○彊	15/45/22	○天下從風	16/49/22	同泛五湖○去	20.24/59/7
將勇○卒彊	15/45/23	○求天下之利	16/49/23		
將仁○明	15/45/24	務利之○已矣	16/49/23		

長○百五十步 10/34/27	發 fā 31	闔廬○齊 3/7/20
去縣○十里○十○步 10/34/30	威○於外 1/1/11,18/52/3	以○上舍君 3/9/3
去縣○十九里 10/35/4	乃○其簞飯 2/3/13	天下誰能○楚乎 4/14/4
使樓船卒○千八百人伐	即○簞飯 2/3/17	使囊瓦興師○蔡 4/14/5,4/14/7
松柏以爲桴 10/35/12	秦始皇○會稽 3/12/22	天下誰能○楚者乎 4/14/6
樓船卒○千人 10/35/30	地兆未○ 4/15/2	闔廬於是使子胥興師救
○百石長員卒七士人 10/36/18	故地兆未○ 4/15/3	蔡而○楚 4/14/8
元王立○十年 10/37/19	○太倉之粟 4/17/3	越王句踐欲○吳王闔廬 4/14/15
平王立○十三年 10/37/19	乃○金縢之櫃 4/17/9	不可○也 4/15/3
惠文王立○十七年 10/37/19	○不能當 5/17/24	言越之○吳 4/15/6
胡亥立○年 10/37/21	則決萬物不過三歲而○矣 5/18/13	而欲○吳 4/16/13
去縣○十一里 10/37/30	數○無道 5/19/8	故○夏放桀 4/16/22
○者貴買浸之漸也 11/38/14	制其收○ 5/19/11	欲從武王與之○紂 4/17/1
○乎仲 11/38/21	常以太陰在陰而○ 5/19/11	未敢○也 4/17/2
計此○人 11/38/22	亞○糴 5/19/12	興師○紂 4/17/3
○國爭彊 11/39/10	不○則無傷 6/22/23	吾欲○吳 5/17/15,11/38/8
此非大過者○乎 12/42/1	吾是於斧掩壺漿之子、	14/44/3
有市之鄉（○）〔三〕、駿馬	○簞（飲）〔飯〕於	君王胡不覽觀夫武王之
千疋、千戶之都○ 13/42/25	船中者 7/24/5	○紂也 6/21/4
13/43/6	大風○狂 7/24/13	君王興兵○齊 6/22/13
造爲大刑三、小刑○ 13/42/28	事未○而〔先〕聞者 9/28/14	王無聽而○齊 6/22/13
○曰純鉤 13/42/28	石買○行至浙江上 10/33/20	於是吳王欲○齊 6/22/16
此○人甲世而生 13/43/9	○令告民 11/39/9	王興師○齊也 6/22/17
因吳王請此○人作〔爲〕	○有時 12/39/25	果興師○齊 6/22/24
鐵劍 13/43/10	○而讀之 12/40/13	越興師○吳 6/23/9
○曰泰阿 13/43/13,13/43/15	○號施令 16/48/3	興師○越 7/24/10
○曰重財幣 14/44/4	○府庫賞無功也 16/48/22	吳王夫差興師○越 7/24/13
高見○百里 14/44/15	○憤馳騰 18/52/25	昔者武王○紂時 7/24/17
○、六、十 15/46/6	輔○其類 18/52/30	是時吳王闔廬○楚 7/25/6
四、八、十○ 15/46/7	衡五相○ 19/53/18	言○楚之利 7/25/7
王而備此○者 16/50/1	亦○憤記吳越 19/53/22	闔廬用之○楚 7/25/7
譏○名 19/53/21	聖人○一隅 19/53/23	故從其兵而○魯 9/26/19
世春秋○百餘年 19/53/23	吳先主○掘无得 20.3/56/15	諸侯有相○者 9/26/20
○人行違 19/55/2		今齊將○之 9/26/21
○子孰愈乎 19/55/10	乏 fá 2	夫魯、難○之邦 9/26/24
○子行有始終 19/55/14	貸貧○ 11/39/2	而○之 9/26/24
○死也 20.11/57/15	足行○糧 12/41/16	魯之難○ 9/26/25
是○不肖也 20.11/57/17		君不如○吳 9/26/26,9/27/2
興平○年 20.15/58/1	伐 fá 94	臣故曰不如○吳 9/27/7
遂成○鉤 20.19/58/12	齊將○魯 1/1/4	君按兵無○ 9/27/11
殺○子成兩鉤 20.19/58/13	中國侵○ 1/1/11	使之救魯而○齊 9/27/12
廣一丈五尺○寸 20.20/58/18	越○彊吳 1/1/17,1/1/23	○齊、大利也 9/27/16
容戰士○十六人 20.20/58/18	其後荊將○蔡 2/4/2	子待吾○越而還 9/27/18
弩各三十○ 20.20/58/20	即使子胥救蔡而○荊 2/4/2	君以○越而還 9/27/19
甲兜鍪各三十○ 20.20/58/20		且夫○小越而畏彊齊者
廣一丈○尺 20.20/58/21		不勇 9/28/1
		而名從諸侯以○也 9/28/5

告以救魯而○齊	9/28/11
子待我○越而聽子	9/28/13
今夫吳王有○齊之志	9/28/21
則○齊必矣	9/29/1
昔者吳王分其人民之衆	
以殘○吳邦	9/29/3
數戰○	9/29/14
與寡人○齊	9/30/14
○吳三年	9/31/7
句踐○吳	10/31/24, 10/34/9
○楚	10/32/7
楚○之	10/32/8
句踐欲○吳	10/34/16
將○吳	10/35/6
使樓船卒二千八百人○	
松柏以爲桴	10/35/12
一曰句踐○善（村）	
〔材〕	10/35/13
句踐○吳還、封范蠡子	
也	10/35/18
句踐將○吳	10/36/26
吳○越	10/36/29
吳王夫差○越	10/37/12
太公九〔十〕而不○	11/38/20
皆欲○吳	11/39/4
欲○而死	11/39/7
大王〔之〕興師○齊	
〔也〕	12/39/29
○齊克	12/40/1
○宗廟	12/41/4
○齊	12/41/13
過○晉	12/41/14
空復○之	12/42/1
以○樹木爲宮室	13/43/25
○吳有九術	14/44/3
使之易○	14/44/6
越乃興師○吳	14/45/4
率諸侯兵○桀	16/47/21
中邦侵○	18/52/2
其後嚴過自○	18/52/13
勇其○荊	19/53/29
○必可克	19/54/2
子胥○楚宮	19/55/16
興兵○吳	19/55/18
《詩》之《○柯》	19/55/29

罰 fá	3
刑○不加於無罪	4/17/7
爵賞刑○	11/38/16
言賞○由君	11/38/26

法 fǎ	20
善爲兵○	3/6/27
敬賢明○	4/15/13
守○度	5/18/19
明其○術	5/18/24
乃著其○	5/19/25
其刑繁○逆	6/20/5
是無○	6/21/21
如○而止	7/23/28
將明於○	9/27/8
禹井井者、○也	10/31/20
以爲禹葬以○度	10/31/21
兵○日	10/33/22
尚猶峻○隆刑	10/33/22
其○如是	15/46/5
夫〔知〕八穀貴賤之○	16/47/30
觀乎《兵○》	18/53/7
故次《兵○》	19/54/2
《伍子胥水戰兵○內經》	
日	20.20/58/18
比陵軍之○	20.21/58/24
吳王闔閭問伍子胥軍○	
	20.22/59/1

髮 fà	6
徒跣被○	2/3/21, 2/3/22
吾願腐○弊齒	7/24/26
復被○佯狂	8/25/26
被○佯狂	19/55/12
放○僵臥	20.11/57/13

番 fān	1
王乃使力士石○	12/41/7

凡 fán	13
○百四十九丈一尺	3/11/25
二君治吳○十四年	3/12/15

○二百四十年	3/13/21
○五百六十七年	3/13/22
○人生或老或弱	5/17/30
○十二歲一饑	5/18/15
○舉百事	5/19/7
○八君	10/32/8
○十王、百七十歲	10/37/22
○氣有五色	15/45/10
○此四者	16/47/17
○欲先知天門開及地戶閉	16/50/3
○九十一人	20.20/58/19

煩 fán	3
內不○濁	7/25/20
不○人衆	10/31/21
吳越之事○而文不喻	18/52/8

燔 fán	1
○俎無肉	19/55/6

繁 fán	2
刑○	5/18/21
其刑○法逆	6/20/5

反 fǎn	29
絕惡○之於善	1/1/10
○邦七年	1/1/23
淮南王○	3/13/1
○	3/13/3
三月得○國政	4/15/13
此所謂晉公子重耳○國	
定天下	4/15/13
齊公子小白、亦○齊國	
而匡天下者	4/15/16
小白○國	4/15/20
越王句踐○國六年	4/16/13
周公○國	4/17/10
越王句踐既得○國	5/17/15
乃知天下之易○也	5/18/4
其次而○	5/18/14
故聖人早知天地之○	5/18/15
夫諛者○有德	5/18/22
忠者○有刑	5/18/22

是故聖人○其刑	5/19/13	也	10/35/18	**方 fāng**		27
此天之所○也	6/20/19	○蠡苦勤功篤	10/35/19			
而諛諫者○親	6/20/19	○蠡敦兵城也	10/37/1	當挾四○		1/2/5
句踐其敢與諸侯○我乎	6/20/21	○蠡數吳王曰	12/41/21	固不能布於四○		1/2/8
謝戰者五（父）〔○〕	6/23/9	瞋目謂○蠡曰	12/42/6	○圓之口三千		3/6/8
○以見踈	7/24/22	○蠡左手持鼓	12/42/8	下○池廣四十八步		3/6/16
○聽若聾	7/25/14,18/51/30	越王句踐問○子曰	16/47/10	江南爲○牆		3/11/13
其○形傷	8/26/14	○子對曰	16/47/10,16/47/12	下無賢○伯		4/15/8
觀市之○覆	16/48/7	○子曰	16/47/20,16/47/24	○據魯以王		4/15/9
極而復○	16/48/24		16/47/25,16/47/28,16/47/29	○舟航買儀塵者		4/16/14
○邦未至	16/50/11		16/47/31,16/48/6,16/48/9	請問其○		5/17/27,5/19/10
○受其咎	18/53/11		16/48/10,16/48/17,16/48/23	因熟積以備四○		5/18/2
			16/48/29,16/48/30,16/49/8	故少昊治西○		5/18/7
返 fǎn	1		16/49/14,16/49/21,16/49/30	玄冥治北○		5/18/7
			16/50/2,16/50/15,16/50/17	太皞治東○		5/18/8
時○不知所在	5/17/19	越王問○子曰	16/48/9,16/48/17	祝（使）融治南○		5/18/8
		越王問於○子曰	16/48/28	並有五○		5/18/9
犯 fàn	1		16/49/7	胥○與被離坐		6/22/1
		請於○子曰	16/49/20	臣聞四馬○馳		6/23/6
且夫上驕則○	9/27/6	王德○子之所言	16/50/12	盡日〔○去〕		8/26/1
		然而○子豫見之策	16/50/12	無○術之事		12/40/7
汎 fàn	1	請於○子	16/50/13	通於○來之事		12/40/9
		○子已告越王	16/50/22	時加南○		12/40/15
○求之焉	7/25/15	○蠡內視若盲	18/51/30	○盛夏而行		16/49/3
		○蠡恐懼	18/52/9	故○盛夏之時		16/49/4
泛 fàn	1	○蠡因心知意	18/52/14	萬物○夏三月之時		16/49/10
		○蠡審乎吉凶終始	18/53/9	○冬三月之時		16/49/11
同○五湖而去	20.24/59/7	其○蠡行爲持危救傾也	19/53/29	五胥因悉挾○氣		19/53/16
		○蠡善僞以勝	19/54/28			
范 fàn	71	○蠡不久乃爲狂者	19/54/29	**枋 fāng**		1
		子胥、○蠡何人也	19/55/1			
○蠡諫曰	4/14/15	○蠡智而明	19/55/1	專邦之○		7/25/8
○蠡值吳伍子胥教化	4/15/1	○蠡去	19/55/2			
且越王有智臣○蠡	6/20/14	○蠡單身入越	19/55/3	**防 fáng**		3
○蠡曰 6/23/10,6/23/13,12/42/7		○蠡貴其義	19/55/9			
越王謂○蠡殺吳王	6/23/12	○蠡遭世不明	19/55/12	以○吳		10/34/17
而○蠡興師戰於就李	7/24/9	○蠡築	20.9/56/29	○塢者		10/36/16
句○蠡不許	7/24/11	在越爲○蠡	20.23/59/5	則治射○於宅亭、賈亭北		10/38/2
○蠡聞之	7/24/22	復歸○蠡	20.24/59/7			
○蠡智能同均	7/24/28			**房 fáng**		4
○蠡其始居楚也	7/25/13	**飯 fàn**	3			
○蠡其始居楚	8/25/25			見後○鍛者扶挾鼓小震		12/39/28
曰○伯	8/25/25	乃發其簞○	2/3/13			12/40/22
於是○蠡退而不言	8/26/4	即發簞○	2/3/17	見後○鍛者扶挾鼓小震者		12/40/4
○蠡所築治也	10/32/15	吾是於斧掩壺漿之子、		後○鍛者鼓小震者		12/41/6
○蠡城也	10/34/3	發簞（飲）〔○〕於				
句踐伐吳還、封○蠡子		船中者	7/24/5			

彷 fǎng	1	○自惜	12/41/2	**廢** fèi	1
		此○大過者二乎	12/42/1		
○彿之間	18/52/26	此○大過者三乎	12/42/2	社稷○蕪	12/42/1
		此○大過者四乎	12/42/3		
放 fàng	4	此○大過者五乎	12/42/4	**分** fēn	11
		豪曹、○寶劍也	13/42/17		
○山者	3/8/10	○寶劍也　13/42/18,13/42/18		今○爲耦瀆	3/7/25
故伐夏○桀	4/16/22		13/42/19	麋從部○	5/17/25
○於南楚	19/56/4	豈○聖主之力哉	13/43/27	胥知○數	7/24/25
○髮僵臥	20.11/57/13	快心於○	15/45/9	故臨財○利則使仁	9/28/18
		誠○吾所及也	16/49/28	昔者吳王○其人民之衆	
非 fēi	52	○王室之力	18/52/1	以殘伐吳邦	9/29/3
		句踐○之	18/52/14	〔○〕爲兩翼	11/39/11
外者、○一人所作	1/2/15	○智衰也	18/52/21	減天寸六○以成地	16/50/4
或○其事	1/2/16	聖人孰能痛世若此	19/53/20	能知聖賢之○	18/53/5
是○勇也	2/2/29	○善荊平也	19/54/7	鑿○爲三	20.3/56/15
漁者知其○常人也	2/3/6	○臣子也	19/54/7	座衆○解	20.11/57/10
〔市〕中人有○常人	2/3/22	○義不爲	19/54/8	○立吳寧縣	20.15/58/1
吾聞荊平王殺其臣伍子		○義不死也	19/54/9		
奢而○其罪	2/3/22	行伯○賢	19/54/30	**紛** fēn	2
吾知子○恒人也	2/3/24				
而○其罪也	2/4/6	**飛** fēi	6	亟怒○○者	4/16/15
○父之義也	2/4/9				
蔡○有罪〔也〕	4/14/7	蠕○蠕動	4/14/19	**墳** fén	5
○暮春中夏之時	4/15/2	闔廬見中於○矢	7/24/9		
○不欲爲也	5/17/19	○揚汝灰	12/41/10	今子大夫何不來歸子故	
○必身爲之也	5/18/18	四駕上○揚	13/42/20	○墓丘冢爲	2/4/7
○得不諫	5/18/26	鳥既高○	20.2/56/12	（○）〔湏〕池六尺	3/6/8
○有道術	5/19/18	兩鉤俱○	20.19/58/15	操鞭箠平王之○	4/14/9
孤○其言也	5/19/19			名爲三女○	20.3/56/15
○吳有越	6/20/12	**肥** féi	2	呼爲三女○也	20.3/56/15
○有忠素請糴也	6/20/15				
武王○紂臣耶	6/21/7	○饒	3/8/23	**忿** fèn	3
此○忠臣之道	6/21/12	爲○饒	10/34/30		
此○子所能行也	6/21/18			成恒○然作色	9/27/2
子何○寡人而且不朝		**菲** fěi	1	吳王○聖言不祥	12/41/7
〔乎〕	6/22/27			餘恨○恚	20.11/57/12
臣不敢有○	6/22/28	故自○薄	8/25/25		
我○聽子殺胥	6/22/30			**憤** fèn	3
是○不諱	7/24/21	**誹** fěi	1		
○吾智衰	7/24/24			發○馳騰	18/52/25
地戶之位○吳則越	8/26/1	胥○謗其君	6/22/4	○懣不泄	18/53/2
殆○眞賢	8/26/2			亦發○記吳越	19/53/22
○大夫易見〔而〕難使	11/38/9	**費** fèi	2		
○君子至誠之士	11/38/15			**奮** fèn	1
此固○子（胥）〔之〕		適饞不○	6/22/20		
所能知也	12/40/15	漸漬乎滋味之○	16/48/12	與吳王整襟交臂而○	9/29/8

革 gé	7
○亂補弊	4/16/23
兵○散空	11/38/7
兵○堅利	12/39/24
晉知其兵○之罷倦	12/41/14
庫無兵○	13/43/20
兵○暴起	16/47/23
兵○越	19/53/16

格 gé	2
虎丘北莫○冢	3/6/12
竹（格）〔○〕門三	3/9/17

葛 gé	3
○山者	10/34/25
種○	10/34/25
使越女織治○布	10/34/25

隔 gé	1
屈原○界	19/56/3

閣 gé	1
築庫高○之	10/34/9

各 gè	18
又○辯士所述	1/2/17
上下戶○二	3/11/24
○得其性	4/14/19
○有紀綱	5/19/5
○有明紀	7/23/26
○象其德	7/25/10
○因事名之	10/35/9
君子○以所好爲禍	12/41/1
時○有使然	13/43/24
始出○利	15/46/8
萬物○異藏	16/49/9
○受一篇	18/52/30
○有終始	18/53/4
及外篇○有差敍	19/54/17
吏僕射長○一人	20.20/58/19
當用長鉤矛長斧○四	20.20/58/19

弩○三十二	20.20/58/20
甲兜鍪○三十二	20.20/58/20

根 gēn	4
君之○本也	11/38/13
闔門固○	11/38/13
上下無○	16/49/1
則○荄不成	16/49/11

更 gēng	25
○名葄碓	3/8/8
○名爲白石	3/11/18
○始五年	3/11/28
（東）〔○〕名大越爲	
山陰也	3/12/15
到○始元年	3/12/27
高皇帝○封兄子濞爲吳王	3/13/1
不可再○	5/18/3
金木水火土○勝	5/19/6
月朔○建	5/19/6
將○然有怨心不已	6/22/11
○用種、蠡之策	8/26/10
○名茅山曰會稽	10/31/16
○駕臺	10/33/11
吉凶○至	10/33/27
○名女陽	10/37/9
○就李爲語兒鄉	10/37/10
○姓梅	10/37/17
莊襄王○號太上皇帝	10/37/20
政○號爲秦始皇帝	10/37/27
乃○名大越曰山陰	10/38/2
汝○能爲聲哉	12/41/10
金、木、水、火○相勝	16/48/2
八穀貴賤○相勝	16/48/25
願子○爲寡人圖之	16/49/30
至乎○始之元	19/55/22

庚 gēng	3
○貨之戶曰穬	5/19/27
覆之以○	19/55/24
覆以○	19/56/3

耕 gēng	2
舜去○歷山	4/15/26
臣聞君自○	5/18/5

工 gōng	5
句踐○官也	10/35/16
三曰○布	13/43/13, 13/43/15
何謂龍淵、泰阿、○布	13/43/15
欲知○布	13/43/17

弓 gōng	10
子胥介胄彀○	2/2/31
子胥挾○	4/13/26
管仲張○射桓公	4/16/2
挾○以去	7/24/23
〔伍〕子胥以是挾○	
〔矢〕干吳王	8/25/28
種麻以爲○絃	10/34/16
乃忘○矢之怨	11/38/22
杖屈盧之（○）〔矛〕	12/42/6
吾挾○矢以逸鄭楚之間	18/52/19
子胥挾○去楚	18/52/29

公 gōng	67
桓○九合諸侯	1/1/15
桓○、中國兵彊霸世之後	1/1/16
古者名「石○」	3/6/3
春申君客衛○子家也	3/11/16
太○、高祖在西	3/13/6
蔡昭○南朝楚	4/14/3
昭○不與	4/14/3
即拘昭○〔於〕南郢	4/14/3
昭○去	4/14/4
昭○聞子胥在吳	4/14/5
蔡○南朝	4/14/5
蔡○不與	4/14/6
拘蔡○三年	4/14/6
蔡○至河	4/14/6
○卿大夫	4/14/17
晉○子重耳之時	4/15/12
文○爲所侵暴	4/15/12
此所謂晉○子重耳反國	
定天下	4/15/13

齊○子小白、亦反齊國			○孫聖令寡人得邦	12/41/20	
而匡天下者	4/15/16		殺忠臣伍子胥、○孫聖	12/41/22	
○子（科）〔糾〕奔魯	4/15/16		吾慚見伍子胥、○孫聖	12/42/10	
魯者、○子（科）〔糾〕			雷○擊橐	13/42/27	
母之邦	4/15/17		君即王○也	17/51/14	
聘○子（科）〔糾〕以			桓○迫於外子	18/52/3	
爲君	4/15/18		桓○能任賢	18/52/5	
魯莊○不與	4/15/18		周○貴一概	19/54/17	
莊、魯君也	4/15/19		句踐遊臺上有龜○冢在		
故爲桓○	4/15/21			20.14/57/26	
桓○召其賊而霸諸侯者	4/16/1		在陶爲朱○	20.23/59/5	
管仲臣於桓○兄○子					
（科）〔糾〕	4/16/1		**功 gōng**	49	
管仲張弓射桓○	4/16/2				
桓○受之	4/16/2		越專其○	1/1/12,18/52/3	
周○以盛德	4/17/6		故與越專其○而有之也	1/1/18	
武王封周○	4/17/6		然越專其○而有之	1/1/20	
周○臣事之	4/17/6		顯弱越之○也	1/1/24	
於是管叔、蔡叔不知周			漢高帝封有○	3/12/30	
○而讒之成王	4/17/8		地道施而不德、勞而不		
周○乃辭位出巡狩於邊			矜其○者也	4/14/20	
一年	4/17/8		○盈德博	4/14/21	
察周○之冊	4/17/9		是所施而不德、勞而不		
知周○乃有盛德	4/17/9		矜其○者矣	4/14/21	
王乃夜迎周○	4/17/10		言天地之施大而不有○		
周○反國	4/17/10		者也	4/14/22	
此周○之盛德也	4/17/11		賞賜不加於無○	4/17/6	
太○曰	7/24/17		恐動而無○	5/17/21	
陳成恒相齊簡○	9/26/19		賞者有○	5/19/3	
其亭祠今爲和○（群）			用此不患無○	5/19/22	
〔郡〕社稷壚	10/36/3		吾前獲○、後遇戮	7/24/23	
願君王○選於眾	11/38/15		○名顯著	7/24/25	
太○、管仲	11/38/18		先君之○	7/24/26	
太○九〔十〕而不伐	11/38/20		有大○	7/25/7	
文稱太○	11/38/22		成大○者不拘於俗	8/26/7	
直能三○	11/38/23		而君之○不與焉	9/27/5	
師事越○	11/39/8		智者不棄時以舉○	9/28/2	
臣知有東掖門亭長越○			臣竊自練可以成○〔而〕		
弟子王孫聖	12/40/8		至王者	9/28/20	
受教告東掖門亭長○孫			貪○名而不知利害	9/29/13	
聖	12/40/10		封有○	10/31/15	
○孫聖仰天嘆曰	12/40/14		無以報民○	10/31/18	
〔越〕○弟子○孫聖也	12/40/20		領○銓土	10/33/13	
○孫聖伏地	12/40/23		以山下田封○臣	10/34/17	
此○孫聖所言、王且不			范蠡苦勤○篤	10/35/19	
得火食	12/41/17		奈何有○	11/38/8	
吾嘗戮○孫聖於斯山	12/41/18		無○者不敢干治	11/38/17	

曾無跬步之勞、大呼之	
○	11/38/22
施之職而〔成〕其○	11/38/27
遂有大○而霸諸侯	11/39/4
身死無○	12/40/16
	12/41/1,12/41/8,12/41/22
天報微○	12/42/7
奈何能有○乎	14/44/3
發府庫賞無○也	16/48/22
見所而○自存	16/49/2
不同力而○成	16/49/7
使陰陽得成○於外	16/49/9
以爲專句踐之○	18/52/1
種立休○	18/52/13
乃先王之○	18/52/20
量○掩過也	19/54/12
欲著其諫之○也	19/54/15
不忘舊○	19/55/11

攻 gōng	30
以敵○敵	5/17/19
憂在內者○彊	9/27/3
憂在外者○弱	9/27/3
令共○之	9/29/2
政使將魏舍、內史教○	
韓	10/37/25
政使將王賁○魏	10/37/25
政使將王涉○趙	10/37/25
政使將王賁○楚	10/37/26
政使將史敖○燕	10/37/26
政使將王涉○齊	10/37/26
○■故鄣	10/38/1
不可○	15/45/11
○之無後	15/45/11
○之不勝	15/45/11
○者其誅乃身	15/45/13
爲未○	15/45/14
衰去乃可○	15/45/14
	15/45/17,15/45/20,15/45/23
○之殺將	15/45/18,15/45/27
	15/45/28
○之必傷	15/45/21
不可○也	15/45/22
○之可降	15/45/25
〔衰〕去乃可○	15/45/26
可不○自降	15/45/27,15/45/28

夜往○要離	20.11/57/11	**躬 gōng**	7	子○南見吳王	9/27/14
		○而自苦	1/1/17	乃（行）〔使〕子○	
供 gōng	1	○自省約	1/1/18	〔之越〕	9/28/6
		種○正內	7/25/19	子○東見越王	9/28/8
園宜先○待之	17/51/5	○求賢聖	10/31/25	身御子○至舍	9/28/8
		○於任賢	11/38/18	子○去而行	9/30/1
宮 gōng	38	○視死喪	11/39/2	子○不受	9/30/1
		寡人○行節儉	16/47/19	子○至五日	9/30/7
闔廬○	3/4/18			乃召子○而告之曰	9/30/13
南（越）〔城〕○	3/4/22	**恭 gōng**	3	子○〔因〕去之晉	9/30/18
東○周一里二百七十步	3/5/6			子○去而之魯	9/31/4
路西○在長秋	3/5/6	群臣無○之禮、淫佚之行	5/18/20	故曰子○一出	9/31/8
守○者照燕失火	3/5/7	則群臣多空○之理、淫		致○周室	18/51/31
闔廬所置船○也	3/7/31	佚之行矣	5/18/21	款塞○珍	19/54/28
後（壁）〔殿〕屋以爲		○承嘉惠	18/53/1		
桃夏○	3/11/20			**句 gōu**	113
今○者	3/11/22	**龔 gōng**	1		
春申君子假君○也	3/11/22			謂○踐時也	1/1/4
名爲牛○	3/13/9	其邑爲○錢	10/35/21	○踐之時	1/1/9
○有五寵	6/22/19			於是○踐抑彊扶弱	1/1/10
〔越〕遂圍王○	9/31/7	**共 gòng**	5	夫越王○踐	1/1/16, 12/42/2
今倉庫是其○臺處也	10/32/11			越王○踐屬芻莖養馬	1/1/22
○有百戶	10/32/12	此時馮同相與○戒之	8/25/30	越王○踐滅之	3/4/16
美人○	10/32/28	吳越二邦同氣○俗	8/25/30	越王○踐徙瑯邪	3/13/21
句踐所習教美女西施、		令○攻之	9/29/2	○踐徙瑯邪到建武二十	
鄭（足）〔旦〕○臺		而天下○富之	16/49/24	八年	3/13/22
也	10/32/28	而天下○尊之	16/49/24	越王○踐欲伐吳王闔廬	4/14/15
遊於美人○	10/33/12			越王○踐反國六年	4/16/13
句踐築鼓鍾○也	10/35/21	**貢 gòng**	37	越王○踐既得反國	5/17/15
句踐船○也	10/35/23			越王○踐與吳王夫差戰	6/20/3
夢入章明之○	12/39/26, 12/40/20	故子○說齊以安魯	1/1/5	○踐既服爲臣	6/20/17
見兩鏵倚吾○堂	12/39/27	子○一出	1/1/5	我知○踐必不敢	6/20/18
	12/40/21	又見子○與聖人相去不遠	1/1/6	越王○踐有急	6/20/21
越吾○牆	12/39/27, 12/40/3	子○與夫子坐	1/1/27	○踐其敢與諸侯反我乎	6/20/21
	12/40/21	子○再拜而問	1/1/28	胥聞越王○踐罷吳之年	6/22/19
兩鏵倚吾○堂〔者〕	12/40/2	或以爲子○所作	1/2/5	越王○踐食不殺羞	6/22/20
（官）〔○〕女鼓樂也	12/40/4	此時子○爲魯使	1/2/6	越王○踐寢不安席	6/22/21
見兩鏵倚吾○堂者	12/41/4	○大夫請罷之	3/13/7	越王○踐衣弊而不衣新	6/22/22
越吾○牆者	12/41/5	海內畢○	4/16/23	○踐賢之	7/25/19
大王○堂虛也	12/41/5	子○曰	7/24/27, 8/26/13, 9/26/25	是時○踐失衆	8/26/9
○人有四駕白鹿而過者	13/42/20		9/27/11, 9/27/19, 9/28/9	越王○踐稽首再拜	9/28/10
斷樹木爲○室	13/43/25		9/28/11, 9/28/17, 9/29/13		9/28/15, 9/29/3
以伐樹木爲○室	13/43/25		9/29/14, 9/30/14, 9/31/1	東海役臣孤○踐使使臣種	9/30/7
治爲○室	13/43/27	子○辭出	9/26/22	千有餘歲而至○踐	10/31/23
使起○室高臺	14/44/5	子○行之齊	9/26/24	○踐徙治山北	10/31/23
子胥伐楚○	19/55/16	子○對曰	9/27/3	○踐伐吳	10/31/24, 10/34/9
吳人於硯石置館娃○	20.7/56/25			○踐乃身被賜夷之甲	10/31/26

○踐喟然嘆曰	10/32/1	○踐杭也	10/36/18	乃復命國中作金○	20.19/58/11
允常子○踐	10/32/5	○踐已滅吳	10/36/24	以血釁○	20.19/58/11
○踐子與夷	10/32/6	○踐將伐吳	10/36/26	遂成二○	20.19/58/12
親以上至○踐	10/32/8	蓋○踐所以遊軍士也	10/36/27	爲○者衆多	20.19/58/12
○踐小城	10/32/11	○踐入官於吳	10/37/9	何以異於衆人之○乎	20.19/58/12
○踐齋戒臺也	10/32/18	○踐勝吳	10/37/9	我之作○也	20.19/58/13
○踐起怪游臺也	10/32/20	○踐服爲臣	10/37/12	殺二子成兩○	20.19/58/13
○踐所習教美女西施、		吳王復還封○踐於越	10/37/12	舉○以示之	20.19/58/13
鄭（足）〔旦〕宮臺		奏曲河、容	10/38/3	於是○師向○而哭	20.19/58/13
也	10/32/28	越王○踐近侵於彊吳	11/38/7	兩○俱飛	20.19/58/15
○踐所休謀也	10/33/4	此故南陽蒼○	11/38/20	遂服其○	20.19/58/16
○踐冰室	10/33/9	○踐大恐	11/39/11	操長○矛斧者四	20.20/58/19
○踐之出入也	10/33/11	○踐行成	11/39/12	當用長○矛長斧各四	20.20/58/19
○踐軍敗失衆	10/33/15	越王○踐有寶劍五	13/42/15		
○踐絕糧困也	10/33/17	越王○踐問大夫種曰	14/44/3	**狗** gǒu	1
○踐庶子冢也	10/33/17	東海役臣孤○踐	14/44/11		
○踐與吳戰於浙江之上	10/33/19	越王○踐竊有天之遺西		乳○哺虎	19/55/20
今越○踐其已敗矣	10/33/25	施、鄭旦	14/44/18		
○踐喟然用種、蠡計	10/33/27	胥聞越王○踐晝書不倦	14/44/21	**轂** gòu	2
○踐將降	10/33/28	胥聞越王○踐服誠行仁	14/44/22		
亡臣孤○踐	10/33/29	胥聞越王○踐冬披毛裘	14/44/23	子胥介冑○弓	2/2/31
○踐自治以爲冢	10/34/14	越王○踐問范子曰	16/47/10	彊弩不○	5/17/24
○踐欲伐吳	10/34/16	越王○踐困於會稽	18/51/26		
○踐與吳戰	10/34/19	○踐曉焉	18/51/28	**購** gòu	2
○踐所徙葬先君夫鐔冢		越王○踐（即）〔既〕			
也	10/34/23	得平吳	18/51/28	○之千金	2/3/13
○踐罷吳	10/34/25,10/35/1	以爲專○踐之功	18/52/1	楚乃○之千金	7/24/4
○踐治以爲義田	10/34/30	○踐執於會稽	18/52/4		
○踐以畜雞、豕	10/35/6	○踐能行焉	18/52/5	**孤** gū	28
○踐時采錫山爲炭	10/35/9	○踐至賢	18/52/9		
○踐父允常冢也	10/35/12	○踐知其仁也	18/52/13	嘗與○議於會稽石室	5/19/19
一曰○踐伐善（村）		○踐非之	18/52/14	○非其言也	5/19/19
〔材〕	10/35/13	章決○斷	18/53/4	今大夫言獨與○比	5/19/19
○踐工官也	10/35/16	章○其篇	19/53/22	○立制齊者	9/27/10
○踐伐吳還、封范蠡子		○踐何德也	19/54/25	○聞之	9/28/10
也	10/35/18	使○踐無權	19/54/27	今大夫弔○	9/28/10
○踐築鼓鍾宮也	10/35/21	○踐何當屬〔務〕莝養		○之福也	9/28/10
○踐船宮也	10/35/23	馬	19/54/29	○不幸少失先人	9/28/15
○踐客秦伊善炤龜者冢		○踐以來	19/55/22	又出玉聲以教○	9/28/17
也	10/35/25	○踐遊臺上有龜公冢在		○賴先人之賜	9/28/17,9/29/12
○踐教習兵處也	10/35/27		20.14/57/26	今○之怨吳王	9/29/5
○踐所葬大夫種也	10/35/30	越王○踐既爲吳辱	20.18/58/7	而○之事吳王	9/29/5
○踐葬之	10/36/1	○踐揖之	20.18/58/7	此○之外言也	9/29/5
○踐所徙巫爲一里	10/36/3			故○敢以疑	9/29/6
○踐鑄銅	10/36/8	**鉤** gōu	15	○身不安床席	9/29/6
○踐遣使者取於南社	10/36/8			此○之大願也	9/29/9
○踐於中江而葬之	10/36/11	中其帶○	4/16/2	○欲空邦家	9/29/10

○雖〔知〕要領不屬	9/29/11	
○之意出焉	9/29/12	
昔○不幸	9/30/2,9/30/8	
東海役臣○句踐使使臣種	9/30/7	
○請自被堅執銳	9/30/12	
（○）〔狐〕之將殺	10/33/25	
亡臣○句踐	10/33/29	
○聞齊威淫泆	11/38/19	
東海役臣○句踐	14/44/11	

姑 gū　　　　　　　　17

春夏治○胥之臺	3/4/24
通○胥門	3/6/17
闔廬造以遊○胥之臺	3/7/18
蒲○大冢	3/8/28
鹿冢遊於○胥之臺矣	6/21/5
徙治○胥臺	10/32/13
○中山者	10/34/27
越人謂之銅○瀆	10/34/27
南○末、寫干	10/37/13
○末	10/37/15
上○蘇臺	10/38/2
道於○胥之門	12/39/25
晝臥○胥之臺	12/39/25
車馳詣○胥之臺	12/40/11
遂至○胥之臺	12/40/18
寡人晝臥○胥之臺	12/40/20
遂受之而起○胥〔之〕	
臺	14/44/15

古 gǔ　　　　　　　　27

吳○故陸道	3/5/16
吳○故水道	3/5/19
吳○故從由拳辟塞	3/5/22
○者名「石公」	3/6/3
○賢者避世家	3/6/12
○赤松子所取赤石脂也	3/8/5
○者（爲名）〔名爲〕	
「墜星」	3/8/13
（○）〔石〕城者	3/9/1
○名長人坑	3/9/5
○人所採藥也	3/9/15
故○淹君地也	3/10/7
季子家○名延陵墟	3/10/9
吳（○）〔王〕故祠江	

漢於棠浦東	3/11/13	
○太伯君吳	3/11/13	
○諸侯王所葬也	3/12/20	
故○之治邦者	5/19/21	
太○以來	7/24/25	
往○一夜自來	10/32/21	
山陰○故陸道	10/37/4	
○人云	11/39/16	
○之賢主、聖王之治	16/47/10	
臣聞○之賢主、聖君	16/48/10	
○者天子及至諸侯	16/48/12	
能知〔○〕今相取之術	18/53/8	
維先○九頭之世	19/53/15	
明於○今	19/55/26,19/56/1	

骨 gǔ　　　　　　　　4

唯大王可以歸骸○者	2/3/25
筋○爲野	5/17/26
深於○髓	9/29/5
野火燒其○	12/41/10

鼓 gǔ　　　　　　　　15

耳不聽鐘○者	9/29/7
夜舉火〔擊〕○	10/33/23
句踐築○鍾宮也	10/35/21
見後房鍛者扶挾○小震	12/39/28
	12/40/22
見後房鍛者扶挾○小震者	12/40/4
（官）〔宮〕女○樂也	12/40/4
後房鍛者○小震者	12/41/6
范蠡左手持○	12/42/8
右手操枹而之	12/42/8
能○音	17/50/31,17/51/3
女環○琴	17/51/7
〔女環○琴而歌〕	17/51/8
敖歌擊○者斬	20.22/59/2

買 gǔ　　　　　　　　8

劉○爲荆王	3/12/30
○築吳市西城	3/12/30
殺劉○	3/13/1
○七十	5/19/25
故無○	5/19/28
無○	5/19/28

求者不爭○	8/26/3	
則治射防於宅亭、○亭北	10/38/2	

穀 gǔ　　　　　　　　51

言地生長五○	4/14/21
不可以種五○、興土利	4/15/3
五○不生	4/17/9
五○皆生	4/17/10
五○既已收	5/17/20
以益收五○	5/19/12
播種五○	10/31/14
開倉○	11/39/2
倉○粟索	13/43/20
五○〔不熟〕	14/44/13
將勇○少	15/45/15
○多卒少	15/45/19
○足而不可降	15/45/20
○少	15/45/21,15/45/25
兵少○亡	15/45/21,15/45/27
○足而有多爲	15/45/22
兵多○亡	15/45/23
○少軍傷	15/45/24
卒多○少	15/45/24
○盡軍傷	15/45/26
卒少○盡	15/45/28
○■也	16/47/17
多貯○	16/47/19
人得○即不死	16/47/25
○能生人	16/47/25
今寡人欲保○	16/47/28
欲保〔○〕	16/47/28
夫〔知〕八○貴賤之法	16/47/30
八○皆貴	16/48/1
八○皆賤	16/48/2
五○不（登）〔登〕	16/48/4
願欲知圖○上下貴賤	16/48/5
夫八○之賤也	16/48/6
如宿○之（登）〔登〕	16/48/6
○之貴賤	16/48/23,16/49/14
八○亦一賤一貴	16/48/24
八○貴賤更相勝	16/48/25
○爲貴	16/48/29
欲知八○之貴賤、上下	
、衰極	16/48/30
○爲之暴貴	16/49/15
○爲之暴賤	16/49/15

人之要在於○	16/50/1	○不爲記明矣	1/1/13	○散有時積	5/18/13
○多	16/50/1	○與越專其功而有之也	1/1/18	○聖人早知天地之反	5/18/15
謹司八○	16/50/4,16/50/6	○不使越第一者	1/1/23	○湯之時	5/18/16
	16/50/7	○直在吳越也	1/2/7	是○聖主置臣	5/19/2
八○不成	16/50/5	○刪定復重	1/2/18	是○聖人能明其刑而處	
八○大成	16/50/6	今子大夫何不來歸子○		其鄉	5/19/7
		墳墓丘冢爲	2/4/7	○貧而命不長	5/19/9
穀 gǔ	**2**	吳古○陸道	3/5/16	是○聖人反其刑	5/19/13
		吳古○水道	3/5/19	是○不等	5/19/16
薛、許、郤、婁、（呂）		吳古○從由拳辟塞	3/5/22	貧富○不等	5/19/17
〔莒〕旁○趣走	1/1/22	○號爲虎丘	3/6/10	貧乞○長久	5/19/18
則轉○乎千里	5/18/17	○曰王世子造以爲田	3/6/29	○羅高不過八十	5/19/20
		吳○神巫所葬也	3/7/9	○古之治邦者	5/19/21
瀫 gǔ	**4**	○越王餘復君所治也	3/7/11	○無賈	5/19/28
		○越王城也	3/7/14	○勝威之	6/21/2
舜爲○瞍子也	4/15/27	○吳王所蓄雞〔處也〕	3/7/16	○在前世矣	6/21/9
○瞍欲殺舜	4/15/27	○爲鶴阜山	3/8/8	必爲大○	6/22/21
言舜父○瞍	4/15/28	○有鄉名祚邑	3/8/10	吳王近駱如○	6/23/3
○瞍不移	19/54/20	○闔廬治以諸侯冢次	3/8/15	○無往不復	7/24/6
		○越王王史冢也	3/8/21	○自菲薄	8/25/25
固 gù	**17**	皆○大越徙民也	3/9/13	○虞舜曰	8/26/10
		虞○神出奇怪	3/9/20	○冤子胥僇死	8/26/14
○不能布於四方	1/2/8	○爲雲陽縣	3/10/3	○徙其兵而伐魯	9/26/19
○不拜矣	2/3/1	○爲延陵	3/10/5	臣○曰不如伐吳	9/27/7
是○不可	5/17/22	○古淹君地也	3/10/7	○來	9/28/9
人○不同	5/19/1	吳（古）〔王〕○祠江		○臨財分利則使仁	9/28/18
則社稷○	6/21/3	漢於棠浦東	3/11/13	○孤敢以疑	9/29/6
其陵○可守	10/37/1	○爲胥女山	3/11/18	○使越賤臣種以先人之	
故謂之○陵	10/37/1	○爲楚門	3/12/9	藏器	9/30/10
闔門○根	11/38/13	○吳所畜牛、羊、豕、		○曰子貢一出	9/31/8
此○非子（胥）〔之〕		雞也	3/13/9	其○何也	10/31/15
所能知也	12/40/15	會稽并○鄞郡	3/13/11	○奉雅琴至大王所	10/32/1
○能有精神若此乎	13/43/24	太守治○鄞	3/13/11	○謂怪山	10/32/22
魯故治太山、東溫、周		○鄞以爲丹陽郡	3/13/17	○近大道居	10/33/2
○水	15/46/24	○曰地貴定傾	4/14/17	○謂〔之〕樂野	10/33/4
○其義也	16/49/30	○曰天道盈而不溢、盛		○可與赴深溪	10/33/22
○天道自然	16/50/18	而不驕者	4/14/20	○有雞鳴墟	10/33/29
○聖人所不傳也	16/50/19	○曰人道不逆四時之謂也	4/14/23	○將士衆	10/33/29
一人○不能獨立	18/52/19	○以天道未作	4/15/1	○禹宗廟	10/34/12
孔子○貶之矣	19/54/12	○地兆未發	4/15/3	○曰麻林多	10/34/16
是○伯道也	19/54/26	○諸侯死皆稱卒	4/15/10	〔○〕謂之富中	10/34/30
		○興師之魯	4/15/18	○曰犬山	10/35/1
故 gù	**176**	○爲桓公	4/15/21	○曰木客〔也〕	10/35/13
		○伐夏放桀	4/16/22	○曰木客	10/35/14
○子貢說齊以安魯	1/1/5	○問其道	5/17/21	○封其子於是	10/35/19
○曰越〔絕〕	1/1/12	○退而不言	5/18/4	○曰陳音山	10/35/27
○作此者	1/1/12	○少昊治西方	5/18/7	○謂之固陵	10/37/1

山陰古○陸道	10/37/4	○當安靜而不動	16/49/3	不○邦政	4/16/26
山陰○水道	10/37/4	萬物得以自昌	16/49/3	昔者吳夫差不○義而媿	
○越界	10/37/7	○方盛夏之時	16/49/4	吾王	6/20/4
大越○界	10/37/13	死凌生者	16/49/4	希須臾之名而不○後患	6/20/7
郭○	10/37/28	○觀其魂魄	16/49/5	而不○後患乎	6/21/12
攻■○郭	10/38/1	○陽氣避之下藏	16/49/9	竭而○難	6/21/20
置海南○大越處	10/38/1	○一時失度	16/49/12	上車不○	12/40/18
○明主用人	11/38/17	○當寒而不寒	16/49/15	○謂左右曰	12/41/16
是○周文、齊桓	11/38/17	曰秋冬貴陽氣施於陰	16/49/16	不○政事	17/51/9
臣○曰殆哉	11/38/18	曰富貴者	16/49/24		
此○南陽蒼旬	11/38/20	○民眾	16/50/1	**寡 guǎ**	**52**
○賢君用臣	11/38/27	○氣轉動而上下、陰陽			
○身操死持傷及被兵者	11/39/7	俱絕	16/50/5	猶不聽○人也	2/3/27
○《傳》曰　11/39/14, 18/52/3		○天倡而見符	16/50/7	○人尚少	2/4/6
○曰巨闕	13/42/21	○天地之符應邦以藏聖		今子大夫報○人也特甚	2/4/7
○曰九者勿患	14/44/7	人之心矣	16/50/12	然○人亦不敢怨子	2/4/7
○聖人獨知氣變之情	15/45/9	○聖人見物不疑	16/50/19	○人願爲前列　4/14/4, 4/14/7	
○明將知氣變之形	15/46/1	○彼必見我	17/50/31	○人弗敢忘	5/17/28
韓○治	15/46/10	○曰越絕是也	18/52/3	細誣而○智	6/20/6
鄭○治	15/46/12	聖人見微知著	18/52/30	而○人與之	6/20/21
燕○治	15/46/14	○觀乎《太伯》	18/53/5	子無乃向○人之欲乎	6/21/12
越○治	15/46/16	○曰眾者傳目	19/53/15	以動○人	6/21/18
吳○治西江	15/46/18	○作《春秋》以繼周也	19/53/19	子爲○人遊目長耳	6/22/7
齊○治臨菑	15/46/20	○聖人沒而微言絕	19/53/21	○人聽之	6/22/9
衛○治濮陽	15/46/22	○題其文	19/53/24	子何非○人而且朝	
魯○治太山、東溫、周		○次以《荊平》也	19/53/28	〔乎〕	6/22/27
固水	15/46/24	○次以《吳人》也	19/53/29	胥乃圖謀○人	6/22/30
梁○治	15/46/26	○次《計倪》	19/53/30	○人屬子邦	6/23/5
晉○治	15/46/28	○於自守	19/53/30	○人垂意	7/23/21
秦○治雍	15/46/30	○次《請糴》也	19/53/30	明告○人	7/23/23
〔周〕○治雒	15/47/1	○乖其政也	19/54/1	○人畫臥	7/24/14
楚○治郢	15/47/3	○次以《九術》	19/54/1	其使○人棄賢	8/26/11
趙○治邯鄲	15/47/6	○次《兵法》	19/54/2	與○人伐齊	9/30/14
○謂之道	16/47/12	○終於《陳恒》也	19/54/4	徙○婦致獨山上	10/36/26
○舜彈五弦之琴	16/47/15	○賢其冤於無道之楚	19/54/7	○人雖愚	11/38/19
○名過實	16/47/16	○先吳敗而殺也	19/54/16	子爲○人精占之	12/39/28
○謂人身	16/47/26	○空社易爲福	19/54/30		12/40/22
○金中有水	16/47/31	○去也	19/55/3	無諛○人之心所從	12/39/29
○木中有火	16/48/1	溫○知新	19/55/27	○人畫臥姑胥之臺	12/40/20
○天下之君	16/48/3	會稽山南○越城是也 20.13/57/24		無諛○人心所從	12/40/23
○其邦空虛	16/48/13			子試爲○人前呼之	12/41/19
○天生萬物之時	16/48/19	**顧 gù**	**12**	公孫聖令○人得邦	12/41/20
○天不重爲春	16/48/19			○人聞吳有干將	13/43/9
○春生之	16/48/20	不○長生	1/2/11	○人願齎邦之重寶	13/43/10
○死凌生者逆	16/48/25	○謂漁者曰	2/3/15	○人力耶	13/43/23
○神生者	16/49/1	還○女子	2/3/19	○人聞命矣	13/43/29
○名之曰神	16/49/2	隨北○以西	3/5/17	○人躬行節儉	16/47/19

光 guāng	8
永○四年	3/13/7
日月○明	7/23/28
甲二十領、屈盧之矛、	
步○之劍	9/30/11
帶步○之劍	10/31/26
目若夜○	10/33/30
越王撫步○之劍	12/42/6
觀其○	13/42/23
前帶神○	18/51/30
廣 guǎng	27
其下○二丈七尺	3/5/3
陸道○二十三步	3/5/13
陸道○三十三步	3/5/14
水道○二十八步	3/5/14
奏○陵	3/5/20
下池○六十步	3/6/7
下方池○四十八步	3/6/16
池○六十步	3/6/16
治○陵	3/13/2
匠門外信士里東○平地者	3/13/6
池○以深	9/27/1
今君破魯以○齊	9/27/4
仁人不困厄以○其德	9/28/2
塘○六十五步	10/36/14
南北面○六尺	10/37/29
西面○尺六寸	10/37/29
其本○末銳而來者	15/45/14
	15/45/19
其氣本○末銳而來者	15/45/16
	15/45/23,15/45/25
今○陽、韓郡	15/46/22
今代郡、常山、中山、	
河間、○平郡	15/46/28
且夫○天下、尊萬乘之	
主	16/49/31
○一丈五尺二寸	20.20/58/18
○一丈三尺五寸	20.20/58/20
○一丈二尺	20.20/58/21
邦 guī	1
闔廬葬女於○西	20.3/56/15

龜 guī	6
○山者	10/32/20
因以炤○	10/32/20
炤○○山	10/33/11
句踐客秦伊善炤○者冢	
也	10/35/25
句踐遊臺上有○公冢在	
	20.14/57/26
歸 guī	25
沛○於宋	1/1/10,18/52/1
唯大王可以○骸骨者	2/3/25
子昭王、臣司馬子（其）	
〔期〕、令尹子西○	2/4/4
今子大夫何不來○子故	
墳墓丘冢爲	2/4/7
毋頭騎○	3/6/22
是時烈王○於越	3/7/11
陽都侯○義	3/13/14
三年然後○之	4/14/3
然後○之	4/14/6
天下皆一心○之	4/16/9
○二年	4/17/2
吳王○之	6/20/4
千金○焉	7/24/6
陳兵不○	9/31/5
○如父母	11/39/9
萬民皆歌而○之	16/47/21
請○待之	17/50/29,17/51/1
既○	17/51/4
○神大海	18/52/26
齊人○女	18/52/30
○不閉門	20.11/57/14
皆○越	20.18/58/8
復○范蠡	20.24/59/7
癸 guǐ	1
壬、○無貨	5/19/28
鬼 guǐ	4
敬○神	4/16/9
使○神不血食	12/42/1
事○神	14/44/4

與〔神〕○戰者不旋踵	
	20.11/57/8
桂 guì	2
○實生○	5/19/2
貴 guì	42
○其內能自約	1/1/12
○其始微	1/1/18
無○賤長少	2/3/27
一名射○湖	3/10/22
春申君時治以爲○人冢次	3/12/7
天○持盈	4/14/15
地○定傾	4/14/16
故曰地○定傾	4/14/17
人○節事	4/14/17
盡欲富○	5/19/9
不在○賤長少	6/22/5
而善○有道	6/22/22
死○於生	7/24/27
二者○賈浸之漸也	11/38/14
略○於絕	11/38/27
三曰○羅粟粟	14/44/5
可得爲因其○賤	16/47/29
夫〔知〕八穀○賤之法	16/47/30
八穀皆○	16/48/1
願欲知圖穀上下○賤	16/48/5
牽攣於珍怪○重之器	16/48/12
穀之○賤	16/48/23,16/49/14
八穀亦一賤一○	16/48/24
八穀○賤更相勝	16/48/25
大○	16/48/25
人最爲○	16/48/29
穀爲○	16/48/29
欲知八穀之○賤、上下	
、衰極	16/48/30
魂者主○	16/49/2
主○而雲行	16/49/3
陽者主○	16/49/14
穀爲之暴○	16/49/15
故曰秋冬○陽氣施於陰	16/49/16
陰極而復○	16/49/16
所以其智能自○於人	16/49/24
故曰富○者	16/49/24
大○必應其歲而起	16/50/5

骸 hái	2
唯大王可以歸〇骨者	2/3/25
挫子之〇	12/42/9

海 hǎi	26
東垂〇濱	1/1/16
置於水〇虛	3/7/20
其臺在車道左、水〇右	3/7/20
從〇上來	3/9/5
〇鹽縣	3/9/7
夷、〇也	4/16/16
〇內畢貢	4/16/23
東則薄〇	5/17/16
東絕大〇	7/24/1
則臣之所見溢乎負〇	9/28/4
下守溟〇	9/28/16
東〇役臣孤句踐使使臣種	9/30/7
大越〇濱之民	10/31/14
引屬東〇	10/31/23
以望東〇	10/31/24
今〇鹽	10/37/15
置〇南故大越處	10/38/1
以備東〇外越	10/38/1
東注於東〇	13/43/27
東〇役臣孤句踐	14/44/11
今濟北、平原、北〇郡	
、菑川、遼東、城陽	15/46/20
而王制於四〇	16/50/16
立志入〇	16/50/22
歸神大〇	18/52/26
名聞〇內	19/55/13
東〇上人也	20.11/57/5

亥 hài	1
胡〇立二年	10/37/21

害 hài	14
不知利〇所在	5/17/16
類欲有〇我君王	6/22/10
知能〇我君王	6/22/12
必爲國〇	6/22/20
以奢乃〇於君	7/25/1
勇在〇彊齊而威申晉邦者	9/27/16

見小利而忘大〇者不智	9/28/1
貪功名而不知利〇	9/29/13
越所〇軍船也	10/36/14
必爲利〇	14/45/1
無災〇	16/50/7
夫子見利與〇	18/52/15
道以不〇爲左	18/52/16
不〇於道	19/55/12

駭 hài	2
動作若驚〇	5/17/17
驚〇	7/24/15

邯 hán	1
趙故治〇鄲	15/47/6

寒 hán	10
〇不重絺	11/39/8
〔〇暑〕不時	14/44/13
然後有〇暑、燥濕、日	
月、星辰、四時而萬	
物備	16/47/13
〇暑失常	16/48/4,16/48/18
夏〇	16/48/17
夏〇而不長者	16/48/21
〇暑不時	16/48/22
故當〇而不〇者	16/49/15

韓 hán	5
政使將魏舍、內史教攻	
〇	10/37/25
得〇王安	10/37/25
〇故治	15/46/10
今廣陽、〇郡	15/46/22
遂願與書生〇重爲偶	20.2/56/10

旱 hàn	4
三歲處火則〇	5/18/13
〇則資舟	5/18/15
比七年〇而民不饑	5/18/16
此乃天時水〇	16/47/20

閈 hàn	1
吳諸里大〇	3/12/3

漢 hàn	14
吳（古）〔王〕故祠江	
〇於棠浦東	3/11/13
〇高帝封有功	3/12/30
〇文帝前九年	3/13/11
〇孝景帝五年五月	3/13/14
會稽屬〇	3/13/14
屬〇者	3/13/14
〇孝武帝元封元年	3/13/14
〇孝武元封二年	3/13/17
天〇五年四月	3/13/19
〇并秦	3/13/22
〇高帝滅之	10/37/22
巴郡、〇中、隴西、	
〔定襄、太原〕、安	
邑	15/46/30
歷天〇	19/53/17
〔而〕〇興也	19/53/17

航 hāng	1
方舟〇買儀塵者	4/16/14

杭 háng	12
餘〇城者	3/6/19
烏程、餘〇、黝、歙、	
無湖、石城縣以南	3/9/13
秦餘〇山者	3/10/13
至餘〇山	6/23/12
〇塢者	10/36/18
句踐〇也	10/36/18
餘〇軒亭南	10/37/28
置餘〇伊	10/38/1
吳王使人提於秦餘〇之山	12/41/9
相將至秦餘〇之山	12/41/15
秦餘〇山西坂聞燕	12/41/18
大敗之於秦餘〇山	14/45/4

毫 háo	1
王使取〇曹	13/42/17

號 háo	11
王乃〇令邦中	2/3/27
故〇爲虎丘	3/6/10
被秦〇年	7/24/9
此時越軍大〇	7/24/15
太宰者、官〇	7/25/5
〇聲聞吳	10/33/24
莊襄王更〇太上皇帝	10/37/20
〇曰趙政	10/37/21
政更〇爲秦始皇帝	10/37/27
發〇施令	16/48/3
〇爲州伯	18/52/1

豪 háo	2
〇曹、非寶劍也	13/42/17
〇曹已擅名矣	13/42/18

嗥 háo	9
馬〇者	10/36/29
見兩黑犬〇以北	12/39/27
〇以南	12/39/27
見兩黑犬〇以北、〇以	
南〔者〕	12/40/1
見兩黑犬〇以北、〇以	
南	12/40/21
見兩黑犬〇以北、〇以	
南者	12/41/3

好 hǎo	11
其大臣〇相傷	6/20/5
其德衰而民〇負善	6/20/6
知者〇	7/23/23
目不視〇色	9/29/6
貪而〇利	10/33/20
爲人幼而〇學	12/40/8
夫〇船者溺	12/40/23
〇騎者墮	12/40/23
君子各以所〇爲禍	12/41/1
四曰遺之〇美	14/44/5
邦中有〇女	17/51/17

昊 hào	1
故少〇治西方	5/18/7

耗 hào	1
時〇、魚腸之劍在焉	3/6/8

浩 hào	2
〇〇之水	5/17/17

皞 hào	1
太〇治東方	5/18/8

禾 hé	2
〇麥茂美	4/17/7
〇稼登熟	12/39/24

合 hé	16
桓公九〇諸侯	1/1/15
謀不〇	2/2/30
九〇諸侯	4/15/20,11/38/19
志〇意同	7/25/17
論大道者不〇於衆	8/26/7
今赤菫之山已〇	13/43/5
上與天〇德	15/45/8
下與地〇明	15/45/8
中與人〇心	15/45/8
義〇乃動	15/45/8
有所不〇	19/55/3
不〇何不死	19/55/4
〇	19/55/11
不〇	19/55/11
不〇乃去	19/55/13

何 hé	119
〇謂《越絕》	1/1/3
〇以言之　1/1/3,1/1/30,7/23/25	
〇不稱《越經書記》	1/1/9
〇不言《齊絕》乎	1/1/15
〇不第一	1/1/20
小越大吳奈〇	1/1/21
〇以知獨在人乎	1/1/27
〇以知之	1/1/28
宰〇病乎	1/1/29
〇	1/2/4
19/53/26,19/54/7,19/55/2	
〇謂	1/2/15
其子又〇適乎	2/3/2
〇爲不出	2/3/9
〇相問姓名爲	2/3/11
〇以百金之劍爲	2/3/13
〇素窮如此	2/3/24
爲之奈〇	2/4/5
9/27/11,9/31/1,16/47/28	
16/48/6,16/49/21,17/51/10	
今子大夫〇不來歸子故	
墳墓丘冢爲	2/4/7
吳〇以稱人乎	4/13/26
憂中邦奈〇乎	4/13/26
囊瓦者〇	4/14/12
郢者〇	4/14/12
吳師〇以稱人	4/14/12
〇也	4/15/8,5/19/16
9/26/25,9/27/3,19/55/16	
袁〇佐之	5/18/8
於〇有哉	5/18/10
子〇年少於物之長也	5/19/1
卜之道〇若	6/20/8
囍〇惑吾君王也	6/21/9
辨其君〇必翩翩乎	6/21/10
將〇以	6/22/12
子〇非寡人而旦不朝	
〔乎〕	6/22/27
子〇恐	6/22/28
世〇昧昧	7/23/21
〇德不報	7/24/6
王〇疑乎	7/24/17
〇去之有	7/24/26
〇邦不可乎	7/25/19
大夫〇索	9/28/9
〇謀〔之〕敢慮	9/30/4
其故〇也	10/31/15
夫子〇以教之	10/31/27
奈〇有功	11/38/8
〇大夫易見而難使也	11/38/8
〇謂也	11/38/10
但霸〇足道	11/38/21
〇須言哉	11/38/25

○若子性之大也	12/40/13	荅墓○名乎	19/55/19
此○名	12/41/16	羅當奈○	20.2/56/12
子○不早圖之乎	12/42/6	〔辱之奈○〕	20.11/57/4
○須軍士	12/42/9	○其忍負也	20.11/57/10
○足言哉	13/43/7	王揖怒蛙○也	20.18/58/8
此三劍○物所象	13/43/14	○敢不揖	20.18/58/8
其名爲○	13/43/14	○以異於衆人之鉤乎	20.19/58/12
○謂龍淵、泰阿、工布	13/43/15	○者是也	20.19/58/13
奈○能有功乎	14/44/3	敢問船軍之備○如	20.21/58/23
○謂九術	14/44/4		
○左○右	16/47/10		
○去○取	16/47/10	**和** hé	16
○謂道	16/47/11		
○謂術	16/47/11	○順天下	4/14/18
○謂末	16/47/11	皆當○陰陽四時之變	4/14/23
○謂實	16/47/12	得世之○	5/18/3
○以備之	16/47/20	父子不○	5/18/27
○以應之	16/47/23	夫○氏之璧	8/26/3
○謂保人之身	16/47/25	其亨祠今爲○公（群）	
○執而昌	16/48/9	〔郡〕社稷壚	10/36/3
○行而亡	16/48/9	金錫○銅而不離	13/42/19
○以紀之	16/48/23	陰陽不○	14/44/13
○謂魂魄	16/48/31	湯執其中○	16/47/20
奈○爲之	16/50/2	是所謂執其中○者	16/47/22
○以加於此乎	16/50/11	中○所致也	16/47/22
吾○託敢言	17/50/28	欲執其中○而行之	16/47/23
汝家○等遠道客者	17/50/29	執中○而原其終始	16/48/10
汝女弟○能	17/50/30	不執其中○	16/48/11
汝家○等遠道客	17/51/1	終○親	19/54/2
○能	17/51/2	諸侯○親	19/54/28
而○爲佐乎	17/51/14		
復○言哉	18/52/21	**河** hé	12
今荆平○善乎	19/54/6		
○義乎	19/54/11	被山帶○	2/3/5
子胥與吳○親乎	19/54/13	子可渡○	2/3/9
終不可奈○	19/54/14	至○用事	4/14/4
○拘之有	19/54/22	蔡公至○	4/14/6
孔子貶之奈○	19/54/22	渡○津	8/26/2
句踐○德也	19/54/25	奏曲○、句容	10/38/3
其賢奈○	19/54/26	激○泉井	11/39/3
子胥○由乃困於楚	19/54/29	珠玉竭○	13/43/6
句踐○當屬〔劚〕菳養		決江導○	13/43/27
馬	19/54/29	今代郡、常山、中山、	
子胥、范蠡○人也	19/55/1	○間、廣平郡	15/46/28
不合○不死	19/55/4	今○南郡	15/47/1
○以去	19/55/5	今遼東、隴西、北地、	
其同奈○	19/55/8	上郡、鴈門、北郡、	
		清○	15/47/6

曷 hé	1
種○爲誅	18/52/9
盍 hé	1
君王○少求卜焉	6/20/7
涸 hé	1
○而出銅	13/42/26
闔 hé	53
而道於○廬曰	2/3/21
○廬曰	2/3/22,4/13/27
○廬將爲之報仇	2/4/1
子胥言之○廬	2/4/2
○廬之時	3/4/15
○廬宮	3/4/18
○廬所造也	3/5/1
○廬所遊城也	3/5/24
○廬以鑄干將劍〔處〕	3/5/30
○廬冰室也	3/6/5,3/6/25
○廬冢	3/6/7
○廬子女冢	3/6/16
○廬造以遊姑胥之臺	3/7/18
○廬伐齊	3/7/20
○廬所置（麋）〔麋〕也	3/7/29
○廬所置船宮也	3/7/31
○廬所造	3/7/31,3/8/1
○廬所置諸侯遠客離城也	3/8/3
故○廬治以諸侯冢次	3/8/15
吳王○廬所置美人離城也	3/9/1
○廬所以候外越也	3/9/9
到○廬時絕	3/11/13
身干○廬	4/13/26
子胥於是報○廬曰	4/14/5
○廬於是使子胥興師救	
蔡而伐楚	4/14/8
越王句踐欲伐吳王○廬	4/14/15
吳○廬卒	4/15/6
○廬死也	4/15/7
○廬	4/15/7
吳王○廬始得子胥之時	7/23/20
○廬見中於飛矢	7/24/9
先遇○廬、後遭夫差也	7/24/24

是時吳王○閭伐楚	7/25/6	青、黃、赤、白、○	15/45/10	**衡** héng	5
○閭用之伐楚	7/25/7	○氣在軍上	15/45/25		
○閭卒	7/25/8	○氣在右	15/45/26	從其德而避其○	5/19/7
○閭傷焉	11/39/5	○氣在後	15/45/27	順其○	5/19/14
○閭圖劖子胥之教	12/39/24	○氣在左	15/45/27	審銓○	10/31/16
吳王○閭之時	13/43/1	○氣在前	15/45/28	權○相動	19/53/18
○閭無道	13/43/1			○五相發	19/53/18

閭 lǘ

時○閭又以魚腸之劍刺
吳王僚　13/43/3
○閭使專諸爲奏炙魚者　13/43/4
子胥以困（於）〔干〕
　○閭　19/54/13
○閭勇之甚　19/54/13
受○閭厚恩　19/54/15
○閭葬女於邦西　20.3/56/15
○閭惡王子慶忌　20.11/57/3
○閭既重莫耶　20.19/58/11
獻之○閭　20.19/58/12
○閭見子胥　20.21/58/23
吳王○閭問伍子胥軍法
　20.22/59/1

賀 hè　　1

以○軍吏　9/30/11

赫 hè　　3

○○斯怒　11/39/9
軒轅、神農、○胥之時　13/43/24

鶴 hè　　3

舞○吳市　3/6/17
故爲○阜山　3/8/8
引湖中柯山置之○阜　3/8/8

黑 hēi　　11

青○於下　7/23/27
見兩○犬嗥以北　12/39/27
見兩○犬嗥以北、嗥以
　南〔者〕　12/40/1
見兩○犬嗥以北、嗥以
　南　12/40/21
見兩○犬嗥以北、嗥以
　南者　12/41/3

狠 hěn　　1

不能任（○）〔狠〕致治　18/52/4

恨 hèn　　9

窮則怨○　1/2/9
怨○則作　1/2/10
猶詩人失職怨○　1/2/10
怨○作文　1/2/11
〔君臣死無所○矣〕　9/30/13
太伯特不○　19/53/27
於是萏邱訢卒於結○勢
　怒　20.11/57/10
萏邱訢宿怒遺○　20.11/57/10
餘○忿恚　20.11/57/12

恒 héng　　12

吾知子非○人也　2/3/24
陳成○相齊簡公　9/26/19
見陳成○　9/26/24
陳成○曰　9/26/24
成○忿然作色　9/27/2
而以教○　9/27/3
陳○曰　9/27/10
陳成○許（諾）〔諾〕　9/27/12
而王○使其劦（莖）
　〔莖〕秩馬　12/42/2
觀乎《陳○》　18/53/7
終於《陳○》　19/53/26
故終於《陳○》也　19/54/4

橫 héng　　5

即從○嶺上大山　2/3/5
見前圜○索生樹桐　12/39/28
　12/40/22
見前圜○索生樹桐〔者〕　12/40/3
前圜○索生樹桐者　12/41/5

薨 hōng　　3

諸侯稱○　4/15/7
不稱○而稱卒者　4/15/7
不稱○　4/15/10

宏 hóng　　1

知〔識○〕也　19/56/1

虹 hóng　　1

○蜺牽牛　7/23/26

洪 hóng　　1

○水滔天　4/16/18

鴻 hóng　　2

婁門外○城者　3/7/14
呼其兩子之名吳○、扈
　稽　20.19/58/14

澒 hòng　　1

（墳）〔○〕池六尺　3/6/8

侯 hóu　　58

諸○皆叛　1/1/10
桓公九合諸○　1/1/15
威凌諸○　1/1/16
率道諸○　1/1/18
諸○莫敢叛者　1/1/21
諸○從之　1/1/22
行霸諸○　1/1/23
彼必經諸○之邦可以報
　其父仇者　2/3/23

臣聞諸○不爲匹夫興師	2/4/1
闔廬所置諸○遠客離城也	3/8/3
撫○山者	3/8/15
故闔廬治以諸○冢次	3/8/15
古諸○王所葬也	3/12/20
壞諸○郡縣城	3/12/25
陽都○歸義	3/13/14
諸○不爲匹夫報仇	4/13/28
諸○稱薨	4/15/7
諸○也	4/15/7
諸○力政	4/15/8,4/15/12
故諸○死皆稱卒	4/15/10
率諸○朝天子	4/15/13
於是諸○皆從	4/15/13
九合諸○	4/15/20,11/38/19
桓公召其賊而霸諸○者	4/16/1
是謂召其賊霸諸○也	4/16/3
天下八百諸○	4/16/30
還諸○	4/17/2
而來諸○	5/18/19
諸○莫不聞知	6/20/18
句踐其敢與諸○反我乎	6/20/21
率諸○以殺其君	6/21/7
威諸○以成富焉	6/21/11
至夫差復霸諸○也	7/24/9
種留封○	7/24/27
客歷諸○	8/26/2
歷諸○無所售	8/26/3
諸○有相伐者	9/26/20
外事諸○	9/27/18,9/28/12
	9/29/10
明諸○以義	9/28/4
而名從諸○以伐也	9/28/5
正天下、定諸○則使聖人	9/28/19
無彊子之○	10/32/7
之○子尊	10/32/7
之○以下微弱	10/32/9
遠媿於諸○	11/38/7
遂有大功而霸諸○	11/39/4
朝諸○也	12/40/2
而外▆諸○	16/47/16
率諸○兵伐桀	16/47/21
今諸○之地	16/47/23
覩諸〔○〕所多少爲備	16/47/29
古者天子及至諸○	16/48/12
傾諸○也	19/54/8
諸○和親	19/54/28

后 hòu　　　　　　　　　4

○土治中央	5/18/9
○稷佐之	5/18/9
○稷產稷	10/31/13
○世稱述	18/52/26

後 hòu　　　　　　　　　87

其○賢者辯士	1/1/5
桓公、中國兵彊霸世之○	1/1/16
○人來言不死	1/1/29
其○道事以吳越爲喻	1/2/6
○人述而說之	1/2/13
其○荊將伐蔡	2/4/2
○	2/4/4
○求其利	2/4/9
○二（三）〔世〕而至夫差	3/4/15
所載襄王之○	3/7/12
○越搖王居之	3/8/23
○（壁）〔殿〕屋以爲桃夏宮	3/11/20
○燒	3/11/28
○十六年	3/12/15
威王○烈王	3/12/20
○懷王也	3/12/21
○十年	3/13/1
○四十餘年	3/13/21
三年然○歸之	4/14/3
然○歸之	4/14/6
用其○妻	4/15/29
仇者、舜○母也	4/15/30
益死之○	4/16/6
堯遭帝嚳之○亂	4/16/18
前頓○僵	5/17/25
○雖有敗	5/18/25
○生者未必不能明	5/19/2
不能救其前○	5/19/17
傳之○世以爲教	5/19/23
希須臾之名而不顧○患	6/20/7
而不顧○患乎	6/21/12
不用胥則無○	6/22/4
子勉事○矣	6/22/4
則無○憂	6/22/8
○覩萬世	7/23/21
○王復空	7/23/25

○必將失道	7/23/25
吾前獲功、○遇戮	7/24/23
先遇闔廬、○遭夫差也	7/24/24
其○使將兵於外	8/26/9
○遂師二人	8/26/11
壞人之善毋○世	8/26/14
知前而不知○	9/29/16
○有賢者	10/36/1
自章○世	10/36/1
因以爲名曰塘	10/36/24
○說之者	10/36/26
其居在○	11/38/9
唯恐爲○	11/39/10
思昭示於○王	11/39/16
見○房鍛者扶挾鼓小震	12/39/28
	12/40/22
見○房鍛者扶挾鼓小震者	12/40/4
○房鍛者鼓小震者	12/41/6
○世爲聲響	12/41/9
是○必有災	14/44/14
○必有殃	14/44/21
攻之無○	15/45/11
青氣在○	15/45/15
先大○小	15/45/15
赤氣在○	15/45/17
黃氣在○	15/45/20
白氣在○	15/45/24
黑氣在○	15/45/27
其氣在○而低者	15/46/2
然○有寒暑、燥濕、日月、星辰、四時而萬物備	16/47/13
然○可以圖之也	16/50/1
○知千歲	16/50/15
前○幽冥	16/50/16
然○告圓	17/51/20
幽王○懷王	17/51/21
○枉天人	18/51/30
其○厳過自伐	18/52/13
○僇者	18/52/20
○遭險	18/52/21
胥死之○	18/52/24
其○亦重	18/52/30
兼道事○	18/53/2
三皇以○	19/53/16
知○有彊秦喪其世	19/53/17
知○有蘇秦也	19/53/18

以喻○賢	19/53/22	胥殆不然○哉	6/21/18	人治使然○	16/48/17
垂象○王	19/53/23	而況於士○	6/21/20	其善惡可得聞○	16/48/30
因事類以曉○世	19/55/22	於○	6/21/23	可得而知○	16/49/7,16/49/14
俟告○人	19/55/25	吳王之情在子○	6/22/5	何以加於此○	16/50/11
○生可畏	19/55/30	將誰怨○	6/22/8	可得聞○	16/50/15
西施亡吳國○	20.24/59/7	親之○	6/22/11	可得見○	17/51/3
		逐之○	6/22/11	而何爲佐○	17/51/14
		殺之爲○	6/22/12	我其不伯○	18/51/26
厚 hòu	**6**	子何非寡人而且不朝		得○	18/52/5,19/54/19
		〔○〕	6/22/27	蓋有說○	18/52/9
得報子之○德	2/3/10	以吾殺胥爲重○	6/22/28	見○顏色	18/52/14
彼將有○利	6/21/11	可○	6/23/10	知幾其神○	18/52/16
吳城高以○	9/26/26		9/30/14,13/42/25,13/43/11	嗟○	18/52/19,20.19/58/15
口不甘○味	9/29/6	子知之○	6/23/15	故觀○《太伯》	18/53/5
受闔廬○恩	19/54/15		20.11/57/13,20.11/57/16	觀○《荊平》	18/53/5
臣有所○於國	20.11/57/3	聖人前知○千歲	7/23/20	觀○《吳越》	18/53/5
		難○言哉	7/23/24	觀○《計兒》	18/53/6
		可謂明○	7/24/11	觀○《請糴》	18/53/6
候 hòu	**4**	軍其凶○	7/24/15	觀○《九術》	18/53/7
		王何疑○	7/24/17	觀○《兵法》	18/53/7
吳備○塞也	3/5/22	何邦不可○	7/25/19	觀○《陳恒》	18/53/7
闔廬所以○外越也	3/9/9	可無一出○	9/26/21	觀○《德敘》	18/53/8
吳宿兵○外越也	3/9/11	則臣之所見溢○負海	9/20/4	范蠡審○吉凶終始	18/53/9
越王（○）〔使〕干戈		敢不奉教○	9/28/17	察○馮同、宰嚭	18/53/10
人一累土以葬之	3/10/15	其君幾○	9/28/20	今荊平何善○	19/54/6
		其唯臣幾○	9/28/21	何義○	19/54/11
		其騎士、銳兵弊○齊	9/29/2	子胥與吳何親○	19/54/13
乎 hū	**113**	重器、羽旄盡○晉	9/29/2	而況面在○	19/54/16
		敢不待命○	9/29/13	而況○子胥	19/54/21
而言絕○	1/1/9	弟子莫能從○	10/32/3	及○夷狄	19/54/22
何不言《齊絕》○	1/1/15	其逆天○	10/34/1	不亦賢○	19/54/30
在人○	1/1/26	一○仲	11/38/21	二子孰愈○	19/55/10
何以知獨在人○	1/1/27	二○仲	11/38/21	子胥可謂兼人○	19/55/14
宰何病○	1/1/29	〔其〕唯聖人○	11/39/18	答墓何名○	19/55/19
其子又何適○	2/3/2	蒼天知冤○	12/41/8	至○更始之元	19/55/22
豈可得託食○	2/3/17	寧知之○	12/41/21	於○哀哉	19/55/27,19/56/3
莫若求之而與之同邦○	2/4/5	此非大過者二○	12/42/1	其得○哉	20.11/57/15
吳何以稱人○	4/13/26	此非大過者三○	12/42/2	何以異於眾人之鉤○	20.19/58/12
憂中邦奈何○	4/13/26	此非大過者四○	12/42/3		
天下誰能伐楚○	4/14/4	此非大過者五○	12/42/4		
天下誰能伐楚者○	4/14/6	子何不早圖之○	12/42/6	**忽** hū	**2**
丘陵（○）〔平〕均	4/14/16	不亦繆○	12/42/9,16/49/25		
則轉轂○千里	5/18/17	固能有精神若此○	13/43/24	王無○忘	5/18/3
物有妖祥○	5/19/5	奈何能有功○	14/44/3	○如敗	13/42/21
而況於人○	6/20/20	〔而〕況於吳○	14/44/8		
句踐其敢與諸侯反我○	6/20/21	亦有應○	16/47/29	**呼** hū	**10**
雖勝可謂義○	6/21/7	漸漬○滋味之費	16/48/12		
辨其君何必翻翻○	6/21/10			○而使之	4/15/28
而不顧後患○	6/21/12				
子無乃向寡人之欲○	6/21/12				

華 huá　4

一在○池昌里	3/4/20
其□捽如芙蓉始出	13/42/22
宋大夫○元冢	20.10/57/1
在○原陳留小黃縣北	20.10/57/1

鏵 huá　4

見兩○倚吾宮堂	12/39/27
	12/40/21
兩○倚吾宮堂〔者〕	12/40/2
見兩○倚吾宮堂者	12/41/4

化 huà　4

范蠡值吳伍子胥教○	4/15/1
賢者所過○	19/54/19
商均不○	19/54/20
其女○形而歌曰	20.2/56/11

畫 huà　2

（○）〔畫〕陳詐兵	10/33/23
盡妖妍於圖○	11/39/15

淮 huái　4

○南王反	3/13/1
今○陽里丘	10/32/26
今南郡、南陽、汝南、	
○陽、六安、九江、	
廬江、豫章、長沙	15/47/3
過○津	20.11/57/5

懷 huái　9

子胥○忠	1/2/10
後○王也	3/12/21
○王子頃襄王也	3/12/21
○禽獸之心	4/15/23
今○君子一月矣	17/51/13
幽王後○王	17/51/21
○王子頃襄王	17/51/22
孔子○聖承弊	19/53/19
○道而終	19/55/27

壞 huài　3

○諸侯郡縣城	3/12/25
○人之善毋後世	8/26/14
乃○池塡塹	11/39/2

蠸 huān　1

○飛蠸動	4/14/19

桓 huán　14

○公九合諸侯	1/1/15
○公、中國兵彊霸世之後	1/1/16
閭門外高頸山東○石人	3/6/3
故爲○公	4/15/21
○公召其賊而霸諸侯者	4/16/1
管仲臣於○公兄公子	
（斜）〔糾〕	4/16/1
（斜）〔糾〕與○爭國	4/16/1
管仲張弓射○公	4/16/2
○公受之	4/16/2
是故周文、齊○	11/38/17
○稱仲父	11/38/22
○公迫於外子	18/52/3
○公能任賢	18/52/5
齊○興盛	18/53/9

還 huán　26

使者○報荊平王	2/3/2
○	2/3/10,7/25/8
○顧女子	2/3/19
使者遂○	2/4/10
○奔丹陽	3/13/3
於是鮑叔牙○師之莒	4/15/20
○諸侯	4/17/2
因復相○	5/17/17
大克○	6/22/24
引兵而○	7/24/6,11/39/13
因是○去	7/24/7
子胥○師	7/24/9
孰與師○	7/24/15
子待吾伐越而○	9/27/18
君以伐越而○	9/27/19
○報其王	10/33/24
句踐伐吳○、封范蠡子	

也	10/35/18
吳王復○封句踐於越	10/37/12
軍敗而○	11/39/5
○師去汝	13/43/3
○自遺災	18/52/11
因引兵○	19/55/18
生往死○	20.11/57/8
彼勇士有受不○	20.11/57/11

環 huán　15

三江○之	6/20/12
出大臣以○之	9/27/9
如○之無端	16/48/18
園女弟女○謂園曰	17/50/26
女○曰	17/50/28,17/51/5
告女〔弟〕○曰	17/51/4
園馳人呼女○	17/51/7
女○至	17/51/7
女○鼓琴	17/51/7
〔女○鼓琴而歌〕	17/51/8
女○謂春申君曰	17/51/8
	17/51/13
與女○通未終月	17/51/13
女○使園相春申君	17/51/20

患 huàn　8

憂至○致	1/2/11
用此不○無功	5/19/22
希須臾之名而不顧後○	6/20/7
而不顧後○乎	6/21/12
臣有○也	6/22/8
孔子○之	9/26/20
故曰九者勿○	14/44/7
蠡善慮○	18/52/5

煥 huàn　2

○○如冰〔之將〕釋	13/42/24

皇 huāng　19

秦始○帝十一年	3/5/6
秦始○帝刻石徙之	3/9/13
秦始○并楚	3/12/15
秦始○滅之	3/12/21

翽 huì	2	故木中有○	16/48/1	囂何○吾君王也	6/21/9
		金、木、水、○更相勝	16/48/2	又不圖邦權而○吾君王	6/22/2
辨其君何必○○乎	6/21/10	蓋木土水○	18/52/11	伍胥爲之○	7/25/11
				魂魄○也	12/41/4
昏 hūn	2	**或 huò**	25	士卒迷○	13/43/21
				夫差狂○	18/52/8
到黃○	17/51/7	○以爲子貢所作	1/2/5		
猶○然誅之	18/52/9	○至齊	1/2/6	**禍 huò**	7
		○至吳	1/2/6		
惛 hūn	1	○經○傳	1/2/15	○與福爲鄰	9/28/10
		○內○外	1/2/15	欲使覆○吳人船	10/36/11
因○視動者	4/14/23	○非其事	1/2/16	乃此○晉之驪姬、亡周	
		凡人生○老○弱	5/17/30	之褒姒	11/39/15
渾 hún	2	○彊○怯	5/17/30	而○亂不作也	11/39/20
		○水○塘	5/18/1	君子各以所好爲○	12/41/1
○○如水之〔將〕溢於		○甚美以亡	6/21/9	能知取人之眞、轉○之福	18/53/7
溏	13/42/23	○甚惡以昌	6/21/9	不計○福	19/55/20
		胥聞災異○吉○凶	7/24/18		
魂 hún	11	○伍戶之虛	7/25/13	**獲 huò**	7
		○任子胥	7/25/18		
○魄惑也	12/41/4	○北○南	10/33/23	恐○其咎	7/23/22
寡人聞人失其○魄者死	16/48/28	○爲南安	10/34/5	吾前○功、後遇戮	7/24/23
得其○魄者生	16/48/28	○多○少	16/47/23	臣○大譽	7/24/25
與○魄無異	16/48/30			○七將	9/31/4
必察其○魄	16/48/31	**貨 huò**	17	蓋謂知其道貴微而賤○	18/52/15
何謂○魄	16/48/31			道○麟	19/53/18
○者、橐也	16/49/1	嘗言息○	5/18/4	（問曰）請粟者求其福	
○主死氣之舍也	16/49/2	外○可來也	5/18/17	祿必可○	19/54/1
○者主貴	16/49/2	亟賣六畜○財	5/19/11		
○者	16/49/3	積斂○財	5/19/12	**姬 jī**	1
故觀其○魄	16/49/5	末病則○不出	5/19/20		
		本之○物	5/19/21	乃此禍晉之驪○、亡周	
火 huǒ	15	甲○之戶曰粢	5/19/25	之褒姒	11/39/15
		乙○之戶曰黍	5/19/25		
守宮者照燕失○	3/5/7	丙○之戶曰赤豆	5/19/26	**箕 jī**	5
使主○	5/18/9	丁○之戶曰稻粟	5/19/26		
三歲處○則旱	5/18/13	戊○之戶曰麥	5/19/27	比干、○子、微子尙在	4/17/1
金木水○土更勝	5/19/6	己○之戶曰大豆	5/19/27	囚○子	4/17/2
審金木水○	5/19/22	庚○之戶曰穬	5/19/27	執○（掃）〔帚〕	9/29/11
○	7/24/16	辛○之戶曰菓	5/19/28	尾、○也	15/46/14
水制○	7/24/16	壬、癸無○	5/19/28	○子亡者	19/55/10
夜舉○〔擊〕鼓	10/33/23	欲與他○之內以自實	16/48/5		
夜○相（應）〔望〕	11/39/11	○財殖聚	19/55/13	**稽 jī**	31
王且不得○食〔也〕	12/41/3				
野○燒其骨	12/41/10	**惑 huò**	7	秦始皇發會○	3/12/22
此公孫聖所言、王且不				會○并故鄣郡	3/13/11
得○食	12/41/17	不忍君沈○於讒	1/2/10	會○屬漢	3/13/14

修內矛赤雞○緜者也	4/16/14	**激** jī	1	慎無如會稽之○	5/18/3
慎無如會○之饑	5/18/3			凡十二歲一○	5/18/15
嘗與孤議於會○石室	5/19/19	○河泉井	11/39/3	比七年旱而民不○	5/18/16
保棲於會○山上	6/20/3			今以越之○	6/20/18
越王去會○	6/20/4	**擊** jī	10	適○不費	6/22/20
棲於會○之山	8/26/9			○不飽食	11/39/8
棲之會○	9/27/17	見一女子○絮於瀨水之中	2/3/16	○餓	12/41/15
越王句踐○首再拜	9/28/10	怒至士○高文者	4/16/15	來年大○	16/50/7
	9/28/15,9/29/3	晉人○之	9/31/5		
棲於會○山上	9/28/12	夜舉火〔○〕鼓	10/33/23	**及** jí	15
上棲會○山	9/28/16	以鐵杖○聖	12/41/8		
棲於會○	9/30/3,9/30/8	興師○之	12/41/14	毋令追者○子也	2/3/14
更名茅山曰會○	10/31/16	雷公○棄	13/42/27	澤○夷狄	4/17/8
葬會○	10/31/17	興師○楚	13/43/3	○其有餘	5/18/19
孔子有頃姚○到越	10/31/27	舉兵無○大歲上物	15/46/8	得○身	8/26/13
越棲於會○之山	10/33/26	敖歌○鼓者斬	20.22/59/2	○其王也	10/31/16
越棲於會○日	10/33/28			故身操死持傷○被兵者	11/39/7
會○山上城者	10/34/19	**雞** jī	8	寡人雖不○賢主、聖王	16/47/22
會○山北城者	10/34/21			古者天子○至諸侯	16/48/12
東遊之會○	10/37/27	妻門外○陂壚	3/7/16	下不○於堯舜	16/49/28
進兵圍越會○塡山	11/39/11	故吳王所蓄○〔處也〕	3/7/16	誠非吾所○也	16/49/28
越王句踐困於會○	18/51/26	故吳所畜牛、羊、豕、		凡欲先知天門開○地戶閉	16/50/3
句踐執於會○	18/52/4	○也	3/13/9	○外篇各有差敘	19/54/17
秦始皇至會○	20.8/56/27	修內矛赤○稽緜者也	4/16/14	○乎夷狄	19/54/22
會○山南故越城是也	20.13/57/24	故有○鳴壚	10/33/29	弗○耳	19/55/16
呼其兩子之名吳鴻、扈		○山、豕山者	10/35/6	未○有言	20.11/57/10
○	20.19/58/14	句踐以畜○、豕	10/35/6		
		○山在錫山南	10/35/6	**即** jí	43
積 jī	12				
		譏 jī	3	於是王○使使者召子尙	
野無○庚	5/17/20			於吳	2/2/27
興師者必先蓄○食、錢		聖人○之	11/39/13	○從橫嶺上大山	2/3/5
、布、帛	5/17/22	○二名	19/53/21	〔○〕歌而往過之	2/3/7
不先蓄○	5/17/22	○惡爲誠	19/55/22	子胥○從漁者之蘆碕	2/3/8
必先憂○蓄	5/17/30			船到○載	2/3/9
因熟○以備四方	5/18/2	**齋** jī	1	子胥○解其劍	2/3/11
故散有時○	5/18/13			○覆船	2/3/16
○歛貨財	5/19/12	寡人願○邦之重寶	13/43/10	○發簞飯	2/3/17
○負於人	5/19/17			王○使召子胥	2/3/23
猶心腹有○聚	6/22/23	**饑** jī	14	○使子胥救蔡而伐荆	2/4/2
下無○水	10/31/17			名○章	2/4/8
陰氣蓄○大盛	16/47/31	○易助	1/1/27	利○重矣	2/4/9
陽氣蓄○大盛	16/48/1	父母皆○	4/15/26	○拘昭公〔於〕南郢	4/14/3
		士卒數○	5/17/22	且○不朝	6/22/27
機 jī	1	○則易傷	5/17/22	○慮日益進而智益生矣	6/23/1
		○饉不可以動	5/17/24	○齊（也亦）〔亦已〕	
涉天○	18/51/30	○饉在閒	5/18/1	私魯矣	9/28/1

○王業成矣	9/28/4	數傷人而○亡之	6/20/7	**戟** jí		2
○召太宰而占之	12/39/26	大王○飡而去	12/41/18			
○〔與妻〕把臂而決	12/40/17			王身將即疑船旌麾兵○		
○尙在耶	12/41/19	**疾** jí		3	與王船等者七艘	20.22/59/1
太宰嚭○上山三呼	12/41/19				將軍疑船兵○與將軍船	
歐冶子○死	13/43/6	○陳霸王之道	7/25/16		等三船	20.22/59/2
人得穀○不死	16/47/25	乃使群臣身問○病	11/39/2			
○決矣	16/47/30	悲怨成○	20.2/56/12	**給** jí		2
○位安而萬物定矣	16/48/11					
○尊位傾	16/48/11	**棘** jí		3	天下家○人足	4/17/7
○爲惡歲	16/48/23				作務日○	5/19/18
○爲亂世	16/48/24	邦爲空○	9/29/4,9/30/3,9/30/9			
不行○神氣〔橋〕而不					**幾** jí		8
成物矣	16/49/4	**楫** jí		1			
○知歲之善惡矣	16/49/5				人之生無○	5/17/30
○春無生	16/49/12	以○爲馬	10/32/2		庶○正君	7/24/22
○四序爲不行	16/49/12				其君○乎	9/28/20
夫陰入淺者○歲善	16/50/18	**極** jí		8	其唯臣○乎	9/28/21
○不見我	17/50/28				居無○	10/31/25
君○王公也	17/51/14	誠能○智	1/2/12		存有亡之○	11/39/19
○召之	17/51/17	得無衰○	7/23/21		○亡邦危社稷	16/49/20
○〔對〕〔封〕春申君		讒人罔○	7/25/3		知○其神乎	18/52/16
於吳	17/51/21	○凶悖於人理	11/39/15			
越王句踐（○）〔既〕		○而復反	16/48/24		**吉** jí		16
得平吳	18/51/28	欲知八穀之貴賤、上下					
○知其情	19/54/2	、衰○	16/48/30		言存亡○凶之應	4/14/24
○能以霸	19/55/11	陰○而復貴	16/49/16		變爲○凶	5/19/6
○謂之曰	20.11/57/7	陽○而不復〔賤〕	16/49/17		胥聞災異或○或凶	7/24/18
王身將○疑船旌麾兵戟					蠡審凶○	7/24/27
與王船等者七艘	20.22/59/1	**殛** jí		1	○凶更至	10/33/27
○出就陣	20.22/59/2				○則言○	12/39/28,12/40/22
		堯○之羽山	4/16/19		西向○	15/46/5
急 jí		6				南向○	15/46/6
		己 jí		7	東向○	15/46/6
吾君王○之	6/20/19				北向○	15/46/7
越王句踐有○	6/20/21	克○自責	1/1/23		○凶所避也	15/46/8
臣聞聖人有○	6/21/1	明○無過	1/2/12		○耶凶耶	18/52/15
願大王○行	7/24/18	○貨之戶曰大豆	5/19/27		范蠡審乎○凶終始	18/53/9
臣唯君王○剗之	10/34/1	殷亡於姐○	14/45/2			
卒得○記	12/40/14	不惡人之謗○	16/49/22		**伎** jí		1
		不德人之稱○	16/49/22				
亟 jí		6	以○喻人	19/55/29		悉其○巧	13/42/27
○食而去	2/3/14	**脊** jí		1	**忌** jí		2
○怒紛紛者	4/16/15						
○賣六畜貨財	5/19/11	至○而止	13/43/17		舉事之大○〔也〕	9/28/14
○發糴	5/19/12				閭閻惡王子慶○	20.11/57/3

繼 jì	4
不可○述	3/7/12
吳越之士○（蹟）〔蹝〕	
連死	9/29/8
承三○五	19/53/15
故作《春秋》以○周也	19/53/19

驥 jì	1
騏○之材	8/26/3

加 jiā	9
賞賜不○於無功	4/17/6
刑罰不○於無罪	4/17/7
其志○親	6/21/19
○銖〔兩〕而移	9/27/14
年○申酉	10/31/20, 19/55/27
時○南方	12/40/15
何以○於此乎	16/50/11
乃○吾之上	20.11/57/19

夾 jiā	1
○田夫也	12/40/2

家 jiā	13
國○不見死亡之失	4/15/3
天下○給人足	4/17/7
則○富而不衰矣	5/18/24
○貧致亂	5/18/26
是養寇而貧邦○也	6/20/14
憂邦如○	7/24/21
孤欲空邦○	9/29/10
○與爲仇	10/33/19
無與居○	11/38/15
令吾○無葬我	12/41/9
八曰邦○富而備〔利〕器	14/44/7
汝○何等遠道客者	17/50/29
汝○何等遠道客	17/51/1

嘉 jiā	1
恭承○惠	18/53/1

甲 jiǎ	14
宿○者	3/9/11
於是乃使之維○	4/16/13
維○者、治○系斷	4/16/13
○貨之戶曰粲	5/19/25
其士民有惡聞○兵之心	9/26/26
○堅以新	9/27/1
○二十領、屈盧之矛、	
步光之劍	9/30/11
句踐乃身被賜夷之○	10/31/26
以正月○戌到大越	10/37/28
使披腸夷之○三事	13/43/4
此二人○世而生	13/43/9
九日堅厲○兵	14/44/7
○兜鍪各三十二	20.20/58/20

假 jiǎ	6
春申君子○君宮也	3/11/22
春申君自使其子爲○君	
治吳	3/12/14
幽王徵○君	3/12/14
○君所思處也	3/12/18
舜親父○母	4/15/26
我欲○於春申君	17/50/27

價 jià	2
其○十倍	5/18/18
則無○矣	5/18/18

稼 jià	1
禾○登熟	12/39/24

駕 jià	6
蒸山南面夏○大冢者	3/10/11
爲我○舍卻行馬前	6/20/17
○臺	10/32/24
更○臺	10/33/11
宮人有四○白鹿而過者	13/42/20
四○上飛揚	13/42/20

肩 jiān	1
猶爲比○	19/55/23

兼 jiān	5
且夫君王○利而弗取	6/20/13
吳易○也	6/23/11
越易○也	10/33/26
○道事後	18/53/2
子胥可謂○人乎	19/55/14

堅 jiān	5
囍見夫差內無柱石之○	7/25/8
甲○以新	9/27/1
孤請自被○執銳	9/30/12
兵革○利	12/39/24
九曰○厲甲兵	14/44/7

間 jiān	10
處於吳、楚、越之○	5/18/4
〔以伺吾〕○也	6/20/15
讒人○之	7/24/22
遊於楚越之○	8/26/4
〔觀其〕釽從文〔○〕	
起	13/43/17
其氣○其軍	15/46/3
今代郡、常山、中山、	
河○、廣平郡	15/46/28
天地之○	16/48/29
吾挾弓矢以逸鄭楚之○	18/52/19
彷彿之○	18/52/26

監 jiān	1
宜求○於前史	11/39/16

艱 jiān	1
豈不○哉	11/38/12

減 jiǎn	1
○天寸六分以成地	16/50/4

鄭（足）〔旦〕宮臺		越王句○近侵於彊吳	11/38/7	申胥進○	6/21/16
也	10/32/28	句○大恐	11/39/11	今申胥進○類忠	6/22/10
句○所休謀也	10/33/4	句○行成	11/39/12	申胥必○曰不可	6/22/13
句○冰室	10/33/9	越王句○有寶劍五	13/42/15	子胥○而誅	7/24/10
句○之出入也	10/33/11	越王句○問大夫種曰	14/44/3	捐軀切○	7/24/21
句○軍敗失衆	10/33/15	東海役臣孤句○	14/44/11	奢盡忠入○	7/25/1
句○絕糧困也	10/33/17	越王句○竊有天之遺西		而王拒之	7/25/1
句○庶子冢也	10/33/17	施、鄭旦	14/44/18	奢○於楚	7/25/3
句○與吳戰於淅江之上	10/33/19	胥聞越王句○晝書不倦	14/44/21	耆老、壯長進○曰	10/33/19
今越句○其已敗矣	10/33/25	胥聞越王句○服誠行仁	14/44/22	子胥爭○	11/39/12
句○喟然用種、蠡計	10/33/27	胥聞越王句○多披毛裘	14/44/23	正言直○	12/40/16
句○將降	10/33/28	越王句○問范子曰	16/47/10	正言切○	12/41/1
亡臣孤句○	10/33/29	越王句○困於會稽	18/51/26	直言正○	12/41/8
句○自治以爲冢	10/34/14	句○曉焉	18/51/28	聖正言直○	12/41/22
句○欲伐吳	10/34/16	越王句○（即）〔既〕		七日彊其○臣	14/44/6
句○與吳戰	10/34/19	得平吳	18/51/28	申胥○曰	14/44/12,14/44/20
句○所徙葬先君夫鐔冢		以爲專句○之功	18/52/1	聽○	14/44/23
也	10/34/23	句○執於會稽	18/52/4	內痛子胥忠○邪君	18/53/10
句○罷吳　　　10/34/25,10/35/1		句○能行焉	18/52/5	欲著其○之功也	19/54/15
句○治以爲義田	10/34/30	句○至賢	18/52/9	于斧漁子進○子胥	19/55/17
句○以畜雞、豕	10/35/6	句○知其仁也	18/52/13		
句○時采錫山爲炭	10/35/9	句○非之	18/52/14	**鍵 jiàn**	**1**
句○父允常冢也	10/35/12	句○何德也	19/54/25		
一曰句○伐善（村）		使句○無權	19/54/27	龠口○精	19/56/2
〔材〕	10/35/13	句○何當屬〔劄〕莝養			
句○工官也	10/35/16	馬	19/54/29	**薦 jiàn**	**2**
句○伐吳還、封范蠡子		句○以來	19/55/22		
也	10/35/18	句○遊臺上有龜公冢在		○益而封之百里	4/16/5
句○築鼓鍾宮也	10/35/21		20.14/57/26	○一言	8/26/13
句○船宮也	10/35/23	越王句○既爲吳辱	20.18/58/7		
句○客秦伊善焰龜者冢		句○揖之	20.18/58/7	**江 jiāng**	**38**
也	10/35/25				
句○教習兵處也	10/35/27	**諫 jiàn**	**33**	至○上	2/3/6
句○所葬大夫種也	10/35/30			半○	2/3/9
句○葬之	10/36/1	切切爭○	1/2/11	挾匕首自刎而死○水之中	2/3/16
句○所徙巫爲一里	10/36/3	范蠡○曰	4/14/15	入大○	3/5/20
句○鑄銅	10/36/8	數○不去	4/16/19	奏○	3/5/28
句○遣使者取於南社	10/36/8	○者則誅	5/18/21	南達○	3/5/30
句○於中江而葬之	10/36/11	亦不○也	5/18/23	通○南陵	3/9/3
句○杭也	10/36/18	賢子有○者憎之	5/18/25	吳（古）〔王〕故祠○	
句○已滅吳	10/36/24	非得不○	5/18/26	漢於棠浦東	3/11/13
句○將伐吳	10/36/26	○而不聽	5/18/26	○南爲方牆	3/11/13
蓋句○所以遊軍士也	10/36/27	且夫吳王又喜安佚而不		通浙○	3/12/22
句○入官於吳	10/37/9	聽○	6/20/6	錢唐浙○岑石不見	3/13/19
句○勝吳	10/37/9	申胥進○曰	6/20/11	越人往如○也	4/16/14
句○服爲臣	10/37/12	忠○者逆	6/20/19	西則迫○	5/17/16
吳王復還封句○於越	10/37/12	而諛○者反親	6/20/19	治牧○南	5/19/25

三〇環之	6/20/12	〇何以	6/22/12	〇謀未定	15/45/16,15/45/19
西州大〇	7/24/1	後必〇失道	7/23/25		15/45/25
涉〇襲吳	9/31/6	〇至不久	7/23/26	〇軍勇而兵少	15/45/17
句踐與吳戰於浙〇之上	10/33/19	必〇爲咎	7/24/1	〇弱	15/45/17,15/45/25
石買發行至浙〇上	10/33/20	越〇掃我	7/24/14		15/45/26
西至浙〇	10/33/28	是越〇凶、吳〇昌也	7/24/19	攻之殺〇	15/45/18,15/45/27
遂許之浙〇是也	10/34/1	令子胥、孫武與闔〇師			15/45/28
洹〇以來屬越	10/35/7	入郢	7/25/7	〇勇	15/45/18
〇東中巫葬者	10/36/11	今〇安之	7/25/19	〇勇兵少	15/45/19
句踐於中而葬之	10/36/11	其後使〇兵於外	8/26/9	〇智而明	15/45/20,15/45/28
浙〇南路西城者	10/37/1	今齊〇伐之	9/26/21	〇智而勇	15/45/21,15/45/27
浙〇至就李	10/37/13	〇明於法	9/27/8	〇弱卒少	15/45/21
取錢塘浙〇「岑石」	10/37/29	大臣〇有疑我之心	9/27/11	〇勇智	15/45/22
與戰西〇	11/39/10	必〇有報我之心	9/27/18,9/28/13	〇賢智而明	15/45/22
涉〇	12/41/15	似〇使使者來	9/30/5	〇勇而卒彊	15/45/23
中斷之入〇	12/41/22	今竊聞大王〇興大義	9/30/10	〇仁而明	15/45/24
〇水折揚	13/43/22	大王〇遂大義	9/30/11	〇勇而彊	15/45/24
決〇導河	13/43/27	今齊、吳〇戰	9/30/19	〇勇卒彊	15/45/27
吳故治西〇	15/46/18	獲七〇	9/31/4	故明〇知氣變之形	15/46/1
今南郡、南陽、汝南、		莫〇自使	10/31/14	〇道也	16/48/17
淮陽、六安、九〇、		石買爲〇	10/33/19	〇人也	16/48/28
廬〇、豫章、長沙	15/47/3	動搖〇率	10/33/21	人之〇死	18/52/10
春祭三〇	18/51/29	（孤）〔狐〕之〇殺	10/33/25	邦之〇亡	18/52/10
捐我深〇	18/52/24	句踐〇降	10/33/28	子胥賜劍〇自殺	18/52/19
王使人捐於大〇口	18/52/25	故〇士衆	10/33/29	亡〇安之	18/52/22
		〇伐吳	10/35/6	吳王〇殺子胥	18/52/22
將 jiāng	**105**	種〇死	10/35/30	《易》之卜〇	19/54/3,19/54/6
		句踐〇伐吳	10/36/26	《春秋》無〇	19/54/3,19/54/6
齊〇伐魯	1/1/4	政使〇魏舍、內史教攻		〇爲復仇	19/54/14
胥〇使邊境有大憂	2/2/25	韓	10/37/25	昭然知吳〇亡也	19/54/15
闔廬〇爲之報仇	2/4/1	政使〇王賁攻魏	10/37/25	王身〇即疑船旌麾兵戟	
其後荆〇伐蔡	2/4/2	政使〇王涉攻趙	10/37/25	與王船等者七艘	20.22/59/1
子胥〇卒六千	2/4/3	政使〇王賁攻楚	10/37/26	〇軍疑船兵戟與〇軍船	
闔廬以鑄干〇劍〔處〕	3/5/30	政使〇史敖攻燕	10/37/26	等三船	20.22/59/2
丁〇軍築治之	3/13/1	政使〇王涉攻齊	10/37/26		
越王弟夷鳥〇軍殺潯	3/13/3	相〇至秦餘杭之山	12/41/15	**僵 jiāng**	**3**
夷鳥〇軍今爲平都王	3/13/3	渾渾如水之〔〇〕溢於			
〇爲之報仇	4/13/27	溏	13/42/23	前頓後〇	5/17/25
子胥〇卒六千人	4/14/9	煥煥如冰〔之〇〕釋	13/42/24	〇尸流血	16/49/25
亦在其〇	5/17/26	〇首魁漂而存焉	13/43/2	放髮〇臥	20.11/57/13
〇與	6/20/11	寡人聞吳有干〇	13/43/9		
〇修士卒	6/20/15	見歐冶子、干〇	13/43/11	**漿 jiāng**	**5**
〇以此試我	6/20/16	歐冶子、干〇鑿茨山	13/43/12		
彼〇有厚利	6/21/11	〇弱兵多	15/45/15	清其壺〇而食〔之〕	2/3/14
臣聞春日〇至	6/21/13	〇勇穀少	15/45/15	掩爾壺〇	2/3/15,2/3/18
〇誰怨乎	6/22/8	〇少卒多	15/45/15	清其壺〇而食之	2/3/18
〇更然有怨心不已	6/22/11	〇暴	15/45/16	吾是於斧掩壺〇之子、	

發簞（飲）〔飯〕於
　船中者　　　　　　　7/24/5

疆 jiāng　　8

今君悉擇四○之中　　9/27/8
〔請〕悉擇四○之中　　9/30/12
不揚子無○　　　　　10/32/7
威王滅無○　　　　　10/32/7
無○子之侯　　　　　10/32/7
無○以上　　　　　　10/32/9
吳（彊）〔○〕越地以
　爲戰地　　　　　　10/37/7
死葬其○　　　　　　19/55/24

講 jiǎng　　2

○習學問魯之闕門　　1/2/7
與之（○）〔論〕事　　11/38/28

匠 jiàng　　3

（近）〔○〕門外欅溪
　檟中連鄉大丘者　　3/7/9
○門外信士里東廣平地者　3/13/6
五曰遺之巧○　　　　14/44/5

降 jiàng　　11

越師請○　　　　　　10/33/26
句踐將○　　　　　　10/33/28
振旅服○　　　　　　11/39/11
必以殺○　　　　　　15/45/17
其軍可○　　　　　　15/45/18
穀足而不可○　　　　15/45/20
可○　　　　　　　　15/45/25
攻之可○　　　　　　15/45/25
可不攻自○　　15/45/27,15/45/28
其軍自○　　　　　　15/45/28

交 jiāo　　10

南夷與北狄○爭　　　4/15/8
○錯相過　　　　　　5/17/16
吾聞先生明於時○　　5/17/21
太宰嚭之○逢同　　　6/22/1
必有敢言之〔○〕　　6/23/1

○亂四國　　　　　　7/25/3
下與大臣○爭也　　　9/27/6
願一與吳○天下之兵於
　中原之野　　　　　9/29/8
與吳王整襟○臂而奮　9/29/8
（○）〔文〕刻獻於吳　10/35/13

郊 jiāo　　1

除道○迎至縣　　　　9/28/8

焦 jiāo　　2

○思苦身　　　　　　1/1/23
○唇乾嗌　　　　　　9/29/7

蛟 jiāo　　2

○龍捧鑪　　　　　　13/42/27
殺兩○一龍　　　　　20.11/57/6

驕 jiāo　　9

天道盈而不溢、盛而不
　○者　　　　　　　4/14/19
故曰天道盈而不溢、盛
　而不○者也　　　　4/14/20
堯太子丹朱倨○　　　4/15/23
雖夫差○奢　　　　　7/24/10
〔戰勝以○主〕　　　9/27/5
是君上○主心　　　　9/27/5
且夫上○則犯　　　　9/27/6
臣○則爭　　　　　　9/27/6
自○於友人之旁　　　20.11/57/9

矯 jiāo　　2

眔曲○直　　　　　　18/52/19
○枉過直　　　　　　19/55/19

校 jiāo　　3

左○司馬王孫駱　　　12/40/10
王孫駱爲左○司馬　　12/41/13
太宰嚭爲右○司馬　　12/41/13

教 jiào　　22

吳有子胥之○　　　　1/1/21
有聖人○授六藝　　　1/2/7
有不聽子胥之○者　　2/3/27
從其政○　　　　　　4/14/18
范蠡值吳伍子胥○化　4/15/1
可以爲○常　　　　　5/17/27
請遂受○焉　　　　　5/19/19
計倪乃傳其○而圖之　5/19/22
傳之後世以爲○　　　5/19/23
而以○恒　　　　　　9/27/3
又出玉聲以○孤　　　9/28/17
敢不奉○乎　　　　　9/28/17
○民鳥田　　　　　　10/31/18
夫子何以○之　　　　10/31/27
句踐所習○美女西施、
　鄭（足）〔旦〕宮臺
　也　　　　　　　　10/32/28
句踐○習兵處也　　　10/35/27
政使將魏舍、內史○攻
　韓　　　　　　　　10/37/25
闔廬■剚子胥之○　　12/39/24
受○告東披門亭長公孫
　聖　　　　　　　　12/40/10
天生萬物而○之而生　16/47/25
夫子幸○寡人　　　　16/50/17
令船軍之○　　　　　20.21/58/24

徼 jiào　　1

○成其事而已　　　　5/18/24

皆 jiē　　35

○以國爲氏姓　　　　1/1/4
諸侯○叛　　　　　　1/1/10
○人也　　　　　　　1/1/26
入者○死　　　　　　2/2/29
○有樓　　　　　　　3/5/3
○故大越徙民也　　　3/9/13
○有屋　　　　　　　3/9/23
門○有屋　　　　　　3/9/26
○當和陰陽四時之變　4/14/23
故諸侯死○稱卒　　　4/15/10
於是諸侯○從　　　　4/15/13
父母○饑　　　　　　4/15/26

天下〇一心歸之　4/16/9
〇得士民之衆　4/16/13
天下〇盡誠知其賢聖從之　4/16/27
〇一旦會於孟津之上　4/16/30
五穀〇生　4/17/10
樹木〇起　4/17/10
天下〇實　4/17/11
此〇十倍者也　5/19/13
〇欲伐吳　11/39/4
〇以奉子　13/43/10
萬民〇歌而歸之　16/47/21
八穀〇貴　16/48/1
八穀〇賤　16/48/2
百姓〇有悲心　16/48/13
物〇有之　16/48/28
〇有豫見之勞　16/50/19
〇曰　17/51/11
〇賢人　19/55/1
〇稱賢　19/55/2
〇忠信之至　19/55/10
〇歸越　20.18/58/8
〇居於大陣之左右　20.22/59/2
吏卒〇銜枚　20.22/59/2

接 jiē　6

〇地鄰境　6/20/12
以夜〇日　9/27/18,9/28/12
其妻大君從旁〇而起之　12/40/13
〇兵血刃　16/49/25
常盡禮〇士　20.18/58/7

階 jiē　4

吳王下〇迎而唁數之　2/3/24
土〇三等　10/31/17
仁義之行有〇　11/38/16
下〇而深惟　13/42/22

桀 jié　10

殷湯遭夏〇無道　4/16/22
見〇無道虐行　4/16/22
故伐夏放〇　4/16/22
昔者〇殺關龍逢　6/22/26
參〇紂而顯吳邦之亡也　6/22/26
昔〔者〕〇起靈門　14/44/13

〔昔〕〇易湯而滅　14/44/21
率諸侯兵伐〇　16/47/21
文武之業、〇紂之跡可
　知矣　16/48/11
〇紂是也　16/48/14

結 jié　4

其爲〇僮之時　7/25/13
〇心於越　11/39/8
〇怨而死　20.2/56/11
於是窘邱訴卒於〇恨勢
　怒　20.11/57/10

節 jié　5

人貴〇事　4/14/17
〇事者　4/14/17,4/14/18
謂之〇事　4/14/18
寡人躬行〇儉　16/47/19

竭 jié　5

此〇於庸力　5/18/5
群臣〇力以佐謀　6/21/13
且有知不〇　6/21/20
〇而顧難　6/21/20
珠玉〇河　13/43/6

解 jiě　7

子胥即〇其劍　2/3/11
退之不能〇　5/17/23
〇冠幘　12/41/7
越王則〇綬以冥其目　12/42/10
三年不〇　13/43/20
瓦〇而倍畔者　16/48/13
座衆分〇　20.11/57/10

介 jiè　2

子胥〇冑彀弓　2/2/31
〇冑之士　2/3/1

戒 jiè　7

此時馮同相與共〇之　8/25/30

句踐齋〇臺也　10/32/18
〇口勿傳　14/44/7
君召而〇之　17/51/10
君（〇）〔試〕念之　17/51/14
徵爲其　18/52/30
要離〇其妻曰　20.11/57/11

疥 jiè　1

越在我猶〇癬　6/22/17

界 jiè　5

至溧陽〇中　2/3/16
疑冢山在餘暨〇中　10/35/7
故越〇　10/37/7
大越故〇　10/37/13
屈原隔〇　19/56/3

今 jīn　99

吳〇未亡　1/1/29
〇但言賢者　1/2/4
〇吾不欲得荊平王之千金　2/3/13
〇此報子也　2/4/4
〇子大夫報寡人也特甚　2/4/7
〇子大夫何不來歸子故
　墳墓丘冢爲　2/4/7
〇分爲耦瀆　3/7/25
〇爲鄉也　3/9/9
〇太守舍者　3/11/20
〇宮者　3/11/22
夷烏將軍〇爲平都王　3/13/3
桑里東、〇舍西者　3/13/9
〇以爲園　3/13/9
到〇二百四十二年　3/13/22
〇此以報子也　4/14/9
〇夫萬民有明父母　5/18/23
〇歲比熟　5/19/16
〇大夫言獨與孤比　5/19/19
從〇以來　5/19/23
〇以越之饑　6/20/18
〇狐雉之〔相〕戲也　6/20/20
〇越王爲吾（蒲）〔蒲〕
　伏約辭　6/21/1
〇越人不忘吳矣　6/21/3
〇不出數年　6/21/5

饉 jǐn	2
饑○不可以動	5/17/24
饑○在問	5/18/1

槿 jǐn	1
東奏○頭	10/37/28

謹 jǐn	5
○選左右	11/38/13
日○一日	11/39/17
○司八穀	16/50/4,16/50/6
	16/50/7

近 jìn	8
（○）〔匠〕門外欄溪	
檟中連鄉大丘者	3/7/9
○太湖	3/10/13,3/10/16
吳王○駱如故	6/23/3
悉召楚仇而○之	7/25/6
不在遠○取也	8/26/5
故○大道居	10/33/2
越王句踐○侵於彊吳	11/38/7

晉 jìn	30
興○	1/1/5
北望齊○	2/3/5
○公子重耳之時	4/15/12
此所謂○公子重耳反國	
定天下	4/15/13
昔者市偷自衒於○	8/26/4
○用之而勝楚	8/26/5
勇在害彊齊而威申○邦者	9/27/16
威申○邦	9/28/3
必以其餘兵臨○	9/29/2
臣請北見○君	9/29/2
重器、羽旄盡乎○	9/29/2
子貢〔因〕去之○	9/30/18
謂○君曰	9/30/18
則必以其兵臨○	9/30/19
○〔君〕大恐	9/31/1
○君許諾	9/31/2
果與○人相遇黃池之上	9/31/5

吳○爭彊	9/31/5
○人擊之	9/31/5
去○從越	9/31/6
彊○	9/31/8
乃此禍○之驪姬、亡周	
之褒姒	11/39/15
過伐○	12/41/14
○知其兵革之罷倦	12/41/14
○鄭王聞而求之	13/43/20
○鄭之頭畢白	13/43/22
○故治	15/46/28
賜權齊、○、越	19/53/17
○彊	19/53/22
○文之能因時順宜	19/54/30

浸 jìn	1
二者貴賤○之漸也	11/38/14

進 jìn	22
○之不能行	5/17/23
有道者○	5/19/3
申胥○諫曰	6/20/11
申胥○諫	6/21/16
今申胥○諫類忠	6/22/10
即慮日益○而智益生矣	6/23/1
○讒諛容身之徒	6/23/14
○退揖讓	7/25/16
○曰	8/26/2
大夫種○曰	8/26/4
○退有行	10/31/14
耆老、壯長○諫曰	10/33/19
○計倪而問焉	11/38/12
○兵圍越會稽墳山	11/39/11
知○而不知退	11/39/17
〔知〕○退存亡〔而〕	
不失其正者	11/39/18
○有退之義	11/39/18
○賢士	14/44/23
寡人聞夫子明於陰陽○	
退	16/50/14
夫陰陽○退	16/50/15
陰陽○退者	16/50/18
于斧漁子○諫子胥	19/55/17

禁 jìn	4
天下莫能○止	4/15/9
莫能○止	13/43/21
此至○也	16/48/5
邦之○也	16/48/22

盡 jìn	21
天下莫不○其忠信	4/14/18
天下皆○誠知其賢聖之從之	4/16/27
○知武王忠信	4/17/1
樹木○偃	4/17/9
萬物○長	5/17/27
○欲富貴	5/19/9
陰且○之歲	5/19/11
陽且○之歲	5/19/12
奢○忠入諫	7/25/1
時人○以爲狂	7/25/13
○曰〔方去〕	8/26/1
重器、羽旄○乎晉	9/29/2
蠡城○	10/32/16
○妖妍於圖畫	11/39/15
糧食○索	12/41/14
〔以〕○其財、疲其力	14/44/6
穀○軍傷	15/45/26
卒少穀○	15/45/28
○夫子之力也	16/50/14
周○證也	19/53/18
常○禮接士	20.18/58/7

覲 jìn	1
○鄉北有武原	10/37/15

京 jīng	1
今○兆郡	15/46/10

荊 jīng	28
○平王有臣伍子奢	2/2/22
吾聞○平王召子	2/2/28
○平王復使使者召子胥	
於鄭	2/2/31
使者還報○平王	2/3/2
縱○邦之賊者	2/3/10

糾 jiū　　　　　　5

公子（糾）〔○〕奔魯　4/15/16
魯者、公子（糾）〔○〕
　母之邦　　　　　4/15/17
聘公子（糾）〔○〕以
　爲君　　　　　　4/15/18
管仲臣於桓公兄公子
　（糾）〔○〕　　4/16/1
（糾）〔○〕與桓爭國　4/16/1

九 jiǔ　　　　　　37

桓公○合諸侯　　　1/1/15
東面十一里七十○步一尺　3/4/30
周○里二百七十步　3/5/9
○里七十二步　　　3/5/13
胥門外有○曲路　　3/7/18
周二里十步　　　　3/9/25
西鄉屋南北四十二丈○尺　3/11/25
凡百四十○丈一尺　3/11/25
霤高二丈○尺　　　3/11/25
漢文帝前○年　　　3/13/11
○合諸侯　　4/15/20,11/38/19
○年弗能治　　　　4/16/18
文王死○年　　　　4/16/30
比○年水而民不流　5/18/16
○十則病末　　　　5/19/20
壬子數○　　　　　7/23/27
必率○夷而朝　　　9/28/4
吳王果興○郡之兵　9/31/4
周五百○十步　　　10/32/28
徑百○十四步　　　10/34/5
去縣○里　　　　　10/34/14
去縣二十○里　　　10/35/4
其道○曲　　　　　10/37/30
太公○〔十〕而不伐　11/38/20
伐吳有○術　　　　14/44/3
何謂○術　　　　　14/44/4
○曰堅厲甲兵　　　14/44/7
故曰○者勿患　　　14/44/7
一、五、○　　　　15/46/5
今南郡、南陽、汝南、
　淮陽、六安、○江、
　廬江、豫章、長沙　15/47/3
觀乎《○術》　　　18/53/7
維先古○頭之世　　19/53/15

故次以《○術》　　19/54/1
凡○十一人　　　20.20/58/19
長○丈六尺　　　　20.20/58/21
長○丈　　　　　　20.20/58/21

久 jiǔ　　　　　　9

霸世甚○　　　　　1/1/21
貧乞故長○　　　　5/19/18
亡日不○也　　　　6/22/3
將至不○　　　　　7/23/26
○而不去　　　　　7/24/4
未○　　　　　　　7/25/8
○遠　　　　　　　10/32/5
滅邦○矣　　　　　19/54/27
范蠡不○乃爲狂者　19/54/29

酒 jiǔ　　　　　　3

飲之以○　　　　　11/38/28
大縱○　　　　　　17/51/7
惡聞○肉之味　　　18/52/10

咎 jiù　　　　　　8

恐爲天下○　　　　5/17/19
恐獲其○　　　　　7/23/22
必將爲○　　　　　7/24/1
下令百姓被兵刃之○　11/39/6
三年自○　　　　　11/39/8
美女、邦之○也　　14/45/1
甚○子胥　　　　　18/52/25
反受其○　　　　　18/53/11

救 jiù　　　　　　19

即使子胥○蔡而伐荊　2/4/2
請○蔡　　　　　　4/14/5
闔廬於是使子胥興師○
　蔡而伐楚　　　　4/14/8
而○中邦　　　　　4/14/12
船失不能○　　　　5/17/18
不能○其前後　　　5/19/17
我君王不知省也而○之　6/20/16
吳使子胥○蔡　　　7/24/4
使之○魯而伐齊　　9/27/12
且夫○魯、顯名也　9/27/16

○暴困齊　　　　　9/28/3
以武○魯　　　　　9/28/3
告以○魯而伐齊　　9/28/11
誅彊○弱　　　　　9/30/10
憂民○水　　　　　10/31/15
善其務○蔡　　　　19/53/29
其范蠡行爲持危○傾也　19/53/29
昭王遣大夫申包胥入秦
　請○　　　　　　19/55/17
子胥適會秦○至　　19/55/18

就 jiù　　　　　　17

成○其事　　　　　1/2/2
○經《易》　　　　1/2/17
柴（碎）〔辟〕亭到語
　兒、○李　　　　3/5/26
吳人敗於○李　　　4/15/6
去卅○德　　　　　5/18/22
夫獸虫尙以詐相○　6/20/20
范蠡興師戰於○李　7/24/9
敗兵○李　　　　　7/24/13
名曰○李　　　　　10/37/7
更○李爲語兒鄉　　10/37/10
浙江至○李　　　　10/37/13
子胥戰於○李　　　11/39/5
尙有○李之恥　　　11/39/14
○冥冥〔也〕　　　12/41/2
陳力○列　　　　　19/55/2
迎之○李　　　　　19/55/19
即出○陣　　　　　20.22/59/2

舊 jiù　　　　　　1

不忘○功　　　　　19/55/11

拘 jū　　　　　　5

即○昭公〔於〕南郢　4/14/3
○蔡公三年　　　　4/14/6
成大功者不○於俗　8/26/7
文王○於殷　　　　19/54/20
何○之有　　　　　19/54/22

居 jū　　　　　　27

子其○　　　　　　2/2/30

子胥○吳三年	2/4/1
○東城者	3/5/24
（築）〔葬〕〔之〕三	
日而白虎○〔其〕上	3/6/9
吳王子○焉	3/8/23
後越搖王○之	3/8/23
吳季子所○	3/10/5
張尹別○	6/21/19
○三年	6/23/9
○軍三月	6/23/11
大船陵○	7/24/14
范蠡其始○楚也	7/25/13
范蠡其始○楚	8/25/25
○則安天下之賤位	8/25/26
○國有權辯口	8/26/1
○然而辱	9/28/9
尙以爲○之者樂	10/31/18
○無幾	10/31/25
故近大道○	10/33/2
其僻○	10/35/18
其○在後	11/38/9
無與○家	11/38/15
伏念○安思危	11/39/17
兄弟異○	12/42/2
使百姓安其○、樂其業	
者	16/49/31
不同氣○	18/52/11
皆○於大陣之左右	20.22/59/2

俱 jū　　7

農末○利矣	5/19/21
○見霸兆出於東南	7/25/17
與天○起	11/39/9
當與人○葬〔也〕	12/41/5
故氣轉動而上下、陰陽	
○絕	16/50/5
陰陽○會	16/50/6
兩鉤○飛	20.19/58/15

莒 jǔ　　4

薛、許、郱、婁、（呂）	
〔○〕旁轂趨走	1/1/22
小白奔○	4/15/17
○者、小白母之邦也	4/15/17
於是鮑叔牙還師之○	4/15/20

舉 jǔ　　12

凡○百事	5/19/7
○事有殊	5/19/8
智者不棄時以○其功	9/28/2
○事之大忌〔也〕	9/28/14
直士○賢不容於世	9/28/18
夜○火〔擊〕鼓	10/33/23
○首而起	11/38/9
○兵無擊大歲上物	15/46/8
○伊尹	16/47/21
爲足○之德	16/49/22
色斯而○	19/55/12
○鉤以示之	20.19/58/13

巨 jù　　5

取○闕	13/42/18
今○闕已離矣	13/42/19
○闕初成之時	13/42/19
故曰○闕	13/42/21
五曰○闕	13/42/28

具 jù　　1

飾戰〔○〕	6/20/15

拒 jù　　2

而王○之諫	7/25/1
涉危○難則使勇	9/28/19

倨 jù　　1

堯太子丹朱○驕	4/15/23

聚 jù　　8

○魚多物	3/11/5
○棺木	5/19/13
收○而不散	5/19/14
猶心腹有積○	6/22/23
稱炭○	10/35/9
三年○材	14/44/15
（且）〔且〕○死臣數	
萬	14/44/22
貨財殖○	19/55/13

劇 jù　　1

○於吳	19/54/21

據 jù　　4

方○魯以王	4/15/9
○地飲水	12/41/16
水○金而死	16/47/31
金○木而死	16/48/1

懼 jù　　7

狐體卑而雉○之	6/20/20
知○不去	7/24/23
乃○曰	9/30/2
士衆恐○	10/33/21
吳王恐○	10/33/24
○如悟	13/42/22
范蠡恐○	18/52/9

捐 juān　　6

○軀切諫	7/24/21
○其官位	7/25/17
○止於吳	7/25/18
欲○軀出死	16/49/21
○我深江	18/52/24
王使人○於大江口	18/52/25

倦 juàn　　2

晉知其兵革之罷○	12/41/14
胥聞越王句踐晝書不○	14/44/21

雋 juàn　　1

收天下雄○之士	16/47/21

嗟 juē　　6

賢者○歎	1/2/2
憂○作詩也	1/2/10
○	6/21/23
○乎	18/52/19,20.19/58/15
○嘆其文	19/55/27

屬邦於○	17/51/9	以其大船○所置也	10/37/1	王取純○	13/42/21
○外淫	17/51/9	○敗而還	11/39/5	此所謂純○耶	13/42/24
○上負於王	17/51/9	自處中○	12/41/13	二曰純○	13/42/28
○召而戒之	17/51/10	何須○士	12/42/9		
春申○以告官屬	17/51/10	三○破敗	13/43/21	**峻 jùn**	**1**
今懷○子一月矣	17/51/13	威服三○	13/43/28		
○即王公也	17/51/14	○上有氣	15/45/10	尚猶○法隆刑	10/33/22
○（戒）〔試〕念之	17/51/14	○上有赤色氣者	15/45/13		
〔春申○曰〕	17/51/14	○有應於天	15/45/13	**郡 jùn**	**19**
女環使園相春申○	17/51/20	○上有青氣盛明	15/45/13		
以吳封春申○	17/51/20	青氣在〔○〕上	15/45/14	壞諸侯○縣城	3/12/25
即（對）〔封〕春申○		兵少○罷	15/45/15	會稽并故鄣○	3/13/11
於吳	17/51/21	其○必來	15/45/16	太守治吳○	3/13/11
○臣同心	18/52/6	赤氣在○上	15/45/16	故鄣以爲丹陽○	3/13/17
○子不危窮	18/52/13	將○勇而兵少	15/45/17	吳王果興九○之兵	9/31/4
○之易移也已矣	18/52/21	其○可降	15/45/18	其亭祠今爲和公（群）	
內痛子胥忠諫邪○	18/53/10	黃氣在○上	15/45/19	〔○〕社稷墟	10/36/3
○無道	19/54/6	白氣在○上	15/45/22	從○陽春亭	10/37/4
賢○也	19/54/25	穀少○傷	15/45/24	今京兆○	15/46/10
○子弗爲	19/54/25	黑氣在○上	15/45/25	今上漁陽、右北平、遼	
事○以道言耳	19/55/3	穀盡○傷	15/45/26	東、莫○	15/46/14
事○之義也	19/55/4	○亡	15/45/27	今濟北、平原、北海○	
臣事○	19/55/5	其○自降	15/45/28	、菑川·遼東、城陽	15/46/20
志願從○	20.2/56/12	氣在○上	15/46/1	今廣陽、韓○	15/46/22
以備春申○	20.4/56/18	其氣間其○	15/46/3	今濟陰、山陽、濟北、	
		○無氣	15/46/5	東○	15/46/26
軍 jūn	**58**	敢問船○之備何如	20.21/58/23	今代○、常山、中山、	
		令船○之教	20.21/58/24	河間、廣平○	15/46/28
丁將○築治之	3/13/1	比陵○之法	20.21/58/24	巴○、漢中、隴西、	
越王弟夷鳥將○殺澔	3/13/3	當陵○之重車	20.21/58/24	〔定襄、太原〕、安	
夷鳥將○今爲平都王	3/13/3	當陵○之輕車	20.21/58/25	邑	15/46/30
勞○紆吾糧道	5/17/21	當陵○之衝車	20.21/58/25	今河南○	15/47/1
旁○見弱	5/17/25	當陵○之行樓車	20.21/58/25	今南○、南陽、汝南、	
居○三月	6/23/11	當陵○之輕足驃騎也	20.21/58/25	淮陽、六安、九江、	
○其凶乎	7/24/15	吳王闔閭問伍子胥○法		盧江、豫章、長沙	15/47/3
此時越○大號	7/24/15		20.22/59/1	今遼東、隴西、北地、	
夫差恐越○入	7/24/15	將○疑船兵戟與將○船		上○、鴈門、北○、	
遂爲○士所殺	8/26/9	等三船	20.22/59/2	清河	15/47/6
○敗身辱　9/28/16,9/30/3,9/30/8					
以賀○吏	9/30/11	**袀 jūn**	**1**	**駿 jùn**	**2**
去邦七里而○陣	9/31/6				
句踐○敗失衆	10/33/15	不○不玄	6/22/21	有市之鄕（二）〔三〕、○馬	
欲專威服○中	10/33/21			千疋、千戶之都二	13/42/25
越○敗矣	10/33/25	**鈞 jūn**	**5**		13/43/6
越所害○船也	10/36/14				
越所以遏吳○也	10/36/16	千○之重	9/27/14		
蓋句踐所以遊○士也	10/36/27	○足羨	10/35/30		

濬 jùn	1	**咳 ké**	1	此不〇與戰	9/26/26
				臣竊自練〇以成功〔而〕	
波濤〇流	5/17/17	入門不〇	20.11/57/17	至王者	9/28/20
				如此不〇得也	9/29/9
開 kāi	9	**可 kě**	127	不〇以應卒	9/30/18
				不〇以勝敵	9/30/18
臨沂、〇陽	1/1/11	不〇斷絕	1/1/13,1/2/17	夫子異則不〇	10/32/3
君王必早閉而晏〇	2/2/25	子〇渡河	2/3/9	世不〇紀也	10/32/5
官市〇而至	5/19/21	豈〇得託食乎	2/3/17	故〇與赴深溪	10/33/22
〇倉穀	11/39/2	彼必經諸侯之邦〇以報		子胥獨見〇奪之證	10/33/22
審察〇置之要	16/50/3	其父仇者	2/3/23	民〇得使	10/33/29
凡欲先知天門〇及地戶閉	16/50/3	唯大王〇以歸骸骨者	2/3/25	地〇得有	10/33/30
是謂天門〇、地戶閉	16/50/4	不〇	2/4/1,4/13/27	神不〇得	10/35/1
臨（期）〔沂〕〇陽	18/52/2	4/14/1,4/14/15,6/20/11		其陵固〇守	10/37/1
越王孫〇所立	20.4/56/18	6/23/2,9/27/19,9/30/14		斯〇致王	11/38/21
		13/42/26,14/44/12,14/44/20		利器不〇示人	11/38/26
闓 kǎi	1	不〇繼述	3/7/12	是時死傷者不〇稱數	11/39/5
		〇通陵道	3/12/21	子胥微策〇謂神	11/39/12
〇門固根	11/38/13	意者時〇矣	4/14/8	此其〇以卜祚遐長	11/39/20
		不〇以種五穀、興土利	4/15/3	〇占大王所夢	12/40/9
康 kāng	2	不〇伐也	4/15/3	不〇逃亡	12/40/15
		堯知不〇用	4/15/23	使臣下〇矣	12/41/6
三歲處木則〇	5/18/12	未嘗〇得	4/15/27	時〇以行矣	12/41/11
六歲一〇	5/18/15	涕泣不〇止	5/17/18	不〇勝數	12/41/15
		是固不〇	5/17/22	〇以休息	12/41/18
亢 kàng	3	重遲不〇戰	5/17/23	如珠〔而〕不〇衽	13/43/17
		饑饉不〇以動	5/17/24	見〇乃取	15/45/8
壽春東亢陵〇者	3/12/20	〇以爲教常	5/17/27	不〇攻	15/45/11
角、〇也　15/46/10,15/46/12		不〇再更	5/18/3	爲未〇攻	15/45/14
		〇觀而已	5/18/6	衰去乃〇攻	15/45/14
考 kǎo	3	大則〇以王	5/18/10	15/45/17,15/45/20,15/45/23	
		小則〇以霸	5/18/10	其軍〇降	15/45/18
楚〇烈王相也	3/12/13	外貨〇來也	5/18/17	穀足而不〇降	15/45/20
楚〇烈王并越於瑯邪	3/13/21	則百里之內不〇致也	5/18/17	不〇攻也	15/45/22
楚〇烈王相春申君吏李		仇讎之人不〇親也	6/21/3	〇降	15/45/25
園	17/50/26	雖勝〇謂義乎	6/21/7	攻之〇降	15/45/25
		〇殺之	6/22/12	〔衰〕去乃〇攻	15/45/26
柯 kē	2	申胥必諫曰不〇	6/22/13	〇不攻自降　15/45/27,15/45/28	
		乃〇圖之	6/22/13	〇以王天下	16/47/24
引湖中〇山置之鶴皐	3/8/8	不〇與謀	6/22/16	〇得爲因其貴賤	16/47/29
《詩》之《伐〇》	19/55/29	〇乎	6/23/10	不〇不察	16/48/2
		9/30/14,13/42/25,13/43/11		〇〔以〕爲邦寶	16/48/2
軻 kē	1	〇謂明乎	7/24/11	文武之業、桀紂之跡〇	
		人莫〇與語	7/25/14	知矣	16/48/11
餘杭〇亭南	10/37/28	何邦不〇乎	7/25/19	〇謂邦寶	16/48/15
		〇謂賢焉	7/25/21	〇知也	16/48/22
		〇無一出乎	9/26/21	〇得豫知也	16/48/30

其善惡○得聞乎　16/48/30
○得而知乎　16/49/7, 16/49/14
臣聞聖主爲不○爲之行　16/49/21
不○奪也　16/49/25
然後○以圖之也　16/50/1
○以爲富　16/50/3
○得聞乎　16/50/15
○見我於春申君　17/50/26
○得見乎　17/51/3
〔○〕　17/51/4
○見妾於王　17/51/13
○屬嗣者　17/51/17
自以爲○復吾見凌之仇　18/52/20
夫子不王○知也　18/53/1
必有○觀者焉　19/53/27
（問曰）請粟者求其福
　祿必○獲　19/54/1
伐必○克　19/54/2
乃○用兵　19/54/3
終不○奈何　19/54/14
盲者不○示以文繡　19/54/19
聾者不○語以調聲　19/54/20
隨而○之　19/54/30
○去則去　19/55/12
○死則死　19/55/12
子胥○謂兼人乎　19/55/14
後生○畏　19/55/30
不○量也　19/56/1
乃○用之　20.21/58/24

克 kè　6

○己自責　1/1/23
大○　3/7/20
必大○　6/22/13
大○還　6/22/24
伐齊○　12/40/1
伐必可○　19/54/2

刻 kè　4

秦始皇帝○石徙之　3/9/13
秦始皇○石所起也　3/12/27
（交）〔文〕○獻於吳　10/35/13
○（丈六）〔文立〕於
　越（東）〔棟〕山上　10/37/30

客 kè　19

吳王○、齊孫武冢也　3/6/27
闔廬所置諸侯遠○離城也　3/8/3
春申君○衛公子冢也　3/11/16
春申君○冢　3/12/11
不先爲○者　4/14/24
不先爲○　4/15/1
言○者　4/15/1
以爲上○　7/23/20
○歷諸侯　8/26/2
木○大冢者　10/35/12
故曰木〔也〕　10/35/13
故曰木○　10/35/14
句踐○秦伊善炤龜者冢
　也　10/35/25
○有能相劍者　13/42/15
○有直之者　13/42/25
〔有〕遠道○　17/50/29
汝家何等遠道○者　17/50/29
有遠道○　17/51/1
汝家何等遠道○　17/51/1

剋 kè　1

大○　12/41/14

肯 kěn　2

未○爲王言者也　16/50/13
莫○與也　19/56/3

坑 kēng　2

婁東十里○者　3/9/5
古名長人○　3/9/5

空 kōng　15

則群臣多○恭之理、淫
　佚之行矣　5/18/21
後王復○　7/23/25
大臣內○　9/27/9
是君實○越　9/28/5
邦爲○棘　9/29/4, 9/30/3, 9/30/9
孤欲○邦家　9/29/10
夫○人之邦　9/30/14

兵革散○　11/38/7
○復伐之　12/42/1
以○其邦　14/44/5
邦國○虛　14/44/14
故其邦○虛　16/48/13
故○社易爲福　19/54/30

孔 kǒng　23

○子恥之　1/1/4
楚昭王、○子時也　3/4/27
於是○子作《春秋》　4/15/9
○子患之　9/26/20
○子止之　9/26/21, 9/26/22
○子遣之　9/26/22
○子〔聞之〕　10/31/25
○子有頃姚稽到越　10/31/27
○子對曰　10/31/27
於是○于辭　10/32/3
則○主（曰）〔日〕益
　上　11/38/14
則○主（曰）〔日〕益
　下　11/38/14
○子曰　11/39/4
○子感精　19/53/17
○子推類　19/53/18
○子懷聖承弊　19/53/19
○子固貶之矣　19/54/12
○子貶之奈何　19/54/22
○子行　19/55/6
○子去魯　19/55/6
○子并稱仁　19/55/7
讒言○多　20.2/56/12

恐 kǒng　24

○人知之　2/3/7
成王大○　4/17/9
○弗能取　5/17/15
○爲天下咎　5/17/19
○津梁之不通　5/17/20
○動而無功　5/17/21
○一旦而亡　5/17/26
臣○（矣）〔耳〕　6/22/28
子何○　6/22/28
臣是以○矣　6/22/29
○獲其咎　7/23/22

夫差〇越軍入	7/24/15	焦思〇身	1/1/23	**狂 kuáng**	10
臣（切）〔竊〕爲君〇		念樓船之〇	5/17/18		
〔焉〕	9/27/15	〇身勞力	9/27/18, 9/28/12	兄〇	4/15/27
越王大〇	9/30/2	〇心勞力	9/29/7	癡種生〇	5/19/1
其志甚〇	9/30/4	神農嘗百草、水土甘〇	10/31/13	大風發〇	7/24/13
晉〔君〕大〇	9/31/1	爲之者〇	10/31/18	時人盡以爲〇	7/25/13
〇女樸鄙	10/33/1	〇竹城者	10/35/18	其邑人以爲〇夫多賢士	7/25/15
士衆〇懼	10/33/21	范蠡〇勤功篤	10/35/19	復被髮佯〇	8/25/26
吳王〇懼	10/33/24	與民同〇樂	11/39/3	夫差〇惑	18/52/8
唯〇爲後	11/39/10	〇藥利病	11/39/16	〇憀通拙	18/53/8
句踐大〇	11/39/11	〇言利行	11/39/16	范蠡不久乃爲〇者	19/54/29
則〇不全其身	16/49/23			被髮佯〇	19/55/12
越王愀然而〇	16/50/13	**庫 kù**	6		
范蠡〇懼	18/52/9			**況 kuàng**	5
		〇東鄉屋南北四十丈八尺	3/11/24		
口 kǒu	12	今倉〇是其宮臺處也	10/32/11	而〇於人乎	6/20/20
		安城里高〇者	10/34/9	而〇於士乎	6/21/20
方圓之〇三千	3/6/8	築〇高閣之	10/34/9	〔而〕〇於吳乎	14/44/8
取土臨湖〇	3/6/9	〇無兵革	13/43/20	而〇面在乎	19/54/16
而忠臣裔〇	7/25/9	發府〇賞無功也	16/48/22	而〇乎子胥	19/54/21
居國有權辯〇	8/26/1				
〇不甘厚味	9/29/6	**嚳 kù**	1	**壙 kuàng**	1
戒〇勿傳	14/44/7				
無泄此〇	17/51/10	堯遭帝〇之後亂	4/16/18	穿〇七尺	10/31/17
王使人捐於大江〇	18/52/25				
邦賢以〇爲姓	19/55/25	**快 kuài**	1	**穬 kuàng**	1
以〇爲姓	19/55/30				
裔〇鍵精	19/56/2	〇心於非	15/45/9	庚貨之戶曰〇	5/19/27
聲未絕於〇	20.19/58/14				
		寬 kuān	1	**虧 kuī**	4
寇 kòu	1				
		〇則得衆	11/39/4	〇君之行	4/13/28
是養〇而貧邦家也	6/20/14			〇命爲邦	7/24/21
		款 kuǎn	1	未嘗見人君〇恩爲臣報	
刳 kū	1			仇也	7/24/25
		〇塞貢珍	19/54/28	小有所〇	7/25/17
〇妊婦	4/17/2				
		匡 kuāng	5	**闚 kuī**	1
哭 kū	3				
		一〇天下	1/1/15, 4/15/21	中〇百姓	3/7/18
垂涕啼〇	11/39/7		11/38/19		
道死（尸）〔巷〕〇	14/44/15	齊公子小白、亦反齊國		**奎 kuí**	1
於是鉤師向鉤而〇	20.19/58/13	而〇天下者	4/15/16		
		欲〇正之	7/25/1	〇、髀也	15/46/24
苦 kǔ	13				
躬而自〇	1/1/17				

魁 kuí	1	○於吳	16/49/20	其本廣末銳而○者	15/45/14
		越王句踐○於會稽	18/51/26		15/45/19
將首○漂而存焉	13/43/2	○不死也	19/54/8	其軍必○	15/45/16
		子胥以○（於）〔干〕		其氣本廣末銳而○者	15/45/16
跬 kuǐ	1	闔廬	19/54/13		15/45/23,15/45/25
		當○於楚	19/54/21	謀不○	15/45/19
曾無○步之勞、大呼之		子胥何由乃○於楚	19/54/29	○年大饑	16/50/7
功	11/38/22			使使者○求之圍	17/50/30
		廓 kuò	1	使使〔○〕求之	17/51/2
喟 kuì	2			垂之○世	18/51/29
		胥願○目于邦門	6/21/25	以○取足	18/51/30
句踐○然嘆曰	10/32/1			知爲吳王○也	18/52/23
句踐○然用種、蠡計	10/33/27	**萊** lái	2	句踐以○	19/55/22
				禹○東征	19/55/24
媿 kuì	7	宿之於○	4/16/16	以喻○今	19/55/28
		○、野也	4/16/16	冥必○矣	20.11/57/12
乃○然曰	4/16/10				
昔者吳夫差不顧義而○		**來** lài	45	**賴** lài	5
吾王	6/20/4				
中○於吳	7/24/9	後人○言不死	1/1/29	孤○先人之賜　9/28/17,9/29/12	
遠○於諸侯	11/38/7	孰○也	2/2/23	○大王之賜　9/30/3,9/30/9	
越王大○	11/39/2	○之必入	2/2/24	○有天下之力	14/44/11
子有三不肖之○	20.11/57/16	○必不入	2/2/24		
	20.11/57/18	○	2/3/6	**瀨** lài	2
		今子大夫何不○歸子故			
潰 kuì	1	墳墓丘冢爲	2/4/7	見一女子擊絮於○水之中	2/3/16
		從海上○	3/9/5	自縱於○水之中而死	2/3/19
越師○墜	10/33/23	事○應之	4/14/18		
		物○知之	4/14/18	**覽** lǎn	7
昆 kūn	1	不呼自○　4/16/30,11/39/4			
		外貨可○也	5/18/17	○史記而述其事也	1/1/7
○湖	3/11/7	而○諸侯	5/18/19	決意○史記	1/2/2
		從今以○	5/19/23	君王胡不○觀夫武王之	
髡 kūn	1	財去而凶○	6/20/13	伐紂也	6/21/4
		凶○而民怨其上	6/20/13	囍爲人○聞辯見	7/25/6
○被離	6/22/24	風北○	7/24/17	○承傳說	18/53/2
		太古以○	7/24/25	○覯厥意	19/55/27
困 kùn	13	囍知往而不知○	7/25/9	經世歷○	19/55/28
		石買知往而不知○	8/26/10		
夫差窮○	7/24/11	故○	9/28/9	**攬** lǎn	1
囍以○奔於吳	7/25/5	似將使使者○	9/30/5		
仁人不○厄以廣其德	9/28/2	越使果○	9/30/13	○史記	18/53/2
救暴○齊	9/28/3	往古一夜自○	10/32/21		
（因）〔○〕暴齊而撫		洹江以○屬越	10/35/7	**爛** làn	3
周室	9/30/10	自無餘初封於越以○	10/37/17		
句踐絕糧○也	10/33/17	自秦以○	10/37/19	士衆魚○而買不知	10/33/22
○其士民	16/48/13	通於方○之事	12/40/9	〔○〕如列星之行	13/42/23

狼 láng	4	則不得爲先王之○臣	6/21/4

狼 láng　　4

臣聞○子〔有〕野心　6/21/2
內其身而心野○　6/22/10
虎○食其肉　12/41/9
不能任（狼）〔○〕致治　18/52/4

琅 láng　　1

行霸○邪　1/1/17

廊 láng　　2

君王圖之○廟　6/23/10
策於○廟　19/54/2

瑯 láng　　8

越王句踐徙○邪　3/13/21
楚考烈王并越於○邪　3/13/21
句踐徙○邪到建武二十
　八年　3/13/22
從○瑯起觀臺　10/31/24
徙○瑯　10/32/6,10/34/14
都○瑯二百二十四歲　10/32/8
初徙○瑯　10/35/12

勞 láo　　11

地道施而不德、○而不
　矜其功者也　4/14/20
是所施而不德、○而不
　矜其功者矣　4/14/21
○軍紆吾糧道　5/17/21
苦身○力　9/27/18,9/28/12
苦心○力　9/29/7
曾無跬步之○、大呼之
　功　11/38/22
以成其○　11/38/25
吳王○曰　12/40/20
以爲○其志　14/44/5
皆有豫見之○　16/50/19

老 lǎo　　13

凡人生或○或弱　5/17/30
胥、先王之○臣　6/21/4,6/23/2

則不得爲先王之○臣　6/21/4
臣○矣　6/22/16,6/22/18
見耆○　10/31/16
耆○、壯長進諫曰　10/33/19
不知○　16/47/12
我聞王○無嗣　17/50/26
妾聞王○無嗣　17/51/9,17/51/13
○身西陶　19/55/14

雷 léi　　5

聲音若○霆　5/17/17
畏之如○霆　11/39/19
○公擊橐　13/42/27
大○山　20.4/56/18
小○山　20.4/56/18

累 lěi　　3

越王（候）〔使〕干戈
　人一○土以葬之　3/10/15
○世忠信　7/25/2
必有負俗之○　8/26/6

類 lèi　　12

引○以託意　1/2/16
外貌○親　6/21/16
○有外心　6/21/16
○欲有害我君王　6/22/10
今申胥進諫○忠　6/22/10
○龍蛇而行者　14/44/10
沒溺於聲色之○　16/48/12
輔發其○　18/52/30
孔子推○　19/53/18
因事○以曉後世　19/55/22
託○自明　19/55/25
略○以事　19/55/25

蔾 lí　　1

○蒸不熟　19/55/7

離 lí　　26

闔閭所置諸侯遠客○城也　3/8/3
吳王闔廬所置美人○城也　3/9/1

是以民相○也　5/18/15
胥方與被○坐　6/22/1
申胥與被○坐　6/22/9
髡被○　6/22/24
士民流○　9/29/9
○臺　10/32/26
馳於○丘　10/33/11
胥叛乖○　10/33/24
父子○散　12/42/1
金錫和銅而不○　13/42/19
今巨闕已○矣　13/42/19
使待於○亭　17/51/4
許我明日夕待於○亭　17/51/5
且吳王賢不○　18/51/27
哀彼○德信不用　18/53/10
日要○　20.11/57/3
要○與之對座　20.11/57/7
夜往攻要○　20.11/57/11
要○戒其妻曰　20.11/57/11
訢乃手拔劍而捽要○　20.11/57/13
要○曰　20.11/57/14
　　20.11/57/15,20.11/57/16
若斯要○　20.11/57/19

驪 lí　　1

乃此禍晉之○姬、亡周
　之褒姒　11/39/15

里 lǐ　　163

在高平○　3/4/18
一在華池昌○　3/4/20
一在安陽○　3/4/20
在長樂○　3/4/22
周四十七○二百一十步
　二尺　3/4/29
南面十○四十二步五尺　3/4/29
西面七○百一十二步三尺　3/4/30
北面八○二百二十六步
　三尺　3/4/30
東面十一○七十九步一尺　3/4/30
吳郭周六十八○六十步　3/5/1
周十二○　3/5/3
東宮周一○二百七十步　3/5/6
周一○〔二百〕二十六步　3/5/6
周九○二百七十步　3/5/9

小城東西從武〇	3/5/11	去縣百二十〇	3/10/28
九〇七十二步	3/5/13	去縣五〇	3/10/30,3/13/6
十〇七十五步	3/5/13		10/33/2
去縣二十〇	3/5/24	去縣五十五〇	3/11/5
3/6/3,3/7/7,3/7/16,3/7/25		去縣〔一〕百七十五〇	3/11/7
3/8/5,3/8/13,3/8/15,3/8/21		周一〇二百四十一步	3/11/26
千〇廬虛者	3/5/30	東倉周一〇八步	3/11/28
去縣二〇	3/5/30	在湖〇	3/12/1
去縣三十〇	3/6/12,3/7/18	吳諸〇大閜	3/12/3
3/8/28,3/9/9,10/36/12		周三〇	3/12/5
去縣四十〇	3/6/14,3/11/18	去縣十六〇	3/12/7
10/36/14,10/36/16,10/36/18		去縣二十三〇	3/12/18
10/36/26		匠門外信士〇東廣平地者	3/13/6
井周六〇	3/6/17	桑〇東、今舍西者	3/13/9
至武〇死亡	3/6/22	薦益而封之百〇	4/16/5
葬武〇南城	3/6/23	文王百〇	4/16/26
去縣十〇	3/6/27,3/9/5,3/12/11	神氣去而萬〇	5/17/24
塘去縣二十五〇	3/6/29	則轉轂乎千〇	5/18/17
去縣二十六〇	3/7/3	則百〇之內不可致也	5/18/17
去縣十五〇	3/7/5,3/7/9	去邦七〇而軍陣	9/31/6
3/8/3,10/33/17,10/35/13		臺周七〇	10/31/24
去縣八十〇	3/7/11,3/7/23	周二〇二百二十三步	10/32/11
3/7/??		大城周二十〇七十二步	10/32/13
去縣百五十〇	3/7/14	今東武〇	10/32/21
去縣七十〇	3/7/21,3/8/19,3/9/1	今安城〇	10/32/24,10/34/9
3/10/9		今淮陽〇丘	10/32/26
去縣五十〇	3/7/29,3/8/23	今北壇利〇丘土城	10/32/28
3/9/3,3/10/13,3/10/20		去縣七〇	10/33/5,10/34/25
3/10/22,3/11/3,3/13/15			10/35/21
10/33/15,10/35/6,10/35/9		今高平〇丘	10/33/7
10/35/23,10/36/20,10/37/4		去縣三〇	10/33/9
去縣四十五〇	3/8/26	往從田〇	10/33/11
妻東十〇坑者	3/9/5	陽城〇者	10/34/3
去縣百〇	3/9/11,3/10/26	北陽〇城	10/34/5
周十〇二百一十步	3/9/17	富陽〇者	10/34/7
其城六〇三十步	3/9/17	處〇門	10/34/7
去縣百五〇	3/9/20	安城〇高庫者	10/34/9
郭周十〇百一十步	3/9/22	今南〇	10/34/12
周二〇十九步	3/9/25	去縣九〇	10/34/14
其郭周十一〇百二十八步	3/9/25	去縣一十二〇	10/34/17
去吳百二十〇	3/9/28	去縣二十五〇	10/34/23
去縣三十五〇	3/9/31,3/10/11	10/34/27,10/35/2,10/36/3	
3/11/16,10/36/9,10/36/22		去縣二十〇二十二步	10/34/30
去縣十八〇	3/10/7,10/35/19	去縣二十九〇	10/35/4
去縣十七〇	3/10/16,3/10/18	去縣六十三〇	10/35/7
3/11/1		去縣十四〇	10/35/16
去縣百七十〇	3/10/24	今射浦去縣五〇	10/35/27

巫〇	10/36/3
句踐所徙巫爲一〇	10/36/3
去縣十三〇許	10/36/6
東西百〇	10/37/12
梅〇是也	10/37/17
去縣二十一〇	10/37/30
尙有十數〇耳	12/41/18
流血千〇	13/43/22
高見二百〇	14/44/15
百〇之神	16/47/20
千〇之君	16/47/20
千〇之神	16/48/3
萬〇之君	16/48/3
湯有七十〇地	16/48/14
千〇之佐	17/50/28

李 lǐ 16

若果中之〇	1/1/23
柴（碎）〔辟〕亭到語	
兒、就〇	3/5/26
使〇保養之	3/7/16
太守〇君治東倉爲屬縣屋	3/11/28
吳人敗於就〇	4/15/6
范蠡興師戰於就〇	7/24/9
敗兵就〇	7/24/13
名曰就〇	10/37/7
養於〇鄉	10/37/9
更就〇爲語兒鄉	10/37/10
浙江至就〇	10/37/13
子胥戰於就〇	11/39/5
尙有就〇之恥	11/39/14
楚考烈王相春申君吏〇	
園	17/50/26
報之以〇	19/54/14
迎之就〇	19/55/19

理 lǐ 7

察於道〇	5/17/21
物之〇也	5/18/15
則群臣多空恭之〇、淫	
佚之行矣	5/18/21
極凶悖於人〇	11/39/15
得有喪之〇	11/39/19
愚〇不足以言	13/42/16
以成地〇	16/50/3

吏 lì 　12	必爲○害　14/45/1	○溪城者　3/7/31
	取○於危　15/45/9	巫○城者　3/8/3
使之出銳師以從下○　9/28/5	始出各○　15/46/8	
臣竊練下○之心　9/28/19	而求天下之○　16/49/23	**鑗 lì** 　5
是殘國之○、滅君之臣也　9/29/16	務○之而已矣　16/49/23	
〔臣〕敬以下○之言告	今王○地貪財　16/49/25	見兩○炊而不蒸　12/39/26
越王　9/30/2	其○斷金　18/52/6	12/40/21
敢修下○　9/30/7,14/44/11	夫子見○與害　18/52/15	見兩○炊而不蒸者　12/40/1
以賀軍○　9/30/11	伍員取○浦黃瀆土築此	12/41/3
以從下○　9/30/12	城　20.6/56/23	絕鐵○　13/42/21
因徙天下有罪適○民　10/38/1		
楚考烈王相春申君○李	**溧 lì** 　2	**連 lián** 　4
園　17/50/26		
○僕射長各一人　20.20/58/19	至○陽界中　2/3/16	（近）〔匠〕門外櫔溪
○卒皆銜枚　20.22/59/2	○陽　10/37/28	櫝中○鄉大丘者　3/7/9
		吳越之士繼（躓）〔踵〕
利 lì 　38	**屬 lì** 　1	○死　9/29/8
		五色相○　15/45/10
以此爲○　2/4/8	九曰堅○甲兵　14/44/7	○日乃出　20.11/57/6
○即重矣　2/4/9		
後求其○　2/4/9	**歷 lì** 　12	**歛 liǎn** 　2
以○朝夕水　3/11/13		
不可以種五穀、興土○　4/15/3	過○山陽、龍尾西大決　3/5/17	必先省賦○　5/18/1
不知○害所在　5/17/16	上○地　3/5/19	積○貨財　5/19/12
以魚三邦之○　5/18/4	無錫○山　3/9/28	
夫人主○源流　5/18/18	舜去耕○山　4/15/26	**練 liàn** 　6
爲之命以○之　5/18/19	○南斗　7/23/28	
父母○源流　5/18/23	天運○紀　8/25/27	臣竊○下吏之心　9/28/19
不能○源流　5/18/24	客○諸侯　8/26/2	臣竊自○可以成功〔而〕
農末俱○矣　5/19/21	○諸侯無所售　8/26/3	至王者　9/28/20
且夫君王兼○而弗取　6/20/13	過○馬丘　10/33/12	美以○塘田　10/34/7
彼將有厚○　6/21/11	舜循之○山　16/49/22	○塘者　10/35/9
言伐楚之○　7/25/7	○天漢　19/53/17	載從炭瀆至○塘　10/35/9
操獨斷之○　7/25/9	經世○覽　19/55/28	○卒兵　16/47/21
伐齊、大○也　9/27/16		
見小○而忘大害者不智　9/28/1	**櫟 lì** 　1	**鍊 liàn** 　1
故臨財分○則使仁　9/28/18		
貪功名而不知○害　9/29/13	吳北野禺○東所舍大曠者　3/7/23	精○左右　11/38/15
巧言○辭　9/29/15		
今北壇○里丘土城　10/32/28	**麗 lì** 　1	**良 liáng** 　3
貪而好○　10/33/20		
其○不租　10/34/19	○質冶容　11/39/16	吳王率其有祿與賢○　6/23/11
○器不可示人　11/38/26		此猶○藥也　8/26/10
苦藥○病　11/39/16	**櫔 lì** 　3	越王送之金百鎰、寶劍
苦言○行　11/39/16		一、○馬二　9/30/1
兵革堅○　12/39/24	（近）〔匠〕門外○溪	
八曰邦家富而備〔○〕器　14/44/7	櫝中連鄉大丘者　3/7/9	

梁 liáng	2
恐津○之不通	5/17/20
○故治	15/46/26

糧 liáng	6
吳以達○	3/5/28
廉○則不屬	5/17/20
勞軍紆吾○道	5/17/21
句踐絕○困也	10/33/17
○食盡索	12/41/14
足行乏○	12/41/16

兩 liǎng	26
○而不仁	2/3/11
吳○倉	3/11/28
闕○城以爲市	3/12/1
○邦同城	7/24/1
加銖〔○〕而移	9/27/14
○者臣無爲君取焉	9/28/2
〔分〕爲○翼	11/39/11
見○鑋炊而不蒸	12/39/26
	12/40/21
見○黑犬嘷以北	12/39/27
見○鑋倚吾宮堂	12/39/27
	12/40/21
見○鑋炊而不蒸者	12/40/1
	12/41/3
見○黑犬嘷以北、嘷以	
南〔者〕	12/40/1
○鑋倚吾宮堂〔者〕	12/40/2
見○黑犬嘷以北、嘷以	
南	12/40/21
見○黑犬嘷以北、嘷以	
南者	12/41/3
見○鑋倚吾宮堂者	12/41/4
中斷之爲○頭	12/41/8
冥吾○目	12/42/10
殺○蛟一龍	.20.11/57/6
殺其○兒	20.19/58/11
殺二子成○鈎	20.19/58/13
呼其○子之名吳鴻、扈	
稽	20.19/58/14
○鈎俱飛	20.19/58/15

量 liàng	8
自○而食	6/22/20
內不自○	9/28/15,9/30/2,9/30/8
今內自○吾國	9/29/9
雖復傾城○金	13/43/6
○功掩過也	19/54/12
不可○也	19/56/1

聊 liáo	1
人不自○	10/33/21

僇 liáo	4
親○主成名	6/21/8
故冤子胥○死	8/26/14
殺夫差而○其相	9/31/7
後○者	18/52/20

僚 liáo	2
時闔廬又以魚腸之劍刺	
吳王○	13/43/3
遂弒王○	13/43/5

遼 liáo	3
今上漁陽、右北平、○	
東、莫郡	15/46/14
今濟北、平原、北海郡	
、菑川、○東、城陽	15/46/20
今○東、隴西、北地、	
上郡、鴈門、北郡、	
清河	15/47/6

列 liè	5
載○姓名	1/2/9
寡人願爲前○	4/14/4,4/14/7
爛〔爛〕如○星之行	13/42/23
陳力就○	19/55/2

烈 liè	10
是時○王歸於越	3/7/11
楚考○王相也	3/12/13

○王死	3/12/13,17/51/20
威王後○王	3/12/20
楚考○王并越於瑯邪	3/13/21
下爲○士	13/43/10
楚考○王相春申君吏李	
園	17/50/26
○王曰	17/51/17
○王悅	17/51/18

獵 liè	2
越之弋○處〔也〕	10/33/4
畜犬○南山白鹿	10/35/1

林 lín	3
山○幽冥	5/17/16
麻○山	10/34/16
故曰麻○多	10/34/16

鄰 lín	6
接地○境	6/20/12
吳越爲○	7/23/28
難與爲○	7/24/2
親四○以仁	9/28/3
禍與福爲○	9/28/10
○邦樂德	18/51/29

臨 lín	8
○沂、開陽	1/1/11
取土○湖口	3/6/9
故○財分利則使仁	9/28/18
必以其餘兵○晉	9/29/2
則必以其兵○晉	9/30/19
如登高山、○深淵	13/43/16
齊故治○菑	15/46/20
○（期）〔沂〕開陽	18/52/2

麟 lín	4
道獲○	19/53/18
睹○（乘）〔垂〕涕	19/53/20
猶夫子得○	19/55/27
猶子得○	19/56/2

嘹 liú　　　3

吳北野禺櫟東所舍大○者　3/7/23
吳北野胥主○者　3/7/27
以奏吳北野胥主○　3/10/1

柳 liǔ　　　1

○、七星、張也　15/47/1

六 liù　　　52

有聖人教授○藝　1/2/7
子胥將卒○千　2/4/3
計二十○世　3/4/14
北面八里二百二十○步
　三尺　3/4/30
吳郭周○十八里○十步　3/5/1
周一里〔二百〕二十○步　3/5/6
下池廣○十步　3/6/7
（墳）〔潰〕池○尺　3/6/8
池廣○十步　3/6/16
并周○里　3/6/17
去縣二十○里　3/7/3
其城○里三十步　3/9/17
周三萬○千頃　3/10/20
周○萬五千頃　3/10/28
周七十○頃一畝　3/11/7
南鄉屋東西○十四丈四尺　3/11/24
去縣十○里　3/12/7
後十○年　3/12/15
○年十二月乙卯鑿官池　3/12/27
前十○年　3/13/11
凡五百○十七年　3/13/22
子胥將卒○千人　4/14/9
越王句踐反國○年　4/16/13
天下○歲一穰　5/18/15
○歲一康　5/18/15
亟賣○畜貨財　5/19/11
石○十　5/19/26
周○百二十步　10/32/12
霤高丈○尺　10/32/12
高四十○丈五尺二寸　10/32/21
周○百步　10/32/24,10/33/7
周五百○十步　10/32/26
去縣○十三里　10/35/7
徑○十步　10/35/18

○山者　10/36/8
徙種○山　10/36/9
塘廣○十五步　10/36/14
昭襄王亦立五十○年　10/37/20
子嬰立○月　10/37/22
南北面廣○尺　10/37/29
西面廣尺○寸　10/37/29
刻（丈○）〔文立〕於
　越（東）〔棟〕山上　10/37/30
行之○年　11/39/3
○曰遺其諛臣　14/44/6
二、○、十　15/46/6
今南郡、南陽、汝南、
　淮陽、○安、九江、
　廬江、豫章、長沙　15/47/3
減天寸○分以成地　16/50/4
五經○藝　18/53/3
容戰士二十○人　20.20/58/18
長九丈○尺　20.20/58/21

霤 liù　　　4

十○高丈八尺　3/11/23
戶○高丈二尺　3/11/23
○高二丈九尺　3/11/25
○高丈六尺　10/32/12

隆 lóng　　　2

由鍾窮○山者　3/8/5
尚猶峻法○刑　10/33/22

龍 lóng　　　13

過歷山陽、○尾西大決　3/5/17
無錫西○尾陵道者　3/10/1
昔者桀殺關○逢　6/22/26
蛟○捧鑪　13/42/27
一曰○淵　13/43/13,13/43/14
何謂○淵、泰阿、工布　13/43/15
欲知○淵　13/43/16
死而○藏　13/43/25,13/43/26
以鑿伊闕、通○門　13/43/26
類○蛇而行者　14/44/10
殺兩蛟一○　20.11/57/6

籠 lóng　　　2

持○稻而餐之　12/41/16
是○稻也　12/41/17

聾 lóng　　　3

反聽若○　7/25/14,18/51/30
○者不可語以調聲　19/54/20

隴 lǒng　　　2

巴郡、漢中、○西、
　〔定襄、太原〕、安
　邑　15/46/30
今遼東、○西、北地、
　上郡、鴈門、北郡、
　清河　15/47/6

婁 lóu　　　9

薛、許、郱、○、（呂）
　〔莒〕旁轂趨走　1/1/22
邑中徑從閭門到○門　3/5/13
○門外馬亭溪上復城者　3/7/11
○門外鴻城者　3/7/14
○門外雞陂墟　3/7/16
○門外力士者　3/8/1
○東十里坑者　3/9/5
○北武城　3/9/9
奎、○也　15/46/24

樓 lóu　　　10

其二有○　3/4/29
皆有○　3/5/3
其一有○　3/5/4
門一○四　3/9/25
念○船之苦　5/17/18
使○船卒二千八百人伐
　松柏以爲桴　10/35/12
○船卒二千人　10/35/30
船名大翼、小翼、突冒
　、○船、橋船　20.21/58/23
○船者　20.21/58/25
當陵軍之行○車　20.21/58/25

19/55/2,19/55/6,19/55/8		馬 mǎ	34	買 mǎi	9
○者不得	19/55/28	越王句踐屬鏤葰養○	1/1/22	方舟航○儀塵者	4/16/14
		子昭王、臣司○子（其）		大夫石○	8/26/1
羅 luó	2	〔期〕、令尹子西歸	2/4/4	於是石○益疏	8/26/9
北山張○	20.2/56/11	婁門外○亭溪上復城者	3/7/11	石○知往而不知來	8/26/10
○當奈何	20.2/56/12	其事書之○亭溪	3/7/12	石○爲將	10/33/19
		○安溪上干城者	3/8/19	夫石○	10/33/19
蘿 luó	1	同起○塘	3/12/22	石○發行至浙江上	10/33/20
女出於苧○山	10/33/1	以收田宅、牛○	5/19/12	士衆魚爛而○不知	10/33/22
		爲我駕舍卻行○前	6/20/17	王殺○	10/33/24
雒 luò	1	贈臣妾、○牛	6/21/19		
〔周〕故治○	15/47/1	臣聞四○方馳	6/23/6	麥 mài	2
		車敗○失　7/24/13,10/36/29		禾○茂美	4/17/7
駱 luò	12	養牛○	9/29/11	戊貨之戶曰○	5/19/27
王孫○聞之	6/22/27	越王送之金百鎰、寶劍			
王召○而問之	6/22/27	一、良○二	9/30/1	賣 mài	1
王孫○對曰　6/22/27,6/22/29		祠白○	10/31/20	巫○六畜貨財	5/19/11
	6/23/2	以楄爲○	10/32/2		
王孫○曰	6/22/30	東南司○門	10/32/20	蠻 mán	1
吳王近○如故	6/23/3	中（指）〔宿〕臺○丘	10/33/7	○夷之民也	9/28/9
召王孫○而告之	12/40/7	過歷○丘	10/33/12		
王孫○移記	12/40/9	其上○箠	10/36/8	盲 máng	3
左校司馬王孫○	12/40/10	飾治爲○箠	10/36/9	以內視若○	7/25/14
太宰嚭、王孫○惶怖	12/41/6	○喋者	10/36/29	范蠡內視若○	18/51/30
王孫○爲左校司馬	12/41/13	疋○啼皋	10/36/29	○者不可示以文繡	19/54/19
		左校司○王孫駱	12/40/10		
略 lüè	5	王孫駱爲左校司○	12/41/13	毛 máo	1
見夫子作《春秋》而○吳越 1/1/5		太宰嚭爲右校司○	12/41/13	胥聞越王句踐冬披○裘 14/44/23	
○貴於絕	11/38/27	而王恒使其鶩（莖）			
聖人○焉	18/52/8	〔莖〕秩○	12/42/2	矛 máo	6
○其有人	19/55/23	車奔○驚	13/42/20	修內○赤雞稽繇者也	4/16/14
○以事類	19/55/25	有市之鄉（二）〔三〕、駿○		甲二十領、屈盧之○、	
		千疋、千戶之都二	13/42/25	步光之劍	9/30/11
麻 má	4		13/43/6	杖物盧之○	10/31/26
疇冀桑○	10/31/13	氣若奔○	18/52/26	杖屈盧之（弓）〔○〕	12/42/6
○林山	10/34/16	句踐何當屬〔鏤〕葰養		操長鈎○斧者四 20.20/58/19	
種○以爲弓絃	10/34/16	○	19/54/29	當用長鈎○長斧各四 20.20/58/19	
故曰○林多	10/34/16	欲飲○	20.11/57/5		
		亡○失御	20.11/57/9		
		埋 mái	1		
		○之東坂	10/36/8		

茅 máo	2
上○山	10/31/15
更名○山曰會稽	10/31/16

旄 máo	1
重器、羽○盡乎晉	9/29/2

卯 mǎo	2
六年十二月乙○鑿官池	3/12/27
○也	15/46/8

冒 mào	2
船名大翼、小翼、突○	
、樓船、橋船	20.21/58/23
突○者	20.21/58/25

茂 mào	1
禾麥○美	4/17/7

袤 mào	1
延○一畝	10/31/17

貌 mào	3
怒○也	4/16/15
外○類親	6/21/16
變容○	9/29/10

枚 méi	2
作爲鐵劍三○	13/43/12
吏卒皆銜○	20.22/59/2

梅 méi	3
過○亭	3/5/19
更姓○	10/37/17
○里是也	10/37/17

美 měi	17
吳王闔廬所置○人離城也	3/9/1
禾麥茂○	4/17/7
歲○在是	5/19/11
○惡相入	6/21/9
或甚○以亡	6/21/9
禹○而告至焉	10/31/20
○人宮	10/32/28
句踐所習教○女西施、	
鄭（足）〔旦〕宮臺	
也	10/32/28
遊於○人宮	10/33/12
○以練塘田	10/34/7
四曰遺之好○	14/44/5
越〔王〕乃飾○女西施	
、鄭旦	14/44/18
○女、邦之咎也	14/45/1
歲大○	16/48/1,16/49/5
願聞歲之○惡	16/48/23
○山	20.4/56/18

昧 mèi	2
世何○○	7/23/21

門 mén	77
講習學問魯之闕○	1/2/7
陸○八	3/4/29
水○八	3/4/29
○三	3/5/3
其二增水○二	3/5/3
邑中逕從閶○到婁○	3/5/13
平○到蛇○	3/5/13
出胥（明）〔○〕	3/5/16
出平○	3/5/19
閶○外高頸山東桓石人	3/6/3
閶○外郭中冢者	3/6/5
在〔吳縣〕閶○外	3/6/7
在閶○外道北	3/6/16
通姑胥○	3/6/17
巫○外（麋）〔麋〕湖	
西城	3/6/21
巫○外冢者	3/6/25
巫○外大冢	3/6/27
（地）〔她〕○外塘波	

洋中世子塘者	3/6/29
蛇○外大丘	3/7/5
（近）〔匠〕○外欄溪	
檻中連鄉大丘者	3/7/9
婁○外馬亭溪上復城者	3/7/11
婁○外鴻城者	3/7/14
婁○外雞陂墟	3/7/16
胥○外有九曲路	3/7/18
齊○	3/7/20
爲造齊○	3/7/20
婁○外力士者	3/8/1
巫○外冤山大冢	3/8/21
竹（格）〔格〕○三	3/9/17
陵○四	3/9/22
水○二	3/9/23
○一樓四	3/9/25
○皆有屋	3/9/26
楚○	3/12/9
故爲楚○	3/12/9
巫○外罘罳者	3/12/18
屬小城北到平○	3/12/30
匠○外信士里東廣平地者	3/13/6
胥願麾目于邦○	6/21/25
相亞○戶	7/24/1
乃召○人弟子而謂之曰	9/26/20
城○不守	9/31/7
陸○四	10/32/11
水○一	10/32/11,10/32/28
	10/34/3
陸○三	10/32/15
水○三	10/32/15
東南司馬○	10/32/20
陸○二	10/32/28,10/34/3
去從北郭○	10/33/11
處里○	10/34/7
在小城南○外大城內	10/34/12
治之○〔也〕	11/38/13
閶○固根	11/38/13
譬如○戶像設	11/38/23
道於姑胥之○	12/39/25
入○	12/39/26,12/40/20
臣知有東掖○亭長越公	
弟子王孫聖	12/40/8
受教告東掖○亭長公孫	
聖	12/40/10
以鑿伊闕、通龍○	13/43/26
昔〔者〕桀起靈○	14/44/13

今遼東、隴西、北地、		懜 mèng	1	免 miǎn	4

今遼東、隴西、北地、
上郡、鴈○、北郡、
清河　　　　　　　15/47/6
出入無○　　　　　16/49/1
凡欲先知天○開及地戶閉 16/50/3
是謂天○開、地戶閉 16/50/4
名○者　　　　20.1/56/8
昌○　　　　　20.1/56/8
葬闊○外　　　20.2/56/11
愼毋闔○　　　20.11/57/12
入○不閉　　　20.11/57/12
歸不閉○　　　20.11/57/14
入○不咳　　　20.11/57/17

懣 mèn　　　　　　2

○於此　　　　　10/33/15
憤○不泄　　　　18/53/2

盟 méng　　　　　1

乃脅諸臣而與之○　11/38/7

蒙 méng　　　　　1

○水之際　　　　19/53/15

猛 měng　　　　　2

且夫吳〔王〕明○以毅　9/27/7
○戱戱瞻　　　　13/43/22

孟 mèng　　　　　1

皆一旦會於○津之上　4/16/30

夢 mèng　　　　　6

○見井臝溢大　　7/24/14
○入章明之宮 12/39/26,12/40/20
不能占大王○　　12/40/7
可占大王所○　　12/40/9
楚世子奔逃雲○（山之）
〔之山〕　　　　19/55/16

懜 mèng　　　　　1

狂○通拙　　　　18/53/8

迷 mí　　　　　　1

士卒○惑　　　　13/43/21

糜 mí　　　　　　3

巫門外（○）〔糜〕湖
西城　　　　　　3/6/21
闔廬所置（○）〔糜〕也 3/7/29
與○湖相通也　　3/8/17

麋 mí　　　　　　6

巫門外（糜）〔○〕湖
西城　　　　　　3/6/21
越（宋）〔○〕王城也 3/6/21
時（與）搖（城）〔越〕
王〔與〕（周宋）
〔○〕君戰於語招 3/6/21
殺（周宋）〔○〕君 3/6/22
○湖城者　　　　3/7/29
闔廬所置（糜）〔○〕也 3/7/29

米 mǐ　　　　　　3

胥中決如粢○　　13/42/21
厥名有○　　　　19/55/24
名有○　　　　　19/56/3

靡 mǐ　　　　　　2

○從部分　　　　5/17/25
其德章而未○　　6/20/21

祕 mì　　　　　　1

實○文之事　　　18/52/29

密 mì　　　　　　1

■其去甚微甚○　18/51/31

則○之　　　　　2/2/27
入則○父之死　　2/2/29
則○父死　　　　2/2/31
然子胥無爲能自○於無
道之楚　　　　19/55/11

勉 miǎn　　　　　2

子○事後矣　　　6/22/4
王其○之哉　　　7/24/15

面 miàn　　　　　13

南○十里四十二步五尺　3/4/29
西○七里百一十二步三尺　3/4/30
北○八里二百二十六步
三尺　　　　　3/4/30
東○十一里七十九步一尺　3/4/30
○從小城北　　　3/5/11
蒸山南○夏駕大冢者　3/10/11
太宰嚭○諛以求親　6/21/10
不築北○　　　　10/32/13
南北○廣六尺　　10/37/29
西○廣尺六寸　　10/37/29
○如死灰色　　　12/41/20
○有憂色　　　　16/50/13
而況○在乎　　　19/54/16

苗 miáo　　　　　1

三王則三皇之○裔也　8/25/26

眇 miǎo　　　　　2

○其左目　　　20.11/57/6
又受○目之病　20.11/57/9

廟 miào　　　　　9

隧出○路以南　　3/6/17
吳王濞時宗○也　3/13/6
君王圖之廊○　　6/23/10
夷吾宗○　　　　9/29/4
故禹宗○　　　　10/34/12
禹稷在○西　　　10/34/12

伐宗○	12/41/4	蠻夷之○也	9/28/9	吳王不審○冢也	3/7/5, 3/7/7
筭於○堂	15/46/5	用衆治○則使賢	9/28/19		3/8/26, 3/8/28
策於廊○	19/54/2	昔者吳王分其人○之衆		更○莋碓	3/8/8
		以殘伐吳邦	9/29/3	故有鄉○莋邑	3/8/10
滅 miè	**23**	殺敗吾○	9/29/4	吳王惡其○	3/8/10
		士○流離	9/29/9	○通陵鄉	3/8/11
越王句踐○之	3/4/16	大越海濱之○	10/31/14	古者（爲○）〔○爲〕	
秦始皇○之	3/12/21	憂○救水	10/31/15	「墜星」	3/8/13
以至○亡	6/23/15	無以報○功	10/31/18	古○長人坑	3/9/5
○於五湖	7/24/11	教○鳥田	10/31/18	田○胥卑	3/9/30
此○吳必矣	9/29/3	象爲○田也	10/31/19	季子冢古○延陵墟	3/10/9
是殘國之吏、○君之臣也	9/29/16	○怪之	10/32/22	越王不審○冢	3/10/11
威王○無疆	10/32/7	視○如嬰兒	10/33/22	一○射貴湖	3/10/22
而○吳	10/32/13	○可得使	10/33/29	一○隱湖	3/11/7
句踐已○吳	10/36/24	冢山在○山西	10/35/7	更○爲白石	3/11/18
而○周赧王	10/37/20	因爲○治田	10/35/18	西倉○曰均輸	3/11/28
漢高帝○之	10/37/22	○西大冢者	10/35/25	（東）〔更〕○大越爲	
國且○亡	11/38/7	葬○西	10/35/27	山陰也	3/12/15
逆言已○	12/41/11	徙大越○	10/38/1	○歇	3/12/16
〔昔〕桀易湯而○	14/44/21	因徙天下有罪適吏○	10/38/1	○曰定錯城	3/12/30
○吳	14/45/4	士○者	11/38/13	○爲牛宮	3/13/9
自○至亡	16/48/12	與○同苦樂	11/39/3	堯有不慈之○	4/15/23
秦始皇帝使王翦○之	17/51/22	士○一心	11/39/3	此之謂堯有不慈之○	4/15/24
不○服	18/52/14	發令告○	11/39/9	希須臾之○而不顧後患	6/20/7
萬代不○	19/53/21	其○殷衆	12/39/24	武王則已成○矣	6/21/8
○人以伯	19/54/26	其○習於闘戰	12/39/24	親僇主成○	6/21/8
○邦久矣	19/54/27	萬○皆歌而歸之	16/47/21	必成其○	6/22/23
○身爲主	19/55/11	困其士○	16/48/13	功○顯著	7/24/25
而欲○我	20.11/57/18	治○然也	16/48/19	去而有○	7/24/27
		故○衆	16/50/1	韶者、○也	7/25/5
民 mín	**51**	地狹○少	16/50/2	得顯○	8/26/13
		雖有凶年而○不窮	16/50/20	且夫救魯、顯○也	9/27/16
其○重移	2/3/6	一○所子	19/53/20	而○從諸侯以伐也	9/28/5
○雖少	2/4/8	傷○不得其所	19/53/20	易○姓	9/29/10
○思祭之	3/8/5	富邦安○	19/53/30, 19/53/30	貪功○而不知利害	9/29/13
皆故大越徙○也	3/9/13	危○易爲德	19/54/30	更○茅山曰會稽	10/31/16
皆得士○之衆	4/16/13			一○多山	10/34/16
是以○相離也	5/18/15	**名 míng**	**78**	各因事○之	10/35/9
比七年旱而○不饑	5/18/16			其冢○土山	10/35/19
比九年水而○不流	5/18/16	不見姓○	1/2/5	因○〔其〕冢爲秦伊山	10/35/25
視○所不足	5/18/19	載列姓○	1/2/9	○辟首	10/36/24
今夫萬○有明父母	5/18/23	是以不著姓○	1/2/12	後因以爲○曰塘	10/36/24
○習於戰守	6/20/5	何相問姓○爲	2/3/11	○曰就李	10/37/7
其德衰而○好負善	6/20/6	以此爲○	2/4/8	更○女陽	10/37/9
其○無所移	6/20/12	○即章	2/4/8	乃更○大越曰山陰	10/38/2
凶來而○怨其上	6/20/13	古者○「石公」	3/6/3	此何○	12/41/16
其士○有惡聞甲兵之心	9/26/26	○〔曰〕虎丘	3/6/7	○薛燭	13/42/15

豪曹已擅○矣	13/42/18	是故聖人能○其刑而處		當○王天下太平	19/54/28
其○爲何	13/43/14	其鄉	5/19/7	范蠡智而○	19/55/1
必得其○	14/44/23	別陰陽之○	5/19/22	不○甚矣	19/55/5
不○巧	16/47/12	少○而不信人	6/20/7	范蠡遭世不○	19/55/12
○也	16/47/16	子其○之	7/23/22	託類自○	19/55/25
故○過實	16/47/16	對而不○	7/23/22	○於古今	19/55/26,19/56/1
不使○過實	16/47/19	○告寡人	7/23/23	德高○也	19/55/30
故○之曰神	16/49/2	各有○紀	7/23/26		
譏二○	19/53/21	日月光○	7/23/28	**冥 míng**	**10**
○譽甚著	19/54/14	可謂○乎	7/24/11		
伯○成	19/54/16	然獨有聖賢之○	7/25/14	山林幽○	5/17/16
○聞海內	19/55/13	蠡專其○	7/25/21	玄○治北方	5/18/7
答墓何○乎	19/55/19	有至智之○者	8/26/6	就○○〔也〕	12/41/2
厥○有米	19/55/24	又使○大夫守〔之〕	9/27/1	○吾兩目	12/42/10
與之同○	19/55/26	且夫吳〔王〕○猛以毅	9/27/7	越王則解綬以○其目	12/42/10
屈原同○	19/55/30	將○於法	9/27/8	前後幽○	16/50/16
○有米	19/56/3	○諸侯以義	9/28/4	幽幽○○	16/50/18
○門者	20.1/56/8	○〔王〕〔主〕任人不		○必來矣	20.11/57/12
○爲三女墳	20.3/56/15	失其能	9/28/18		
形殘○辱	20.11/57/9	故○主用人	11/38/17	**溟 míng**	**1**
呼其兩于之○吳鴻、扈		○於知人	11/38/18		
稽	20.19/58/14	敬之如神	11/39/19	下守○海	9/28/16
船○大翼、小翼、突冒		夢入章○之宮	12/39/26,12/40/20		
、樓船、橋船	20.21/58/23	夫章○者	12/39/29	**鳴 míng**	**1**
		天下顯○也	12/40/1		
明 míng	**76**	師道不○	12/40/16,12/41/1	故有雞○墟	10/33/29
		○者	12/41/2		
是以○之	1/1/4	視瞻不○	12/41/16	**命 míng**	**18**
故不爲記○矣	1/1/13	臣聞五色令人目不○	14/44/20		
是以○知越霸矣	1/1/29	下與地合○	15/45/8	絕○危邦	1/2/11
○己無過	1/2/12	以○勝負之道	15/45/9	未知○之所維	5/17/18
○說者不專	1/2/17	軍上有青氣盛○	15/45/13	爲之○以利之	5/18/19
○無洩也	2/3/16	將智而○	15/45/20,15/45/28	故貧而○不長	5/19/9
○矣	2/4/10	將賢智而○	15/45/22	不遂絕其○	6/20/19
出胥（○）〔門〕	3/5/16	將仁而○	15/45/24	是○短矣	6/21/25
上無○天子	4/15/8	故○將知氣變之形	15/46/1	虧○爲邦	7/24/21
敬賢○法	4/15/13	其○也諦	16/48/6	敢不待○乎	9/29/13
舜○知人情	4/16/19	寡人聞夫子○於陰陽進		〔操鋒履刃、艾○投〕	
吾聞先生○於時交	5/17/21	退	16/50/14	死者	11/38/11
戰則耳目不聰○	5/17/23	○日	17/51/1,17/51/4,17/51/8	○屬蒼天	12/40/15
失邦無○	5/17/26	許我○日夕待於離亭	17/51/5	今日聞○矣	12/42/4
吾聞先生○於治歲	5/17/27	先遇○	18/52/21	聞○矣	12/42/9
子○以告我	5/17/28	上下相○	18/53/9	寡人聞○矣	13/43/29
今夫萬民有○父母	5/18/23	日月一○	19/53/19	聖人○之曰春	16/48/19
亦如邦有○主	5/18/23	○大吳也	19/53/28	臣下不奉主○也	16/48/21
○其法術	5/18/24	勇于胥忠、正、信、智		此吾○也	18/52/21
後生者未必不能○	5/19/2	以○也	19/53/28	是吾○短也	18/52/23

乃復○國中作金鉤	20.19/58/11	○如正身	11/38/13	其○未定	15/45/14,15/46/1
		○能知者	11/39/7	將○未定	15/45/16,15/45/19
末 mò	18	○不悉於子胥之手	11/39/7		15/45/25
		○能相勝	13/42/17	○不來	15/45/19
抽引本○	1/2/11	○能禁止	13/43/21	欲爲右伏兵之○	15/46/1
九十則病○	5/19/20	○敢不服	13/43/28	邦亡不爲○	18/52/11
○病則貨不出	5/19/20	今上漁陽、右北平、遼		能知陰○之慮	18/53/5
農○俱利矣	5/19/21	東、○郡	15/46/14	子○父	19/54/4
五伯乃五帝之○世也	8/25/27	○有聞淫女也	17/51/10		
南姑○、寫干	10/37/13	○如早死	18/52/22	**繆 móu**	3
姑○	10/37/15	○如循道順天	19/53/30		
今大○	10/37/15	時○能與	19/55/26	不亦○乎	12/42/9,16/49/25
夏亡於○喜	14/45/1	○能達焉	19/55/28	夫陰陽錯○	16/48/23
其本廣○銳而來者	15/45/14	時○能用	19/56/1		
	15/45/19	○肯與也	19/56/3	**鍪 móu**	1
其氣本廣○銳而來者	15/45/16	人○敢有訾吾者	20.11/57/19		
	15/45/23,15/45/25	闔閭既重○耶	20.19/58/11	甲兜○各三十二	20.20/58/20
去○取實	16/47/11				
何謂○	16/47/11	**默 mò**	1	**母 mǔ**	19
所謂○者	16/47/16				
陳其本○	18/53/4	群臣○然而無對	11/38/8	晝遊於胥○	3/4/24
				○陵道	3/9/22
沒 mò	4	**謀 móu**	33	蓋有妻楚王○者	4/14/10
				魯者、公子（斜）〔糾〕	
小船○水	7/24/14	相與○道	1/1/30	○之邦	4/15/17
○溺於聲色之類	16/48/12	○不合	2/2/30	莒者、小白○之邦也	4/15/17
故聖人○而微言絕	19/53/21	相與計○	2/4/4	舜親父假○	4/15/26
○身黃坡	20.2/56/12	欲陰○吳	5/17/15	○常殺舜	4/15/26
		○不成而息	5/17/19	父○皆饑	4/15/26
莫 mò	32	大夫種始○曰	6/20/4	○囂	4/15/27
		勇而善○	6/20/14	仇者、舜後○也	4/15/30
諸侯○敢叛者	1/1/21	夫越王之○	6/20/15	今夫萬民有明父○	5/18/23
○若求之而與之同邦乎	2/4/5	群臣竭力以佐○	6/21/13	父○利源流	5/18/23
虎丘北○格冢	3/6/12	其○慚然	6/22/10	猶同○之人、異父之子	5/19/16
天下○不盡其忠信	4/14/18	不可與○	6/22/16	父○之邦也	9/26/20
天下○能禁止	4/15/9	吳王召太宰嚭而○	6/22/16	歸如父○	11/39/9
天下○不向服慕義	4/16/2	吳王復召申胥而○	6/22/17	愛之如父○	11/39/19
○主其常	5/19/6	不能與○	6/22/18	子胥妻楚王○	19/54/11
○知其鄉	5/19/9	吳王請申胥○者三	6/22/18	惡其妻楚王○也	19/54/12
○不知也	6/20/5	不與群臣之	6/22/29	稱子胥妻楚王○	19/54/22
○能信也	6/20/6	胥乃圖○寡人	6/22/30		
諸侯○不聞知	6/20/18	○之七年	6/23/10	**畝 mǔ**	2
衆人○能止之	7/24/4	何○〔之〕敢慮	9/30/4		
人○可與語	7/25/14	句踐所休○也	10/33/4	周七十六頃一○	3/11/7
○失其本	10/31/13	休○石室	10/33/12	延袤一○	10/31/17
○將自使	10/31/14	變爲奇○	10/33/23		
弟子○能從乎	10/32/3	不○同辭	11/39/3		

木 mù　19

樹○盡偃	4/17/9
樹○皆起	4/17/10
使主○	5/18/8
三歲處○則康	5/18/12
金○水火土更勝	5/19/6
聚棺○	5/19/13
農傷則草○不辟	5/19/20
審金○水火	5/19/22
○客大冡者	10/35/12
故曰客〔也〕	10/35/13
故曰○客	10/35/14
斷樹○爲宮室	13/43/25
以伐樹○爲宮室	13/43/25
金之勢勝○	16/48/1
金據○而死	16/48/1
故○中有火	16/48/1
金、○、水、火更相勝	16/48/2
草○既死	16/49/8
蓋○土水火	18/52/11

目 mù　17

（○）〔日〕〔已〕施	2/3/9
戰則耳○不聰明	5/17/23
胥願廓○于邦門	6/21/25
子爲寡人遊○長耳	6/22/7
○無見	6/22/16
○達耳通	7/25/6
○不視好色	9/29/6
○若夜光	10/33/30
因以下爲○魚池	10/34/19
瞋○謂范蠡曰	12/42/6
冥吾兩○	12/42/10
越王則解綬以冥其○	12/42/10
臣聞五色令人○不明	14/44/20
（○）〔自〕此始亡之謂也	18/53/11
故曰衆者傳○	19/53/15
眇其左○	20.11/57/6
又受眇○之病	20.11/57/9

牧 mù　1

治○江南	5/19/25

墓 mù　8

操鞭捶笞平王之○而數之曰	2/4/3
今子大夫何不來歸子故墳○丘冢爲	2/4/7
封比干之○	4/17/3
笞平王○	7/24/4
丘○存焉	9/26/21
子胥兵笞（卒主）〔平王〕之○	19/55/17
笞○何名乎	19/55/19
子胥笞○不究也	19/55/20

慕 mù　1

天下莫不向服○義	4/16/2

暮 mù　3

非○春中夏之時	4/15/2
請早○無時	6/23/5
禹知時晏歲○	10/31/20

納 nà　3

因其時自○於吳	7/25/6
諛心自○	7/25/9
○詩書	10/31/16

乃 nǎi　87

○稍成中外篇焉	1/2/13
於是○南奔吳	2/3/6
○發其簞飯	2/3/13
王○號令邦中	2/3/27
昭王○使使者報子胥於吳	2/4/5
○報荊昭王曰	2/4/10
天子○尊	4/15/13
湯於是○飾犧牛以事荆伯	4/16/10
○嫣然曰	4/16/10
○委其誠心	4/16/10
於是○使之維甲	4/16/13
○朝天下	4/17/3
周公○辭位出巡狩於邊一年	4/17/8
○發金縢之櫃	4/17/9
知周公○有盛德	4/17/9
王○夜迎周公	4/17/10
○召計倪而問焉	5/17/15
○知天下之易反也	5/18/4
計倪○傳其教而圖之	5/19/22
○著其法	5/19/25
○使大夫種求行成於吳	6/20/3
於是○卑身重禮	6/20/11
囂無○諛吾君王之欲	6/21/12
子無○向寡人之欲乎	6/21/12
吳王○聽太宰囂之言	6/21/23
○可圖之	6/22/13
胥○圖謀寡人	6/22/30
吳王○旬日而自殺也	6/23/16
楚○購之千金	7/24/4
子胥○知是漁者也	7/24/6
此○其證	7/24/18
以奢○害於君	7/25/1
○從官屬	7/25/16
五伯○五帝之末世也	8/25/27
○入越	8/26/1
以學○時而行	8/26/10
○召門人弟子而謂之曰	9/26/20
○行	9/27/12
○（行）〔使〕子貢〔之越〕	9/28/6
此○僻陋之邦	9/28/8
○至於此	9/28/9
○懼曰	9/30/2
○召子貢而告之曰	9/30/13
○禹之世	10/31/12
句踐○身被賜夷之甲	10/31/26
○更名大越曰山陰	10/38/2
○脅諸臣而與之盟	11/38/7
○忘弓矢之怨	11/38/22
○壞池塡塹	11/39/2
○使群臣身問疾病	11/39/2
越○興師	11/39/10
○此禍晉之驪姬、亡周之褒姒	11/39/15
○使其身自受其殃	12/41/7
王○使力士石番	12/41/7
○召掌者	13/42/17
歐冶○因天之精神	13/42/27
於是○令風胡子之吳	13/43/11
○使大夫種獻之於吳〔王〕	14/44/10
五年○成	14/44/15

越〔王〕○飾美女西施	
、鄭旦	14/44/18
越○興師伐吳	14/45/4
義合○動	15/45/8
見可○取	15/45/8
攻者其誅○身	15/45/13
衰去○可攻	15/45/14
	15/45/17,15/45/20,15/45/23
〔衰〕去○可攻	15/45/26
此○天時水旱	16/47/20
天道○畢	16/48/7
○先王之功	18/52/20
○有遺響	18/52/25
○太伯審於始	19/53/27
○可用兵	19/54/3
○勇子胥也	19/54/7
子胥何由○困於楚	19/54/29
范蠡不久○爲狂者	19/54/29
不合○去	19/55/13
得衣○成	19/55/24,19/56/2
連日○出	20.11/57/6
訴○手拔劍而捽要離	20.11/57/13
○敢有言	20.11/57/18
○加吾之上	20.11/57/19
○復命國中作金鉤	20.19/58/11
○可用之	20.21/58/24

迺 nǎi 1

○賞之百金	20.19/58/15

奈 nài 18

小越大吳○何	1/1/21
爲之○何	2/4/5
	9/27/11,9/31/1,16/47/28
	16/48/6,16/49/21,17/51/10
憂中邦○何乎	4/13/26
○何有功	11/38/8
○何能有功乎	14/44/3
○何爲之	16/50/2
終不可○何	19/54/14
孔子貶之○何	19/54/22
其賢○何	19/54/26
其同○何	19/55/8
羅當○何	20.2/56/12
〔辱之○何〕	20.11/57/4

男 nán 2

幸產子○	17/51/14
十月產子○	17/51/18

南 nán 75

東○有霸兆	1/1/30
於是乃○奔吳	2/3/6
○（越）〔城〕宮	3/4/22
○面十里四十二步五尺	3/4/29
○達江	3/5/30
隧出廟路以○	3/6/17
葬武里○城	3/6/23
在柞碓山○	3/8/10
柞碓山○有大石	3/8/13
吳東徐亭東西○北通溪者	3/8/17
在邑東○	3/8/23
通江○陵	3/9/3
烏程、餘杭、勤、歙、	
無湖、石城縣以○	3/9/13
鑿胥卑下以○注大湖	3/9/30
毗陵縣○城	3/10/7
東○大冢	3/10/7
蒸山○面夏駕大冢者	3/10/11
江○爲方牆	3/11/13
胥女○小蜀山	3/11/16
○北十五丈七尺	3/11/22
○北十丈二尺七寸	3/11/23
庫東鄉屋○北四十丈八尺	3/11/24
○鄉屋東西六十四丈四尺	3/11/24
西鄉屋○北四十二丈九尺	3/11/25
秦始皇造道陵○	3/12/21
適（戎）〔戍〕卒治通	
陵高以○陵道	3/12/22
○北三十丈	3/12/28
淮○王反	3/13/1
蔡昭公○朝楚	4/14/3
即拘昭公〔於〕○郢	4/14/3
蔡公○朝	4/14/5
○夷與北狄交爭	4/15/8
祝（使）融治○方	5/18/8
治牧江○	5/19/25
歷○斗	7/23/28
越在○	7/24/16
俱見霸兆出於東○	7/25/17
子貢○見吳王	9/27/14

都秦餘望○	10/31/23
走○山	10/32/8
東○司馬門	10/32/20
東郭外○小城者	10/33/9
或北或○	10/33/23
或爲○安	10/34/5
在小城○門外大城內	10/34/12
今○里	10/34/12
畜犬獵○山白鹿	10/35/1
在犬山之○	10/35/4
雞山在錫山○	10/35/6
北郭外、路○溪北城者	10/35/21
句踐遣使者取於○社	10/36/8
浙江○路西城者	10/37/1
○姑末、寫干	10/37/13
餘杭軻亭○	10/37/28
○北面廣六尺	10/37/29
置海○故大越處	10/38/1
此故○陽蒼句	11/38/20
牽牛○斗	11/39/9
嘷以○	12/39/27
見兩黑犬嘷以北、嘷以	
○〔者〕	12/40/1
時加○方	12/40/15
見兩黑犬嘷以北、嘷以	
○	12/40/21
見兩黑犬嘷以北、嘷以	
○者	12/41/3
○向吉	15/46/6
○向敗亡	15/46/7
無○	15/46/7
○斗也	15/46/16
今河○郡	15/47/1
今○郡、○陽、汝○、	
淮陽、六安、九江、	
廬江、豫章、長沙	15/47/3
歌《○風》之詩	16/47/15
放於○楚	19/56/4
○山有鳥	20.2/56/11
會稽山○故越城是也	20.13/57/24

難 nán 22

竭而顧○	6/21/20
子○人申胥	6/22/1
越○成矣	6/23/6
○乎言哉	7/23/24

○與爲鄰	7/24/2	○其身而心野狼	6/22/10	視不○見	5/17/23
且猶○忘	7/24/26	不知吾○	7/24/26	什部之不○使	5/17/23
子胥勇而○欺	7/25/2	囁見夫差○無柱石之堅	7/25/8	退之不○解	5/17/23
不○阻險之路	8/26/3	以○視若盲	7/25/14	進之不○行	5/17/23
夫魯、○伐之邦	9/26/24	種躬正○	7/25/19	發不○當	5/17/24
魯之○伐	9/26/25	○不煩濁	7/25/20	不○相葬	5/18/1
子之所○	9/27/2	憂在○者攻彊	9/27/3	其主○通習源流	5/18/17
人之所○也	9/27/2	今君憂〔在〕○	9/27/4	以任賢使○	5/18/17
○矣	9/27/6	大臣○空	9/27/9	任賢使○	5/18/19
涉危拒○則使勇	9/28/19	○飾其政	9/27/18,9/28/12	又不任賢使○	5/18/21
〔○矣〕	9/28/20	○不自量 9/28/15,9/30/2,9/30/8		不○利源流	5/18/24
去則○從	10/32/2	今○自量吾國	9/29/9	先生者未必○知	5/19/2
何大夫易見而○使也	11/38/8	以○其身	9/29/15	後生者未必不○明	5/19/2
非大夫易見〔而〕○使	11/38/9	○、外越別封削焉	10/31/24	是故聖人○明其刑而處	
賢者始於○動	11/38/25	在小城南門外大城○	10/34/12	其鄉	5/19/7
遠使〔以○〕	11/38/27	政使將魏舍、○史教攻		不○救其前後	5/19/17
以取天下不○	14/44/8	韓	10/37/25	莫○信也	6/20/6
然終○復見得	18/51/31	○告以匿	11/38/28	此非子所○行也	6/21/18
		必有仁於○	11/39/5	知○害我君王	6/22/12
赧 nǎn	**1**	子胥○憂	11/39/6	是無○爲也	6/22/17
		自責○傷	11/39/6	不○與謀	6/22/18
而滅周○王	10/37/20	今○史也	15/46/30	衆人莫○止之	7/24/4
		欲與他貨之○以自實	16/48/5	范蠡智○同均	7/24/28
囊 náng	**5**	伏壯於○	16/49/9,16/49/10	蠡○慮終	7/25/20
		地不○藏	16/49/11	○屈○申	7/25/21
○瓦求之	4/14/3,4/14/6	范蠡○視若盲	18/51/30	自與不○闋其辭	8/25/30
使○瓦興師伐蔡	4/14/5,4/14/7	以其誠〔在〕於○	18/52/2	藏○有殃	8/26/13
○瓦者何	4/14/12	○痛子胥忠諫邪君	18/53/10	明（王）〔主〕任人不	
		名聞海○	19/55/13	失其○	9/28/18
曩 nǎng	**1**	《伍子胥水戰兵法○經》		〔而〕不○也	9/29/10
		曰	20.20/58/18	下不○逆	9/29/14
○者吾辱壯士菑邱訢於				士卒不○忍	9/29/15
大衆之座	20.11/57/11	**能 néng**	**107**	丘○述五帝三王之道	10/32/1
				弟子莫○從乎	10/32/3
腦 nǎo	**1**	貴其內○自約	1/1/12	是大王〔之〕不○使臣	
		外○絕人也	1/1/12	也	11/38/10
肝○塗地	9/29/9	終○以霸	1/1/18	人知其○	11/38/16
		固不○布於四方	1/2/8	直○三公	11/38/23
內 nèi	**40**	誠○極智	1/2/12	誠者不○匿其辭	11/38/24
		天下誰○伐楚乎	4/14/4	〔以察其○〕	11/39/1
以其誠在於○	1/1/11	天下誰○伐楚者乎	4/14/6	上不○令主	11/39/6
貴其○能自約	1/1/12	天下莫○禁止	4/15/9	莫○知者	11/39/7
或○或外	1/2/15	九年弗○治	4/16/18	臣智淺○薄	12/40/7
○郭中	3/8/10	知鮌不○治	4/16/19	不○占大王夢	12/40/7
修○矛赤雞稽穌者也	4/16/14	恐弗○取	5/17/15	此固非子（胥）〔之〕	
海○畢貢	4/16/23	船失不○救	5/17/18	所○知也	12/40/15
則百里之○不可致也	5/18/17	耳不○聽	5/17/23	不○自惜	12/40/16

汝更○爲聲哉	12/41/10	莫○達焉	19/55/28	**溺 nì**	2
客有○相劍者	13/42/15	時莫○用	19/56/1		
莫○相勝	13/42/17	不○容也	19/56/2	夫好船者○	12/40/23
猶不○得此一物	13/43/6	賢人衣之○章也	19/56/2	沒○於聲色之類	16/48/12
莫○禁止	13/43/21				
固○有精神若此乎	13/43/24	**倪 ní**	17	**年 nián**	85
奈何○有功乎	14/44/3				
此寡人所○行也	16/47/19	乃召計○而問焉	5/17/15	反邦七○	1/1/23
	16/48/5	計○對曰	5/17/21,5/17/30	子胥居吳三○	2/4/1
穀○生人	16/47/25		5/18/12,5/19/1,5/19/5	立二十三○	3/4/16
○殺人	16/47/26		5/19/10,5/19/16,11/38/10	秦始皇帝十一○	3/5/6
○知三表	16/48/2		11/38/12,11/38/19,11/38/25	陽朔三○	3/9/22
則萬物不○成	16/49/11	計○曰	5/19/19	更始五○	3/11/28
所以其智○自貴於人	16/49/24	計○乃傳其教而圖之	5/19/22	三○	3/12/13,6/20/4,10/37/12
汝女弟何○	17/50/30	計○官卑年少	11/38/9	十一○	3/12/14,3/13/1
○鼓音	17/50/31,17/51/3	進計○而問焉	11/38/12	二君治吳凡十四○	3/12/15
何○	17/51/2	故次《計○》	19/53/30	後十六○	3/12/15
遂聽○以勝	18/51/28			秦始皇帝三十七○	3/12/25
○以覺悟	18/52/4	**蜺 ní**	1	到更始元○	3/12/27
○因以伯	18/52/4			六○十二月乙卯鑿官池	3/12/27
不○任（狼）〔狼〕致治	18/52/4	虹○牽牛	7/23/26	後十○	3/13/1
管仲○知人	18/52/4			立二十一○	3/13/2
桓公○任賢	18/52/5	**逆 nì**	17	立（三）〔四〕十二○	3/13/2
句踐○行焉	18/52/5			永光四○	3/13/7
一人固不○獨立	18/52/19	人道不○四時者	4/14/22	漢文帝前九○	3/13/11
○知聖賢之分	18/53/5	○之者有殃	4/14/23	前十六○	3/13/11
○知信勇之變	18/53/5	故曰人道不○四時之謂也	4/14/23	漢孝景帝五○五月	3/13/14
○知陰謀之慮	18/53/5	短長○順	5/18/6	漢孝武帝元封元○	3/13/14
○知陰陽消息之度	18/53/6	○之有殃	5/19/7	漢孝武封二○	3/13/17
○知■人之使敵邦賢不肖	18/53/6	其刑繁法○	6/20/5	天漢五○四月	3/13/19
○知取人之眞、轉禍之福	18/53/7	忠諫者○	6/20/19	到七○	3/13/19
○知卻敵之路	18/53/7	下不能○	9/29/14	凡二百四十○	3/13/21
○知〔古〕今相取之術	18/53/8	其○天乎	10/34/1	後四十餘○	3/13/21
○知忠直所死	18/53/8	○言已滅	12/41/11	復四十○	3/13/21
夫差不○■邦之治	18/53/9	不知○順	15/45/9	到今二百四十二○	3/13/22
○知（諂）〔諂〕臣之		此○兵氣也	15/45/14	句踐徙瑯邪到建武二十	
所移	18/53/10	爲○兵氣	15/45/17,15/45/20	八	3/13/22
非聖人孰○痛世若此	19/53/20		15/45/23	凡五百六十七○	3/13/22
無○復述	19/53/21	爲○兵〔氣〕	15/45/26	三○然後歸之	4/14/3
仁○生勇	19/53/28	故死凌生者○	16/48/25	拘蔡公三○	4/14/6
智○生詐	19/53/29			三○大熟	4/15/26
晉文之○因時順宜	19/54/30	**匿 nì**	2	越王句踐反國六○	4/16/13
不○者止	19/55/2			九○弗能治	4/16/18
然子胥無爲○自免於無		誠者不能○其辭	11/38/24	堯七十○而得舜	4/16/18
道之楚	19/55/11	內告以○	11/38/28	文王死九○	4/16/30
即○以霸	19/55/11			歸二○	4/17/2
時莫○與	19/55/26			周公乃辭位出巡狩於邊	

一〇	4/17/8
王興師以〇數	5/17/26
比七〇旱而民不饑	5/18/16
比九〇水而民不流	5/18/16
子何〇少於物之長也	5/19/1
七〇而禽吳也	5/19/25
今不出數〇	6/21/5
胥聞越王句踐罷吳之〇	6/22/19
居三〇	6/23/9
謀之七〇	6/23/10
被秦號〇	7/24/9
已三〇矣	9/29/7
伐吳三〇	9/31/7
〇加申酉	10/31/20,19/55/27
百〇而至	10/36/1
至秦元王不絕〇	10/37/19
元王立二十〇	10/37/19
平王立二十三〇	10/37/19
惠文王立二十七〇	10/37/19
武王立四〇	10/37/20
昭襄王亦立五十六〇	10/37/20
孝文王立一〇	10/37/20
立三〇	10/37/21
秦始皇帝立三十七〇	10/37/21
胡亥立二〇	10/37/21
以其三十七〇	10/37/27
〇至靈	10/38/3
計倪官卑〇少	11/38/9
行之六〇	11/39/3
三〇自咎	11/39/8
守戰數〇	11/39/12
三〇不解	13/43/20
三〇聚材	14/44/15
五〇乃成	14/44/15
來〇大饑	16/50/7
雖有凶〇而民不窮	16/50/20
十〇	17/51/20
相之三〇	17/51/20
世春秋二百餘〇	19/53/23
五百餘〇	19/55/23
蓋不在〇	19/55/30
元王四〇	20.9/56/29
興平二〇	20.15/58/1

念 niàn 4

〇樓船之苦	5/17/18
伏〇居安思危	11/39/17
君（戒）〔試〕之	17/51/14
〔〇之〕五日而道之	17/51/17

鳥 niǎo 4

獨以〇田	10/31/14
教民〇田	10/31/18
南山有〇	20.2/56/11
〇既高飛	20.2/56/12

寧 níng 5

邦以安〇	7/25/21
〇失千金	8/26/15
〇知之乎	12/41/21
〇在一人耶	16/47/20
分立吳〇縣	20.15/58/1

佞 nìng 2

〇（諂）〔諂〕之臣	7/23/26
太宰嚭讒諛〇（諂）	
〔諂〕	12/42/3

牛 niú 14

春申君時盛祠以〇	3/9/28
故吳所畜〇、羊、豕、	
雞也	3/13/9
名為〇宮	3/13/9
湯獻〇荊之伯	4/16/9
湯於是乃飾犧〇以事荊伯	4/16/10
此謂湯獻〇荊之伯也	4/16/11
以收田宅、〇馬	5/19/12
贈臣妾、馬〇	6/21/19
虹蜺牽〇	7/23/26
養〇馬	9/29/11
道度〇渚	10/37/27
度〇渚	10/38/3
牽〇南斗	11/39/9
都〇、須女也	15/46/18

紐 niǔ 1

且食於〇山	3/4/24

農 nóng 8

勸〇桑	5/18/1
矅石二十則傷〇	5/19/20
〇傷則草木不辟	5/19/20
〇未俱利矣	5/19/21
神〇嘗百草、水土甘苦	10/31/13
軒轅、神〇、赫胥之時	13/43/24
昔者神〇之治天下	16/49/23
上不逮於神〇	16/49/28

奴 nú 1

比於〇虜	12/42/3

弩 nǔ 4

伏〇而乳	5/17/24
彊〇不彀	5/17/24
重器精〇在其中	9/27/1
〇各三十二	20.20/58/20

怒 nù 13

亟〇紛紛者	4/16/15
〇貌也	4/16/15
〇至士擊高文者	4/16/15
子胥大〇	10/33/30
赫赫斯〇	11/39/9
薔邱訴大〇	20.11/57/5
於是薔邱訴卒於結恨勢	
〇	20.11/57/10
薔邱訴宿〇遺恨	20.11/57/10
報答之〇	20.11/57/12
雖欲勿〇	20.11/57/15
見蛙〇	20.18/58/7
王揖〇蛙何也	20.18/58/8
蛙如是〇	20.18/58/8

女 nǔ 55

見一〇子擊絮於瀨水之中	2/3/16
〇子曰	2/3/17,2/3/18
謂〇子曰	2/3/18
還顧〇子	2/3/19
歐冶僮〇三百人	3/5/30
闔廬子〇冢	3/6/16

夏○絺綌	14/45/1

釽 pī　3

觀其○	13/42/23,13/43/16
〔觀其〕○從文〔間〕	
起	13/43/17

皮 pí　1

在齊爲鴟夷子○	20.23/59/5

毗 pí　4

○陵	3/10/5
○陵縣南城	3/10/7
○陵上湖中冢者	3/10/9
○陵上湖也	3/10/22

疲 pí　1

〔以〕盡其財、○其力	14/44/6

匹 pǐ　4

臣聞諸侯不爲○夫興師	2/4/1
諸侯不爲○夫報仇	4/13/28
請爲○夫	7/24/11
善其以○夫得一邦之衆	19/54/8

嚭 pǐ　53

天生宰○者	1/1/28
太宰○、逢同妻子死所	
在也	3/10/18
太宰○從旁對曰	6/21/7
太宰○曰	6/21/8,6/21/9
6/21/13,6/22/5,12/41/17	
○何惑吾君王也	6/21/9
太宰○面諛以求親	6/21/10
○無乃諛吾君王之欲	6/21/12
○止	6/21/12
太宰○對曰	6/21/19,6/23/6
12/39/29	
吳王乃聽太宰○之言	6/21/23
太宰○之交逢同	6/22/1
謂太宰○曰	6/22/1,6/22/4

子事太宰○	6/22/2
○之罪也	6/22/3
造太宰○曰	6/22/3
夫○、我之忠臣	6/22/7
吳王召太宰○而謀	6/22/16
○曰	6/22/17
王意欲殺太宰○	6/23/2
太宰○又曰	6/23/5
太宰○率徒謂之曰	6/23/9
太宰○遂亡	6/23/11
殺太宰○	6/23/12
殺太宰○、逢同與其妻子	6/23/16
宰○諛心	7/24/10
○者、名也	7/25/5
○以困奔於吳	7/25/5
○爲人覽聞辯見	7/25/6
令子胥、孫武與○將師	
入郢	7/25/7
吳王以○爲太宰	7/25/8
○見夫差內無杜石之堅	7/25/8
○知往而不知來	7/25/9
以是與○專權	7/25/11
太宰○爲人	9/29/15
宰○許之	11/39/12
夫差聽○	11/39/13
夫差不信伍子胥而任太	
宰○	11/39/14
而賜太宰○雜繒四十疋	12/40/4
太宰○、王孫駱惶怖	12/41/6
太宰○前再拜	12/41/10
太宰○爲右校司馬	12/41/13
太宰○即上山三呼	12/41/19
太宰○讒諛佞（諂）	
〔諂〕	12/42/3
越王殺太宰○	12/42/11
禽夫差而戮太宰○與其	
妻子	14/45/4
察乎馮同、宰○	18/53/10

辟 pì　6

吳古故從由拳○塞	3/5/22
○塞者	3/5/22
柴（碎）〔○〕亭到語	
兒、就李	3/5/26
農傷則草木不○	5/19/20
名○首	10/36/24

至於柴○亭	10/37/7

僻 pì　6

此乃○陋之邦	9/28/8
自謂東垂○陋	10/33/1
其○居	10/35/18
使邪○之氣	11/38/15
不厄窮○	11/39/2
雖東○	12/42/2

濞 pì　4

高皇帝更封兄子○爲吳王	3/13/1
越王弟夷烏將軍殺○	3/13/3
○父字爲仲	3/13/4
吳王○時宗廟也	3/13/6

譬 pì　3

○浴嬰兒	6/21/11
○如門戶像設	11/30/23
○猶形影、聲響相聞	16/49/15

偏 piān　1

○有所期	1/2/17

篇 piān　6

乃稍成中外○焉	1/2/13
以爲中外○	1/2/18
〔既〕成○	12/40/17
各受一○	18/52/30
章句其○	19/53/22
及外○各有差敍	19/54/17

漂 piāo　1

將首魁○而存焉	13/43/2

飄 piāo　1

往若○風	10/32/2

驃 piào		1
當陵軍之輕足○騎也		20.21/58/25
貧 pín		11
則邦○兵弱		5/18/21
邦○兵弱致亂		5/18/22
家○致亂		5/18/26
必○而日衰		5/18/27
故○而命不長		5/19/9
尚有○乞者		5/19/16
○富故不等		5/19/17
○乞故長久		5/19/18
是養寇而○邦家也		6/20/14
貸○乏		11/39/2
越邦涔下○窮		14/44/19
聘 pìn		2
○公子（科）〔糾〕以　爲君		4/15/18
爲世子○秦女		7/24/30
平 píng		40
荆○王有臣伍子奢		2/2/22
吾聞荆○王召子		2/2/28
荆○王復使使者召子胥　於鄭		2/2/31
使者還報荆○王		2/3/2
吾聞荆○王有令曰		2/3/12
今吾不欲得荆○王之千金		2/3/13
吾聞荆○王殺其臣伍子　奢而非其罪		2/3/22
胥父無罪而○王殺之		2/3/25
荆○王已死		2/4/3
操鞭捶笞○王之墓而數之曰		2/4/3
在高○里		3/4/18
○門到蛇門		3/5/13
出○門		3/5/19
屬小城北到○門		3/12/30
夷鳥將軍今爲○都王		3/13/3
匠門外信士里東廣○地者		3/13/6
操鞭笞○王之墳		4/14/9
丘陵（乎）〔○〕均		4/14/16
笞○王墓		7/24/4

○斗斛	10/31/16
今高○里丘	10/33/7
○王立二十三年	10/37/19
天下通○	13/43/27
今上漁陽、右北○、遼　東、莫郡	15/46/14
今濟北、○原、北海郡　、菑川、遼東、城陽	15/46/20
今代郡、常山、中山、　河間、廣○郡	15/46/28
羅○	16/50/7
此之謂天○地	16/50/8
越王句踐（即）〔既〕　得○吳	18/51/28
觀乎《荆○》	18/53/5
相與太○	19/53/19
故次以《荆○》也	19/53/28
今荆○何善乎	19/54/6
非善荆○也	19/54/7
當明王天下太○	19/54/28
子胥兵笤（卒主）〔○　王〕之墓	19/55/17
興○二年	20.15/58/1
思以○吳	20.18/58/7
而○吳	20.18/58/9

坡 pō	1
沒身黃○	20.2/56/12
頗 pō	1
○相覆載	1/2/16
迫 pò	2
西則○江	5/17/16
桓公○於外子	18/52/3
破 pò	7
○吳	1/1/5,9/31/8
執辰○巳	8/25/27
必○庶眾之議	8/26/7
今君○魯以廣齊	9/27/4
○而出錫	13/42/26
三軍○敗	13/43/21

魄 pò	9
魂○惡也	12/41/4
寡人聞人失其魂○者死	16/48/28
得其魂○者生	16/48/28
與魂○無異	16/48/30
必察其魂○	16/48/31
何謂魂○	16/48/31
○者、生氣之源也	16/49/1
○者主賤	16/49/2
故觀其魂○	16/49/5
僕 pú	3
○程佐之	5/18/8
則不羞爲人臣○	6/21/1
吏○射長各一人	20.20/58/19
蒲 pú	2
○姑大家	3/8/28
今越王爲吾（蒲）〔○〕　伏約辭	6/21/1
蒲 pú	1
今越王爲吾（○）〔蒲〕　伏約辭	6/21/1
濮 pú	1
衛故治○陽	15/46/22
浦 pǔ	6
出漁○	3/5/19
吳（古）〔王〕故祠江　漢於棠○東	3/11/13
○陽者	10/33/15
射○者	10/35/27
今射○去縣五里	10/35/27
伍員取利○黃瀆土築此　城	20.6/56/23
樸 pǔ	1
恐女○鄙	10/33/1

暴 pù	5
將○	15/45/16
兵革○起	16/47/23
穀為之○貴	16/49/15
穀為之○賤	16/49/15
此時天地○清	19/53/19

七 qī	55
反邦○年	1/1/23
○十二子	1/2/7
周四十○里二百一十步	
二尺	3/4/29
西面○里百一十二步三尺	3/4/30
東面十一里○十九步一尺	3/4/30
其下廣二丈○尺	3/5/3
高四丈○尺	3/5/3
東宮周一里二百○十步	3/5/6
周九里二百○十步	3/5/9
九里○十二步	3/5/13
十里○十五步	3/5/13
去縣○十里	3/7/21,3/8/19,3/9/1
	3/10/9
百○十步	3/9/17
高二丈○尺	3/9/25
牆一丈○尺	3/9/25
去縣十○里	3/10/16,3/10/18
	3/11/1
去縣百○十里	3/10/24
周○十六頃一畝	3/11/7
去縣〔一〕百○十五里	3/11/7
前殿屋蓋地東西十○丈	
五尺	3/11/22
南北十五丈○尺	3/11/22
南北十丈二尺○寸	3/11/23
秦始皇帝三十○年	3/12/25
東西十五丈○尺	3/12/28
到○年	3/13/19
凡五百六十○年	3/13/22
堯○十年而得舜	4/16/18
比○年旱而民不饑	5/18/16
○年而禽吳也	5/19/25
賈○十	5/19/25
謀之○年	6/23/10
獲○將	9/31/4
去邦○里而軍陣	9/31/6

穿壙○尺	10/31/17
臺周○里	10/31/24
從弟子○十人奉先王雅	
琴治禮往奏	10/31/25
大城周二十里○十二步	10/32/13
去縣○里	10/33/5,10/34/25
	10/35/21
二百石長員卒○士人	10/36/18
惠文王立二十○年	10/37/19
秦始皇帝立三十○年	10/37/21
凡十王、百○十歲	10/37/22
以其三十○年	10/37/27
○曰彊其諫臣	14/44/6
三、○、十一	15/46/6
柳、○星、張也	15/47/1
湯有○十里地	16/48/14
王身將即疑船旌麾兵戟	
與王船等者○艘	20.22/59/1

妻 qī	19
太宰嚭、逢同○子死所	
在也	3/10/18
蓋有○楚王母者	4/14/10
用其後○	4/15/29
省○妾	6/22/19
○操斗	6/22/20
殺太宰嚭、逢同與其○子	6/23/16
禹所取○之山也	10/36/20
不親○子	11/39/8
其○大君從旁接而起之	12/40/13
即〔與〕把臂而決	12/40/17
戮其○子	12/42/11
禽夫差而戮太宰嚭與其	
○子	14/45/4
欲殺○子	18/51/26
子胥○楚王母	19/54/11
惡其○楚王母也	19/54/12
稱子胥○楚王母	19/54/22
猶○事夫	19/55/5
曾子去○	19/55/7
要離戒其○曰	20.11/57/11

期 qī	4
偏有所○	1/2/17
與子○甫蘆之碕	2/3/7

子昭王、臣司馬子（其）	
〔○〕、令尹子西歸	2/4/4
臨（○）〔沂〕開陽	18/52/2

欺 qī	2
子胥勇而難○	7/25/2
倚而相○	11/38/23

棲 qī	11
越王○吳夫差山也	3/10/13
保○於會稽山上	6/20/3
○於會稽之山	8/26/9
○之會稽	9/27/17
○於會稽山上	9/28/12
上○會稽山	9/28/16
○於會稽	9/30/3,9/30/8
越○於會稽之山	10/33/26
越○於會稽日	10/33/28
○其中	10/34/19

其 qí	406
○後賢者辯士	1/1/5
蓋要○意	1/1/6
覽史記而述○事也	1/1/7
以○誠在於內	1/1/11
越專○功	1/1/12,18/52/3
貴○內能自約	1/1/12
貴○始微	1/1/18
故與越專○功而有之也	1/1/18
然越專○功而有之	1/1/20
成就○事	1/2/2
○在吳越	1/2/5
○後道事以吳越為喻	1/2/6
經者、論○事	1/2/15
傳者、道○意	1/2/15
或非○事	1/2/16
○二子出走	2/2/22
子○居	2/2/30
○子又何適乎	2/3/2
謂○舍人曰	2/3/5
○民重移	2/3/6
漁者知○非常人也	2/3/6
子胥即解○劍	2/3/11
乃發○簞飯	2/3/13

清○壺漿而食〔之〕	2/3/14	桓公召○賊而霸諸侯者	4/16/1	○執禮過	6/21/2
清○壺漿而食之	2/3/18	中○帶鉤	4/16/2	牽諸侯以殺○君	6/21/7
吾聞荊平王殺○臣伍子		赦○大罪	4/16/2	辨○君何必翾翾乎	6/21/10
奢而非○罪	2/3/22	是謂召○賊霸諸侯也	4/16/3	君王常親覩○言也	6/21/17
○子子胥	2/3/23	乃委○誠心	4/16/10	○志加親	6/21/19
彼必經諸侯之邦可以報		天下皆盡誠知○賢聖從之	4/16/27	○志斯疏	6/21/20
○父仇者	2/3/23	故問○道	5/17/21	胥誹謗○君	6/22/4
而（拜）〔并〕○子尚	2/3/25	亦在○將	5/17/26	○謀慚然	6/22/10
○後荊將伐蔡	2/4/2	請問○方	5/17/27,5/19/10	內○身而心野狼	6/22/10
子昭王、臣司馬子（○）		欲聞○治術	5/17/27	必成○名	6/22/23
〔期〕、令尹子西歸	2/4/4	王○審之	5/18/1,5/18/3	○數必正	6/23/6
而非○罪也	2/4/6	請問○要	5/18/12	吳王率○祿與賢良	6/23/11
後求○利	2/4/9	○次一倍	5/18/14	殺太宰嚭、逢同與○妻子	6/23/16
子食○祿	2/4/9	○次而反	5/18/14	深問○國	7/23/21
○二有樓	3/4/29	○主能通習源流	5/18/17	子○精焉	7/23/21
○下廣二丈七尺	3/5/3	○價十倍	5/18/18	子○明之	7/23/22
○二增水門二	3/5/3	○所擇者	5/18/18	恐獲○咎	7/23/22
○一有樓	3/5/4	及○有餘	5/18/19	邦○不長	7/23/24
（築）〔葬〕〔之〕三		償○成事	5/18/19	王○圖之	7/23/24
日而白虎居〔○〕上	3/6/9	傳○驗而已	5/18/20	○異女	7/23/27
○事書之馬亭溪	3/7/12	明○法術	5/18/24	○異三世	7/23/28
○臺在車道左、水海右	3/7/20	徵成○事而已	5/18/24	軍○凶乎	7/24/15
齊女思○國死	3/7/21	愈信○意而行○言	5/18/25	王○勉之哉	7/24/15
吳王惡○名	3/8/10	論事若是○審也	5/19/5	此乃○證	7/24/18
○東大冢	3/9/11	莫主○常	5/19/6	蠡見○外	7/24/26
○城六里三十步	3/9/17	是故聖人能明○刑而處		不遇○時	7/25/3
○二有屋	3/9/18	○鄉	5/19/7	因○時自納於吳	7/25/6
○郭周十一里百二十八步	3/9/25	從○德而避○衡	5/19/7	各象○德	7/25/10
○千頃	3/10/20	莫知○鄉	5/19/9	范蠡○始居楚也	7/25/13
○一千三頃	3/10/22	制○收發	5/19/11	○爲結僮之時	7/25/13
春申君自使○子爲假君		○次五倍	5/19/13	大夫種入○縣	7/25/14
治吳	3/12/14	是故聖人反○刑	5/19/13	○邑人以爲狂夫多賢士	7/25/15
士之（○）〔甚〕	4/13/27	順○衡	5/19/14	捐○官位	7/25/17
天下莫不盡○忠信	4/14/18	不能救○前後	5/19/17	無所（聞）〔關〕○辭	7/25/18
從○政教	4/14/18	孤非○言也	5/19/19	蠡專○明	7/25/21
各得○性	4/14/19	計倪乃傳○教而圖之	5/19/22	范蠡○始居楚	8/25/25
不失○常	4/14/20	乃著○法	5/19/25	自與不能關○辭	8/25/30
地道施而不德、勞而不		○刑繁法逆	6/20/5	○後使將兵於外	8/26/9
矜○功者也	4/14/20	○大臣好相傷	6/20/5	使寡人棄賢	8/26/11
是所施而不德、勞而不		○德衰而民好負善	6/20/6	○反形傷	8/26/14
矜○功者矣	4/14/21	○民無所移	6/20/12	故徙○兵而伐魯	9/26/19
去○國	4/15/2	凶來而民怨○上	6/20/13	○城薄以卑	9/26/25
弒○君諸兒	4/15/16	有○社稷	6/20/17	〔○〕池狹而淺	9/26/25
○子二人出奔	4/15/16	不遂絕○命	6/20/19	○君愚而不仁	9/26/25
舜用○仇而王天下者	4/15/28	又聽○言	6/20/19	○大臣僞而無用	9/26/25
用○後妻	4/15/29	○德章而未靡	6/20/21	○士民有惡聞甲兵之心	9/26/26
堯聞○賢	4/15/29	句踐○敢與諸侯反我乎	6/20/21	重器精弩在○中	9/27/1

而行○令	9/27/8	樓○中	10/34/19	而王恒使○芻（莖）	
內飾○政	9/27/18,9/28/12	○利不租	10/34/19	〔莖〕秩馬	12/42/2
仁人不困厄以廣○德	9/28/2	○高爲犬亭	10/35/1	越王則解綬以冥○目	12/42/10
智者不棄時以舉○功	9/28/2	○僻居	10/35/18	戮○妻子	12/42/11
王者不絕世以立○義	9/28/3	○冢名土山	10/35/19	以○不忠信	12/42/11
敢遂聞○說	9/28/10	故封○子於是	10/35/19	不知○絕也	13/42/20
○心申	9/28/11	○邑爲龥錢	10/35/21	○華捽如芙蓉始出	13/42/22
○志畏越	9/28/11	因名〔○〕冢爲秦伊山	10/35/25	觀○釼	13/42/23,13/43/16
明（王）〔主〕任人不		○亭祠今爲和公（群）		觀○光	13/42/23
失○能	9/28/18	〔郡〕社稷壚	10/36/3	觀○斷	13/42/23
勢在○上位而行惡令○		死葬○上	10/36/6	觀○（才）〔文〕	13/42/24
下者	9/28/20	○上馬箠	10/36/8	悉○伎巧	13/42/27
○君幾乎	9/28/20	○陵固可守	10/37/1	得○勝邪、魚腸、湛盧	13/43/1
○唯臣幾乎	9/28/21	以○大船軍所置也	10/37/1	此○小試於敵邦	13/43/5
君無惜重器以喜○心	9/28/21	有○邦	10/37/12	未見○大用於天下也	13/43/5
毋惡卑辭以尊○禮	9/29/1	以○三十七年	10/37/27	洩○溪	13/43/12
必以○餘兵臨晉	9/29/2	○道九曲	10/37/30	○名爲何	13/43/14
○騎士、銳兵弊乎齊	9/29/2	○居在後	11/38/9	觀○狀	13/43/16
則君制○敵	9/29/3	人知○能	11/38/16	〔觀○〕釼從文〔間〕	
昔者吳王分○人民之眾		官知○治	11/38/16	起	13/43/17
以殘伐吳邦	9/29/3	不問○先	11/38/17	以遺○君	14/44/4
以內○身	9/29/15	聖主不計○辱	11/38/21	以空○邦	14/44/5
以事○君	9/29/16	誠者不能匿○辭	11/38/24	以爲勞○志	14/44/5
以安○私	9/29/16	以成○勞	11/38/25	〔以〕盡○財、疲○力	14/44/6
○志甚恐	9/30/4	施之職而〔成〕○功	11/38/27	六曰遺○諛臣	14/44/6
○君又從之	9/30/14	以效○誠	11/38/27	七曰彊○諫臣	14/44/6
又從○君	9/30/15	以知○信	11/38/28	以承○弊	14/44/7
君受○（弊）〔幣〕、		以觀○智	11/38/28	必得○願	14/44/22
許○師	9/30/15	以觀〔○亂〕	11/38/28	必得○名	14/44/23
而辭○君	9/30/15	〔以察○能〕	11/39/1	遂受○女	14/45/2
則必以○兵臨晉	9/30/19	〔以別〕○態	11/39/1	禽夫差而戮太宰嚭與○	
殺夫差而僇○相	9/31/7	欲復○仇	11/39/8	妻子	14/45/4
莫失○本	10/31/13	錄○述	11/39/8	○氣盛者	15/45/11
○故何也	10/31/15	是以《春秋》不差○文	11/39/13	攻者○誅乃身	15/45/13
及○王也	10/31/16	〔知〕進退存亡〔而〕		○本廣末銳而來者	15/45/14
求書○下	10/31/20	不失○正者	11/39/18		15/45/19
今倉庫是○宮臺處也	10/32/11	〔○〕唯聖人乎	11/39/18	○謀未定	15/45/14,15/46/1
○山上石室〔者〕	10/33/4	此○可以卜祚遠長	11/39/20	○軍必來	15/45/16
藏○形	10/33/13	○民殷眾	12/39/24	○氣本廣末銳而來者	15/45/16
隱○情	10/33/13	○民習於鬥戰	12/39/24		15/45/23,15/45/25
○山上大冢	10/33/17	○心惘悵	12/39/25	○軍可降	15/45/18
獨專○權	10/33/21	○妻大君從旁接而起之	12/40/13	○軍自降	15/45/28
還報○王	10/33/24	乃使○身自受○殃	12/41/7	○〔氣〕在右而低者	15/46/1
謝○師	10/33/24	虎狼食○肉	12/41/9	○氣在前而低者	15/46/2
今越句踐○已敗矣	10/33/25	野火燒○骨	12/41/10	○氣在後而低者	15/46/2
○入辭曰	10/33/29	晉知○兵革之罷倦	12/41/14	○氣陽者	15/46/2
○逆天乎	10/34/1	牽○餘兵	12/41/15	○氣在左而低者	15/46/3

○氣間○軍	15/46/3	
○法如是	15/46/5	
此○用兵月日數	15/46/7	
以○四時制日	15/46/8	
言○樂與天下同也	16/47/15	
湯執○中和	16/47/20	
是所謂執○中和者	16/47/22	
欲執○中和而行之	16/47/23	
可得爲因○貴賤	16/47/29	
○明也諦	16/48/6	
執○中則昌	16/48/9	
寡人欲聞○說	16/48/10	
執中和而原○終始	16/48/10	
不執○中和	16/48/11	
不原○終始	16/48/11	
故○邦空虛	16/48/13	
困○士民	16/48/13	
寡人聞人失○魂魄者死	16/48/28	
得○魂魄者生	16/48/28	
○善惡可得聞乎	16/48/30	
必察○魂魄	16/48/31	
視○動靜	16/48/31	
觀○所舍	16/48/31	
故觀○魂魄	16/49/5	
願聞○說	16/49/8	
使舜釋○所循	16/49/22	
則恐不全○身	16/49/23	
不望○報	16/49/23	
所以○智能自貴於人	16/49/24	
固○義也	16/49/30	
使百姓安○居、樂○業者	16/49/31	
○術	16/50/4	
大貴必應○歲而起	16/50/5	
○歲大賤	16/50/6	
我○不伯乎	18/51/26	
愛○所惡	18/51/27	
因以○時	18/51/29	
■○去甚微甚密	18/51/31	
以○誠〔在〕於內	18/52/2	
○不伯	18/52/5	
○利斷金	18/52/6	
○後厥過自伐	18/52/13	
句踐知○仁也	18/52/13	
不知○信	18/52/13	
策問○事	18/52/14	
卜省○辭	18/52/14	
兆言○災	18/52/15	
蓋謂知○道貴微而賤獲	18/52/15	
知幾○神乎	18/52/16	
唯夫子獨知○道	18/52/29	
徵爲○戒	18/52/30	
○後亦重	18/52/30	
輔發○類	18/52/30	
陳○本末	18/53/4	
抽○統紀	18/53/4	
反受○咎	18/53/11	
知後有彊秦喪○世	19/53/17	
傷民不得○所	19/53/20	
章句○篇	19/53/22	
辯士宣○辭	19/53/23	
故題○文	19/53/24	
善○務救蔡	19/53/29	
勇○伐荊	19/53/29	
○范蠡行爲持危救傾也	19/53/29	
一○愚	19/54/1	
故乖○政也	19/54/1	
（問曰）請粟者求○福祿必可獲	19/54/1	
即知○情	19/54/2	
天與○殃	19/54/3	
故賢○冤於無道之楚	19/54/7	
善○以匹夫得一邦之衆	19/54/8	
○行（始）〔如〕是	19/54/11	
賢○復仇	19/54/12	
惡○妻楚王母也	19/54/12	
欲著○諫之功也	19/54/15	
○報楚也	19/54/22	
○賢奈何	19/54/26	
○義同	19/55/7	
○同奈何	19/55/8	
子胥重○信	19/55/8	
范蠡貴○義	19/55/9	
正○紀也	19/55/10	
射○子	19/55/16	
越見○榮於無道之楚	19/55/18	
略○有人	19/55/23	
死葬○疆	19/55/24	
嗟嘆○文	19/55/27	
○國必危	20.2/56/10	
○女化形而歌曰	20.2/56/11	
使○子守之	20.4/56/18	
○人細小也	20.11/57/3	
臣嘗見○辱壯士藚邱訢		
〔也〕	20.11/57/4	
眇○左目	20.11/57/6	
訢恃○與神戰之勇	20.11/57/7	
不受○辱	20.11/57/8	
何○忍負也	20.11/57/10	
要離戒○妻曰	20.11/57/11	
○得乎哉	20.11/57/15	
殺○兩兒	20.19/58/11	
呼○兩子之名吳鴻、扈稽	20.19/58/14	
遂服○鉤	20.19/58/16	

奇 qí 2

虞故神出○怪	3/9/20
變爲○謀	10/33/23

耆 qí 3

○湖	3/10/28
見○老	10/31/16
○老、壯長進諫曰	10/33/19

祺 qí 1

○道厭駮	19/54/27

碕 qí 2

與子期甫蘆之○	2/3/7
子胥即從漁者之蘆○	2/3/8

旗 qí 1

旌○羽蓋	12/41/13

齊 qí 75

按《春秋》序○魯	1/1/3
○將伐魯	1/1/4
故子貢說○以安魯	1/1/5
亂○	1/1/5,9/31/8
何不言《○絕》乎	1/1/15
北陵○楚	1/1/21
或至○	1/2/6
北望○晉	2/3/5
吳王客、○孫武冢也	3/6/27

董 qīn	2
赤○之山	13/42/26
今赤○之山已合	13/43/5

親 qīn	34
舜○父假母	4/15/26
夫父子之爲○也	5/18/26
以求益○	6/20/16
而諛諫者反○	6/20/19
仇讎之人不可○也	6/21/3
○僇主成名	6/21/8
太宰嚭面諛以求○	6/21/10
外貌類○	6/21/16
君王常○覩其言也	6/21/17
胥則無父子之○	6/21/17
臣聞父子之○	6/21/19
其志加○	6/21/19
父子之○猶然	6/21/20
我王○所禽哉	6/21/25
君王○之不○	6/22/11
○之乎	6/22/11
越王○謂吳王曰	6/23/13
○四鄰以仁	9/28/3
尊子○	10/32/8
○以上至句踐	10/32/8
不○妻子	11/39/8
則百姓不附○	16/47/16
必○於野	16/47/28
然而萬物○而信之	16/49/10
今寡人○已辱於吳矣	16/49/29
王不○輔弼之臣而○衆	
庶之言	18/52/23
我王○爲禽哉	18/52/24
終和○	19/54/2
○○也	19/54/13
子胥與吳何○乎	19/54/13
諸侯和○	19/54/28

秦 qín	35
○始皇帝十一年	3/5/6
○始皇帝刻石徙之	3/9/13
○餘杭山者	3/10/13
○始皇并楚	3/12/15
○始皇滅之	3/12/21

○始皇造道陵南	3/12/21
○始皇發會稽	3/12/22
○始皇帝三十七年	3/12/25
○始皇刻石所起也	3/12/27
○并楚	3/13/21
漢并○	3/13/22
被○號年	7/24/9
爲世子聘○女	7/24/30
都○餘望南	10/31/23
句踐客○伊善焌龜者冢	
也	10/35/25
因名〔其〕冢爲○伊山	10/35/25
自○以來	10/37/19
至○元王不絕年	10/37/19
○始皇帝立三十七年	10/37/21
○元王至子嬰	10/37/22
政更號爲○始皇帝	10/37/27
吳王使人提於○餘杭之山	12/41/9
相將至○餘杭之山	12/41/15
○餘杭山西坂閒燕	12/41/18
行○過楚	13/43/2
○王聞而求〔之〕	13/43/2
大敗之於○餘杭山	14/45/4
○故治雍	15/46/30
○始皇帝使王翦滅之	17/51/22
知後有彊○喪其世	19/53/17
知後有蘇○也	19/53/18
■指於○	19/53/23
昭王遣大夫申包胥入○	
請救	19/55/17
子胥適會○救至	19/55/18
○始皇至會稽	20.8/56/27

琴 qín	5
從弟子七十人奉先王雅	
○治禮往奏	10/31/25
故奉雅○至大王所	10/32/1
故舜彈五弦之○	16/47/15
女環鼓○	17/51/7
〔女環鼓○而歌〕	17/51/8

禽 qín	10
懷○獸之心	4/15/23
七年而○吳也	5/19/25
我王親所○哉	6/21/25

○夫差	6/23/12,10/34/9
王食○肉	7/23/26
竟以○吳	8/26/11
爲○必矣	9/27/8
○夫差而戮太宰嚭與其	
妻子	14/45/4
我王親爲○哉	18/52/24

勤 qín	1
范蠡苦○功篤	10/35/19

寢 qǐn	1
越王句踐○不安席	6/22/21

青 qīng	8
○黑於下	7/23/27
○、黃、赤、白、黑	15/45/10
軍上有○氣盛明	15/45/13
○氣在〔軍〕上	15/45/14
○氣在右	15/45/15
○氣在後	15/45/15
○氣在左	15/45/15
○氣在前	15/45/16

卿 qīng	2
公○大夫	4/14/17
授以上○	11/38/22

清 qīng	5
○其壺漿而食〔之〕	2/3/14
○其壺漿而食之	2/3/18
見○知濁	7/25/10
今遼東、隴西、北地、	
上郡、鴈門、北郡、	
○河	15/47/6
此時天地暴○	19/53/19

傾 qīng	11
社稷之○	1/2/10
地貴定○	4/14/16
定○者	4/14/16

故曰地貴定〇	4/14/17	有〇而出	7/25/16	昭王遣大夫申包胥入秦	
存無忘〇	7/23/24	孔子有〇姚稽到越	10/31/27	〇救	19/55/17
〇城〇國	11/39/15	有〇不起	12/40/13		
雖復〇城量金	13/43/6	有〇而起	12/40/23	**慶 qìng**	**2**
即尊位〇	16/48/11	有〇	13/42/22		
其范蠡行爲持危救〇也	19/53/29	懷王子〇襄王	17/51/22	行〇賞	6/22/22
〇諸侯也	19/54/8			闔閭惡王子〇忌	20.11/57/3

輕 qīng 6

請 qǐng 39

窮 qióng 12

王之所〇〔也〕	11/38/11	尙〇入	2/2/30	〇則怨恨	1/2/9
王愛所〇	11/38/12	〇有道於使者	2/3/1	入者〇	2/2/28
〇士重色	20.2/56/10	〇以與子也	2/3/12	何素〇如此	2/3/24
〇士大夫	20.11/57/7	貢大夫〇罷之	3/13/7	由鍾〇隆山者	3/8/5
當陵軍之〇車	20.21/58/25	〇救蔡	4/14/5	夫差〇困	7/24/11
當陵軍之〇足驃騎也	20.21/58/25	〇問其方	5/17/27,5/19/10	義不止〇	7/24/23
		〇問其要	5/18/12	不厄〇僻	11/39/2

情 qíng 10

		〇遂受教焉	5/19/19	越邦洿下貧〇	14/44/19
夫人〇	1/2/9	以〇羅於吳	6/20/9	雖有凶年而民不〇	16/50/20
舜明知人〇	4/16/19	以〇於吳	6/20/11	君子不危〇	18/52/13
形於體萬物之〇	5/18/6	非有忠素〇羅也	6/20/15	厥道必〇	18/52/16
人之〇也	5/18/22	〇爲卜焉	6/22/1	丘道〇也	19/56/2
中〇甚踈	6/21/16	吳王〇申胥謀者三	6/22/18		
吳王之〇在子乎	6/22/5	〇早暮無時	6/23/5	**丘 qiū**	**17**
然中〇至惡	6/22/10	〇爲匹夫	7/24/11		
隱其〇	10/33/13	臣〇見吳王	9/27/11	今子大夫何不來歸子故	
故聖人獨知氣變之〇	15/45/9	臣〇東見越王	9/28/5	墳墓〇冢爲	2/4/7
即知其〇	19/54/2	臣〇北見晉君	9/29/2	名〔曰〕虎〇	3/6/7
		〇遂言之	9/29/6	故號爲虎〇	3/6/10
頃 qǐng	**21**	〔〇〕悉擇四疆之中	9/30/12	虎〇北莫格冢	3/6/12
		孤〇自被堅執銳	9/30/12	蛇門外大〇	3/7/5
稻田三百〇	3/8/23	〇出卒三千	9/30/14	（近）〔匠〕門外欗溪	
周三萬六千〇	3/10/20	越師〇降	10/33/26	檟中連鄉大〇者	3/7/9
其千〇	3/10/20	臣〇召之	12/40/9	路〇大冢	3/12/11
周萬五千〇	3/10/22	〇以示之	13/42/16	〇陵（乎）〔平〕均	4/14/16
其一千三〇	3/10/22	大王〇	13/42/16	〇墓存焉	9/26/21
周二千二百〇	3/10/24	因吳王〇此二人作〔爲〕		〇能述五帝三王之道	10/32/1
周千三百二十〇	3/10/26	鐵劍	13/43/10	今淮暘里〇	10/32/26
周六萬五千〇	3/10/28	〇問三表	16/47/30	今北壇利里〇土城	10/32/28
周五百〇	3/10/30	〇於范子曰	16/49/20	中（指）〔宿〕臺馬〇	10/33/7
周三百二十〇	3/11/1	〇於范子	16/50/13	今高平里〇	10/33/7
周二百八十〇	3/11/3	臣〇爲王言之	16/50/17	馳於離〇	10/33/11
周百八十〇	3/11/5	〇歸待之	17/50/29,17/51/1	過歷馬〇	10/33/12
周七十六〇一畞	3/11/7	觀乎《〇羅》	18/53/6	〇道窮也	19/56/2
懷王子〇襄王也	3/12/21	故次《〇羅》也	19/53/30		
人生不如臥之〇也	5/19/8	（問曰）〇粟者求其福			
		祿必可獲	19/54/1		
		屈膝〇臣	19/54/28		

邱 qiū　　　　10

臣嘗見其辱壯士蚤○訴
　〔也〕　　　　20.11/57/4
〔蚤○訴者〕　　20.11/57/5
蚤○訴大怒　　　20.11/57/5
於是蚤○訴卒於結恨勢
　怒　　　　　　20.11/57/10
蚤○訴宿怒遺恨　20.11/57/10
曩者吾辱壯士蚤○訴於
　大衆之座　　　20.11/57/11
蚤○訴果往　　　20.11/57/12
蚤○訴曰　　　　20.11/57/14
　　　　　　　　20.11/57/16
於是蚤○訴仰天歡曰　20.11/57/19

秋 qiū　　　　22

按《春○》序齊魯　　1/1/3
見夫子作《春○》而略吳越 1/1/5
見夫子刪《書》作《春
　○》、定王制　　1/2/1
◯冬治城中　　　　3/4/24
路西宮在長○　　　3/5/6
○收冬藏　　　　　4/14/20
於是孔子作《春○》　4/15/9
是以《春○》不差其文 11/39/13
○榮　　　　　　　16/48/17
○成而殺之　　　　16/48/20
○順而復榮者　　　16/48/21
故曰○冬貴陽氣施於陰 16/49/16
○祭五湖　　　　　18/51/29
《春○》不作　　　18/53/2
蓋夫子作《春○》　18/53/2
故作《春○》以繼周也 19/53/19
賜見《春○》改文尚質 19/53/21
世春○二百餘年　　19/53/23
《春○》無將　19/54/3,19/54/6
然《春○》之義　　19/54/12
猶《春○》銳精堯舜 19/55/28

仇 qiú　　　　27

出者報○　　　　　2/2/28
報荊邦之○者　　　2/3/11
彼必經諸侯之邦可以報
　其父○者　　　　2/3/23

闔廬將為之報○　　2/4/1
前為父報○　　　　2/4/9
將為之報○　　　　4/13/27
諸侯不為匹夫報○　4/13/28
報父之○　　　　　4/14/1
齊大臣鮑叔牙為報○ 4/15/18
舜用其○而王天下者 4/15/28
○者、舜後母也　　4/15/30
○讎敵戰之邦　　　6/20/12
○讎之人不可親也　6/21/3
未嘗見人君虧恩為臣報
　○也　　　　　　7/24/25
悉召楚○而近之　　7/25/6
家與為○　　　　　10/33/19
欲復其○　　　　　11/39/8
不殺○人　　　　　11/39/13
以報吳○　　　　　16/49/21
以復吳○　　　　　16/49/29
自以為可復吾見凌之○ 18/52/20
臣○主　　　　　　19/54/6
子不復○　　　　　19/54/7
立義復○　　　　　19/54/8
賢其復○　　　　　19/54/12
將為復○　　　　　19/54/14
子之復○　　　　　19/55/19

囚 qiú　　　　2

○箕子　　　　　　4/17/2
係而○之　　　　　7/25/2

求 qiú　　　　33

嫌於○譽　　　　　1/2/12
莫若○之而與之同邦乎 2/4/5
後○其利　　　　　2/4/9
囊瓦○之　　4/14/3,4/14/6
舜○為變心易志　　4/15/27
人主所○　　　　　5/18/18
乃使大夫種○行成於吳 6/20/3
君王盍少○焉　　　6/20/7
以○益親　　　　　6/20/16
太宰嚭面諛以○親　6/21/10
乘吾君王幣帛以○　6/21/10
食不○飽　　　　　6/22/21
○邑中不得　　　　7/25/15
汎○之為　　　　　7/25/15

○者不爭買　　　　8/26/3
謂之帝王○備者亡　8/26/6
而○〔以〕成大事　9/27/6
○書其下　　　　　10/31/20
躬○賢聖　　　　　10/31/25
宜○監於前史　　　11/39/16
秦王聞而○〔之〕　13/43/2
晉鄭王聞而○之　　13/43/20
下士○賢　　　　　16/47/19
而○天下之利　　　16/49/23
下士人而○成邦者　16/49/30
汝○謁於春申君　　17/50/28
使使者來○之園　　17/50/30
使使〔來〕○之　　17/51/2
（問曰）請粟者○其福
　祿必可獲　　　　19/54/1
不○備於一人　　　19/54/17
詣官○嘗　　　　20.19/58/12
而子獨○賞　　　20.19/58/12

裘 qiú　　　　3

被羔○　　　4/14/3,4/14/6
胥聞越王句踐冬披毛○ 14/44/23

曲 qū　　　　9

胥門外有九○路　　3/7/18
○阿　　　　　　　3/10/3
不同邪○　　　　　7/24/21
見○知直　　　　　7/25/10
其道九○　　　　　10/37/30
奏○河、句容　　　10/38/3
○成萬物　　　　　16/47/12
○未紛　　　　　　17/51/7
衆○矯直　　　　　18/52/19

屈 qū　　　　8

今雖○冤　　　　　7/24/26
能○能申　　　　　7/25/21
甲二十領、○盧之矛、
　步光之劍　　　　9/30/11
杖○盧之（弓）〔矛〕 12/42/6
○膝請臣　　　　　19/54/28
楚相○原　　　　　19/55/26
○原同名　　　　　19/55/30

○原隔界	19/56/3	○之	17/51/18		3/11/1
		以來○足	18/51/30	○縣百七十里	3/10/24
趨 qū	1	能知○人之眞、轉禍之福	18/53/7	○縣百二十里	3/10/28
		能知〔古〕今相○之術	18/53/8	○縣五里	3/10/30,3/13/6
薛、許、邠、婁、（呂）		易以○	19/53/30		10/33/2
〔莒〕旁轂○走	1/1/22	伍員○利浦黄瀆土築此		○縣五十五里	3/11/5
		城	20.6/56/23	○縣〔一〕百七十五里	3/11/7
軀 qū	4	水神出○	20.11/57/5	○縣十六里	3/12/7
				百越叛○	3/12/15
射於（○）〔鷗〕陂	3/4/24	**去** qù	170	春申君○吳	3/12/18
捐○切諫	7/24/21			○縣二十三里	3/12/18
愛君如○	7/24/21	又見子貢與聖人相○不遠	1/1/6	十日遂○	3/13/2
欲捐○出死	16/49/21	○	2/3/5,10/38/3	昭公○	4/14/4
		巫食而○	2/3/14	○其國	4/15/2
衢 qú	1	子胥食已而○	2/3/15,2/3/18	敗而○也	4/15/6
		○縣二十里	3/5/24	舜○耕歷山	4/15/26
射於樂野之○	10/33/12	3/6/3,3/7/7,3/7/16,3/7/25		數諫不○	4/16/19
		3/8/5,3/8/13,3/8/15,3/8/21		微子○之	4/17/2
取 qǔ	34	○縣二里	3/5/30	神氣○而萬里	5/17/24
		○縣三十里	3/6/12,3/7/18	○刑就德	5/18/22
○舍以道	1/1/10	3/8/28,3/9/9,10/36/12		越王○會稽	6/20/4
○土臨湖口	3/6/9	○縣四十里	3/6/14,3/11/18	財○而凶來	6/20/13
○齊王女爲質子	3/7/20	10/36/14,10/36/16,10/36/18		遯而○	6/23/12
古赤松子所○赤石脂也	3/8/5	10/36/26		久而不○	7/24/4
以○長之莋碓山下	3/8/10	○縣十里 3/6/27,3/9/5,3/12/11		因是還○	7/24/7
○小白	4/15/20	塘○縣二十五里	3/6/29	知懼不○	7/24/23
恐弗能○	5/17/15	○縣二十六里	3/7/3	挾弓以○	7/24/23
無所安○	5/17/20	○縣十五里	3/7/5,3/7/9	終於不○	7/24/25
且夫君王兼利而弗○	6/20/13	3/8/3,10/33/17,10/35/13		何○之有	7/24/26
遂佐湯○天下	8/26/5	○縣八十里	3/7/11,3/7/23	○而有名	7/24/27
不在遠近○也	8/26/5		3/7/27	○吳之越	7/25/19
兩者臣無爲君○焉	9/28/2	○縣百五十里	3/7/14	盡日〔方○〕	8/26/1
○土西山以濟之	10/34/5	○縣七十里 3/7/21,3/8/19,3/9/1		若○而之吳	9/27/11
句踐遣使者○於南社	10/36/8		3/10/9	子貢○而行	9/30/1
禹所○妻之山也	10/36/20	○縣五十里	3/7/29,3/8/23	子貢〔因〕○之晉	9/30/18
○錢塘浙江「岑石」	10/37/29	3/9/3,3/10/13,3/10/20		子貢○而之魯	9/31/4
說○一焉	11/38/17	3/10/22,3/11/3,3/13/15		○邦七里而軍陣	9/31/6
王使○毫曹	13/42/17	10/33/15,10/35/6,10/35/9		○晉從越	9/31/6
○巨闕	13/42/18	10/35/23,10/36/20,10/37/4		○則難從	10/32/2
王○純鈞	13/42/21	○縣四十五里	3/8/26	○縣七里 10/33/5,10/34/25	
○鐵英	13/43/12	○縣百里	3/9/11,3/10/26		10/35/21
以○天下不難	14/44/8	○縣百五十里	3/9/20	○縣三里	10/33/9
見可乃○	15/45/8	○吳百二十里	3/9/28	○從北郭門	10/33/11
○利於危	15/45/9	○縣三十五里	3/9/31,3/10/11	吳引兵而○	10/33/28
右子胥相氣○敵大數	15/46/5	3/11/16,10/36/9,10/36/22		○縣九里	10/34/14
何去何○	16/47/10	○縣十八里	3/10/7,10/35/19	○縣一十二里	10/34/17
去末○實	16/47/11	○縣十七里	3/10/16,3/10/18	○縣二十五里	10/34/23

10/34/27，10/35/2，10/36/3		泉 quán	2	勸 quàn	1
○縣二十里二十二步	10/34/30			○農桑	5/18/1
○縣二十九里	10/35/4	激河○井	11/39/3		
○縣六十三里	10/35/7	今子與神戰於○水之中		卻 què	3
○縣十四里	10/35/16		20.11/57/9		
今射浦○縣五里	10/35/27			爲我駕舍○行馬前	6/20/17
○縣十三里許	10/36/6	拳 quán	2	是君上於主有○	9/27/6
○縣二十一里	10/37/30			能知○敵之路	18/53/7
已○	10/38/2	吳古故從由○辟塞	3/5/22		
○昭昭	12/41/2	到由○塞	3/12/21	闕 què	8
師兵三月不○	12/41/14				
大王亟飡而○	12/41/18	銓 quán	2	講習學問魯之○門	1/2/7
○之如水	13/43/2			○兩城以爲市	3/12/1
還師○汝	13/43/3	審○衡	10/31/16	取巨○	13/42/18
衰○乃可攻	15/45/14	領功○土	10/33/13	今巨○已離矣	13/42/19
15/45/17，15/45/20，15/45/23				巨○初成之時	13/42/19
〔衰〕○乃可攻	15/45/26	權 quán	10	故曰巨○	13/42/21
欲爲○兵	15/46/2			五曰巨○	13/42/28
何○何取	16/47/10	又不圖邦○而惑吾君王	6/22/2	以鑿伊○、通龍門	13/43/26
○末取實	16/47/11	位高○盛	7/25/8		
爲天下除殘○賊	16/47/21	以是與囍專○	7/25/11	群 qún	12
不肯不○	18/51/27	居國有○辯口	8/26/1		
■其○甚微甚密	18/51/31	獨專其○	10/33/21	○臣無恭之禮、淫佚之行	5/18/20
○於五湖	18/52/15	抑威○勢	11/38/26	則○臣多空恭之理、淫	
子胥挾弓○楚	18/52/29	賜○齊、晉、越	19/53/17	佚之行矣	5/18/21
知○上賢	19/53/27	○衡相動	19/53/18	○臣竭力以佐謀	6/21/13
不忍○而自存	19/54/15	使句踐無○	19/54/27	不與○臣謀之	6/22/29
信不○耳	19/54/21	○以自存	19/54/29	下恣○臣	9/27/5
范蠡○	19/55/2			上事○臣	9/29/7
故○也	19/55/3	犬 quǎn	12	其亭祠今爲和公（○）	
○止	19/55/4			〔郡〕社稷墟	10/36/3
何以○	19/55/5	走○長洲	3/4/25	○臣默然而無對	11/38/8
行者、○也	19/55/6	走之如○逐羊	5/17/25	乃使○臣身問疾病	11/39/2
孔子○魯	19/55/6	走○若耶	10/33/12	○臣對曰	12/41/16
曾子○妻	19/55/7	○山者	10/35/1	○神不下	13/43/6
微子○	19/55/7	畜○獵南山白鹿	10/35/1	左右○臣、賢士	13/43/20
微子○者	19/55/9	故曰○山	10/35/1		
可○則○	19/55/12	其高爲○亭	10/35/1	然 rán	49
不合乃○	19/55/13	在○山之南	10/35/4		
○越入齊	19/55/13	見兩黑○嘷以北	12/39/27	○越專其功而有之	1/1/20
以○爲（生）〔姓〕	19/55/24	見兩黑○嘷以北、嘷以		○寡人亦不敢怨子	2/4/7
姓有○	19/56/2	南〔者〕	12/40/1	三年○後歸之	4/14/3
同泛五湖而○	20.24/59/7	見兩黑○嘷以北、嘷以		○後歸之	4/14/6
		南	12/40/21	乃媿○曰	4/16/10
全 quán	1	見兩黑○嘷以北、嘷以		卒○有師	5/18/2
		南者	12/41/3	胥殆不○乎哉	6/21/18
則恐不○其身	16/49/23				

父子之親猶○	6/21/20	天下六歲一○	5/18/15	今子大夫報寡○也特甚	2/4/7
慚○有憂色	6/22/7			然寡○亦不敢怨子	2/4/7
其謀慚○	6/22/10	**讓 ràng**	3	歐冶僮女三百○	3/5/30
○中情至惡	6/22/10			閶門外高頸山東桓石○	3/6/3
將更○有怨心不已	6/22/11	進退揖○	7/25/16	（千）〔十〕萬○築治之	3/6/9
○獨有聖賢之明	7/25/14	若卑辭以地之	18/51/27	吳王闔廬所置美○離城也	3/9/1
成恒忿○作色	9/27/2	○之至也	19/53/27	古名長○坑	3/9/5
雖○	9/27/10,9/27/17			古○所採藥也	3/9/15
居○而辱	9/28/9	**饒 ráo**	2	越王（候）〔使〕干戈	
越王慍○避位	9/29/13			○一累土以葬之	3/10/15
句踐喟○嘆曰	10/32/1	肥○	3/8/23	春申君時治以爲貴○冢次	3/12/7
句踐喟○用種、蠡計	10/33/27	爲肥○	10/34/30	楚○從之	3/12/9
所以○者	10/37/1,11/39/5			吳何以稱○乎	4/13/26
群臣默○而無對	11/38/8	**熱 rè**	1	寡○願爲前列	4/14/4,4/14/7
今則不○	11/38/18			子胥將卒六千○	4/14/9
越王勃○曰	11/38/18	大○不至	16/49/11	吳師何以稱○	4/14/12
○	13/42/19			稱○	4/14/13
時各有使○	13/43/24	**人 rén**	331	○貴節事	4/14/17
夫神聖主使○	13/43/25			○道不逆四時者	4/14/22
又遇聖主使○	13/43/26	又見子貢與聖○相去不遠	1/1/6	至於庶○	4/14/22,4/15/2
小人則不○	15/45/8	外能絕○也	1/1/12	故曰○道不逆四時之謂也	4/14/23
○後有寒暑、燥濕、日		任用賢○	1/1/23	入○國	4/15/2
月、星辰、四時而萬		在○乎	1/1/26	吳○敗於就李	4/15/6
物備	16/47/13	皆○也	1/1/26	其子二○出奔	4/15/16
人治使○乎	16/48/17	何以知獨在○乎	1/1/27	失事聖○禮	4/16/10
治民○也	16/48/19	後○來言不死	1/1/29	越○謂○鍼也	4/16/14
天道自○	16/48/24	聖○不妄言	1/1/29	越○往如江也	4/16/14
萬物亦○	16/48/29	是○有大雅之才	1/2/4	越○謂船爲須慮	4/16/15
○而萬物親而信之	16/49/10	國○承述	1/2/6	舜明知○情	4/16/19
○後可以圖之也	16/50/1	有聖○教授六藝	1/2/7	天下家給○足	4/17/7
不○	16/50/12	夫○情	1/2/9	使○以時	4/17/7
○而范子豫見之策	16/50/12	猶詩○失職怨恨	1/2/10	與○同時而戰	5/17/25
越王愀○而恐	16/50/13	後○述而說之	1/2/13	寡○弗敢忘	5/17/28
固天道自○	16/50/18	外者、非一○所作	1/2/15	○之生無幾	5/17/30
○後告圜	17/51/20	尙爲○也	2/2/24	凡○生或老或弱	5/17/30
豈○哉	18/51/28	胥爲○也	2/2/24	夫○自織	5/18/5
○終難復見得	18/51/31	使○告子尙於吳	2/2/28	故聖○早知天地之反	5/18/15
猶昏○誅之	18/52/9	謂其舍○曰	2/3/5	○主所求	5/18/18
弟子欣○	19/53/19	漁者知其非常○也	2/3/6	夫○主利源流	5/18/18
○《春秋》之義	19/54/12	恐○知之	2/3/7	○之情也	5/18/22
昭○知吳將亡也	19/54/15	吾先○之劍	2/3/12	○固不同	5/19/1
○子胥無爲能自免於無		〔市〕中○有非常○	2/3/22	○主無私	5/19/3
道之楚	19/55/11	吾知子非恒○也	2/3/24	是故聖○能明其刑而處	
		猶不聽寡○也	2/3/27	其鄉	5/19/7
穰 ráng	2	昔者吾先○無罪而子殺之	2/4/3	○生不如臥之頃也	5/19/8
		昔者吾先○殺子之父	2/4/6	是聖○并苞而陰行之	5/19/9
太陰三歲處金則○	5/18/12	寡○尙少	2/4/6	眾○容容	5/19/9

聖〇動而應之	5/19/11	二〇以爲胥在	7/25/18	使〇入問之	10/33/26
是故聖〇反其刑	5/19/13	其使寡〇棄賢	8/26/11	一〇之身	10/33/27
猶同母之〇、異父之子	5/19/16	後遂師二〇	8/26/11	使齊〇守之	10/34/16
積負於〇	5/19/17	壞〇之善毋後世	8/26/14	越謂齊〇多	10/34/16
數傷〇而亟亡之	6/20/7	敗〇之成天誅行	8/26/14	越〇謂之銅姑瀆	10/34/27
少明而不信〇	6/20/7	毋失一〇之心	8/26/15	使樓船卒二千八百〇伐	
而況於〇乎	6/20/20	乃召門〇弟子而謂之曰	9/26/20	松柏以爲桴	10/35/12
而寡〇與之	6/20/21	〇之所易也	9/27/2	樓船卒二千〇	10/35/30
臣聞聖〇有急	6/21/1	〇之所難也	9/27/2	欲使覆禍吳〇船	10/36/11
則不羞爲〇臣僕	6/21/1	仁〇不困厄以廣其德	9/28/2	二百石長員卒七士〇	10/36/18
而志氣見〇	6/21/1	且夫無報〇之心而使〇		越〇謂鹽曰餘	10/36/22
仇讎之〇不可親也	6/21/3	疑之者	9/28/13	使吳〇築吳塘	10/36/24
今越〇不忘吳矣	6/21/3	有報〇之心而使〇知之者	9/28/14	夫〇從	10/37/9
申胥爲〇臣也	6/21/10	孤不幸少失先〇	9/28/15	〇知其能	11/38/16
子無乃向寡〇之欲乎	6/21/12	與吳〇戰	9/28/15	故明主用〇	11/38/17
使〇微告申胥於吳王曰	6/21/16	遺先〇恥	9/28/16	明於知〇	11/38/18
以動寡〇	6/21/18	孤賴先〇之賜	9/28/17,9/29/12	寡〇雖愚	11/38/19
越〇之入	6/21/25	明（王）〔主〕任〇不		磻溪之餓〇也	11/38/21
子難〇申胥	6/22/1	失其能	9/28/18	計此二〇	11/38/22
子爲寡〇遊目長耳	6/22/7	正天下、定諸侯則使聖〇	9/28/19	利器不可示〇	11/38/26
寡〇聽之	6/22/9	昔者吳王分其〇民之衆		爲〇臣	11/39/6
彼聖〇也	6/22/11	以殘伐吳邦	9/29/3	不殺仇〇	11/39/13
彼賢〇也	6/22/11	是存亡邦而興死〇也	9/29/12	聖〇譏之	11/39/13
是〇不死	6/22/20	夫吳王之爲〇也	9/29/13	極凶悖於〇理	11/39/15
6/22/21,6/22/22,6/22/23		賜爲君觀夫吳王之爲〇	9/29/14	古〇云	11/39/16
14/44/22,14/44/23,14/45/1		太宰嚭爲〇	9/29/15	〔其〕唯聖〇乎	11/39/18
子何非寡〇而且不朝		少失先〇	9/30/2,9/30/8	子爲寡〇精占之	12/39/28
〔乎〕	6/22/27	故使越賤臣種以先〇之			12/40/22
胥乃圖謀寡〇	6/22/30	藏器	9/30/10	無諛寡〇之心所從	12/39/29
臣聞君〇者	6/22/30	與寡〇伐齊	9/30/14	爲〇幼而好學	12/40/8
寡〇屬子邦	6/23/5	夫空〇之邦	9/30/14	希見〇主	12/40/14
聖〇前知乎千歲	7/23/20	悉〇之衆	9/30/15	寡〇晝臥姑胥之臺	12/40/20
寡〇垂意	7/23/21	而與齊（大）〔〇〕戰		無諛寡〇心所從	12/40/23
明告寡〇	7/23/23	於艾陵	9/31/4	越〇入吳邦	12/41/4
衆〇莫能止之	7/24/4	果與晉〇相遇黃池之上	9/31/5	當與〇俱葬〔也〕	12/41/5
有野〇謂子胥曰	7/24/5	晉〇擊之	9/31/5	吳王使〇提於秦餘杭之山	12/41/9
寡〇晝臥	7/24/14	〇事備矣	10/31/13	子試爲寡〇前呼之	12/41/19
〇所飲	7/24/16	不煩〇衆	10/31/21	公孫聖令寡〇得邦	12/41/20
讒〇間之	7/24/22	死士八千〇	10/31/25	胥爲〇先知、忠信	12/41/22
未嘗見〇君虧恩爲臣報		從弟子七十〇奉先王雅		世無千歲之〇	12/42/7
仇也	7/24/25	琴治禮往奏	10/31/25	宮〇有四駕白鹿而過者	13/42/20
讒〇罔極	7/25/3	出死士三百〇	10/31/26	寡〇聞吳有干將	13/43/9
嚭爲〇覽聞辯見	7/25/6	美〇宮	10/32/28	此二〇甲世而生	13/43/9
〇君選士	7/25/10	遊於美〇宮	10/33/12	寡〇願齎邦之重寶	13/43/10
時〇盡以爲狂	7/25/13	〇與爲怨	10/33/19	因吳王請此二〇作〔爲〕	
〇莫可與語	7/25/14	細〇也	10/33/20	鐵劍	13/43/10
其邑〇以爲狂夫多賢士	7/25/15	〇不自聊	10/33/21	使（〇）〔之〕作〔爲〕	

必有○於內　11/39/5
胥聞越王句踐服誠行○　14/44/22
將○而明　15/45/24
句踐知其○也　18/52/13
○賢　19/53/28
○能生勇　19/53/28
孔子并稱○　19/55/7
有殺身以成○　19/55/8

忍 rěn　7
不○君沈惑於讒　1/2/10
弗○行　6/21/8
越王不○　6/23/9
士卒不能○　9/29/15
吳王不○　12/41/15
不○去而自存　19/54/15
何其○負也　20.11/57/10

刃 rèn　3
〔操鋒履○、艾命投〕
　死者　11/38/11
下令百姓被兵○之咎　11/39/6
接兵血○　16/49/25

任 rèn　19
○用賢者　1/1/15
○用賢臣　1/1/17
○用賢人　1/1/23
以○賢使能　5/18/17
○賢使能　5/18/19
又不○賢使能　5/18/21
以○賢子　5/18/24
又不○賢子　5/18/24
○用子胥　7/24/10
或○子胥　7/25/18
○一賢　8/26/13
明（王）〔主〕○人不
　失其能　9/28/18
（銳）〔悅〕兵○死　10/32/2
躬於○賢　11/38/18
大責○之　11/38/20
夫差不信伍子胥而○太
　宰嚭　11/39/14
得人心、○賢士也　16/47/17

不能○（狼）〔狼〕致治　18/52/4
桓公能○賢　18/52/5

妊 rèn　1
剖○婦　4/17/2

衽 rèn　2
如珠〔而〕不可○　13/43/17
後○天人　18/51/30

日 rì　59
○昭昭　2/3/7
○入　2/3/8
（目）〔○〕〔已〕施　2/3/9
三○　2/3/21
乞於吳市三○矣　2/3/22
三○三夜　2/3/26
（築）〔葬〕〔之〕三
　○而白虎居〔其〕上　3/6/9
午○死也　3/6/23
十○遂去　3/13/2
言不失陰陽、○月、星
　辰之綱紀　4/14/15
○夜不休　4/17/9
彼○以弱　5/18/2
我○以彊　5/18/3
必貧而○衰　5/18/27
愚者○以退　5/19/3
聖者○以長　5/19/3
○月、星辰、刑德　5/19/6
作務○給　5/19/18
臣聞春○將至　6/21/13
而聽一○之說　6/21/24
亡○不久也　6/22/3
今○爲子卜於申胥　6/22/3
今○往見申胥　6/22/9
即慮○益進而智益生矣　6/23/1
吳王乃句○而自殺也　6/23/16
○月光明　7/23/28
○夜不止　7/24/13
終○而語　7/25/16
盡○〔方去〕　8/26/1
以夜接○　9/27/18,9/28/12
子貢至五○　9/30/7

越棲於會稽○　10/33/28
則孔主（曰）〔○〕益
　上　11/38/14
則孔主（曰）〔○〕益
　下　11/38/14
○謹一○　11/39/17
仰之如○月　11/39/19
行有○　12/39/25
今○壬午　12/40/10,12/40/15
今○聞命矣　12/42/4
今○遜敬　12/42/7
此其用兵月○數　15/46/7
以其四時制○　15/46/8
然後有寒暑、燥濕、○
　月、星辰、四時而萬
　物備　16/47/13
越五○　16/49/20
越王既尸勝吳三○　16/50/11
明○　17/51/1,17/51/4,17/51/8
許我明○夕待於離亭　17/51/5
〔念之〕五○而道之　17/51/17
○月一明　19/53/19
三○不朝　19/55/6
齊德○月　19/55/29
連○乃出　20.11/57/6
與○戰者不移表　20.11/57/8
一○出遊　20.18/58/7

戎 róng　1
適（○）〔戎〕卒治通
　陵高以南陵道　3/12/22

容 róng　14
眾人○○　5/19/9
而信讒諛○身之徒　6/21/24
進讒諛○身之徒　6/23/14
君子之○　7/25/16
直士舉賢不○於世　9/28/18
變○貌　9/29/10
奏曲河、句○　10/38/3
以是不○　11/39/12
麗質冶○矣　11/39/16
天地所不○載　19/54/4
伏竄自○　19/55/26
不能○也　19/56/2

○戰士二十六人	20.20/58/18	君不○伐吳	9/26/26,9/27/2	我不與○君	4/15/19
		臣故曰不○伐吳	9/27/7	○彊食自愛	12/40/17
榮 róng	5	且大吳畏小越○此	9/28/5	飛揚○灰	12/41/10
		○子之畏父	9/29/5	○更能爲聲哉	12/41/10
種獨不○	7/24/28	○此不可得也	9/29/9	還師去○	13/43/3
秋○	16/48/17	視民○嬰兒	10/33/22	今南郡、南陽、○南、	
秋順而復○者	16/48/21	莫○正身	11/38/13	淮陽、六安、九江、	
吾先得○	18/52/20	譬○門戶像設	11/38/23	廬江、豫章、長沙	15/47/3
越見其○於無道之楚	19/55/18	歸○父母	11/39/9	○求謁於春申君	17/50/28
		愛之○父母	11/39/19	彼必問○	17/50/29
蓉 róng	1	仰之○日月	11/39/19	○家何等遠道客者	17/50/29
		敬之○神明	11/39/19	○女弟何能	17/50/30
其華捽如芙○始出	13/42/22	畏之○雷霆	11/39/19	○家何等遠道客	17/51/1
		○有所悔	12/39/26	王不知○之神也	20.19/58/14
融 róng	1	○有悔	12/40/11		
		涕泣○雨	12/40/18	**乳 rǔ**	2
祝（使）○治南方	5/18/8	面○死灰色	12/41/20		
		胥中決○粲米	13/42/21	伏弩而○	5/17/24
肉 ròu	6	忽○敗	13/42/21	○狗哺虎	19/55/20
		懼○悟	13/42/22		
王食禽○	7/23/26	其華捽○芙蓉始出	13/42/22	**辱 rǔ**	20
○袒而謝	12/41/7	爛〔爛〕○列星之行	13/42/23		
虎狼食其○	12/41/9	渾渾○水之〔將〕溢於		居然而○	9/28/9
惡聞酒○之味	18/52/10	溏	13/42/23	軍敗身○	9/28/16,9/30/3,9/30/8
作○刑	19/53/16	巖巖○瑣石	13/42/23	今大夫不○而身見之	9/28/16
燔俎無○	19/55/6	煥煥○冰〔之將〕釋	13/42/24	夫主憂臣○	11/38/8
		去之○水	13/43/2	主○臣死	11/38/8
如 rú	61	○登高山、臨深淵	13/43/16	聖主不計其○	11/38/21
		○流水之波	13/43/16	父○則子死	16/49/29
○是者再	1/1/28	○珠〔而〕不可衽	13/43/17	君○則臣死	16/49/29
不○往仕	1/1/30	其法○是	15/46/5	今寡人親已○於吳矣	16/49/29
何素窮○此	2/3/24	○宿穀之（登）〔登〕	16/48/6	君○則死	16/49/30
中國不絕○綫矣	4/15/9	○環之無端	16/48/18	臣嘗見其○壯士菑邱訢	
越人往○江也	4/16/14	莫○早死	18/52/22	〔也〕	20.11/57/4
走之○犬逐羊	5/17/25	莫○循道順天	19/53/30	〔○之柰何〕	20.11/57/4
慎無○會稽之饑	5/18/3	其行（始）〔○〕是	19/54/11	不受其○	20.11/57/8
○此	5/18/20	蛙○是怒	20.18/58/8	形殘名○	20.11/57/9
9/27/7,9/28/4,16/48/4		敢問船軍之備何○	20.21/58/23	曩者吾○壯士菑邱訢於	
亦○邦有明主	5/18/23	狀○春花	20.25/59/9	大衆之座	20.11/57/11
○此者	5/18/25			子○吾於大座之衆	20.11/57/14
5/19/17,16/47/31,16/48/1		**蠕 rú**	1	吾○子於千人之衆	20.11/57/17
人生不○臥之頃也	5/19/8			越王句踐既爲吳○	20.18/58/7
○是	6/23/1	蠕飛○動	4/14/19		
吳王近駱○故	6/23/3			**入 rù**	64
○法而止	7/23/28	**汝 rǔ**	13		
愛君○軀	7/24/21			○越而止	1/1/31
憂邦○家	7/24/21	（君）〔我〕與○君	4/15/19	來之必○	2/2/24

灑 sǎ	1
雨師掃〇	13/42/26

三 sān	165
養徒〇千	1/2/7
〇日	2/3/21
乞於吳市〇日矣	2/3/22
〇日〇夜	2/3/26
子胥居吳〇年	2/4/1
後二（〇）〔世〕而至	
夫差	3/4/15
立二十〇年	3/4/16
西面七里百一十二步〇尺	3/4/30
北面八里二百二十六步	
〇尺	3/4/30
門〇	3/5/3
陸道廣二十〇步	3/5/13
陸道廣〇十〇步	3/5/14
歐冶僮女〇百人	3/5/30
銅樑〇重	3/6/7
扁諸之劍〇千	3/6/8
方圓之口〇千	3/6/8
（築）〔葬〕〔之〕〇	
日而白虎居〔其〕上	3/6/9
去縣〇十里　　3/6/12,3/7/18	
3/8/28,3/9/9,10/36/12	
稻田〇百頃	3/8/23
其城六里〇十步	3/9/17
竹（格）〔格〕門〇	3/9/17
陽朔〇年	3/9/22
去縣〇十五里　　3/9/31,3/10/11	
3/11/16,10/36/9,10/36/22	
〇臺者	3/10/18
周〇萬六千頃	3/10/20
其一千〇頃	3/10/22
周千〇百二十頃	3/10/26
周〇百二十頃	3/11/1
下戶〇	3/11/24
上戶〇	3/11/25
周〇里	3/12/5
〇年　3/12/13,6/20/4,10/37/12	
去縣二十〇里	3/12/18
秦始皇帝〇十七年	3/12/25
南北〇十丈	3/12/28
立（〇）〔四〕十二年	3/13/2

〇年然後歸之	4/14/3
拘蔡公〇年	4/14/6
〇月得反國政	4/15/13
〇年大熟	4/15/26
以魚〇邦之利	5/18/4
太陰〇歲處金則穰	5/18/12
〇歲處水則毀	5/18/12
〇歲處木則康	5/18/12
〇歲處火則旱	5/18/13
則決萬物不過〇歲而發矣	5/18/13
下不過〇十	5/19/21
石〇十	5/19/27
〇江環之	6/20/12
吳王請申胥謀者〇	6/22/18
居〇年	6/23/9
居軍〇月	6/23/11
大過者〇	6/23/15
其異〇世	7/23/28
〇王則〇皇之苗裔也	8/25/26
臣聞君〇封而〇不成者	9/27/4
〇者	9/28/14
已〇年矣	9/29/7
出卒〇千	9/30/12
請出卒〇千	9/30/14
（二）〔〇〕戰不勝	9/31/7
伐吳〇年	9/31/7
壇高〇尺	10/31/17
土階〇等	10/31/17
戈船〇百艘	10/31/25
出死士〇百人	10/31/26
丘能述五帝〇王之道	10/32/1
周二里二百二十〇步	10/32/11
桂長〇丈五尺〇寸	10/32/12
陸門〇	10/32/15
水門〇	10/32/15
周五百〇十二步	10/32/21
去縣〇里	10/33/9
周二百〇十步	10/34/9
去縣六十〇里	10/35/7
塘長千五百〇十〇步	10/35/18
葬之〇蓬下	10/35/30
置我〇蓬	10/36/1
食傳〇賢	10/36/1
去縣十〇里許	10/36/6
長〇百五十〇步	10/36/14
平王立二十〇年	10/37/19
立〇年	10/37/21

秦始皇帝立〇十七年	10/37/21
以其〇十七年	10/37/27
直能〇公	11/38/23
〇年自咎	11/39/8
王從騎〇千	12/41/13
師兵〇月不去	12/41/14
太宰嚭即上山〇呼	12/41/19
聖〇應	12/41/20
兵〇圍吳	12/41/21
此非大過者〇乎	12/42/2
以〇寸之帛	12/42/9
有市之鄉（二）〔〇〕、駿馬	
千疋、千戶之都二	13/42/25
	13/43/6
造爲大刑〇、小刑二	13/42/28
〇日勝邪	13/42/28
使披腸夷之甲〇事	13/43/4
作爲鐵劍〇枚	13/43/12
〇日工布	13/43/13,13/43/15
楚王見此〇劍之精神	13/43/13
此〇劍何物所象	13/43/14
〇年不解	13/43/20
〇軍破敗	13/43/21
威服〇軍	13/43/28
〇日貴糴粟稾	14/44/5
〇年聚材	14/44/15
〇、七、十一	15/46/6
必察天之〇表	16/47/30
請問〇表	16/47/30
此天之〇表者也	16/48/2
能知〇表	16/48/2
不知〇表之君	16/48/3
務執〇表	16/48/14
不知〇表	16/48/15
天道〇千五百歲	16/48/18
言亂〇千歲、必有聖王	
也	16/48/24
冬〇月之時	16/49/8
夏〇月盛暑之時	16/49/9
萬物方夏〇月之時	16/49/10
方冬〇月之時	16/49/11
越王既已勝吳〇日	16/50/11
相之〇年	17/51/20
春祭〇江	18/51/29
承〇繼五	19/53/15
〇皇以後	19/53/16
至於〇王	19/53/16

○日不朝	19/55/6
○遷避位	19/55/13
名爲○女墳	20.3/56/15
鑿分爲○	20.3/56/15
呼爲○女墳也	20.3/56/15
子有○當死之過	20.11/57/13
○死也	20.11/57/15
子有○死之過	20.11/57/15
吾無○死之過	20.11/57/16
子有○不肖之媿	20.11/57/16
	20.11/57/18
是○不肖也	20.11/57/18
舳艫○人	20.20/58/19
弩各○十二	20.20/58/20
矢○千○百	20.20/58/20
甲兜鍪各○十二	20.20/58/20
廣一丈○尺五寸	20.20/58/20
將軍疑船兵戟與將軍船	
等○船	20.22/59/2

散 sàn　6

故○有時積	5/18/13
天有時而○	5/19/13
收聚而不○	5/19/14
兵革○空	11/38/7
父子離○	12/42/1
萬物○	16/48/11

桑 sāng　3

○里東、今舍西者	3/13/9
勸農○	5/18/1
疇糞○麻	10/31/13

喪 sàng　5

傷賢○邦	8/26/13
躬視死○	11/39/2
知得而不知○	11/39/17
得有○之理	11/39/19
知後有彊秦○其世	19/53/17

艘 sāo　5

戈船三百○	10/31/25
大翼一○	20.20/58/18
中翼一○	20.20/58/20
小翼一○	20.20/58/21
王身將即疑船旃麾兵戟	
與王船等者七○	20.22/59/1

掃 sǎo　3

越將○我	7/24/14
執箕（○）〔帚〕	9/29/11
雨師○灑	13/42/26

色 sè　17

慚然有憂○	6/22/7
夫有○	7/24/30
成恒忿然作○	9/27/2
目不視好○	9/29/6
〔示之以○〕	11/39/1
面如死灰○	12/41/20
五○並見	13/42/17
臣聞五○令人目不明	14/44/20
凡氣有五○	15/45/10
○因有五變	15/45/10
五○相連	15/45/10
軍上有赤○氣者	15/45/13
沒溺於聲○之類	16/48/12
面有憂○	16/50/13
見乎顏○	18/52/14
○斯而舉	19/55/12
輕士重○	20.2/56/10

塞 sè　5

吳古故從由拳辟○	3/5/22
辟○者	3/5/22
吳備候○也	3/5/22
到由拳○	3/12/21
款○貢珍	19/54/28

穡 sè　1

后稷產○	10/31/13

沙 shā　1

今南郡、南陽、汝南、	
淮陽、六安、九江、	
廬江、豫章、長○	15/47/3

殺 shā　75

且○之	2/2/22
則○之	2/2/27,2/2/31
○子奢〔而〕并○子尚	2/3/2
吾聞荊平王○其臣伍子	
奢而非其罪	2/3/22
胥父無罪而平王○之	2/3/25
昔者吾先人無罪而子○之	2/4/3
昔者吾先人○子之父	2/4/6
○生以送死	3/6/17
○（周宋）〔虀〕君	3/6/22
與春申君并○之	3/12/14
○劉賈	3/13/1
越王弟夷鳥將軍○潯	3/13/3
昔者吾先君無罪而子○之	4/14/9
○無知	4/15/18
母常○舜	4/15/26
瞽瞍欲○舜	4/15/27
常欲○舜	4/15/29
誅○無刑	4/16/26
○之	4/17/3,6/23/14
牽諸侯以○其君	6/21/7
○之爲乎	6/22/12
可○之	6/22/12
越王句踐食不○而饜	6/22/20
賜劍○申胥	6/22/24
昔者桀○關龍逢	6/22/26
紂○王子比干	6/22/26
今吳○臣	6/22/26
以吾○胥爲重乎	6/22/28
胥之（下位）〔位下〕	
而○之	6/22/29
我非聽子○胥	6/22/30
王意欲○太宰嚭	6/23/2
（玉）〔王〕若之	6/23/3
是○二胥矣	6/23/3
○太宰嚭	6/23/12
越王謂范蠡○吳王	6/23/12
臣不敢○主	6/23/13,12/42/7
○忠信之士	6/23/14
吳王乃旬日而自○也	6/23/16
○太宰嚭、逢同與其妻子	6/23/16
遂爲軍士所○	8/26/9
○敗吾民	9/29/4

○夫差而僇其相	9/31/7	由鍾窮隆○者	3/8/5	其○上石室〔者〕	10/33/4
斬○無罪	10/33/21	莋碓○	3/8/8	齊於稷○	10/33/11
王○買	10/33/24	故爲鶴皐○	3/8/8	炤龜龜○	10/33/11
（孤）〔狐〕之將○	10/33/25	引湖中柯○置之鶴皐	3/8/8	夫○者	10/33/17
不○仇人	11/39/13	放○者	3/8/10	其○上大冢	10/33/17
○忠臣伍子胥、公孫聖	12/41/22	在莋碓○南	3/8/10	越棲於會稽之○	10/33/26
越王○太宰嚭	12/42/11	以取長之莋碓○下	3/8/10	取土西○以濟之	10/34/5
○生以送之	13/43/1	莋碓○南有大石	3/8/13	獨○大冢者	10/34/14
使之自○	14/44/6	撫侯○者	3/8/15	麻林○	10/34/16
以申胥爲不忠而○之	14/45/2	巫門外冤○大冢	3/8/21	一名多○	10/34/16
必以○降	15/45/17	烏傷縣常○	3/9/15	以○下田封功臣	10/34/17
攻之○將　15/45/18、15/45/27		虞○者	3/9/20	會稽○上城者	10/34/19
	15/45/28	無錫歷○	3/9/28	會稽○北城者	10/34/21
能○人	16/47/26	蒸○南面夏駕大冢者	3/10/11	葛○者	10/34/25
秋成而○之	16/48/20	秦餘杭○者	3/10/13	姑中○者	10/34/27
陰氣主○	16/49/11	越王樓吳夫差○也	3/10/13	越銅官之○也	10/34/27
此持○生之柄	16/50/16	○有湖水	3/10/13	犬○者	10/35/1
使張儀詐○之	17/51/21	胥女南小蜀○	3/11/16	畜犬獵南○白鹿	10/35/1
欲○妻子	18/51/26	白石○	3/11/18	故曰犬○	10/35/1
賊○子胥	18/52/8	故爲胥女○	3/11/18	白鹿○	10/35/4
子胥賜劍將自○	18/52/19	土○者	3/12/7	在犬○之南	10/35/4
吳王將○子胥	18/52/22	（東）〔更〕名大越爲		雞○、冢○者	10/35/6
臣○主	19/54/4	○陰也	3/12/15	雞○在錫○南	10/35/6
故先吳敗而○也	19/54/16	都尉治○陰	3/13/11	冢○在民○西	10/35/7
有○身以成仁	19/55/8	舜去耕歷○	4/15/26	疑冢○在餘暨界中	10/35/7
不○	19/55/16	堯殛之羽○	4/16/19	句踐時采錫○爲炭	10/35/9
○兩蛟一龍	20.11/57/6	○林幽冥	5/17/16	其冢名土○	10/35/19
○其兩兒	20.19/58/11	保棲於會稽○上	6/20/3	因名〔其〕冢爲秦伊○	10/35/25
○二子成兩鉤	20.19/58/13	至餘杭○	6/23/12	故曰陳音○	10/35/27
		越王葬於卑猶之○	6/23/16	種○者	10/35/30
鎩 shā	**1**	越有神○	7/24/2	巫○者	10/36/6
		棲於會稽之○	8/26/9	六○者	10/36/8
越人謂人○也	4/16/14	棲於會稽○上	9/28/12	徙種六○	10/36/9
		上棲會稽○	9/28/16	塗○者	10/36/20
山 shān	**127**	上茅○	10/31/15	禹所取妻之○也	10/36/20
		更名茅○曰會稽	10/31/16	獨婦○者	10/36/26
即從橫嶺上大○	2/3/5	句踐徙治○北	10/31/23	徙寡婦致獨○上	10/36/26
被○帶河	2/3/5	水行而○處	10/32/2	○陰古故陸道	10/37/4
徙治胥○	3/4/15	走南○	10/32/8	○陰故水道	10/37/4
旦食於紐○	3/4/24	○陰城也	10/32/11	刻（丈六）〔文立〕於	
奏出土○	3/5/16	○陰大城者	10/32/15	越（東）〔棟〕○上	10/37/30
過猶○	3/5/16	稷○者	10/32/18	乃更名大越曰○陰	10/38/2
過歷○陽、龍尾西大決	3/5/17	龜○者	10/32/20	進兵圍越會稽壙○	11/39/11
奏○陰	3/5/22	一曰怪○	10/32/21	提我○中	12/41/9
閶門外高頸○東桓石人	3/6/3	怪○者	10/32/21	吳王使人提於秦餘杭之○	12/41/9
築塘北○者	3/7/7	故謂怪○	10/32/22	相將至秦餘杭之○	12/41/15
葬虞西○	3/7/21	女出於苧蘿○	10/33/1	秦餘杭○西坂開燕	12/41/18

吾嘗戮公孫聖於斯○	12/41/18
太宰嚭即上○三呼	12/41/19
赤堇之○	13/42/26
今赤堇之○已合	13/43/5
歐冶子、干將鑿茨○	13/43/12
如登高○、臨深淵	13/43/16
大敗之於秦餘杭○	14/45/4
今大越○陰	15/46/16
魯故治太○、東溫、周	
固水	15/46/24
今濟陰、○陽、濟北、	
東郡	15/46/26
今代郡、常○、中○、	
河間、廣平郡	15/46/28
舜循之歷○	16/49/22
楚世子奔逃雲夢（○之）	
〔之○〕	19/55/16
南○有鳥	20.2/56/11
北○張羅	20.2/56/11
美○	20.4/56/18
大雷○	20.4/56/18
小雷○	20.4/56/18
會稽○南故越城是也	20.13/57/24

刪 shān　4

見夫子○《書》作《春	
秋》、定王制	1/2/1
○定五經	1/2/7
說之者見夫子○《詩》	
《書》	1/2/16
故○定復重	1/2/18

善 shàn　47

絕惡反之於○	1/1/10
○為兵法	3/6/27
○惡之敍	4/14/24
啓歲○犧牲以祠之	4/16/6
夏啓○犧於益	4/16/6
○	5/17/27,5/19/1,5/19/5
	5/19/10,5/19/16,5/19/18
	5/19/22,5/19/23,6/20/8
	9/27/10,13/43/11,14/44/8
	16/48/26,16/49/14,16/50/20
其德衰而民好貪○	6/20/6
勇而○謀	6/20/14

○哉	6/22/17,12/39/29
	16/47/22,16/47/28,16/49/17
而○貴有道	6/22/22
種○圖始	7/25/20
壞人之○毋後世	8/26/14
〔○〕	9/27/17
○為偽詐	9/29/15
一曰句踐伐○（村）	
〔材〕	10/35/13
句踐客秦伊○焯龜者冢	
也	10/35/25
其○惡可得聞乎	16/48/30
即知歲之○惡矣	16/49/5
夫陰入淺者即歲○	16/50/18
春申君〔重言○〕	17/51/7
蠡○慮患	18/52/5
○其務救蔡	19/53/29
今荊平何○乎	19/54/6
非○荊平也	19/54/7
○其以匹夫得一邦之衆	19/54/8
一○一惡	19/54/27
范蠡○偽以勝	19/54/28
死之○也	19/55/5
著○為誠	19/55/22

膳 shàn　1

所以備○羞也	10/33/13

擅 shàn　2

○世之陽	5/18/3
豪曹已○名矣	13/42/18

贍 shàn　1

以（瞻）〔○〕天下	4/17/4

商 shāng　1

○均不化	19/54/20

傷 shāng　21

烏○縣常山	3/9/15
饑則易○	5/17/22
糴石二十則○農	5/19/20

農○則草木不辟	5/19/20
其大臣好相○	6/20/5
數○人而亟亡之	6/20/7
毋以私相○	6/21/18
弗對以斥○大臣	6/21/24
不發則無○	6/22/23
○賢喪邦	8/26/13
其反形○	8/26/14
不足以○吳	9/29/10
闔廬○焉	11/39/5
是時死○者不可稱數	11/39/5
自賣內○	11/39/6
故身操死持○及被兵者	11/39/7
攻之必○	15/45/21
穀少軍○	15/45/24
穀盡軍○	15/45/26
○民不得其所	19/53/20
○中而死	19/55/14

觴 shāng　1

因酌行○	12/41/11

賞 shǎng　12

○賜不當	4/16/27
○賜不加於無功	4/17/6
○者有功	5/19/3
行慶○	6/22/22
夫官位、財幣、〔金○	
者〕	11/38/11
爵○刑罰	11/38/16
言○罰由君	11/38/26
發府庫○無功也	16/48/22
有人貪王○之重	20.19/58/11
詣官求○	20.19/58/12
而子獨求○	20.19/58/12
酒○之百金	20.19/58/15

上 shàng　93

即從橫嶺○大山	2/3/5
至江○	2/3/6
○殿與語	2/3/26
○郭池	3/5/19
○歷地	3/5/19
（築）〔葬〕〔之〕三	

日而白虎居〔其〕○	3/6/9	徙寡婦致獨山○	10/36/26	句踐遊臺○有龜公冢在	
妻門外馬亭溪○復城者	3/7/11	莊襄王更號太○皇帝	10/37/20		20.14/57/26
馬安溪○干城者	3/8/19	刻（丈六）〔文立〕於			
以伐○舍君	3/9/3	越（東）〔棟〕山○	10/37/30	**尙 shàng**	**21**
從海○來	3/9/5	○姑蘇臺	10/38/2		
毗陵○湖中冢者	3/10/9	則孔主（曰）〔日〕益		伍子○奔吳	2/2/22
○湖通○洲	3/10/9	○	11/38/14	○爲人也	2/2/24
毗陵○湖也	3/10/22	授以○卿	11/38/22	於是王即使使者召子○	
○下戶各二	3/11/24	○不能令主	11/39/6	於吳	2/2/27
○戶四	3/11/24	○車不顧	12/40/18	使人告子○於吳	2/2/28
○戶三	3/11/25	太宰嚭即○山三呼	12/41/19	子○對曰	2/2/29
○無明天子	4/15/8	○天蒼蒼	12/42/8	○請入	2/2/30
皆一旦會於孟津之○	4/16/30	吾坐於露壇之○	13/42/19	殺子奢〔而〕并殺子○	2/3/2
○順天地	4/17/7	四駕○飛揚	13/42/20	而（拜）〔并〕其子○	2/3/25
黄帝於是○事天	5/18/7	精誠○通天	13/43/10	寡人○少	2/4/6
又無○賜	5/19/18	○與天合德	15/45/8	比干、箕子、微子○在	4/17/1
爲○物	5/19/25	軍○有氣	15/45/10	○有貧乞者	5/19/16
令爲○種	5/19/26	軍○有赤色氣者	15/45/13	夫獸虫○以詐相就	6/20/20
保棲於會稽山○	6/20/3	軍○有青氣盛明	15/45/13	○孝而入	7/25/2
凶來而民怨其○	6/20/13	青氣在〔軍〕○	15/45/14	○恥之	9/26/20
下而令○	6/21/21	赤氣在軍○	15/45/16	○以爲居之者樂	10/31/18
在○位者	6/23/1	黄氣在軍○	15/45/19	○猶峻法隆刑	10/33/22
昔者○蒼以越賜吳	6/23/14	白氣在軍○	15/45/22	得趙王○	10/37/26
以爲○客	7/23/20	黑氣在軍○	15/45/25	○有就李之恥	11/39/14
黄氣在○	7/23/27	氣在軍○	15/46/1	○有十數里耳	12/41/18
是君○驕主心	9/27/5	舉兵無擊大歲○物	15/46/8	即○在耶	12/41/19
且夫○驕則犯	9/27/6	今○漁陽、右北平、遼		賜見《春秋》改文○質	19/53/21
是君○於主有卻	9/27/6	東、莫郡	15/46/14		
是君○無彊臣之敵	9/27/9	今遼東、隴西、北地、		**稍 shāo**	**1**
棲於會稽山○	9/28/12	○郡、鴈門、北郡、			
○棲會稽山	9/28/16	清河	15/47/6	乃○成中外篇焉	1/2/13
勢在其○位而行惡令其		願欲知圖穀○下貴賤	16/48/5		
下者	9/28/20	欲知八穀之貴賤、○下		**燒 shāo**	**4**
○事群臣	9/29/7	、衰極	16/48/30		
果與晉人相遇黄池之○	9/31/5	○下無根	16/49/1	○之	3/5/7
○茅山	10/31/15	○不逮於神農	16/49/28	後○	3/11/28
○無漏泄	10/31/17	○聖之計也	16/49/31	太守許時○	3/12/27
越王夫鐔以○至無餘	10/32/5	夫陽動於○	16/50/2	野火○其骨	12/41/10
親以○至句踐	10/32/8	故氣轉動而○下、陰陽			
無彊以○	10/32/9	俱絕	16/50/5	**少 shǎo**	**38**
其山○石室〔者〕	10/33/4	聖人○知天	16/50/8		
其山○大冢	10/33/17	君○負於王	17/51/9	無貴賤長○	2/3/27
句踐與吳戰於浙江之○	10/33/19	○下相明	18/53/9	寡人尙○	2/4/6
石買發行至浙江○	10/33/20	知去○賢	19/53/27	民雖○	2/4/8
會稽山○城者	10/34/19	知此○事	19/54/3	成王○	4/17/6
死葬其○	10/36/6	東海○人也	20.11/57/5	故○吳治西方	5/18/7
其○馬箠	10/36/8	乃加吾之○	20.11/57/19	子何年○於物之長也	5/19/1

不以○長	5/19/2	此謂行○侈而亡也	16/48/14	射 shè	12
○明而不信人	6/20/7			○臺二	3/4/20
君王盍○求卜焉	6/20/7	**虵 shé**	1	○於（軀）〔鷗〕陂	3/4/24
不在貴賤長○	6/22/5			一名○貴湖	3/10/22
孤不幸○失先人	9/28/15	（地）〔○〕門外塘波		管仲張弓○桓公	4/16/2
○失先人	9/30/2,9/30/8	洋中世子塘者	3/6/29	○於樂野之衢	10/33/12
計倪官卑年○	11/38/9			○浦者	10/35/27
將勇毅○	15/45/15	**蛇 shé**	3	今○浦去縣五里	10/35/27
將○卒多	15/45/15			○卒陳音死	10/35/27
兵○軍罷	15/45/15	平門到○門	3/5/13	則治○防於宅亭、賈亭北	10/38/2
將軍勇而兵○	15/45/17	○門外大丘	3/7/5	不○	10/38/3
敵○	15/45/18	類龍○而行者	14/44/10	○其子	19/55/16
將勇兵○	15/45/19			吏僕○長各一人	20.20/58/19
毅多卒○	15/45/19	**社 shè**	11		
兵○	15/45/21			**涉 shè**	7
毅○	15/45/21,15/45/25	○稷之傾	1/2/10		
將弱卒○	15/45/21	有其○稷	6/20/17	殘朝○	4/17/2
兵○毅亡	15/45/21,15/45/27	則○稷固	6/21/3	○危拒難則使勇	9/28/19
卒○兵多	15/45/24	則○稷危	6/21/4	○江襲吳	9/31/6
毅○軍傷	15/45/24	君王不圖○稷之危	6/21/23	政使將王○攻趙	10/37/25
卒多毅○	15/45/24	其亭祠今爲和公（群）		政使將王○攻齊	10/37/26
卒○	15/45/26	〔郡〕○稷墟	10/36/3	○江	12/41/15
卒○兵○	15/45/28	句踐遣使者取於南○	10/36/8	○天機	18/51/30
卒○毅盡	15/45/28	掘○稷也	12/41/4		
或多或○	16/47/23	○稷廢蕪	12/42/1	**赦 shè**	3
覩諸〔侯〕所多○爲備	16/47/29	幾亡邦危○稷	16/49/20		
所○	16/47/29	故空○易爲福	19/54/30	○而蓄之	2/3/2
地狹民○	16/50/2			罪至死不○	2/3/27
		舍 shè	16	○其大罪	4/16/2
奢 shē	15				
		取○以道	1/1/10	**設 shè**	1
荊平王有臣伍子○	2/2/22	謂其○人曰	2/3/5		
○得罪於王	2/2/22	吳北野禺櫟東所○大疁者	3/7/23	譬如門戶像○	11/38/23
王召○而問之	2/2/23	以伐上○君	3/9/3		
子○對曰	2/2/23	今太守○者	3/11/20	**申 shēn**	84
王以○爲無罪	2/3/1	桑里東、今○西者	3/13/9		
殺子○〔而〕并殺子尚	2/3/2	君○君室	4/14/10	東到春○君府	3/4/22
吾聞荊平王殺其臣伍子		大夫○大夫室	4/14/10	春○君時盛祠以牛	3/9/28
○而非其罪	2/3/22	爲我駕○卻行馬前	6/20/17	春○君治以爲陂	3/9/30
殘賊○佚	4/16/26	因遜遜之○	6/21/16	春○君初封吳所造也	3/10/1
雖夫差驕○	7/24/10	申胥遜遜之○	6/21/23	春○君客衛公子冢也	3/11/16
（位）〔伍〕子胥父子		身御子貢至○	9/28/8	春○君初封吳	3/11/18
○爲楚王大臣	7/24/30	政使將魏○、內史教攻		春○君所造	3/11/20,3/11/26
○盡忠入諫	7/25/1	韓	10/37/25		3/11/28,3/12/1,3/12/3
以○乃害於君	7/25/1	留○都亭	10/37/29		3/12/9
○諫於楚	7/25/3	觀其所○	16/48/31	春○君子假君宮也	3/11/22
行○侈則亡	16/48/9	魂主死氣之○也	16/49/2		

春○君時造	3/12/5	我欲假於春○君	17/50/27	孤○不安床席	9/29/6
春○君時治以爲貴人冢次	3/12/7	我得見於春○君	17/50/27	以內其○	9/29/15
春○君客冢	3/12/11	春○君、貴人也	17/50/27	句踐乃○被賜夷之甲	10/31/26
春○君	3/12/13	汝求謁於春○君	17/50/28	一人之○	10/33/27
封春○君於吳	3/12/13	辭春○君才人	17/51/1	莫如正○	11/38/13
幽王徵春○〔君〕爲楚		春○君果問	17/51/1	正○之道	11/38/13
令尹	3/12/13	春○君曰　17/51/2,17/51/3		乃使群臣○問疾病	11/39/2
春○君自使其子爲假君		吾辭於春○君	17/51/4	故○操死持傷及被兵者	11/39/7
治吳	3/12/14	春○君到	17/51/7	○死無功	12/40/16
與春○君并殺之	3/12/14	春○君〔重言善〕	17/51/7	12/41/1,12/41/8,12/41/22	
春○君姓黃	3/12/16	〔春○君〕大悅	17/51/8	大王○死	12/41/4
春○君去吳	3/12/18	女環謂春○君曰	17/51/8	乃使其○自受其殃	12/41/7
○胥進諫曰	6/20/11		17/51/13	攻者其誅乃○	15/45/13
○胥曰　6/20/18,6/20/21,6/21/7		春○君以告官屬	17/51/10	知保人之○者	16/47/24
6/21/8,6/21/10,6/22/18		〔春○君曰〕	17/51/14	不知保人之○	16/47/24
○胥爲人臣也	6/21/10	女環使園相春○君	17/51/20	何謂保人之○	16/47/25
使人微告○胥於吳王曰	6/21/16	以吳封春○君	17/51/20	故謂人○	16/47/26
○胥進諫	6/21/16	即（對）〔封〕春○君		○死邦亡	16/48/14
夫○胥、先王之忠臣	6/21/17	於吳	17/51/21	○死棄道	16/48/15
○胥遜邋之舍	6/21/23	昭王遣大夫○包胥入秦		則恐不全其○	16/49/23
子難人○胥	6/22/1	請救	19/55/17	○死不爲醫	18/52/10
因往見○胥	6/22/1	以備春○君	20.4/56/18	范蠡單○入越	19/55/3
○胥謂逄同曰	6/22/2			有殺○以成仁	19/55/8
今日爲子卜於○胥	6/22/3	**身 shēn**	**56**	滅○爲主	19/55/11
今日往見○胥	6/22/9			老○西陶	19/55/14
○胥與被離坐	6/22/9	夷狄文○	1/1/17	沒○黃坡	20.2/56/12
今○胥進諫類忠	6/22/10	焦思苦○	1/1/23	王○將即疑船旌麾兵戟	
今圖○胥	6/22/12	直斥以○者也　1/2/9,1/2/13		與王船等者七艘	20.22/59/1
○胥必諫曰不可	6/22/13	不足以○當之	1/2/12		
召○胥	6/22/16	愛○之死	2/2/30	**深 shēn**	**17**
吳王復召○胥而謀	6/22/17	○干闔廬	4/13/26		
吳王請○胥謀者三	6/22/18	○自外養	4/15/26	水○丈五尺	3/6/7
以○胥爲不忠	6/22/24	非必○爲之也	5/18/18	水○二丈五尺	3/6/16
賜劍殺○胥	6/22/24	君王卑○重禮	6/20/8	水○丈五寸	3/6/16
○胥且死	6/22/26	於是乃卑○重禮	6/20/11	○問其國	7/23/21
夫○胥無罪	6/23/14	而信讒諛容○之徒	6/21/24	池廣以○	9/27/1
能屈能○	7/25/21	內其○而心野狼	6/22/10	○於骨髓	9/29/5
勇在害彊齊而威○晉邦者	9/27/16	○操概	6/22/20	故可與赴○溪	10/33/22
威○晉邦	9/28/3	進讒諛容○之徒	6/23/14	下階而○惟	13/42/22
其心○	9/28/11	○且以誅	7/24/22	若耶〔之〕溪○而不測	13/43/5
年加○酉　10/31/20,19/55/27		得及○	8/26/13	如登高山、臨○淵	13/43/16
諛讒○者	12/41/1	苦○勞力　9/27/18,9/28/12		陽入○者則歲惡	16/50/18
○胥諫曰　14/44/12,14/44/20		○御子貢至舍	9/28/8	○省厥辭	18/52/8
以○胥爲不忠而殺之	14/45/2	軍敗○辱　9/28/16,9/30/3,9/30/8		捐我○江	18/52/24
楚考烈王相春○君吏李		今大夫不辱而○見之	9/28/16	○述厥兆	18/52/29
園	17/50/26	○爲魚鱉餌　9/29/4,9/30/3		惡之甚○	19/54/4
可見我於春○君	17/50/26		9/30/9	受恩○也	19/55/4

○自誠也	19/56/2	知幾其○乎	18/52/16	**慎** shèn		3

參 shēn　3

○以陰陽	5/19/8
○桀紂而顯吳邦之亡也	6/22/26
○也	15/47/6

神 shén　43

襄王時○女所葬也	3/6/19
○多靈	3/6/19
吳故○巫所葬也	3/7/9
高且	3/9/15
虞故○出奇怪	3/9/20
敬鬼○	4/16/9
○氣去而萬里	5/17/24
越有○山	7/24/2
○農嘗百草、水土甘苦	10/31/13
○不可得	10/35/1
○巫之官也	10/36/6
越○巫無杜子孫也	10/36/11
巫	10/36/11
子胥微策可謂○	11/39/12
敬之如○明	11/39/19
使鬼○不血食	12/42/1
歐冶乃因天之精○	13/42/27
群○不下	13/43/6
楚王見此三劍之精○	13/43/13
因大王之○	13/43/23
固能有精○若此乎	13/43/24
軒轅、○農、赫胥之時	13/43/24
夫○聖主使然	13/43/25
夫玉、亦○物也	13/43/26
此亦鐵兵之○	13/43/28
事鬼○	14/44/4
百里之○	16/47/20
千里之○	16/48/3
故○生者	16/49/1
故名之曰○	16/49/2
○主生氣之精	16/49/2
○者	16/49/3
不行即○氣〔槁〕而不	
成物矣	16/49/4
昔者○農之治天下	16/49/23
上不逮於○農	16/49/28
前帶○光	18/51/30

知幾其○乎	18/52/16
歸○大海	18/52/26
水○出取	20.11/57/5
訢恃其與○戰之勇	20.11/57/7
與〔○〕鬼戰者不旋踵	
	20.11/57/8
今子與○戰於泉水之中	
	20.11/57/9
王不知汝之○也	20.19/58/14

審 shěn　19

吳王不○名冢也	3/7/5,3/7/7
	3/8/26,3/8/28
越王不○名冢	3/10/11
○於地形	4/16/19
王其○之	5/18/1,5/18/3
王○用臣之議	5/18/10
論事若是其○也	5/19/5
用之不○	5/19/8
○金木水火	5/19/22
○蠡凶吉	7/24/27
○銓衡	10/31/16
必○於四時	16/48/5
○察陰陽消息	16/48/7
○察開置之要	16/50/3
范蠡○乎吉凶終始	18/53/9
乃太伯○於始	19/53/27

甚 shèn　16

霸世○久	1/1/21
今子大夫報寡人也特○	2/4/7
士之（其）〔○〕	4/13/27
勇之○	4/13/27
種觀夫吳○富而財有餘	6/20/5
或○美以亡	6/21/9
或○惡以昌	6/21/9
中情○踈	6/21/16
其志○恐	9/30/4
■其去○微○密	18/51/31
○咎子胥	18/52/25
惡之○深	19/54/4
闔廬勇之○	19/54/13
名譽○著	19/54/14
不明○矣	19/55/5

慎 shèn　3

○無如會稽之餓	5/18/3
○勿相忘	12/40/17
○毋閉門	20.11/57/12

生 shēng　73

轉死爲○	1/1/17
天○宰嚭者	1/1/28
不顧長○	1/2/11
殺○以送死	3/6/17
言地之長○	4/14/16
言天○萬物	4/14/19
春○夏長	4/14/20
言地○長五穀	4/14/21
五穀不○	4/17/9
五穀皆○	4/17/10
吾聞先○明於時交	5/17/21
吾聞先○明於治藏	5/17/27
人之○無幾	5/17/30
凡人○或老或弱	5/17/30
不早備○	5/18/1
慧種○聖	5/19/1
癡種○狂	5/19/1
桂實○桂	5/19/2
桐實○桐	5/19/2
先○者未必能知	5/19/2
後○者未必不能明	5/19/2
人○不如臥之頃也	5/19/8
智之所○	6/22/5
即慮日益進而智益○矣	6/23/1
死貴於○	7/24/27
○於宛橐	7/25/13
無漸以○	11/38/16
見前園橫索○樹桐	12/39/28
	12/40/22
見前園橫索○樹桐〔者〕	12/40/3
前園橫索○樹桐者	12/41/5
吾恥○	12/42/10
殺○以送之	13/43/1
此二人甲世而○	13/43/9
道者、天地先○	16/47/12
道○氣	16/47/13
氣○陰	16/47/13
陰○陽	16/47/13
陽○天地	16/47/13

天○萬物而教之而○	16/47/25	頌○作	16/47/15	**聖** shèng	80
穀能○人	16/47/25	沒溺於○色之類	16/48/12	又見子貢與○人相去不遠	1/1/6
故天○萬物之時	16/48/19	譬猶形影、○響相聞	16/49/15	○人不妄言	1/1/29
春不○遂者	16/48/19	聲者不可語以調○	19/54/20	有○人教授六藝	1/2/7
故春○之	16/48/20	與人戰者不達○	20.11/57/8	焉有誦述先○賢者	1/2/8
春肅而不○者	16/48/20	登堂無○	20.11/57/17	失事○人禮	4/16/10
人○失治	16/48/23	○未絕於口	20.19/58/14	行至○之心	4/16/22
故死凌○者逆	16/48/25			湯以文○	4/16/23
○凌死者順	16/48/25	**勝** shèng	35	文王以○事紂	4/16/27
得其魂魄者○	16/48/28			天下皆盡誠知其賢○從之	4/16/27
物之○	16/48/29	十五○	2/4/2	文王行至○以仁義爭	4/16/28
以○人	16/48/29	金木水火土更○	5/19/6	故○人早知天地之反	5/18/15
魄者、○氣之源也	16/49/1	故○威之	6/21/2	雖有○臣	5/18/23
故神○者	16/49/1	拂○	6/21/3	雖有○子	5/18/26
神主○氣之精	16/49/2	謏○	6/21/4	慧種生○	5/19/1
故死凌○者	16/49/4	雖○可謂義乎	6/21/7	是故○主置臣	5/19/2
○凌死者	16/49/4	倒之則○	7/24/18	○者日以長	5/19/3
不同氣而物○	16/49/7	物有相○	7/24/18	是故○人能明其刑而處	
萬物○焉	16/49/8	晉用之而○楚	8/26/5	其鄉	5/19/7
陽者主○	16/49/10	〔戰○以驕主〕	9/27/5	是○人并苞而陰行之	5/19/9
即春無○	16/49/12	彼戰而不○	9/29/1	○人動而應之	5/19/11
此持殺之柄	16/50/16	彼戰而○	9/29/1	是故○人反其刑	5/19/13
○不遇時	18/52/21	不可以○敵	9/30/18	臣聞○人有急	6/21/1
爭心○	19/53/16	〔彼戰而不○〕	9/30/19	彼○人也	6/22/11
仁能○勇	19/53/28	〔與齊戰而〕○	9/30/19	○主擇焉	6/22/19
智能○詐	19/53/29	（彼戰而不○）	9/31/2	○人前知乎千歲	7/23/20
昔者管仲○	19/54/16	（二）〔三〕戰不○	9/31/7	然獨有○賢之明	7/25/14
死與○	19/55/8	以爲○兵	10/34/9	正天下、定諸侯則使○人	9/28/19
以去爲（○）〔姓〕	19/55/24	句踐○吳	10/37/9	躬求賢○	10/31/25
後○可畏	19/55/30	戰不○	12/41/2	○主不計其辱	11/38/21
賢復○也	19/56/1	不可○數	12/41/15	○人譏之	11/39/13
遂願與書○韓重爲偶	20.2/56/10	莫能相○	13/42/17	〔其〕唯○人乎	11/39/18
○往死還	20.11/57/8	三曰○邪	13/42/28	大王○〔德〕	12/40/1
		得其○邪、魚腸、湛盧	13/43/1	臣知有東掖門亭長越公	
牲 shēng	1	以明○負之道	15/45/9	弟子王孫○	12/40/8
		攻之不○	15/45/11	受教告東掖門亭長公孫	
啓歲善犧○以祠之	4/16/6	水之勢○金	16/47/31	○	12/40/10
		金之勢○木	16/48/1	○得記	12/40/13
聲 shēng	14	金、木、水、火更相○	16/48/2	公孫○仰天嘆曰	12/40/14
		八穀貴賤更相○	16/48/25	〔越〕公弟子公孫○也	12/40/20
○音若雷霆	5/17/17	越王既已○吳三日	16/50/11	公孫○伏地	12/40/23
又出玉○以教孤	9/28/17	幸得○吳	16/50/14	吳王忿○言不祥	12/41/7
號○聞吳	10/33/24	遂聽能以○	18/51/28	以鐵杖擊○	12/41/8
○若哮虎	10/33/30	行僞以○	19/54/26	○仰天嘆曰	12/41/8
後世爲○響	12/41/9	范蠡善僞以○	19/54/28	此公孫○所言、王且不	
汝更能爲○哉	12/41/10			得火食	12/41/17
當有○響	12/41/19				

南北三〇丈	3/12/28
後〇年	3/13/1
立二〇一年	3/13/2
〇日遂去	3/13/2
立（三）〔四〕〇二年	3/13/2
前〇六年	3/13/11
凡二百四〇年	3/13/21
後四〇餘年	3/13/21
復四〇年	3/13/21
到今二百四〇二年	3/13/22
句踐徙瑯邪到建武二〇　　八年	3/13/22
凡五百六〇七年	3/13/22
堯七〇年而得舜	4/16/18
凡〇二歲一饑	5/18/15
其價〇倍	5/18/18
此皆〇倍者也	5/19/13
糴石二〇則傷農	5/19/20
九〇則病末	5/19/20
故糴高不過八〇	5/19/20
下不過三〇	5/19/21
糴七〇	5/19/25
石六〇	5/19/26
石五〇	5/19/26
石四〇	5/19/27
石三〇	5/19/27
石二〇	5/19/27
自〇一倍	7/23/28
甲二〇領、屈盧之矛、　　步光之劍	9/30/11
從弟子七〇人奉先王雅　　琴治瑯往奏	10/31/25
都瑯琊二百二〇四歲	10/32/8
周二里二百二〇三步	10/32/11
周六百二〇步	10/32/12
大城周二〇里七〇二步	10/32/13
高四〇六丈五尺二寸	10/32/21
周五百三〇二步	10/32/21
周五百六〇步	10/32/26
周五百九〇步	10/32/28
徑百九〇四步	10/34/5
周二百三〇步	10/34/9
去縣一〇二里	10/34/17
去縣二〇五里	10/34/23
	10/34/27,10/35/2,10/36/3
長二百五〇步	10/34/27
去縣二〇里二〇步	10/34/30

去縣二〇九里	10/35/4
去縣六〇三里	10/35/7
去縣〇四里	10/35/16
徑六〇步	10/35/18
塘長千五百三〇三步	10/35/18
去縣〇三里許	10/36/6
塘廣六〇五步	10/36/14
長三百五〇三步	10/36/14
元王立二〇年	10/37/19
平王立二〇三年	10/37/19
惠文王立二〇七年	10/37/19
昭襄王亦立五〇六年	10/37/20
秦始皇帝立三〇七年	10/37/21
凡〇王、百七〇歲	10/37/22
以其三〇七年	10/37/27
去縣二〇一里	10/37/30
太公九〔〇〕而不伐	11/38/20
興師二萬	11/39/13
而賜太宰嚭雜繒四〇疋	12/40/4
尚有〇數里耳	12/41/18
二、六、〇	15/46/6
三、七、〇一	15/46/6
四、八、〇二	15/46/7
湯有七〇里地	16/48/14
〇月產子男	17/51/18
〇年	17/51/20
長〇丈	20.20/58/18
容戰士二〇六人	20.20/58/18
權五〇人	20.20/58/19
凡九〇一人	20.20/58/19
弩各三〇二	20.20/58/20
甲兜鍪各三〇二	20.20/58/20

什 shí　　　　　　1

〇部之不能使	5/17/23

石 shí　　　　　39

興樂〔〇〕（越）〔城〕	3/4/25
閶門外高頸山東桓〇人	3/6/3
古者名「〇公」	3/6/3
古赤松子所取赤〇脂也	3/8/5
苲碓山南有大〇	3/8/13
（古）〔〇〕城者	3/9/1
烏程、餘杭、黝、歙、　　無湖、〇城縣以南	3/9/13

秦始皇帝刻〇徙之	3/9/13
白〇山	3/11/18
更名爲白〇	3/11/18
秦始皇刻〇所起也	3/12/27
錢唐浙江岑〇不見	3/13/19
岑〇復見	3/13/19
嘗與孤議於會稽〇室	5/19/19
糴〇二十則傷農	5/19/20
〇六十	5/19/26
〇五十	5/19/26
〇四十	5/19/27
〇三十	5/19/27
〇二十	5/19/27
嚭見夫差內無柱〇之堅	7/25/8
大夫〇買	8/26/1
於是〇買益疏	8/26/9
〇買知往而不知來	8/26/10
以〔前〕受矢〇	9/30/13
其山上〇室〔者〕	10/33/4
休謀〇室	10/33/12
〇買爲將	10/33/19
夫〇買	10/33/19
〇買發行至浙江上	10/33/20
〇塘者	10/36/14
二百〇長員卒七士人	10/36/18
取錢塘浙江「岑〇」	10/37/29
〇長丈四尺	10/37/29
王乃使力士〇番	12/41/7
巖巖如瑣〇	13/42/23
以〇爲兵	13/43/24
〇填地	20.1/56/8
吳人於硯〇置館娃宮	20.7/56/25

食 shí　　　　　30

清其壺漿而〇〔之〕	2/3/14
亟〇而去	2/3/14
子胥〇已而去	2/3/15、2/3/18
豈可得託〇乎	2/3/17
清其壺漿而〇之	2/3/18
子〇其祿	2/4/9
且〇於紐山	3/4/24
興師者必先蓄積〇、錢　　、布、帛	5/17/22
比疏〇	5/19/28、5/19/28
吾與之〇	6/20/18
〇不重味	6/22/19

○邪僻之氣	11/38/15	能知■人之○敵邦賢不肖 18/53/6		其行（○）〔如〕是	19/54/11
○賢而不用	11/38/23	○句踐無權	19/54/27	二子行有○終	19/55/14
遠○〔以難〕	11/38/27	○其子守之	20.4/56/18	至乎更○之元	19/55/22
〔指之以○〕	11/39/1	爲齊王○於吳	20.11/57/5	秦○皇至會稽	20.8/56/27
乃○群臣身問疾病	11/39/2				
○臣下可矣	12/41/6	**始 shǐ**	**43**	**士 shì**	**76**
乃○其身自受其殃	12/41/7				
王乃○力士石番	12/41/7	貴其○微	1/1/18	其後賢者辯○	1/1/5
吳王○人提於秦餘杭之山 12/41/9		秦○皇帝十一年	3/5/6	又各辯○所述	1/2/17
○鬼神不血食	12/42/1	○爲武原鄉	3/9/7	賢○不爲也	2/2/30
而王恒○其務（莖）		秦○皇帝刻石徙之	3/9/13	介冑之○	2/3/1
〔莖〕秩馬	12/42/2	更○五年	3/11/28	婁門外力○者	3/8/1
○死者有知	12/42/10	秦○皇并楚	3/12/15	匠門外信○里東廣平地者 3/13/6	
王○取毫曹	13/42/17	秦○皇滅之	3/12/21	○之（其）〔甚〕	4/13/27
○披腸夷之甲三事	13/43/4	秦○皇造道陵南	3/12/21	○稱不祿	4/15/7
闔廬○專諸爲奏炙魚者 13/43/4		秦○皇發會稽	3/12/22	皆得○民之衆	4/16/13
○（人）〔之〕作〔爲〕		秦○皇帝三十七年	3/12/25	怒至○擊高文者	4/16/15
鐵劍	13/43/11	秦○皇刻石所起也	3/12/27	躍勇○也	4/16/15
時各有○然	13/43/24	到更○元年	3/12/27	○卒數譏	5/17/22
夫神聖主○然	13/43/25	○并事也	3/13/14	信讒諛而遠○	6/20/6
又遇聖主○然	13/43/26	大夫種○謀曰	6/20/4	將修○卒	6/20/15
○起宮室高臺	14/44/5	吳王闔廬○得子胥之時 7/23/20		天下之健○也	6/21/18
○之易伐	14/44/6	臣○入邦	7/23/24	而況於○乎	6/21/20
○之自殺	14/44/6	范蠡其○居楚也	7/25/13	殺忠信之○	6/23/14
乃○大夫種獻之於吳		種善圖○	7/25/20	以試直○	7/23/23
〔王〕	14/44/10	○有災變	7/25/21	騎○墮死　7/24/13,10/36/29	
○者臣種	14/44/11	范蠡其○居楚	8/25/25	人君選○	7/25/10
○大夫種獻之於吳王	14/44/18	禹○也	10/31/15	其邑人以爲狂夫多賢○ 7/25/15	
○下臣種再拜獻之大王 14/44/19		到○建國時	10/32/16	衒○不信	8/26/2
不○名過實	16/47/19	秦○皇帝立三十七年	10/37/21	有智之○	8/26/5
人治○然乎	16/48/17	政更號爲秦○皇帝	10/37/27	遂爲軍○所殺	8/26/9
○陰陽得成功於外	16/49/9	賢者○於難動	11/38/25	其○民有惡聞甲兵之心 9/26/26	
○舜釋其所循	16/49/22	其華捽如芙蓉○出	13/42/22	○選以飽	9/27/1
○百姓安其居、樂其業		○出各利	15/46/8	下無黔首之○	9/27/9
者	16/49/31	執中和而原其終○	16/48/10	直○舉賢不容於世	9/28/18
○○者來求之圍	17/50/30	不原其終○	16/48/11	其騎○、銳兵弊乎齊	9/29/2
才人○告圍者	17/50/30	終而復○	16/48/18	吳越之○繼（蹟）〔踵〕	
○○〔來〕求之	17/51/2	秦○皇帝使王翦滅之	17/51/22	連死	9/29/8
○待於離亭	17/51/4	知○無終	18/52/16	○民流離	9/29/9
○王聞之	17/51/9	覩○知終	18/53/1	○卒不能忍	9/29/15
○妾兄下負於夫人	17/51/9	各有終○	18/53/4	死○八千人	10/31/25
女環○圍相春申君	17/51/20	范蠡審乎吉凶終○	18/53/9	出死○三百人	10/31/26
○備東邊	17/51/21	（目）〔自〕此○亡之		○衆恐懼	10/33/21
○張儀詐殺之	17/51/21	謂也	18/53/11	○衆魚爛而買不知	10/33/22
秦始皇帝○王翦滅之	17/51/22	《越絕》○於《太伯》 19/53/26		故將○衆	10/33/29
○馮同徵之	18/52/22	乃太伯審於○	19/53/27	以食○也	10/35/6
王○人捐於大江口	18/52/25	○於《太伯》	19/53/27	二百石長員卒七○人	10/36/18

以爲死○示得專一也　10/36/26
蓋句踐所以遊軍○也　10/36/27
是○之所重也　11/38/11
責○所重　11/38/12
○民者　11/38/13
非君子至誠之○　11/38/15
蓋智○所恥　11/38/24
選○以備　11/39/1
○民一心　11/39/3
王乃使力○石番　12/41/7
何須軍○　12/42/9
下爲烈○　13/43/10
左右群臣、賢○　13/43/20
○卒迷惑　13/43/21
進賢○　14/44/23
胥聞賢○、邦之寶也　14/45/1
賢○不爲用　16/47/16
得人心、任賢○也　16/47/17
下○求賢　16/47/19
收天下雄雋之○　16/47/21
困其○民　16/48/13
下○人而求成邦者　16/49/30
勇○執之　18/52/25
辯○宜其辭　19/53/23
辯○絕於此　19/53/24
輕○重色　20.2/56/10
臣嘗見其辱壯○菑邱訢〔也〕　20.11/57/4
輕○大夫　20.11/57/7
吾聞勇○之戰也　20.11/57/7
勇○所恥　20.11/57/9
曩者吾辱壯○菑邱訢於大衆之座　20.11/57/11
彼勇○有受不還　20.11/57/11
此天下壯○也　20.11/57/19
常盡禮接○　20.18/58/7
於是勇○聞之　20.18/58/8
容戰○二十六人　20.20/58/18

氏 shì　3

越者、國之○也　1/1/3
皆以國爲○姓　1/1/4
夫和○之璧　8/26/3

世 shì　49

桓公、中國兵彊霸○之後　1/1/16
霸○甚久　1/1/21
周之○　3/4/14
計二十六○　3/4/14
後二（三）〔○〕而至夫差　3/4/15
古賢者避○冢　3/6/12
（地）〔虵〕門外塘波洋中○子塘者　3/6/29
故曰王○子造以爲田　3/6/29
得○之和　5/18/3
擅○之陽　5/18/3
傳之後○以爲教　5/19/23
故在前○矣　6/21/9
後覩萬○　7/23/21
○何昧昧　7/23/21
其異三○　7/23/28
爲○子聘秦女　7/24/30
絕○之臣　7/25/1
累○忠信　7/25/2
未嘗○祿　8/25/25
不與於○　8/25/26
五伯乃五帝之末○也　8/25/27
有高○之材〔者〕　8/26/6
壞人之善毋後○　8/26/14
王者不絕○　9/27/14
王者不絕○以立其義　9/28/3
直士舉賢不容於○　9/28/18
乃禹之○　10/31/12
○不可紀也　10/32/5
自章後○　10/36/1
後○爲聲響　12/41/9
誠○○相事　12/41/20
斷絕王○　12/42/4
○無千歲之人　12/42/7
斷絕吳之○　12/42/11
此二人甲○而生　13/43/9
即爲亂○　16/48/24
欲以顯於○　16/49/25
垂之來○　18/51/29
后○稱述　18/52/26
事■○■有退　18/52/29
維先古九頭之○　19/53/15
知後有彊秦喪其○　19/53/17
非聖人孰能痛○若此　19/53/20
○春秋二百餘年　19/53/23
范蠡遭○不明　19/55/12
楚○子奔逃雲夢（山之）〔之山〕　19/55/16
因事類以曉後○　19/55/22
經○歷覽　19/55/28

示 shì　8

以爲死士○得專一也　10/36/26
利器不可○人　11/38/26
〔○之以色〕　11/39/1
○不獨食　11/39/3
思昭○於後王　11/39/16
請以○之　13/42/16
盲者不可○以文繡　19/54/19
舉鉤以○之　20.19/58/13

市 shì　13

乞於吳○　2/3/21
○正疑之　2/3/21
〔○〕中人有非常人　2/3/22
乞於吳○三日矣　2/3/22
舞鶴吳○　3/6/17
吳○者　3/12/1
闕兩城以爲○　3/12/1
買築吳○西城　3/12/30
宦○開而至　5/19/21
昔者○偷自衒於晉　8/26/4
有○之鄉（二）〔三〕、駿馬千疋、千戶之都二　13/42/25
　13/43/6
觀○之反覆　16/48/7

仕 shì　1

不如往○　1/1/30

式 shì　1

爲之檢○　18/53/3

事 shì　80

覽史記而述其○也　1/1/7
尊○周室　1/1/17

○以民相離也	5/18/15	○君實空越　9/28/5	蛙如○怒　20.18/58/8
○故聖主置臣	5/19/2	唯魚鱉○見　9/28/16	於○勇士聞之　20.18/58/8
論事若○其審也	5/19/5	○存亡邦而興死人也　9/29/12	何者○也　20.19/58/13
○故聖人能明其刑而處		○殘國之吏、滅君之臣也　9/29/16	於○鉤師向鉤而哭　20.19/58/13
其鄉	5/19/7	霸越○也　9/31/8	
○聖人并苞而陰行之	5/19/9	於○孔子辭　10/32/3	**視 shì**　　　10
歲美在○	5/19/11	今倉庫○其宮臺處也　10/32/11	
○故聖人反其刑	5/19/13	遂許之浙江○也　10/34/1	因憫○動者　4/14/23
○故不等	5/19/16	子胥浮兵以守城○也　10/34/21	○不能見　5/17/23
於○乃卑身重禮	6/20/11	故封其子於○　10/35/19	○民所不足　5/18/19
○養寇而貧邦家也	6/20/14	梅里○也　10/37/17	以內○若盲　7/25/14
○越之福也	6/20/17	○時　10/38/1	目不○好色　9/29/6
○不忠	6/21/20	○大王〔之〕不能使臣	○民如嬰兒　10/33/22
○不勇	6/21/21	也　11/38/10	躬○死喪　11/39/2
○無法	6/21/21	○士之所重也　11/38/11	○瞻不明　12/41/16
○命短矣	6/21/25	○故周文、齊桓　11/38/17	○其動靜　16/48/31
於○吳王欲伐齊	6/22/16	○時死傷者不可稱數　11/39/5	范蠡內○若盲　18/51/30
○無能爲也	6/22/17	以○不容　11/39/12	
○人不死	6/22/20	○以《春秋》不差其文　11/39/13	**弒 shì**　　　4
6/22/21,6/22/22,6/22/23		○籠稻也　12/41/17	
14/44/22,14/44/23,14/45/1		○也　13/42/25	臣○君　4/15/9
臣○以恐矣	6/22/29	於○乃令風胡子之吳　13/43/11	子○父　4/15/9
如○	6/23/1	於○楚王聞之　13/43/21	○其君諸兒　4/15/16
○殺二胥矣	6/23/3	楚王於○大悅　13/43/22	遂○王僚　13/43/5
若○	6/23/6	於○作爲策楯　14/44/10	
吾○於斧掩壺漿之子、		○後必有災　14/44/14	**勢 shì**　　　6
發箪（飲）〔飯〕於		其法如○　15/46/5	
船中者	7/24/5	○所謂執其中和者　16/47/22	外無斷割之○　7/25/9
子胥乃知○漁者也	7/24/6	桀紂○也　16/48/14	○在其上位而行惡令其
因○還去	7/24/7	○所謂也　16/49/10	下者　9/28/20
○越將凶、吳將昌也	7/24/19	○謂天門開、地戶閉　16/50/4	抑威權○　11/38/26
○非不諱	7/24/21	○謂地戶閉　16/50/6	水之○勝金　16/47/31
於○之謂也	7/24/28	○謂知時　16/50/19	金之○勝木　16/48/1
○之謂也　7/25/3,7/25/11		當○時言之者　18/51/31	於是奋邱訴卒於結恨○
8/26/15,15/46/8,18/53/4		於○度兵徐州　18/51/31	怒　20.11/57/10
19/54/31		○時越行伯道　18/52/1	
○時吳王闔廬伐楚	7/25/6	故曰越絕○也　18/52/3	**試 shì**　　　5
以○豁專權	7/25/11	○吾命短也　18/52/23	
〔伍〕子胥以○挾弓		其行（始）〔如〕○　19/54/11	將以此○我　6/20/16
〔矢〕干吳王	8/25/28	○固伯道也　19/54/26	以○直士　7/23/23
於○要大夫種入吳	8/25/28	於○奋邱訴仰天歎曰　20.11/57/19	子○爲寡人前呼之　12/41/19
於○范蠡退而不言	8/26/4	於○奋邱訴卒於結恨勢	此其小○於敵邦　13/43/5
於○石買益疏	8/26/9	怒　20.11/57/10	君（戒）〔○〕念之　17/51/14
○時句踐失眾	8/26/9	○一不肖也　20.11/57/17	
○君上驕主心	9/27/5	○二不肖也　20.11/57/17	**飾 shì**　　　6
○君上於主有卻	9/27/6	○三不肖也　20.11/57/18	
○君上無彊臣之敵	9/27/9	會稽山南故越城○也　20.13/57/24	湯於是乃○犧牛以事荊伯　4/16/10

○戰〔具〕	6/20/15	守 shǒu	25	以〔前〕○矢石	9/30/13
內○其政	9/27/18,9/28/12			君○其（弊）〔幣〕、	
○治爲馬箠	10/36/9	○宮者照燕失火	3/5/7	許其師	9/30/15
越〔王〕乃○美女西施		太○周君造陵道語昭	3/9/22	○教告東掖門亭長公孫	
、鄭旦	14/44/18	今太○舍者	3/11/20	聖	12/40/10
		太○李君治東倉爲屬縣屋	3/11/28	乃使其身自○其殃	12/41/7
適 shì	5	太○府大殿者	3/12/27	王勿○〔也〕	14/44/12,14/44/20
		太○許時燒	3/12/27	大王○之	14/44/14,14/44/21
其子又何○乎	2/3/2	太○治故鄣	3/13/11	遂○之而起姑胥〔之〕	
○（戎）〔戍〕卒治通		太○治吳郡	3/13/11	臺	14/44/15
陵高以南陵道	3/12/22	○法度	5/18/19	遂○其女	14/45/2
○饑不費	6/22/20	民習於戰○	6/20/5	冬○而藏之	16/48/20
因徙天下有罪○吏民	10/38/1	○朝不休	7/25/1	各○一篇	18/52/30
子胥○會秦救至	19/55/18	又使明大夫○〔之〕	9/27/1	反○其咎	18/53/11
		百姓習於戰○	9/27/8	○闔廬厚恩	19/54/15
諡 shì	1	下○溟海	9/28/16	○恩深也	19/55/4
		城門不○	9/31/7	○恩死	19/55/5
避魯之○也	4/15/10	以○禹冢	10/31/12	不○其辱	20.11/57/8
		使齊人○之	10/34/16	又○眇目之病	20.11/57/9
釋 shì	4	子胥浮兵以○城是也	10/34/21	彼勇士有○不還	20.11/57/11
		其陵固可○	10/37/1		
欲○齊	6/22/23	○戰數年	11/39/12	**狩 shòu**	2
○越之圍	7/24/10	寡人○國無術	16/49/20		
煥煥如冰〔之將〕○	13/42/24	故於自○	19/53/30	周公乃辭位出巡○於邊	
使舜○其所循	16/49/22	使其子○之	20.4/56/18	一年	4/17/8
		入室不○	20.11/57/13	巡○大越	10/31/16
收 shōu	7	臥不○衛	20.11/57/15		
				授 shòu	2
秋○冬藏	4/14/20	**首 shǒu**	10		
五穀既已○	5/17/20			有聖人教○六藝	1/2/7
制其○發	5/19/11	挾匕○自刎而死江水之中	2/3/16	○以上卿	11/38/22
以益○五穀	5/19/12	黔○外死	9/27/9		
以○田宅、牛馬	5/19/12	下無黔○之士	9/27/9	**售 shòu**	1
○聚而不散	5/19/14	越王句踐稽○再拜	9/28/10		
○天下雄儁之士	16/47/21		9/28/15,9/29/3	歷諸侯無所○	8/26/3
		名辟○	10/36/24		
手 shǒu	8	舉○而起	11/38/9	**壽 shòu**	1
		將○魁漂而存焉	13/43/2		
○足異處	9/29/11	誅○惡	19/55/20	○春東堯陵亢者	3/12/20
必以○足	10/31/14				
莫不悉於子胥之○	11/39/7	**受 shòu**	24	**綬 shòu**	1
范蠡左○持鼓	12/42/8				
右○操枹而鼓之	12/42/8	桓公○之	4/16/2	越王則解○以冥其目	12/42/10
○振拂揚	13/42/22	獨○天之殃	5/17/25		
訢乃○拔劍而捽要離	20.11/57/13	請遂○教焉	5/19/19	**獸 shòu**	3
○持頭	20.11/57/18	吳不○也	6/23/14		
		子貢不○	9/30/1	懷禽○之心	4/15/23

夫○虫尙以詐相就	6/20/20
猛○歐瞻	13/43/22

疋 shū 　4

○馬啼皋	10/36/29
而賜太宰嚭雜繒四十○	12/40/4
有市之鄉（二）〔三〕、駿馬千○、千戶之都二	13/42/25
	13/43/6

叔 shū 　4

齊大臣鮑○牙爲報仇	4/15/18
於是鮑○牙還師之莒	4/15/20
於是管○、蔡○不知周公而讒之成王	4/17/8

書 shū 　13

何不稱《越經○記》	1/1/9
見夫子刪《○》作《春秋》、定王制	1/2/1
說之者見夫子刪《詩》《○》	1/2/16
其事○之馬亭溪	3/7/12
納詩○	10/31/16
求○其下	10/31/20
伏地而○	12/40/17
胥聞越王句踐書○不倦	14/44/21
以丹○■帛	16/49/17
以丹○帛	16/50/20
讀○通一經	17/50/31,17/51/3
遂願與○生韓重爲偶	20.2/56/10

疏 shū 　3

比○食	5/19/28,5/19/28
於是石買益○	8/26/9

疏 shū 　1

其志斯○	6/21/20

鉎 shū 　1

加○〔兩〕而移	9/27/14

疎 shū 　2

中情甚○	6/21/16
反以見○	7/24/22

輸 shū 　2

西倉名曰均○	3/11/28
○之粟與財	6/20/13

孰 shú 　4

○來也	2/2/23
○與師還	7/24/15
非聖人○能痛世若此	19/53/20
二子○愈乎	19/55/10

熟 shú 　7

三年大○	4/15/26
因○積以備四方	5/18/2
今歲比○	5/19/16
禾稼登○	12/39/24
五穀〔不○〕	14/44/13
○	16/50/7
藜蒸不○	19/55/7

黍 shǔ 　1

乙貨之戶曰○	5/19/25

蜀 shǔ 　2

胥女南小○山	3/11/16
○有花鴿	20.25/59/9

暑 shǔ 　6

〔寒○〕不時	14/44/13
然後有寒○、燥濕、日月、星辰、四時而萬物備	16/47/13
寒○失常	16/48/4,16/48/18
寒○不時	16/48/22
夏三月盛○之時	16/49/9

鼠 shǔ 　2

夫○忘壁	6/21/3
壁不忘○	6/21/3

屬 shǔ 　24

越王句踐○劮葦養馬	1/1/22
○於無錫縣	3/10/1
太守李君治東倉爲○縣屋	3/11/28
縣相○	3/12/23
○小城北到平門	3/12/30
會稽○漢	3/13/14
○漢者	3/13/14
水○蒼天	5/17/16
廩糧則不○	5/17/20
寡人○子邦	6/23/5
乃從官○	7/25/16
孤雖〔知〕要領不○	9/29/11
引○東海	10/31/23
洹江以來○越	10/35/7
今○豫章	10/37/15
命○蒼天	12/40/15
足行○腐	12/41/20
○邦於君	17/51/9
春申君以告官○	17/51/10
可○嗣者	17/51/17
微言○	18/53/3
句踐何當○〔劮〕葦養馬	19/54/29
文○辭定	19/55/25
○鏤	20.12/57/22

戍 shù 　2

適（戎）〔○〕卒治通陵高以南陵道	3/12/22
以正月甲○到大越	10/37/28

述 shù 　15

覽史記而○其事也	1/1/7
賢者所○	1/1/12
國人承○	1/2/6
焉有誦○先聖賢者	1/2/8
後人○而說之	1/2/13
又各辯士所○	1/2/17

〔使〕主○	5/18/8	**楯 shǔn**	1	○君之過	9/29/16
三歲處○則毀	5/18/12			不知逆○	15/45/9
○則資車	5/18/14	於是作爲策○	14/44/10	必○於四時	16/48/3
比九年○而民不流	5/18/16			秋○而復榮者	16/48/21
金木○火土更勝	5/19/6	**舜 shùn**	31	生凌死者○	16/48/25
審金木○火	5/19/22			莫如循道○天	19/53/30
小船沒○	7/24/14	退丹朱而以天下傳○	4/15/23	○天心	19/54/2
○	7/24/16	○有不孝之行	4/15/26	晉文之能因時○宜	19/54/30
○制火	7/24/16	○親父假母	4/15/26		
神農嘗百草、○土甘苦	10/31/13	母常殺○	4/15/26	**說 shuō**	18
憂民救○	10/31/15	○去耕歷山	4/15/26		
下無積○	10/31/17	○父頑	4/15/27	故子貢○齊以安魯	1/1/5
○行而山處	10/32/2	○求爲變心易志	4/15/27	一○蓋是子胥所作也	1/2/9
○門一　10/32/11, 10/32/28		○爲瞽瞍子也	4/15/27	後人述而○之	1/2/13
	10/34/3	瞽瞍欲殺○	4/15/27	○之者見夫子刪《詩》	
○門三	10/32/15	此○有不孝之行	4/15/28	《書》	1/2/16
西至○路	10/34/3	○用其仇而王天下者	4/15/28	明○者不專	1/2/17
山陰故○道	10/37/4	言○父瞽瞍	4/15/28	○之以禮	4/17/7
見流○湯湯	12/39/27	常欲殺○	4/15/29	而聽一日之○	6/21/24
12/40/3, 12/40/21, 12/41/4		○不爲失孝行	4/15/29	敢遂聞其○	9/28/10
據地飲○	12/41/16	仇者、○後母也	4/15/30	後○之者	10/36/26
渾渾如○之〔將〕溢於		益與禹臣於○	4/16/5	○取一焉	11/38/17
溏	13/42/23	○傳之禹	4/16/5	寡人欲聞其○	16/48/10
去之如○	13/43/2	○之時	4/16/18	願聞其○	16/49/8
如流○之波	13/43/16	堯七十年而得○	4/16/18	今子以至聖之道以○寡	
文若流○〔而〕不絕	13/43/17	○明知人情	4/16/19	人	16/49/28
江○折揚	13/43/22	此之謂○之時	4/16/19	蓋有○乎	18/52/9
魯故治太山、東溫、周		故虞○曰	8/26/10	覽承傳○	18/53/2
固○	15/46/24	○死蒼（桐）〔梧〕	10/31/19	賜之○也	19/53/22
此乃天時○早	16/47/20	故○彈五弦之琴	16/47/15	師不○	19/54/17
○之勢勝金	16/47/31	○循之歷山	16/49/22	記陳厥○	19/55/23
○據金而死	16/47/31	使○釋其所循	16/49/22		
故金中有○	16/47/31	下不及於堯○	16/49/28	**朔 shuò**	2
金、木、○、火更相勝	16/48/2	夫堯○禹湯	16/50/19		
蓋木土○火	18/52/11	堯○雖聖	18/52/4	陽○三年	3/9/22
蓋子胥○僤也	18/52/26	時人謂○不孝、堯不慈	19/54/20	月○更建	5/19/6
蒙○之際	19/53/15	猶《春秋》銳精堯○	19/55/28		
自沈湘○	19/56/4			**爍 shuò**	1
○神出取	20.11/57/5	**順 shùn**	15		
入○與戰	20.11/57/6			鑄銅不○	10/36/8
今子與神戰於泉○之中		和○天下	4/14/18		
	20.11/57/9	○之者有福	4/14/23	**司 sī**	8
《伍子胥○戰兵法內經》		上○天地	4/17/7		
曰	20.20/58/18	短長逆○	5/18/6	子昭王、臣○馬子（其）	
		○之有德	5/19/6	〔期〕、令尹子西歸	2/4/4
		必○天地四時	5/19/7	東南○馬門	10/32/20
		○其衡	5/19/14	左校○馬王孫駱	12/40/10

生凌○者	16/49/4	固不能布於○方	1/2/8	而賜太宰嚭雜繒○十疋	12/40/4
草木既○	16/49/8	周○十七里二百一十步		此非大過者○乎	12/42/3
欲捐軀出○	16/49/21	二尺	3/4/29	宮人有○駕白鹿而過者	13/42/20
父辱則子○	16/49/29	南面十里○十二步五尺	3/4/29	○駕上飛揚	13/42/20
君辱則臣○	16/49/29	高○丈七尺	3/5/3	○曰魚腸	13/42/28
君辱則○	16/49/30	去縣○十里	3/6/14,3/11/18	○曰遺之好美	14/44/5
立○	16/49/30		10/36/14,10/36/16,10/36/18	○、八、十二	15/46/7
至○不敢忘	16/50/17		10/36/26	以其○時制日	15/46/8
角戰以○	18/51/26	下方池廣○十八步	3/6/16	然後有寒暑、燥濕、日	
人之將○	18/52/10	去縣○十五里	3/8/26	月、星辰、○時而萬	
身○不爲醫	18/52/10	陵門○	3/9/22	物備	16/47/13
莫如早○	18/52/22	門一樓○	3/9/25	凡此○者	16/47/17
胥○之後	18/52/24	堂高○丈	3/11/22	必順於○時	16/48/3
能知忠直所○	18/53/8	庫東鄉屋南北○十丈八尺	3/11/24	○時不正	16/48/4
困不○也	19/54/8	南鄉屋東西六十○丈○尺	3/11/24	必審於○時	16/48/5
非義不○也	19/54/9	上戶○	3/11/24	○時易次	16/48/18
無罪而○於吳	19/54/11	西鄉屋南北○十二丈九尺	3/11/25	此所謂○時者	16/48/22
○人且不負	19/54/16	凡百○十九丈一尺	3/11/25	即○序爲不行	16/49/12
欲無○	19/54/19	周一里二百○十一步	3/11/26	而王制於○海	16/50/16
不合何不○	19/55/4	二君治吳凡十○年	3/12/15	○夷樂德	19/54/28
義無○	19/55/4	立（三）〔○〕十二年	3/13/2	元王○年	20.9/56/29
胥○者	19/55/4	永光○年	3/13/7	操長鉤矛斧者○	20.20/58/19
受恩○	19/55/5	天漢五年○月	3/13/19	當用長鉤矛長斧各○	20.20/58/19
○之善也	19/55/5	凡二百○十年	3/13/21		
比干○	19/55/7	後○十餘年	3/13/21	**伺** sì	1
○與生	19/55/8	復○十年	3/13/21		
比干○者	19/55/9	到今二百○十二年	3/13/22	〔以○吾〕間也	6/20/15
可○則○	19/55/12	人道不逆○時者	4/14/22		
傷中而○	19/55/14	皆當和陰陽○時之變	4/14/23	**似** sì	1
○葬其疆	19/55/24	故曰人道不逆○時之謂也	4/14/23		
結怨而○	20.2/56/11	因熟積以備○方	5/18/2	○將使使者來	9/30/5
子○	20.4/56/19	必順天地○時	5/19/7		
生往○還	20.11/57/8	石○十	5/19/27	**姒** sì	2
子有三當○之過	20.11/57/13	臣聞○馬方馳	6/23/6		
一○也	20.11/57/14	交亂○國	7/25/3	乃此禍晉之驪姬、亡周	
二○也	20.11/57/15	今君悉擇○疆之中	9/27/8	之褒○	11/39/15
三○也	20.11/57/15	親○鄰以仁	9/28/3	周亡於褒○	14/45/2
子有三○之過	20.11/57/15	○支布陳	9/29/11		
吾無三○之過	20.11/57/16	〔請〕悉擇○疆之中	9/30/12	**祀** sì	2
		都瑯琊二百二十○歲	10/32/8		
巳 sì	1	陸門○	10/32/11	使得奉俎豆而修祭○	9/30/4
		高○十六丈五尺二寸	10/32/21		9/30/9
執辰破○	8/25/27	徑百九十○步	10/34/5		
		去縣十○里	10/35/16	**俟** sì	1
四 sì	72	武王立○年	10/37/20		
		石長丈○尺	10/37/29	○告後人	19/55/25
當挾○方	1/2/5	○夷已服	12/40/2		

三〇處水則毀	5/18/12	十日〇去	3/13/2	入郢	7/25/7
三〇處木則康	5/18/12	〇以天下傳之	4/15/29	越神巫無杜子〇也	10/36/11
三〇處火則旱	5/18/13	請〇受教焉	5/19/19	傳聞越王子〇	10/37/17
則決萬物不過三〇而發矣	5/18/13	不〇絕其命	6/20/19	政、趙外〇	10/37/21
一〇再倍	5/18/14	太宰嚭〇亡	6/23/11	召王〇駱而告之	12/40/7
天下六〇一穰	5/18/15	〇霸越邦	7/25/20	臣知有東掖門亭長越公	
六〇一康	5/18/15	〇佐湯取天下	8/26/5	弟子王〇聖	12/40/8
凡十二〇一饑	5/18/15	〇爲軍士所殺	8/26/9	王〇駱移記	12/40/9
〇德在陰	5/19/10	後〇師二人	8/26/11	左校司馬王〇駱	12/40/10
〇美在是	5/19/11	敢〇聞其說	9/28/10	受教告東掖門亭長公〇	
陰且盡之〇	5/19/11	請〇言之	9/29/6	聖	12/40/10
陽且盡之〇	5/19/12	〇行至吳	9/30/1	公〇聖仰天嘆曰	12/40/14
今〇比熟	5/19/16	大王將〇大義	9/30/11	〔越〕公弟子公〇聖也	12/40/20
聖人前知乎千〇	7/23/20	〔越〕〇圍王宮	9/31/7	公〇聖伏地	12/40/23
（大）〔太〕〇八會	7/23/27	國必不〇	10/33/20	太宰嚭、王〇駱惶怖	12/41/6
千〇一至	8/25/27	〇遣之	10/33/20	王〇駱爲左校司馬	12/41/13
禹知時晏〇暮	10/31/20	〇許之浙江是也	10/34/1	此公〇聖所言、王且不	
千有餘〇而至句踐	10/31/23	〇有大功而霸諸侯	11/39/4	得火食	12/41/17
都瑯琊二百二十四〇	10/32/8	〇至姑胥之臺	12/40/18	吾嘗戮公〇聖於斯山	12/41/18
凡十王、百七十〇	10/37/22	〇伏劍而死	12/42/11	公〇聖令寡人得邦	12/41/20
世無千〇之人	12/42/7	〇弑王僚	13/43/5	殺忠臣伍子胥、公〇聖	12/41/22
舉兵無擊大〇上物	15/46/8	〇以之亡	14/44/14	吾慚見伍子胥、公〇聖	12/42/10
〇大敗	16/47/31,16/49/4	〇受之而起姑胥〔之〕		越王〇開所立	20.4/56/18
〇大美	16/48/1,16/49/5	臺	14/44/15		
則〇惡	16/48/4	〇受其女	14/45/2	**所 suǒ**	**144**
天道三千五百〇	16/48/18	萬物〇長	16/47/14,16/49/9		
願聞〇之美惡	16/48/23	春不生〇者	16/48/19	賢者〇述	1/1/12
即爲惡〇	16/48/23	〇聽能以勝	18/51/28	《越絕》誰〇作	1/2/1
言亂三千〇、必有聖王		〇願與書生韓重爲偶	20.2/56/10	吳越賢者〇作也	1/2/1
也	16/48/24	〇葬城中	20.4/56/19	或以爲子貢〇作	1/2/5
即知〇之善惡矣	16/49/5	〇之吳	20.11/57/6	〇作未足自稱	1/2/8
大貴必應其〇而起	16/50/5	〇成二鉤	20.19/58/12	一說蓋是子胥〇作也	1/2/9
其〇大賤	16/50/6	〇服其鉤	20.19/58/16	外者、非一人〇作	1/2/15
後知千〇	16/50/15			又各辯士〇述	1/2/17
夫陰入淺者即〇善	16/50/18			偏有〇期	1/2/17
陽入深者則〇惡	16/50/18	**隧 suì**	**1**	未有〇識也	2/4/6
百〇一賢	19/55/23,19/56/1			闔廬〇造也	3/5/1
		〇出廟路以南	3/6/17	闔廬〇遊城也	3/5/24
碎 suì	**1**			襄王時神女〇葬也	3/6/19
		孫 sūn	**27**	吳故神巫〇葬也	3/7/9
柴（〇）〔碎〕亭到語				故越王餘復君〇治也	3/7/11
兒、就李	3/5/26	吳王客、齊〇武家也	3/6/27	〇載襄王之後	3/7/12
		王〇駱聞之	6/22/27	故吳王〇蓄雞〔處也〕	3/7/16
遂 suì	**36**	王〇駱對曰	6/22/27,6/22/29	吳北野禺櫟東〇舍大疁者	3/7/23
			6/23/2	闔廬〇置（糜）〔麋〕也	3/7/29
子胥〇行	2/3/16,2/3/21	王〇駱曰	6/22/30	闔廬〇置船宮也	3/7/31
使者〇還	2/4/10	伯州之〇	7/25/5	闔廬〇造	3/7/31,3/8/1
		令子胥、〇武與嚭將師			

闔廬○置諸侯遠客離城也　3/8/3
古赤松子○取赤石脂也　3/8/5
越荆王○置　3/8/17
吳王闔廬○置美人離城也　3/9/1
搖越○鑿　3/9/3
闔廬○以候外越也　3/9/9
古人○採藥也　3/9/15
巫咸○出也　3/9/20
春申君初封吳○造也　3/10/1
吳季子○居　3/10/5
吳○葬　3/10/7
太宰嚭、逢同妻子死○在也　3/10/18
春申君○造　3/11/20,3/11/26,3/11/28,3/12/1,3/12/3,3/12/9
假君○思處也　3/12/18
古諸侯王○葬也　3/12/20
秦始皇刻石○起也　3/12/27
故吳○畜牛、羊、豕、雞也　3/13/9
是○施而不德、勞而不矜其功者矣　4/14/21
文公爲○侵暴　4/15/12
此○謂晉公子重耳反國定天下　4/15/13
不知利害○在　5/17/16
下不知○止　5/17/16
未知命之○維　5/17/18
時返不知○在　5/17/19
無○安取　5/17/20
未知○當　5/18/2
人主○求　5/18/18
其○擇者　5/18/18
視民○不足　5/18/19
其民無○移　6/20/12
此天之○反也　6/20/19
此非子○能行也　6/21/18
我王親○禽哉　6/21/25
智之○生　6/22/5
不別○愛　6/22/19
人○飲　7/24/16
諸事無○不知　7/25/6
未覩○在　7/25/15
小有○虧　7/25/17
大有○成　7/25/18
無○（聞）〔關〕其辭　7/25/18
歷諸侯無○售　8/26/3
遂爲軍士○殺　8/26/9
子之○難　9/27/2
人之○易也　9/27/2
子之○易　9/27/2
人之○難也　9/27/2
則臣之○見溢乎負海　9/28/4
〔君臣死無○恨矣〕　9/30/13
故奉雅琴至大王○　10/32/1
范蠡○築治也　10/32/15
句踐○習教美女西施、鄭（足）〔旦〕宮臺也　10/32/28
句踐○休謀也　10/33/4
○以備膳羞也　10/33/13
句踐○徙葬先君夫鐔冢也　10/34/23
句踐○葬大夫種也　10/35/30
句踐○徙巫爲一里　10/36/3
越○害軍船也　10/36/14
越○以遏吳軍也　10/36/16
禹○取妻之山也　10/36/20
蓋句踐○以遊軍士也　10/36/27
○以然者　10/37/1,11/39/5
以其大船軍○置也　10/37/1
王之○輕〔也〕　11/38/11
是士之○重也　11/38/11
王愛○輕　11/38/12
責士○重　11/38/12
不由○從　11/38/17
蓋智士○恥　11/38/24
賢者○羞　11/38/24
不肖者無○置　11/39/1
如有○悔　12/39/26
無諛寡人之心○從　12/39/29
可占大王○夢　12/40/9
此固非子（胥）〔之〕○能知也　12/40/15
無諛寡人心○從　12/40/23
君子各以○好爲禍　12/41/1
此公孫聖○言、王且不得火食　12/41/17
此○謂純鈞耶　13/42/24
此三劍何物○象　13/43/14
吉凶○避也　15/46/8
○謂末者　16/47/16
○謂實者　16/47/17
此寡人○能行也　16/47/19, 16/48/5
是○謂執其中和者　16/47/22
中和○致也　16/47/22
覩諸〔侯〕○多少爲備　16/47/29
○少　16/47/29
此○謂四時者　16/48/22
觀其○舍　16/48/31
見○而功自存　16/49/2
是○謂也　16/49/10
爲旁邦○議　16/49/20
使舜釋其○循　16/49/22
○以其智能自貴於人　16/49/24
天下○置　16/49/25
誠非吾○及也　16/49/28
王德范子之○言　16/50/12
固聖人○不傳也　16/50/19
愛其○惡　18/51/27
能知忠直○死　18/53/8
能知（謟）〔諂〕臣之○移　18/53/10
無尺土○有　19/53/20
一民○子　19/53/20
傷民不得其○　19/53/20
天地○不容載　19/54/4
賢者○過化　19/54/19
有○不合　19/55/3
蠡○有也　19/56/4
越王孫開○立　20.4/56/18
泰伯○築　20.5/56/21
越王○立　20.9/56/29
臣有○厚於國　20.11/57/3
勇士○恥　20.11/57/9
西施之○出　20.16/58/3

索 suǒ　8

誠秉禮者探幽○隱　7/23/23
大夫何○　9/28/9
見前園橫○生樹桐　12/39/28, 12/40/22
見前園橫○生樹桐〔者〕　12/40/3
前園橫○生樹桐者　12/41/5
糧食盡○　12/41/14
倉穀粟○　13/43/20

貪 tān	5
○功名而不知利害	9/29/13
○而好利	10/33/20
不○天下之財	16/49/24
今王利地○財	16/49/25
有人○王賞之重	20.19/58/11

探 tān	1
誠秉禮者○幽索隱	7/23/23

壇 tán	3
○高三尺	10/31/17
今北○利里丘土城	10/32/28
吾坐於露○之上	13/42/19

袒 tǎn	2
肉○而謝	12/41/7
褊○操劍	20.11/57/6

炭 tàn	4
句踐時采錫山爲○	10/35/9
稱○聚	10/35/9
載從○瀆至練塘	10/35/9
天帝裝○	13/42/27

嘆 tàn	5
句踐喟然○曰	10/32/1
公孫聖仰天○曰	12/40/14
仰天○曰	12/40/23
聖仰天○曰	12/41/8
嗟○其文	19/55/27

歎 tàn	6
賢者嗟○	1/2/2
○曰	6/21/23
7/24/23,18/51/26,18/52/19	
於是畱邱訢仰天○曰	20.11/57/19

湯 tāng	22
○獻牛荊之伯	4/16/9
○行仁義	4/16/9
○於是乃飾犧牛以事荊伯	4/16/10
此謂○獻牛荊之伯也	4/16/11
殷○遭夏桀無道	4/16/22
於是○用伊尹	4/16/22
○以文聖	4/16/23
故○之時	5/18/16
遂佐○取天下	8/26/5
見流水○○	12/39/27
12/40/3,12/40/21,12/41/4	
〔昔〕桀易○而滅	14/44/21
○執其中和	16/47/20
○有七十里地	16/48/14
夫堯舜禹○	16/50/19
○繫夏臺	19/54/20

唐 táng	3
治陵水道到錢○	3/12/22
都尉治錢○	3/13/12
錢○浙江岑石不見	3/13/19

堂 táng	11
此邦○○	2/3/5
○高四丈	3/11/22
見兩鐸倚吾宮○	12/39/27
	12/40/21
兩鐸倚吾宮○〔者〕	12/40/2
見兩鐸倚吾宮○者	12/41/4
大王宮○虛也	12/41/5
箏於廟○	15/46/5
登○不闚	20.11/57/12
登○無聲	20.11/57/17

棠 táng	1
吳（古）〔王〕故祠江	
漢於○浦東	3/11/13

塘 táng	19
（地）〔虵〕門外○波	
洋中世子○者	3/6/29

○去縣二十五里	3/6/29
洋中○	3/7/3
築○北山者	3/7/7
立無錫○	3/9/28
同起馬○	3/12/22
或水或○	5/18/1
美以練○田	10/34/7
富中大○者	10/34/30
練○者	10/35/9
載從炭瀆至練○	10/35/9
○長千五百三十三步	10/35/18
石○者	10/36/14
○廣六十五步	10/36/14
使吳人築吳○	10/36/24
後因以爲名曰○	10/36/24
取錢○浙江「岑石」	10/37/29
奏諸暨、錢○	10/38/2

溏 táng	1
渾渾如水之〔將〕溢於	
○	13/42/23

滔 tāo	1
洪水○天	4/16/18

濤 tāo	2
波○瀿流	5/17/17
波〔○〕援而起	5/17/18

謟 tāo	3
佞（○）〔謟〕之臣	7/23/26
太宰嚭讒諛佞（○）	
〔謟〕	12/42/3
能知（○）〔謟〕臣之	
所移	18/53/10

桃 táo	2
後（壁）〔殿〕屋以爲	
○夏宮	3/11/20
投我以○	19/54/14

逃 táo	7
子胥遯○出走	2/3/25
遯○出走	9/28/16,9/30/3,9/30/8
不可○亡	12/40/15
○於五湖	18/52/9
楚世子奔○雲夢（山之）	
〔之山〕	19/55/16

陶 táo	2
老身西○	19/55/14
在○爲朱公	20.23/59/5

討 tǎo	2
臣不○賊	19/54/7
臣之○賊	19/55/19

特 tè	2
今子大夫報寡人也○甚	2/4/7
太伯○不恨	19/53/27

滕 téng	1
乃發金○之櫃	4/17/9

騰 téng	1
發憤馳○	18/52/25

啼 tí	3
雖○勿聽	6/21/11
疋馬○皋	10/36/29
垂涕○哭	11/39/7

提 tí	2
○我山中	12/41/9
吳王使人○於秦餘杭之山	12/41/9

題 tí	1
故○其文	19/53/24

體 tǐ	2
形於○萬物之情	5/18/6
狐○卑而雉懼之	6/20/20

涕 tì	6
流○而行	4/17/10
○泣不可止	5/17/18
垂○啼哭	11/39/7
流○不止	12/40/14
○泣如雨	12/40/18
睹麟（乘）〔垂〕○	19/53/20

天 tiān	176
○子微弱	1/1/10,4/15/12
一匡○下	1/1/15,4/15/21
	11/38/19
在○與	1/1/26
○生宰嚚者	1/1/28
禹遊○下	3/8/8
○漢五年四月	3/13/19
○下誰能伐楚乎	4/14/4
○下誰能伐楚者乎	4/14/6
○貴持盈	4/14/15
和順○下	4/14/18
○下莫不盡其忠信	4/14/18
○道盈而不溢、盛而不	
驕者	4/14/19
言○生萬物	4/14/19
以養○下	4/14/19
故曰○道盈而不溢、盛	
而不驕者也	4/14/20
言○地之施大而不有功	
者也	4/14/22
○道未作	4/14/24
○下從之	4/15/1
故以○道未作	4/15/1
○子稱崩	4/15/7
上無明○子	4/15/8
○下莫能禁止	4/15/9
牽諸侯朝○子	4/15/13
○子乃尊	4/15/13
此所謂晉公子重耳反國	
定○下	4/15/13
齊公子小白、亦反齊國	

而匡○下者	4/15/16
退丹朱而以○下傳舜	4/15/23
舜用其仇而王○下者	4/15/28
○下稱之	4/15/29
遂以○下傳之	4/15/29
此爲王○下	4/15/29
○下莫不向服慕義	4/16/2
○下皆一心歸之	4/16/9
洪水滔○	4/16/18
殘賊○下	4/16/22
○下承風	4/16/23
紂爲○下	4/16/26
○下皆盡誠知其賢聖從之	4/16/27
○下八百諸侯	4/16/30
乃朝○下	4/17/3
以（瞻）〔贍〕○下	4/17/4
○下家給人足	4/17/7
上順○地	4/17/7
○暴風雨	4/17/8
○應之福	4/17/10
○下皆實	4/17/11
水屬蒼○	5/17/16
恐爲○下咎	5/17/19
獨受之殃	5/17/25
未必○之罪也	5/17/26
乃知○下之易反也	5/18/4
臣聞炎帝有○下	5/18/6
黃帝於是上事○	5/18/7
○下六歲一穰	5/18/15
故聖人早知○地之反	5/18/15
必順○地四時	5/19/7
欲變○地之常	5/19/8
○有時而散	5/19/13
○若棄之	6/20/9
此○之所反也	6/20/19
○下之健士也	6/21/18
飲食則甘○下之無味	8/25/25
居則安○下之賤位	8/25/26
○運歷紀	8/25/27
遂佐湯取○下	8/26/5
敗人之成○誅行	8/26/14
正○下、定諸侯則使聖人	9/28/19
願一與吳交○下之兵於	
中原之野	9/29/8
問○地之道	10/31/12
又仰望○氣	10/32/20
觀○怪也	10/32/20

○以賜吳	10/33/30
其逆○乎	10/34/1
壹○下	10/37/22
因徙○下有罪適吏民	10/38/1
印○之兆	11/39/9
與○俱起	11/39/9
得○之中	11/39/10
○下顯明也	12/40/1
公孫聖仰○嘆曰	12/40/14
命屬蒼○	12/40/15
仰○嘆曰	12/40/23
聖仰○嘆曰	12/41/8
蒼○知冤乎	12/41/8
亦得繫於○皇之位	12/42/2
○報微功	12/42/7
上○蒼蒼	12/42/8
聞於○下	13/42/15
○帝裝炭	13/42/27
○精下之	13/42/27
歐冶乃因○之精神	13/42/27
未見其大用於○下也	13/43/5
○下未嘗有	13/43/9
精誠上通○	13/43/10
○下通平	13/43/27
○下聞之	13/43/28
一曰尊○地	14/44/4
以取○下不難	14/44/8
賴有○下之力	14/44/11
○與之災	14/44/14
越王句踐竊有○之遺西	
施、鄭旦	14/44/18
上與○合德	15/45/8
與○相抵	15/45/11
此○應	15/45/11
徑抵○	15/45/13
軍有應於○	15/45/13
道者、○地先生	16/47/12
陽生○地	16/47/13
○地立	16/47/13
術者、○意也	16/47/14
聖人緣○心	16/47/14
助○喜	16/47/14
而○下治	16/47/15
言其樂與○下同也	16/47/15
此乃○時水旱	16/47/20
收○下雄儁之士	16/47/21
爲○下除殘去賊	16/47/21

可以王○下	16/47/24
失○下者也	16/47/24
○生萬物而教之而生	16/47/25
必察○之三表	16/47/30
此○之三表者也	16/48/2
故○下之君	16/48/3
○道乃畢	16/48/7
古者○子及至諸侯	16/48/12
爲○下笑	16/48/14
○道三千五百歲	16/48/18
此○之常道也	16/48/18
故○生萬物之時	16/48/19
故○不重爲春	16/48/19
○道自然	16/48/24
○地之間	16/48/29
而○下從風	16/49/22
而求○下之利	16/49/23
昔者神農之治○下	16/49/23
不貪○下之財	16/49/24
而○下共富之	16/49/24
而○下共尊之	16/49/24
○下所置	16/49/25
且夫廣○下、尊萬乘之	
主	16/49/31
以成○文	16/50/3
凡欲先知○門開及地戶閉	16/50/3
○高五寸	16/50/4
減○寸六分以成地	16/50/4
初見出於○者	16/50/4
是謂○門開、地戶閉	16/50/4
此○變見符也	16/50/6
故倡而見符	16/50/7
聖人上知○	16/50/8
此之謂○平地平	16/50/8
以此爲○圖	16/50/8
故○地之符應邦以藏聖	
人之心矣	16/50/12
固○道自然	16/50/18
此謂○地之圖也	16/50/22
○若棄彼	18/51/27
度○關	18/51/30
涉○機	18/51/30
後衽○人	18/51/30
○下大服	19/53/16
歷○漢	19/53/17
此時○地暴清	19/53/19
莫如循道順○	19/53/30

順○心	19/54/2
○與其殃	19/54/3
○地所不容載	19/54/4
當時無○子	19/54/27
當明王○下太平	19/54/28
至誠感○	19/55/19
丞之以○	19/55/26,19/55/30
配之○地	19/55/29
於是甯邱訢仰○歎曰	20.11/57/19
此○下壯士也	20.11/57/19

田 tián　　　　　　17

故曰王世子造以爲○	3/6/29
吳王○也	3/7/23,3/7/25
吳王女胥主○也	3/7/27
稻○三百頃	3/8/23
鑿語昭濱以東到大○	3/9/30
○名胥卑	3/9/30
以收○宅、牛馬	5/19/12
獨以鳥○	10/31/14
教民鳥○	10/31/18
象爲民○也	10/31/19
往從○里	10/33/11
美以練塘○	10/34/7
以山下○封功臣	10/34/17
句踐治以爲義○	10/34/30
因爲民治○	10/35/18
夾○夫也	12/40/2

塡 tián　　　　　　4

覆釜者、州土也、○德	
也	10/31/19
乃壞池○塹	11/39/2
進兵圍越會稽○山	11/39/11
石○地	20.1/56/8

調 tiáo　　　　　　4

當○陰陽	4/14/17
兄弟不○	5/18/27
則陰陽不○	16/48/4
聾者不可語以○聲	19/54/20

鐵 tiě	9
以○杖擊聖	12/41/8
絕○鑷	13/42/21
因吳王請此二人作〔爲〕	
○劍	13/43/10
使（人）〔之〕作〔爲〕	
○劍	13/43/11
取○英	13/43/12
作爲○劍三枚	13/43/12
夫劍、○耳	13/43/23
作○兵	13/43/28
此亦○兵之神	13/43/28
聽 tīng	35
終不見○	1/2/11
有不○子胥之教者	2/3/27
猶不○寡人也	2/3/27
耳不能○	5/17/23
王不○臣	5/18/4
諫而不○	5/18/26
且夫吳王又喜安佚而不	
○諫	6/20/6
又○其言	6/20/19
雖啼勿○	6/21/11
吳王乃○太宰嚭之言	6/21/23
而○一日之說	6/21/24
不○輔弼之臣	6/21/24
而○衆衆之言	6/22/2
寡人○之	6/22/9
王無○而伐齊	6/22/13
吳王不○	6/22/24,14/44/14
	14/45/2
我非○子殺胥	6/22/30
○子之言	7/23/21
○讒邪之辭	7/25/2
反○若聾	7/25/14,18/51/30
道○之徒	8/26/4
大臣有不○者也	9/27/4
子待我伐越而○子	9/28/13
耳不○鐘鼓者	9/29/7
王不○	10/33/20
子胥不○	10/33/26
吳〔王〕不○	10/34/1
夫差○嚭	11/39/13
○而用之	12/42/4

○諫	14/44/23
○於下風	16/50/15
遂○能以勝	18/51/28
亭 tíng	21
過梅○	3/5/19
柴（碎）〔辟〕到語	
兒、就李	3/5/26
婁門外馬○溪上復城者	3/7/11
其事書之馬○溪	3/7/12
吳東徐○東西南北通溪者	3/8/17
在猶（高）〔○〕西卑	
猶位	3/10/15
其高爲犬○	10/35/1
其○祠今爲和公（群）	
〔郡〕社稷壚	10/36/3
隨直瀆陽春○	10/37/4
從郡陽春○	10/37/4
至於柴辟○	10/37/7
女陽○者	10/37/9
道產女此○	10/37/9
餘杭軒○南	10/37/28
留舍都○	10/37/29
則治射防於宅○、買○北	10/38/2
臣知有東披門○長越公	
弟子王孫聖	12/40/8
受教告東披門○長公孫	
聖	12/40/10
使待於離○	17/51/4
許我明日夕待於離○	17/51/5
庭 tíng	1
吳（嶽）〔獄〕○	3/12/5
霆 tíng	2
聲音若雷○	5/17/17
畏之如雷○	11/39/19
通 tōng	25
小道不○	1/2/17
○安湖	3/5/17
○姑胥門	3/6/17
名○陵鄉	3/8/11

吳東徐亭東西南北○溪者	3/8/17
與麋湖相○也	3/8/17
○江南陵	3/9/3
上湖○上洲	3/10/9
可○陵道	3/12/21
○浙江	3/12/22
適（戎）〔戍〕卒治○	
陵高以南陵道	3/12/22
恐津梁之不○	5/17/20
其主能○習源流	5/18/17
道徑○達	6/20/12
以爲不○	7/24/22
目達耳○	7/25/6
○於方來之事	12/40/9
精誠上○天	13/43/10
以鑿伊闕、○龍門	13/43/26
天下○平	13/43/27
讀書○一經	17/50/31,17/51/3
與女環○未終月	17/51/13
見種爲吳○越	18/52/13
狂儜○拙	18/53/8
同 tóng	50
意不○	2/2/30
莫若求之而與之○邦乎	2/4/5
與子○有之	2/4/8
與子○使之	2/4/8
太宰嚭、逢○妻子死所	
在也	3/10/18
○起馬塘	3/12/22
不言○辭	4/16/30
與人○時而戰	5/17/25
人固不○	5/19/1
猶○母之人、異父之子	5/19/16
動作不○術	5/19/17
大夫佚○、若成	5/19/18
太宰嚭之交逢○	6/22/1
申胥謂逢○曰	6/22/2
逢○出	6/22/3
逢○出見吳王	6/22/7
逢○垂泣不對	6/22/7
逢○對曰	6/22/8,6/22/13
逢○曰	6/22/9
殺太宰嚭、逢○與其妻子	6/23/16
○俗并土	7/24/1
兩邦○城	7/24/1

不〇邪曲	7/24/21	穿〇釜	13/42/21	母之邦	4/15/17
愛〇也	7/24/24	涸而出〇	13/42/26	聘公子（〇）〔糾〕以	
范蠡智能〇均	7/24/28	以〇爲兵	13/43/26	爲君	4/15/18
志合意〇	7/25/17	〇柱	20.1/56/8	管仲臣於桓公兄公子	
臣主〇心	7/25/20	金棺〇槨	20.2/56/11	（〇）〔糾〕	4/16/1
此時馮〇相與共戒之	8/25/30			（〇）〔糾〕與桓爭國	4/16/1
吳越二邦〇氣共俗	8/25/30	**僮 tóng**	2		
與民〇苦樂	11/39/3			**突 tū**	2
不謀〇辭	11/39/3	歐冶〇女三百人	3/5/30		
師衆〇心	11/39/10	其爲結〇之時	7/25/13	船名大翼、小翼、〇冒	
與不敵〇	11/39/13			、樓船、橋船	20.21/58/23
言其樂與天下〇也	16/47/15	**統 tǒng**	1	〇冒者	20.21/58/25
不〇力而功成	16/49/7				
不〇氣而物生	16/49/7	抽其〇紀	18/53/4	**徒 tú**	7
臣聞陰陽氣不〇處	16/49/8				
君臣〇心	18/52/6	**痛 tòng**	4	養〇三千	1/2/7
不〇氣居	18/52/11			〇跣被髮	2/3/21,2/3/22
使馮〇徵之	18/52/22	內〇子胥忠諫邪君	18/53/10	而信讒諛容身之〇	6/21/24
胥見馮〇	18/52/23	非聖人孰能〇世若此	19/53/20	太宰嚭率〇謂之曰	6/23/9
執操以〇	18/53/9	〇殷道也	19/55/9	進讒諛容身之〇	6/23/14
察乎馮〇、宰嚭	18/53/10	夫差思〇之	20.2/56/11	道聽之〇	8/26/4
其義〇	19/55/7				
其〇奈何	19/55/8	**偷 tōu**	1	**塗 tú**	2
以爲〇耳	19/55/10				
與之〇名	19/55/26	昔者市〇自衒於晉	8/26/4	肝腦〇地	9/29/9
屈原〇名	19/55/30			〇山者	10/36/20
〇泛五湖而去	20.24/59/7	**投 tóu**	2		
				圖 tú	19
桐 tóng	9	〔操鋒履刃、艾命〇〕			
		死者	11/38/11	計倪乃傳其教而〇之	5/19/22
〇實生〇	5/19/2	〇我以桃	19/54/14	君王不〇社稷之危	6/21/23
葦槨〇棺	10/31/17			又不〇邦權而惑吾君王	6/22/2
舜死蒼（〇）〔梧〕	10/31/19	**頭 tóu**	8	今〇申胥	6/22/12
見前園橫索生樹〇	12/39/28			乃可〇之	6/22/13
	12/40/22	毋〇騎歸	3/6/22	胥乃〇謀寡人	6/22/30
見前園橫索生樹〇〔者〕	12/40/3	郅〇而皇皇	5/17/24	〇越	6/23/5
前園橫索生樹〇者	12/41/5	東奏槿〇	10/37/28	君王〇之廊廟	6/23/10
〇不爲器用	12/41/5	中斷之爲兩〇	12/41/8	使自〇之	6/23/15
		晉鄭之〇畢白	13/43/22	王其〇之	7/23/24
銅 tóng	11	高置吾〇	18/52/24	種善〇始	7/25/20
		維先古九〇之世	19/53/15	〇吾百姓	9/29/4
〇槨三重	3/6/7	手持〇	20.11/57/18	盡妖妍於〇畫	11/39/15
越〇官之山也	10/34/27			子何不早〇之乎	12/42/6
越人謂之〇姑瀆	10/34/27	**紏 tōu**	5	願欲知〇穀上下貴賤	16/48/5
句踐鑄〇	10/36/8			願子更爲寡人〇之	16/49/30
鑄〇不爛	10/36/8	公子（〇）〔糾〕奔魯	4/15/16	然後可以〇之也	16/50/1
金錫和〇而不離	13/42/19	魯者、公子（〇）〔糾〕		以此爲天〇	16/50/8

此謂天地之○也	16/50/22	吳○而圍之	10/33/26	○者、非一人所作	1/2/15
		知進而不知○	11/39/17	以爲中○篇	1/2/18
土 tǔ	20	〔知〕進○存亡〔而〕		閶門○高頸山東桓石人	3/6/3
		不失其正者	11/39/18	閶門○郭中冢者	3/6/5
奏出○山	3/5/16	進有○之義	11/39/18	在〔吳縣〕閶門○	3/6/7
取○臨湖口	3/6/9	寡人聞夫子明於陰陽進		在閶門○道北	3/6/16
越王（候）〔使〕干戈		○	16/50/14	巫門○（糜）〔麋〕湖	
人一累○以葬之	3/10/15	夫陰陽進○	16/50/15	西城	3/6/21
○山者	3/12/7	陰陽進○者	16/50/18	巫門○冢者	3/6/25
不可以種五穀、興○利	4/15/3	事■世■有○	18/52/29	巫門○大冢	3/6/27
后○治中央	5/18/9			（地）〔她〕門○塘波	
使主○	5/18/9	**託 tuō**	4	洋中世子塘者	3/6/29
金木水火○更勝	5/19/6			蛇門○大丘	3/7/5
同俗并○	7/24/1	引類以○意	1/2/16	（近）〔匠〕門○欐溪	
神農嘗百草、水○甘苦	10/31/13	豈可得○食乎	2/3/17	櫝中連鄉大丘者	3/7/9
○階三等	10/31/17	吾何○敢言	17/50/28	婁門○馬亭溪上復城者	3/7/11
覆釜者、州○也、填德		○類自明	19/55/25	婁門○鴻城者	3/7/14
也	10/31/19			婁門○雞陂墟	3/7/16
今北壇利里丘○城	10/32/28	**橐 tuó**	3	胥門○有九曲路	3/7/18
領功銓○	10/33/13			婁門○力士者	3/8/1
已作昌○臺	10/33/13	生於宛○	7/25/13	以備○越	3/8/1
取○西山以濟之	10/34/5	雷公擊○	13/42/27	巫門○兔山大冢	3/8/21
其冢名○山	10/35/19	魂者、○也	16/49/1	闔廬所以候○越也	3/9/9
蓋木○水火	18/52/11			吳宿兵候○越也	3/9/11
無尺○所有	19/53/20	**蛙 wā**	3	巫門○罘罳者	3/12/18
伍員取利浦黃瀆○築此				匠門○信士里東廣平地者	3/13/6
城	20.6/56/23	見○怒	20.18/58/7	身自○養	4/15/26
		王揖怒○何也	20.18/58/8	○貨可來也	5/18/17
傳 tuán	1	○如是怒	20.18/58/8	○貌類親	6/21/16
				類有○心	6/21/16
（○）〔博〕聞彊識	12/40/8	**娃 wá**	1	蠡見其○	7/24/26
				○無斷割之勢	7/25/9
推 tuī	2	吳人於硯石置館○宮	20.7/56/25	蠡出治○	7/25/20
				○無不得	7/25/20
○往引前	16/50/15	**瓦 wǎ**	6	其後使將兵於○	8/26/9
孔子○類	19/53/18			憂在○者攻弱	9/27/3
		囊○求之	4/14/3,4/14/6	黔首○死	9/27/9
退 tuì	16	使囊○興師伐蔡	4/14/5,4/14/7	○事諸侯	9/27/18,9/28/12
		囊○者何	4/14/12		9/29/10
○丹朱而以天下傳舜	4/15/23	○解而倍畔者	16/48/13	此孤之○言也	9/29/5
○之不能解	5/17/23			內、○越別封削焉	10/31/24
故○而不言	5/18/4	**外 wài**	59	東郭○南小城者	10/33/9
無道者○	5/19/3			○越賜義也	10/34/7
愚者日以○	5/19/3	威發於○	1/1/11,18/52/3	在小城南門○大城內	10/34/12
進○揖讓	7/25/16	○能絕人也	1/1/12	北郭○、路南溪北城者	10/35/21
於是范蠡○而不言	8/26/4	乃稍成中○篇焉	1/2/13	政、趙○孫	10/37/21
進○有行	10/31/14	或內或○	1/2/15	以備東海○越	10/38/1

以殘伐吳邦	9/29/3	平〇立二十三年	10/37/19	因悲大〇	12/41/2
今孤之怨吳〇	9/29/5	惠文〇立二十七年	10/37/19	〇且不得火食〔也〕	12/41/3
而孤之事吳〇	9/29/5	武〇立四年	10/37/20	大〇身死	12/41/4
與吳〇整襟交臂而奮	9/29/8	昭襄〇亦立五十六年	10/37/20	大〇宮堂虛也	12/41/5
夫吳〇之爲人也	9/29/13	而滅周報〇	10/37/20	〇毋自行	12/41/6
越〇憱然避位	9/29/13	孝文〇立一年	10/37/20	太宰嚭、〇孫駱惶怖	12/41/6
賜爲君觀夫吳〇之爲人	9/29/14	莊襄〇更號太上皇帝	10/37/20	吳〇忿聖言不祥	12/41/7
越〇大悅	9/29/16	秦元〇至子嬰	10/37/22	〇乃使力士石番	12/41/7
越〇送之金百鎰、寶劍		凡十〇、百七十歲	10/37/22	吳〇使人提於秦餘杭之山	12/41/9
一、良馬二	9/30/1	得韓〇安	10/37/25	〇孫駱爲左校司馬	12/41/13
報吳〇曰	9/30/1	政使將〇賁攻魏	10/37/25	〇從騎三千	12/41/13
〔臣〕敬以下吏之言告		得魏〇歇	10/37/25	吳〇不忍	12/41/15
越〇	9/30/2	政使將〇涉攻趙	10/37/25	此公孫聖所言、〇且不	
越〇大恐	9/30/2	得趙〇尚	10/37/26	得火食	12/41/17
賴大〇之賜	9/30/3,9/30/9	政使將〇賁攻楚	10/37/26	大〇亟飡而去	12/41/18
大〇之賜	9/30/4,9/30/9	得楚〇成	10/37/26	吳〇大怖	12/41/20
今竊聞大〇將興大義	9/30/10	得燕〇喜	10/37/26	越〇追至	12/41/21
大〇將遂大義	9/30/11	政使將〇涉攻齊	10/37/26	范蠡數吳〇曰	12/41/21
吳〇許諾	9/30/15	得齊〇建	10/37/27	〇有過者五	12/41/21
吳〇果興九郡之兵	9/31/4	越〇句踐近侵於彊吳	11/38/7	而〇恒使其喌（莖）	
吳〇聞之	9/31/6	是大〇〔之〕不能使臣		〔莝〕秩馬	12/42/2
越〇迎之	9/31/6	也	11/38/10	斷絕〇世	12/42/4
〔越〕遂圍〇宮	9/31/7	〇之所輕〔也〕	11/38/11	越〇撫步光之劍	12/42/6
及其〇也	10/31/16	〇愛所輕	11/38/12	越〇謂吳〇曰	12/42/7
從弟子七十人奉先〇雅		〇自揖	11/38/12	越〇則解綏以冥其目	12/42/10
琴治禮往奏	10/31/25	願君〇公選於眾	11/38/15	越〇殺太宰嚭	12/42/11
丘能述五帝三〇之道	10/32/1	越〇勃然口	11/38/18	越〇句踐有寶劍五	13/42/15
故奉雅琴至大〇所	10/32/1	斯可致〇	11/38/21	〇召而問之	13/42/15
越〇夫鐔以上至無餘	10/32/5	君〇察之	11/38/24	大〇請	13/42/16
大霸稱〇	10/32/5	越〇大媿	11/39/2	〇使取毫曹	13/42/17
威〇滅無彊	10/32/7	思昭示於後〇	11/39/16	〇取純鉤	13/42/21
稱〇	10/32/9	吳〇夫差之時	12/39/24	吳〇闔廬之時	13/43/1
〇而用之	10/33/20	大〇〔之〕興師伐齊		楚〇臥而寢	13/43/2
〇不聽	10/33/20	〔也〕	12/39/29	得吳〇湛盧之劍	13/43/2
還報其〇	10/33/24	大〇聖〔德〕	12/40/1	秦〇聞而求〔之〕	13/43/2
〇殺買	10/33/24	〇心不已	12/40/7	楚〇不與	13/43/3
吳〇恐懼	10/33/24	召〇孫駱而告之	12/40/7	時闔廬又以魚腸之劍刺	
君〇安意	10/33/25	不能占大〇夢	12/40/7	吳〇僚	13/43/3
吳〇許之	10/33/30	臣知有東掖門亭長越公		遂弒〇僚	13/43/5
臣唯君〇急剗之	10/34/1	弟子〇孫聖	12/40/8	楚〇召風胡子而問之曰	13/43/9
吳〔〇〕不聽	10/34/1	可占大〇所夢	12/40/9	因吳〇請此二人作〔爲〕	
獻於吳〇夫差	10/34/25	〇孫駱移記	12/40/9	鐵劍	13/43/10
吳〇夫差伐越	10/37/12	左校司馬〇孫駱	12/40/10	風胡子奏之楚〇	13/43/13
吳〇復還封句踐於越	10/37/12	吳〇晝臥	12/40/10	楚〇見此三劍之精神	13/43/13
傳聞越〇子孫	10/37/17	但吳〇諛心而言	12/40/16	楚〇曰	13/43/15,13/43/23
至秦元〇不絕年	10/37/19	謁見吳〇	12/40/18		13/43/28
元〇立二十年	10/37/19	吳〇勞曰	12/40/20	晉鄭〇聞而求之	13/43/20

於是楚○聞之	13/43/21	可見妾於○	17/51/13	○不知汝之神也	20.19/58/14
楚○於是大悅	13/43/22	君即○公也	17/51/14	吳○大驚	20.19/58/15
因大○之神	13/43/23	烈○曰	17/51/17	吳○闔閭問伍子胥軍法	
大○有聖德	13/43/28	烈○悅	17/51/18		20.22/59/1
越○句踐問大夫種曰	14/44/3	幽○嗣立	17/51/20	○身將即疑船旌麾兵戟	
乃使大夫種獻之於吳		幽○後懷○	17/51/21	與○船等者七艘	20.22/59/1
〔○〕	14/44/10	懷○子頃襄○	17/51/22		
再拜獻之大○	14/44/12	秦始皇帝使○翦滅之	17/51/22	**枉 wǎng**	**2**
○勿受〔也〕	14/44/12,14/44/20	越○句踐困於會稽	18/51/26		
大○受之	14/44/14,14/44/21	○失計也	18/51/27	以觀○直	18/53/3
越〔○〕乃飾美女西施		且吳○賢不離	18/51/27	矯○過直	19/55/19
、鄭旦	14/44/18	越○句踐（即）〔既〕			
使大夫種獻之於吳○	14/44/18	得平吳	18/51/28	**往 wǎng**	**20**
越○句踐竊有天之遺西		○已失之矣	18/51/31		
施、鄭旦	14/44/18	元○以之中興	18/52/1	不如○仕	1/1/30
使下臣種再拜獻之大○	14/44/19	非○室之力	18/52/1	欲○渡之	2/3/7
紂易周文〔○〕而亡	14/44/21	乃先○之功	18/52/20	〔即〕歌而○過之	2/3/7
胥聞越○句踐晝書不倦	14/44/21	從吾先○於地下	18/52/22	漁者復歌○	2/3/8
胥聞越○句踐服誠行仁	14/44/22	吳○將殺子胥	18/52/22	越人○如江也	4/16/14
胥聞越○句踐冬披毛裘	14/44/23	知爲吳○來也	18/52/23	因○見申胥	6/22/1
越○句踐問范子曰	16/47/10	○不親輔弼之臣而親衆		今日○見申胥	6/22/9
古之賢主、聖○之治	16/47/10	豕之言	18/52/23	故無○不復	7/24/6
寡人雖不及賢主、聖○	16/47/22	我○親爲禽哉	18/52/24	嚭知○而不知來	7/25/9
可以○天下	16/47/24	吳○聞	18/52/25	相要而○臣	7/25/17
越○問范子曰	16/48/9,16/48/17	○使人捐於大江口	18/52/25	石買知○而不知來	8/26/10
○德不究也	16/48/20	夫子不○可知也	18/53/1	從弟子七十人奉先王雅	
言亂三千歲、必有聖○		至於三○	19/53/16	琴治禮○奏	10/31/25
也	16/48/24	興素○	19/53/22	○若飄風	10/32/2
越○問於范子曰	16/48/28	垂象後○	19/53/23	○古一夜自來	10/32/21
	16/49/7	子胥妻楚○母	19/54/11	○從田里	10/33/11
今○利地貪財	16/49/25	惡其妻楚○母也	19/54/12	推○引前	16/50/15
○而備此二者	16/50/1	文○拘於殷	19/54/20	述暢○事	18/53/1
越○既已勝吳三日	16/50/11	稱子胥妻楚○母	19/54/22	生○死還	20.11/57/8
○德范子之所言	16/50/12	當明○天下太平	19/54/28	夜○攻要離	20.11/57/11
未肯爲○言者也	16/50/13	子胥兵咨（卒主）〔平		蔕邱訴果○	20.11/57/12
越○愀然而恐	16/50/13	○〕之基	19/55/17		
而○制於四海	16/50/16	昭○遣大夫申包胥入秦		**罔 wǎng**	**1**
○而毋泄此事	16/50/16	請救	19/55/17		
臣請爲○言之	16/50/17	越○孫開所立	20.4/56/18	讒人○極	7/25/3
范子已告越○	16/50/22	越○所立	20.9/56/29		
楚考烈○相春申君吏李		元○四年	20.9/56/29	**妄 wàng**	**3**
園	17/50/26	闔閭惡○子慶忌	20.11/57/3		
我聞○老無嗣	17/50/26	〔○曰〕	20.11/57/4	聖人不○言	1/1/29
徑得見於○矣	17/50/27	爲齊○使於吳	20.11/57/5	賢者不○言	1/1/31
妾聞○老無嗣	17/51/9,17/51/13	越○句踐既爲吳辱	20.18/58/7	臣聞智者不○言	11/38/25
使○聞之	17/51/9	○捐怒蛙何也	20.18/58/8		
君上負於○	17/51/9	有人貪○賞之重	20.19/58/11		

忘 wàng	17
寡人弗敢○	5/17/28
王無忽○	5/18/3
夫鼠○壁	6/21/3
壁不○鼠	6/21/3
今越人不○吳矣	6/21/3
君王○邦	6/22/3
存無○傾	7/23/24
安無○亡	7/23/24
且猶難○	7/24/26
負德○恩	8/26/13
見小利而○大害者不智	9/28/1
死且不〔敢〕○	9/30/4
死且不○	9/30/9
乃○弓矢之怨	11/38/22
慎勿相○	12/40/17
至死不敢○	16/50/17
不○舊功	19/55/11

望 wàng	9
絕父之○	2/2/30
北○齊晉	2/3/5
以○太湖	3/7/18
都秦餘○南	10/31/23
以○東海	10/31/24
又仰○天氣	10/32/20
夜火相（應）〔○〕	11/39/11
簡衣而坐○之	13/42/22
不○其報	16/49/23

危 wēi	17
絕命○邦	1/2/11
則社稷○	6/21/4
君王不圖社稷之○	6/21/23
當霸吳（○）〔厄〕會	
之際	7/23/25
安○之兆	7/23/26
○於重卵矣	9/27/7
○也	9/28/14
涉○拒難則使勇	9/28/19
伏念居安思○	11/39/17
取利於○	15/45/9
虛、○也	15/46/20
幾亡邦○社稷	16/49/20

君子不○窮	18/52/13
其范蠡行爲持○救傾也	19/53/29
○人自安	19/54/25
○民易爲德	19/54/30
其國必○	20.2/56/10

威 wēi	19
○發於外	1/1/11,18/52/3
○凌諸侯	1/1/16
楚○王與越王無彊並	3/12/20
○王後烈王	3/12/20
故勝○之	6/21/2
○諸侯以成富焉	6/21/11
勇在害彊齊而○申晉邦者	9/27/16
○申晉邦	9/28/3
○王滅無彊	10/32/7
欲專○服軍中	10/33/21
孤聞齊○淫泆	11/38/19
齊○除管仲罪	11/38/20
抑○權勢	11/38/26
此劍○耶	13/43/22
劍之○也	13/43/23
○服三軍	13/43/28
卒○勇而彊	15/45/22
○〔凌〕萬物	18/52/26

微 wēi	17
天子○弱	1/1/10,4/15/12
貴其始○	1/1/18
比干、箕子、○子尙在	4/17/1
○子去之	4/17/2
封○子於宋	4/17/4
使人○告申胥於吳王曰	6/21/16
之侯以下○弱	10/32/9
子胥○策可謂神	11/39/12
天報○功	12/42/7
■其去甚○甚密	18/51/31
蓋謂知其道貴○而賤獲	18/52/15
故聖人見○知著	18/52/30
○言屬	18/53/3
故聖人沒而○言絕	19/53/21
○子去	19/55/7
○子去者	19/55/9

爲 wéi	323
皆以國○氏姓	1/1/4
故不○記明矣	1/1/13
轉死○生	1/1/17
以敗○成	1/1/17
而卒本吳太伯○	1/1/20
或以○子貢所作	1/2/5
此時子貢○魯使	1/2/6
其後道事以吳越○喻	1/2/6
以○中外篇	1/2/18
尙○人也	2/2/24
胥○人也	2/2/24
賢士不○也	2/2/30
王以奢○無罪	2/3/1
何○不出	2/3/9
子之姓○誰	2/3/10
何相問姓名○	2/3/11
何以百金之劍○	2/3/13
闔廬將○之報仇	2/4/1
臣聞諸侯不○匹夫興師	2/4/1
○之奈何	2/4/5
9/27/11,9/31/1,16/47/28	
16/48/6,16/49/21,17/51/10	
今子大夫何不來歸子故	
墳墓丘冢○	2/4/7
以此○名	2/4/8
以此○利	2/4/8
前○父報仇	2/4/9
賢者不○也	2/4/9
吳侵以○戰地	3/5/26
故號○虎丘	3/6/10
善○兵法	3/6/27
故曰王世子造以○田	3/6/29
取齊王女○質子	3/7/20
○造齊門	3/7/20
今分○耦瀆	3/7/25
故○鶴阜山	3/8/8
古者（○名）〔名○〕	
「墜星」	3/8/13
始○武原鄉	3/9/7
今○鄉也	3/9/9
春申君治以○陂	3/9/30
故○雲陽縣	3/10/3
故○延陵	3/10/5
江南○方牆	3/11/13
故○胥女山	3/11/18

松柏以○栟	10/35/12	以玉○兵	13/43/25	○之立祠	18/51/29
因○民治田	10/35/18	以伐樹木○宮室	13/43/25	號○州伯	18/52/1
其邑○甕錢	10/35/21	以銅○兵	13/43/26	以○專句踐之功	18/52/1
因名〔其〕冢○秦伊山	10/35/25	治○宮室	13/43/27	種曷○誅	18/52/9
句踐所徙巫○一里	10/36/3	以○勞其志	14/44/5	身死不○醫	18/52/10
其亭祠今○和公（群）		於是作○策楯	14/44/10	邦亡不○謀	18/52/11
〔郡〕社稷墟	10/36/3	竊○小殿	14/44/12	見種○吳通越	18/52/13
飾治○馬箠	10/36/9	必○利害	14/45/1	道以不害○左	18/52/16
後因以○名曰塘	10/36/24	以申胥○不忠而殺之	14/45/2	自以○可復吾見凌之仇	18/52/20
以○死士示得專一也	10/36/26	○未可攻	15/45/14	知○吳王來也	18/52/23
吳（彊）〔疆〕越地以		○逆兵氣	15/45/17,15/45/20	我王親○禽哉	18/52/24
○戰地	10/37/7		15/45/23	以○妖言	18/52/25
更就李○語兒鄉	10/37/10	穀足而有多○	15/45/22	徵○其戒	18/52/30
句踐服○臣	10/37/12	○逆兵〔氣〕	15/45/26	厥意以○周道不敝	18/53/2
東○右	10/37/13	欲○右伏兵之謀	15/46/1	○之檢式	18/53/3
西○左	10/37/13	欲○前伏陣也	15/46/2	其范蠡行○持危救傾也	19/53/29
政更號○秦始皇帝	10/37/27	欲○走兵陣也	15/46/2	非義不○	19/54/8
以○賢者	11/38/21	欲○去兵	15/46/2	將○復仇	19/54/14
○人臣	11/39/6	欲○左陣	15/46/3	君子弗○	19/54/25
唯恐○後	11/39/10	賢士不○用	16/47/16	彊者○右	19/54/27
○詐兵	11/39/11	聖主不○也	16/47/16	范蠡不久乃○狂者	19/54/29
〔分〕○兩翼	11/39/11	○天下除殘去賊	16/47/21	故空社易○禍	19/54/30
子○寡人精占之	12/39/28	覩諸〔侯〕所多少○備	16/47/29	危民易○德	19/54/30
	12/40/22	可得○因其貴賤	16/47/29	相○表裏耳	19/55/10
○人幼而好學	12/40/8	可〔以〕○邦寶	16/48/2	以○同耳	19/55/10
君子各以所好○禍	12/41/1	以○須臾之樂	16/48/13	然子胥無○能自免於無	
桐不○器用	12/41/5	○天下笑	16/48/14	道之楚	19/55/11
但○甬	12/41/5	故天不重○春	16/48/19	滅身○主	19/55/11
中斷之○兩頭	12/41/8	即○惡歲	16/48/23	著善○誠	19/55/22
後世○聲響	12/41/9	即○亂世	16/48/24	譏惡○誠	19/55/22
汝更能○聲哉	12/41/10	人最○貴	16/48/29	猶○比肩	19/55/23
王孫駱○左校司馬	12/41/13	穀○貴	16/48/29	以去○（生）〔姓〕	19/55/24
太宰語○右校司馬	12/41/13	即四序○不行	16/49/12	邦賢以口○姓	19/55/25
子試○寡人前呼之	12/41/19	穀之暴貴	16/49/15	以口○姓	19/55/30
胥○人先知、忠信	12/41/22	穀之暴賤	16/49/15	遂願與書生韓重○偶	20.2/56/10
以○無知	12/42/10	以○國寶	16/49/17	名○三女墳	20.3/56/15
造○大刑三、小刑二	13/42/28	○旁邦所議	16/49/20	繫分○三	20.3/56/15
闔廬使專諸○奏炙魚者	13/43/4	臣聞聖主○不可之行	16/49/21	呼○三女墳也	20.3/56/15
下○烈士	13/43/10	○足舉之德	16/49/22	○齊王使於吳	20.11/57/5
因吳王請此二人作〔○〕		願子更○寡人圖之	16/49/30	越王句踐既○吳虜	20.18/58/7
鐵劍	13/43/10	奈何○之	16/50/2	○鉤者眾多	20.19/58/12
使（人）〔之〕作〔○〕		可以○富	16/50/3	在越○范蠡	20.23/59/5
鐵劍	13/43/11	以此○天圖	16/50/8	在齊○鴟夷子皮	20.23/59/5
作○鐵劍三枚	13/43/12	未肯○王言者也	16/50/13	在陶○朱公	20.23/59/5
其名○何	13/43/14	臣請○王言之	16/50/17		
以石○兵	13/43/24	以○邦寶	16/50/20		
斷樹木○宮室	13/43/25	而何○佐乎	17/51/14		

三遷避○	19/55/13	此所○晉公子重耳反國		何○術	16/47/11
		定天下	4/15/13	何○末	16/47/11
味 wèi	5	此之○堯有不慈之名	4/15/24	何○實	16/47/12
		是○召其賊霸諸侯也	4/16/3	故○之道	16/47/12
食不重○	6/22/19	此○湯獻牛荊之伯也	4/16/11	所○末者	16/47/16
飲食則甘天下之無○	8/25/25	越人○人鍛也	4/16/14	所○實者	16/47/17
口不甘厚○	9/29/6	越人○船爲須慮	4/16/15	是所○執其中和者	16/47/22
漸漬乎滋○之費	16/48/12	此之○舜之時	4/16/19	何○保人之身	16/47/25
惡聞酒肉之○	18/52/10	此○文王以務爭也	4/16/27	故○人身	16/47/26
		雖勝可○義乎	6/21/7	此○行奢侈而亡也	16/48/14
畏 wèi	7	○太宰嚭曰	6/22/1,6/22/4	可○邦寶	16/48/15
		申胥○逢同曰	6/22/2	此所○四時者	16/48/22
對而○死	2/2/23	太宰嚭率徒○之曰	6/23/9	何○魂魄	16/48/31
且夫伐小越而○彊齊者		越王○范蠡殺吳王	6/23/12	是所○也	16/49/10
不勇	9/28/1	越王親○吳王曰	6/23/13	是○天門開、地戶閉	16/50/4
且大吳○小越如此	9/28/5	有野人○子胥曰	7/24/5	是○地戶閉	16/50/6
其志○越	9/28/11	可○明乎	7/24/11	此之○天平地平	16/50/8
如子之○父	9/29/5	豈○智與	7/24/23	是○知時	16/50/19
○之如雷霆	11/39/19	於是之○也	7/24/28	此○天地之圖也	16/50/22
後生可○	19/55/30	是之○也	7/25/3,7/25/11	園女弟女環○園曰	17/50/26
			8/26/15,15/46/8,18/53/4	女環○春申君曰	17/51/8
尉 wèi	2		19/54/31		17/51/13
		可○賢焉	7/25/21	蓋○知其道貴微而賤獲	18/52/15
都○治山陰	3/13/11	自○衰賤	8/25/25	（目）〔自〕此始亡之	
都○治錢唐	3/13/12	○大夫種曰	8/25/26	○也	18/53/11
		○之帝王求備者亡	8/26/6	○之《越絕》	19/53/24
衛 wèi	3	乃召門人弟子而○之曰	9/26/20	時人○舜不孝、堯不慈	19/54/20
		○吳王曰	9/27/14	子胥可○兼人乎	19/55/14
春申君客○公子冢也	3/11/16	○晉君曰	9/30/18	即○之曰	20.11/57/7
○故治濮陽	15/46/22	今傳○之蠡城	10/32/15		
臥不守○	20.11/57/15	故○怪山	10/32/22	**魏 wèi**	4
		自○東垂僻陋	10/33/1		
謂 wèi	98	故○〔之〕樂野	10/33/4	政使將○舍、內史教攻	
		越○齊人多	10/34/16	韓	10/37/25
何○《越絕》	1/1/3	越人○之銅姑瀆	10/34/27	政使將王賁攻○	10/37/25
○句踐時也	1/1/4	〔故〕○之富中	10/34/30	得○王歇	10/37/25
何○	1/2/15	越人○鹽曰餘	10/36/22	今○東	15/46/24
○其舍人曰	2/3/5	故○之固陵	10/37/1		
而仰○漁者曰	2/3/9	何○也	11/38/10	**溫 wēn**	5
顧○漁者曰	2/3/15	子胥微策可○神	11/39/12		
○女子曰	2/3/18	顧○左右曰	12/41/16	魯故治太山、東○、周	
○之節事	4/14/18	瞋目○范蠡曰	12/42/6	固水	15/46/24
故曰人道不逆四時之○也	4/14/23	越王○吳王曰	12/42/7	多○而泄者	16/48/21
此之○也	4/15/4,4/15/21	此所○純鈞耶	13/42/24	當○而不○者	16/49/15
4/16/7,4/16/24,4/16/28		何○龍淵、泰阿、工布	13/43/15	○故知新	19/55/27
11/38/26,11/39/4,11/39/14		何○九術	14/44/4		
18/52/6,18/52/11,18/52/16		何○道	16/47/11		

文 wén	39	聞 wén	103	事未發而〔先〕○者	9/28/14
夷狄○身	1/1/17	子胥○之	2/2/28,2/3/5	今竊○大王將興大義	9/30/10
小藝之○	1/2/8	吾○荊平王召子	2/2/28	吳王○之	9/31/6
怨恨作○	1/2/11	胥○之	2/2/28	孔子〔○之〕	10/31/25
孝○在東	3/13/6		6/20/15,6/21/3,10/33/25	號聲○吳	10/33/24
漢○帝前九年	3/13/11	吾○荊平王有令曰	2/3/12	傳○越王子孫	10/37/17
○公爲所侵暴	4/15/12	吾○荊平王殺其臣伍子		孤○齊威淫泆	11/38/19
怒至士擊高○者	4/16/15	奢而非其罪	2/3/22	臣○智者不妄言	11/38/25
湯以○聖	4/16/23	臣○諸侯不爲匹夫興師	2/4/1	（博）〔博〕○彊識	12/40/8
○王以務爭者	4/16/26	〔且〕臣○〔之〕	4/13/28	今日○命矣	12/42/4
○王百里	4/16/26	楚○之	4/14/4,4/14/7	○命矣	12/42/9
○王以聖事紂	4/16/27	昭公○子胥在吳	4/14/5	○於天下	13/42/15
此謂○王以務爭也	4/16/27	臣○之	4/14/15	薛燭○之	13/42/21
○王行至聖以仁義爭	4/16/28		9/27/14,9/28/18,9/30/18	秦王○而求〔之〕	13/43/2
○王死九年	4/16/30	堯○其賢	4/15/29	寡人○吳有干將	13/43/9
（交）〔○〕刻獻於吳	10/35/13	吾○先生明於時交	5/17/21	晉鄭王○而求之	13/43/20
惠○王立二十七年	10/37/19	吾○先生明於治歲	5/17/27	於是楚王○之	13/43/21
孝○王立一年	10/37/20	欲○其治術	5/17/27	天下○之	13/43/28
刻（丈六）〔○立〕於		臣○君自耕	5/18/5	寡人○命矣	13/43/29
越（東）〔棟〕山上	10/37/30	臣○炎帝有天下	5/18/6	臣○五色令人目不明	14/44/20
是故周○、齊桓	11/38/17	諸侯莫不○知	6/20/18	胥○越王句踐晝書不倦	14/44/21
○稱太公	11/38/22	臣○聖人有急	6/21/1	胥○越王句踐服誠行仁	14/44/22
是以《春秋》不差其○	11/39/13	臣○狼子〔有〕野心	6/21/2	胥○越王句踐冬披毛裘	14/44/23
觀其（才）〔○〕	13/42/24	臣○春日將至	6/21/13	胥○賢士、邦之寶也	14/45/1
〔觀其〕釟從○〔間〕		臣○父子之親	6/21/19	臣○聖主之治	16/47/11
起	13/43/17	耳無○	6/22/16	寡人欲○其說	16/48/10
○若流水〔而〕不絕	13/43/17	臣○愚夫之言	6/22/18	臣○古之賢主、聖君	16/48/10
紂易周○〔王〕而亡	14/44/21	胥○越王句踐罷吳之年	6/22/19	願○歲之美惡	16/48/23
○武之業、桀紂之跡可		王孫駱○之	6/22/27	寡人○人失其魂魄者死	16/48/28
知矣	16/48/11	臣○君人者	6/22/30	其善惡可得○乎	16/48/30
以成天○	16/50/3	臣○四馬方馳	6/23/6	寡人○陰陽之治	16/49/7
吳越之事煩而○不喻	18/52/8	臣○井者	7/24/16	願○其說	16/49/8
實秘○之事	18/52/29	臣○以彗闘	7/24/18	臣○陰陽氣不同處	16/49/8
○辭不既	18/52/30	胥○災異或吉或凶	7/24/18	寡人已○陰陽之事	16/49/14
賜見《春秋》改○尙質	19/53/21	范蠡○之	7/24/22	譬猶形影、聲響相○	16/49/15
聖○絕於彼	19/53/24	胥○	7/24/23	臣○聖主爲不可爲之行	16/49/21
故題其○	19/53/24	胥○事君猶事父也	7/24/24	且吾○之也	16/49/29
盲者不可示以○繡	19/54/19	齧爲人覽○辯見	7/25/6	寡人○夫子明於陰陽進	
○王拘於殷	19/54/20	無所（○）〔闘〕其辭	7/25/18	退	16/50/14
晉○之能因時順宜	19/54/30	其士民有惡○甲兵之心	9/26/26	可得○乎	16/50/15
○屬辭定	19/55/25	臣○〔之〕	9/27/3	我○王老無嗣	17/50/26
嗟嘆其○	19/55/27	臣○君三封而三不成者	9/27/4	魯相○之	17/50/30,17/51/2
垂意周○	19/55/29	且臣○之	9/28/2	妾○王老無嗣	17/51/9,17/51/13
		越王○之	9/28/8,9/31/5	使王○之	17/51/9
		孤○之	9/28/10	莫有○淫女也	17/51/10
		敢遂○其說	9/28/10	惡○酒肉之味	18/52/10
				惡○忠臣之氣	18/52/10

吳王〇	18/52/25	越王〇范子曰	16/48/9,16/48/17	大臣將有疑〇之心	9/27/11
名〇海內	19/55/13	越王〇於范子曰	16/48/28	〇常與越戰	9/27/17
吾〇勇士之戰也	20.11/57/7		16/49/7	必將有報〇之心	9/27/18,9/28/13
於是勇士〇之	20.18/58/8	〇大夫種曰	16/50/11	子待〇伐越而聽子	9/28/13
		彼必〇汝	17/50/29	置〇三蓬	10/36/1
刎 wěn	**1**	彼必有〇	17/50/30	令吾家無葬〇	12/41/9
		春申君果〇	17/51/1	提〇山中	12/41/9
挾匕首自〇而死江水之中	2/3/16	策〇其事	18/52/14	與〇湛盧之劍	13/43/3
		（〇曰）請粟者求其福		〇聞王老無嗣	17/50/26
問 wèn	**67**	祿必可獲	19/54/1	可見〇於春申君	17/50/26
		〔〇曰〕	19/54/6	〇欲假於春申君	17/50/27
〇曰	1/1/3,1/1/9,1/1/15,1/1/20	〇於伍子胥	20.11/57/3	〇得見於春申君	17/50/27
	1/1/26,1/2/1,1/2/4,1/2/15	敢〇船軍之備何如	20.21/58/23	即不見〇	17/50/28
	16/48/31,19/53/26,19/54/11	吳王闔閭〇伍子胥軍法		故彼必見〇	17/50/31
	19/54/19,19/54/25,19/55/1		20.22/59/1	許〇明日夕待於離亭	17/51/5
	19/55/2,19/55/3,19/55/5			〇其不伯乎	18/51/26
	19/55/10,19/55/16,19/55/19	**翁 wēng**	**2**	〇王親爲禽哉	18/52/24
子貢再拜而〇	1/1/28			捐〇深江	18/52/24
講習學〇魯之闕門	1/2//	與夷子子〇	10/32/6	投〇以桃	19/54/14
王召奢而〇之	2/2/23	子〇子不揚	10/32/6	而欲滅〇	20.11/57/18
王〇臣	2/2/23			〇之作鉤也	20.19/58/13
何相〇姓名爲	2/3/11	**我 wǒ**	**47**	〇在此	20.19/58/14
當〇之	3/11/9,3/11/11	渡〇	2/3/6		
乃召計倪而〇焉	5/17/15	〇也	2/3/10	**臥 wò**	**9**
故〇其道	5/17/21	〇邦雖小	2/4/8		
請〇其方	5/17/27,5/19/10	（君）〔〇〕與汝君	4/15/19	人生不如〇之頃也	5/19/8
饑饉在〇	5/18/1	〇不與汝君	4/15/19	寡人晝〇	7/24/14
請〇其要	5/18/12	子明以告〇	5/17/28	晝〇姑胥之臺	12/39/25
王召駱而〇之	6/22/27	〇曰以彊	5/18/3	向者晝〇	12/39/26
深〇其國	7/23/21	將以此試〇	6/20/16	吳王晝〇	12/40/10
武王〇	7/24/17	〇君王不知省也而救之	6/20/16	寡人晝〇姑胥之臺	12/40/20
策而〇之	7/25/1	〇卑服越	6/20/17	楚王〇而寤	13/43/2
〇治之術	7/25/16	爲〇駕舍卻行馬前	6/20/17	放髮僵〇	20.11/57/13
而〇曰	9/28/8	〇知句踐必不敢	6/20/18	〇不守衛	20.11/57/15
〇於左右	9/30/7,14/44/11	句踐其敢與諸侯反〇乎	6/20/21		
〇天地之道	10/31/12	今〇以忠辨吾君王	6/21/11	**巫 wū**	**15**
使人入〇之	10/33/26	〇王親所禽哉	6/21/25		
進計倪而〇焉	11/38/12	夫豁、〇之忠臣	6/22/7	〇門外（麇）〔麋〕湖	
不〇其先	11/38/17	類欲有害〇君王	6/22/10	西城	3/6/21
《易》之謙遜對過〇	11/38/26	知能害〇君王	6/22/12	〇門外冢者	3/6/25
乃使群臣身〇疾病	11/39/2	越在〇猶疥癬	6/22/17	〇門外大冢	3/6/27
王召而〇之	13/42/15	越在〇	6/22/23	吳故神〇所葬也	3/7/9
楚王召風胡子而〇之曰	13/43/9	〇非聽子殺胥	6/22/30	〇欖城者	3/8/3
〔見〕風胡子〇之曰	13/43/14	雖以〇邦爲事	6/23/5	〇門外冤山大冢	3/8/21
越王句踐〇大夫種曰	14/44/3	越將掃〇	7/24/14	〇咸所出也	3/9/20
越王句踐〇范子曰	16/47/10	彼爲〇	7/25/19	〇門外累罘者	3/12/18
請〇三表	16/47/30			〇里	10/36/3

○不知也	20.11/57/14	○之先君太伯	3/4/14	
子辱○於大座之眾	20.11/57/14	武王封太伯於○	3/4/14	
○無三死之過	20.11/57/16	築○越城	3/4/15	
○不知	20.11/57/16	○王大霸	3/4/27	
○辱子於千人之眾	20.11/57/17	○大城	3/4/29	
○之勇也	20.11/57/19	○郭周六十八里六十步	3/5/1	
人莫敢有誓○者	20.11/57/19	○小城	3/5/3	
乃加○之上	20.11/57/19	○古故陸道	3/5/16	

吳 wú   347

破○	1/1/5,9/31/8	○古故水道	3/5/19
見夫子作《春秋》而略○越	1/1/5	○古故從由拳辟塞	3/5/22
越伐彊○	1/1/17,1/1/23	備候塞也	3/5/22
而卒本○太伯爲	1/1/20	○侵以爲戰地	3/5/26
小越而大○	1/1/20	○以達糧	3/5/28
小越大○奈何	1/1/21	在〔○縣〕閶門外	3/6/7
○有子胥之教	1/1/21	舞鶴○市	3/6/17
欲以貶大○	1/1/24	○王客、齊孫武冢也	3/6/27
○亡而越興	1/1/26	○王不審名冢也	3/7/5,3/7/7
欲以亡○	1/1/29		3/8/26,3/8/28
○今未亡	1/1/29	○故神巫所葬也	3/7/9
○越賢者所作也	1/2/1	故○王所蓄雞〔處也〕	3/7/16
不當獨仕○越	1/2/5	○北野禺檪東所舍大冢者	3/7/23
其在○越	1/2/5	○王田也	3/7/23,3/7/25
或至○	1/2/6	○西野鹿陂者	3/7/25
其後道事以○越爲喻	1/2/6	○北野胥主疁者	3/7/27
故直在○越也	1/2/7	○王女胥主田也	3/7/27
伍子尙奔○	2/2/22	○王惡其名	3/8/10
胥且奔○邦	2/2/24	○東徐亭東西南北通溪者	3/8/17
於是王即使使者召子尙		○王子居焉	3/8/23
於○	2/2/27	○王闔廬所置美人離城也	3/9/1
使人告子尙於○	2/2/28	○宿兵候外越也	3/9/11
於是乃南奔○	2/3/6	去○百二十里	3/9/28
至○	2/3/21	春申君初封○所造也	3/10/1
乞於○市	2/3/21	以奏○北野胥主疁	3/10/1
乞於○市三日矣	2/3/22	○季子所居	3/10/5
○王下階迎而唁數之	2/3/24	○所葬	3/10/7
○王曰	2/3/26,6/20/17	越王樓○夫差山也	3/10/13
6/20/21,6/21/12,6/21/17		○（古）〔王〕故祠江	
6/22/7,6/22/12,6/22/28		漢於棠浦東	3/11/13
6/23/15,7/24/14,9/27/17		古太伯君○	3/11/13
12/40/9,12/41/11,12/41/17		春申君初封○	3/11/18
12/41/18,12/42/4,12/42/9		○兩倉	3/11/28
子胥居○三年	2/4/1	○市者	3/12/1
大得○眾	2/4/1	○諸里大閧	3/12/3
昭王乃使使者報子胥於○	2/4/5	○（獄）〔獄〕庭	3/12/5
		封春申君於○	3/12/13
		春申君自使其子爲假君	
		治○	3/12/14

二君治○凡十四年	3/12/15
春申君去○	3/12/18
并有○	3/12/30,3/13/2
貫築○市西城	3/12/30
高皇帝更封兄子濞爲○王	3/13/1
東渡之○	3/13/2
○王濞時宗廟也	3/13/6
故○所畜牛、羊、豕、	
雞也	3/13/9
太守治○郡	3/13/11
○何以稱人乎	4/13/26
昭公聞子胥在○	4/14/5
○師何以稱人	4/14/12
○者	4/14/12
越王句踐欲伐○王闔廬	4/14/15
范蠡値○伍子胥教化	4/15/1
○人敗於就李	4/15/6
○之戰地	4/15/6
言越之伐○	4/15/6
○闔廬卒	4/15/6
而欲伐○	4/16/13
欲陰謀○	5/17/15
吾欲伐○	5/17/15,11/38/8
	14/44/3
處於○、楚、越之間	5/18/4
七年而禽○也	5/19/25
越王句踐與○王夫差戰	6/20/3
乃使大夫種求行成於○	6/20/3
○許之	6/20/4
入官於○	6/20/4
○王歸之	6/20/4
昔者○夫差不顧義而媿	
吾王	6/20/4
種觀夫○甚富而財有餘	6/20/5
且夫○王又喜安佚而不	
聽諫	6/20/6
以請糴於○	6/20/9
○必許諾	6/20/9
以請於○	6/20/11
非○有越	6/20/12
越必有○	6/20/13
今越人不忘○矣	6/21/3
使人微告申胥於○王曰	6/21/16
○王乃聽太宰嚭之言	6/21/23
以觀○邦之大敗也	6/21/25
○王之情在子乎	6/22/5
逢同出見○王	6/22/7

斷絕○之世	12/42/11	故先○敗而殺也	19/54/16	○不得〔宜〕	4/14/16
○王闔廬之時	13/43/1	劇於○	19/54/21	上○明天子	4/15/8
得○王湛盧之劍	13/43/2	言○人也	19/54/22	下○賢方伯	4/15/8
時闔廬又以魚腸之劍刺		興兵伐○	19/55/18	齊大夫○知	4/15/16
○王僚	13/43/3	維子胥之述○越也	19/55/22	殺○知	4/15/18
寡人聞○有干將	13/43/9	○越相復見於今	19/55/23	殷湯遭夏桀○道	4/16/22
因○王請此二人作〔爲〕		○先主發掘无得	20.3/56/15	見桀○道虐行	4/16/22
鐵劍	13/43/10	○人於硯石置館娃宮	20.7/56/25	見紂○道	4/16/26
於是乃令風胡子之○	13/43/11	爲齊王使於○	20.11/57/5	誅殺○刑	4/16/26
伐○有九術	14/44/3	遂之○	20.11/57/6	賞賜不加於○功	4/17/6
〔而〕況於○乎	14/44/8	分立○寧縣	20.15/58/1	刑罰不加於○罪	4/17/7
乃使大夫種獻之於○		越王句踐既爲○辱	20.18/58/7	野○積庾	5/17/20
〔王〕	14/44/10	思以平○	20.18/58/7	○所安取	5/17/20
使大夫種獻之於○王	14/44/18	而平○	20.18/58/9	恐動而○功	5/17/21
越乃興師伐○	14/45/4	呼其兩子之名○鴻、○		失邦○明	5/17/26
滅○	14/45/4	稽	20.19/58/14	人之生○幾	5/17/30
○故治西江	15/46/18	○王大驚	20.19/58/15	師出○時	5/18/2
困於○	16/49/20	○王闔閭問伍子胥軍法		王○忽忘	5/18/3
以報○仇	16/49/21		20.22/59/1	慎○如會稽之饑	5/18/3
今寡人親已辱於○矣	16/49/29	西施亡○國後	20.24/59/7	則○價矣	5/18/18
以復○仇	16/49/29			群臣○恭之禮、淫佚之行	5/18/20
越王既已勝○三日	16/50/11	**梧 wú**	**1**	○道者退	5/19/3
幸得勝○	16/50/14			人主○私	5/19/3
以○封春申君	17/51/20	舜死蒼（桐）〔○〕	10/31/19	數發○道	5/19/8
即（對）〔封〕春申君				又○上賜	5/19/18
於○	17/51/21	**無 wú**	**165**	用此不患○功	5/19/22
且○王賢不離	18/51/27			故○賈	5/19/28
越王句踐（即）〔既〕		明己○過	1/2/12	○賈	5/19/28
得平○	18/51/28	王以奢爲○罪	2/3/1	壬、癸○貨	5/19/28
○越之事煩而文不喻	18/52/8	○令之露	2/3/15	其民○所移	6/20/12
夫○知子胥賢	18/52/9	明○洩也	2/3/16	越○罪	6/20/19
見種爲○通越	18/52/13	胥父○罪而平王殺之	2/3/25	齰○乃諛吾君王之欲	6/21/12
○王將殺子胥	18/52/22	語○復者	2/3/26	子○乃向寡人之欲乎	6/21/12
知爲○王來也	18/52/23	○貴賤長少	2/3/27	胥則○父子之親	6/21/17
必見越人入○也	18/52/24	昔者吾先人○罪而子殺之	2/4/3	是○法	6/21/21
○王聞	18/52/25	烏程、餘杭、黝、歙、		不用胥則○後	6/22/4
○越之際	18/53/4	○湖、石城縣以南	3/9/13	則○後憂	6/22/8
觀乎《○越》	18/53/5	○錫城	3/9/25	王○聽而伐齊	6/22/13
（人）〔入〕○	19/53/18	○錫歷山	3/9/28	耳○聞	6/22/16
亦發憤記○越	19/53/22	立○錫塘	3/9/28	目○見	6/22/16
○（○）敗	19/53/22	○錫湖者	3/9/30	是○能爲也	6/22/17
賜傳○越	19/53/23	○錫西龍尾陵道者	3/10/1	不發則○傷	6/22/23
明大○也	19/53/28	屬於○錫縣	3/10/1	王○憂	6/23/5
故次以《○人》也	19/53/29	○錫湖	3/10/22	請早暮○時	6/23/5
無罪而死於○	19/54/11	楚威王與越王○彊並	3/12/20	夫申胥○罪	6/23/14
子胥與○何親乎	19/54/13	楚爲○道	4/14/7	得○衰極	7/23/21
昭然知○將亡也	19/54/15	昔者吾先君○罪而子殺之	4/14/9	存○忘傾	7/23/24

安○忘亡	7/23/24	身死○功	12/40/16	吾○三死之過	20.11/57/16
死由○氣	7/23/28	12/41/1,12/41/8,12/41/22		登堂○聲	20.11/57/17
太子○氣	7/23/28	○諛寡人心所從	12/40/23	○餘都	20.13/57/24
故○往不復	7/24/6	令吾家○葬我	12/41/9		
諸事○所不知	7/25/6	夫齊○罪	12/42/1	**蕪 wú**	**1**
齰見夫差內○柱石之堅	7/25/8	○罪	12/42/2		
外○斷割之勢	7/25/9	世○千歲之人	12/42/7	社稷廢○	12/42/1
○所（聞）〔關〕其辭	7/25/18	以爲○知	12/42/10		
外○不得	7/25/20	闔廬○道	13/43/1	**五 wǔ**	**125**
飲食則甘天下之○味	8/25/25	庫○兵革	13/43/20		
○因自致	8/26/2	攻之○後	15/45/11	刪定○經	1/2/7
歷諸侯○所售	8/26/3	軍○氣	15/46/5	子胥行○步	2/3/19
○罪而誅	8/26/15	○東	15/46/6	十○戰	2/4/2
可○一出乎	9/26/21	○北	15/46/6	十○勝	2/4/2
其大臣僞而○用	9/26/25	○西	15/46/7	南面十里四十二步○尺	3/4/29
是君上○彊臣之敵	9/27/9	○南	15/46/7	十里七十○步	3/5/13
下○黔首之士	9/27/9	舉兵○擊大歲上物	15/46/8	水深丈○尺	3/6/7
君按兵○伐	9/27/11	如環之○端	16/48/18	水深二丈○尺	3/6/16
兩者臣○爲君取焉	9/28/2	發府庫賞○功也	16/48/22	水深丈○寸	3/6/16
且夫○報人之心而使人		與魂魄○異	16/48/30	塘去縣二十○里	3/6/29
疑之者	9/28/13	出入○門	16/49/1	去縣十○里	3/7/5,3/7/9
君○惜重器以喜其心	9/28/21	上下○根	16/49/1	3/8/3,10/33/17,10/35/13	
〔君臣死○所恨矣〕	9/30/13	即春○生	16/49/12	去縣百○十里	3/7/14
越之先君○餘	10/31/12	寡人守國○術	16/49/20	去縣○十里	3/7/29,3/8/23
上○漏泄	10/31/17	○定足而立	16/49/21	3/9/3,3/10/13,3/10/20	
下○積水	10/31/17	○災害	16/50/7	3/10/22,3/11/3,3/13/15	
○以報民功	10/31/18	我聞王老○嗣	17/50/26	10/33/15,10/35/6,10/35/9	
○餘初封大越	10/31/23	妾聞王老○嗣	17/51/9,17/51/13	10/35/23,10/36/20,10/37/4	
居○幾	10/31/25	○泄此口	17/51/10	去縣四十○里	3/8/26
越王夫鐔以上至○餘	10/32/5	知始○終	18/52/16	去縣百○里	3/9/20
不揚子○彊	10/32/7	○尺土所有	19/53/20	去縣三十○里	3/9/31,3/10/11
威王滅○彊	10/32/7	○能復述	19/53/21	3/11/16,10/36/9,10/36/22	
○彊子之侯	10/32/7	《春秋》○將	19/54/3,19/54/6	周萬○千頃	3/10/22
○彊以上	10/32/9	君○道	19/54/6	周六萬○千頃	3/10/28
○長策	10/33/20	故賢其冤於○道之楚	19/54/7	周○百頃	3/10/30
斬殺○罪	10/33/21	○罪而死於吳	19/54/11	去縣○里	3/10/30,3/13/6
越神巫○杜子孫也	10/36/11	欲○死	19/54/19	10/33/2	
自○餘初封於越以來	10/37/17	當時○天子	19/54/27	去縣○十里	3/11/5
群臣默然而○對	11/38/8	使句踐○權	19/54/27	去縣〔一〕百七十○里	3/11/7
○與居家	11/38/15	義○死	19/55/4	前殿屋蓋地東西十七丈	
○漸以生	11/38/16	燔俎○肉	19/55/6	○尺	3/11/22
○功者不敢干治	11/38/17	然子胥○爲能自免於○		南北十○丈七尺	3/11/22
曾○跬步之勞、大呼之		道之楚	19/55/11	殿屋蓋地東西十○丈	3/11/23
功	11/38/22	○正不行	19/55/12	楯高○丈二尺	3/11/25
不肖者○所置	11/39/1	○主不止	19/55/12	更始○年	3/11/28
○諛寡人之心所從	12/39/29	越見其榮於○道之楚	19/55/18	東西十○丈七尺	3/12/28
○方術之事	12/40/7	見父○道	20.2/56/10	漢孝景帝○年○月	3/13/14

天漢○年四月	3/13/19	○色相連	15/45/10	殺忠臣○子胥、公孫聖	12/41/22
凡○百六十七年	3/13/22	一、○、九	15/46/5	吾慚見○子胥、公孫聖	12/42/10
言地生長○穀	4/14/21	故舜彈○弦之琴	16/47/15	○員取利浦黄瀆土築此	
不可以種○穀、興土利	4/15/3	○穀不（登）〔登〕	16/48/4	城	20.6/56/23
○穀不生	4/17/9	天道三千○百歲	16/48/18	問於○子胥	20.11/57/3
○穀皆生	4/17/10	越○日	16/49/20	《○子胥水戰兵法內經》	
○穀既已收	5/17/20	天高○寸	16/50/4	曰	20.20/58/18
並有○方	5/18/9	〔念之〕○日而道之	17/51/17	吳王闔閭問○子胥軍法	
以益收○穀	5/19/12	秋祭○湖	18/51/29		20.22/59/1
其次○倍	5/19/13	逃於○湖	18/52/9		
石○十	5/19/26	去於○湖	18/52/15		
宮有○竈	6/22/19	○經六藝	18/53/3	**武 wǔ**	**30**
至○湖	6/23/9	承三繼○	19/53/15		
謝戰者○（父）〔反〕	6/23/9	○胥因悉挾方氣	19/53/16	○王封太伯於吳	3/4/14
滅於○湖	7/24/11	衡○相發	19/53/18	小城東西從○里	3/5/11
○伯乃○帝之末世也	8/25/27	○百餘年	19/55/23	至○里死亡	3/6/22
子貢至○日	9/30/7	著於○經	19/55/29	葬○里南城	3/6/23
戰於○湖	9/31/6	廣一丈○尺二寸	20.20/58/18	吳王客、齊孫○冢也	3/6/27
播種○穀	10/31/14	欋○十人	20.20/58/19	始爲○原鄉	3/9/7
丘能述○帝三王之道	10/32/1	廣一丈三尺○寸	20.20/58/20	婁北○城	3/9/9
杜長三丈○尺三寸	10/32/12	同泛○湖而去	20.24/59/7	漢孝○帝元封元年	3/13/14
高丈二尺○寸	10/32/12			漢孝○元封二年	3/13/17
高四十六丈○尺二寸	10/32/21	**午 wǔ**	**3**	句踐徙瑯邪到建○二十	
周○百三十二步	10/32/21			八年	3/13/22
周○百六十步	10/32/26	○日死也	3/6/23	○王以禮信	4/16/30
周○百九十步	10/32/28	今日壬○	12/40/10,12/40/15	盡知○王忠信	4/17/1
去縣二十○里	10/34/23			欲從○王與之伐紂	4/17/1
10/34/27,10/35/2,10/36/3		**伍 wǔ**	**20**	○王賢之	4/17/1
長二百○十步	10/34/27			○王見賢臣已亡	4/17/2
塘長千○百三十三步	10/35/18	荆平王有臣○子奢	2/2/22	○王未下車	4/17/3
今射浦去縣○里	10/35/27	○子尚奔吳	2/2/22	此○王以禮信也	4/17/4
塘廣六十○步	10/36/14	○子胥奔鄭	2/2/22	○王封周公	4/17/6
長三百○十三步	10/36/14	得○子胥者	2/3/12	君王胡不覽觀夫○王之	
昭襄王亦立○十六年	10/37/20	吾聞荆平王殺其臣○子		伐紂也	6/21/4
王有過者○	12/41/21	奢而非其罪	2/3/22	○王非紂臣耶	6/21/7
此非大過者○乎	12/42/4	○子胥城	3/5/9	○王則已成名矣	6/21/8
越王句踐有寶劍○	13/42/15	○子胥父誅於楚	4/13/26	昔者○王伐紂時	7/24/17
吾有寶劍○	13/42/16	范蠡值吳○子胥教化	4/15/1	○王問	7/24/17
○色並見	13/42/17	（位）〔○〕子胥父子		令子胥、孫○與龤將師	
○曰巨闕	13/42/28	奢爲楚王大臣	7/24/30	入郢	7/25/7
○曰遺之巧匠	14/44/5	○胥爲之惑	7/25/11	以○救魯	9/28/3
○穀〔不熟〕	14/44/13	或○戶之虛	7/25/13	今東○里	10/32/21
○年乃成	14/44/15	〔○〕子胥以是挾弓		觀鄉北有○原	10/37/15
臣聞○色令人目不明	14/44/20	〔矢〕干吳王	8/25/28	○原	10/37/15
○音令人耳不聰	14/44/20	○子胥在	8/25/30	○王立四年	10/37/20
凡氣有○色	15/45/10	夫差不信○子胥而任太		文○之業、桀紂之跡可	
色因有○變	15/45/10	宰嚭	11/39/14	知矣	16/48/11

舞 wǔ	1
○鶴吳市	3/6/17

勿 wù	9
雖啼○聽	6/21/11
王○許	6/23/11
今君存越○毀	9/28/3
慎○相忘	12/40/17
故曰九者○患	14/44/7
戒口○傳	14/44/7
王○受〔也〕	14/44/12,14/44/20
雖欲○怒	20.11/57/15

戊 wù	1
○貨之戶曰麥	5/19/27

物 wù	50
聚魚多○	3/11/5
○來知之	4/14/18
言天生萬○	4/14/19
持養萬○	4/14/21
萬○盡長	5/17/27
隨○常羊	5/18/2
形於體萬○之情	5/18/6
萬○之常	5/18/10
則決萬○不過三歲而發矣	5/18/13
○之理也	5/18/15
子何年少於○之長也	5/19/1
○有妖祥乎	5/19/5
陰陽萬○	5/19/5
本之貨○	5/19/21
爲上○	5/19/25
爲中○	5/19/26,5/19/27
爲下○	5/19/26,5/19/27
○有相勝	7/24/18
萬○之紀	10/31/12
杖○盧之矛	10/31/26
獻○已至	12/40/3
猶不能得此一○	13/43/6
此三劍何○所象	13/43/14
夫玉、亦神○也	13/43/26
舉兵無擊大歲上○	15/46/8
曲成萬○	16/47/12

然後有寒暑、燥濕、日 月、星辰、四時而萬	
○備	16/47/13
萬○遂長	16/47/14,16/49/9
樂萬○之長	16/47/14
天生萬○而教之而生	16/47/25
即位安而萬○定矣	16/48/11
萬○散	16/48/11
故天生萬○之時	16/48/19
○皆有之	16/48/28
萬○亦然	16/48/29
○之生	16/48/29
故萬○得以自昌	16/49/3
不行即神氣〔槁〕而不 成○矣	16/49/4
不同氣而○生	16/49/7
萬○生焉	16/49/8
萬○各異藏	16/49/9
然而萬○親而信之	16/49/10
萬○方員三月之時	16/49/10
則萬○不能成	16/49/11
負於萬○	16/49/20
故聖人見○不疑	16/50/19
威〔凌〕萬○	18/52/26

悟 wù	2
懼如○	13/42/22
能以覺○	18/52/4

務 wù	9
文王以○爭者	4/16/26
此謂文王以○爭也	4/16/27
○有於道術	5/18/20
○在諛主而已矣	5/18/23
○在於諛之而已	5/18/26
作○日給	5/19/18
○執三表	16/48/14
○利之而已矣	16/49/23
善其○救蔡	19/53/29

塢 wù	2
防○者	10/36/16
杭○者	10/36/18

寤 wù	3
覺○而起	12/39/25
覺○而心中惆悵也	12/40/10
楚王臥而○	13/43/2

夕 xī	3
以利朝○水	3/11/13
朝○既有時	5/17/17
許我明日○待於離亭	17/51/5

西 xī	56
子昭王、臣司馬子〔其〕 〔期〕、令尹子○歸	2/4/4
○面七里百一十二步三尺	3/4/30
路○宮在長秋	3/5/6
小城東○從武里	3/5/11
隨北顧以○	3/5/17
過歷山陽、龍尾○大決	3/5/17
巫門外（糜）〔麋〕湖 ○城	3/6/21
葬虞○山	3/7/21
吳○野鹿陂者	3/7/25
吳東徐亭東○南北通溪者	3/8/17
以寫○野	3/9/31
無錫○龍尾陵道者	3/10/1
在猶（高）〔亭〕○卑 猶位	3/10/15
前殿屋蓋地東○十七丈 五尺	3/11/22
殿屋蓋地東○十五丈	3/11/23
南鄉屋東○六十四丈四尺	3/11/24
○鄉屋南北四十二丈九尺	3/11/25
○倉名曰均輸	3/11/28
東○十五丈七尺	3/12/28
買築吳市○城	3/12/30
○到陳留縣	3/13/3
太公、高祖在○	3/13/6
桑里東、今舍○者	3/13/9
○則迫江	5/17/16
故少昊治○方	5/18/7
○州大江	7/24/1
決○北	10/32/15
句踐所習教美女○施、 鄭（足）〔旦〕宮臺	

紂爲天○	4/16/26	求書其○	10/31/20	昔者神農之治天○	16/49/23
天○皆盡誠知其賢聖從之	4/16/27	爲陣關○	10/31/27	不貪天○之財	16/49/24
天○八百諸侯	4/16/30	之侯以○微弱	10/32/9	而天○共富之	16/49/24
乃朝天○	4/17/3	以山○田封功臣	10/34/17	而天○共尊之	16/49/24
武王未○車	4/17/3	因以○爲目魚池	10/34/19	天○所置	16/49/25
以（瞻）〔贍〕天○	4/17/4	葬之三蓬○	10/35/30	○不及於堯舜	16/49/28
天○家給人足	4/17/7	壹天○	10/37/22	○士人而求成邦者	16/49/30
天○皆實	4/17/11	因徙天○有罪適吏民	10/38/1	且夫廣天○、尊萬乘之	
○不知所止	5/17/16	則孔主（曰）〔日〕益		主	16/49/31
恐爲天○咎	5/17/19	○	11/38/14	陰動於○	16/50/3
乃知天○之易反也	5/18/4	則臣○不敢毀譽以言	11/38/16	陽氣不得○入地戶	16/50/5
臣聞炎帝有天○	5/18/6	○令百姓被兵刃之咎	11/39/6	故氣轉動而上○、陰陽	
○治地	5/18/7	天○顯明也	12/40/1	俱絕	16/50/5
天○六歲一穰	5/18/15	使臣○可矣	12/41/6	○知地	16/50/8
志意侵○	5/19/17	聞於天○	13/42/15	聽於○風	16/50/15
○不過三十	5/19/21	○階而深惟	13/42/22	使姜兄○負於夫人	17/51/9
爲○物	5/19/26,5/19/27	太一○觀	13/42/27	從吾先王於地○	18/52/22
服爲臣○	6/21/2	天精○之	13/42/27	上○相明	18/53/9
天○之健士也	6/21/18	未見其大用於天○也	13/43/5	天○大服	19/53/16
○而令上	6/21/21	群神不○	13/43/6	夫差○愚不移	19/54/14
胥之（○位）〔位○〕		天○未嘗有	13/43/9	聖人不悅（夏）〔○〕	
而殺之	6/22/29	○爲烈士	13/43/10	愚	19/54/21
青黑於○	7/23/27	天○通平	13/43/27	當明王天○太平	19/54/28
飲食則甘天○之無味	8/25/25	天○聞之	13/43/28	此天○壯士也	20.11/57/19
居則安天○之賤位	8/25/26	以取天○不難	14/44/8		
遂佐湯取天○	8/26/5	賴有天○之力	14/44/11	夏 xià	23
○恣群臣	9/27/5	越邦洿○貧窮	14/44/19		
○與大臣交爭也	9/27/6	使○臣種再拜獻之大王	14/44/19	春○治姑胥之臺	3/4/24
○無黔首之士	9/27/9	○與地合明	15/45/8	蒸山南面○駕大家者	3/10/11
吾兵已在魯之城○〔矣〕	9/27/10	而天○治	16/47/15	後（壁）〔殿〕屋以爲	
夫越之彊不○魯	9/27/19	言其樂與天○同也	16/47/15	桃○宮	3/11/20
使之出銳師以從○吏	9/28/5	○士求賢	16/47/19	春生○長	4/14/20
○守溟海	9/28/16	收天○雄儁之士	16/47/21	非暮春中○之時	4/15/2
正天○、定諸侯則使聖人	9/28/19	爲天○除殘去賊	16/47/21	○啓獻犧於益	4/16/5
臣竊練○吏之心	9/28/19	可以王天○	16/47/24	○啓善犧於益	4/16/6
勢在其上位而行惡令其		失天○者也	16/47/24	殷湯遭○桀無道	4/16/22
○者	9/28/20	故天○之君	16/48/3	故伐○放桀	4/16/22
○養百姓	9/29/7	願欲知圖穀上○貴賤	16/48/5	○披絺綌	14/45/1
願一與吳交天○之兵於		爲天○笑	16/48/14	○亡於末喜	14/45/1
中原之野	9/29/8	臣○不奉主命也	16/48/21	盛○之時	16/47/14
賢彊以恣○	9/29/14	欲知八穀之貴賤、上○		○寒	16/48/17
○不能逆	9/29/14	、衰極	16/48/30	春者、○之父也	16/48/19
〔臣〕敬以○吏之言告		上○無根	16/49/1	○長之	16/48/20
越王	9/30/2	故陽氣避之○藏	16/49/9	○寒而不長者	16/48/21
敢修○吏	9/30/7,14/44/11	陰氣避之○藏	16/49/10	方盛○而行	16/49/3
以從○吏	9/30/12	而天○從風	16/49/22	故方盛○之時	16/49/4
○無積水	10/31/17	而求天○之利	16/49/23	○三月盛暑之時	16/49/9

以爲○者　　　　11/38/21
使○而不用　　　11/38/23
○者所羞　　　　11/38/24
○者始於難動　　11/38/25
故○君用臣　　　11/38/27
子胥○者　　　　11/39/14
左右群臣、○士　13/43/20
進○士　　　　　14/44/23
胥聞○士、邦之寶也　14/45/1
將○智而明　　　15/45/22
古之○主、聖王之治　16/47/10
○士不爲用　　　16/47/16
得人心、任○士也　16/47/17
下士求○　　　　16/47/19
寡人雖不及○主、聖王　16/47/22
臣聞古之○主、聖君　16/48/10
且吳王○不離　　18/51/27
桓公能任○　　　18/52/5
○者垂意　　　　18/52/8
句踐至○　　　　18/52/9
夫吳知子胥○　　18/52/9
能知聖○之分　　18/53/5
能知■人之使敵邦○不肯　18/53/6
以喻後○　　　　19/53/22
知去上○　　　　19/53/27
仁○　　　　　　19/53/28
故○其冤於無道之楚　19/54/7
○其復仇　　　　19/54/12
〔○〕之　　　　19/54/12
子胥未○耳　　　19/54/19
○者所過化　　　19/54/19
○君也　　　　　19/54/25
其○奈何　　　　19/54/26
不亦○乎　　　　19/54/30
行伯非○　　　　19/54/30
皆○人　　　　　19/55/1
皆稱○　　　　　19/55/2
百歲一○　　19/55/23,19/56/1
自于邦○　　　　19/55/25
邦○以口爲姓　　19/55/25
○復生也　　　　19/56/1
○人衣之能章也　19/56/2

跣 xiǎn　　　2

徒○被髮　　2/3/21,2/3/22

險 xiǎn　　　2

不難阻○之路　　8/26/3
後遭○　　　　　18/52/21

顯 xiǎn　　　7

○弱越之功也　　1/1/24
參桀紂而○吳邦之亡也　6/22/26
功名○著　　　　7/24/25
得○名　　　　　8/26/13
且夫救魯、○名也　9/27/16
天下○明也　　　12/40/1
欲以○於世　　　16/49/25

羨 xiàn　　　1

鉤足○　　　　　10/35/30

綫 xiàn　　　1

中國不絕如○矣　4/15/9

縣 xiàn　　　110

去○二十里　　　3/5/24
　3/6/3,3/7/7,3/7/16,3/7/25
　3/8/5,3/8/13,3/8/15,3/8/21
去○二里　　　　3/5/30
在〔吳○〕閶門外　3/6/7
去○三十里　　3/6/12,3/7/18
　3/8/28,3/9/9,10/36/12
去○四十里　　3/6/14,3/11/18
　10/36/14,10/36/16,10/36/18
　10/36/26
去○十里　3/6/27,3/9/5,3/12/11
塘去○二十五里　3/6/29
去○二十六里　　3/7/3
去○十五里　　3/7/5,3/7/9
　3/8/3,10/33/17,10/35/13
去○八十里　　3/7/11,3/7/23
　3/7/27
去○百五十里　　3/7/14
去○七十里　3/7/21,3/8/19,3/9/1
　3/10/9
去○五十里　　3/7/29,3/8/23
　3/9/3,3/10/13,3/10/20

　3/10/22,3/11/3,3/13/15
　10/33/15,10/35/6,10/35/9
　10/35/23,10/36/20,10/37/4
去○四十五里　　3/8/26
海鹽○　　　　　3/9/7
去○百里　　3/9/11,3/10/26
烏程、餘杭、黝、歙、
　無湖、石城○以南　3/9/13
烏傷○常山　　　3/9/15
去○百五十里　　3/9/20
去○三十五里　3/9/31,3/10/11
　3/11/16,10/36/9,10/36/22
屬於無錫○　　　3/10/1
故爲雲陽○　　　3/10/3
毗陵○南城　　　3/10/7
去○十八里　3/10/7,10/35/19
去○十七里　3/10/16,3/10/18
　3/11/1
去○百七十里　　3/10/24
去○百二十里　　3/10/28
去○五里　　3/10/30,3/13/6
　10/33/2
去○五十五里　　3/11/5
去○〔一〕百七十五里　3/11/7
太守李君治東倉爲屬○屋　3/11/28
去○十六里　　　3/12/7
去○二十三里　　3/12/18
○相屬　　　　　3/12/23
壞諸侯郡○城　　3/12/25
西到陳留○　　　3/13/3
大夫種入其○　　7/25/14
除道郊迎至○　　9/28/8
抵罪於○　　9/30/3,9/30/8
去○七里　10/33/5,10/34/25
　10/35/21
去○三里　　　　10/33/9
去○九里　　　　10/34/14
去○一十二里　　10/34/17
去○二十五里　　10/34/23
　10/34/27,10/35/2,10/36/3
去○二十里二十二步　10/34/30
去○二十九里　　10/35/4
去○六十三里　　10/35/7
去○十四里　　　10/35/16
今射浦去○五里　10/35/27
去○十三里許　　10/36/6
去○二十一里　　10/37/30

響 xiǎng　4

後世爲聲○	12/41/9
當有聲○	12/41/19
響猶形影、聲○相聞	16/49/15
乃有遺○	18/52/25

向 xiàng　12

天下莫不○服慕義	4/16/2
子無乃○寡人之欲乎	6/21/12
○者畫臥	12/39/26
西○吉	15/46/5
東○敗亡	15/46/6
南○吉	15/46/6
北○敗亡	15/46/6
東○吉	15/46/6
西○敗亡	15/46/7
北○吉	15/46/7
南○敗亡	15/46/7
於是鈞師○鈞而哭	20.19/58/13

巷 xiàng　1

道死（尸）〔○〕哭	14/44/15

象 xiàng　4

各○其德	7/25/10
○爲民田也	10/31/19
此三劍何物所○	13/43/14
垂○後王	19/53/23

像 xiàng　1

譬如門戶○設	11/38/23

哮 xiāo　1

聲若○虎	10/33/30

消 xiāo　2

審察陰陽○息	16/48/7
能知陰陽○息之度	18/53/6

小 xiǎo　48

○越而大吳	1/1/20
○越大吳奈何	1/1/21
○之辭也	1/2/5
○藝之文	1/2/8
亦知○藝之復重	1/2/17
○道不通	1/2/17
我邦雖○	2/4/8
城中有○城二	3/4/15
吳○城	3/5/3
○城東西從武里	3/5/11
面從○城北	3/5/11
○湖	3/10/26
胥女南○蜀山	3/11/16
屬○城北到平門	3/12/30
齊公子○白、亦反齊國	
而匡天下者	4/15/16
○白奔莒	4/15/17
莒者、○白母之邦也	4/15/17
取○白	4/15/20
○白反國	4/15/20
○邑既已保	5/17/20
○則可以霸	5/18/10
○船沒水	7/24/14
○有所虧	7/25/17
且夫伐○越而畏彊齊者	
不勇	9/28/1
見○利而忘大害者不智	9/28/1
且大吳畏○越如此	9/28/5
則弊邑雖○	9/30/11
○大有差	10/31/14
句踐○城	10/32/11
東郭外南○城者	10/33/9
在○城南門外大城內	10/34/12
見後房鍛者扶挾鼓○震	12/39/28
	12/40/22
見後房鍛者扶挾鼓○震者	12/40/4
後房鍛者鼓○震者	12/41/6
造爲大刑三、○刑二	13/42/28
此其○試於敵邦	13/43/5
竊爲○殿	14/44/12
○人則不然	15/45/8
先大後○	15/45/15
雖○道	19/53/26
夫差○女	20.2/56/10
○雷山	20.4/56/18
在華原陳留○黃縣北	20.10/57/1
其人細○也	20.11/57/3
○翼一艘	20.20/58/21
船名大翼、○翼、突冒	
、樓船、橋船	20.21/58/23
○翼者	20.21/58/24

曉 xiǎo　3

○知王事	4/16/6
句踐○焉	18/51/28
因事類以○後世	19/55/22

肖 xiào　8

不○者無所置	11/39/1
不○不去	18/51/27
能知■人之使敵邦賢不○	18/53/6
子有三不○之媿	20.11/57/16
	20.11/57/18
是一不○也	20.11/57/17
是二不○也	20.11/57/17
是三不○也	20.11/57/18

孝 xiào　11

○文在東	3/13/6
○元帝時	3/13/7
漢○景帝五年五月	3/13/14
漢○武帝元封元年	3/13/14
漢○武元封二年	3/13/17
舜有不○之行	4/15/26
此舜有不○之行	4/15/28
舜不爲失○行	4/15/29
尙○而入	7/25/2
○文王立一年	10/37/20
時人謂舜不○、堯不慈	19/54/20

笑 xiào　2

爲鄉邑○	9/29/12
爲天下○	16/48/14

效 xiào　1

以○其誠	11/38/27

歇 xiē	2
名○	3/12/16
得魏王○	10/37/25

邪 xié	10
行霸琅○	1/1/17
越王句踐徙琊○	3/13/21
楚考烈王并越於琊○	3/13/21
句踐徙琊○到建武二十	
八年	3/13/22
不同○曲	7/24/21
聽讒○之辭	7/25/2
使○僻之氣	11/38/15
三曰勝○	13/42/28
得其勝○、魚腸、湛盧	13/43/1
內痛子胥忠諫○君	18/53/10

挾 xié	11
當○四方	1/2/5
○匕首自刎而死江水之中	2/3/16
子胥○弓	4/13/26
○弓以去	7/24/23
〔伍〕子胥以是○弓	
〔矢〕干吳王	8/25/28
見後房鍛者扶○鼓小震	12/39/28
	12/40/22
見後房鍛者扶○鼓小震者	12/40/4
吾○弓矢以逸鄭楚之間	18/52/19
子胥○弓去楚	18/52/29
五胥因悉○方氣	19/53/16

脅 xié	1
乃○諸臣而與之盟	11/38/7

寫 xié	4
以○西野	3/9/31
南姑末、○干	10/37/13
○干	10/37/15
○精露愚	19/55/25

泄 xiè	6
上無漏○	10/31/17
冬○	16/48/17
冬溫而○者	16/48/21
王而毋○此事	16/50/16
無○此口	17/51/10
憤懣不○	18/53/2

洩 xiè	4
明無○也	2/3/16
毋○臣言	7/24/2
○其溪	13/43/12
○言曰	18/52/23

械 xiè	1
制器○	10/31/13

謝 xiè	4
○曰	2/3/1
○戰者五（父）〔反〕	6/23/9
○其師	10/33/24
肉袒而○	12/41/7

心 xīn	48
不對不知子之○者	2/2/24
○中〔有悲〕	2/3/8
懷禽獸之○	4/15/23
舜求爲變○易志	4/15/27
天下皆一○歸之	4/16/9
乃委其誠○	4/16/10
行至聖之○	4/16/22
臣聞狼子〔有〕野○	6/21/2
類有外○	6/21/16
內其身而○野狼	6/22/10
將更然有怨○不已	6/22/11
猶○腹有積聚	6/22/23
甘○以賢之	7/23/20
宰嚭諛○	7/24/10
諛○自納	7/25/9
臣主同○	7/25/20
毋失一人之○	8/26/15
其士民有惡聞甲兵之○	9/26/26

是君上驕主○	9/27/5
大臣將有疑我之○	9/27/11
必將有報我之○	9/27/18, 9/28/13
其○申	9/28/11
且夫無報人之○而使人	
疑之者	9/28/13
有報人之○而使人知之者	9/28/14
臣竊練下吏之○	9/28/19
君無惜重器以喜其○	9/28/21
苦○勞力	9/29/7
士民一○	11/39/3
結○於越	11/39/8
師眾同○	11/39/10
其○惘悵	12/39/25
無諛寡人之○所從	12/39/29
王○不已	12/40/7
覺寤而○中惘悵也	12/40/10
但吳王諛○而言	12/40/16
無諛寡人○所從	12/40/23
中與人合○	15/45/8
快○於非	15/45/9
聖人緣天○	16/47/14
得人○、任賢士也	16/47/17
百姓皆有悲○	16/48/13
故天地之符應邦以藏聖	
人之○矣	16/50/12
寡人虛○垂意	16/50/15
君臣同○	18/52/6
范蠡因○知意	18/52/14
爭○生	19/53/16
順天○	19/54/2

辛 xīn	1
○貨之戶曰菜	5/19/28

欣 xīn	1
弟子○然	19/53/19

訢 xīn	12
臣嘗見其辱壯士葘邱○	
〔也〕	20.11/57/4
〔葘邱○者〕	20.11/57/5
葘邱○大怒	20.11/57/5
○恃其與神戰之勇	20.11/57/7

流涕而○	4/17/10	寡人躬○節儉	16/47/19	百官○不斷也	16/48/21
進之不能○	5/17/23	此寡人所能○也	16/47/19	作肉○	19/53/16
群臣無恭之禮、淫佚之○	5/18/20		16/48/5		
則群臣多空恭之理、淫		欲執其中和而○之	16/47/23	**形 xíng**	**11**
佚之○矣	5/18/21	何○而亡	16/48/9		
愈信其意而○其言	5/18/25	○奢侈則亡	16/48/9	審於地○	4/16/19
是聖人并苞而陰○之	5/19/9	此謂○奢侈而亡也	16/48/14	○於體萬物之情	5/18/6
乃使大夫種求○成於吳	6/20/3	方盛夏而○	16/49/3	其反○傷	8/26/14
爲我駕舍卻○馬前	6/20/17	主貴而雲○	16/49/3	藏其○	10/33/13
弗忍○	6/21/8	不○即神氣〔槁〕而不		故明將知氣變之○	15/46/1
此非子所能○也	6/21/18	成物矣	16/49/4	譬猶○影、聲響相聞	16/49/15
臣言而君○之	6/22/8	即四序爲不○	16/49/12	豫知未○	16/50/14, 16/50/19
若君王弗○	6/22/8	臣聞聖主爲不可爲之○	16/49/21	未見未○	16/50/16
○慶賞	6/22/22	欲○一切之變	16/49/29	其女化○而歌曰	20.2/56/11
願大王急○	7/24/18	是時越○伯道	18/52/1	○殘名辱	20.11/57/9
以學乃時而○	8/26/10	句踐能○焉	18/52/5		
敗人之成天誅○	8/26/14	其范蠡○爲持危救傾也	19/53/29	**省 xǐng**	**8**
子貢○之齊	9/26/24	其○（始）〔如〕是	19/54/11		
而○其令	9/27/8	○僞以勝	19/54/26	躬自○約	1/1/18
乃○	9/27/12	○伯非賢	19/54/30	必先○賦歛	5/18/1
乃（○）〔使〕子貢		二人○違	19/55/2	我君王不知○也而救之	6/20/16
〔之越〕	9/28/6	孔子○	19/55/6	吾君不知○也而已	6/21/2
勢在其上位而○惡令其		○者、去也	19/55/6	君王之不○也	6/22/2
下者	9/28/20	○雖有異	19/55/7	○妻妾	6/22/19
子貢去而○	9/30/1	無正不○	19/55/12	深○厥辭	18/52/8
遂○至吳	9/30/1	二子○有始終	19/55/14	卜○其辭	18/52/14
進退有○	10/31/14	當陵軍之○樓車	20.21/58/25		
水○而山處	10/32/2			**醒 xǐng**	**1**
石買發○至浙江上	10/33/20	**刑 xíng**	**19**		
政令不○	10/33/24			一癡一○	7/25/13
○成於吳	10/33/28	誅殺無○	4/16/26		
仁義之○有階	11/38/16	紂以惡○爭	4/16/27	**幸 xìng**	**6**
○之六年	11/39/3	○罰不加於無罪	4/17/7		
句踐○成	11/39/12	○繁	5/18/21	孤不○少失先人	9/28/15
苦言利○	11/39/16	忠者反有○	5/18/22	昔孤不○	9/30/2, 9/30/8
○有日	12/39/25	去○就德	5/18/22	○得勝吳	16/50/14
王毋自○	12/41/6	日月、星辰、○德	5/19/6	夫子○教寡人	16/50/17
因酌○觴	12/41/11	是故聖人能明其○而處		○產子男	17/51/14
時可以○矣	12/41/11	其鄉	5/19/7		
足○乏糧	12/41/16	是故聖人反其○	5/19/13	**性 xìng**	**4**
足○屬腐	12/41/20	其○繁法逆	6/20/5		
爛〔爛〕如列星之○	13/42/23	不○戮	6/22/22	各得其○	4/14/19
○秦過楚	13/43/2	○之	6/23/13	夫越○〔脆〕而愚	10/32/1
類龍蛇而○者	14/44/10	臣不敢○主	6/23/13	越之常○也	10/32/3
○路之人	14/44/15	尙猶峻法隆○	10/33/22	何若子○之大也	12/40/13
胥聞越王句踐服誠○仁	14/44/22	爵賞○罰	11/38/16		
夫聖人○兵	15/45/8	造爲大○三、小○二	13/42/28		

子〇與吳何親乎 19/54/13
子〇以困（於）〔干〕闔廬 19/54/13
子〇未賢耳 19/54/19
子〇賜劍 19/54/19
而況乎子〇 19/54/21
稱子〇妻楚王母 19/54/22
子〇信而得衆道 19/54/27
子〇何由乃困於楚 19/54/29
子〇、范蠡何人也 19/55/1
子〇勇而智 19/55/1
〇死者 19/55/4
子〇重其信 19/55/8
然子〇無爲能自免於無道之楚 19/55/11
子〇可謂兼人乎 19/55/14
子〇伐楚宮 19/55/16
子〇兵笞（卒主）〔平王〕之墓 19/55/17
昭王遣大夫申包〇入秦請救 19/55/17
于斧漁子進諫子〇 19/55/17
子〇適會秦救至 19/55/18
子〇以不得已 19/55/18
子〇答墓不究也 19/55/20
維子〇之述吳越也 19/55/22
述暢子〇 19/55/28
問於伍子〇 20.11/57/3
〔子〇曰〕 20.11/57/4
《伍子〇水戰兵法內經》曰 20.20/58/18
闔閭見子〇 20.21/58/23
吳王闔閭問伍子〇軍法 20.22/59/1

須 xū 8

治〇慮者 4/16/14
越人謂船爲〇慮 4/16/15
希〇臾之名而不顧後患 6/20/7
〇臾棄之 6/23/10
何〇言哉 11/38/25
何〇軍士 12/42/9
都牛、〇女也 15/46/18
以爲〇臾之樂 16/48/13

虛 xū 10

千里廬〇者 3/5/30
置於水海〇 3/7/20
胥卑〇 3/7/25
或伍戶之〇 7/25/13
吳〇重之 8/26/15
大王宮堂〇也 12/41/5
邦國空〇 14/44/14
〇、危也 15/46/20
故其邦空〇 16/48/13
寡人〇心垂意 16/50/15

墟 xū 4

婁門外雞陂〇 3/7/16
季子冢古名延陵〇 3/10/9
故有雞鳴〇 10/33/29
其亭祠今爲和公（群）〔郡〕社稷〇 10/36/3

徐 xú 2

吳東〇亭東西南北通溪者 3/8/17
於是度兵〇州 18/51/31

許 xǔ 17

薛、〇、邾、婁、（呂）〔莒〕旁轂趨走 1/1/22
太守〇時燒 3/12/27
吳〇之 6/20/4
吳必〇諾 6/20/9
而欲〇之 6/23/10
王勿〇 6/23/11
范蠡不〇 7/24/11
陳成恒〇（誹）〔諾〕 9/27/12
君受其（弊）〔幣〕、〇其師 9/30/15
吳王〇諾 9/30/15
晉君〇諾 9/31/2
吳王〇之 10/33/30
遂〇之浙江是也 10/34/1
去縣十三里〇 10/36/6
宰嚭〇之 11/39/12
〇我明日夕待於離亭 17/51/5
〔彼〕必〇 18/51/28

序 xù 2

按《春秋》〇齊魯 1/1/3
即四〇爲不行 16/49/12

敘 xù 3

善惡之〇 4/14/24
觀乎《德〇》 18/53/8
及外篇各有差〇 19/54/17

絮 xù 1

見一女子擊〇於瀨水之中 2/3/16

蓄 xù 7

赦而〇之 2/3/2
故吳王所〇雞〔處也〕 3/7/16
興師者必先〇積食、錢、布、帛 5/17/22
不先〇積 5/17/22
必先憂積〇 5/17/30
陰氣〇積大盛 16/47/31
陽氣〇積大盛 16/48/1

續 xù 1

斷長〇短 5/18/14

宣 xuān 1

辯士〇其辭 19/53/23

軒 xuān 1

〇轅、神農、赫胥之時 13/43/24

玄 xuán 2

〇冥治北方 5/18/7
不袀不〇 6/22/21

旋 xuán 1

與〔神〕鬼戰者不〇踵 20.11/57/8

滋 xuán	1
漸漬乎〇味之費	16/48/12

選 xuǎn	7
人君〇士	7/25/10
士〇以飽	9/27/1
謹〇左右	11/38/13
左右〇	11/38/14
不〇	11/38/14
願君王公〇於衆	11/38/15
〇士以備	11/39/1

癬 xuǎn	1
越在我猶疥〇	6/22/17

衒 xuàn	3
〇女不貞	8/26/2
〇士不信	8/26/2
昔者市偷自〇於晉	8/26/4

削 xuē	1
內、外越別封〇焉	10/31/24

薛 xuē	7
〇、許、邾、婁、（呂） 〔莒〕旁轂趨走	1/1/22
名〇燭	13/42/15
〇燭對曰	13/42/16,13/42/17
	13/42/25
〇燭曰	13/42/18
〇燭聞之	13/42/21

穴 xué	1
禹〇之時	13/43/26

學 xué	3
講習〇問魯之闕門	1/2/7
以〇乃時而行	8/26/10
爲人幼而好〇	12/40/8

血 xuè	6
流〇浮尸者	12/41/15
使鬼神不〇食	12/42/1
流〇千里	13/43/22
接兵〇刃	16/49/25
僵尸流〇	16/49/25
以〇釁鉤	20.19/58/11

旬 xún	1
吳王乃〇日而自殺也	6/23/16

巡 xún	2
周公乃辭位出〇狩於邊 一年	4/17/8
〇狩大越	10/31/16

循 xún	4
時斷則〇	5/18/5
舜〇之歷山	16/49/22
使舜釋其所〇	16/49/22
莫如〇道順天	19/53/30

遜 xùn	4
因〇遯之舍	6/21/16
申胥〇遯之舍	6/21/23
《易》之謙〇對過問	11/38/26
今日〇敬	12/42/7

牙 yá	2
齊大臣鮑叔〇爲報仇	4/15/18
於是鮑叔〇還師之莒	4/15/20

雅 yǎ	3
是人有大〇之才	1/2/4
從弟子七十人奉先王〇 琴治禮往奏	10/31/25
故奉〇琴至大王所	10/32/1

亞 yà	1
相〇門戶	7/24/1

淹 yān	2
故古〇君地也	3/10/7
〇君子女冢也	3/10/7

焉 yān	36
以是知之〇	1/1/31
〇有誦述先聖賢者	1/2/8
乃稍成中外篇	1/2/13
時耗、魚腸之劍在〇	3/6/8
吳王子居〇	3/8/23
乃召計倪而問〇	5/17/15
請遂受教〇	5/19/19
君王盍少求卜〇	6/20/7
威諸侯以成富〇	6/21/11
請爲卜〇	6/22/1
聖主擇〇	6/22/19
子其精〇	7/23/21
千金歸〇	7/24/6
猶止死〇	7/24/27
欲自御〇	7/24/30
夫差終以從〇	7/25/9
汎求之〇	7/25/15
可謂賢〇	7/25/21
丘墓存〇	9/26/21
而君之功不與〇	9/27/5
臣（切）〔竊〕爲君恐 〔〇〕	9/27/15
兩者臣無爲君取〇	9/28/2
孤之意出〇	9/29/12
禹美而告至〇	10/31/20
內、外越別封削〇	10/31/24
進計倪而問〇	11/38/12
說取一〇	11/38/17
闔廬傷〇	11/39/5
將首魁漂而存〇	13/43/2
萬物生〇	16/49/8
句踐曉〇	18/51/28
句踐能行〇	18/52/5
聖人略〇	18/52/8
想得報〇	18/52/20
必有可觀者〇	19/53/27

莫能達○	19/55/28	直○不休	7/24/22	微○屬	18/53/3
		○伐楚之利	7/25/7	故聖人沒而微○絕	19/53/21
言 yán	**97**	不得一○	7/25/9	○不用	19/54/15
		越王常與○	8/26/1	○吳人也	19/54/22
何以○之　1/1/3,1/1/30,7/23/25		於是范蠡退而不○	8/26/4	事君以道○耳	19/55/3
而○絕乎	1/1/9	薦一○	8/26/13	譏○孔多	20.2/56/12
何不○《齊絕》乎	1/1/15	此孤之外○也	9/29/5	未及有○	20.11/57/10
後人來○不死	1/1/29	請遂○之	9/29/6	乃敢有○	20.11/57/18
聖人不妄○	1/1/29	巧○利辭	9/29/15		
賢者不妄○	1/1/31	〔臣〕敬以下吏之○告		**妍 yán**	**1**
今但○賢者	1/2/4	越王	9/30/2		
不○姓字	1/2/4	則臣下不敢毀譽以	11/38/16	盡妖○於圖畫	11/39/15
子胥○之闔廬	2/4/2	何須○哉	11/38/25		
○不失陰陽、日月、星		臣聞智者不妄○	11/38/25	**延 yán**	**4**
辰之綱紀	4/14/15	○賞罰由君	11/38/26		
○地之長生	4/14/16	當胥之○	11/39/9	故爲○陵	3/10/5
○王者已下	4/14/17	苦○利行	11/39/16	○陵季子冢也	3/10/9
○天生萬物	4/14/19	由此而○	11/39/18	季子冢古名○陵墟	3/10/9
○地生長五穀	4/14/21	吉則○吉　12/39/28,12/40/22		○麥一畝	10/31/17
○天地之施大而不有功		凶則○凶　12/39/28,12/40/22			
者也	4/14/22	但吳王諛心而○	12/40/16	**炎 yán**	**1**
○王者以下　4/14/22,4/15/2		正○直諫	12/40/16		
○存亡吉凶之應	4/14/24	正○切諫	12/41/1	臣聞○帝有天下	5/18/6
○客者	4/15/1	吳王忿聖○不祥	12/41/7		
○越之伐吳	4/15/6	直○正諫	12/41/8	**櫋 yán**	**1**
○舜父瞽瞍	4/15/28	逆○已滅	12/41/11		
不○同辭	4/16/30	此公孫聖所○、王且不		○高五丈二尺	3/11/25
誉○息貨	5/18/4	得火食	12/41/17		
故退而不○	5/18/4	○未畢	12/41/21	**顏 yán**	**4**
愈信其意而行其○	5/18/25	聖正○直諫	12/41/22		
孤非其○也	5/19/19	愚理不足以○	13/42/16	○淵辭出	9/26/21
今大夫○獨與孤比	5/19/19	何足○哉	13/43/7	見乎○色	18/52/14
又聽其○	6/20/19	○其樂與天下同也	16/47/15	德配○淵	19/55/26
君王常親觀其○也	6/21/17	○亂三千歲、必有聖王		德比○淵	19/56/1
吳王乃聽太宰嚭之○	6/21/23	也	16/48/24		
而聽衆讒之○	6/22/2	王德范子之所○	16/50/12	**嚴 yán**	**1**
臣○而君行之	6/22/8	未肯爲王○者也	16/50/13		
臣○而死矣	6/22/9	臣請爲王○之	16/50/17	○等也	7/24/24
子○	6/22/9	吾何託敢○	17/50/28		
臣聞愚夫之○	6/22/18	春申君〔重〕善〕	17/51/7	**巖 yán**	**2**
必有敢○之臣	6/23/1	當是時○之者	18/51/31		
必有敢○之〔交〕	6/23/1	兆○其災	18/52/15	○○如瑣石	13/42/23
聽子之○	7/23/21	復何○哉	18/52/21		
願一○之	7/23/22	洩○日	18/52/23	**鹽 yán**	**4**
難乎○哉	7/23/24	王不親輔弼之臣而親衆			
毋洩臣○	7/24/2	豕之○	18/52/23	海○縣	3/9/7
漁者一○	7/24/6	以爲妖○	18/52/25	越○官也	10/36/22

越人謂○曰餘	10/36/22	黶 yàn	1	手振拂○	13/42/22	
今海○	10/37/15			江水折○	13/43/22	
		越王句踐食不殺而○	6/22/20			
偃 yǎn	1			**陽 yáng**	72	
		驗 yàn	1			
樹木盡○	4/17/9			臨沂、開○	1/1/11	
		傳其○而已	5/18/20	至溧○界中	2/3/16	
掩 yǎn	4			一在安○里	3/4/20	
		央 yāng	1	度○下溪	3/5/17	
○爾壺漿	2/3/15,2/3/18			過歷山○、龍尾西大決	3/5/17	
吾是於斧○壺漿之子、		后土治中○	5/18/9	○朔三年	3/9/22	
發簞（飲）〔飯〕於				故爲雲○縣	3/10/3	
船中者	7/24/5	**殃 yāng**	8	還奔丹○	3/13/3	
量功○過也	19/54/12			○都侯歸義	3/13/14	
		逆之者有○	4/14/23	故郢以爲丹○郡	3/13/17	
唁 yàn	1	獨受天之○	5/17/25	言不失陰○、日月、星		
		逆之有○	5/19/7	辰之綱紀	4/14/15	
吳王下階迎而○數之	2/3/24	舉事有○	5/19/8	當調陰○	4/14/17	
		蔽能有○	8/26/13	皆當和陰○四時之變	4/14/23	
晏 yàn	3	乃使其身自受其○	12/41/7	擅世之○	5/18/3	
		後必有○	14/44/21	陰○萬物	5/19/5	
君王必早閉而○開	2/2/25	天與其○	19/54/3	參以陰○	5/19/8	
憚齊邦鮑、○	9/26/19			○也	5/19/10	
禹知時○歲暮	10/31/20	**羊 yáng**	3	太陰在○	5/19/10	
				以應○之至也	5/19/12	
硯 yàn	1	故吳所畜牛、○、豕、		○且盡之歲	5/19/12	
		雞也	3/13/9	別陰○之明	5/19/22	
吳人於○石置館娃宮	20.7/56/25	走之如犬逐○	5/17/25	今淮○里丘	10/32/26	
		隨物常○	5/18/2	浦○者	10/33/15	
厭 yàn	2			○城里者	10/34/3	
		佯 yáng	2	北○里城	10/34/5	
以彊○弱	15/45/9			富○里者	10/34/7	
祺道○駿	19/54/27	復被髮○狂	8/25/26	隨直瀆○春亭	10/37/4	
		被髮○狂	19/55/12	從郡○春亭	10/37/4	
鴈 yàn	1			女○亭者	10/37/9	
		洋 yáng	2	更名女○	10/37/9	
今遼東、隴西、北地、				在丹○皋鄉	10/37/17	
上郡、○門、北郡、		（地）〔虵〕門外塘波		治咸○	10/37/22	
清河	15/47/6	○中世子塘者	3/6/29	丹○	10/37/28	
		○中塘	3/7/3	溧○	10/37/28	
燕 yàn	5			西到咸○	10/38/3	
		揚 yáng	6	此故南○蒼句	11/38/20	
守宮者照○失火	3/5/7			陰○不和	14/44/13	
政使將史敖攻○	10/37/26	子翁子不○	10/32/6	其氣○者	15/46/2	
得○王喜	10/37/26	不○子無疆	10/32/7	今上漁○、右北平、遼		
秦餘杭山西坂聞○	12/41/18	飛○汝灰	12/41/10	東、莫郡	15/46/14	
○故治	15/46/14	四駕上飛○	13/42/20	今濟北、平原、北海郡		

、菑川、遼東、城○	15/46/20	公孫聖○天嘆曰	12/40/14		20.11/57/15,20.11/57/16	
衛故治濮○	15/46/22	○天嘆曰	12/40/23	若斯○離	20.11/57/19
今廣○、韓郡	15/46/22	聖○天嘆曰	12/41/8		
今濟陰、山○、濟北、		於是菑邱訴○天歎曰	20.11/57/19	**姚** yáo	**1**
東郡	15/46/26				
今南郡、南○、汝南、		**養** yǎng	**11**	孔子有頃○稽到越	10/31/27
淮○、六安、九江、					
廬江、豫章、長沙	15/47/3	越王句踐屬劦莝○馬	1/1/22	**堯** yáo	**14**
陰生○	16/47/13	○徒三千	1/2/7		
○生天地	16/47/13	使李保○之	3/7/16	○有不慈之名	4/15/23
○氣蓄積大盛	16/48/1	以○天下	4/14/19	○太子丹朱倨驕	4/15/23
則陰○不調	16/48/4	持○萬物	4/14/21	○知不可用	4/15/23
審察陰○消息	16/48/7	身自外○	4/15/26	此之謂○有不慈之名	4/15/24
夫陰○錯繆	16/48/23	是○寇而貧邦家也	6/20/14	○聞其賢	4/15/29
寡人聞陰○之治	16/49/7	下○百姓	9/29/7	○遭帝嚳之後亂	4/16/18
臣聞陰○氣不同處	16/49/8	○牛馬	9/29/11	○使縣治之	4/16/18
故○氣避之下藏	16/49/9	○於李鄉	10/37/9	○七十年而得舜	4/16/18
使陰○得成功於外	16/49/9	句踐何當屬〔劦〕莝○		○殛之羽山	4/16/19
○者主生	16/49/10	馬	19/54/29	下不及於○舜	16/49/28
寡人已聞陰○之事	16/49/14			夫○舜禹湯	16/50/19
○者主貴	16/49/14	**妖** yāo	**4**	○舜雖聖	18/52/4
故曰秋多貴○氣施於陰	16/49/16			時人謂舜不孝、○不慈	19/54/20
春夏賤陰氣施於○	16/49/16	以備○祥	5/17/30	猶《春秋》銳精○舜	19/55/28
○極而不復〔賤〕	16/49/17	物有○祥乎	5/19/5		
夫○動於上	16/50/2	盡○妍於圖畫	11/39/15	**搖** yáo	**6**
○氣不得下入地戶	16/50/5	以爲○言	18/52/25		
故氣轉動而上下、陰○				時（與）○（城）〔越〕	
俱絕	16/50/5	**要** yāo	**21**	王〔與〕（周宋）	
陰○俱會	16/50/6			〔巢〕君戰於語招	3/6/21
寡人聞夫子明於陰○進		蓋○其意	1/1/6	○城者	3/8/23
退	16/50/14	相○東游	1/1/30	後越○王居之	3/8/23
夫陰○進退	16/50/15	至事之○也	4/14/19	○越所繫	3/9/3
陰○進退者	16/50/18	請問其○	5/18/12	○王家也	3/9/11
○入深者則歲惡	16/50/18	以此卜○君王	6/20/16	動○將率	10/33/21
臨（期）〔沂〕開○	18/52/2	相○而往臣	7/25/17		
能知陰○消息之度	18/53/6	於是○大夫種入吳	8/25/28	**縣** yáo	**1**
比智陰○	19/55/29	孤雖〔知〕○領不屬	9/29/11		
		○在得賢	10/33/28	修內矛赤雞稽○者也	4/16/14
楊 yáng	**1**	兵之○在於人	16/49/31		
		人之○在於穀	16/50/1	**藥** yào	**3**
入○湖	3/5/19	審察開置之○	16/50/3		
		曰○離	20.11/57/3	古人所採○也	3/9/15
仰 yǎng	**7**	○離與之對座	20.11/57/7	此猶良○也	8/26/10
		夜往攻○離	20.11/57/11	苦○利病	11/39/16
而○謂漁者曰	2/3/9	○離戒其妻曰	20.11/57/11		
又○望天氣	10/32/20	訴乃手拔劍而捽○離	20.11/57/13		
○之如日月	11/39/19	○離曰	20.11/57/14		

耶 yé	**13**
武王非紂臣○	6/21/7
走犬若○	10/33/12
若○大冢者	10/34/23
即尚在○	12/41/19
此所謂純鈞○	13/42/24
若○之溪	13/42/26
若○〔之〕溪深而不測	13/43/5
此劍威○	13/43/22
寡人力○	13/43/23
寧在一人○	16/47/20
吉○凶○	18/52/15
閭閻既重莫○	20.19/58/11

琊 yé	**5**
從琊○起觀臺	10/31/24
徙琊○	10/32/6,10/34/14
都琊○二百二十四歲	10/32/8
初徙琊○	10/35/12

也 yě	**526**
越者、國之氏○	1/1/3
絕者、絕○	1/1/4,1/1/9
謂句踐時○	1/1/4
覽史記而述其事○	1/1/7
不○	1/1/9
外能絕人○	1/1/12
故與越專其功而有之○	1/1/18
顯弱越之功○	1/1/24
皆人○	1/1/26
不死○	1/1/28
吳越賢者所作○	1/2/1
小之辭○	1/2/5
故直在吳越○	1/2/7
直斥以身者○	1/2/9,1/2/13
一說蓋是子胥所作○	1/2/9
憂嗟作詩○	1/2/10
孰來○	2/2/23
尚爲人○	2/2/24
胥爲人○	2/2/24
是不智○	2/2/29
是非勇○	2/2/29
賢士不爲○	2/2/30
王知子胥不入○	2/3/2

漁者知其非常人○	2/3/6
我○	2/3/10
子○	2/3/11
請以與子○	2/3/12
毋令追者及子○	2/3/14
明無洩○	2/3/16
吾知子非恒人○	2/3/24
猶不聽寡人○	2/3/27
今此報子○	2/4/4
而非其罪○	2/4/6
未有所識○	2/4/6
今子大夫報寡人○特甚	2/4/7
賢者不爲○	2/4/9
非父之義○	2/4/9
楚昭王、孔子時○	3/4/27
闔廬所造○	3/5/1
吳備候塞○	3/5/22
闔廬所遊城○	3/5/24
闔廬冰室○	3/6/5,3/6/25
鄧大冢是○	3/6/14
襄王時神女所葬○	3/6/19
越（宋）〔纋〕王城○	3/6/21
午日死○	3/6/23
吳王客、齊孫武冢○	3/6/27
吳王不審名冢○	3/7/5,3/7/7
	3/8/26,3/8/28
吳故神巫所葬○	3/7/9
故越王餘復君所治○	3/7/11
故越王城○	3/7/14
故吳王所蓄雞〔處○〕	3/7/16
吳王田○	3/7/23,3/7/25
吳王女胥主田○	3/7/27
闔廬所置（麋）〔纋〕○	3/7/29
闔廬所置船宮○	3/7/31
闔廬所置諸侯遠客離城○	3/8/3
古赤松子所取赤石脂○	3/8/5
與麋湖相通○	3/8/17
越干王之城○	3/8/19
故越王王史冢○	3/8/21
吳王闔廬所置美人離城○	3/9/1
闔廬所以候外越○	3/9/9
今爲鄉○	3/9/9
吳宿兵候外越○	3/9/11
搖王冢○	3/9/11
皆故大越徙民○	3/9/13
古人所採藥○	3/9/15
巫咸所出○	3/9/20

春申君初封吳所造○	3/10/1
故古淹君地○	3/10/7
淹君子女冢○	3/10/7
延陵季子冢○	3/10/9
越王棲吳夫差山○	3/10/13
太宰嚭、逢同妻子死所在○	3/10/18
烏程○	3/10/20
毗陵上湖○	3/10/22
春申君客衛公子冢○	3/11/16
春申君子假君宮○	3/11/22
楚考烈王相○	3/12/13
（東）〔更〕名大越爲山陰○	3/12/15
假君所思處○	3/12/18
古諸侯王所葬○	3/12/20
後懷王○	3/12/21
懷王子頃襄王○	3/12/21
秦始皇刻石所起○	3/12/27
吳王瀠時宗廟○	3/13/6
故吳所畜牛、羊、豕、雞○	3/13/9
始并事○	3/13/14
夷狄之○	4/13/26
事君猶事父○	4/13/28
蔡非有罪〔○〕	4/14/7
今此以報子○	4/14/9
楚之相○	4/14/12
楚王治處○	4/14/12
夷狄○	4/14/12
賤之○	4/14/13
至事之要○	4/14/19
故曰天道盈而不溢、盛而不驕者○	4/14/20
地道施而不德、勞而不矜其功者○	4/14/20
言天地之施大而不有功者○	4/14/22
故曰人道不逆四時之謂○	4/14/23
必有漸○	4/14/24
不可伐○	4/15/3
此之謂○	4/15/4,4/15/21
	4/16/7,4/16/24,4/16/28
	11/38/26,11/39/4,11/39/14
	18/52/6,18/52/11,18/52/16
敗而去○	4/15/6
闔廬死○	4/15/7

諸侯○	4/15/7	
何○	4/15/8,5/19/16	
	9/26/25,9/27/3,19/55/16	
避魯之諡○	4/15/10	
莒者、小白母之邦○	4/15/17	
莊公、魯君○	4/15/19	
舜爲瞽瞍子○	4/15/27	
仇者、舜後母○	4/15/30	
是謂召其賊霸諸侯○	4/16/3	
之伯者、荆州之君○	4/16/9	
荆伯未從○	4/16/10	
此謂湯獻牛荆之伯○	4/16/11	
修內矛赤雉稽斜者○	4/16/14	
越人謂人鏃○	4/16/14	
越人往如江○	4/16/14	
怒貌○	4/16/15	
躍勇士○	4/16/15	
夷、海○	4/16/16	
萊、野○	4/16/16	
單者、堵○	4/16/16	
鮆不從令○	4/16/20	
此謂文王以務爭○	4/16/27	
未敢伐○	4/17/2	
此武王以禮信○	4/17/4	
此周公之盛德○	4/17/11	
非不欲爲○	5/17/19	
未必天之罪○	5/17/26	
乃知天下之易反○	5/18/4	
而不斷時與智○	5/18/5	
物之理○	5/18/15	
是以民相離○	5/18/15	
外貨可來○	5/18/17	
則百里之內不可致○	5/18/17	
非必身爲之○	5/18/18	
人之情○	5/18/22	
亦不諫○	5/18/23	
不習於道術○	5/18/25	
不自過○	5/18/25	
夫父子之爲親○	5/18/26	
亦不治○	5/18/26	
雖欲富○	5/18/27	
子何年少於物之長○	5/19/1	
論事若是其審○	5/19/5	
人生不如臥之頃○	5/19/8	
陽○	5/19/10	
以應陽之至○	5/19/12	
以應陰之至○	5/19/13	
此皆十倍者○	5/19/13	
孤非其言○	5/19/19	
七年而禽吳○	5/19/25	
莫不知○	6/20/5	
莫能信○	6/20/6	
夫王與越○	6/20/11	
是養寇而貧邦家○	6/20/14	
〔以伺吾〕間○	6/20/15	
非有忠素請糴○	6/20/15	
我君王不知省○而救之	6/20/16	
是越之福○	6/20/17	
此天之所反○	6/20/19	
今狐雉之〔相〕戲○	6/20/20	
吾君不知省○而已	6/21/2	
仇讎之人不可親○	6/21/3	
君王胡不覽觀夫武王之		
伐紂○	6/21/4	
囍何惑吾君王○	6/21/9	
中胥爲人臣○	6/21/10	
君王常親覩其言○	6/21/17	
天下之健士○	6/21/18	
此非子所能行○	6/21/18	
以觀吳邦之大敗○	6/21/25	
君王之不省○	6/22/2	
囍之罪○	6/22/3	
亡日不久○	6/22/3	
臣有患○	6/22/8	
彼聖人○	6/22/11	
彼賢人○	6/22/11	
亦必有以○	6/22/12	
王興師伐齊○	6/22/17	
是無能爲○	6/22/17	
參桀紂而顯吳邦之亡○	6/22/26	
吳易兼○	6/23/11	
吳不受○	6/23/14	
吳王乃旬日而自殺○	6/23/16	
子胥乃知是漁者○	7/24/6	
助吳○	7/24/17	
是越將凶、吳將昌○	7/24/19	
先遇闔廬、後遭夫差○	7/24/24	
胥聞事君猶事父○	7/24/24	
愛同○	7/24/24	
嚴等○	7/24/24	
未嘗見人君虧恩爲臣報		
仇○	7/24/25	
於是之謂○	7/24/28	
是之謂○	7/25/3,7/25/11	
	8/26/15,15/46/8,18/53/4	
	19/54/31	
囍者、名○	7/25/5	
范蠡其始居楚○	7/25/13	
三王則三皇之苗裔○	8/25/26	
五伯乃五帝之末世○	8/25/27	
不在遠近取○	8/26/5	
此猶良藥○	8/26/10	
魯君憂○	9/26/19	
父母之邦○	9/26/20	
此邦易○	9/27/1	
人之所易○	9/27/2	
人之所難○	9/27/2	
大臣有不聽者○	9/27/4	
下與大臣交爭○	9/27/6	
君○	9/27/10	
且夫救魯、顯名○	9/27/16	
伐齊、大利○	9/27/16	
則王者不疑○	9/27/17	
夫越君、賢主○	9/27/17,9/28/12	
即齊（○亦）〔亦已〕		
私魯矣	9/28/1	
而名從諸侯以伐○	9/28/5	
蠻夷之民○	9/28/9	
孤之福○	9/28/10	
拙○	9/28/13	
殆○	9/28/14	
危○	9/28/14	
舉事之大忌〔○〕	9/28/14	
則君之福○	9/29/1	
此孤之外言○	9/29/5	
此孤之大願○	9/29/9	
如此不可得○	9/29/9	
〔而〕不能○	9/29/10	
是存亡邦而興死人○	9/29/12	
夫吳王之爲人○	9/29/13	
是殘國之吏、滅君之臣○	9/29/16	
不仁○	9/30/15	
霸越是○	9/31/8	
其故何○	10/31/15	
禹始○	10/31/15	
及其王○	10/31/16	
象爲民田○	10/31/19	
亦覆釜○	10/31/19	
覆釜者、州土○、塡德		
○	10/31/19	
禹井井者、法○	10/31/20	

越之常性○	10/32/3	以爲死士示得專一○	10/36/26	夫玉、亦神物○	13/43/26
世不可紀○	10/32/5	蓋句踐所以遊軍士○	10/36/27	王勿受〔○〕	14/44/12,14/44/20
〔都〕○	10/32/6	范蠡敦兵城○	10/37/1	胥聞賢士、邦之寶○	14/45/1
山陰城○	10/32/11	以其大船軍所置○	10/37/1	美女、邦之咎○	14/45/1
今倉庫是其宮臺處○	10/32/11	梅里是○	10/37/17	此逆兵氣○	15/45/14
范蠡所築治○	10/32/15	何大夫易見而難使○	11/38/8	不可攻○	15/45/22
句踐齋戒臺○	10/32/18	是大王〔之〕不能使臣		欲爲前伏陣○	15/46/2
句踐起怪游臺○	10/32/20	○	11/38/10	欲爲走兵陣○	15/46/2
觀天怪○	10/32/20	何謂○	11/38/10	吉凶所避○	15/46/8
句踐所習教美女西施、		王之所輕〔○〕	11/38/11	卯○	15/46/8
鄭（足）〔旦〕宮臺		是士之所重○	11/38/11	角、亢○	15/46/10,15/46/12
○	10/32/28	治之門〔○〕	11/38/13	尾、箕○	15/46/14
越之弋獵處〔○〕	10/33/4	君之根本○	11/38/13	南斗○	15/46/16
句踐所休謀○	10/33/4	二者貴賤浸之漸○	11/38/14	都牛、須女○	15/46/18
句踐之出入○	10/33/11	蓋管仲之力○	11/38/19	虚、危○	15/46/20
所以備膳羞○	10/33/13	磻溪之餓人○	11/38/21	營室、壁○	15/46/22
句踐絕糧困○	10/33/17	而禍亂不作○	11/39/20	奎、婁○	15/46/24
句踐庶子冢○	10/33/17	大王〔之〕興師伐齊		畢○	15/46/26
細人○	10/33/20	〔○〕	12/39/29	觜○	15/46/28
越易兼○	10/33/26	天下顯明○	12/40/1	今內史○	15/46/30
遂許之浙江是○	10/34/1	氣有餘○	12/40/1	東井○	15/46/30
范蠡城○	10/34/3	朝諸侯○	12/40/2	柳、七星、張○	15/47/1
大夫種城○	10/34/5	夾田夫○	12/40/2	翼、軫○	15/47/3
外越賜義○	10/34/7	則有餘○	12/40/3	參○	15/47/6
子胥浮兵以守城是○	10/34/21	樂府吹巧○	12/40/3	術者、天意○	16/47/14
句踐所徙葬先君夫鐔冢		（官）〔宮〕女鼓樂○	12/40/4	言其樂與天下同○	16/47/15
○	10/34/23	覺寤而心中惆悵○	12/40/10	名○	16/47/16
越銅官之山○	10/34/27	何若子性之大○	12/40/13	聖主不爲○	16/47/16
以食士○	10/35/6	此固非子（胥）〔之〕		穀■○	16/47/17
句踐父允常冢○	10/35/12	所能知○	12/40/15	得人心、任賢士○	16/47/17
故曰木客〔○〕	10/35/13	〔越〕公弟子公孫聖○	12/40/20	邦之寶○	16/47/17
句踐工官○	10/35/16	走偉偉〔○〕	12/41/2	此寡人所能行○	16/47/19
句踐伐吳還、封范蠡子		就冥冥〔○〕	12/41/2		16/48/5
○	10/35/18	王且不得火食〔○〕	12/41/3	中和所致○	16/47/22
句踐築鼓鍾宮○	10/35/21	魂魄惑○	12/41/4	失天下者○	16/47/24
句踐船宮○	10/35/23	掘社稷○	12/41/4	此天之三表者○	16/48/2
句踐客秦伊善焰龜者冢		大王宮堂虛○	12/41/5	此至禁○	16/48/5
○	10/35/25	當與人俱葬〔○〕	12/41/5	夫八穀之賤○	16/48/6
句踐教習兵處○	10/35/27	大息○	12/41/6	其明○諦	16/48/6
句踐所葬大夫種○	10/35/30	是籠稻○	12/41/17	桀紂是○	16/48/14
神巫之官○	10/36/6	豪曹、非寶劍○	13/42/17	此謂行奢侈而亡○	16/48/14
越神巫無杜子孫○	10/36/11	非寶劍	13/42/18,13/42/18	將道○	16/48/17
越所害軍船○	10/36/14		13/42/19	此天之常道○	16/48/18
越所以過吳軍○	10/36/16	不知其絕○	13/42/20	治民然○	16/48/19
句踐杭○	10/36/18	是○	13/42/25	春者、夏之父○	16/48/19
禹所取妻之山○	10/36/20	未見其大用於天下○	13/43/5	王德不究○	16/48/20
越鹽官○	10/36/22	劍之威○	13/43/23	臣下不奉主命○	16/48/21

王身將即○船旌麾兵戟		武王則○成名矣	6/21/8	作事欲○自著	1/2/4
與王船等者七艘	20.22/59/1	將更有怨心不○	6/22/11	或○爲子貢所作	1/2/5
將軍○船兵戟與將軍船		吾兵○在魯之城下〔矣〕	9/27/10	其後道事○吳越爲喻	1/2/6
等三船	20.22/59/2	即齊（也亦）〔亦〕		直斥○身者也	1/2/9,1/2/13

儀 yí 　　2

		私魯矣	9/28/1	不足○身當之	1/2/12
方舟航買○塵者	4/16/14	○三年矣	9/29/7	是○不著姓名	1/2/12
使張○詐殺之	17/51/21	○作昌土臺	10/33/13	引類○託意	1/2/16
		今越句踐其○敗矣	10/33/25	○爲中外篇	1/2/18

遺 yí 　　10

		句踐○滅吳	10/36/24	王○奢爲無罪	2/3/1
終不○力	1/2/12	○去	10/38/2	侵○施	2/3/7
○先人恥	9/28/16	罷頓不得○	11/39/6	○與漁者	2/3/11
以○其君	14/44/4	四夷○服	12/40/2	請○與子也	2/3/12
四曰○之好美	14/44/5	獻物○至	12/40/3	何○百金之劍爲	2/3/13
五曰○之巧匠	14/44/5	王心不○	12/40/7	彼必經諸侯之邦可○報	
六曰○其諛臣	14/44/6	逆言○滅	12/41/11	其父仇者	2/3/23
越王句踐竊有天之○西		讒諛○亡	12/41/11	唯大王可○歸骸骨者	2/3/25
施、鄭旦	14/44/18	不得○	13/42/16	○此爲名	2/4/8
還自○災	18/52/11	豪曹○擅名矣	13/42/18	○此爲利	2/4/8
乃有○響	18/52/25	今巨闕○離矣	13/42/19	隨北顧○西	3/5/17
菑邱訢宿怒○恨	20.11/57/10	今赤菫之山○合	13/43/5	吳侵○爲戰地	3/5/26
		寡人○聞陰陽之事	16/49/14	吳○達糧	3/5/28

乙 yǐ 　　2

		務利之而○矣	16/49/23	闔廬○鑄干將劍〔處〕	3/5/30
六年十二月○卯鑿官池	3/12/27	今寡人親○辱於吳矣	16/49/29	隧出廟路○南	3/6/17
○貨之戶曰黍	5/19/25	越王既○勝吳三日	16/50/11	殺生○送死	3/6/17
		范子○告越王	16/50/22	故曰王世子造○爲田	3/6/29

已 yǐ 　　45

		王○失之矣	18/51/31	闔廬造○遊姑胥之臺	3/7/18
（目）〔日〕〔○〕施	2/3/9	君之易移也○矣	18/52/21	○望太湖	3/7/18
子胥食○而去	2/3/15,2/3/18	則亦○矣	18/52/24	○備外越	3/8/1
荊平王○死	2/4/3	子胥以不得○	19/55/18	○取長之莋碓山下	3/8/10
父○死	2/4/9			故闔廬治○諸侯冢次	3/8/15
楚王○死	4/14/8	**以 yǐ** 　　433		○伐上舍君	3/9/3
言王者○下	4/14/17			闔廬所○候外越也	3/9/9
武王見賢臣○亡	4/17/2	何○言之	1/1/3,1/1/30,7/23/25	烏程、餘杭、勤、歙、	
大邦既○備	5/17/19	皆○國爲氏姓	1/1/4	無湖、石城縣○南	3/9/13
小邑既○保	5/17/20	是○明之	1/1/4	春申君時盛祠○牛	3/9/28
五穀既○收	5/17/20	故子貢說齊○安魯	1/1/5	春申君治○爲陂	3/9/30
可觀而○	5/18/6	取舍○道	1/1/10	鑿語昭瀆○東到大田	3/9/30
傳其驗而○	5/18/20	浮陵○付楚	1/1/11,18/52/2	鑿胥卑下○南注大湖	3/9/30
務在諛主而○矣	5/18/23	○其誠在於內	1/1/11	○寫西野	3/9/31
徼成其事而○	5/18/24	○敗爲成	1/1/17	○奏吳北野胥主疁	3/10/1
務在於諛之而○	5/18/26	終能○霸	1/1/18	越王（候）〔使〕干戈	
吾君不知省也而○	6/21/2	欲○貶大吳	1/1/24	人一累土○葬之	3/10/15
		何○知獨在人乎	1/1/27	○利朝夕水	3/11/13
		何○知之	1/1/28	後（壁）〔殿〕屋○爲	
		欲○亡吳	1/1/29	桃夏宮	3/11/20
		是○明知越霸矣	1/1/29	闕兩城○爲市	3/12/1
		○是知之焉	1/1/31	春申君時治○爲貴人冢次	3/12/7

○道終之	3/12/11	大則可○王	5/18/10	○越爲憂	6/22/24
湛○爲陵	3/12/22	小則可○霸	5/18/10	○申胥爲不忠	6/22/24
適（戎）〔戍〕卒治通		○智論之	5/18/13	○吾殺胥爲重乎	6/22/28
陵高○南陵道	3/12/22	○決斷之	5/18/14	臣是○恐矣	6/22/29
今○爲圍	3/13/9	○道佐之	5/18/14	雖○我邦爲事	6/23/5
故郢○爲丹陽郡	3/13/17	是○民相離也	5/18/15	昔者上蒼○越賜吳	6/23/14
吳何○稱人乎	4/13/26	○任賢使能	5/18/17	○至滅亡	6/23/15
今此○報子也	4/14/9	爲之命○利之	5/18/19	甘心○賢之	7/23/20
吳師何○稱人	4/14/12	○任賢子	5/18/24	○爲上客	7/23/20
○養天下	4/14/19	不○少長	5/19/2	○試直士	7/23/23
言王者○下	4/14/22,4/15/2	愚者日○退	5/19/3	卒○亡吳	7/24/10
故○天道未作	4/15/1	聖者日○長	5/19/3	臣聞○彗鬬	7/24/18
不可○種五穀、興土利	4/15/3	參○陰陽	5/19/8	反○見踈	7/24/22
方據魯○王	4/15/9	○感愚夫	5/19/9	身且○誅	7/24/22
聘公子（枓）〔糾〕○		常○太陰在陰而發	5/19/11	○爲不通	7/24/22
爲君	4/15/18	○益收五穀	5/19/12	挾弓○去	7/24/23
使齊○國事魯	4/15/19	○應陽之至也	5/19/12	太古○來	7/24/25
不○國事魯	4/15/19	○收田宅、牛馬	5/19/12	○奢乃害於君	7/25/1
退丹朱而○天下傳舜	4/15/23	○應陰之至也	5/19/13	○過誅	7/25/5
遂○天下傳之	4/15/29	從今○來	5/19/23	嚭○困奔於吳	7/25/5
啓歲善犧牲○祠之	4/16/6	傳之後世○爲教	5/19/23	吳王○嚭爲太宰	7/25/8
湯於是乃飾犧牛○事荊伯	4/16/10	○素忠爲信	6/20/8,6/20/11	夫差終○從焉	7/25/9
湯○文聖	4/16/23	○請糴於吳	6/20/9	○是與嚭專權	7/25/11
文王○務爭者	4/16/26	○請於吳	6/20/11	時人盡○爲狂	7/25/13
文王○聖事紂	4/16/27	〔伺吾〕間也	6/20/15	○內視若盲	7/25/14
此謂文王○務爭也	4/16/27	將○此試我	6/20/16	其邑人○爲狂夫多賢士	7/25/15
紂○惡刑爭	4/16/27	○此卜要君王	6/20/16	二人○爲胥在	7/25/18
文王行至聖○仁義爭	4/16/28	○求益親	6/20/16	邦○安寧	7/25/21
武王○禮信	4/16/30	今○越之饑	6/20/18	〔伍〕子胥○是挾弓	
○（瞻）〔贍〕天下	4/17/4	夫獸虫尙○詐相就	6/20/20	〔矢〕干吳王	8/25/28
此武王○禮信也	4/17/4	率諸侯○殺其君	6/21/7	得○存	8/26/10
周公○盛德	4/17/6	或甚美○亡	6/21/9	○學乃時而行	8/26/10
使人○時	4/17/7	或甚惡○昌	6/21/9	竟○禽吳	8/26/11
說之○禮	4/17/7	太宰嚭面諛○求親	6/21/10	其城薄○卑	9/26/25
○敵攻敵	5/17/19	乘吾君王幣帛○求	6/21/10	吳城高○厚	9/26/26
饑饉不可○動	5/17/24	威諸侯○成富焉	6/21/11	池廣○深	9/27/1
王興師○年數	5/17/26	今我○忠辨吾君王	6/21/11	甲堅○新	9/27/1
可○爲教常	5/17/27	群臣竭力○佐謀	6/21/13	士選○飽	9/27/1
子明○告我	5/17/28	子毋○事相差	6/21/18	而○教恒	9/27/3
○備妖祥	5/17/30	毋○私相傷	6/21/18	今君破魯○廣齊	9/27/4
因熟積○備四方	5/18/2	○動寡人	6/21/18	〔戰勝○驕主〕	9/27/5
彼日○弱	5/18/2	弗對○斥傷大臣	6/21/24	（墮）〔隳〕魯○尊臣	9/27/5
我日○彊	5/18/3	○爲不信	6/21/25	而求〔○〕成大事	9/27/6
○魚三邦之利	5/18/4	○觀吳邦之大敗也	6/21/25	且夫吳〔王〕明猛○毅	9/27/7
○傳黃帝	5/18/6	亦必有○也	6/22/12	出大臣○環之	9/27/9
○爲綱紀	5/18/9	將何○	6/22/12	君因○兵迎之	9/27/12
是○易地而輔	5/18/9	帶劍○布	6/22/21	今〔○〕萬乘之齊	9/27/15

必○殺降	15/45/17	○爲妖言	18/52/25	舉鉤○示之	20.19/58/13
○知彊弱	15/46/5,19/54/2	厥意○爲周道不敵	18/53/2		
○其四時制日	15/46/8	○觀枉直	18/53/3	**矣 yǐ**	81
何○備之	16/47/20	執操○同	18/53/9		
何○應之	16/47/23	三皇○後	19/53/16	故不爲記明○	1/1/13
可○王天下	16/47/24	○一治人	19/53/16	越亦賢○	1/1/26
可〔○〕爲邦寶	16/48/2	故作《春秋》○繼周也	19/53/19	是以明知越霸○	1/1/29
欲與他貨之內○自實	16/48/5	○喻後賢	19/53/22	亦有因○	1/2/6,10/31/19
○爲須臾之樂	16/48/13	故次○《荊平》也	19/53/28	固不拜○	2/3/1
何○紀之	16/48/23	勇子胥忠、正、信、智		乞於吳市三日○	2/3/22
○生人	16/48/29	○明也	19/53/28	利即重○	2/4/9
故萬物得○自昌	16/49/3	故次○《吳人》也	19/53/29	明○	2/4/10
○丹書■帛	16/49/17	易○取	19/53/30	意者時可○	4/14/8
○爲國寶	16/49/17	故次○《九術》	19/54/1	是所施而不德、勞而不	
○報吳仇	16/49/21	○次太伯	19/54/6	矜其功者○	4/14/21
所○其智能自貴於人	16/49/24	善其○匹夫得一邦之衆	19/54/8	中國不絕如綫○	4/15/9
欲○顯於世	16/49/25	子胥○困（於）〔干〕		則決萬物不過三歲而發○	5/18/13
今子○至聖之道○說寡		闔廬	19/54/13	則無價○	5/18/18
人	16/49/28	投我○桃	19/54/14	則邦富兵彊而不衰○	5/18/20
○復吳仇	16/49/29	報之○李	19/54/14	則群臣多空恭之理、淫	
然後可○圖之也	16/50/1	盲者不可示○文繡	19/54/19	佚之行○	5/18/21
○成天文	16/50/3	聾者不可語○調聲	19/54/20	務在諛主而已○	5/18/23
○成地理	16/50/3	行僞○勝	19/54/26	則家富而不衰○	5/18/24
可○爲富	16/50/3	滅人○伯	19/54/26	農末俱利○	5/19/21
減天寸六分○成地	16/50/4	范蠡善僞○勝	19/54/28	今越人不忘吳○	6/21/3
○此爲天圖	16/50/8	權○自存	19/54/29	鹿豕遊於姑胥之臺○	6/21/5
何○加於此乎	16/50/11	事君○道言耳	19/55/3	武王則已成名○	6/21/8
故天地之符應邦○藏聖		何○去	19/55/5	故在前世○	6/21/9
人之心矣	16/50/12	有殺身○成仁	19/55/8	君臣之施○	6/21/17
○丹書帛	16/50/20	○爲同耳	19/55/10	是命短○	6/21/25
○爲邦寶	16/50/20	即能○霸	19/55/11	而君王覺○遇○	6/22/4
春申君○告官屬	17/51/10	子胥○不得已	19/55/18	子勉事後○	6/22/4
○吳封春申君	17/51/20	因事類○曉後世	19/55/22	臣言而死○	6/22/9
角戰○死	18/51/26	句踐○來	19/55/22	臣老○	6/22/16,6/22/18
若卑辭○地讓之	18/51/27	○去爲（生）〔姓〕	19/55/24	臣恐（○）〔耳〕	6/22/28
遂聽能○勝	18/51/28	覆之○庚	19/55/24	臣是以恐○	6/22/29
因○其時	18/51/29	略○事類	19/55/25	即慮日益進而智益生○	6/23/1
○來取足	18/51/30	邦賢○口爲姓	19/55/25	不得爲先王臣○	6/23/2
元王○之中興	18/52/1	丞之○天	19/55/26,19/55/30	是殺二胥○	6/23/3
○爲專句踐之功	18/52/1	○喻來今	19/55/28	越難成○	6/23/6
○其誠〔在〕於內	18/52/2	○己喻人	19/55/29	越師敗○	7/24/16
能○覺悟	18/52/4	○口爲姓	19/55/30	過○	9/26/24
能因○伯	18/52/4	覆○庚	19/56/3	難○	9/27/6
○忠告	18/52/14	○備春申君	20.4/56/18	危於重卵○	9/27/7
道○不害爲左	18/52/16	思○平吳	20.18/58/7	爲禽必○	9/27/8
吾挾弓矢○逸鄭楚之間	18/52/19	○血釁鉤	20.19/58/11	吾兵已在魯之城下〔○〕	9/27/10
自○爲可復吾見凌之仇	18/52/20	何○異於衆人之鉤乎	20.19/58/12	即齊（也亦）〔亦已〕	

私魯○	9/28/1		12/40/21	役 yì	2
即王業成○	9/28/4	兩鏵○吾宮堂〔者〕	12/40/2		
〔難○〕	9/28/20	見兩鏵○吾宮堂者	12/41/4	東海○臣孤句踐使使臣種	9/30/7
則伐齊必○	9/29/1			東海○臣孤句踐	14/44/11
弱吳必○	9/29/2	**弋** yì	1		
此滅吳必○	9/29/3			**邑** yì	12
已三年○	9/29/7	越之○獵處〔也〕	10/33/4		
〔君臣死無所恨○〕	9/30/13			○中徑從閶門到婁門	3/5/13
〔越亂之必○〕	9/30/19	**亦** yì	28	度灌○	3/5/16
（越亂之必○）	9/31/2			故有鄉名莋○	3/8/10
人事備○	10/31/13	越○賢矣	1/1/26	在○東南	3/8/23
越軍敗○	10/33/25	○有因矣	1/2/6,10/31/19	小○既已保	5/17/20
今越句踐其已敗○	10/33/25	○知小藝之復重	1/2/17	求○中不得	7/25/15
事見吳（○）〔史〕	10/36/29	然寡人○不敢怨子	2/4/7	其○人以爲狂夫多賢士	7/25/15
使臣下可○	12/41/6	齊公子小白、○反齊國		爲鄉○笑	9/29/12
時可以行○	12/41/11	而匡天下者	4/15/16	則弊○雖小	9/30/11
今日聞命○	12/42/4	○在其將	5/17/26	其○爲龔錢	10/35/21
聞命○	12/42/9	○不諫也	5/18/23	欲有入○	15/46/3
豪曹已擅名○	13/42/18	○如邦有明主	5/18/23	巴郡、漢中、隴西、	
今巨闕已離○	13/42/19	○不治也	5/18/26	〔定襄、太原〕、安	
寡人聞命○	13/43/29	○必有以也	6/22/12	○	15/46/30
即決○	16/47/30	即齊（也○）〔○已〕			
即位安而萬物定○	16/48/11	私魯矣	9/28/1	**抑** yì	2
文武之業、桀紂之跡可		○覆釜也	10/31/19		
知○	16/48/11	○有事	10/32/15	於是句踐○彊扶弱	1/1/10
不行即神氣〔槁〕而不		昭襄王○立五十六年	10/37/20	○威權勢	11/38/26
成物	16/49/4	○得繫於天皇之位	12/42/2		
即知歲之善惡○	16/49/5	不○繆乎	12/42/9,16/49/25	**易** yì	32
務利之而已○	16/49/23	夫玉、○神物也	13/43/26		
今寡人親已辱於吳○	16/49/29	此○鐵兵之神	13/43/28	濕○雨	1/1/26
故天地之符應邦以藏聖		○有應乎	16/47/29	饑○助	1/1/27
人之心	16/50/12	八穀○一賤一貴	16/48/24	就經《○》	1/2/17
徑得見於王○	17/50/27	萬物○然	16/48/29	舜求爲變心○志	4/15/27
今懷君子一月○	17/51/13	則○已矣	18/52/24	移風○俗	4/16/23
王已失之○	18/51/31	其後○重	18/52/30	饑則○傷	5/17/22
君之易移也已○	18/52/21	○發憤記吳越	19/53/22	乃知天下之○反也	5/18/4
則亦已○	18/52/24	不○賢乎	19/54/30	是以○地而輔	5/18/9
夫差弊○	18/53/4			吳○兼也	6/23/11
孔子固貶之○	19/54/12	**佚** yì	5	《○》曰	8/26/6
滅邦久○	19/54/27			11/39/17,18/52/5,18/52/15	
不明甚○	19/55/5	殘賊奢○	4/16/26	此邦○也	9/27/1
冥必來○	20.11/57/12	群臣無恭之禮、淫○之行	5/18/20	人之所○也	9/27/2
		則群臣多空恭之理、淫		子之所○	9/27/2
倚 yì	5	○之行矣	5/18/21	○名姓	9/29/10
		大夫○同、若成	5/19/18	越○兼也	10/33/26
○而相欺	11/38/23	且夫吳王又喜安○而不		何大夫○見而難使也	11/38/8
見兩鏵○吾宮堂	12/39/27	聽諫	6/20/6	非大夫○見〔而〕難使	11/38/9

至○	11/38/20	行雖有○	19/55/7	湯行仁○	4/16/9
《○》之謙遜對過問	11/38/26	何以○於衆人之鉤乎	20.19/58/12	文王行至聖以仁○爭	4/16/28
使之○伐	14/44/6			昔者吳夫差不顧○而媿	
〔昔〕桀○湯而滅	14/44/21	**意** yì	**23**	吾王	6/20/4
紂○周文〔王〕而亡	14/44/21			雖勝可謂○乎	6/21/7
四時○次	16/48/18	蓋要其○	1/1/6	○不止窮	7/24/23
君之○移也已矣	18/52/21	決○覽史記	1/2/2	○在存亡魯	9/27/16
○以取	19/53/30	傳者、道其○	1/2/15	王者不絕世以立其○	9/28/3
《○》之卜將	19/54/3, 19/54/6	引類以託○	1/2/16	明諸侯以○	9/28/4
故空社○爲福	19/54/30	○不同	2/2/30	今竊聞大王將興大○	9/30/10
危民○爲德	19/54/30	○者時可矣	4/14/8	大王將遂大○	9/30/11
		愈信其○而行其言	5/18/25	外越賜○也	10/34/7
洝 yì	**1**	志○侵下	5/19/17	句踐治以爲○田	10/34/30
		王○欲殺太宰嚭	6/23/2	夫仁○者	11/38/12
孤聞齊威淫○	11/38/19	寡人垂○	7/23/21	仁○之行有階	11/38/16
		○欲報楚	7/24/4	進有退之○	11/39/18
益 yì	**12**	志合○同	7/25/17	○合乃動	15/45/8
		孤之○出焉	9/29/12	固其○也	16/49/30
夏啓獻犧於○	4/16/5	君王安○	10/33/25	大○立	18/53/3
○與禹臣於舜	4/16/5	術者、天○也	16/47/14	竝○復仇	19/54/8
薦○而封之百里	4/16/5	寡人虛心垂○	16/50/15	非○不爲	19/54/8
○死之後	4/16/6	賢者垂○	18/52/8	非○不死也	19/54/9
夏啓善犧於○	4/16/6	范蠡因心知○	18/52/14	何○乎	19/54/11
以○收五穀	5/19/12	厥○以爲周道不敵	18/53/2	然《春秋》之○	19/54/12
以求○親	6/20/16	垂○於越	18/53/3	事君之○也	19/55/4
即慮日○進而智○生矣	6/23/1	覽覩厥○	19/55/27	○無死	19/55/4
於是石買○疏	8/26/9	垂○周文	19/55/29	其○同	19/55/7
則孔主（曰）〔日〕○		○相應也	19/55/30	范蠡貴其○	19/55/9
上	11/38/14			○從外出	19/55/9
則孔主（曰）〔日〕○		**溢** yì	**6**		
下	11/38/14			**裔** yì	**1**
		天道盈而不○、盛而不			
逸 yì	**1**	驕者	4/14/19	三王則三皇之苗○也	8/25/26
		故曰天道盈而不○、盛			
吾挾弓矢以○鄭楚之間	18/52/19	而不驕者也	4/14/20	**詣** yì	**2**
		夢見井嬴○大	7/24/14		
異 yì	**11**	○者	7/24/16	車馳○姑胥之臺	12/40/11
		則臣之所見○乎負海	9/28/4	○官求賞	20.19/58/12
猶同母之人、○父之子	5/19/16	渾渾如水之〔將〕○於			
其○女	7/23/27	溏	13/42/23	**嗌** yì	**1**
其○三世	7/23/28				
胥聞災○或吉或凶	7/24/18	**義** yì	**32**	焦脣乾○	9/29/7
手足○處	9/29/11				
夫子○則不可	10/32/3	非父之○也	2/4/9	**億** yì	**1**
兄弟○居	12/42/2	陽都侯歸○	3/13/14		
與魂魄無○	16/48/30	天下莫不向服慕○	4/16/2	○則屢中	19/55/13
萬物各○藏	16/49/9	達於君臣之○	4/16/6		

○者何	4/14/12	將○而彊	15/45/24	桐不爲器○	12/41/5
令子胥、孫武與闔將師		將○卒彊	15/45/27	聽而○之	12/42/4
入○	7/25/7	○士執之	18/52/25	未見其大○於天下也	13/43/5
楚故治○	15/47/3	能知信○之變	18/53/5	此其○兵月日數	15/46/7
		仁能生○	19/53/28	賢士不爲○	16/47/16
影 yǐng	**1**	○子胥忠、正、信、智		寡人○夫子之計	16/50/14
		以明也	19/53/28	哀彼離德信不○	18/53/10
譬猶形○、聲響相聞	16/49/15	○其伐荊	19/53/29	乃可○兵	19/54/3
		乃○子胥也	19/54/7	言不○	19/54/15
庸 yōng	**1**	闔廬○之甚	19/54/13	時莫能○	19/56/1
		子胥○而智	19/55/1	當○長鉤矛長斧各四	20.20/58/19
此竭於○力	5/18/5	訢恀其與神戰之○	20.11/57/7	乃可○之	20.21/58/24
		吾聞○士之戰也	20.11/57/7		
雍 yōng	**1**	○士所恥	20.11/57/9	**幽 yōu**	**11**
		彼○士有受不還	20.11/57/11		
秦故治○	15/46/30	吾之○也	20.11/57/19	○王立	3/12/13
		於是○士聞之	20.18/58/8	○王徵春申〔君〕爲楚	
永 yǒng	**1**			令尹	3/12/13
		用 yòng	**39**	○王徵假君	3/12/14
○光四年	3/13/7			子○王	3/12/20
		任○賢者	1/1/15	山林○冥	5/17/16
甬 yǒng	**1**	任○賢臣	1/1/17	誠秉禮者探○索隱	7/23/23
		任○賢人	1/1/23	前後○冥	16/50/16
但爲○	12/41/5	至河○事	4/14/4	○○冥冥	16/50/18
		○管仲	4/15/20	○王嗣立	17/51/20
勇 yǒng	**37**	堯知不可○	4/15/23	○王後懷王	17/51/21
		舜○其仇而王天下者	4/15/28		
○且智	2/2/24,2/3/23	○其後妻	4/15/29	**憂 yōu**	**20**
是非○也	2/2/29	於是湯○伊尹	4/16/22		
○之甚	4/13/27	王審○臣之議	5/18/10	○嗟作詩也	1/2/10
躍○士也	4/16/15	○之不審	5/19/8	○至患致	1/2/11
○而善謀	6/20/14	○此不患無功	5/19/22	胥將使邊境有大○	2/2/25
是不○	6/21/21	而王○之	6/21/24	○中邦奈何乎	4/13/26
子胥○而難欺	7/25/2	不○賢則無後	6/22/4	君若有○中國之事	4/14/8
○在害彊齊而威申晉邦者	9/27/16	任○子胥	7/24/10	必先○積蓄	5/17/30
且夫伐小越而畏彊齊者		知數不○	7/24/22	慚然有○色	6/22/7
不○	9/28/1	闔廬○之伐楚	7/25/7	則無後○	6/22/8
涉危拒難則使○	9/28/19	晉之而勝楚	8/26/5	以越爲○	6/22/24
夫有○見於外	11/39/4	更、種、蠡之策	8/26/10	王無○	6/23/5
將○穀少	15/45/15	其大臣僞而無○	9/26/25	○在於斯	7/24/1
將軍○而兵少	15/45/17	○衆治民則使賢	9/28/19	○邦如家	7/24/21
將○	15/45/18	王而○之	10/33/20	魯君○也	9/26/19
將○兵少	15/45/19	句踐喟然○種、蠡計	10/33/27	○在內者攻彊	9/27/3
將智而○	15/45/21,15/45/27	在於○臣	10/33/27	○在外者攻弱	9/27/3
將○智	15/45/22	故明主○人	11/38/17	今君○〔在〕內	9/27/4
卒威○而彊	15/45/22	使賢而不○	11/38/23	○民救水	10/31/15
將○而卒彊	15/45/23	故賢君○臣	11/38/27	夫主○臣辱	11/38/8

子胥內○	11/39/6	此○良藥也	8/26/10	偏○所期	1/2/17
面有○色	16/50/13	尙○峻法隆刑	10/33/22	荊平王○臣伍子奢	2/2/22
		○不能得此一物	13/43/6	胥將使邊境○大憂	2/2/25
尤 yóu	1	譬○形影、聲響相聞	16/49/15	子父○罪	2/2/27
		○昏然誅之	18/52/9	請○道於使者	2/3/1
蚩○佐之	5/18/7	今蠡○重也	19/55/4	心中〔○悲〕	2/3/8
		○妻事夫	19/55/5	吾聞荊平王○令曰	2/3/12
由 yóu	14	○爲比肩	19/55/23	〔市〕中人○非常人	2/3/22
		○夫子得麟	19/55/27	○不聽子胥之教者	2/3/27
吳古故從○拳辟塞	3/5/22	○《春秋》銳精堯舜	19/55/28	未○所識也	2/4/6
○鍾窮隆山者	3/8/5	○子得麟	19/56/2	與子同○之	2/4/8
到○拳塞	3/12/21	棟○鎮也	20.17/58/5	城中○小城二	3/4/15
置○鍾	3/13/15			其二○樓	3/4/29
○鍾初立	3/13/15	**遊** yóu	14	皆○樓	3/5/3
死○無氣	7/23/28			其一○樓	3/5/4
○重譜子胥於吳	8/26/14	晝○於胥母	3/4/24	胥門外○九曲路	3/7/18
一○君出	11/38/16	馳於○臺	3/4/25	故○鄉名祚邑	3/8/10
不○所從	11/38/17	闔廬所○城也	3/5/24	祚碓山南○大石	3/8/13
言賞罰○君	11/38/26	闔廬造以○姑胥之臺	3/7/18	其二○屋	3/9/18
○此而言	11/39/18	禹○天下	3/8/8	皆○屋	3/9/23
○此觀之	18/53/1	鹿豕○於姑胥之臺矣	6/21/5	門皆○屋	3/9/26
子胥何○乃困於楚	19/54/29	子爲寡人○目長耳	6/22/7	山○湖水	3/10/13
仲子○楚	19/55/14	○於楚越之間	8/26/4	漢高帝封○功	3/12/30
		○於美人宮	10/33/12	并○吳	3/12/30, 3/13/2
游 yóu	2	蓋句踐所以○軍士也	10/36/27	蔡非○罪〔也〕	4/14/7
		東○之會稽	10/37/27	君若○憂中國之事	4/14/8
相要東○	1/1/30	長而嘉○	12/40/8	蓋○妻楚王母者	4/14/10
句踐起怪○臺也	10/32/20	句踐○臺上有龜公冢在		言天地之施大而不○功	
			20.14/57/26	者也	4/14/22
猶 yóu	28	一日出○	20.18/58/7	順之者○福	4/14/23
				逆之者○殃	4/14/23
○詩人失職怨恨	1/2/10	**友** yǒu	3	必○漸也	4/14/24
○不聽寡人也	2/3/27			未○死亡之失	4/15/1
邦○未得安	2/4/5	○臣不施	19/55/27	堯○不慈之名	4/15/23
過○山	3/5/16	會於○人之座	20.11/57/6	此之謂堯○不慈之名	4/15/24
在○（高）〔亭〕西阜		自驕於○人之旁	20.11/57/9	舜○不孝之行	4/15/26
○位	3/10/15			此舜○不孝之行	4/15/28
○湖	3/11/1	**有** yǒu	254	知周公乃○盛德	4/17/9
事君○事父也	4/13/28			朝夕既○時	5/17/17
○同母之人、異父之子	5/19/16	故與越專其功而○之也	1/1/18	卒然○師	5/18/2
父子之親○然	6/21/20	然越專其功而○之	1/1/20	臣聞炎帝○天下	5/18/6
越在我○疥癬	6/22/17	吳○子胥之教	1/1/21	並○五方	5/18/9
○心腹有積聚	6/22/23	東南○霸兆	1/1/30	於何○哉	5/18/10
越王葬於卑○之山	6/23/16	是人○大雅之才	1/2/4	故散○時積	5/18/13
胥聞事君○事父也	7/24/24	亦○因矣　1/2/6, 10/31/19		羅○時領	5/18/13
且○難忘	7/24/26	○聖人教授六藝	1/2/7	及其○餘	5/18/19
○止死焉	7/24/27	焉○誦述先聖賢者	1/2/8	務○於道術	5/18/20

夫諛者反○德	5/18/22	食○餘	7/24/16	夫○勇見於外	11/39/4
忠者反○刑	5/18/22	物○相勝	7/24/18	必○仁於內	11/39/5
雖○聖臣	5/18/23	何去之○	7/24/26	尙○就李之恥	11/39/14
今夫萬民○明父母	5/18/23	去而○名	7/24/27	進○退之義	11/39/18
亦如邦○明主	5/18/23	夫○色	7/24/30	存○亡之幾	11/39/19
賢子○諫者憎之	5/18/25	○大功	7/25/7	得○喪之理	11/39/19
後雖○敗	5/18/25	然獨○聖賢之明	7/25/14	行○日	12/39/25
雖○聖子	5/18/26	知○賢者	7/25/14	發○時	12/39/25
○道者進	5/19/3	衆賤○君子	7/25/15	如○所悔	12/39/26
賞者○功	5/19/3	○頃而出	7/25/16	氣○餘也	12/40/1
物○妖祥乎	5/19/5	小○所虧	7/25/17	則○餘也	12/40/3
○	5/19/5	大○所成	7/25/18	臣知○東掖門亭長越公	
各○紀綱	5/19/5	始○災變	7/25/21	弟子王孫聖	12/40/8
順之○德	5/19/6	居國○權辯口	8/26/1	如○悔	12/40/11
逆之○殃	5/19/7	○智之士	8/26/5	○頃不起	12/40/13
舉事○殃	5/19/8	○高世之材〔者〕	8/26/6	○頃而起	12/40/23
天○時而散	5/19/13	必○負俗之累	8/26/6	尙○十數里耳	12/41/18
尙○貧乞者	5/19/16	○至智之明者	8/26/6	當○聲響	12/41/19
非○道術	5/19/18	蔽能○殃	8/26/13	王○過者五	12/41/21
種觀夫吳甚富而財○餘	6/20/5	諸侯○相伐者	9/26/20	使死者○知	12/42/10
非吳○越	6/20/12	其士民○惡聞甲兵之心	9/26/26	越王句踐○寶劍五	13/42/15
越必○吳	6/20/13	大臣○不聽者也	9/27/4	客○能相劍者	13/42/15
且越王○智臣范蠡	6/20/14	是君上於主○卻	9/27/6	吾○寶劍五	13/42/16
非○忠素請糴也	6/20/15	大臣將○疑我之心	9/27/11	宮人○四駕白鹿而過者	13/42/20
○其社稷	6/20/17	必將○報我之心	9/27/18,9/28/13	○頃	13/42/22
越王句踐○急	6/20/21	○報人之心而使人知之者	9/28/14	客○直之者	13/42/25
臣聞聖人○急	6/21/1	今夫吳王○伐齊之志	9/28/21	○市之鄉（二）〔三〕、駿馬	
臣聞狼子〔○〕野心	6/21/2	大夫○賜	9/29/6,9/29/12	千定、千戶之都二	13/42/25
彼將○厚利	6/21/11	小大○差	10/31/14		13/43/6
類○外心	6/21/16	進退○行	10/31/14	寡人聞吳○干將	13/43/9
且○知不竭	6/21/20	爵○德	10/31/15	越○歐冶子	13/43/9
慚然○憂色	6/22/7	封○功	10/31/15	天下未嘗○	13/43/9
臣○患也	6/22/8	千○餘歲而至句踐	10/31/23	固能○精神若此乎	13/43/24
類欲○害我君王	6/22/10	孔子○頃姚稽到越	10/31/27	時各○使然	13/43/24
將更然○怨心不已	6/22/11	宮○百戶	10/32/12	大王○聖德	13/43/28
亦必○以也	6/22/12	亦○事	10/32/15	奈何能○功乎	14/44/3
宮○五寵	6/22/19	故○雞鳴墟	10/33/29	伐吳○九術	14/44/3
而善貴○道	6/22/22	地可得○	10/33/30	賴○天下之力	14/44/11
猶心腹○積聚	6/22/23	後○賢者	10/36/1	○餘財	14/44/12
動作者○死亡	6/22/23	○其邦	10/37/12	是後必○災	14/44/14
臣不敢○非	6/22/28	觀鄉北○武原	10/37/15	越王句踐竊○天之遺西	
必○敢言之臣	6/23/1	因徙天下○罪適吏民	10/38/1	施、鄭旦	14/44/18
必○敢言之〔交〕	6/23/1	奈何○功	11/38/8	後必○殃	14/44/21
吳王率其祿與賢良	6/23/11	仁義之行○階	11/38/16	凡氣○五色	15/45/10
各○明紀	7/23/26	終於○成	11/38/25	色因○五變	15/45/10
越○神山	7/24/2	尊○德	11/39/3	軍上○氣	15/45/10
○野人謂子胥曰	7/24/5	遂○大功而霸諸侯	11/39/4	軍上○赤色氣者	15/45/13

棲〇會稽山上	9/28/12	略貴〇絕	11/38/27		16/49/7
直士舉賢不容〇世	9/28/18	夫有勇見〇外	11/39/4	伏壯〇內	16/49/9,16/49/10
深〇骨髓	9/29/5	必有仁〇內	11/39/5	使陰陽得成功〇外	16/49/9
願一與吳交天下之兵〇		子胥戰〇就李	11/39/5	故曰秋多貴陽氣施〇陰	16/49/16
中原之野	9/29/8	莫不悉〇子胥之手	11/39/7	春夏賤陰氣施〇陽	16/49/16
抵罪〇縣	9/30/3,9/30/8	結心〇越	11/39/8	困〇吳	16/49/20
棲〇會稽	9/30/3,9/30/8	盡妖妍〇圖畫	11/39/15	請〇范子曰	16/49/20
問〇左右	9/30/7,14/44/11	極凶悖〇人理	11/39/15	負〇萬物	16/49/20
而與齊（大）〔人〕戰		思昭示〇後王	11/39/16	所以其智能自貴〇人	16/49/24
〇艾陵	9/31/4	宜求監〇前史	11/39/16	欲以顯〇世	16/49/25
戰〇五湖	9/31/6	其民習〇鬪戰	12/39/24	上不逮〇神農	16/49/28
別封〇越	10/31/12	道〇姑胥之門	12/39/25	下不及〇堯舜	16/49/28
〇是孔子辭	10/32/3	通〇方來之事	12/40/9	今寡人親已辱〇吳矣	16/49/29
女出〇苧蘿山	10/33/1	吳王使人提〇秦餘杭之山	12/41/9	兵之要在〇人	16/49/31
欲獻〇吳	10/33/1	吾嘗戮公孫聖〇斯山	12/41/18	人之要在〇穀	16/50/1
齊〇稷山	10/33/11	亦得繫〇天皇之位	12/42/2	夫陽動〇上	16/50/2
馳〇離丘	10/33/11	比〇奴虜	12/42/3	陰動〇下	16/50/3
遊〇美人宮	10/33/12	聞〇天下	13/42/15	初見出〇天者	16/50/4
射〇樂野之衢	10/33/12	吾坐〇露壇之上	13/42/19	初見入〇地者	16/50/6
食〇冰廚	10/33/12	渾渾如水之〔將〕溢〇		初見半〇人者	16/50/7
灑〇此	10/33/15	溏	13/42/23	何以加〇此乎	16/50/11
句踐與吳戰〇浙江之上	10/33/19	此其小試〇敵邦	13/43/5	請〇范子	16/50/13
越棲〇會稽之山	10/33/26	未見其大用〇天下也	13/43/5	寡人聞大于明〇陰陽進	
在〇用臣	10/33/27	〇是乃令風胡子之吳	13/43/11	退	16/50/14
越棲〇會稽日	10/33/28	〇是楚王聞之	13/43/21	聽〇下風	16/50/15
行成〇吳	10/33/28	楚王〇是大悅	13/43/22	而王制〇四海	16/50/16
獻〇吳王夫差	10/34/25	東注〇東海	13/43/27	可見我〇春申君	17/50/26
（交）〔文〕刻獻〇吳	10/35/13	〔而〕況〇吳乎	14/44/8	我欲假〇春申君	17/50/27
故封其子〇是	10/35/19	〇是作爲策楯	14/44/10	我得見〇春申君	17/50/27
句踐遣使者取〇南社	10/36/8	乃使大夫種獻之〇吳		徑得見〇王矣	17/50/27
句踐〇中江而葬之	10/36/11	〔王〕	14/44/10	汝求謁〇春申君	17/50/28
至〇柴辟亭	10/37/7	使大夫種獻之〇吳王	14/44/18	使待〇離亭	17/51/4
句踐入官〇吳	10/37/9	夏亡〇末喜	14/45/1	吾辭〇春申君	17/51/4
養〇李鄉	10/37/9	殷亡〇妲己	14/45/2	許我明日夕待〇離亭	17/51/5
吳王復還封句踐〇越	10/37/12	周亡〇褒姒	14/45/2	屬邦〇君	17/51/9
自無餘初封〇越以來	10/37/17	大敗之〇秦餘杭山	14/45/4	君上負〇王	17/51/9
周絕〇此	10/37/20	取利〇危	15/45/9	使妾兄下負〇夫人	17/51/9
刻（丈六）〔文立〕〇		快心〇非	15/45/9	可見妾〇王	17/51/13
越（東）〔棟〕山上	10/37/30	軍有應〇天	15/45/13	即（對）〔封〕春申君	
則治射防〇宅亭、買亭北	10/38/2	筭〇廟堂	15/46/5	〇吳	17/51/21
越王句踐近侵〇彊吳	11/38/7	必親〇野	16/47/28	越王句踐困〇會稽	18/51/26
遠媿〇諸侯	11/38/7	必順〇四時	16/48/3	〇是度兵徐州	18/51/31
願君王公選〇衆	11/38/15	必審〇四時	16/48/5	以其誠〔在〕〇內	18/52/2
躬〇任賢	11/38/18	沒溺〇聲色之類	16/48/12	桓公迫〇外子	18/52/3
明〇知人	11/38/18	牽攣〇珍怪貴重之器	16/48/12	句踐執〇會稽	18/52/4
賢者始〇難動	11/38/25	治在〇人	16/48/22	逃〇五湖	18/52/9
終〇有成	11/38/25	越王問〇范子曰	16/48/28	去〇五湖	18/52/15

及其有○	5/18/19
種觀夫吳甚富而財有○	6/20/5
至○杭山	6/23/12
食有○	7/24/16
必以其○兵臨晉	9/29/2
越之先君無○	10/31/12
無○初封大越	10/31/23
都秦○望南	10/31/23
千有○歲而至句踐	10/31/23
越王夫鐔以上至無○	10/32/5
疑冢山在○暨界中	10/35/7
朱○者	10/36/22
越人謂鹽曰○	10/36/22
自無○初封於越以來	10/37/17
○杭軻亭南	10/37/28
置○杭伊	10/38/1
氣有○也	12/40/1
則有○也	12/40/3
吳王使人提於秦○杭之山	12/41/9
率其○兵	12/41/15
相將至秦○杭之山	12/41/15
秦○杭山西坂間燕	12/41/18
有○財	14/44/12
大敗之於秦○杭山	14/45/4
世春秋二百○年	19/53/23
五百○年	19/55/23
○恨怨患	20.11/57/12
無○都	20.13/57/24
○暨	20.16/58/3

諛 yú	19
夫○者反有德	5/18/22
務在○主而已矣	5/18/23
務在於○之而已	5/18/26
信讒◎而遠士	6/20/6
而○諫者反親	6/20/19
○勝	6/21/4
太宰嚭面○以求親	6/21/10
嚭無乃○吾君王之欲	6/21/12
而信讒○容身之徒	6/21/24
進讒○容身之徒	6/23/14
宰嚭○心	7/24/10
○心自納	7/25/9
無○寡人之心所從	12/39/29
但吳王○心而言	12/40/16
無○寡人心所從	12/40/23

○讒申者	12/41/1
讒○已亡	12/41/11
太宰嚭讒○佞（諂）	
〔諂〕	12/42/3
六曰遺其○臣	14/44/6

羽 yǔ	3
堯殛之○山	4/16/19
重器、○旄盡乎晉	9/29/2
旌旗○蓋	12/41/13

雨 yǔ	4
濕易○	1/1/26
天暴風○	4/17/8
涕泣如○	12/40/18
○師掃灑	13/42/26

禹 yǔ	21
○遊天下	3/8/8
啟者、○之子	4/16/5
益與○臣於舜	4/16/5
舜傳之○	4/16/5
○崩啟立	4/16/5
○之時	5/18/16
乃○之世	10/31/12
以守○冢	10/31/12
○始也	10/31/15
當○之時	10/31/18
○至此者	10/31/19
○美而告至焉	10/31/20
○知時晏歲暮	10/31/20
○井井者、法也	10/31/20
以爲○葬以法度	10/31/21
故○宗廟	10/34/12
○稷在廟西	10/34/12
○所取妻之山也	10/36/20
○穴之時	13/43/26
夫堯舜○湯	16/50/19
○來東征	19/55/24

庚 yǔ	1
野無積○	5/17/20

與 yǔ	126
又見子貢○聖人相去不遠	1/1/6
脣之○齒	1/1/6
表之○裏	1/1/6
故○越專其功而有之也	1/1/18
在天○	1/1/26
子貢○夫子坐	1/1/27
相○謀道	1/1/30
○子期甫盧之碕	2/3/7
以○漁者	2/3/11
請以○子也	2/3/12
上殿○語	2/3/26
相○計謀	2/4/4
莫若求之而○之同邦乎	2/4/5
○子同有之	2/4/8
○子同使之	2/4/8
時（○）搖（城）〔越〕王〔○〕（周宋）	
〔糵〕君戰於語招	3/6/21
○糜湖相通也	3/8/17
○春申君并殺之	3/12/14
楚威王○越王無彊並	3/12/20
昭公不○	4/14/3
蔡公不○	4/14/6
南夷○北狄交爭	4/15/8
魯莊公不○	4/15/18
（君）〔我〕○汝君	4/15/19
我不○汝君	4/15/19
（糾）〔糾〕○桓爭國	4/16/1
益○禹臣於舜	4/16/5
欲從武王○之伐紂	4/17/1
○人同時而戰	5/17/25
而不斷時○智也	5/18/5
嘗○孤議於會稽石室	5/19/19
今大夫言獨○孤比	5/19/19
越王句踐○吳王夫差戰	6/20/3
將○	6/20/11
夫王○越也	6/20/11
輸之粟○財	6/20/13
○之不爲德	6/20/14
吾○之食	6/20/18
而寡人○之	6/20/21
句踐其敢○諸侯反我乎	6/20/21
若不○一錢	6/21/20
果○粟	6/21/23
胥方○被離坐	6/22/1

此相○之道	6/22/5	○天俱起	11/39/9	○無復者	2/3/26
申胥○被離坐	6/22/9	○戰西江	11/39/10	柴（碎）〔辟〕亭到○	
不可○謀	6/22/16	○不敵同	11/39/13	兒、就李	3/5/26
不能○謀	6/22/18	即〔○妻〕把臂而決	12/40/17	時（與）搖（城）〔越〕	
不○群臣謀之	6/22/29	當○人俱葬〔也〕	12/41/5	王〔與〕（周宋）	
吳王率其有祿○賢良	6/23/11	○我湛盧之劍	13/43/3	〔爍〕君戰於○招	3/6/21
越王○之劍	6/23/15	楚王不○	13/43/3	太守周君造陵道○昭	3/9/22
殺太宰嚭、逢同○其妻子	6/23/16	天○之災	14/44/14	鑿○昭瀆以東到大田	3/9/30
難○爲鄰	7/24/2	禽夫差而戮太宰嚭○其		○昭湖	3/11/3
○越爭彗	7/24/14	妻子	14/45/4	人莫可與○	7/25/14
孰○師還	7/24/15	上○天合德	15/45/8	終日而○	7/25/16
豈謂智○	7/24/23	下○地合明	15/45/8	○兒鄉	10/37/7
令子胥、孫武○嚭將師		中○人合心	15/45/8	更就李爲○兒鄉	10/37/10
入郢	7/25/7	○天相抵	15/45/11	《論○》曰	19/53/26
以是○嚭專權	7/25/11	言其樂○天下同也	16/47/15	19/55/2,19/55/6,19/55/8	
人莫可○語	7/25/14	欲○他貨之內以自實	16/48/5	聲者不可○以調聲	19/54/20
不○於世	8/25/26	○魂魄無異	16/48/30		
此時馮同相○共戒之	8/25/30	願○之自藏	16/50/17	**玉 yù**	**7**
自○不能關其辭	8/25/30	○女環通未終月	17/51/13		
越王常○言	8/26/1	夫子見利○害	18/52/15	○堯之流	3/6/8
此不可○戰	9/26/26	相○太平	19/53/19	（○）〔王〕若殺之	6/23/3
而君之功不○焉	9/27/5	天○其殃	19/54/3	又出○聲以教孤	9/28/17
下○大臣交爭也	9/27/6	子胥○吳何親乎	19/54/13	珠○竭河	13/43/6
而○吳爭彊	9/27/15	奪人自○	19/54/26	以○爲兵	13/43/25
我常○越戰	9/27/17	死○生	19/55/8	夫○、亦神物也	13/43/26
禍○福爲鄰	9/28/10	敗○成	19/55/8	字幼○	20.2/56/10
嘗○越戰	9/28/12	○之同名	19/55/26		
○吳人戰	9/28/15	時莫能○	19/55/26	**浴 yù**	**1**
願一○吳交天下之兵於		莫肯○也	19/56/3		
中原之野	9/29/8	遂願○書生韓重爲偶	20.2/56/10	譬○嬰兒	6/21/11
○吳王整襟交臂而奮	9/29/8	入水○戰	20.11/57/6		
○寡人伐齊	9/30/14	訢恃其○神戰之勇	20.11/57/7	**御 yù**	**3**
〔齊戰而〕勝	9/30/19	要離○之對座	20.11/57/7		
而○齊（大）〔人〕戰		○日戰者不移表	20.11/57/8	欲自○焉	7/24/30
於艾陵	9/31/4	○〔神〕鬼戰者不旋踵		身○子貢至舍	9/28/8
果○晉人相遇黃池之上	9/31/5	20.11/57/8		亡馬失○	20.11/57/9
句踐子○夷	10/32/6	○人戰者不達聲	20.11/57/8		
○夷子子翁	10/32/6	今子○神戰於泉水之中		**欲 yù**	**67**
句踐○吳戰於浙江之上	10/33/19	20.11/57/9			
人○爲怨	10/33/19	王身將即疑船旌麾兵戟		○以貶大吳	1/1/24
家○爲仇	10/33/19	楚王船等者七艘	20.22/59/1	○以亡吳	1/1/29
故可○赴深溪	10/33/22	將軍疑船兵戟○將軍船		作事○以自著	1/2/4
句踐○吳戰	10/34/19	等三船	20.22/59/2	○往渡之	2/3/7
乃脅諸臣而○之盟	11/38/7			今吾不○得荊平王之千金	2/3/13
無○居家	11/38/15	**語 yǔ**	**16**	越王句踐○伐吳王闔廬	4/14/15
○之（講）〔論〕事	11/38/28			瞽瞍○殺舜	4/15/27
○民同苦樂	11/39/3	上殿與○	2/3/26	常○殺舜	4/15/29

記○於魯	18/53/3	見前○橫索生樹桐〔者〕	12/40/3	汝家何等○道客者	17/50/29
至乎更始之○	19/55/22	前○橫索生樹桐者	12/41/5	有○道客	17/51/1
○王四年	20.9/56/29	楚考烈王相春申君吏李		汝家何等○道客	17/51/1
宋大夫華○冢	20.10/57/1	○	17/50/26		

洹 yuán　　1

○江以來屬越	10/35/7

原 yuán　　12

始爲武○鄉	3/9/7
願一與吳交天下之兵於	
中○之野	9/29/8
觀鄉北有武○	10/37/15
武○	10/37/15
今濟北、平○、北海郡	
、菑川、遼東、城陽	15/46/20
巴郡、漢中、隴西、	
〔定襄、太○〕、安	
邑	15/46/30
執中和而○其終始	16/48/10
不○其終始	16/48/11
楚相屈○	19/55/26
屈○同名	19/55/30
屈○隔界	19/56/3
在華○陳留小黃縣北	20.10/57/1

員 yuán　　2

二百石長○卒七士人	10/36/18
伍○取利浦黃瀆土築此	
城	20.6/56/23

袁 yuán　　1

○何佐之	5/18/8

援 yuán　　1

波〔潚〕○而起	5/17/18

園 yuán　　21

今以爲○	3/13/9
見前○橫索生樹桐	12/39/28
	12/40/22

○女弟女環謂○曰	17/50/26
○曰	17/50/27
	17/50/31,17/51/4,17/51/21
○有女弟	17/50/29,17/51/2
使使者來求之○	17/50/30
才人使告○者	17/50/30
〔○曰〕	17/51/3
○宜先供待之	17/51/5
○馳人呼女環	17/51/7
女環使○相春申君	17/51/20
然後告○	17/51/20

圓 yuán　　1

方○之口三千	3/6/8

源 yuán　　6

其主能通習○流	5/18/17
夫人主利○流	5/18/18
不習○流	5/18/21
父母利○流	5/18/23
不能利○流	5/18/24
魄者、生氣之○也	16/49/1

緣 yuán　　1

聖人○天心	16/47/14

轅 yuán　　1

軒○、神農、赫胥之時	13/43/24

遠 yuán　　11

又見子貢與聖人相去不○	1/1/6
闔廬所置諸侯○客離城也	3/8/3
信讒諛而○士	6/20/6
不在○近取也	8/26/5
久○	10/32/5
○嬀於諸侯	11/38/7
○使〔以難〕	11/38/27
〔有〕○道客	17/50/29

怨 yuàn　　13

窮則○恨	1/2/9
○恨則作	1/2/10
猶詩人失職○恨	1/2/10
○恨作文	1/2/11
然寡人亦不敢○子	2/4/7
凶來而民○其上	6/20/13
將誰○乎	6/22/8
將更然有○心不已	6/22/11
今孤之○吳王	9/29/5
人與爲○	10/33/19
乃忘弓矢之○	11/38/22
結○而死	20.2/56/11
悲○成疾	20.2/56/12

願 yuàn　　19

寡人○爲前列	4/14/4,4/14/7
胥○廓目于邦門	6/21/25
○一言之	7/23/22
○王定之	7/24/2
○大王急行	7/24/18
吾○腐髮弊齒	7/24/26
○一與吳交天下之兵於	
中原之野	9/29/8
此孤之大○也	9/29/9
○君王公選於眾	11/38/15
寡人○齎邦之重寶	13/43/10
必得其○	14/44/22
○欲知圖穀上下貴賤	16/48/5
○聞歲之美惡	16/48/23
○聞其說	16/49/8
○子更爲寡人圖之	16/49/30
○與之自藏	16/50/17
遂○與書生韓重爲偶	20.2/56/10
志○從君	20.2/56/12

曰 yuē　　463

問○	1/1/3,1/1/9,1/1/15,1/1/20
	1/1/26,1/2/1,1/2/4,1/2/15
	16/48/31,19/53/26,19/54/11

	19/54/19,19/54/25,19/55/1	12/41/18,12/42/4,12/42/9	使人微告申胥於吳王○	6/21/16
	19/55/2,19/55/3,19/55/5	操鞭捶笞平王之墓而數之○ 2/4/3	太宰嚭對○	6/21/19,6/23/6
	19/55/10,19/55/16,19/55/19	乃報荊昭王○ 2/4/10		12/39/29
○	1/1/9,1/1/16,1/1/20,1/1/21	名〔○〕虎丘 3/6/7	歡○	6/21/23
	1/1/27,1/1/30,1/2/4,1/2/15	故○王世子造以爲田 3/6/29	7/24/23,18/51/26,18/52/19	
	2/2/23,2/2/27,2/2/31,2/3/6	西倉名○均輸 3/11/28	謂太宰嚭○	6/22/1,6/22/4
	2/3/7,2/3/8,2/3/11,2/3/14	名○定錯城 3/12/30	申胥謂逢同○	6/22/2
	2/3/24,2/4/6,4/14/4,4/14/6	子胥於是報闔廬○ 4/14/5	造太宰嚭○	6/22/3
	4/14/9,4/15/19,5/17/15	范蠡諫○ 4/14/15	逢同對○	6/22/8,6/22/13
	5/19/22,6/22/26,7/23/20	故○地貴定傾 4/14/17	王○	6/22/9,6/22/30,6/23/5
	9/26/24,9/27/2,9/28/10	故○天道盈而不溢、盛	6/23/6,6/23/13,7/23/22	
	9/28/11,9/28/15,9/29/3	而不驕者也 4/14/20	7/23/22,7/23/25,8/26/10	
	9/29/14,9/30/7,9/31/1	故○人道不逆四時之謂也 4/14/23	11/38/8,11/38/10,13/42/18	
	10/31/15,11/38/9,12/39/26	《經》○ 4/16/6	13/42/19,13/42/24,14/44/4	
	12/40/10,12/40/13,12/41/11	乃娸然○ 4/16/10	20.19/58/12,20.19/58/13	
	12/41/20,12/42/8,13/42/16	計倪對○ 5/17/21,5/17/30	逢同○	6/22/9
	13/43/3,13/43/22,14/44/11	5/18/12,5/19/1,5/19/5	申胥必諫○不可	6/22/13
	14/44/18,18/51/28,19/54/7	5/19/10,5/19/16,11/38/10	對○	6/22/16
	19/54/11,19/54/13,19/54/25	11/38/12,11/38/19,11/38/25	6/22/18,12/40/7,14/44/4	
	19/54/26,19/55/4,19/55/10	越王○ 5/17/27,5/18/12	16/49/1,17/50/31,17/51/2	
	20.11/57/13,20.19/58/13	5/19/1,5/19/5,5/19/10	17/51/2,20.21/58/23	
	20.19/58/14,20.19/58/15	5/19/16,5/19/18,5/19/21	嚭○	6/22/17
故○越〔絕〕	1/1/12	5/19/22,6/20/8,6/23/11	王孫駱對○	6/22/27,6/22/29
告夫子○	1/1/27	10/31/27,11/38/24,14/44/8		6/23/2
夫子○	1/1/28,1/1/28	16/47/11,16/47/19,16/47/22	王孫駱○	6/22/30
子奢對○	2/2/23	16/47/24,16/47/28,16/47/29	太宰嚭又○	6/23/5
子尙對○	2/2/29	16/47/30,16/48/5,16/48/10	太宰嚭率徒謂之○	6/23/9
謝○	2/3/1	16/48/22,16/48/25,16/48/30	范蠡○ 6/23/10,6/23/13,12/42/7	
謂其舍人○	2/3/5	16/49/14,16/49/17,16/49/28	蠡○ 6/23/13,7/25/19,8/25/30	
而仰謂漁者○	2/3/9	16/50/2,16/50/17,16/50/20	越王親謂吳王○	6/23/13
漁者○	2/3/10,2/3/12,2/3/15	計倪○ 5/19/19	有野人謂子胥○	7/24/5
吾聞荊平王有令○	2/3/12	甲貨之戶○粲 5/19/25	太公○	7/24/17
子胥○	2/3/14,2/3/17,2/4/1	乙貨之戶○黍 5/19/25	子貢○ 7/24/27,8/26/13,9/26/25	
	2/4/8,4/13/27,7/23/22	丙貨之戶○赤豆 5/19/26	9/27/11,9/27/19,9/28/9	
	7/23/23,7/23/25,7/24/15	丁貨之戶○稻粟 5/19/26	9/28/11,9/28/17,9/29/13	
	20.11/57/3,20.22/59/1	戊貨之戶○麥 5/19/27	9/29/14,9/30/14,9/31/1	
顧謂漁者○	2/3/15	己貨之戶○大豆 5/19/27	《傳》○ 7/25/10,8/26/15	
女子○	2/3/17,2/3/18	庚貨之戶○礦 5/19/27	11/38/23,11/38/26,18/52/10	
謂女子○	2/3/18	辛貨之戶○菓 5/19/28	18/52/16,19/54/25,19/55/6	
而道於闔廬○	2/3/21	大夫種始謀○ 6/20/4	種○	7/25/18
闔廬○	2/3/22,4/13/27	大夫種對○ 6/20/8,14/44/3	○范伯	8/25/25
子胥跪而垂泣○	2/3/24	申胥進諫○ 6/20/11	謂大夫種○	8/25/26
吳王○	2/3/26,6/20/17	申胥 6/20/18,6/20/21,6/21/7	進○	8/26/2
	6/20/21,6/21/12,6/21/17	6/21/8,6/21/10,6/22/18	大夫種進○	8/26/4
	6/22/7,6/22/12,6/22/28	太宰嚭從旁對○ 6/21/7	《易》○	8/26/6
	6/23/15,7/24/14,9/27/17	太宰嚭○ 6/21/8,6/21/9	11/39/17,18/52/5,18/52/15	
	12/40/9,12/41/11,12/41/17	6/21/13,6/22/5,12/41/17	故虞舜○	8/26/10

乃召門人弟子而謂之○	9/26/20	群臣對○	12/41/16			16/49/7
陳成恒○	9/26/24	范蠡數吳王○	12/41/21	故名之○神		16/49/2
子貢對○	9/27/3	瞋目謂范蠡○	12/42/6	故○秋多貴陽氣施於陰		16/49/16
臣故○不如伐吳	9/27/7	越王謂吳王○	12/42/7	請於范子○		16/49/20
陳恒○	9/27/10	薛燭對○	13/42/16,13/42/17	故○富貴者		16/49/24
謂吳王○	9/27/14		13/42/25	問大夫種○		16/50/11
而問○	9/28/8	薛燭○	13/42/18	大夫種○		16/50/12
報吳王○	9/30/1	故○巨闕	13/42/21	稱○		16/50/13
乃懼○	9/30/2	一○湛盧	13/42/28	園女弟女環謂園○		17/50/26
乃召子貢而告之○	9/30/13	二○純鈞	13/42/28	園○		17/50/27
謂晉君○	9/30/18	三○勝邪	13/42/28		17/50/31,17/51/4,17/51/21
故○子貢一出	9/31/8	四○魚腸	13/42/28	女環○	17/50/28,17/51/5
更名茅山○會稽	10/31/16	五○巨闕	13/42/28	因對○		17/50/29
孔子對○	10/31/27	楚王召風胡子而問之○	13/43/9	春申君○	17/51/2,17/51/3
句踐喟然嘆○	10/32/1	風胡子○	13/43/11	〔園○〕		17/51/3
一○怪山	10/32/21	一○龍淵	13/43/13,13/43/14	告女〔弟〕環○		17/51/4
一○	10/33/13	二○泰阿	13/43/13,13/43/15	女環謂春申君○		17/51/8
耆老、壯長進諫○	10/33/19	三○工布	13/43/13,13/43/15			17/51/13
兵法○	10/33/22	〔見〕風胡子問之○	13/43/14	皆○		17/51/11
其入辭○	10/33/29	風胡子對○	13/43/14	〔春申君○〕		17/51/14
故○麻林多	10/34/16		13/43/15,13/43/23,13/43/24	烈王○		17/51/17
故○犬山	10/35/1	楚王○	13/43/15,13/43/23	蠡對○		18/51/26
故○木客〔也〕	10/35/13		13/43/28	故○越絕是也		18/52/3
一○句踐伐善（村）		越王句踐問大夫種○	14/44/3	洩言○		18/52/23
〔材〕	10/35/13	一○尊天地	14/44/4	故○衆者傳目		19/53/15
故○木客	10/35/14	二○重財幣	14/44/4	《論語》○		19/53/26
故○陳音山	10/35/27	三○貴糴粟糶	14/44/5		19/55/2,19/55/6,19/55/8
越人謂鹽○餘	10/36/22	四○遺之好美	14/44/5	（問）請粟者求其福	
後因以爲名○塘	10/36/24	五○遺之巧匠	14/44/5	祿必可獲		19/54/1
名○就李	10/37/7	六○遺其諛臣	14/44/6	〔問〕		19/54/6
號○趙政	10/37/21	七○彊其諫臣	14/44/6	其女化形而歌○	20.2/56/11
乃更名大越○山陰	10/38/2	八○邦家富而備〔利〕器	14/44/7	○要離	20.11/57/3
則孔主（○）〔曰〕益		九○堅厲甲兵	14/44/7	〔王○〕	20.11/57/4
上	11/38/14	故○九者勿患	14/44/7	〔子胥○〕	20.11/57/4
則孔主（○）〔曰〕益		申胥諫○	14/44/12,14/44/20	即謂之○	20.11/57/7
下	11/38/14	越王句踐問范子○	16/47/10	要離戒其妻	20.11/57/11
臣故○殆哉	11/38/18	范子對○	16/47/10,16/47/12	要離○	20.11/57/14
越王勃然○	11/38/18	范子○	16/47/20,16/47/24		20.11/57/15,20.11/57/16
孔子○	11/39/4		16/47/25,16/47/28,16/47/29	菑邱訢○	20.11/57/14
故《傳》○	11/39/14,18/52/3		16/47/31,16/48/6,16/48/9		20.11/57/16
又○	11/39/18		16/48/10,16/48/17,16/48/23	於是菑邱訢仰天歎○	20.11/57/19
公孫聖仰天嘆○	12/40/14		16/48/29,16/48/30,16/49/8	左右○	20.18/58/8
大君○	12/40/16		16/49/14,16/49/21,16/49/30	答○	20.18/58/8
吳王勞○	12/40/20		16/50/2,16/50/15,16/50/17	《伍子胥水戰兵法內經》	
仰天嘆○	12/40/23	越王問范子○	16/48/9,16/48/17	○	20.20/58/18
聖仰天嘆○	12/41/8	聖人命之○春	16/48/19		
顧謂左右○	12/41/16	越王問於范子○	16/48/28		

約 yuē	3	〔春申君〕大○	17/51/8	○干王之城也	3/8/19
		烈王○	17/51/18	故○王王史冢也	3/8/21
貴其內能自○	1/1/12	聖人不○（夏）〔下〕		後○搖王居之	3/8/23
躬自省○	1/1/18	愚	19/54/21	搖○所鑿	3/9/3
今越王爲吾（蒲）〔蒲〕				闔廬所以候外○也	3/9/9
伏○辭	6/21/1	**越 yuè**	303	吳宿兵候外○也	3/9/11
				皆故大○徙民也	3/9/13
月 yuè	24	何謂《○絕》	1/1/3	○王不審名冢	3/10/11
		○者、國之氏也	1/1/3	○王棲吳夫差山也	3/10/13
六年十二○乙卯鑿官池	3/12/27	彊○	1/1/5	○王（候）〔使〕干戈	
漢孝景帝五年五○	3/13/14	見夫子作《春秋》而略吳○	1/1/5	人一累土以葬之	3/10/15
天漢五年四○	3/13/19	何不稱《○經書記》	1/1/9	百○叛去	3/12/15
言不失陰陽、日○、星		○專其功	1/1/12,18/52/3	（東）〔更〕名大○爲	
辰之綱紀	4/14/15	故曰○〔絕〕	1/1/12	山陰也	3/12/15
三○得反國政	4/15/13	夫○王句踐	1/1/16,12/42/2	楚威王與○王無彊並	3/12/20
日○、星辰、刑德	5/19/6	○伐彊吳	1/1/17,1/1/23	○地	3/12/22
○朔更建	5/19/6	故與○專其功而有之也	1/1/18	○王弟夷烏將軍殺濤	3/13/3
居軍三○	6/23/11	然○專其功而有之	1/1/20	○王句踐徙瑯邪	3/13/21
日○光明	7/23/28	小○而人吳	1/1/20	楚考烈王并○於瑯邪	3/13/21
子嬰立六○	10/37/22	小○大吳奈何	1/1/21	○王句踐欲伐吳王闔廬	4/14/15
以正○甲戌到大越	10/37/28	○王句踐屬芻莘養馬	1/1/22	言○之伐吳	4/15/6
仰之如日○	11/39/19	故不使○第一者	1/1/23	○王句踐反國六年	4/16/13
師兵三○不去	12/41/14	顯弱○之功也	1/1/24	○人謂人鍛也	4/16/14
此其用兵○日數	15/46/7	吳亡而○興	1/1/26	○人往如江也	4/16/14
然後有寒暑、燥濕、日		○亦賢矣	1/1/26	○人謂船爲須慮	4/16/15
○、星辰、四時而萬		是以明知○霸矣	1/1/29	○王句踐既得反國	5/17/15
物備	16/47/13	入○而止	1/1/31	○王曰	5/17/27,5/18/12
冬三○之時	16/49/8	《○絕》誰所作	1/2/1	5/19/1,5/19/5,5/19/10
夏三○盛暑之時	16/49/9	吳○賢者所作也	1/2/1	5/19/16,5/19/18,5/19/21
萬物方夏三○之時	16/49/10	不當獨在吳○	1/2/5	5/19/22,6/20/8,6/23/11
方夏三○之時	16/49/11	其在吳○	1/2/5	10/31/27,11/38/24,14/44/8
與女環通未終○	17/51/13	其後道事以吳○爲喻	1/2/6	16/47/11,16/47/19,16/47/22
今懷君子一○矣	17/51/13	故直在吳○也	1/2/7	16/47/24,16/47/28,16/47/29
十○產子男	17/51/18	《○絕》	1/2/8	16/47/30,16/48/5,16/48/10
日○一明	19/53/19	築吳○城	3/4/15	16/48/22,16/48/25,16/48/30
齊德日○	19/55/29	○王句踐滅之	3/4/16	16/49/14,16/49/17,16/49/28
		南（○）〔城〕宮	3/4/22	16/50/2,16/50/17,16/50/20
悅 yuè	14	興樂〔石〕（○）〔城〕	3/4/25	處於吳、楚、○之間	5/18/4
		○（宋）〔糵〕王城也	3/6/21	○王句踐與吳王夫差戰	6/20/3
王私○之	7/24/30	時（與）搖（城）〔○〕		○王去會稽	6/20/4
得蠡而○	7/25/15	王〔與〕（周宋）		夫王與○也	6/20/11
吳王大○	9/28/6,9/30/13	〔糵〕君戰於語招	3/6/21	非吳有○	6/20/12
12/40/4,14/44/12,14/44/19	故○王餘復君所治也	3/7/11	○必有吳	6/20/13
越王大○	9/29/16	是時烈王歸於○	3/7/11	且○王有智臣范蠡	6/20/14
（銳）〔○〕兵任死	10/32/2	故○王城也	3/7/14	夫○王之謀	6/20/15
大○	13/43/13	以備外○	3/8/1	是○之福也	6/20/17
楚王於是大○	13/43/22	○荊王所置	3/8/17	我卑服○	6/20/17

今以〇之饑	6/20/18	子待吾伐〇而還	9/27/18	〇王夫鐔以上至無餘	10/32/5
〇無罪	6/20/19	夫〇之彊不下魯	9/27/19	〇之弋獵處〔也〕	10/33/4
〇王句踐有急	6/20/21	君以伐〇而還	9/27/19	〇師潰墜	10/33/23
今〇王爲吾（蒲）〔蒱〕		且夫伐小〇而畏彊齊者		〇軍敗矣	10/33/25
伏約辭	6/21/1	不勇	9/28/1	今〇句踐其已敗矣	10/33/25
今〇人不忘吳矣	6/21/3	今君存〇勿毀	9/28/3	〇易兼也	10/33/26
〇人之入	6/21/25	且大吳畏小〇如此	9/28/5	〇師請降	10/33/26
〇在我猶疥癬	6/22/17	臣請東見〇王	9/28/5	〇樓於會稽之山	10/33/26
胥聞〇王句踐罷吳之年	6/22/19	是君實空〇	9/28/5	〇樓於會稽日	10/33/28
〇王句踐食不殺而饜	6/22/20	乃（行）〔使〕子貢		此〇未戰而服	10/33/30
〇王句踐寢不安席	6/22/21	〔之〇〕	9/28/6	外〇賜義也	10/34/7
〇王句踐衣弊而不衣新	6/22/22	子貢東見〇王	9/28/8	〇謂齊人多	10/34/16
〇在我	6/22/23	〇王聞之	9/28/8,9/31/5	使〇女織治葛布	10/34/25
以〇爲憂	6/22/24	〇王句踐稽首再拜		銅官之山也	10/34/27
圖〇	6/23/5		9/28/15,9/29/3	〇人謂之銅姑瀆	10/34/27
〇難成矣	6/23/6	其志畏〇	9/28/11	洹江以來屬〇	10/35/7
〇興師伐吳	6/23/9	嘗與〇戰	9/28/12	〇魑	10/36/6
〇王不忍	6/23/9	子待我伐〇而聽子	9/28/13	〇神巫無杜子孫也	10/36/11
〇追之	6/23/12	吳〇之士繼（蹟）〔踵〕		〇所害軍船也	10/36/14
〇王謂范蠡殺吳王	6/23/12	連死	9/29/8	所以遏吳軍也	10/36/16
〇王親謂吳王曰	6/23/13	〇王愾然避位	9/29/13	〇鹽官也	10/36/22
昔者上蒼以〇賜吳	6/23/14	〇王大悅	9/29/16	〇人謂鹽曰餘	10/36/22
〇王與之劍	6/23/15	〇王送之金百鎰、寶劍		吳伐〇	10/36/29
〇王葬於卑猶之山	6/23/16	一、良馬二	9/30/1	故〇界	10/37/7
吳〇爲鄰	7/23/28	〔臣〕敬以下吏之言告		吳（彊）〔疆〕〇地以	
〇有神山	7/24/2	〇王	9/30/2	爲戰地	10/37/7
興師伐〇	7/24/10	〇王大恐	9/30/2	吳王夫差伐〇	10/37/12
釋〇之圍	7/24/10	〇使果至	9/30/7	吳王復還封句踐於〇	10/37/12
吳王夫差興師伐〇	7/24/13	故使〇賤臣種以先人之		大〇故界	10/37/13
與〇爭彗	7/24/14	藏器	9/30/10	自無餘初封於〇以來	10/37/17
〇將掃我	7/24/14	〇使果來	9/30/13	傳聞〇王子孫	10/37/17
此時〇軍大號	7/24/15	〔〇亂之必矣〕	9/30/19	道度諸暨、大〇	10/37/28
夫差恐〇軍入	7/24/15	（〇亂之必矣）	9/31/2	以正月甲戍到大〇	10/37/28
〇師敗矣	7/24/16	去晉從〇	9/31/6	刻（丈六）〔文立〕於	
〇在南	7/24/16	〇王迎之	9/31/6	〇（東）〔棟〕山上	10/37/30
是〇將凶、吳將昌也	7/24/19	〔〇〕遂圍王宮	9/31/7	徙大〇民	10/38/1
胡〇相從	7/25/17	霸〇是也	9/31/8	置海南故大〇處	10/38/1
去吳之〇	7/25/19	〇之先君無餘	10/31/12	以備東海外〇	10/38/1
遂霸〇邦	7/25/20	別封於〇	10/31/12	乃更名大〇曰山陰	10/38/2
〇承二賢	7/25/20	大〇海濱之民	10/31/14	〇王句踐近侵於彊吳	11/38/7
吳〇二邦同氣共俗	8/25/30	到大〇	10/31/15	〇王勃然曰	11/38/18
地戶之位非吳則〇	8/26/1	巡狩大〇	10/31/16	〇王大媿	11/39/2
乃入〇	8/26/1	無餘初封大〇	10/31/23	結心於〇	11/39/8
〇王常與言	8/26/1	內、外〇別封削焉	10/31/24	師事〇公	11/39/8
遊於楚〇之間	8/26/4	孔子有頃姚稽到〇	10/31/27	〇乃興師	11/39/10
我常與〇戰	9/27/17	夫〇性〔脆〕而愚	10/32/1	進兵圍〇會稽壂山	11/39/11
夫〇君、賢主也 9/27/17,9/28/12		〇之常性也	10/32/3	〇吾宮牆	12/39/27,12/40/3

大夫既○	11/38/24	
即尙○耶	12/41/19	
青氣○〔軍〕上	15/45/14	
青氣○右	15/45/15	
青氣○後	15/45/15	
青氣○左	15/45/15	
青氣○前	15/45/16	
赤氣○軍上	15/45/16	
赤氣○右	15/45/17	
赤氣○後	15/45/17	
赤氣○（右）〔左〕	15/45/18	
赤氣○前	15/45/19	
黃氣○軍上	15/45/19	
黃氣○右	15/45/20	
黃氣○後	15/45/20	
黃氣○左	15/45/21	
黃氣○前	15/45/21	
白氣○軍上	15/45/22	
白氣○右	15/45/23	
白氣○後	15/45/24	
白氣○左	15/45/24	
白氣○前	15/45/25	
黑氣○軍上	15/45/25	
黑氣○右	15/45/26	
黑氣○後	15/45/27	
黑氣○左	15/45/27	
黑氣○前	15/45/28	
氣○軍上	15/46/1	
其〔氣〕○右而低者	15/46/1	
其氣○前而低者	15/46/2	
其氣○後而低者	15/46/2	
其氣○左而低者	15/46/3	
寧○一人耶	16/47/20	
治○於人	16/48/22	
兵之要○於人	16/49/31	
人之要○於穀	16/50/1	
以其誠〔○〕於內	18/52/2	
音兆常○	18/52/26	
而況面○乎	19/54/16	
蓋不○年	19/55/30	
今見○	20.1/56/8	
○華原陳留小黃縣北	20.10/57/1	
句踐遊臺上有龜公冢○	20.14/57/26	
我○此	20.19/58/14	
○越爲范蠡	20.23/59/5	
○齊爲鴟夷子皮	20.23/59/5	

○陶爲朱公　　　　20.23/59/5

再 zài 　10

如是者○	1/1/28
子貢○拜而問	1/1/28
不可○更	5/18/3
一歲○倍	5/18/14
越王句踐稽首○拜	9/28/10
	9/28/15,9/29/3
太宰嚭前○拜	12/41/10
○拜獻之大王	14/44/12
使下臣種○拜獻之大王	14/44/19

載 zài 　7

○列姓名	1/2/9
頗相覆○	1/2/16
船到即○	2/3/9
所○襄王之後	3/7/12
○從炭瀆至練塘	10/35/9
傳之萬○	18/51/29
天地所不容○	19/54/4

噆 zǎn 　1

○脣吸齒　　　　10/33/25

臧 zāng 　2

死而龍○　　13/43/25,13/43/26

葬 zàng 　26

（築）〔○〕〔之〕三 日而白虎居〔其〕上	3/6/9
襄王時神女所○也	3/6/19
○武里南城	3/6/23
吳故神巫所○也	3/7/9
○虞西山	3/7/21
吳所○	3/10/7
越王（候）〔使〕干戈 人一累土以○之	3/10/15
古諸侯王所○也	3/12/20
不能相○	5/18/1
越王○於卑猶之山	6/23/16
○會稽	10/31/17

以爲禹○以法度	10/31/21
句踐所徙○先君夫鐔冢 也	10/34/23
○民西	10/35/27
句踐所○大夫種也	10/35/30
○之三蓬下	10/35/30
句踐○之	10/36/1
死○其上	10/36/6
江東中巫○者	10/36/11
句踐於中江而○之	10/36/11
當與人俱○〔也〕	12/41/5
令吾家無○我	12/41/9
死○其疆	19/55/24
○閶門外	20.2/56/11
闔廬○女於邦西	20.3/56/15
遂○城中	20.4/56/19

遭 zāo 　6

堯○帝嚳之後亂	4/16/18
殷湯○夏桀無道	4/16/22
先遇闔廬、後○夫差也	7/24/24
後○險	18/52/21
○逢變亂	19/54/29
范蠡○世不明	19/55/12

早 zǎo 　7

君王必○閉而晏開	2/2/25
不○備生	5/18/1
故聖人○知天地之反	5/18/15
請○暮無時	6/23/5
悔不○誅	7/25/10
子何不○圖之乎	12/42/6
莫如○死	18/52/22

造 zào 　20

闔廬所○也	3/5/1
故曰王世子○以爲田	3/6/29
闔廬○以遊姑胥之臺	3/7/18
爲○齊門	3/7/20
闔廬所○	3/7/31,3/8/1
太守周君○陵道語昭	3/9/22
春申君初封吳所○也	3/10/1
春申君所○	3/11/20,3/11/26
	3/11/28,3/12/1,3/12/3

幘 zé	1
解冠〇	12/41/7
擇 zé	4
其所〇者	5/18/18
聖主〇焉	6/22/19
今君悉〇四疆之中	9/27/8
〔請〕悉〇四疆之中	9/30/12
澤 zé	2
東歐王爲彭〇王	3/13/3
〇及夷狄	4/17/8
譖 zèn	1
由重〇子胥於吳	8/26/14
曾 zēng	2
〇無跬步之勞、大呼之功	11/38/22
〇子去妻	19/55/7
憎 zēng	1
賢子有諫者〇之	5/18/25
增 zēng	2
其二〇水門二	3/5/3
一〇柴路	3/5/4
繒 zēng	1
而賜太宰嚭雜〇四十疋	12/40/4
贈 zèng	1
〇臣妾、馬牛	6/21/19
詐 zhà	7
夫獸虫尙以〇相就	6/20/20
善爲僞〇	9/29/15
（畫）〔畫〕陳〇兵	10/33/23
爲〇兵	11/39/11
使張儀〇殺之	17/51/21
智能生〇	19/53/29
作〇成伯	19/55/13
齋 zhāi	1
句踐〇戒臺也	10/32/18
宅 zhái	2
以收田〇、牛馬	5/19/12
則治射防於〇亭、賈亭北	10/38/2
占 zhān	5
即召太宰而〇之	12/39/26
子爲寡人精〇之	12/39/28
	12/40/22
不能〇大王夢	12/40/7
可〇大王所夢	12/40/9
瞻 zhān	3
以（〇）〔瞻〕天下	4/17/4
視〇不明	12/41/16
猛獸歐〇	13/43/22
斬 zhǎn	3
驚前者〇	6/23/6
〇殺無罪	10/33/21
敖歌擊鼓者〇	20.22/59/2
湛 zhàn	6
〇以爲陂	3/12/22
一曰〇盧	13/42/28
得其勝邪、魚腸、〇盧	13/43/1
〇盧之劍	13/43/1
得吳王〇盧之劍	13/43/2
與我〇盧之劍	13/43/3
戰 zhàn	49
十五〇	2/4/2
吳侵以爲〇地	3/5/26
時（與）搖（城）〔越〕王〔與〕（周宋）〔粟〕君於語招	3/6/21
吳之〇地	4/15/6
未〇	4/15/6
重遲不可〇	5/17/23
〇則耳目不聰明	5/17/23
與人同時而〇	5/17/25
越王句踐與吳王夫差〇	6/20/3
民習於〇守	6/20/5
仇讎敵〇之邦	6/20/12
飾〇〔具〕	6/20/15
謝〇者五（父）〔反〕	6/23/9
范蠡興師〇於就李	7/24/9
此不可與〇	9/26/26
〔〇勝以驕主〕	9/27/5
百姓習於〇守	9/27/8
我常與越〇	9/27/17
嘗與越〇	9/28/12
與吳人〇	9/28/15
彼〇而不勝	9/29/1
彼〇而勝	9/29/1
數〇伐	9/29/14
今齊、吳將〇	9/30/19
〔彼〇而不勝〕	9/30/19
〔與齊〇而〕勝	9/30/19
（彼〇而不勝）	9/31/2
而與齊（大）〔人〕〇於艾陵	9/31/4
〇於五湖	9/31/6
（二）〔三〕〇不勝	9/31/7
句踐與吳〇於浙江之上	10/33/19
此越未〇而服	10/33/30
句踐與吳〇	10/34/19
吳（彊）〔疆〕越地以爲〇地	10/37/7
子胥〇於就李	11/39/5
與〇西江	11/39/10
守〇數年	11/39/12
其民習於關〇	12/39/24
〇不勝	12/41/2
角〇以死	18/51/26
入水與〇	20.11/57/6
訴恃其與神〇之勇	20.11/57/7
吾聞勇士之〇也	20.11/57/7
與日〇者不移表	20.11/57/8

三日不〇	19/55/6

召 zhào 24

王〇奢而問之	2/2/23
若〇子	2/2/23
於是王即使使者〇子尚	
於吳	2/2/27
吾聞荊平王〇子	2/2/28
荊平王復使使者〇子胥	
於鄭	2/2/31
王即使〇子胥	2/3/23
桓公〇其賊而霸諸侯者	4/16/1
是謂〇其賊霸諸侯也	4/16/3
乃〇計倪而問焉	5/17/15
〇申胥	6/22/16
吳王〇太宰嚭而謀	6/22/16
吳王復〇申胥而謀	6/22/17
王〇駱而問之	6/22/27
悉〇楚仇而近之	7/25/6
乃〇門人弟子而謂之曰	9/26/20
乃〇子貢而告之曰	9/30/13
即〇太宰而占之	12/39/26
〇王孫駱而告之	12/40/7
臣請〇之	12/40/9
王〇而問之	13/42/15
乃〇掌者	13/42/17
楚王〇風胡子而問之曰	13/43/9
君〇而戒之	17/51/10
即〇之	17/51/17

兆 zhào 10

東南有霸〇	1/1/30
地〇未發	4/15/2
故地〇未發	4/15/3
安危之〇	7/23/26
俱見霸〇出於東南	7/25/17
印天之〇	11/39/9
今京〇郡	15/46/10
〇言其災	18/52/15
音〇常在	18/52/26
深述厥〇	18/52/29

炤 zhào 3

因以〇龜	10/32/20

〇龜龜山	10/33/11
句踐客秦伊善〇龜者冢	
也	10/35/25

詔 zhào 1

待〇入吳	10/33/29

照 zhào 1

守宮者〇燕失火	3/5/7

趙 zhào 5

號曰〇政	10/37/21
政、〇外孫	10/37/21
政使將王涉攻〇	10/37/25
得〇王尚	10/37/26
〇故治邯鄲	15/47/6

櫂 zhào 1

〇五十人	20.20/58/19

折 zhé 1

江水〇揚	13/43/22

者 zhě 459

越〇、國之氏也	1/1/3
絕〇、絕也	1/1/4,1/1/9
其後賢〇辯士	1/1/5
故作此〇	1/1/12
賢〇所述	1/1/12
任用賢〇	1/1/15
諸侯莫敢叛〇	1/1/21
故不使越第一〇	1/1/23
如是〇再	1/1/28
天生宰嚭〇	1/1/28
賢〇不妄言	1/1/31
吳越賢〇所作也	1/2/1
賢〇嗟歎	1/2/2
今但言賢〇	1/2/4
焉有誦述先聖賢〇	1/2/8
直斥以身〇也	1/2/9,1/2/13
經〇、論其事	1/2/15

傳〇、道其意	1/2/15
外〇、非一人所作	1/2/15
說之〇見夫子刪《詩》	
《書》	1/2/16
明說〇不專	1/2/17
昔〇　　2/2/22,3/4/14,5/17/15	
6/20/3,7/23/20,7/24/13	
8/25/25,9/26/19,9/28/15	
10/31/12,11/38/7,12/39/24	
13/42/15,14/44/3,14/44/18	
16/47/10,17/50/26,18/51/26	
不對不知子之心〇	2/2/24
於是王即使使〇召子尚	
於吳	2/2/27
入〇窮	2/2/28
出〇報仇	2/2/28
入〇皆死	2/2/29
荊平王復使使〇召子胥	
於鄭	2/2/31
出見使〇	2/3/1
請有道於使〇	2/3/1
使〇還報荊平王	2/3/2
見漁〇	2/3/6
漁〇知其非常人也	2/3/6
子胥即從漁〇之蘆碕	2/3/8
漁〇復歌往	2/3/8
而仰謂漁〇曰	2/3/9
漁〇曰　2/3/10,2/3/12,2/3/15	
縱荊邦之賊〇	2/3/10
報荊邦之仇〇	2/3/11
以與漁〇	2/3/11
得伍子胥〇	2/3/12
漁〇渡于于斧之津	2/3/13
毋令追〇及子也	2/3/14
顧謂漁〇曰	2/3/15
彼必經諸侯之邦可以報	
其父仇	2/3/23
唯大王可以歸骸骨〇	2/3/25
語無復〇	2/3/26
有不聽子胥之教〇	2/3/27
昔〇吾先人無罪而子殺之	2/4/3
昭王乃使使〇報子胥於吳	2/4/5
昔〇吾先人殺子之父	2/4/6
賢〇不爲也	2/4/9
使〇遂還	2/4/10
守宮〇照燕失火	3/5/7
辟塞〇	3/5/22

溢〇	7/24/16	
昔〇武王伐紂時	7/24/17	
太宰〇、官號	7/25/5	
嚭〇、名也	7/25/5	
知有賢〇	7/25/14	
求〇不爭買	8/26/3	
昔〇市偷自衒於晉	8/26/4	
謂之帝王求備〇亡	8/26/6	
有高世之材〔〇〕	8/26/6	
有至智之明〇	8/26/6	
成大功〇不拘於俗	8/26/7	
論大道〇不合於衆	8/26/7	
諸侯有相伐〇	9/26/20	
憂在內〇攻彊	9/27/3	
憂在外〇攻弱	9/27/3	
臣聞君三封而三不成〇	9/27/4	
大臣有不聽〇也	9/27/4	
孤立制齊〇	9/27/10	
王〇不絕世	9/27/14	
而霸〇不彊敵	9/27/14	
勇在害彊齊而威申晉邦〇	9/27/16	
則王〇不疑也	9/27/17	
且夫伐小越而畏彊齊〇 不勇	9/28/1	
見小利而忘大害〇不智	9/28/1	
兩〇臣無爲君取焉	9/28/2	
智〇不棄時以舉其功	9/28/2	
王〇不絕世以立其義	9/28/3	
臣今〔〇〕見吳王	9/28/11	
且夫無報人之心而使人 疑之〇	9/28/13	
有報人之心而使人知之〇	9/28/14	
事未發而〔先〕聞〇	9/28/14	
三〇	9/28/14	
勢在其上位而行惡令其 下〇	9/28/20	
臣竊自練可以成功〔而〕 至王〇	9/28/20	
昔〇吳王分其人民之衆 以殘伐吳邦	9/29/3	
耳不聽鐘鼓〇	9/29/7	
似將使使〇來	9/30/5	
尙以爲居之〇樂	10/31/18	
爲之〇苦	10/31/18	
禹至此〇	10/31/19	
覆釜〇、州土也、塡德 也	10/31/19	

禹井井〇、法也	10/31/20	
山陰大城〇	10/32/15	
稷山〇	10/32/18	
龜山〇	10/32/20	
怪山〇	10/32/21	
樂野〇	10/33/4	
其山上石室〔〇〕	10/33/4	
東郭外南小城〇	10/33/9	
冰室〇	10/33/13	
浦陽〇	10/33/15	
夫山〇	10/33/17	
陽城里〇	10/34/3	
富陽里〇	10/34/7	
安城里高庫〇	10/34/9	
獨山大冢〇	10/34/14	
會稽山上城〇	10/34/19	
會稽山北城〇	10/34/21	
若耶大冢〇	10/34/23	
葛山〇	10/34/25	
姑中山〇	10/34/27	
富中大塘〇	10/34/30	
犬山〇	10/35/1	
雞山、豕山〇	10/35/6	
練塘〇	10/35/9	
木客大冢〇	10/35/12	
官瀆〇	10/35/16	
苦竹城〇	10/35/18	
北郭外、路南溪北城〇	10/35/21	
舟室〇	10/35/23	
民西大冢〇	10/35/25	
句踐客秦伊善炤龜〇冢 也	10/35/25	
射浦〇	10/35/27	
種山〇	10/35/30	
後有賢〇	10/36/1	
巫山〇	10/36/6	
六山〇	10/36/8	
句踐遣使〇取於南社	10/36/8	
江東中巫葬〇	10/36/11	
石塘〇	10/36/14	
防塢〇	10/36/16	
杭塢〇	10/36/18	
塗山〇	10/36/20	
朱餘〇	10/36/22	
獨婦山〇	10/36/26	
後說之〇	10/36/26	
馬嗥〇	10/36/29	

浙江南路西城〇	10/37/1	
所以然〇	10/37/1,11/39/5	
女陽亭〇	10/37/9	
夫官位、財幣、〔金賞 〇〕	11/38/11	
〔操鋒履刃、艾命投〕 死〇	11/38/11	
夫仁義〇	11/38/12	
士民〇	11/38/13	
二〇貴質浸之漸也	11/38/14	
無功〇不敢干治	11/38/17	
以爲賢〇	11/38/21	
賢〇所羞	11/38/24	
誠〇不能匿其辭	11/38/24	
臣聞智〇不妄言	11/38/25	
賢〇始於難動	11/38/25	
不肖〇無所置	11/39/1	
是時死傷〇不可稱數	11/39/5	
莫能知〇	11/39/7	
故身操死持傷及被兵〇	11/39/7	
子胥賢〇	11/39/14	
〔知〕進退存亡〔而〕 不失其正	11/39/18	
向〇晝臥	12/39/26	
見後房鍛〇扶挾鼓小震	12/39/28	
	12/40/22	
夫章明〇	12/39/29	
見兩鑪炊而不蒸〇	12/40/1	
	12/41/3	
見兩黑犬嗥以北、嗥以 南〔〇〕	12/40/1	
兩鏵倚吾宮堂〔〇〕	12/40/2	
見前園橫索生樹桐〔〇〕	12/40/3	
見後房鍛〇扶挾鼓小震〇	12/40/4	
伏地而泣〇	12/40/16,12/41/1	
夫好船〇溺	12/40/23	
好騎〇墮	12/40/23	
誤讒申〇	12/41/1	
夫章〇	12/41/2	
明〇	12/41/2	
見兩黑犬嗥以北、嗥以 南〇	12/41/3	
見兩鏵倚吾宮堂〇	12/41/4	
越吾宮牆〇	12/41/5	
前園橫索生樹桐〇	12/41/5	
後房鍛〇鼓小震	12/41/6	
流血浮尸〇	12/41/15	

王有過〇五	12/41/21	生凌死〇順	16/48/25	范蠡不久乃為狂〇	19/54/29
此非大過〇二乎	12/42/1	寡人聞人失其魂魄〇死	16/48/28	不能〇止	19/55/2
此非大過〇三乎	12/42/2	得其魂魄〇生	16/48/28	胥死〇	19/55/4
此非大過〇四乎	12/42/3	魂〇、橐也	16/49/1	行〇、去也	19/55/6
此非大過〇五乎	12/42/4	魄〇、生氣之源也	16/49/1	微子去〇	19/55/9
使死〇有知	12/42/10	故神生〇	16/49/1	比干死〇	19/55/9
客有能相劍〇	13/42/15	魄〇主賤	16/49/2	箕子亡〇	19/55/10
乃召掌〇	13/42/17	魂〇主貴	16/49/2	論〇不得	19/55/28
寶劍〇	13/42/18	魂〇	16/49/3	名門〇	20.1/56/8
宮人有四駕白鹿而過〇	13/42/20	神〇	16/49/3	〔菑邱訢〇〕	20.11/57/5
客有直之〇	13/42/25	故死凌生〇	16/49/4	與日戰〇不移表	20.11/57/8
闔廬使專諸為奏炙魚〇	13/43/4	生凌死〇	16/49/4	與〔神〕鬼戰〇不旋踵	
故曰九〇勿患	14/44/7	陽〇主生	16/49/10		20.11/57/8
類龍蛇而行〇	14/44/10	陽〇主貴	16/49/14	與人戰〇不達聲	20.11/57/8
使〇臣種	14/44/11	陰〇主賤	16/49/15	曩〇吾辱壯士菑邱訢於	
昔〔〇〕桀起靈門	14/44/13	故當寒而不寒〇	16/49/15	大眾之座	20.11/57/11
其氣盛〇	15/45/11	當溫而不溫〇	16/49/15	人莫敢有譽吾〇	20.11/57/19
軍上有赤色氣〇	15/45/13	昔〇神農之治天下	16/49/23	為鉤〇眾多	20.19/58/12
攻〇其誅乃身	15/45/13	故曰富貴〇	16/49/24	何〇是也	20.19/58/13
其本廣末銳而來〇	15/45/14	下士人而求成邦〇	16/49/30	操長鉤矛斧〇四	20.20/58/19
	15/45/19	使百姓安其居、樂其業		大翼〇	20.21/58/24
其氣本廣末銳而來〇	15/45/16	〇	16/49/31	小翼〇	20.21/58/24
	15/45/23, 15/45/25	王而備此二〇	16/50/1	突冒〇	20.21/58/25
其〔氣〕在右而低〇	15/46/1	初見出於天〇	16/50/4	樓船〇	20.21/58/25
其氣在前而低〇	15/46/2	初見入於地〇	16/50/6	橋船〇	20.21/58/25
其氣在後而低〇	15/46/2	初見半於人〇	16/50/7	王身將即疑船旄麾兵戟	
其氣陽〇	15/46/2	未肯為王言〇也	16/50/13	與王船等〇七艘	20.22/59/1
其氣在左而低〇	15/46/3	陰陽進退〇	16/50/18	敖歌擊鼓〇斬	20.22/59/2
道〇、天地先生	16/47/12	夫陰入淺〇即歲善	16/50/18		
術〇、天意也	16/47/14	陽入深〇則歲惡	16/50/18	**浙 zhè**	**9**
所謂末〇	16/47/16	汝家何等遠道客〇	17/50/29		
所謂實〇	16/47/17	使使〇來求之園	17/50/30	通〇江	3/12/22
凡此四〇	16/47/17	才人使告園〇	17/50/30	錢唐〇江岑石不見	3/13/19
是所謂執其中和〇	16/47/22	可屬嗣〇	17/51/17	句踐與吳戰於〇江之上	10/33/19
知保人之身〇	16/47/24	當是時言之〇	18/51/31	石買發行至〇江上	10/33/20
失天下〇也	16/47/24	賢〇垂意	18/52/8	西至〇江	10/33/28
此天之三表〇也	16/48/2	後僇〇	18/52/20	遂許之〇江是也	10/34/1
古〇天子及至諸侯	16/48/12	故曰眾〇傳目	19/53/15	〇江南路西城者	10/37/1
瓦解而倍畔〇	16/48/13	多〇信德	19/53/15	〇江至就李	10/37/13
春不生遂〇	16/48/19	必有可觀〇焉	19/53/27	取錢塘〇江「岑石」	10/37/29
春〇、夏之父也	16/48/19	（問曰）請粟〇求其福			
春肅而不生〇	16/48/20	祿必可獲	19/54/1	**珍 zhēn**	**2**
夏寒而不長〇	16/48/21	昔〇管仲生	19/54/16		
秋順而復榮〇	16/48/21	賢〇所過化	19/54/19	牽攣於〇怪貴重之器	16/48/12
冬溫而泄〇	16/48/21	盲〇不可示以文繡	19/54/19	款塞貢〇	19/54/28
此所謂四時〇	16/48/22	聾〇不可語以調聲	19/54/20		
故死凌生〇逆	16/48/25	彊〇為右	19/54/27		

貞 zhēn	1
衒女不〇	8/26/2
真 zhēn	2
殆非〇賢	8/26/2
能知取人之〇、轉禍之福	18/53/7
枕 zhěn	2
置之〇中	16/49/17,16/50/20
軫 zhěn	1
翼、〇也	15/47/3
振 zhèn	2
〇旅服降	11/39/11
手〇拂揚	13/42/22
陣 zhèn	7
去邦七里而軍〇	9/31/6
爲〇關下	10/31/27
欲爲前伏〇也	15/46/2
欲爲走兵〇也	15/46/2
欲爲左〇	15/46/3
皆居於大〇之左右	20.22/59/2
即出就〇	20.22/59/2
震 zhèn	4
見後房鍜者扶挾鼓小〇	12/39/28
	12/40/22
見後房鍜者扶挾鼓小〇者	12/40/4
後房鍜者鼓小〇者	12/41/6
鎭 zhèn	1
棟猶〇也	20.17/58/5
征 zhēng	1
禹來東〇	19/55/24

爭 zhēng	16
切切〇諫	1/2/11
南夷與北狄交〇	4/15/8
（斜）〔糾〕與桓〇國	4/16/1
文王以務〇者	4/16/26
此謂文王以務〇也	4/16/27
紂以惡刑	4/16/27
文王行至聖以仁義〇	4/16/28
與越〇彗	7/24/14
求者不〇買	8/26/3
臣驕則〇	9/27/6
下與大臣交〇也	9/27/6
而與吳〇彊	9/27/15
吳晉〇彊	9/31/5
二國〇彊	11/39/10
子胥〇諫	11/39/12
〇心生	19/53/16
蒸 zhēng	6
〇山南面夏駕大冢者	3/10/11
見兩鑶炊而不〇	12/39/26
	12/40/21
見兩鑶炊而不〇者	12/40/1
	12/41/3
蔡〇不熟	19/55/7
徵 zhēng	4
幽王〇春申〔君〕爲楚令尹	3/12/13
幽王〇假君	3/12/14
使馮同〇之	18/52/22
〇爲其戒	18/52/30
整 zhěng	1
與吳王〇襟交臂而奮	9/29/8
正 zhèng	20
此〇宜耳	1/1/16
市〇疑之	2/3/21
其數必〇	6/23/6
庶幾〇君	7/24/22
欲匡之〇	7/25/1

種躬〇內	7/25/19
〇天下、定諸侯則使聖人	9/28/19
以〇月甲戌到大越	10/37/28
莫如〇身	11/38/13
〇身之道	11/38/13
〔知〕進退存亡〔而〕不失其〇者	11/39/18
〇言直諫	12/40/16
〇言切諫	12/41/1
直言〇諫	12/41/8
聖〇言直諫	12/41/22
四時不〇	16/48/4
勇子胥忠、〇、信、智以明也	19/53/28
〇而信	19/55/1
〇其紀也	19/55/10
無〇不行	19/55/12
政 zhèng	20
從其〇教	4/14/18
諸侯力〇	4/15/8,4/15/12
二月得反國〇	4/15/13
不顧邦〇	4/16/26
內飾其〇	9/27/18,9/28/12
〇令不行	10/33/24
號曰趙〇	10/37/21
〇、趙外孫	10/37/21
〇使將魏舍、內史教攻韓	10/37/25
〇使將王賁攻魏	10/37/25
〇使將王涉攻趙	10/37/25
〇使將王賁攻楚	10/37/26
〇使將史敫攻燕	10/37/26
〇使將王涉攻齊	10/37/26
〇更號爲秦始皇帝	10/37/27
不顧〇事	17/51/9
故乖其〇也	19/54/1
八〇寶也	19/56/3
鄭 zhèng	9
伍子胥奔〇	2/2/22
荊平王復使使者召子胥於〇	2/2/31
句踐所習教美女西施、〇（足）〔旦〕宮臺	

也	10/32/28	不足以身當〇	1/2/12	有不聽子胥〇教者	2/3/27
晉〇王聞而求之	13/43/20	後人述而說〇	1/2/13	闔廬將爲〇報仇	2/4/1
晉〇之頭畢白	13/43/22	說〇者見夫子刪《詩》		子胥言〇闔廬	2/4/2
越〔王〕乃飾美女西施		《書》	1/2/16	操鞭捶笞平王〇墓而數〇曰	2/4/3
、〇且	14/44/18	亦知小藝〇復重	1/2/17	昔者吾先人無罪而子殺〇	2/4/3
越王句踐竊有天之遺西		且殺〇	2/2/22	爲〇奈何	2/4/5
施、〇且	14/44/18	王召奢而問〇	2/2/23	9/27/11,9/31/1,16/47/28	
〇故治	15/46/12	不對不知子〇心者	2/2/24	16/48/6,16/49/21,17/51/10	
吾挾弓矢以逸〇楚之間	18/52/19	來〇必入	2/2/24	莫若求〇而與〇同邦乎	2/4/5
		則免〇	2/2/27	昔者吾先人殺子〇父	2/4/6
證 zhèng	**4**	則殺〇	2/2/27,2/2/31	與子同有〇	2/4/8
		子胥聞〇	2/2/28,2/3/5	與子同使〇	2/4/8
伏見衰亡之〇	7/23/24	胥聞〇	2/2/28	非父〇義也	2/4/9
此乃其〇	7/24/18	6/20/15,6/21/3,10/33/25		吳〇先君太伯	3/4/14
子胥獨見可奪之〇	10/33/22	死而不報父〇讎	2/2/29	周〇世	3/4/14
周盡〇也	19/53/18	入則免父〇死	2/2/29	闔廬〇時	3/4/15
		愛身〇死	2/2/30	越王句踐滅〇	3/4/16
之 zhī	**1093**	絕父〇望	2/2/30	春夏治姑胥〇臺	3/4/24
		介冑〇士	2/3/1	燒〇	3/5/7
越者、國〇氏也	1/1/3	赦而蓄〇	2/3/2	玉梟〇流	3/6/8
何以言〇 1/1/3,1/1/30,7/23/25		欲往渡〇	2/3/7	扁諸〇劍三千	3/6/8
是以明〇	1/1/4	恐人知〇	2/3/7	方圓〇口三千	3/6/8
當是〇時	1/1/4	〔即〕歌而往過〇	2/3/7	時耗、魚腸〇劍在焉	3/6/8
1/2/7,4/17/6,16/47/15		與子期甫廬〇碕	2/3/7	（千）〔十〕萬人築治〇	3/6/9
孔子恥〇	1/1/4	子胥即從漁者〇蘆碕	2/3/8	（築）〔葬〕〔〇〕三	
胥〇與齒	1/1/6	子〇姓爲誰	2/3/10	日而白虎居〔其〕上	3/6/9
表〇與裏	1/1/6	得報子〇厚德	2/3/10	所載襄王〇後	3/7/12
句踐〇時	1/1/9	縱荊邦〇賊者	2/3/10	其事書〇馬亭溪	3/7/12
絕惡反〇於善	1/1/10	報荊邦〇仇者	2/3/11	使李保養〇	3/7/16
復〇於魯 1/1/11,18/52/2		吾先人〇劍	2/3/12	闔廬造以遊姑胥〇臺	3/7/18
桓公、中國兵彊霸世〇後	1/1/16	購〇千金	2/3/13	民思祭〇	3/8/5
故與越專其功而有〇也	1/1/18	今吾不欲得荊平王〇千金	2/3/13	引湖中柯山置〇鶴阜	3/8/8
然越專其功而有〇	1/1/20	何以百金〇劍爲	2/3/13	以取長〇莋碓山下	3/8/10
吳有子胥〇教	1/1/21	漁者渡于于斧〇津	2/3/13	越干王〇城也	3/8/19
諸侯從〇	1/1/22	清其壺漿而食〔〇〕	2/3/14	後越搖王居〇	3/8/23
若果中〇李	1/1/23	無令〇露	2/3/15	秦始皇帝刻石徙〇	3/9/13
顯弱越〇功也	1/1/24	挾匕首自刎而死江水〇中	2/3/16	越王（候）〔使〕干戈	
何以知〇	1/1/28	見一女子擊絮於瀨水〇中	2/3/16	人一累土以葬〇	3/10/15
種見蠡〇時	1/1/30	清其壺漿而食〇	2/3/18	當問〇 3/11/9,3/11/11	
以是知〇焉	1/1/31	毋令〇露	2/3/18	楚人從〇	3/12/9
當此〇時 1/2/1,4/15/8,13/43/27		自縱於瀨水〇中而死	2/3/19	以道終〇	3/12/11
是人有大雅〇才	1/2/4	市正疑〇	2/3/21	與春申君并殺〇	3/12/14
直道一國〇事	1/2/5	彼必經諸侯〇邦可以報		秦始皇滅〇	3/12/21
小〇辭也	1/2/5	其父仇者	2/3/23	丁將軍築治〇	3/13/1
講習學問魯〇闕門	1/2/7	吳王下階迎而唁數〇	2/3/24	東渡〇吳	3/13/2
小藝〇文	1/2/8	胥父無罪而平王殺〇	2/3/25	貢大夫請罷〇	3/13/7
社稷〇傾	1/2/10	惟大王哀〇	2/3/26	夷狄〇也	4/13/26

士〇（其）〔甚〕	4/13/27	故興師〇魯	4/15/18	此周公〇盛德也	4/17/11
勇〇甚	4/13/27	於是鮑叔牙還師〇莒	4/15/20	浩浩〇水	5/17/17
將爲〇報仇	4/13/27	堯有不慈〇名	4/15/23	未知命〇所維	5/17/18
〔且〕臣聞〔〇〕	4/13/28	懷禽獸〇心	4/15/23	念樓船〇苦	5/17/18
虧君〇行	4/13/28	此〇謂堯有不慈〇名	4/15/24	恐津梁〇不通	5/17/20
報父〇仇	4/14/1	舜有不孝〇行	4/15/26	什部〇不能使	5/17/23
囊瓦求〇	4/14/3,4/14/6	呼而使〇	4/15/28	退〇不能解	5/17/23
三年然後歸〇	4/14/3	此舜有不孝〇行	4/15/28	進〇不能行	5/17/23
楚聞〇	4/14/4,4/14/7	天下稱〇	4/15/29	走〇如犬逐羊	5/17/25
然後歸〇	4/14/6	遂以天下傳〇	4/15/29	獨受天〇殃	5/17/25
君若有憂中國〇事	4/14/8	桓公受〇	4/16/2	未必天〇罪也	5/17/26
操鞭笞平王〇墳	4/14/9	啓者、禹〇子	4/16/5	人〇生無幾	5/17/30
昔者吾先君無罪而子殺〇	4/14/9	舜傳〇禹	4/16/5	王其審〇	5/18/1,5/18/3
楚〇相也	4/14/12	薦益而封〇百里	4/16/5	得世〇和	5/18/3
賤〇也	4/14/13	達於君臣〇義	4/16/6	擅世〇陽	5/18/3
臣聞〇	4/14/15	益死〇後	4/16/6	慎無如會稽〇饑	5/18/3
9/27/14,9/28/18,9/30/18		啓歲善犧牲以祠〇	4/16/6	處於吳、楚、越〇間	5/18/4
言不失陰陽、日月、星		湯獻牛荊〇伯	4/16/9	以魚三邦〇利	5/18/4
辰〇綱紀	4/14/15	〇伯者、荊州〇君也	4/16/9	乃知天下〇易反也	5/18/4
言地〇長生	4/14/16	天下皆一心歸〇	4/16/9	形於體萬物〇情	5/18/6
事來應〇	4/14/18	此謂湯獻牛荊〇伯也	4/16/11	蚩尤佐〇	5/18/7
物來知〇	4/14/18	皆得士民〇衆	4/16/13	白辨佐〇	5/18/7
謂〇節事	4/14/18	於是乃使〇維甲	4/16/13	袁何佐〇	5/18/8
至事〇要也	4/14/19	習〇於夷	4/16/15	僕程佐〇	5/18/8
言天地〇施大而不有功		宿〇於萊	4/16/16	后稷佐〇	5/18/9
者也	4/14/22	致〇於單	4/16/16	萬物〇常	5/18/10
皆當和陰陽四時〇變	4/14/23	舜〇時	4/16/18	王審用臣〇議	5/18/10
順〇者有福	4/14/23	堯遭帝嚳〇後亂	4/16/18	以智論〇	5/18/13
逆〇者有殃	4/14/23	堯使鯀治〇	4/16/18	以決斷〇	5/18/14
故曰人道不逆四時〇謂也	4/14/23	堯殛〇羽山	4/16/19	以道佐〇	5/18/14
言存亡吉凶〇應	4/14/24	此〇謂舜〇時	4/16/19	物〇理也	5/18/15
善惡〇敘	4/14/24	行至聖〇心	4/16/22	故聖人早知天地〇反	5/18/15
天下從〇	4/15/1	天下皆盡誠知其賢聖從〇	4/16/27	爲〇預備	5/18/16
未有死亡〇失	4/15/1	皆一旦會於孟津〇上	4/16/30	故湯〇時	5/18/16
非暮春中夏〔〇〕時	4/15/2	欲從武王與〇伐紂	4/17/1	禹〇時	5/18/16
國家不見死亡〇失	4/15/3	武王賢〇	4/17/1	則百里〇內不可致也	5/18/17
此〇謂也　4/15/4,4/15/21		微子去〇	4/17/2	非必身爲〇也	5/18/18
4/16/7,4/16/24,4/16/28		殺〇	4/17/3,6/23/14	爲〇命以利〇	5/18/19
11/38/26,11/39/4,11/39/14		封比干〇墓	4/17/3	群臣無恭〇禮、淫佚〇行	5/18/20
18/52/6,18/52/11,18/52/16		發太倉〇粟	4/17/3	則群臣多空恭〇理、淫	
吳〇戰地	4/15/6	周公臣事〇	4/17/6	佚〇行矣	5/18/21
言越〇伐吳	4/15/6	說〇以禮	4/17/7	人〇情也	5/18/22
避魯〇諡也	4/15/10	於是管叔、蔡叔不知周		賢子有諫者憎〇	5/18/25
晉公子重耳〇時	4/15/12	公而讒〇成王	4/17/8	夫父子〇爲親也	5/18/26
魯者、公子（科）〔糾〕		乃發金縢〇櫃	4/17/9	務在於諛〇而已	5/18/26
母〇邦	4/15/17	察周公〇冊	4/17/9	子何年少於物〇長也	5/19/1
莒者、小白母〇邦也	4/15/17	天應〇福	4/17/10	順〇有德	5/19/6

逆○有殃	5/19/7	胥、先王○老臣	6/21/4,6/23/2	而殺○	6/22/29
用○不審	5/19/8	則不得爲先王○老臣	6/21/4	不與群臣謀○	6/22/29
人生不如臥○頃也	5/19/8	君王胡不覽觀夫武王○		必有敢言○臣	6/23/1
欲變天地○常	5/19/8	伐紂也	6/21/4	必有敢言○〔交〕	6/23/1
是聖人幷苞而陰行○	5/19/9	鹿豕遊於姑胥○臺矣	6/21/5	（玉）〔王〕若殺○	6/23/3
聖人動而應○	5/19/11	嚭無乃諛吾君王○欲	6/21/12	子制○、斷○	6/23/7
陰且盡○歲	5/19/11	子無乃向寡人○欲乎	6/21/12	太宰嚭率徒謂○曰	6/23/9
以應陽○至也	5/19/12	此非忠臣○道	6/21/12	而欲許○	6/23/10
陽且盡○歲	5/19/12	因遜邅○舍	6/21/16	君王圖○廊廟	6/23/10
以應陰○至也	5/19/13	胥則無父子○親	6/21/17	失○中野	6/23/10
猶同母○人、異父○子	5/19/16	君臣○施矣	6/21/17	謀○七年	6/23/10
故古○治邦者	5/19/21	夫申胥、先王○忠臣	6/21/17	須臾棄○	6/23/10
本○貨物	5/19/21	天下○健士也	6/21/18	越追○	6/23/12
計倪乃傳其教而圖○	5/19/22	臣聞父子○親	6/21/19	刑○	6/23/13
別陰陽○明	5/19/22	父子○親猶然	6/21/20	進讒諛容身○徒	6/23/14
傳○後世以爲教	5/19/23	吳王乃聽太宰嚭○言	6/21/23	殺忠信○士	6/23/14
甲貨○戶曰粢	5/19/25	申胥遜邅○舍	6/21/23	子知○乎	6/23/15
乙貨○戶曰黍	5/19/25	君王不圖社稷○危	6/21/23	20.11/57/13, 20.11/57/16
丙貨○戶曰赤豆	5/19/26	而聽一日○說	6/21/24	知○	6/23/15
丁貨○戶曰稻粟	5/19/26	而王用○	6/21/24	越王與○劍	6/23/15
戊貨○戶曰麥	5/19/27	不聽輔弼○臣	6/21/24	使自圖○	6/23/15
己貨○戶曰大豆	5/19/27	而信讒諛容身○徒	6/21/24	越王葬於卑猶○山	6/23/16
庚貨○戶曰穬	5/19/27	以觀吳邦○大敗也	6/21/25	吳王闔廬始得子胥○時	7/23/20
辛貨○戶曰菓	5/19/28	越人○入	6/21/25	甘心以賢○	7/23/20
吳許○	6/20/4	太宰嚭○交逢同	6/22/1	聽子○言	7/23/21
吳王歸○	6/20/4	君王○不省也	6/22/2	子其明○	7/23/22
數傷人而亟亡○	6/20/7	而聽衆豗○言	6/22/2	願一言○	7/23/22
希須臾○名而不顧後患	6/20/7	嚭○罪也	6/22/3	王其圖○	7/23/24
卜○道何若	6/20/8	吳王○情在子乎	6/22/5	伏見衰亡○證	7/23/24
天若棄○	6/20/9	智○所生	6/22/5	當霸吳（危）〔厄〕會	
仇讎敵戰○邦	6/20/12	此相與○道	6/22/5	○際	7/23/25
三江環○	6/20/12	夫嚭、我○忠臣	6/22/7	佞（諂）〔諂〕○臣	7/23/26
輸○粟與財	6/20/13	臣言而君行○	6/22/8	安危○兆	7/23/26
與○不爲德	6/20/14	寡人聽○	6/22/9	王相○氣	7/23/27
夫越王○謀	6/20/15	君王親○不親	6/22/11	願王定○	7/24/2
安君王○志	6/20/16	逐○不逐	6/22/11	楚乃購○千金	7/24/4
我君王不知省也而救○	6/20/16	親○乎	6/22/11	衆人莫能止○	7/24/4
是越○福也	6/20/17	逐○乎	6/22/11	吾是於斧掩壺漿○子、	
今以越○饑	6/20/18	殺○爲乎	6/22/12	發簞（飲）〔飯〕於	
吾與○食	6/20/18	可殺○	6/22/12	船中者	7/24/5
吾君王急○	6/20/19	乃可圖○	6/22/13	釋越○圍	7/24/10
此天○所反也	6/20/19	臣聞愚夫○言	6/22/18	王其勉○哉	7/24/15
今狐雉○〔相〕戲也	6/20/20	胥聞越王句踐罷吳○年	6/22/19	倒○則勝	7/24/18
狐體卑而雉懼○	6/20/20	參桀紂而顯吳邦○亡也	6/22/26	讒人間○	7/24/22
而寡人與○	6/20/21	王孫駱聞○	6/22/27	范蠡聞○	7/24/22
故勝威○	6/21/2	王召駱而問○	6/22/27	先君○功	7/24/26
仇讎○人不可親也	6/21/3	胥○（下位）〔位下〕		何去○有	7/24/26

於是○謂也	7/24/28	謂○帝王求備者亡	8/26/6	且臣聞○	9/28/2
王私悅○	7/24/30	有高世○材〔者〕	8/26/6	則臣○所見溢乎負海	9/28/4
欲匡正○	7/25/1	必有負俗○累	8/26/6	使○出銳師以從下吏	9/28/5
而王拒○諫	7/25/1	有至智○明者	8/26/6	乃（行）〔使〕子貢	
策而問○	7/25/1	必破庶眾○議	8/26/7	〔○越〕	9/28/6
絕世○臣	7/25/1	棲於會稽○山	8/26/9	越王聞○	9/28/8,9/31/5
聽讒邪○辭	7/25/2	更用種、蠡○策	8/26/10	此乃僻陋○邦	9/28/8
係而囚○	7/25/2	壞人○善毋後世	8/26/14	蠻夷○民也	9/28/9
是○謂也	7/25/3,7/25/11	敗人○成天誅行	8/26/14	孤聞○	9/28/10
	8/26/15,15/46/8,18/53/4	吳虛重○	8/26/15	孤○福也	9/28/10
	19/54/31	毋失一人○心	8/26/15	且夫無報人○心而使人	
伯州○孫	7/25/5	孔子患○	9/26/20	疑○者	9/28/13
悉召楚仇而近○	7/25/6	乃召門人弟子而謂○曰	9/26/20	有報人○心而使人知○者	9/28/14
言伐楚○利	7/25/7	尚恥○	9/26/20	舉事○大忌〔也〕	9/28/14
闔廬用○伐楚	7/25/7	父母○邦也	9/26/20	今大夫不辱而身見○	9/28/16
專邦○柄	7/25/8	今齊將伐○	9/26/21	孤賴先人○賜	9/28/17,9/29/12
囂見夫差內無柱石○堅	7/25/8	孔子止○	9/26/21,9/26/22	臣竊練下吏○心	9/28/19
外無斷割○勢	7/25/9	孔子遣○	9/26/22	今夫吳王有伐齊○志	9/28/21
操獨斷○利	7/25/9	子貢行○齊	9/26/24	則君○福也	9/29/1
伍胥為○惑	7/25/11	夫魯、難伐○邦	9/26/24	令共攻○	9/29/2
或伍戶○虛	7/25/13	而伐○	9/26/24	昔者吳王分其人民○眾	
其為結僮○時	7/25/13	魯○難伐	9/26/25	以殘伐吳邦	9/29/3
然獨有聖賢○明	7/25/14	其士民有惡聞甲兵○心	9/26/26	今孤（）怨吳王	9/29/5
汎求○焉	7/25/15	又使明大夫守〔○〕	9/27/1	而孤○事吳王	9/29/5
問治○術	7/25/16	子○所難	9/27/2	如子○畏父	9/29/5
君子○容	7/25/16	人○所易也	9/27/2	弟○敬兄	9/29/5
疾陳霸王○道	7/25/16	子○所易	9/27/2	此孤○外言也	9/29/5
今將安○	7/25/19	人○所難也	9/27/2	請遂言○	9/29/6
去吳○越	7/25/19	臣聞〔○〕	9/27/3	願一與吳交天下○兵於	
句踐賢○	7/25/19	而君○功不與焉	9/27/5	中原○野	9/29/8
飲食則甘天下○無味	8/25/25	齊○愚	9/27/8	吳越○士繼（蹟）〔踵〕	
居則安天下○賤位	8/25/26	今君悉擇四疆○中	9/27/8	連死	9/29/8
三王則三皇○苗裔也	8/25/26	出大臣以環○	9/27/9	此孤○大願也	9/29/9
五伯乃五帝○末世也	8/25/27	是君上無彊臣○敵	9/27/9	以臣事○	9/29/11
黃帝○元	8/25/27	下無黔首○士	9/27/9	孤○意出焉	9/29/12
霸王○氣	8/25/27	吾兵已在魯○城下〔矣〕	9/27/10	夫吳王○為人也	9/29/13
此時馮同相與共戒○	8/25/30	若去而○吳	9/27/11	賜為君觀夫吳王○為人	9/29/14
地戶○位非吳則越	8/26/1	大臣將有疑我○心	9/27/11	順君○過	9/29/16
夫和氏○璧	8/26/3	使○救魯而伐齊	9/27/12	是殘國○吏、滅君○臣也	9/29/16
騏驥○材	8/26/3	君因以兵迎○	9/27/12	越王送○金百鎰、寶劍	
不難阻險○路	8/26/3	千鈞○重	9/27/14	一、良馬二	9/30/1
■■■■○邦	8/26/3	今〔以〕萬乘○齊	9/27/15	〔臣〕敬以下吏○言告	
道聽○徒	8/26/4	私千乘○魯	9/27/15	越王	9/30/2
唯大王察○	8/26/4,8/26/7	棲○會稽	9/27/17	賴大王○賜	9/30/3,9/30/9
游於楚越○間	8/26/4	必將有報我○心	9/27/18,9/28/13	大王○賜	9/30/4,9/30/9
晉用○而勝楚	8/26/5	夫越○彊不下魯	9/27/19	何謀〔○〕敢慮	9/30/4
有智○士	8/26/5	而吳○彊不過齊	9/27/19	故使越賤臣種以先人○	

藏器	9/30/10	使人入問○	10/33/26	施○職而〔成〕其功	11/38/27
甲二十領、屈盧○矛、		越棲於會稽○山	10/33/26	與○（講）〔論〕事	11/38/28
步光○劍	9/30/11	吳退而圍○	10/33/26	飲○以酒	11/38/28
〔請〕悉擇四疆○中	9/30/12	一人○身	10/33/27	〔指○以使〕	11/39/1
乃召子貢而告○曰	9/30/13	吳王許○	10/33/30	〔示○以色〕	11/39/1
其君又從○	9/30/14	臣唯君王急剗○	10/34/1	行○六年	11/39/3
夫空人○邦	9/30/14	遂許○浙江是也	10/34/1	下令百姓被兵刃○咎	11/39/6
悉人○衆	9/30/15	取土西山以濟○	10/34/5	莫不悉於子胥○手	11/39/7
子貢〔因〕去○晉	9/30/18	築庫高閣○	10/34/9	印天○兆	11/39/9
〔越亂○必矣〕	9/30/19	使齊人守○	10/34/16	當胥○言	11/39/9
（越亂○必矣）	9/31/2	越銅官○山也	10/34/27	得天○中	11/39/10
子貢去而○魯	9/31/4	越人謂○銅姑瀆	10/34/27	宰嚭許○	11/39/12
吳王果興九郡○兵	9/31/4	〔故〕謂○富中	10/34/30	聖人譏○	11/39/13
果與晉人相遇黃池○上	9/31/5	在犬山○南	10/35/4	尚有就李○恥	11/39/14
晉人擊○	9/31/5	各因事名○	10/35/9	乃此禍晉○驪姬、亡周	
吳王聞○	9/31/6	葬○三蓬下	10/35/30	○褒姒	11/39/15
越王迎○	9/31/6	句踐葬○	10/36/1	進有退○義	11/39/18
越○先君無餘	10/31/12	神巫○官也	10/36/6	存有亡○幾	11/39/19
乃禹○世	10/31/12	埋○東坂	10/36/8	得有喪○理	11/39/19
問天地○道	10/31/12	獻○吳	10/36/9	愛○如父母	11/39/19
萬物○紀	10/31/12	句踐於中江而葬○	10/36/11	仰○如日月	11/39/19
大越海濱○民	10/31/14	度○會夷	10/36/18	敬○如神明	11/39/19
尚以爲居○者樂	10/31/18	禹所取妻○山也	10/36/20	畏○如雷霆	11/39/19
爲○者苦	10/31/18	後說○者	10/36/26	吳王夫差○時	12/39/24
當禹○時	10/31/18	故謂○固陵	10/37/1	闔廬■剗子胥○教	12/39/24
孔子〔聞○〕	10/31/25	漢高帝滅○	10/37/22	道於姑胥○門	12/39/25
句踐乃身被賜夷○甲	10/31/26	東遊○會稽	10/37/27	畫臥姑胥○臺	12/39/25
帶步光○劍	10/31/26	乃脅諸臣而與○盟	11/38/7	即召太宰而占○	12/39/26
杖物盧○矛	10/31/26	是大王〔○〕不能使臣		夢入章明○宮	12/39/26,12/40/20
夫子何以教○	10/31/27	也	11/38/10	子爲寡人精占○	12/39/28
丘能逃五帝三王○道	10/32/1	王○所輕〔也〕	11/38/11		12/40/22
越○常性也	10/32/3	是士○所重也	11/38/11	無諛寡人○心所從	12/39/29
無疆子○侯	10/32/7	治○門〔也〕	11/38/13	大王〔○〕興師伐齊	
○侯子尊	10/32/7	君○根本也	11/38/13	〔也〕	12/39/29
楚伐○	10/32/8	正身○道	11/38/13	召王孫駱而告○	12/40/7
○侯以下微弱	10/32/9	二者貴賈浸○漸也	11/38/14	無方術○事	12/40/7
今傳謂○蠡城	10/32/15	非君子至誠○士	11/38/15	通於方來○事	12/40/9
民怪○	10/32/22	使邪僻○氣	11/38/15	臣請名○	12/40/9
越○弋獵處〔也〕	10/33/4	仁義○行有階	11/38/16	車馳詣姑胥○臺	12/40/11
故謂〔○〕樂野	10/33/4	蓋管仲○力也	11/38/19	發而讀○	12/40/13
句踐○出入也	10/33/11	大責任○	11/38/20	其妻大君從旁接而起○	12/40/13
射於樂野○衢	10/33/12	磻溪○餓人也	11/38/21	何若子性○大也	12/40/13
句踐與吳戰於浙江○上	10/33/19	曾無跬步○勞、大呼○		此固非子（胥）〔○〕	
王而用○	10/33/20	功	11/38/22	所能知也	12/40/15
遂遣○	10/33/20	乃忘弓矢○怨	11/38/22	遂至姑胥○臺	12/40/18
子胥獨見可奪○證	10/33/22	君王察○	11/38/24	寡人畫臥姑胥○臺	12/40/20
（孤）〔狐〕○將殺	10/33/25	《易》○謙遜對過問	11/38/26	中斷○爲兩頭	12/41/8

雌雄○相逐	16/48/7	不惡人○謗己	16/49/22	即召○	17/51/17
臣聞古○賢主、聖君	16/48/10	爲足舉○德	16/49/22	取○	17/51/18
文武○業、桀紂○跡可		不德人○稱己	16/49/22	相○三年	17/51/20
知矣	16/48/11	舜循○歷山	16/49/22	使張儀詐殺○	17/51/21
漸漬乎滋味○費	16/48/12	而求天下○利	16/49/23	秦始皇帝使王翦滅○	17/51/22
沒溺於聲色○類	16/48/12	昔者神農○治天下	16/49/23	若卑辭以地讓○	18/51/27
牽攣於珍怪貴重○器	16/48/12	務利○而已矣	16/49/23	爲○立祠	18/51/29
以爲須臾○樂	16/48/13	不貪天下○財	16/49/24	垂○來世	18/51/29
如環○無端	16/48/18	而天下共富○	16/49/24	傳○萬載	18/51/29
此天○常道也	16/48/18	而天下共尊○	16/49/24	當是時言○者	18/51/31
故天生萬物○時	16/48/19	今子以至聖○道以說寡		王已失○矣	18/51/31
聖人命○曰春	16/48/19	人	16/49/28	元王以○中興	18/52/1
春者、夏○父也	16/48/19	且吾聞○也	16/49/29	以爲專句踐○功	18/52/1
故春生○	16/48/20	欲行一切○變	16/49/29	非王室○力	18/52/1
夏長○	16/48/20	願子更爲寡人圖○	16/49/30	吳越○事煩而文不喻	18/52/8
秋成而殺○	16/48/20	上聖○計也	16/49/31	猶昏然誅○	18/52/9
冬受而藏○	16/48/20	且夫廣天下、尊萬乘○		人○將死	18/52/10
邦○禁也	16/48/22	主	16/49/31	惡聞酒肉○味	18/52/10
願聞歲○美惡	16/48/23	兵○要在於人	16/49/31	邦○將亡	18/52/10
穀○貴賤 16/48/23,16/49/14		人○要在於穀	16/50/1	惡聞忠臣○氣	18/52/10
何以紀○	16/48/23	然後可以圖○也	16/50/1	句踐非○	18/52/14
物皆有○	16/48/28	奈何爲○	16/50/2	吾挾弓矢以逸鄭楚○間	18/52/19
人有○	16/48/29	審察開置○要	16/50/3	自以爲可復吾見凌○仇	18/52/20
天地○間	16/48/29	此○謂天平地平	16/50/8	乃先王○功	18/52/20
物○生	16/48/29	夫聖人○術	16/50/11	君○易移也已矣	18/52/21
欲知八穀○貴賤、上下		王德范子○所言	16/50/12	亡將安○	18/52/22
、衰極	16/48/30	故天地○符應邦以藏聖		蓋吾○志也	18/52/22
魄者、生氣○源也	16/49/1	人○心矣	16/50/12	使馮同徵○	18/52/22
故名○曰神	16/49/2	然而范子豫見○策	16/50/12	王不親輔弼○臣而親衆	
神主生氣○精	16/49/2	寡人用夫子○計	16/50/14	豕○言	18/52/23
魂主死氣○舍也	16/49/2	盡夫子○力也	16/50/14	胥死○後	18/52/24
主氣○精	16/49/3	此持殺生○柄	16/50/16	勇士執○	18/52/25
故方盛夏○時	16/49/4	此邦○重寶也	16/50/16	彷彿○間	18/52/26
即知歲○善惡矣	16/49/5	臣請爲王言○	16/50/17	至今實○	18/52/29
寡人聞陰陽○治	16/49/7	願與○自藏	16/50/17	實秘文○事	18/52/29
冬三月○時	16/49/8	皆有豫見○勞	16/50/19	由此觀○	18/53/1
故陽氣避○下藏	16/49/9	此謂天地○圖也	16/50/22	爲○檢式	18/53/3
夏三月盛暑○時	16/49/9	千里○佐	17/50/28	吳越○際	18/53/4
陰氣避○下藏	16/49/10	請歸待○ 17/50/29,17/51/1		能知聖賢○分	18/53/5
然而萬物親而信○	16/49/10	魯相聞○ 17/50/30,17/51/2		能知信勇○變	18/53/5
萬物方夏三月○時	16/49/10	使使者來求○園	17/50/30	能知陰謀○慮	18/53/5
方冬三月○時	16/49/11	使使〔來〕求○	17/51/2	能知陰陽消息○度	18/53/6
寡人已聞陰陽○事	16/49/14	園宜先供待○	17/51/5	能知■人○使敵邦賢不肖	18/53/6
穀爲○暴貴	16/49/15	使王聞○	17/51/9	能知取人○眞、轉禍○福	18/53/7
穀爲○暴賤	16/49/15	君召而戒○	17/51/10	能知卻敵○路	18/53/7
置○枕中 16/49/17,16/50/20		君（戒）〔試〕念○	17/51/14	能知〔古〕今相取○術	18/53/8
臣聞聖主爲不可爲○行	16/49/21	〔念○〕五日而道○	17/51/17	夫差不能■邦○治	18/53/9

以觀枉○	18/53/3	如法而○	7/23/28	○五湖	6/23/9
能知忠○所死	18/53/8	衆人莫能○之	7/24/4	○餘杭山	6/23/12
矯枉過○	19/55/19	人	7/24/5	以○滅亡	6/23/15
不○自斥	19/55/24	日夜不○	7/24/13	將○不久	7/23/26
		義不○窮	7/24/23	○夫差復霸諸侯	7/24/9
值 zhí	**1**	猶○死焉	7/24/27	子胥○直	7/24/21
		捐○於吳	7/25/18	夫差○死	7/25/10
范蠡○吳伍子胥教化	4/15/1	孔子○之	9/26/21,9/26/22	千歲一○	8/25/27
		流涕不○	12/40/14	有○智之明者	8/26/6
執 zhí	**16**	至脅而○	13/43/17	除道郊迎○縣	9/28/8
		莫能禁○	13/43/21	身御子貢○舍	9/28/8
其○禮過	6/21/2	不能者○	19/55/2	乃○於此	9/28/9
胥○忠信	7/24/27	去○	19/55/4	臣竊自練可以成功〔而〕	
○辰破巳	8/25/27	無主不○	19/55/12	○王者	9/28/20
○箕（掃）〔帚〕	9/29/11			遂行○吳	9/30/1
孤請自被堅○銳	9/30/12	**指** zhǐ	**4**	子貢○五日	9/30/7
湯○其中和	16/47/20			越使果○	9/30/7
是所謂○其中和者	16/47/22	中（○）〔宿〕臺馬丘	10/33/7	禹○此者	10/31/19
欲○其中和而行之	16/47/23	〔○之以使〕	11/39/1	禹美而告○焉	10/31/20
何○而昌	16/48/9	吾引劍而○之	13/42/20	千有餘歲而○句踐	10/31/23
○其中則昌	16/48/9	■○於秦	19/53/23	故奉雅琴○大王所	10/32/1
○中和而原其終始	16/48/10			越王夫鐔以上○無餘	10/32/5
不○其中和	16/48/11	**至** zhì	**83**	親以上○句踐	10/32/8
務○三表	16/48/14			石買發行○浙江上	10/33/20
句踐○於會稽	18/52/4	或○齊	1/2/6	吉凶更○	10/33/27
勇士○之	18/52/25	或○吳	1/2/6	西○浙江	10/33/28
○操以同	18/53/9	憂○患致	1/2/11	西○水路	10/34/3
		○江上	2/3/6	載從炭瀆○練塘	10/35/9
殖 zhí	**1**	○溧陽界中	2/3/16	百年而○	10/36/1
		○吳	2/3/21	○於柴辟亭	10/37/7
貨財○聚	19/55/13	罪○死不赦	2/3/27	浙江○就李	10/37/13
		後二（三）〔世〕而○		○秦元王不絕年	10/37/19
職 zhí	**2**	夫差	3/4/15	秦元王○子嬰	10/37/22
		○武里死亡	3/6/22	年○靈	10/38/3
猶詩人失○怨恨	1/2/10	○河用事	4/14/4	非君子○誠之士	11/38/15
施之○而〔成〕其功	11/38/27	蔡公○河	4/14/6	○易	11/38/20
		○事之要也	4/14/19	獻物已○	12/40/3
止 zhǐ	**25**	○於庶人	4/14/22,4/15/2	遂○姑胥之臺	12/40/18
		怒○士擊高文者	4/16/15	東風〔數〕○	12/41/10
因斯衰○	1/1/11,18/52/2	行○聖之心	4/16/22	相將○秦餘杭之山	12/41/15
入越而○	1/1/31	文王行○聖以仁義爭	4/16/28	越王追○	12/41/21
於是○	2/4/2,4/14/1	從寅○未	5/19/10	○脊而止	13/43/17
天下莫能禁○	4/15/9	以應陽之○也	5/19/12	○黃帝之時	13/43/25
下不知所○	5/17/16	以應陰之○也	5/19/13	此○禁也	16/48/5
涕泣不可○	5/17/18	官市開而○	5/19/21	古者天子及○諸侯	16/48/12
不若○	6/20/14	臣聞春日將○	6/21/13	自滅○亡	16/48/12
齰○	6/21/12	然中情○惡	6/22/10	大熱不○	16/49/11

今子以○聖之道以說寡		春申君時○以爲貴人冢次	3/12/7	官知其○	11/38/16
人	16/49/28	春申君自使其子爲假君		無功者不敢干○	11/38/17
反邦未○	16/50/11	○吳	3/12/14	○爲宮室	13/43/27
○死不敢忘	16/50/17	二君○吳凡十四年	3/12/15	韓故○	15/46/10
女環○	17/51/7	○陵水道到錢唐	3/12/22	鄭故○	15/46/12
句踐○賢	18/52/9	適（戎）〔戍〕卒以通		燕故○	15/46/14
○今實之	18/52/29	陵高以南陵道	3/12/22	越故○	15/46/16
○於三王	19/53/16	丁將軍築○之	3/13/1	吳故○西江	15/46/18
讓之○也	19/53/27	○廣陵	3/13/2	齊故○臨菑	15/46/20
時○	19/54/2	太守○故鄣	3/13/11	衛故○濮陽	15/46/22
皆忠信之○	19/55/10	都尉○山陰	3/13/11	魯故○太山、東溫、周	
子胥適會秦救○	19/55/18	太守○吳郡	3/13/11	固水	15/46/24
○誠感天	19/55/19	都尉○錢唐	3/13/12	梁故○	15/46/26
○乎更始之元	19/55/22	楚王○處也	4/14/12	晉故○	15/46/28
秦始皇○會稽	20.8/56/27	維甲者、○甲系斷	4/16/13	秦故○雍	15/46/30
		○須慮者	4/16/14	〔周〕故○雒	15/47/1
志 zhì	14	堯使鯀○之	4/16/18	楚故○郢	15/47/3
		九年弗能○	4/16/18	趙故○邯鄲	15/47/6
舜求爲變心易○	4/15/27	知鯀不能○	4/16/19	古之賢主、聖王之○	16/47/10
○意侵下	5/19/17	吾聞先生明於○歲	5/17/27	臣聞聖主之○	16/47/11
安君王之○	6/20/16	欲聞其○術	5/17/27	而天下○	16/47/15
而○氣見人	6/21/1	下○地	5/18/7	人○使然乎	16/48/17
其○加親	6/21/19	故少昊○西方	5/18/7	一○一亂	16/48/18
其○斯疏	6/21/20	玄冥○北方	5/18/7	○民然也	16/48/19
○合意同	7/25/17	太皞○東方	5/18/8	○在於人	16/48/22
其○畏越	9/28/11	祝（使）融○南方	5/18/8	人生失○	16/48/23
今夫吳王有伐齊之○	9/28/21	后土○中央	5/18/9	夫一亂一○	16/48/24
其○甚恐	9/30/4	亦不○也	5/18/26	寡人聞陰陽之○	16/49/7
以爲勞其○	14/44/5	故古之○邦者	5/19/21	昔者神農之○天下	16/49/23
立○入海	16/50/22	○牧江南	5/19/25	不能任（狼）〔狼〕致○	18/52/4
蓋吾之○也	18/52/22	問○之術	7/25/16	夫差不能■邦之○	18/53/9
○願從君	20.2/56/12	蠡出○外	7/25/20	以一○人	19/53/16
		用眾○民則使賢	9/28/19		
炙 zhì	1	句踐徙○山北	10/31/23	**制 zhì**	10
		從弟子七十人奉先王雅			
闔廬使專諸爲奏○魚者	13/43/4	琴○禮往奏	10/31/25	見夫子刪《書》作《春	
		徙○姑胥臺	10/32/13	秋》、定王○	1/2/1
治 zhì	83	范蠡所築○也	10/32/15	改○作新	4/16/23
		○道萬端	10/33/28	○其收發	5/19/11
徙○胥山	3/4/15	句踐自○以爲冢	10/34/14	子○之、斷之	6/23/7
秋冬○城中	3/4/24	使越女織○葛布	10/34/25	水○火	7/24/16
春夏○姑胥之臺	3/4/24	句踐○以爲義田	10/34/30	孤立○齊者	9/27/10
（千）〔十〕萬人築○之	3/6/9	因爲民○田	10/35/18	則君○其敝	9/29/3
故越王餘復君所○也	3/7/11	飾○爲馬箠	10/36/9	○器械	10/31/13
故闔廬○以諸侯冢次	3/8/15	○咸陽	10/37/22	以其四時○日	15/46/8
春申君○以爲陂	3/9/30	則○射防於宅亭、賈亭北	10/38/2	而王○於四海	16/50/16
太守李君○東倉爲屬縣屋	3/11/28	○之門〔也〕	11/38/13		

吾是於斧掩壺漿之子、		○相	17/51/17	**終 zhōng**		26
發簞（飲）〔飯〕於		元王以之○興	18/52/1			
船○者	7/24/5	○邦侵伐	18/52/2	○能以霸		1/1/18
闔廬見○於飛矢	7/24/9	信從○出	19/55/9	○不見聽		1/2/11
○媿於吳	7/24/9	億則屢○	19/55/13	○不遺力		1/2/12
求邑○不得	7/25/15	傷○而死	19/55/14	以道○之		3/12/11
重器精弩在其○	9/27/1	遂葬城○	20.4/56/19	○於不去		7/24/25
今君悉擇四疆之○	9/27/8	今子與神戰於泉水之○		不知令○		7/24/28
願一與吳交天下之兵於			20.11/57/9	夫差○以從焉		7/25/9
○原之野	9/29/8	乃復命國○作金鉤	20.19/58/11	○日而語		7/25/16
〔請〕悉擇四疆之○	9/30/12	○翼一艘	20.20/58/20	蠡能慮○		7/25/20
○（指）〔宿〕臺馬丘	10/33/7			○於有成		11/38/25
○宿	10/33/12	**忠 zhōng**	33	執中和而原其○始		16/48/10
欲專威服軍○	10/33/21			不原其○始		16/48/11
樓其○	10/34/19	子胥懷○	1/2/10	○而復始		16/48/18
姑○山者	10/34/27	天下莫不盡其○信	4/14/18	曲未○		17/51/7
富○大塘者	10/34/30	盡知武王○信	4/17/1	與女環通未○月		17/51/13
〔故〕謂之富○	10/34/30	○者反有刑	5/18/22	然○難復見得		18/51/31
疑豕山在餘暨界○	10/35/7	以素○爲信	6/20/8,6/20/11	知始無○		18/52/16
江東○巫葬者	10/36/11	非有○素請羅也	6/20/15	覩始知○		18/53/1
句踐於○江而葬之	10/36/11	○諫者逆	6/20/19	各有○始		18/53/4
得天之○	11/39/10	不○不信	6/21/4,6/23/2	范蠡審乎吉凶○始		18/53/9
覺寤而心○惆悵也	12/40/10	今我以○辨吾君王	6/21/11	○於《陳恒》		19/53/26
○斷之爲兩頭	12/41/8	此非○臣之道	6/21/12	○和親		19/54/2
提我山○	12/41/9	夫申胥、先王之○臣	6/21/17	故○於《陳恒》也		19/54/4
自處○軍	12/41/13	是不○	6/21/20	○不可奈何		19/54/14
大夫種處○	12/41/21	夫嚭、我之○臣	6/22/7	二子行有始○		19/55/14
○斷之入江	12/41/22	今申胥進諫類○	6/22/10	懷道而○		19/55/27
胥○決如粲米	13/42/21	以申胥爲不○	6/22/24			
○與人合心	15/45/8	殺○信之士	6/23/14	**鍾 zhōng**		4
今代郡、常山、○山、		胥執○信	7/24/27			
河間、廣平郡	15/46/28	奢盡○入諫	7/25/1	由○窮隆山者		3/8/5
巴郡、漢○、隴西、		累世○信	7/25/2	置由○		3/13/15
〔定襄、太原〕、安		而○臣齕口	7/25/9	由○初立		3/13/15
邑	15/46/30	殺○臣伍子胥、公孫聖	12/41/22	句踐築鼓○宮也		10/35/21
湯執其○和	16/47/20	胥爲人先知、○信	12/41/22			
是所謂執其○和者	16/47/22	以其不○信	12/42/11	**鐘 zhōng**		1
○和所致也	16/47/22	以申胥爲不○而殺之	14/45/2			
欲執其○和而行之	16/47/23	惡聞○臣之氣	18/52/10	耳不聽○鼓者		9/29/7
故金○有水	16/47/31	以○告	18/52/14			
故木○有火	16/48/1	能知○直所死	18/53/8	**冢 zhōng**		51
執其○則昌	16/48/9	內痛子胥○諫邪君	18/53/10			
執○和而原其終始	16/48/10	勇子胥○、正、信、智		今子大夫何不來歸子故		
不執其○和	16/48/11	以明也	19/53/28	墳墓丘○爲		2/4/7
置之枕○	16/49/17,16/50/20	○於紂也	19/55/9	閶門外郭中○者		3/6/5
○知人	16/50/8	皆○信之至	19/55/10	闔廬○		3/6/7
邦○有好女	17/51/17			虎丘北莫格○		3/6/12

是士之所〇也 11/38/11
責士所〇 11/38/12
寒不〇綵 11/39/8
寡人願齎邦之〇寶 13/43/10
二曰〇財幣 14/44/4
牽攣於珍怪貴〇之器 16/48/12
故天不〇爲春 16/48/19
此邦之〇寶也 16/50/16
春申君〔〇言善〕 17/51/7
其後亦〇 18/52/30
今蠡猶〇也 19/55/4
子胥〇其信 19/55/8
輕士〇色 20.2/56/10
遂願與書生韓〇爲偶 20.2/56/10
闔閭既〇莫耶 20.19/58/11
有人貪王賞之〇 20.19/58/11
當陵軍之〇車 20.21/58/24

眾 zhòng 36

大得吳〇 2/4/1
不先動〇 4/15/2,4/15/3
皆得士民之〇 4/16/13
〇人容容 5/19/9
而聽〇毚之言 6/22/2
〇人莫能止之 7/24/4
〇賤有君子 7/25/15
必破庶〇之議 8/26/7
論大道者不合於〇 8/26/7
是時句踐失〇 8/26/9
用〇治民則使賢 9/28/19
昔者吳王分其人民之〇
　以殘伐吳邦 9/29/3
悉人之〇 9/30/15
不煩人〇 10/31/21
失〇 10/32/8
句踐軍敗失〇 10/33/15
士〇恐懼 10/33/21
士〇魚爛而買不知 10/33/22
故將士〇 10/33/29
願君王公選於〇 11/38/15
寬則得〇 11/39/4
師〇同心 11/39/10
其民殷〇 12/39/24
故民〇 16/50/1
〇曲矯直 18/52/19
王不親輔弼之臣而親〇
　冢之言 18/52/23
故曰〇者傳目 19/53/15
善其以匹夫得一邦之〇 19/54/8
子胥信而得〇道 19/54/27
座〇分解 20.11/57/10
曩者吾辱壯士菑邱訢於
　大〇之座 20.11/57/11
子辱吾於大座之〇 20.11/57/14
吾辱子於千人之〇 20.11/57/17
爲鉤者〇多 20.19/58/12
何以異於〇人之鉤乎 20.19/58/12

州 zhōu 7

之伯者、荊〇之君也 4/16/9
西〇大江 7/24/1
伯〇之孫 7/25/5
伯〇爲楚臣 7/25/5
覆釜者、〇土也、塡德
　也 10/31/19
於是度兵徐〇 18/51/31
號爲〇伯 18/52/1

舟 zhōu 3

方〇航買儀塵者 4/16/14
旱則資〇 5/18/15
〇室者 10/35/23

周 zhōu 66

尊事〇室 1/1/17
〇之世 3/4/14
〇四十七里二百一十步
　二尺 3/4/29
吳郭〇六十八里六十步 3/5/1
〇十二里 3/5/3
東宮〇一里二百七十步 3/5/6
〇一里〔二百〕二十六步 3/5/6
〇九里二百七十步 3/5/9
并〇六里 3/6/17
時（與）搖（城）〔越〕
　王〔與〕（〇宋）
　〔麋〕君戰於語招 3/6/21
殺（〇宋）〔麋〕君 3/6/22
〇十里二百一十步 3/9/17
太守〇君造陵道語昭 3/9/22
郭〇十里百一十步 3/9/22
〇二里十九步 3/9/25
其郭〇十一里百二十八步 3/9/25
〇三萬六千頃 3/10/20
〇萬五千頃 3/10/22
〇二千二百頃 3/10/24
〇千三百二十頃 3/10/26
〇六萬五千頃 3/10/28
〇五百頃 3/10/30
〇三百二十頃 3/11/1
〇二百八十頃 3/11/3
〇百八十頃 3/11/5
〇七十六頃一畝 3/11/7
〇一里二百四十一步 3/11/26
東倉〇一里八步 3/11/28
〇三里 3/12/5
〇公以盛德 4/17/6
武王封〇公 4/17/6
〇公臣事之 4/17/6
於是管叔、蔡叔不知〇
　公而讒之成王 4/17/8
〇公乃辭位出巡狩於邊
　一年 4/17/8
察〇公之冊 4/17/9
知〇公乃有盛德 4/17/9
王乃夜迎〇公 4/17/10
〇公反國 4/17/10
此〇公之盛德也 4/17/11
彗星出而興〇 7/24/17
毋絕〇室 9/28/4
（因）〔困〕暴齊而撫
　〇室 9/30/10
臺〇七里 10/31/24
〇二里二百二十三步 10/32/11
〇六百二十步 10/32/12
大城〇二十里七十二步 10/32/13
〇五百三十二步 10/32/21
〇六百步 10/32/24,10/33/7
〇五百六十步 10/32/26
〇五百九十步 10/32/28
〇二百三十步 10/34/9
而滅〇赧王 10/37/20
〇絕於此 10/37/20
是故〇文、齊桓 11/38/17
乃此禍晉之驪姬、亡〇
　之褒姒 11/39/15
紂易〇文〔王〕而亡 14/44/21

祝 zhù　　　　　　　　1

○（使）融治南方　　5/18/8

貯 zhù　　　　　　　　1

多○穀　　　　　　　16/47/19

著 zhù　　　　　　　10

作事欲以自○　　　　　1/2/4
是以不○姓名　　　　　1/2/12
乃○其法　　　　　　　5/19/25
功名顯○　　　　　　　7/24/25
故聖人見微知○　　　　18/52/30
名譽甚○　　　　　　　19/54/14
欲○其諫之功也　　　　19/54/15
○善爲誠　　　　　　　19/55/22
○於五經　　　　　　　19/55/29
○於父之背　　　　20.19/58/15

築 zhù　　　　　　　14

○吳越城　　　　　　　3/4/15
（千）〔十〕萬人○治之　3/6/9
（○）〔葬〕〔之〕三
　日而白虎居〔其〕上　3/6/9
○塘北山者　　　　　　3/7/7
賈○吳市西城　　　　　3/12/30
丁將軍○治之　　　　　3/13/1
不○北面　　　　　　　10/32/13
范蠡所○治也　　　　　10/32/15
○庫高閣之　　　　　　10/34/9
句踐○鼓鍾宮也　　　　10/35/21
使吳人○吳塘　　　　　10/36/24
泰伯所○　　　　　　20.5/56/21
伍員取利浦黃瀆土○此
　城　　　　　　　20.6/56/23
范蠡○　　　　　　20.9/56/29

鑄 zhù　　　　　　　3

闔廬以○干將劍〔處〕　3/5/30
句踐○銅　　　　　　　10/36/8
○銅不爍　　　　　　　10/36/8

專 zhuān　　　　　　13

越○其功　　　1/1/12,18/52/3
故與越○其功而有之也　1/1/18
然越○其功而有之　　　1/1/20
明說者不○　　　　　　1/2/17
○邦之枋　　　　　　　7/25/8
以是與語○權　　　　　7/25/11
蠹○其明　　　　　　　7/25/21
欲○威服軍中　　　　　10/33/21
獨○其權　　　　　　　10/33/21
以爲死士示得○一也　　10/36/26
闔廬使○諸爲奏炙魚者　13/43/4
以爲○句踐之功　　　　18/52/1

轉 zhuǎn　　　　　　5

○死爲生　　　　　　　1/1/17
則○穀乎千里　　　　　5/18/17
○死爲霸　　　　　　　10/33/27
故氣○動而上下、陰陽
　俱絕　　　　　　　16/50/5
能知取人之眞、○禍之福　18/53/7

莊 zhuāng　　　　　　3

魯○公不與　　　　　　4/15/18
○公、魯君也　　　　　4/15/19
○襄王更號太上皇帝　　10/37/20

裝 zhuāng　　　　　　1

天帝○炭　　　　　　　13/42/27

壯 zhuàng　　　　　　6

耆老、○長進諫曰　　　10/33/19
伏○於內　　　16/49/9,16/49/10
臣嘗見其辱○士葘邱訢
　〔也〕　　　　　20.11/57/4
曩者吾辱○士葘邱訢於
　大衆之座　　　　20.11/57/11
此天下○士也　　　　20.11/57/19

狀 zhuàng　　　　　　2

觀其○　　　　　　　　13/43/16

如春花　　　　　　20.25/59/9

追 zhuī　　　　　　　3

毋令○者及子也　　　　2/3/14
越○之　　　　　　　　6/23/12
越王○至　　　　　　　12/41/21

墜 zhuì　　　　　　　2

古者（爲名）〔名爲〕
　「○星」　　　　　　3/8/13
越師潰○　　　　　　　10/33/23

拙 zhuō　　　　　　　2

○也　　　　　　　　　9/28/13
狂憃通○　　　　　　　18/53/8

酌 zhuó　　　　　　　1

因○行觴　　　　　　　12/41/11

濁 zhuó　　　　　　　2

見清知○　　　　　　　7/25/10
內不煩○　　　　　　　7/25/20

粢 zī　　　　　　　　2

甲貨之戶曰○　　　　　5/19/25
胥中決如○米　　　　　13/42/21

葘 zī　　　　　　　　12

齊故治臨○　　　　　　15/46/20
今濟北、平原、北海郡
　、○川、遼東、城陽　15/46/20
臣嘗見其辱壯士○邱訢
　〔也〕　　　　　20.11/57/4
〔○邱訢者〕　　　　20.11/57/5
○邱訢大怒　　　　　20.11/57/5
於是○邱訢卒於結恨勢
　怒　　　　　　　20.11/57/10
○邱訢宿怒遺恨　　　20.11/57/10
曩者吾辱壯士○邱訢於
　大衆之座　　　　20.11/57/11

范蠡值吳伍〇胥教化	4/15/1	吳王之情在〇乎	6/22/5	伍〇胥在	8/25/30
天〇稱崩	4/15/7	〇爲寡人遊目長耳	6/22/7	故冤〇胥僇死	8/26/14
上無明天〇	4/15/8	〇言	6/22/9	由重譖〇胥於吳	8/26/14
〇弑父	4/15/9	紂殺王〇比干	6/22/26	孔〇患之	9/26/20
於是孔〇作《春秋》	4/15/9	〇何非寡人而且不朝		乃召門人弟〇而謂之曰	9/26/20
晉公〇重耳之時	4/15/12	〔乎〕	6/22/27	孔〇止之	9/26/21, 9/26/22
率諸侯朝天〇	4/15/13	〇何恐	6/22/28	〇路辭出	9/26/21
天〇乃尊	4/15/13	我非聽〇殺胥	6/22/30	〇貢辭出	9/26/22
此所謂晉公〇重耳反國		寡人屬〇邦	6/23/5	孔〇遣之	9/26/22
定天下	4/15/13	〇制之、斷之	6/23/7	〇貢行之齊	9/26/24
齊公〇小白、亦反齊國		〇知之乎	6/23/15	〇之所難	9/27/2
而匡天下者	4/15/16		20.11/57/13, 20.11/57/16	〇之所易	9/27/2
其〇二人出奔	4/15/16	殺太宰嚭、逢同與其妻	6/23/16	〇貢對曰	9/27/3
公〇（糾）〔糾〕奔魯	4/15/16	吳王闔廬始得〇胥之時	7/23/20	〇貢南見吳王	9/27/14
魯者、公〇（糾）〔糾〕		〇其精焉	7/23/21	〇待吾伐越而還	9/27/18
母之邦	4/15/17	聽〇之言	7/23/21	乃（行）〔使〕貢	
聘公〇（糾）〔糾〕以		〇胥唯唯不對	7/23/22	〔之越〕	9/28/6
爲君	4/15/18	〇其明之	7/23/22	〇貢東見越王	9/28/8
堯太〇丹朱倨驕	4/15/23	壬〇數九	7/23/27	身御〇貢至舍	9/28/8
舜爲瞽瞍〇也	4/15/27	太〇無氣	7/23/28	〇待我伐越而聽〇	9/28/13
管仲臣於桓公兄公〇		吳使〇胥救蔡	7/24/4	如〇之畏父	9/29/5
（糾）〔糾〕	4/16/1	有野人謂〇胥曰	7/24/5	在〇	9/29/14
啟者、禹之〇	4/16/5	吾是於斧掩壺漿之〇、		〇貢去而行	9/30/1
比干、箕〇、微〇尙在	4/17/1	發簞（飲）〔飯〕於		〇貢不受	9/30/1
囚箕〇	4/17/2	船中者	7/24/5	〇貢至五日	9/30/7
微〇去之	4/17/2	〇胥乃知是漁者也	7/24/6	乃召〇貢而告之曰	9/30/13
封微〇於宋	4/17/4	〇胥還師	7/24/9	〇貢〔因〕去之晉	9/30/18
〇明以告我	5/17/28	任用〇胥	7/24/10	〇貢去而之魯	9/31/4
以任賢	5/18/24	〇胥諫而誅	7/24/10	故曰〇貢一出	9/31/8
又不任賢〇	5/18/24	〇胥策於吳	7/24/11	孔〇〔聞之〕	10/31/25
賢〇有諫者憎之	5/18/25	〇胥至直	7/24/21	從弟〇七十人奉先王雅	
夫父〇之爲親也	5/18/26	〇貢曰 7/24/27, 8/26/13, 9/26/25		琴治禮往奏	10/31/25
雖有聖〇	5/18/26		9/27/11, 9/27/19, 9/28/9	孔〇有頃姚稽到越	10/31/27
父〇不和	5/18/27		9/28/11, 9/28/17, 9/29/13	夫〇何以教之	10/31/27
〇何年少於物之長也	5/19/1		9/29/14, 9/30/14, 9/31/1	孔〇對曰	10/31/27
猶同母之人、異父之〇	5/19/16	（位）〔伍〕〇胥父〇		夫〇異則不可	10/32/3
臣聞狼〇〔有〕野心	6/21/2	奢爲楚王大臣	7/24/30	於是孔〇辭	10/32/3
〇無乃向寡人之欲乎	6/21/12	爲世〇聘秦女	7/24/30	弟〇莫能從乎	10/32/3
胥則無父〇之親	6/21/17	待二〇而死	7/25/2	夫鐔〇允常	10/32/5
〇毋以事相差	6/21/18	〇胥勇而難欺	7/25/2	允常〇句踐	10/32/5
此非〇所能行也	6/21/18	令〇胥、孫武與嚭將師		句踐〇與夷	10/32/6
臣聞父〇之親	6/21/19	入郢	7/25/7	與夷〇〇翁	10/32/6
父〇之親猶然	6/21/20	衆賤有君〇	7/25/15	〇翁〇不揚	10/32/6
〇難人申胥	6/22/1	君〇之容	7/25/16	不揚〇無疆	10/32/7
〇事太宰嚭	6/22/2	或任〇胥	7/25/18	無疆〇之侯	10/32/7
今日爲〇卜於申胥	6/22/3	〔伍〕〇胥以是挾弓		之侯〇尊	10/32/7
〇勉事後矣	6/22/4	〔矢〕干吳王	8/25/28	尊〇親	10/32/8

句踐庶○冢也	10/33/17	皆以奉○	13/43/10	君○不危窮	18/52/13
○胥獨見可奪之證	10/33/22	風胡○曰	13/43/11	夫○見利與害	18/52/15
○胥私喜	10/33/24	於是乃令風胡○之吳	13/43/11	○胥賜劍將自殺	18/52/19
○胥不聽	10/33/26	見歐冶○、干將	13/43/11	吳王將殺○胥	18/52/22
○胥大怒	10/33/30	歐冶○、干將鑿茨山	13/43/12	甚咎○胥	18/52/25
○胥浮兵以守城是也	10/34/21	風胡○奏之楚王	13/43/13	蓋○胥水僊也	18/52/26
句踐伐吳還、封范蠡○		〔見〕風胡○問之曰	13/43/14	○胥挾弓去楚	18/52/29
也	10/35/18	風胡○對曰	13/43/14	唯夫○獨知其道	18/52/29
故封其○於是	10/35/19	13/43/15, 13/43/23, 13/43/24		夫○不王可知也	18/53/1
越神巫無杜○孫也	10/36/11	禽夫差而戮太宰嚭與其		夫○作經	18/53/1
傳聞越王○孫	10/37/17	妻○	14/45/4	蓋夫○作《春秋》	18/53/2
○嬰立六月	10/37/22	右○胥相氣取敵大數	15/46/5	內痛○胥忠諫邪君	18/53/10
秦元王至○嬰	10/37/22	越王句踐問范○曰	16/47/10	夫差誅○胥	18/53/11
非君○至誠之士	11/38/15	范○對曰 16/47/10, 16/47/12		孔○感精	19/53/17
孔○曰	11/39/4	范○曰 16/47/20, 16/47/24		孔○推類	19/53/18
○胥戰於就李	11/39/5	16/47/25, 16/47/28, 16/47/29		弟○欣然	19/53/19
○胥內憂	11/39/6	16/47/31, 16/48/6, 16/48/9		孔○懷聖承弊	19/53/19
莫不悉於○胥之手	11/39/7	16/48/10, 16/48/17, 16/48/23		一民所○	19/53/20
不親妻○	11/39/8	16/48/29, 16/48/30, 16/49/8		勇○胥忠、正、信、智	
○胥知時變	11/39/10	16/49/14, 16/49/21, 16/49/30		以明也	19/53/28
○胥微策可謂神	11/39/12	16/50/2, 16/50/15, 16/50/17		○謀父	19/54/4
○胥爭諫	11/39/12	越王問范○曰 16/48/9, 16/48/17		乃勇○胥也	19/54/7
○胥賢者	11/39/14	古者天○及至諸侯	16/48/12	○不復仇	19/54/7
夫差不信伍○胥而任太		越王問於范○曰	16/48/28	非臣○也	19/54/7
宰嚭	11/39/14		16/49/7	○胥妻楚王母	19/54/11
闔廬■剒○胥之教	12/39/24	請於范○曰	16/49/20	孔○固貶之矣	19/54/12
○爲寡人精占之	12/39/28	今○以至聖之道以說寡		○胥與吳何親乎	19/54/13
	12/40/22	人	16/49/28	○胥以困（於）〔干〕	
臣知有東披門亨長越公		父辱則○死	16/49/29	闔廬	19/54/13
弟○王孫聖	12/40/8	願○更爲寡人圖之	16/49/30	○胥未賢耳	19/54/19
何若○性之大也	12/40/13	王德范○之所言	16/50/12	○胥賜劍	19/54/19
此固非○（胥）〔之〕		然而范○豫見之策	16/50/12	而況乎○胥	19/54/21
所能知也	12/40/15	請於范○	16/50/13	孔○貶之奈何	19/54/22
〔越〕公弟○公孫聖也	12/40/20	寡人用夫○之計	16/50/14	稱○胥妻楚王母	19/54/22
君○各以所好爲禍	12/41/1	盡夫○之力也	16/50/14	君○弗爲	19/54/25
○試爲寡人前呼之	12/41/19	寡人聞夫○明於陰陽進		當時無天○	19/54/27
殺忠臣伍○胥、公孫聖	12/41/22	退	16/50/14	○胥信而得衆道	19/54/27
父○離散	12/42/1	夫○幸教寡人	16/50/17	○胥何由乃困於楚	19/54/29
○何不早圖之乎	12/42/6	范○已告越王	16/50/22	○胥、范蠡何人也	19/55/1
斷○之頸	12/42/9	今懷君○一月矣	17/51/13	○胥勇而智	19/55/1
挫○之骸	12/42/9	幸產○男	17/51/14	孔○行	19/55/6
吾慚見伍○胥、公孫聖	12/42/10	十月產○男	17/51/18	孔○去魯	19/55/6
戮其妻○	12/42/11	懷王○頃襄王	17/51/22	曾○去妻	19/55/7
○女死	13/43/1	欲殺妻○	18/51/26	微○去	19/55/7
歐冶○即死	13/43/6	桓公迫於外○	18/52/3	孔○并稱仁	19/55/7
楚王召風胡○而問之曰	13/43/9	賊殺○胥	18/52/8	○胥重其信	19/55/8
越有歐冶○	13/43/9	夫吳知○胥賢	18/52/9	微○去者	19/55/9

怒	20.11/57/10	無○而死於吳	19/54/11	黃氣在○	15/45/21
吏○皆衛枚	20.22/59/2			白氣在○	15/45/24
		尊 zūn	12	黑氣在○	15/45/27
阻 zǔ	1	○事周室	1/1/17	其氣在○而低者	15/46/3
不難○險之路	8/26/3	天子乃○	4/15/13	欲爲○陣	15/46/3
		（墮）〔隳〕魯以○臣	9/27/5	何○何右	16/47/10
俎 zǔ	3	毋惡卑辭以○其禮	9/29/1	○道右術	16/47/11
		之侯子○	10/32/7	道以不害爲○	18/52/16
使得奉○豆而修祭祀	9/30/4	○子親	10/32/8	眇其○目	20.11/57/6
	9/30/9	今置臣而不○	11/38/23	○右曰	20.18/58/8
燔○無肉	19/55/6	○有德	11/39/3	皆居於大陣之○右	20.22/59/2
		一曰○天地	14/44/4		
祖 zǔ	1	即○位傾	16/48/11	**佐** zuǒ	10
		而天下共○之	16/49/24		
太公、高○在西	3/13/6	且夫廣天下、○萬乘之		蚩尤○之	5/18/7
		主	16/49/31	白辨○之	5/18/7
最 zuì	1			袁何○之	5/18/8
		捽 zuó	2	僕程○之	5/18/8
人○爲貴	16/48/29			后稷○之	5/18/9
		其華○如芙蓉始出	13/42/22	以道○之	5/18/14
罪 zuì	25	訴乃手拔劍而○要離	20.11/57/13	群臣竭力以○謀	6/21/13
				遂○湯取天下	8/26/5
奢得○於王	2/2/22	**莋** zuó	6	千里之○	17/50/28
子父有○	2/2/27			而何爲○乎	17/51/14
王以奢爲無○	2/3/1	○磋山	3/8/8		
吾聞荊平王殺其臣伍子		更名○磋	3/8/8	**坐** zuò	6
奢而非其○	2/3/22	在○磋山南	3/8/10		
胥父無○而平王殺之	2/3/25	以取長之○磋山下	3/8/10	子貢與夫子○	1/1/27
○至死不赦	2/3/27	故有鄉名○邑	3/8/10	胥方與被離○	6/22/1
昔者吾先人無○而子殺之	2/4/3	○磋山南有大石	3/8/13	申胥與被離○	6/22/9
而非其○也	2/4/6			○而待死	7/23/26
蔡非有○〔也〕	4/14/7	**左** zuǒ	25	吾○於露壇之上	13/42/19
昔者吾先君無○而子殺之	4/14/9			簡衣而○望之	13/42/22
赦其大○	4/16/2	其臺在車道○、水海右	3/7/20		
刑罰不加於無○	4/17/7	問於○右	9/30/7,14/44/11	**作** zuò	41
未必天之○也	5/17/26	西爲○	10/37/13		
越無○	6/20/19	謹選○右	11/38/13	見夫子○《春秋》而略吳越	1/1/5
囂之○也	6/22/3	○右選	11/38/14	故○此者	1/1/12
夫申胥無○	6/23/14	精鍊○右	11/38/15	《越絕》誰所○	1/2/1
無○而誅	8/26/15	○校司馬王孫駱	12/40/10	吳越賢者所○也	1/2/1
抵○於縣	9/30/3,9/30/8	王孫駱爲○校司馬	12/41/13	見夫子刪《書》○《春	
斬殺無○	10/33/21	顧謂○右曰	12/41/16	秋》、定王制	1/2/1
因徙天下有○適吏民	10/38/1	范蠡○手持鼓	12/42/8	○事欲以自著	1/2/4
齊威除管仲○	11/38/20	○右群臣、賢士	13/43/20	或以爲子貢所○	1/2/5
夫齊無○	12/42/1	青氣在○	15/45/15	所○未足自稱	1/2/8
無○	12/42/2	赤氣在（右）〔○〕	15/45/18	一說蓋是子胥所○也	1/2/9
				泰而不○	1/2/9

怨恨則○	1/2/10
憂嗟○詩也	1/2/10
怨恨○文	1/2/11
外者、非一人所○	1/2/15
○湖	3/11/5
天道未○	4/14/24
故以天道未○	4/15/1
於是孔子○《春秋》	4/15/9
改制○新	4/16/23
動○若驚駭	5/17/17
動○不同術	5/19/17
○務日給	5/19/18
動○者有死亡	6/22/23
成恒忿然○色	9/27/2
已○昌土臺	10/33/13
而禍亂不○也	11/39/20
因吳王請此二人○〔爲〕	
鐵劍	13/43/10
使（人）〔之〕○〔爲〕	
鐵劍	13/43/11
○爲鐵劍三枚	13/43/12
○鐵兵	13/43/28
於是○爲策楯	14/44/10
頌聲○	16/47/15
夫子○經	18/53/1
《春秋》不○	18/53/2
蓋夫子○《春秋》	18/53/2
○肉刑	19/53/16
故○《春秋》以繼周也	19/53/19
動○不當	19/54/3
○詐成伯	19/55/13
乃復命國中○金鉤	20.19/58/11
我之○鉤也	20.19/58/13

座 zuò 　　　5

會於友人之○	20.11/57/6
要離與之對○	20.11/57/7
○衆分解	20.11/57/10
蠚者吾辱壯士䲹邱訴於	
大衆之○	20.11/57/11
子辱吾於大○之衆	20.11/57/14

祚 zuò 　　　1

| 此其可以卜○遐長 | 11/39/20 |

鑿 zuò 　　　8

搖越所○	3/9/3
○語昭瀆以東到大田	3/9/30
○胥卑下以南注大湖	3/9/30
六年十二月乙卯○官池	3/12/27
歐冶子、干將○茨山	13/43/12
○地	13/43/26
以○伊闕、通龍門	13/43/26
○分爲三	20.3/56/15

格（音未詳） 　　　1

| 竹（○）〔格〕門三 | 3/9/17 |

魖（音未詳） 　　　1

| 越○ | 10/36/6 |

附　　　　　錄

全書用字頻數表

全書總字數 = 32,341
單字字數　 = 1,960

字	數	字	數	字	數	字	數	字	數	字	數	字	數	字	數
之	1093	五	125	吾	78	北	54	歲	43	遂	36	孤	28	恐	24
不	644	何	119	城	78	彊	54	德	43	伯	35	計	28	賜	24
王	564	道	119	春	78	闔	53	復	42	信	35	荊	28	雖	24
也	526	見	118	楚	78	語	53	湖	42	皆	35	猶	28	屬	24
子	469	在	117	門	77	六	52	貴	42	秦	35	稱	28	孔	23
曰	463	時	117	士	76	非	52	種	42	陵	35	仇	27	夷	23
者	459	乎	113	明	76	陰	52	尺	41	勝	35	方	27	姓	23
而	444	句	113	南	75	寡	52	作	41	聽	35	古	27	夏	23
以	433	縣	110	殺	75	民	51	八	40	且	34	居	27	動	23
其	406	踐	109	齊	75	先	51	內	40	取	34	金	27	意	23
吳	347	能	107	必	73	穀	51	平	40	馬	34	孫	27	滅	23
人	331	將	105	生	73	家	51	高	40	會	34	廣	27	數	23
於	330	聞	103	四	72	未	50	國	40	餘	34	戶	26	秋	22
為	323	邦	102	陽	72	同	50	魯	40	親	34	右	26	教	22
越	303	今	99	地	71	物	50	興	40	霸	34	兩	26	備	22
有	254	謂	98	范	71	廬	50	文	39	求	33	海	26	湯	22
大	239	言	97	主	68	世	49	用	39	忠	33	終	26	進	22
胥	224	則	97	公	67	功	49	石	39	昔	33	惡	26	難	22
十	213	兵	95	問	67	長	49	因	39	諫	33	葬	26	仁	21
君	208	得	95	欲	67	然	49	若	39	謀	33	還	26	白	21
天	176	伐	94	周	66	戰	49	請	39	觀	33	離	26	告	21
故	176	上	93	入	64	千	48	少	38	易	32	止	25	足	21
去	170	賢	93	亡	64	小	48	江	38	前	32	左	25	尚	21
夫	168	乃	87	水	64	心	48	利	38	船	32	多	25	直	21
臣	167	中	87	成	63	我	47	宮	38	莫	32	守	25	亭	21
三	165	後	87	相	63	步	47	差	38	義	32	更	25	室	21
無	165	自	86	如	61	卒	47	智	38	發	31	或	25	禹	21
里	163	年	85	諸	60	師	47	九	37	舜	31	封	25	要	21
二	154	申	84	日	59	善	47	失	37	稽	31	帝	25	頃	21
知	154	百	84	出	59	已	45	立	37	攻	31	常	25	鄉	21
下	148	行	84	外	59	來	45	勇	37	武	30	通	25	傷	21
所	144	氣	84	侯	58	當	44	貢	37	哉	30	罪	25	園	21
死	142	至	83	軍	58	萬	44	敗	37	食	30	賤	25	置	21
是	135	治	83	對	57	劍	44	過	37	晉	30	歸	25	盡	21
一	134	東	82	蠡	57	父	43	丈	36	敢	30	辭	25	斷	21
使	131	矣	81	西	56	即	43	安	36	反	29	月	24	力	20
山	127	太	80	身	56	始	43	重	36	傳	29	召	24	又	20
可	127	事	80	七	55	宰	43	焉	36	臺	29	到	24	土	20
此	126	聖	80	女	55	神	43	眾	36	令	28	受	24	正	20
與	126	名	78	從	55	絕	43	報	36	亦	28	弱	24	伍	20

耳	20	誠	18	蓋	16	垂	13	舉	12	果	10	桐	9	量	8
定	20	誅	18	語	16	度	13	禮	12	初	10	浙	9	須	8
往	20	說	18	及	15	怒	13	類	12	表	10	務	9	愛	8
法	20	樂	18	火	15	怨	13	顧	12	邱	10	妻	9	極	8
政	20	獨	18	巫	15	耶	13	讒	12	屋	10	望	9	瑯	8
昭	20	諾	18	空	15	致	13	畱	12	首	10	牽	9	詩	8
流	20	應	18	述	15	苦	13	恒	12	冥	10	陸	9	買	8
風	20	變	18	唯	15	面	13	寸	11	桀	10	買	9	農	8
起	20	奈	18	奢	15	家	13	分	11	烈	10	開	9	達	8
辱	20	丘	17	順	15	書	13	本	11	情	10	弊	9	遇	8
處	20	田	17	鉤	15	財	13	好	11	移	10	廟	9	墓	8
造	20	目	17	鼓	15	專	13	孝	11	寒	10	歐	9	聚	8
憂	20	伏	17	蔡	15	逢	13	形	11	著	10	鄭	9	蒼	8
干	19	危	17	環	15	魚	13	社	11	虛	10	魄	9	慮	8
凶	19	色	17	元	14	朝	13	幽	11	視	10	瀆	9	罷	8
木	19	位	17	毋	14	溪	13	紀	11	間	10	懷	9	樹	8
母	19	忘	17	牛	14	龍	13	降	11	禽	10	鐵	9	盧	8
任	19	固	17	由	14	口	12	挾	11	賊	10	驕	9	錢	8
刑	19	姑	17	甲	14	引	12	堂	11	疑	10	嘩	9	頭	8
存	19	施	17	仲	14	犬	12	異	11	福	10	手	8	牆	8
妻	19	紂	17	志	14	吏	12	習	11	管	10	司	8	臨	8
官	19	美	17	車	14	向	12	貧	11	樓	10	示	8	避	8
威	19	倪	17	負	14	池	12	郭	11	論	10	休	8	覆	8
客	19	逆	17	害	14	走	12	勞	11	銳	10	光	8	闕	8
皇	19	深	17	容	14	邑	12	斯	11	器	10	肖	8	雞	8
衰	19	許	17	悅	14	夜	12	樓	11	遺	10	兒	8	疆	8
郡	19	貨	17	桓	14	杭	12	黑	11	擊	10	咎	8	鑿	8
救	19	就	17	章	14	河	12	傾	11	藏	10	屈	8	己	7
術	19	亂	17	堯	14	待	12	號	11	權	10	昌	8	兄	7
陳	19	微	17	愚	14	胡	12	嘗	11	耀	10	承	8	玉	7
富	19	吉	16	遊	14	原	12	遠	11	卜	9	近	8	伊	7
黃	19	合	16	漢	14	射	12	銅	11	久	9	青	8	仰	7
塘	19	并	16	敵	14	益	12	魂	11	丹	9	侵	8	州	7
圖	19	弟	16	稷	14	記	12	養	11	勿	9	保	8	收	7
審	19	李	16	築	14	訴	12	操	11	冬	9	思	8	早	7
諜	19	和	16	聲	14	都	12	錫	11	加	9	殃	8	冶	7
願	19	爭	16	獻	14	尊	12	翼	11	史	9	省	8	宋	7
寶	19	舍	16	饑	14	策	12	弓	10	布	9	修	8	忍	7
比	18	奏	16	凡	13	群	12	交	10	弗	9	倉	8	戒	7
末	18	既	16	市	13	路	12	兆	10	旦	9	索	8	災	7
各	18	甚	16	次	13	實	12	再	10	曲	9	宿	8	私	7
命	18	退	16	汝	13	察	12	佐	10	衣	9	患	8	豕	7
彼	18	執	16	老	13	窮	12	決	10	怪	9	畫	8	奉	7
服	18	被	16	困	13	賞	12	狂	10	臥	9	淵	8	泣	7
徙	18	經	16	赤	13	歷	12	邪	10	恨	9	厥	8	虎	7
盛	18	漁	16	卑	13	積	12	制	10	拜	9	幾	8	星	7
野	18	精	16	奔	13	駱	12	呼	10	持	9	等	8	畏	7

字	數	字	數	字	數	字	數	字	數	字	數	字	數	字	數
革	7	井	6	勢	6	陂	5	墳	5	府	4	階	4	議	4
音	7	切	6	嗟	6	俗	5	斃	5	延	4	馮	4	釋	4
乘	7	瓦	6	搖	6	哀	5	漿	5	弩	4	廖	4	犧	4
倍	7	矛	6	敬	6	津	5	適	5	念	4	填	4	譽	4
俱	7	矢	6	殿	6	界	5	闖	5	性	4	弒	4	露	4
凌	7	冰	6	溢	6	盈	5	橫	5	房	4	新	4	響	4
徒	7	肉	6	源	6	倚	5	燕	5	抵	4	業	4	驚	4
恥	7	血	6	辟	6	兼	5	艘	5	放	4	禁	4	麟	4
息	7	克	6	飾	6	冤	5	衡	5	波	4	虞	4	鹽	4
泰	7	別	6	馳	6	座	5	賴	5	炊	4	幣	4	腹	4
涉	7	坐	6	夢	6	恩	5	嬰	5	雨	4	曁	4	濤	4
病	7	壯	6	蒸	6	留	5	韓	5	叛	4	漸	4	鏵	4
破	7	狄	6	輕	6	堅	5	謹	5	建	4	輔	4	刃	3
豈	7	妾	6	僻	6	帶	5	轉	5	指	4	遜	4	夕	3
躬	7	幸	6	歉	6	庶	5	囊	5	毗	4	遣	4	云	3
逃	7	泄	6	篇	6	張	5	驚	5	洩	4	領	4	亢	3
陣	7	迎	6	練	6	啓	5	料	5	炭	4	壚	4	允	3
悉	7	阿	6	誰	6	清	5	郭	5	候	4	墮	4	午	3
理	7	亟	6	遭	6	淫	5	暴	5	根	4	寫	4	厄	3
閉	7	厚	6	鄰	6	琊	5	鼇	5	浮	4	徵	4	友	3
惑	7	急	6	駕	6	略	5	乞	4	狼	4	暴	4	氏	3
悲	7	殆	6	髮	6	祭	5	尸	4	畜	4	稻	4	匠	3
殘	7	飛	6	龜	6	貪	5	化	4	純	4	調	4	妄	3
登	7	庫	6	燭	6	逐	5	匹	4	草	4	質	4	字	3
粟	7	徑	6	窶	6	喪	5	壬	4	託	4	震	4	米	3
詐	7	捐	6	糧	6	喻	5	斥	4	郢	4	壁	4	羊	3
解	7	旁	6	辯	6	壺	5	甘	4	骨	4	據	4	羽	3
載	7	殷	6	作	6	捐	5	疋	4	鬼	4	擇	4	考	3
歌	7	涕	6	閭	6	琴	5	后	4	偽	4	燒	4	舟	3
禍	7	浦	6	覯	6	短	5	朱	4	孰	4	辨	4	助	3
蓄	7	烏	6	工	5	鈞	5	但	4	掩	4	隨	4	尾	3
熟	7	祠	6	才	5	嗣	5	低	4	淺	4	濟	4	杖	3
豫	7	素	6	斗	5	塞	5	免	4	淮	4	薄	4	沈	3
選	7	假	6	占	5	溫	5	刪	4	產	4	虧	4	良	3
獲	7	接	6	巧	5	碪	5	均	4	苕	4	謝	4	角	3
薛	7	棄	6	共	5	祿	5	妖	4	責	4	鍾	4	防	3
襄	7	畢	6	列	5	節	5	岑	4	連	4	鍛	4	季	3
騎	7	答	6	匡	5	腸	5	扶	4	烏	4	譬	4	庚	3
闕	7	鹿	6	佚	5	試	5	旱	4	麻	4	軀	4	忿	3
懼	7	喜	6	味	5	雷	5	材	4	循	4	靁	4	披	3
覽	7	圍	6	宜	5	嘆	5	沒	4	期	4	顏	4	林	3
竊	7	揚	6	帛	5	寧	5	豆	4	痛	4	魏	4	狐	3
顯	7	散	6	拘	5	榮	5	辰	4	程	4	鯀	4	盲	3
媿	7	暑	6	斧	5	竭	5	並	4	結	4	藝	4	臾	3
遜	7	渡	6	況	5	箕	5	刻	4	華	4	證	4	俎	3
于	6	湛	6	糾	5	維	5	叔	4	象	4	繼	4	卻	3
尹	6	飲	6			趙	5	宗	4	貶	4	覺	4	咸	3

字	數	字	數	字	數	字	數	字	數	字	數	字	數	字	數
柱	3	答	3	藥	3	役	2	狩	2	授	2	詣	2	矯	2
炤	3	蛙	3	識	3	忌	2	眇	2	敝	2	資	2	繁	2
約	3	雅	3	譏	3	投	2	矜	2	旗	2	雉	2	聰	2
背	3	雲	3	邊	3	抑	2	穿	2	梁	2	頓	2	臂	2
唐	3	飯	3	譬	3	改	2	突	2	淹	2	鼠	2	謗	2
哭	3	慈	3	爛	3	沛	2	茅	2	渚	2	僅	2	講	2
恭	3	感	3	鶴	3	沂	2	迫	2	猛	2	僚	2	購	2
悔	3	慎	3	聾	3	男	2	陋	2	第	2	厭	2	轂	2
晏	3	毀	3	讀	3	究	2	倦	2	脣	2	境	2	駿	2
校	3	煩	3	鑄	3	巡	2	卿	2	祖	2	暢	2	鴻	2
桑	3	葛	3	櫃	3	酉	2	員	2	部	2	爾	2	懣	2
柴	3	裘	3	讓	3	乖	2	席	2	陶	2	端	2	獵	2
疾	3	飽	3	靈	3	乳	2	徐	2	竟	2	腐	2	璧	2
納	3	僕	3	蓳	3	佯	2	恣	2	麥	2	臧	2	簡	2
耆	3	奪	3	街	3	侈	2	悟	2	博	2	蒲	2	織	2
務	3	慚	3	釽	3	刺	2	拳	2	喟	2	誦	2	職	2
送	3	綱	3	橐	3	奇	2	振	2	廊	2	豪	2	薦	2
追	3	罰	3	鐔	3	姒	2	朔	2	弼	2	鄙	2	鞭	2
酒	3	貌	3	讎	3	忽	2	桂	2	惠	2	銓	2	瀨	2
釜	3	赫	3	謟	3	怖	2	格	2	戟	2	儀	2	癡	2
除	3	際	3	曒	3	拂	2	桃	2	提	2	價	2	繫	2
參	3	餌	3	竂	3	拒	2	消	2	曾	2	劉	2	羅	2
婦	3	僵	3	乙	3	拔	2	浩	2	棟	2	增	2	鏤	2
崩	3	憤	3	丁	2	抽	2	特	2	欺	2	墜	2	隴	2
彗	3	撫	3	介	2	拙	2	狹	2	游	2	慶	2	麋	2
御	3	暮	3	弗	2	昏	2	珠	2	渾	2	箠	2	饉	2
惜	3	槨	3	戈	2	枕	2	畝	2	焦	2	褒	2	蘆	2
掃	3	衛	3	牙	2	柱	2	皋	2	畫	2	霆	2	蘇	2
敖	3	諂	3	乏	2	松	2	眞	2	給	2	餓	2	饒	2
敘	3	齒	3	付	2	枚	2	笑	2	肅	2	麾	2	巍	2
斬	3	壇	3	代	2	注	2	紛	2	萊	2	擅	2	躍	2
曹	3	學	3	半	2	狀	2	羔	2	蛟	2	橋	2	籠	2
梅	3	嶢	3	卯	2	祀	2	翁	2	貴	2	澤	2	巖	2
牽	3	遼	3	囚	2	肥	2	耕	2	貰	2	潔	2	蠡	2
疏	3	錯	3	幼	2	肯	2	衽	2	隆	2	調	2	體	2
祥	3	頸	3	玄	2	花	2	討	2	塗	2	踵	2	剗	2
符	3	鮑	3	禾	2	阜	2	配	2	塢	2	輸	2	董	2
細	3	靡	3	丞	2	冒	2	匿	2	愈	2	險	2	捽	2
累	3	繆	3	宅	2	冑	2	尉	2	概	2	靜	2	桑	2
羞	3	縱	3	戍	2	冠	2	康	2	歆	2	駭	2	偉	2
莊	3	薨	3	灰	2	勉	2	恨	2	溺	2	骸	2	嗀	2
蛇	3	隱	3	竹	2	按	2	惘	2	溧	2	黔	2	碕	2
救	3	瞻	3	艾	2	味	2	惟	2	煥	2	濱	2	登	2
啼	3	簞	3	佞	2	柯	2	掖	2	瑞	2	濟	2	跣	2
單	3	壞	3	坑	2	泉	2	掘	2	聘	2	濕	2	堯	2
棺	3	獸	3	希	2	洋	2	推	2	虜	2			歆	2
棘	3			序	2	洲	2			剄	2			翻	2

穰	2	快	1	咳	1	浴	1	旋	1	黍	1	漬	1	褊	1
裏	2	把	1	奎	1	畔	1	晦	1	勤	1	漏	1	誹	1
坂	2	折	1	娃	1	疲	1	梧	1	嗚	1	漂	1	賦	1
疎	2	村	1	姚	1	盍	1	械	1	圓	1	獄	1	賣	1
闢	2	杜	1	宣	1	祖	1	毫	1	嫌	1	瑣	1	遷	1
匕	1	沙	1	巷	1	祝	1	涸	1	想	1	監	1	鄧	1
川	1	甬	1	恃	1	祚	1	琅	1	楊	1	綵	1	鋒	1
巳	1	甫	1	扁	1	租	1	絃	1	楣	1	綏	1	奮	1
弋	1	系	1	曷	1	秩	1	統	1	滔	1	翟	1	嬴	1
什	1	肝	1	柄	1	秘	1	聊	1	照	1	蓉	1	導	1
尤	1	辛	1	柏	1	紐	1	莖	1	盟	1	蒙	1	整	1
巴	1	亞	1	柳	1	耗	1	設	1	睹	1	裳	1	樸	1
支	1	京	1	洪	1	脂	1	報	1	碎	1	誣	1	機	1
毛	1	供	1	洹	1	脅	1	傅	1	祺	1	銖	1	歙	1
丙	1	具	1	牲	1	脆	1	最	1	羨	1	銜	1	激	1
仕	1	坡	1	狠	1	脊	1	割	1	腹	1	閣	1	甌	1
他	1	委	1	疥	1	航	1	壹	1	腦	1	雌	1	篤	1
冊	1	孟	1	癸	1	茨	1	彭	1	葦	1	雛	1	膳	1
包	1	宛	1	禹	1	蚩	1	惶	1	裔	1	頗	1	無	1
央	1	帶	1	紆	1	袁	1	愀	1	補	1	魁	1	融	1
奴	1	弦	1	苧	1	軒	1	掌	1	裝	1	鳴	1	諦	1
戊	1	征	1	茂	1	迷	1	捶	1	訾	1	億	1	諱	1
永	1	佛	1	苗	1	迺	1	援	1	跡	1	儉	1	遲	1
犯	1	怯	1	英	1	酌	1	敦	1	跪	1	劇	1	醒	1
皮	1	招	1	苞	1	乾	1	景	1	運	1	屬	1	錄	1
穴	1	昆	1	虐	1	偃	1	棠	1	違	1	寬	1	隧	1
亥	1	昊	1	虹	1	健	1	款	1	遏	1	履	1	餐	1
全	1	枋	1	貞	1	偶	1	殖	1	隔	1	廢	1	館	1
刎	1	欣	1	赴	1	側	1	減	1	雍	1	廚	1	默	1
印	1	泛	1	郊	1	偷	1	湘	1	雋	1	彈	1	償	1
式	1	炎	1	值	1	偏	1	測	1	預	1	影	1	嶺	1
戎	1	炙	1	倔	1	兜	1	滋	1	頑	1	慧	1	嶽	1
旬	1	牧	1	倡	1	商	1	番	1	頌	1	慕	1	戲	1
汎	1	狗	1	唁	1	售	1	硯	1	髡	1	憎	1	檢	1
虫	1	秉	1	哺	1	堵	1	筋	1	鼎	1	憚	1	櫓	1
伺	1	罔	1	哮	1	寇	1	絮	1	像	1	播	1	濬	1
似	1	肩	1	唇	1	寅	1	菲	1	嘉	1	毅	1	濮	1
卵	1	芙	1	埋	1	密	1	詔	1	塵	1	潰	1	營	1
呂	1	返	1	姬	1	巢	1	貯	1	塹	1	熱	1	燦	1
吹	1	采	1	峻	1	庸	1	賀	1	壽	1	瞋	1	糞	1
吸	1	阻	1	庭	1	庚	1	貸	1	寢	1	稼	1	艱	1
夾	1	附	1	悖	1	扈	1	軻	1	屢	1	緣	1	謙	1
妍	1	俟	1	挫	1	探	1	逮	1	廓	1	耦	1	趨	1
妊	1	係	1	效	1	捧	1	逸	1	態	1	膝	1	轅	1
宏	1	削	1	旅	1	措	1	閒	1	旗	1	蔽	1	鍵	1
床	1	剋	1	浸	1	採	1	隅	1	槁	1	衝	1	鍊	1
彷	1	勃	1			斜	1							鴣	1

勵	1	鑪	1	翳	1						
齋	1	蠻	1	鄲	1						
壞	1	贇	1	鴈	1						
櫃	1	驥	1	廄	1						
櫂	1	矖	1	燔	1						
稽	1	伎	1	縢	1						
竄	1	剒	1	蔡	1						
繡	1	姐	1	駮	1						
繪	1	洗	1	鴟	1						
舊	1	邯	1	磻	1						
覯	1	枹	1	絲	1						
觴	1	洿	1	謚	1						
蹟	1	罘	1	鏊	1						
醫	1	邽	1	嚚	1						
鎭	1	郅	1	闉	1						
鎰	1	郏	1	瘝	1						
雜	1	恚	1	騏	1						
題	1	旎	1	櫟	1						
檜	1	荄	1	蠖	1						
燦	1	袀	1	譖	1						
疇	1	桴	1	鍛	1						
襟	1	舳	1	闞	1						
贈	1	麥	1	礜	1						
麗	1	閄	1	穬	1						
勸	1	毚	1	齎	1						
嚴	1	軫	1	鱸	1						
蟜	1	傴	1	竈	1						
瞻	1	嗌	1	悳	1						
鐘	1	楯	1	橐	1						
飄	1	殑	1	竝	1						
騰	1	溏	1	跣	1						
蟲	1	溟	1	慣	1						
灌	1	筭	1	无	1						
續	1	絺	1	楁	1						
驃	1	紷	1	菓	1						
灑	1	觜	1	蒲	1						
癖	1	誵	1	魖	1						
襲	1	跬	1	憀	1						
鷗	1	幘	1	螄	1						
龔	1	博	1	綫	1						
攀	1	憷	1	飡	1						
蘿	1	罳	1								
繄	1	蜺	1								
驗	1	嗿	1								
髓	1	槿	1								
攬	1	澒	1								
衢	1	皞	1								

ISBN 957-05-0896-5 (621)

42533000

9 789570 508963

全　　　精裝　　NT$　　1000
越絕書逐字索引